Demokratie, Sicherheit, Frieden

herausgegeben von Dieter S. Lutz

DSF   Band 109

Eine Veröffentlichung aus dem Institut
für Friedensforschung und Sicherheitspolitik
an der Universität Hamburg

Jörg Barandat (Hrsg.)

Wasser – Konfrontation oder Kooperation

Ökologische Aspekte von Sicherheit am Beispiel eines weltweit begehrten Rohstoffs

Nomos Verlagsgesellschaft
Baden-Baden

Die Deutsche Bibliothek – CIP-Einheitsaufnahme

Wasser – Konfrontation oder Kooperation : Ökologische Aspekte von Sicherheit am Beispiel eines weltweit begehrten Rohstoffs / Jörg Barandat (Hrsg.). – 1. Aufl. – Baden-Baden : Nomos Verl.-Ges., 1997
(Demokratie, Sicherheit, Frieden ; Bd. 109)
ISBN 3-7890-4829-1

1. Auflage 1997
© Nomos Verlagsgesellschaft, Baden-Baden 1997. Printed in Germany. Alle Rechte, auch die des Nachdrucks von Auszügen, der photomechanischen Wiedergabe und der Übersetzung, vorbehalten. Gedruckt auf alterungsbeständigem Papier.

Inhaltsverzeichnis

Vorwort   8

Jörg Barandat   10
Wasser als bisher weltweit unterbewerteter Rohstoff
Einführung in den Sammelband

I   Geowissenschaftliche Grundinformationen

Wolfhard Ediger   27
Wasser als natürlicher Rohstoff

II   Wasser - regionaler Konfliktstoff weltweiter Bedeutung

Basins und Regionalpolitik

Jordan

Margret Johannsen   55
Das Konfliktkonglomerat im Jordanbecken

Stephan Libiszewski   95
Wasserkonflikte im Jordan-Becken:
Auf dem Weg zu einer Lösung im Rahmen des
arabisch-israelischen Friedensprozesses?

Jochen Renger   134
Hindernisse und Perspektiven für die wasserpolitische
Kooperation der Anrainer des Jordanbeckens

Euphrat und Tigris

Bülent Güven   143
Die Türkei - eine Republik vor der größten
Herausforderung ihrer Geschichte

Jörg Barandat 158
Die Türkei in der Wasserfalle

Waltina Scheumann 182
Verhandlungen über wasserbauliche Maßnahmen an
grenzüberschreitenden Flußsystemen: Optimum an
Nutzungsvorteilen und gerechte Verteilung der Kosten

Aralsee

Stefanie Babst 192
Das Konfliktkonglomerat in Zentralasien

Stefan Klötzli 209
Das „Aralsee-Syndrom" in Zentralasien: Hindernis
oder Chance regionaler Kooperation?

Weitere Basins

René Klaff 234
Der Induswasserkonflikt - Ansätze einer pragmatischen
Wasserpolitik in der Konfliktregion Südasien

Manuel Schiffler 263
Konflikte um den Nil oder Konflikte am Nil?

III Internationales Wasserrecht und dessen Umsetzung

Hans-Joachim Heintze 279
Wasser und Völkerrecht

Anne Schulte-Wülwer-Leidig / Koos Wieriks 298
Grenzüberschreitender Gewässerschutz am Rhein.
Entwicklung eines ganzheitlichen, nachhaltigen
Gewässerschutzes in internationaler Kooperation

Günther-Michael Knopp / Dietrich Pfündl 316
Deutschlands und Europas Erfahrungen in der Nutzung
grenzüberschreitender Gewässer - dargestellt am Beispiel
der Donau

IV Ökologie, Ökonomie und Sicherheit

Roland Scherer 333
Wasser als Grenze - Kooperation statt Konfrontation:
Einige grundsätzliche Anmerkungen zur grenzüberschreitenden Umweltpolitik

Axel Michaelowa 368
Klimaveränderung und internationale Klimapolitik -
Implikationen für eine globale Ressourcenpolitik im
Wassersektor

Hans-Joachim Gießmann 379
Die ökologische Dimension von Sicherheit

V Anhang

Jörg Barandat 413
Dokumentation zur Entwicklung eines
internationalen Wasserrechts

Auswahlbibliographie: 432
Umwelt- und Wasserkonflikte im internationalen System

Verzeichnis der Autorinnen und Autoren 437

Vorwort

Mit dem Ende des Ost-West-Konfliktes zu Beginn der neunziger Jahre hat sich die friedens- und sicherheitspolitische Lage Europas, ja der Welt, radikal verändert. Doch ist die Veränderung auch wirklich radikal genug? Gibt es nicht längst grundlegende Gefahren, die der Menschheit weltweit und unabhängig vom vormaligen Ost-West-Gegensatz drohen? Als Stichworte nenne ich zur Illustration das Massenelend und die Massenarmut in der noch immer sogenannten Dritten Welt, das immer noch exponential zunehmende Bevölkerungswachstum, die mittlerweile umfassende Umweltverschmutzung, die Abnahme der schützenden Ozonschicht der Erdatmosphäre, den Anstieg des Kohlendioxyd-Anteils der Luft, hauptverantwortlich für den "Treibhauseffekt", die Klimaveränderung, der zu erwartende Anstieg des Meeresspiegels, die Verarmung und Verödung der Böden und die Ausdehnung der Wüsten, das Sterben der Wälder und das Abholzen der lebensnotwendigen Waldbestände, sei es der tropische Regenwald, sei es der boreale Taigawald, die exponentielle Zunahme des Artensterbens, die ungeheuren Mengen an Chemikalien und Abfallprodukten mit ihren riesigen Altlast-, Entsorgungs- und Entlagerungsproblemen.

Was sind die Folgen? Eine verseuchte und vergiftete Nachwelt, in der die Menschen vielfältigen Krankheiten ausgesetzt sind, in der sich Dürrekatastrophen mit Flutkatastrophen abwechseln, in welcher Hunger und die Knappheit der Ressourcen das Gesetz des Handelns bestimmen und unter anderem Migrations- und Fluchtbewegungen bislang ungekannten Ausmaßes hervorrufen? Und wiederum Kriege? Künftig auch als "Umweltkriege", sei es als Kriege um knappe Naturressourcen, zum Beispiel Wasser, sei es als Kriege gegen die Verursacher (drohender) Umweltkatastrophen, sei es als Aggressionen mit Hilfe umweltvernichtender Kampfmittel?

Die Liste der angeführten Stichworte und der gestellten Fragen ist sicherlich nicht abschließend. Sie könnte fortgeführt und erweitert werden. Und doch verdeutlicht sie bereits in ihrer Knappheit die "Gordische Komplexität" der Menschheitsbedrohung: Die Erde zerbricht nicht unter dem Gewicht der Überbevölkerung allein. Die Menschheit verhungert, verdurstet oder erfriert ferner nicht nur am Mangel an Anbauflächen, Nahrung, Wasser und sonstigen Ressourcen. Die kommenden Generationen ersticken auch nicht allein an Abfall- und Schadstoffen oder ertrinken in den Sintfluten der Klimakatastrophen. Die Gesellschaften verfallen nicht allein durch die Wucht des Terrorismus oder der Entsolidarisierung ihrer Teile.

Der Weltuntergang schließlich ist nicht nur das schon immer in Kauf genommene nukleare Inferno. Es ist vielmehr die Menge und Vielschichtigkeit der Belastungen, das gordische Problemknäuel, das in der Gegenwart immer rascher, immer größer wird und der Menschheit die Zukunft versperrt.

Andererseits sind Stichworte und Fragen allein noch nicht die Realität. Auch die Ihnen zugrundeliegenden oder vermuteten Trends und Entwicklungen einer "Welt im Wandel" bedürfen noch der weiteren wissenschaftlichen Analysen. Dies gilt ganz besonders für Fragen der Suche nach Alternativen. Die Schriftenreihe "Demokratie, Sicherheit, Frieden" wird sich deshalb künftig verstärkt den sogenannten grenzüberschreitenden existentiellen Problemen zuwenden. Der vorliegende Band von Jörg Barandat zum Problembereich "Wasser" ist in diesem Sinne eine Eröffnung, der weitere Bücher zu den angeführten Stichworten und Fragen folgen werden.

Das Thema "Wasser" ist in besonderer Weise geeignet, um auf die bislang vernachlässigten existentiellen Bedrohungen und Gefahren der Menschen und der Menschheit aufmerksam zu machen. Zum einen besteht eine unmittelbare Betroffenheit: Wasser ist ein Medium, das jeder Mensch nicht nur kennt, sondern tagtäglich nutzt. Es ist offensichtlich, daß es für jedermanns Leben und Überleben dringend benötigt wird. Die Landeswährung in Botswana ist nicht zufällig der Pula - zu deutsch: Regen. Zum anderen verbleibt Wasser nicht - wie zum Beispiel Radioaktivität - im Abstrakten, sondern ist in Form von Flüssen, Seen und Meeren auch praktisch erkennbar grenzüberschreitend. "Wo das Wasser endet, endet auch die Welt" lautet ein usbekisches Sprichwort. Schließlich ist Wasser nicht nur ein ökonomisches oder ökologisches Problem. Vielmehr kommt in der Formel "Krieg um Wasser" schon heute zum Ausdruck, was auch für andere existentielle Probleme und Risiken befürchtet wird, nämlich der Einsatz von Wasser als Mittel von Drohung, Erpressung und Krieg bzw. der Einsatz militärischer Mittel zur Sicherung des jeweiligen Zugangs zum Wasser.

Jörg Barandat und den Autorinnen und Autoren des vorliegenden Bandes bin ich deshalb in besonderer Weise verbunden, daß sie mit ihren Beiträgen die geplante Schwerpunktbildung eröffnen. Dem Band selbst wünsche ich eine dem Gewicht des Themas und der Bedeutung der Beiträge angemessene Verbreitung.

Hamburg, Dezember 1996   Dieter S. Lutz

Jörg Barandat

> *"Over the next decade, water issues in the region's three major riverbasins - the Jordan, the Nile, and the Tigris-Euphrates - will foster either an unprecedented degree of cooperation or a combustible level of conflict."*
>
> Sandra Postel
> (Worldwatch Institute, Washington, D.C.)

Wasser als bisher weltweit unterbewerteter Rohstoff

Seit Beginn der 70er Jahre (Club of Rome: „Grenzen des Wachstums", UNO Conference on Human Environment) setzt sich mehr und mehr die Einsicht durch, daß Wasser ein nicht unbegrenzt verfügbarer Rohstoff ist. Dies gilt insbesondere für Süßwasser. Es macht gerade einmal 2,8 Prozent der gesamten Wassermenge auf unserem Planeten aus. Davon wiederum sind nur ca. 1,5 Prozent in Oberflächengewässern relativ leicht verfügbar.

Andererseits ist festzustellen, daß die quantitative wie qualitative Nachfrage nach Wasser weltweit stetig angestiegen ist. So werden z.B. für die Herstellung eines Liters Bier 60 Liter, eines Kilos Zucker 120 Liter, eines Kilos Papier 250 Liter und eines Kilos Garn 2500 Liter Wasser benötigt. Die Herstellung eines Autos erfordert ca. 20 000 Liter Wasser. In Deutschland werden von jedem Bürger täglich ca. 138 Liter Wasser nachgefragt - davon nur ca. drei bis fünf Liter zum Kochen und Trinken. Dabei wurde die Verfügbarkeit dieser Ressource in der Vergangenheit stets als gegeben unterstellt und auf ein logistisches Problem verkürzt. Zwischenzeitlich mußten die Menschen aber auch in Deutschland, also in einer Region, die durchaus als wasserreich zu bezeichnen ist, erste schmerzhafte Erfahrungen machen. So wurde die deutsche Öffentlichkeit damit konfrontiert, daß es in den Großstädten Hamburg, Frankfurt und Berlin im Sommer zu einem "Wassernotstand" kommen kann. Es gibt erste Regionen, in denen Baustopps für Neubaugebiete verfügt wurden, da für sie die Trinkwasserversorgung nicht mehr hätte sichergestellt werden können. Fernwasserleitungen zu den Ballungsräumen verursachen das Trockenfallen von Feuchtgebieten und großflächige Grundwasserabsenkungen, in deren Folge wiederum Bodenverdichtungen, Senkungsschäden an Gebäuden oder das Nachströmen von Brack- und Salzwasser auftreten. Dies führt über Schadensersatzansprüche bis hin zu einer deutlichen Verstimmung zwischen Landesregierungen wie zum Beispiel zwischen Hamburg und Niedersachsen bezüglich der Nordheide. Deutlich wird also auch bei uns, daß Raubbau an einem scheinbar unbegrenzt verfügbaren Rohstoff, der bis zur Zerstörung der Grundlagen seiner Regenerierung geht, die langfristige Verfügbarkeit infrage stellt.

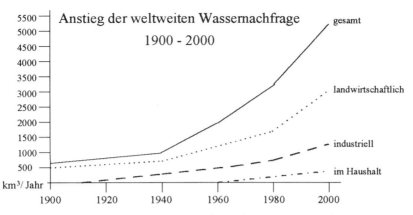

Quelle: N.C. Thank, Asit K. Biwas (Hrsg.): Environmentally- Sound Water Management, Calcutta 1990.

Bis ins Jahr 2000 wird ein weiterer rapider Anstieg der weltweiten Wassernachfrage von 2500 km³/Jahr in 1970 auf 5500 km³/Jahr prognostiziert. Dabei ist es offensichtlich, daß auch ein direkter Zusammenhang zwischen Bevölkerungswachstum und steigender Nachfrage nach der Ressource Wasser besteht. Eine Prognose für die nächsten 30 Jahre geht dabei davon aus, daß zwar der Bau neuer Staudämme ein um zehn Prozent höheres Wasserdargebot leisten kann, dem aber ein 45 prozentiges Wachstum der Bevölkerung gegenüberstehen wird.[1]

Schon heute müssen im Gegensatz zu Europa z.B. Nordafrika und der Mittlere Osten mit nur 25 Prozent der hier pro Kopf verfügbaren Wassermenge auskommen. Angesichts der Wachstumsraten der Bevölkerung in diesen Regionen ist es lediglich eine Frage der Zeit, wann die Nachfrage das Angebot übersteigen wird. Schon heute herrscht nach Untersuchungen der UNO in ca. 80 Ländern der Welt Wassermangel. In diesen Ländern leben aber 40 Prozent der Weltbevölkerung. Da für diese Menschen der Rohstoff Wasser der begrenzende Faktor für die Produktion von Nahrungsmitteln und der Schlüssel zur industriellen Entwicklung schlechthin ist, muß es zwangsläufig zu inner- wie auch zwischenstaatlichen Verteilungskonflikten kommen, die verschiedene Dimensionen haben: den Konflikt zwischen Stadt- und Landbevölkerung, Landwirtschaft und Industrie, aber in der Folge auch die Bewältigung von Hunger, Unterentwicklung, Zusammenbruch von Sozialsystemen, Krieg und Migration.[2]

---

1   Untersuchung der Stanford-Universität, zit. bei Müller-Jung, Joachim: Der kostbare Stoff, der den Frieden bedroht, in: Frankfurter Allgemeine Zeitung, 20.03.96.

2   SIPRI faßte die auf uns zukommende Lage bereits 1986 wie folgt zusammen: "The potential for future conflict over scarce fresh waters is growing in various regions of the world ... Special problem areas involve upstream/downstream water competition in arid and other regions of rapidly increasing population." Zitiert bei Westing, Arthur H.: Global Resources and International Conflict. Environmental Factors in Strategic Policy and Action, Oxford, New York 1986, S.9.

Internationale Gewässersysteme mit mehr als einem Anlieger

	Einzugs-gebiet	Anzahl der Anlieger								
		2	3	4	5	6	7	9	10	
Afrika	a)	3	2	6		Tschad Volta	Sambesi	Niger Kongo	Nil	55
	b)	30	8							
Amerika	a)	10	2		La Plata		Amazonas			60
	b)	43	3							
Asien	a)	7	5	2		Ganges Mekong				40
	b)	20	3	1						
Europa	a)		2	Elbe			Rhein/Mosel		Donau	45
	b)	35	5							
Gesamt:		148	30	10	1	4	3	2	2	200

a) = Einzugsgebiet größer als 100 000 km²   b) = Einzugsgebiet kleiner als 100 000 km²
Quelle: UNO - ECOSOC (E/ C.7/ 35 - 1980/81), u.a.

Natürliche Wasserscheiden orientieren sich nicht an den künstlich von Menschenhand geschaffenen Staatsgrenzen. So nutzen 50 Prozent der Weltbevölkerung grenzüberschreitende Gewässersysteme ("basins"). Dabei schafft die jeweilige Position im Gewässersystem sehr unterschiedliche Möglichkeiten der Teilhabe am Wasseraufkommen und an der Durchsetzungsfähigkeit in einem Verteilungskonflikt. Solche Faktoren sind: Oberlieger, Unterlieger, Anlieger am Grenzgewässer, aber auch die Zugriffsmöglichkeit auf wissenschaftliche und technische Entwicklungen, wirtschaftliche, politische und nicht zuletzt militärische Macht. So wurden in der Vergangenheit bereits Kriege (auch) um Wasser geführt. Als Beispiel könnte hier der Sechstagekrieg 1967 in Palästina angeführt werden. 1947 hatten die UN-Teilungspläne lebenswichtige Wasserquellen für den Staat Israel, insbesondere die des Jordan, außerhalb seiner Staatsgrenzen belassen. Seit der Eroberung der Golan-Höhen kontrolliert Israel die für sein Überleben als notwendig erachteten wichtigsten Quellflüsse des Jordan.

So entdeckte in den Jahren 1992/93 auch die Presse das Thema: "Krieg um Wasser". Aus ihrer Sicht war es neu, versprach der Welt in Kürze eine Reihe neuer Kriege und somit eine erfolgreiche Vermarktung. Bedauerlicherweise blieben so aber auch viele Meldungen und Berichte beschreibend oberflächlich. Sie klärten weder über Hintergründe auf, noch gaben sie Einblicke in die Bemühungen der betroffenen Staaten wie der Staatengemeinschaft, dieses Problemfeld zu bewältigen. Politische, technische, ökonomische, ökologische und soziokulturelle Lösungswege werden ebenfalls nur selten aufgezeigt.

Andererseits liegt zum Thema Wasser als Konfliktursache bereits eine Fülle englisch-sprachiger, vor allem amerikanische Literatur vor. Dies mag in der geographischen Nähe zum Problem begründet sein. Universitäten in Kalifornien haben den Konflikt um knapper werdende Wasserressourcen zwischen den Bedarfsträgern Stadt und Landwirtschaft unmittelbar vor der Haustür,[3] und der Streit um das Wasser des Rio Grande zwischen den USA und Mexiko beschäftigt seit 1895 die Politik in dieser Region. Zwischenzeitlich hat sich der Umgang mit dem Rohstoff Wasser wegen seiner zunehmenden ökonomischen, ökologischen und sicherheitspolitischen Bedeutung und der damit verbundenen Kriegsgefahr in der Region südlich des Mittelmeeres, bis hinein nach Zentralasien, auch für Europa zu einem ernstzunehmenden Risiko entwickelt. Da in der Zeit des "Kalten Krieges" die militärischen Aspekte von Sicherheitspolitik überbewertet wurden, steht Europa heute den geänderten Herausforderungen weitgehend ohne Konzept gegenüber, obwohl gerade im Hinblick auf den Umgang mit der Ressource Wasser wertvolle Hilfestellungen geleistet werden könnten.

Das vorliegende Buch versucht, diese Lücke zu schließen und für den deutschsprachigen Raum eine aktuelle und umfassende Problemdarstellung vorzulegen. Es wendet sich damit insbesondere an die politisch interessierte Öffentlichkeit, will aber auch ein Stück Politikberatung leisten. Dabei wurde ganz bewußt darauf verzichtet, die einzelnen Beiträge - sozusagen aus einem Guß - aufeinander abzustimmen. Dies wäre der Komplexität der Thematik nicht gerecht geworden, die es nahezu unmöglich macht, in akuten Konflikten nach berechtigten und unberechtigten Interessen zu differenzieren, sozusagen zwischen „Gut" und „Böse" zu unterscheiden. Im Gegenteil: Parteilichkeit in diesen Konflikten könnte sogar kontraproduktiv sein. Auch wurde gezielt versucht, die Betrachtung der Wasserproblematik in die jeweiligen regionalen Konfliktkonglomerate einzubinden, in denen es immer schwieriger zu erkennen ist, ob Wasser selbst die Konfliktursache ist oder zur Austragung anderer Konflikte instrumentalisiert wird. Nur so konnte deutlich gemacht werden, daß Lösungen lediglich über integrierte regionalpolitische Ansätze erfolgversprechend sein können.

Die Notwendigkeit für diesen Band wurde bereits bei der Suche nach Autoren offenkundig. Viele angeschriebene Institutionen begrüßten zwar die Initiative, lehnten aber eine Mitarbeit mit dem Hinweis auf Überlastung ab. In anderen Fällen wurde schnell deutlich, was Sandra Postel meint, wenn sie im Zusammenhang mit der Wasserproblematik von einem „schlafenden Problem" spricht. Aus zwei diesbezüglich besonders aufschlußreichen Absagen, die die Bandbreite von der Nichtwahrnehmung des Problems bis zu Schwierigkeit der Abstimmung im Umgang mit ihm aufzeigen, soll hier zitiert werden:

- „...Vielleicht wäre es günstiger, Geographen zu fragen, denn wir befassen uns mit den politischen, wirtschaftlichen und gesellschaftlichen Bedingungen in Ost- und Südostasien...."

---

3   Siehe z.B.: Mc Dowell, Jeanne: No rain, no gain: and much pain as California's draught threatens a way of life, in: Time 18.02.91; California's draught. There's another desert war, in: The Economist 16.02.91.

- „...muß ich Ihnen leider mitteilen, daß wir eine internationale Einrichtung sind und somit keine Stellungnahme oder Aufsätze aus deutscher Sicht abgeben können, die in einem deutschen Dokument erscheinen sollen. Auch wenn es sich um eine Stellungnahme aus internationaler Sicht handeln würde, wäre diese bei uns einem aufwendigen Abstimmungsverfahren ausgesetzt und wäre dann immer noch nicht geeignet für eine deutsche Publikation..."

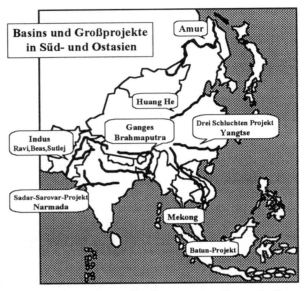

Aus diesem Grunde ist es dem Herausgeber ein echtes Bedürfnis, an dieser Stelle all denen zu danken, die das Entstehen dieses Bandes durch ihre Mitarbeit erst ermöglicht haben. Neben den Autoren[4] gilt dies insbesondere für *Susanne Bund*, die die Schlußredaktion besorgte.
Es soll aber auch nicht verhehlt werden, daß mit diesem Band keine weltumfassende Analyse geleistet wird. Dies gilt besonders für Asien: z.B. Ganges, das Narmada-Projekt[5] in Indien, Mekong, sowie die Gewässersysteme Chinas.[6] Auch was das

---

4   Der Herausgeber weist darauf hin, daß es sich bei den Beiträgen der Autoren um persönliche Meinungsäußerungen handelt, die nicht zwangsläufig mit Positionen der Institution, der sie angehören, der Auffassung des Herausgebers dieses Sammelbandes bzw. der des Herausgebers der Reihe Demokratie, Sicherheit, Frieden identisch sein müssen.

5   Böge, Volker: Das Sardar-Sarovar-Projekt an der Narmada in Indien. Gegenstand ökologischen Konflikts, Bern 1993 (= ENCOP Occasional Paper Nr.8).

6   Die Erkenntnis, daß die Bedeutung des Rohstoffs Wasser für die Entwicklungsmöglichkeiten einer Gesellschaft ein Schlüsselrohstoff ist, setzt sich auch in China zunehmend durch. So wird im Zusammenhang mit der Diskussion um den Entwurf zum 9. Fünfjahresplan ausgeführt: „'Es ist notwendig, den Aufbau von Infrastruktur in den Bereichen Wasser- und Energiewirtschaft, Verkehr und Kommunikation sowie den Aufbau der Grundlagenwirtschaft zu intensivieren, damit diese Sektoren mit der Entwicklung der Volkswirtschaft Schritt halten.' Dieser Satz ist von weitreichender Bedeutung. Früher sagte man: 'Die Wasserwirtschaft ist die Lebensader der Landwirtschaft'. Dann hieß es: 'Der Wasserbau stellt die grundlegende Einrichtung und Eckpfeiler der Volkswirtschaft dar'. Schließlich setzte man den Wasserbau an die erste Stelle der Infrastruktur und der Grundlagenindustrie. Dies zeigt einen großen Sprung im Bewußtsein von Partei und Gesellschaft für die Wasserwirtschaft." Li Rongxia: Hochwasser, in: Beijing Rundschau, 16/1996, S.14ff.

Aufzeigen von Lösungsmöglichkeiten angeht, so werden in diesem Band zwar wichtige Grundlagen erfaßt, die aber noch weiterer Diskussion bedürfen und nachfolgenden Projekten überlassen werden müssen.
Wenn sich der Herausgeber dennoch entschlossen hat, diese Lücken hinzunehmen, um zu einer raschen Veröffentlichung zu kommen, so ist dies damit zu begründen, daß für das Jahr 1997 gewichtige Weichenstellungen eintreten können. Sie werden darüber entscheiden, ob die regionale und weltweite Verteilung der Ressource Wasser zukünftig von Kooperation oder Konfrontation bestimmt sein wird:

- Im Rechtsausschuß der Generalversammlung der Vereinten Nationen wurde in einer Konferenz vom 07. - 25.10.1996 über den Entwurf einer internationalen Wasserkonvention beraten, die im Auftrag der Generalversammlung von der Völkerrechtskommission erarbeitet wurde. Diese Konferenz scheiterte vorerst, wird aber voraussichtlich vom 23.03. - 04.04. 1997 weiter fortgesetzt.
- Der Friedensprozeß in Palästina stagniert. Wird es den Konfliktpartnern unter diesen Bedingungen gelingen - orientiert an vorhandenen und sich weiter entwickelnden internationalen Standards - die Verteilung von Wasser kooperativ zu gewährleisten?
- Der Konflikt der Euphrat- und Tigrisanlieger wird - in Verbindung mit anderen Konflikten in der Region - zunehmend internationalisiert.
- Neben der Türkei mit ihrem Südostanatolien-Projekt am Oberlauf von Euphrat und Tigris will jetzt auch Äthiopien[7] am Oberlauf des Nil die Realisierung eines Großprojekts vorantreiben, dessen erste Planungen mehr als 40 Jahre zurückliegen.

Für die Teilnahme an der Diskussion um Lösungswege für diese Problemstellungen soll dieser Sammelband Hilfestellungen geben.

Einführung in den Sammelband

Im Kapitel I führt *Wolfhard Ediger* in die geowissenschaftlichen Grundlagen der sich mit Ausnahme fossilen Grundwassers selbst erneuernden Ressource Wasser ein. Er zeigt positive und negative Auswirkungen gängiger Wasserprojekte auf, die mitunter auch zur nachhaltigen Zerstörung der Ressource führen. Er weist dies z.B. für die Nutzung von Grundwasser nach. Als Beispiel dient ihm hier auch das libysche Projekt zur Gewinnung fossi-

---

7 „...nun beansprucht Äthiopien, das vier Fünftel des Nilwassers kontrolliert, einen größeren Anteil an dem Wasserreichtum. Wasserkraftwerke sollen am Oberlauf des Stroms gebaut werden und neues Land gewonnen werden. Das Worldwatch Institute hält 3,7 Millionen Hektar auf äthiopischem Gebiet für eine Bewässerungswirtschaft geeignet. Damit würden die Wasserbezüge der Ägypter aus dem Nil um schätzungsweise 16 Prozent schrumpfen." Müller-Jung, a.a.O.

len Grundwassers im Grenzgebiet zwischen Libyen, Ägypten, Sudan und dem Tschad.[8]

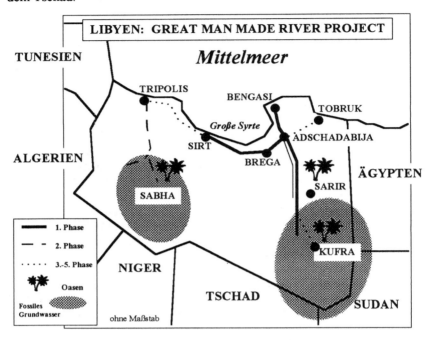

Aber auch Lösungsansätze wie z.B. die Meerwasserentsalzung sind fraglich, wenn es darum geht, die Wasserversorgung langfristig sicherzustellen.[9] Deutlich wird, daß die Vermehrung der verfügbaren Wassermenge insbesondere durch Großprojekte langfristig keine Problemlösung herbeiführt. Denn sie lassen sich in ihren Folgen nicht mehr vorhersagen, da die wissen-

---

8   Da, wie an einem Beispiel in Indien nachgewiesen, ein steigendes Wasserangebot auch zu einer höheren Geburtenrate führen kann, steigt dadurch die Wassernachfrage noch weiter an. Die Schere zwischen Angebot und Nachfrage muß zwangsläufig immer weiter auseinandergehen. Zu katastrophalen Folgen führt eine solche Wasserpolitik, da sich das zusätzlich erschlossene Angebot auf Raubbau stützt und damit mittel- und langfristig trotz weiter steigender Nachfrage die Quelle versiegt. Vgl. dazu Smith, Norman: Menschen und Wasser, München 1978, S.213: "Die künstliche Bewässerung war der Hauptmotor bei diesem erschreckenden Wachstum, das seinerseits nach mehr Bewässerung verlangt". Vgl. auch: Baume, Otfried / Ralf Scheffler: Agrarische Entwicklungsvorhaben im Rahmen des „Great Man-Made River"-Projektes in Libyen, in: Zeitschrift für den Erdkundeunterricht, 11/1992.

9   "Modern technologies tend to replace them [nature's offerings to man] by new ones: natural soil fertility by chemical fertilizers; inland navigation by trucks and railways; hydropower by chemical power (coal, oil, nuclear). Although these new technologies basically rely on natural resources, they induce two significant alterations: (a) they tend to replace the use of renewable natural resources by use of nonrenewable ones; and (b) they require more energy and produce more wastes per unit of production." Karoly Szesztay in: UNITAR NEWS, vol.IX, 1977: The United Nations and Water, S.4.

schaftlichen Modelle zur Simulation von Folgen nicht die ganze Realität erfassen. Somit besteht die Gefahr, daß Großprojekte zu Großexperimenten am Menschen selbst werden. Es gilt daher zu akzeptieren, daß trotz der Möglichkeiten, die moderne Technik heute bietet, diese nur ein gewichtiger Gesichtspunkt für die Wasserwirtschaft sein kann. Einen ebenso hohen Stellenwert müssen heute politische, wirtschaftliche, ökologische, soziale und rechtliche Gesichtspunkte einnehmen. So könnten Methoden zur *effizienten Nutzung*, die den regionalen Rahmenbedingungen angepaßt sind und auf einer Prüfung der Umweltverträglichkeit sowie realistischen Kosten-Nutzen-Analysen basieren, erfolgversprechende Beiträge liefern.

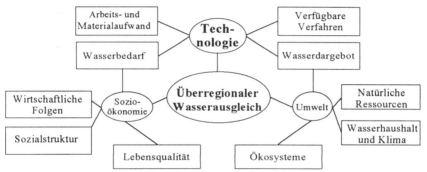

Quelle: Garbrecht: Wasser. Vorrat, Bedarf und Nutzung in Geschichte und Gegenwart; Reinbeck 1985.

Ein erfolgversprechender Lösungsansatz überregionalen Wasserausgleichs könnte der Import „virtuellen Wassers"[10] in Mangelgebiete sein. Beispielsweise kann der Import einer einzigen Tonne Weizen, die im Regenfeldbau in gemäßigten Breiten angebaut wurde, in einem Trockengebiet 2.000 m³ Wasser freisetzen. Diese Menge reicht aus, um den täglichen Bedarf von etwa 20.000 Menschen zu decken. Für den importierenden Staat bedeutet dies allerdings die Aufgabe der Selbstversorgung mit Nahrungsmitteln zugunsten der Ernährungssicherung durch Importe. Dies fällt vor allem vielen arabischen Staaten schwer, die rhetorisch an dem Ziel der Selbstversorgung festhalten und daher ihre Bewässerungswirtschaft ausbauen. Faktisch bleibt allerdings die Selbstversorgung für fast alle Staaten des Nahem Ostens aufgrund des Bevölkerungswachstums und der Wasserknappheit unerreichbar.

---

10 Als „virtuelles Wasser" wird jene Wassermenge bezeichnet, die in der Landwirtschaft benötigt würde, um durch Importsubstitution die Versorgung mit Nahrungsmitteln zu erreichen. Ein Rückgang der inländischen Nahrungsmittelproduktion zugunsten des Imports von Nahrungsmitteln aus regenreichen Gebieten kann große Wassermengen für andere Nutzungen freisetzen, die durch den Import von „virtuellem Wasser" in Form von Nahrungsmitteln ersetzt werden.

Viele Staaten - darunter auch Israel, Jordanien, Ägypten und der Irak - sind bereits seit langem und in hohem Maß Netto-Nahrungsmittelimporteure. Damit ist die Befürchtung einer weiteren Abhängigkeit von Getreideexporteuren - insbesondere den USA und Europa - verbunden. So stößt die Ernährungssicherheit durch Nahrungsmittelimporte oft auf sicherheitspolitische und ideologische Hindernisse, die nicht einfach zu überwinden sind. Dies wird z.B. auch im Verhältnis der Türkei zu ihren Nachbarn deutlich, die sich einem Angebot zum Import „virtuellen Wassers" verweigern.

Das Kapitel II beschreibt an verschiedenen Beispielen die Zusammenhänge zwischen dem regionalen Konfliktstoff Wasser und anderen Problemen in der jeweiligen Region. *Margret Johannsen* stellt einleitend für den Jordan die Vielfalt von Konflikten in der Region dar, von denen viele einerseits immer wieder in einem Bezug zum Wasser stehen, andererseits der zivilen und konsensualen Regelung der Verteilungskonflikte um Wasser im Wege stehen.

Nicht nur Konflikte um Wasser aus ökonomischen Interessen wurden in der Vergangenheit mit militärischen Mitteln ausgetragen, Wasser selbst wird als „potentielle Waffe" genutzt. Dies verdeutlicht *Stephan Libiszewski* mit seinem Beitrag am Beispiel des Jordan-Beckens. Er zeigt aber auch auf, daß Wassermanagement erfolgreich sein kann, wenn die Kooperation über bi- und multilaterale Arbeitsgruppen auf der Grundlage von Vorstellungen erfolgt, die nicht den Besitz von Wasser, sondern die *Ansprüche bei seiner Verteilung* in den Vordergrund stellt. So können in grenzüberschreitender Regionalpolitik, kombiniert mit guten Diensten Dritter (in diesem Fall finanzielle Unterstützung durch Europa), auch bisher ungenutzte Ressourcen zum gemeinsamen Nutzen neu erschlossen werden. *Jochen Renger* betrachtet im Anschluß daran den gleichen Gegenstand unter dem Aspekt der drei "klassischen" Konfliktbereiche internationaler Politik: *Herrschaft*, *Sicherheit* und *Wohlfahrt* und zwar jeweils in Verbindung mit der Ressource *Wasser*.

Mit einem Beitrag von *Bülent Güven* zur politischen Lage im Vorderen Orient wird die Betrachtung des Euphrat und Tigris-Basin eingeleitet. Die Beschreibung und Bewertung der aktuellen Krisenlage in der Region erfolgt dabei auf der Grundlage einer türkischen Sichtweise, die Wege aus der Krise in die Moderne auch islamisch begründet. Der nachfolgende Beitrag von *Jörg Barandat* beschäftigt sich insbesondere mit den negativen Folgen des Südostanatolien-Projekts (GAP), die die Türkei und ihre Nachbarn mittel- bis langfristig in ernst zu nehmende Konflikte miteinander treiben wird. *Waltina Scheumann* hingegen arbeitet exemplarisch am GAP heraus, daß Wasserbauprojekte am Oberlauf für die Anlieger am Unterlauf auch positive Effekte haben können. In der Gesamtschau der drei Beiträge wird deutlich, daß es für eine effiziente Nutzung eines Basin und gerechte Verteilung der Kosten zwischen den Anliegern politischer, ökonomischer und sozialer

Rahmenbedingungen bedarf, die in dieser Region - wenn überhaupt - lediglich in Ansätzen vorhanden sind.

Ein Großprojekt, das sozusagen den Endzustand des Versagens von Wasserpolitik sehr deutlich und beispielhaft vor Augen führt, ist die ökologische Katastrophe um den Aral-See. Die "Jagd nach immer neuen Baumwollrekorden" in der ehemaligen Sowjetunion führte zur Ableitung des Wassers von Amu-Darja und Syr-Darja.[11] Die Überzeugung, daß technischen Möglichkeiten bezüglich der Machbarkeit keine Grenzen mehr gesetzt sind, verwandelte das gesamte Aral-Becken - vormals eines der größten Süßwasserreservoirs der Welt - in eine Salzwüste. Durch die in der Folge eintretende Brauch- und Trinkwasserverknappung entwickeln sich Verelendung, Hunger, Seuchen, Revolten und Migration. Deutlich wird, daß gerade in wasserarmen Zonen Großprojekte das Risiko in sich bergen, bei einem nur kurzfristig zu nutzenden Vorteil langfristig selbst zum Problem zu werden. Während in einem ersten Beitrag *Stefanie Babst* die allgemeine politische und wirtschaftliche Situation in Zentralasien darstellt, zeigt *Stefan Klötzli* auf, wie aus einer Ökokatastrophe der Sowjetunion mit innenpolitischen Folgen heute ein zwischenstaatlicher Konflikt erwächst.

Die Betrachtung von ausgewählten Basins wird abgeschlossen mit einem Beitrag von *René Klaff* über den Indus. Hier ist besonders bemerkenswert, daß Pakistan und Indien bemüht sind, ihren Streit um das Induswasser trotz einer Vielzahl anderer Konflikte miteinander zum gegenseitigen Vorteil zu versachlichen. Es handelt sich hier um Verfahren, die ggf. auch als Modell für andere Basins nutzbar sein könnten. Der Beitrag von *Manuel Schiffler* zum Nil gewinnt insbesondere Aktualität durch die Ambitionen der Oberlieger Sudan und Äthiopien zur zukünftig intensiveren Nutzung des Wassers am Oberlauf.

Im Anschluß an diese Lagedarstellung beschäftigt sich das Kapitel III mit dem internationalen Wasserrecht als einem Instrument der Konfliktregelung. *Hans-Joachim Heintze* stellt die Entwicklung dieser Disziplin dar und geht auch auf den aktuellen Sachstand zum Entwurf der UNO-Völkerrechtskommission (ILC): „Draft Articles on the Law of the Non-Navigational Uses of International Watercourses" ein, der bisher, wie bereits angesprochen, ohne positives Ergebnis diskutiert wurde. Sehr erfreulich ist, daß die Bewertung des Autors und seine Prognosen für die zukünftige Entwicklung optimistischer ausfallen als die des Herausgebers. Eine Dokumentation zur Entwicklung eines internationalen Wasserrechts im Anhang des Bandes steht im direkten Zusammenhang mit diesem Beitrag und eröffnet dem Leser die Möglichkeit, wichtige Dokumente selbst nachzulesen.

Rechtliche Rahmenbedingungen sind durch Politik auszufüllen. *Anne Schulte-Wülwer-Leidig* und *Koos Wieriks* stellen dies für europäische Gewäs-

---

11   Vgl.: Laskorin, B. / W. Tichonow: Wasserprobleme: Neue Betrachtungsweisen, in: Gesellschaftswissenschaften, Moskau, 2/1989, S.210ff.

sersysteme dar. Für einen außenstehenden Beobachter erweckte die Gründung der Internationalen Rheinschutzkommission zunächst eher den Eindruck, als sollte lediglich eine Verwaltungsstelle zur Verteilung von Lizenzen zur Einleitung umweltschädigender Stoffe in eine Wasserrinne geschaffen werden. Zwischenzeitlich konnte sie sich allerdings zu einem aktiven, mit Eigendynamik agierendem Instrument für die nachhaltige Nutzung des Gesamtsystems Rhein entwickeln. Dies war möglich, auch wenn keiner der Rheinanlieger Souveränitätsrechte an die Kommission abgegeben hat. Damit begründete die Rheinkommission das Prinzip grenzüberschreitenden Wassermanagements und wurde zum Modell für eine Vielzahl anderer europäischer Flußkommissionen.

Bi- und multinationale Gremien zur Regelung von Nutzungsansprüchen an internationale Binnengewässer

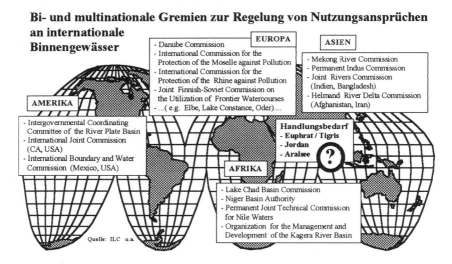

Günther-Michael Knopp und *Dietrich Pfündl* stellen dies vertiefend am Beispiel der Donau dar. Der Erfolg europäischer Flußkommissionen liegt ganz offensichtlich darin, daß sich insbesondere in West-/ Mitteleuropa im Rahmen des europäischen Einigungsprozesses - ergänzend zu den rechtsstaatlichen Strukturen - Zivilgesellschaften („civil societies") herausgebildet haben, die kalkulierbar handeln, nach innen integrieren und steuern und nach außen verläßliche Kooperationspartner sind. Dem liegt u.a. die Erkenntnis zugrunde, daß gerade Kooperationsgewinne zur Befriedigung nationaler politischer Interessen zum Ziel führen. Das Wissen um diese Grundlagen hilft, die Grenzen bei einer Übertragung des Modells in andere Regionen außerhalb Europas aufzuzeigen. Denn unverändert werden in vielen Regionen der Welt mögliche Kooperationsgewinne als zu gering eingeschätzt. Die Interessendurchsetzung aus einer Position der Stärke erscheint unter den vorherrschenden Rahmenbedingungen als unverändert attraktiv. Daraus ist zu folgern: Besteht seitens der europäischen Staaten ein Interesse, die Rheinkommission weltweit zu einer zukunftsweisenden Orientierungshilfe für die nachhaltige Entwicklung von Gewässersystemen zu machen, so sind umfassende Investitionen in die Herausbildung und Weiterentwicklung von Zivilgesellschaften zu tätigen.

Das Kapitel IV hat zum Ziel, die Thematik Wasser abschließend in einen größeren Zusammenhang von Ökologie, Ökonomie und Sicherheit zu stellen. Unter Zugrundelegung eines zeitgemäßen Wassermanagements müssen Ökonomie und Ökologie heute nicht mehr zwangsläufig im Widerspruch zueinander stehen. Wirksames Wassermanagement erfaßt und koordiniert alle tatsächlichen und geplanten Nutzungen verschiedener Anspruchsteller im gesamten Gewässersystem auch über politische Grenzen hinweg nach Art und Umfang, kontrolliert die Ableitung und Einleitung sowie das Wasserrecycling und wacht über die Erhaltung der ökologischen Grundlagen für die Regenerierung. Es vergleicht ständig Angebot und Nachfrage, legt Prioritäten für die Nutzer fest und setzt sie durch. Somit geht es beim Wassermanagement nicht in erster Linie um die Erschließung und Gewinnung zusätzlichen Wassers, sondern primär um die sparsame und effiziente Nutzung des vorhandenen Wasserangebots. Damit schließt sich an dieser Stelle der Kreis zum Kapitel I.

Das Prinzip grenzüberschreitenden Wassermanagements

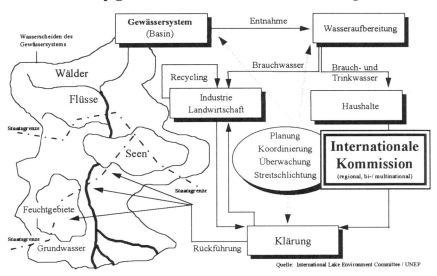

Am Beispiel von Oberrhein und Bodensee - insbesondere anknüpfend an den Beitrag von Anne Schulte-Wülwer-Leidig und Koos Wieriks - zeigt *Roland Scherer* auf, daß Zivilgesellschaften heute in der Lage sind, das ursprünglich bei den Regierungen liegende Informations- und Verhandlungsmonopol bei grenzüberschreitenden Fragen zu lockern. Sichtbarer Ausdruck dieser Lockerung ist, daß zunehmend nichtstaatliche Organisationen - ggf. sogar über lediglich informelle Beziehungen[12] - zu politischen Akteuren werden: Städte, Wasserwerke, Landwirtschaft, Industrie, aber auch Umweltorganisationen. Durch Einbringung ihrer vielfältigen Interessen beginnen sie durch ein realistisches Kosten-Nutzen-Kalkül die Grundsätze von nachhaltiger Entwicklung („sustainable development") zu berücksichtigen. Damit wird auch die in Fragen der Verschwendung der Ressource Wasser nicht immer sehr segensreiche Rolle der Staaten zunehmend zurückgedrängt, da die politischen Entscheidungsträger aller Anliegerstaaten durch die Interessen der Nutzer unter einen erheblichen Handlungsdruck geraten können. Im Falle des Rheins bedurfte es dazu zwar erst des Sandoz-Unglücks, andererseits wurde aber so durch erste Erfolge in der effizienten und nachhaltigen Nutzung eines Gewässers der Nachweis geführt, daß es technisch und ökonomisch möglich ist, der weltweit zunehmenden Wasserknappheit an Quantität und Qualität erfolgreich zu begegnen. Zivilgesellschaften können Fehlleistungen der Politik korrigieren.

Axel Michaelowa leistet mit seinem Beitrag einen Transfer zu einem Umweltmedium und einer Ressource anderer Art: Das Klima. Er stellt Zusammenhänge zur Wasserpolitik her und zeigt Parallelen auf. So könnten die in der Klimapolitik geschaffenen Konventionen und Protokolle ggf. auch beispielhaft für Wasserpolitik sein, insbesondere, da sie den Entwicklungsländern Mechanismen zur Finanzierung und den Zugang zu moderner Technologie eröffnen. Auf der anderen Seite werden aber auch Unterschiede aufgezeigt, die eine einfache Übertragbarkeit ausschließen.

Das Kapitel schließt mit einem Beitrag von *Hans-Joachim Gießmann* ab. War im Verlauf des Kalten Krieges der Sicherheitsbegriffs auf militärische Sicherheit verengt worden, ist heute festzustellen, daß es auch eine ökologische Dimension von Sicherheit über das Umweltmedium Wasser hinaus gibt. Umwelt ist vergleichbar einem „Stiftungsvermögen" und als allgemeines Gut der Menschheit zu begreifen, aus dem lediglich die „Zinsen" aufgebracht werden können, will man die „Stiftung" als solche nicht in ihrer Existenz gefährden. Wird dieser Grundsatz nicht berücksichtigt, kann dies eine weitere Existenz und Entwicklung von Zivilisation grundsätzlich infrage stellen. Um dieser Einsicht Geltung zu verschaffen, bedarf es auch

---

12 Diese regionalen, grenzüberschreitenden informellen Beziehungen sind heute von größtem Nutzen. In diesem Sinne wäre es hilfreich und notwendig, solche Netze auch in der überregionalen und weltweiten Arbeit aufzubauen. Auch dies wird heute in Ansätzen versucht. Als dem Herausgeber bekannte Beispiele sollen hier aufgeführt werden:
- Deutsches Institut für Entwicklungspolitik - DIE, Berlin (Manuel Schiffler)
- Arbeitsgemeinschaft Tropische und Subtropische Agrarforschung - ATSAF, Bonn; Projekt: Forschungs- und Entwicklungsvorhaben im Bereich Wassernutzung (Hubertus Franzen). Hier ist die Herausgabe eines ersten Berichts in Kürze zu erwarten.
- Bundesanstalt für Gewässerkunde - BfG, Koblenz; Projekt: Nachhaltige Bewirtschaftung multinationaler Wasserregime (Heinz Engel).

einer Neubestimmung des Verhältnisses zwischen Wissenschaft, Politik und Praxis.

" Zu Beginn der neunziger Jahre müssen wir uns für konsequente Maßnahmen entscheiden, um das Bevölkerungswachstum aufzuhalten, die Armut zu bekämpfen und die Umwelt zu schützen. Anderenfalls können wir unseren Kindern nur ein vergiftetes Erbe hinterlassen."
Weltbevölkerungsbericht 1990

Am Ende dieser Einführung in den Sammelband soll seitens des Herausgebers noch einmal der Zusammenhang von Wassernachfrage und Bevölkerungswachstum - der in mehreren Beiträgen dieses Bandes seinen Niederschlag findet - aufgegriffen werden. Denn alle Bemühungen über ein internationales Wasserrecht und grenzüberschreitendes Wassermanagement werden im Sande verlaufen, wenn nicht einer der hochsignifikanten Ursachen für die Übernutzung von Ressourcen - dem *Bevölkerungswachstum* - Einhalt geboten wird.

In diesem Sinne nimmt Sicherheitspolitik noch ganz andere Dimensionen an. Um es provokativ auf den Punkt zu bringen: Frauenbildung, -entwicklung und -selbstbestimmung ist Sicherheitspolitik![13]

---

13   The Rio Declaration, 14.06.92, Principle 20: „Women have a vital role in environmental management and development. Their full participation is therefore essential to archive sustainable development."

I.

Geowissenschaftliche Grundinformationen

Wolfhard Ediger

Wasser als natürlicher Rohstoff

Einführung

Der Rohstoff Wasser gewinnt mit steigender Bevölkerungszahl und Industrialisierung eine zunehmende Bedeutung für Konsum- und Produktionszwecke. In den Industrienationen ist eine gesicherte Wasserversorgung unter anderem Voraussetzung für wirtschaftliches Wachstum und für den daraus resultierenden Wohlstand. In vielen Entwicklungsländern bedeutet die Versorgung mit sauberem Wasser in ausreichender Menge eine Garantie für das nackte Überleben großer Bevölkerungsteile. Im multinationalen Kontext bergen grenzüberschreitende Wasservorkommen zunehmend sicherheitspolitischen Zündstoff.

Die Gesamtproblematik erstreckt sich von der rein wasserwirtschaftlichen Betrachtung einzelner Gewässersysteme über multinationale Abkommen bezüglich jährlicher Fördermengen bis zu Fragen des Internationalen Rechts oder der Bedeutung des Wassers in unterschiedlichen Kulturkreisen.

Als Basis für das Verständnis dieses vielschichtigen Beziehungsgeflechtes versucht das vorliegende Kapitel geowissenschaftliche Grundinformationen zu vermitteln. Hierzu sollen nach einer einführenden Betrachtung der grundsätzlichen Zusammenhänge zwischen Niederschlag, Verdunstung und den verfügbaren Wasserressourcen die Problemfelder aufgezeigt werden, die dem Menschen bei der Nutzung dieser Vorkommen entstehen können. Abschließend wird eine Auswahl technischer Möglichkeiten zur Vergrößerung der verfügbaren Wassermenge vorgestellt.

Zielgruppe ist nicht die Fachwelt, für die eine Vielzahl spezialisierter Literatur vorhanden ist, sondern vielmehr die interessierte Öffentlichkeit. Dieser Umstand bietet sowohl die Chance als auch die Herausforderung, die Darstellung so wissenschaftlich wie nötig und so verständlich wie möglich zu konzipieren.

Hydrologische Grundlagen

Der gesamte Wasservorrat der Erde wird auf etwa 1,38 Milliarden km^3 geschätzt. Nur etwa 2,6 Prozent hiervon, das sind 35,88 Millionen km^3, sind Süßwasser und damit für den Menschen genießbar. Hiervon sind jedoch nur 4,9 Millionen km^3 verfügbar, da der Rest in permanenten

Schnee- und Eismassen sowie in nicht förderbarem Grundwasser gebunden ist.[1] Diese Wassermengen zirkulieren bei globaler Betrachtung in einem geschlossenen Kreislaufsystem. *Abbildung 1* verdeutlicht diesen Vorgang in schematischer Form als ständigen Übergang zwischen den hydrologischen Parametern Verdunstung, Niederschlag und Abfluß.

Verdunstung ist der Übergang von flüssigem oder festem Wasser (Eis) in den gasförmigen Zustand (Wasserdampf). Sie erfolgt im wesentlichen als eine Funktion von Temperatur, Luftfeuchtigkeit und Windgeschwindigkeit. Durch die Sonneneinstrahlung wird die intermolekulare Bindung zwischen den Wassermoleküleln aufgebrochen, sie gehen damit in den gasförmigen Zustand über. Dies geschieht so lange, bis das temperaturspezifische Sättigungsdefizit der überlagernden Luftschicht ausgeglichen ist. Werden die aufsteigenden Wassermoleküle durch entsprechend starke Luftbewegungen wegtransportiert, erfolgt kein Ausgleich. Der Verdunstungsvorgang kommt erst in dem Moment zum Stillstand, wenn durch nachlassende Windgeschwindigkeit das Sättigungsdefizit der Luft kompensiert werden kann. Vereinfacht kann daher festgehalten werden, daß bei hoher Temperatur, kombiniert mit geringer Luftfeuchtigkeit und großer Windgeschwindigkeit die Verdunstung am größten ist.

Erfolgt die Verdunstung unmittelbar über dem Boden oder über offenen Wasserflächen, so wird sie als *Evaporation* bezeichnet. Ihr Anteil dominiert hauptsächlich in vegetationsarmen Gebieten. In gemäßigten Klimazonen besitzt jedoch die Verdunstung über den physiologischen Wasserhaushalt der Pflanzen eine quantitativ größere Bedeutung. Der Anteil dieses als *Transpiration* bezeichneten Phänomens an der Gesamtverdunstung beträgt für das Gebiet der Bundesrepublik Deutschland über 70 Prozent.[2] Eine untergeordnete Rolle spielt die *Interzeption*. Sie beschreibt das Phänomen, daß ein Teil des Niederschlags von Blättern und Baumkronen aufgefangen wird und unmittelbar von dort wieder verdunstet, ohne den Boden erreicht zu haben.

Das verdunstete Wasser akkumuliert zu Wolken, die durch Luftbewegungen in Gebiete mit meteorologischen Bedingungen transportiert werden, die eine Kondensation, d.h. ein Niederschlagsereignis bewirken. Der *Niederschlag* gelangt zum Teil unmittelbar in Seen oder in das Meer, während der über dem Festland niedergegangene Anteil entweder an der Oberfläche den Vorflutern zufließt oder aber in den Boden infiltriert und die Grundwasservorräte ergänzt. Eine besondere Rolle spielt der Niederschlag in Form von Schnee. Einmal bindet er große Mengen des globalen Wasservorrats als ewiges Eis, die dem hydrologischen Kreislauf damit

---

[1] World Resources Institute (Hrsg.): World Resources 1992/93. A Guide to the Global Environment. Toward Sustainable Development. Oxford 1992.
[2] Liebscher, H.-J.: Der Kreislauf des Wassers.- ATV (Abwassertechnische Vereinigung) - Handbuch Abwassertechnik, Bd.I, Berlin 1982, S. 36 - 46.

zeitweise entzogen werden. In Gebieten außerhalb der Dauerfrostzonen hingegen ergänzen die im Frühjahr schmelzenden Schnee- und Eismassen wirkungsvoll die Grundwasservorräte. In diesem Zusammenhang ist auch auf die Bedeutung der Niederschagsintensität für die Grundwasserneubildung hinzuweisen. Eine hohe Intensität bewirkt ein überwiegend oberflächiges Abfließen des Wassers, da der Boden die innerhalb kurzer Zeit fallenden Niederschlagsmengen nicht aufnehmen kann. Diese Mengen fehlen nicht nur für die Regenerierung von Grundwasservorkommen, häufig erodieren sie auch während des Abfließens landwirtschaftlich wertvolle Böden. Wasserwirtschaftlich bedeutsam ist daher nicht allein die Menge des Niederschlags sondern auch die Intensität des Niederschlagereignisses.

Tritt der in den Boden infiltrierte Niederschlag an Quellen wieder zutage bilden sich unterschiedlich dimensionierte Bach- und Flußsysteme. Ihr *oberirdischer Abfluß* kann sowohl durch Niederschläge als auch über einen unmittelbaren hydraulischen Kontakt mit dem Grundwasser beeinflußt werden. Abhängig von der Jahreszeit, und damit verbunden der Niederschlagshöhe und -intensität, ist der oberirdische Abfluß unterschiedlich hoch. Im Sommer ist er aufgrund der geringen Niederschläge und der hohen Verdunstung deutlich geringer als in den Wintermonaten. Für die Wasserversorgung des Menschen bedeutet dies, daß im Winter das Angebot größer als die Nachfrage ist, während im Sommer aufgrund höherer Temperaturen vergleichsweise mehr Wasser benötigt wird, das aus einem deutlich verringerten Vorrat zu decken ist.

Saisonale Überschüsse und Defizite lassen sich auch für den *unterirdischen Abfluß* des Grundwassers beobachten. Während im Fall von Oberflächengewässern der Winterüberschuß nur mit Hilfe von Talsperren und anderen technischen Einrichtungen für die trockenere Jahreszeit verfügbar gemacht werden kann, speichert ein Grundwasserleiter diese Rücklage ohne menschliche Eingriffe. Die Tatsache, daß Brunnen auch in Trockenzeiten noch Wasser fördern, während Bäche und Flüsse ausgetrocknet sind, verführt jedoch vielerorts dazu, die Grundwasservorräte über die jährliche Neubildungsrate hinaus auszubeuten und damit langfristig auch diese Reserve zu erschöpfen.

Die skizzierten Verhältnisse zwischen Niederschlag (N), Verdunstung (V) und Abfluß (A) lassen sich bei langfristiger Betrachtung in der *hydrologischen Grundgleichung* $N = A + V$ zusammenfassen. Die wesentlichen Inhalte dieser Gleichung können wie folgt dargestellt werden: Die global vorhandene Wassermenge ist konstant. Anders als z.B. bei fossilen Energieträgern wie Erdöl- und Erdgas verringert sie sich durch die Nutzung für menschliche Zwecke nicht. Wasser ist somit ein ständig erneuerbarer Rohstoff, ein "Verbrauch" im engeren Sinne findet nicht statt.

Probleme um und mit dem Rohstoff Wasser entstehen erst, wenn man die globale durch eine regionale Betrachtungsweise ersetzt. Ist in einem Untersuchungsgebiet die Höhe der Verdunstung gleich der des Niederschlags, so ist die Menge des Abflusses gleich Null. Das bedeutet, daß eventuell vorhandene Bäche und Flüsse nur noch solange fließen, wie sie aus dem Grundwasser gespeist werden. Der Grundwasserspiegel fällt durch die Wasseraufnahme der Pflanzen mittelfristig unter deren Wurzelniveau. Hierdurch erhält die Vegetation nicht mehr die für das Überleben nötige Wassermenge und stirbt als Folge dieses Mangels ab. Durch Grundwasserförderung für z.B. Bewässerungszwecke wird dieser Vorgang so lange beschleunigt, bis auch die entsprechenden Brunnen trocken fallen.
Auf der anderen Seite führen kontinuierlich starke Niederschläge bei geringer Verdunstung zu einem erheblichen Anstieg des Abflusses. Oberirdisch äußert sich dies in zum Teil ausgedehnten Überflutungen. Wird auch die Aufnahmefähigkeit eines Grundwasserleiters überschritten, so führt dies gegebenenfalls zu einer dauerhaften Bodendurchfeuchtung, die im Einzelfall den Anbau landwirtschaftlicher Produkte unmöglich macht.
Zwischen diesen beiden Extrema existiert ein breites Band unterschiedlicher Verhältnisse, die die hydrologischen Parameter Abfluß, Verdunstung und Niederschlag zueinander aufweisen können. Je nach dem welches Glied der Gleichung vorherrscht, ist Wasser in ausreichender Menge vorhanden oder knapper Rohstoff. Dies wiederum hat unmittelbare Auswirkungen auf Lebensqualität und regional sogar auf die Überlebensfähigkeit der dort ansässigen Menschen.

Probleme um und mit Wasser

Wasserknappheit

Die Verknappung der verfügbaren Wasserressourcen kann sowohl natürliche als auch durch den Menschen hervorgerufene (= anthropogene) Ursachen haben. Ohne Anspruch auf Vollzähligkeit sind als ursächliche Faktoren Phänomene wie Klimaänderungen, Bevölkerungswachstum oder Verluste bei Wassertransporten zu nennen.
Nach Falkenmark[3] wird Wasserknappheit auf der Grundlage der pro Jahr und Einwohner vorhandenen Wassermengen definiert. Ist dieser Wert größer als 10000 m^3, so existieren keine Wasserprobleme. Bis zu einem Wert von ca. 1700 m^3 treten im allgemeinen nur geringe Probleme auf, die

---

3   Falkenmark, M.: The Massive Water Scarcity now Threatening Africa - Why isn't it being Adressed?, in: Ambio, 18/1989, S. 112-118.

hauptsächlich auf Trockenzeiten beschränkt sind. Verfügt der einzelne Mensch über 1000 bis ca. 1700 m^3 pro Jahr, so spricht man von Wasserarmut. Bei einer Verfügbarkeit von weniger als 1000 aber mehr als 500 m^3 herrscht chronischer Wassermangel. 500 m^3 pro Jahr ist nach diesem Konzept des *Water Stress Index* das Minimum, das für eine wirtschaftliche und gesellschaftliche Entfaltung zu veranschlagen ist. *Tabelle 1* gibt einen Überblick über die Staaten, in denen bereits heute Wasserknappheit herrscht oder bei gleichbleibendem Bevölkerungswachstum im Jahre 2025 herrschen wird. In Ergänzung zur Klassifizierung nach Falkenmark gibt Clarke[4] als Faustregel an, daß Länder, deren jährlicher Verbrauch geringer als fünf Prozent der vorhandenen Ressourcen ist, kaum mit Wasserproblemen zu rechnen haben. Bis zu einem Anteil von 20 Prozent werden diese immer bedeutender, haben aber erst jenseits dieses Grenzwerts wirtschaftspolitisch hemmende Folgen. Staaten, die jährlich mehr als ein Drittel ihrer Wasservorräte verbrauchen, manövrieren sich in eine wirtschaftspolitisch kritische Lage.

Als Auslöser für eine regionale Wasserverknappung sind zunächst natürliche, meist klimatisch bedingte Ursachen zu nennen. Der Wechsel von Kalt- und Warmzeiten war kein einmaliges und nur auf Nordeuropa begrenztes Phänomen der jüngeren Erdgeschichte. Vielmehr sind *Klimaänderungen* aus allen geologischen Zeitaltern bekannt. Aber auch in historischer Zeit sind alternierende Kälte- und Wärmeperioden keine Ausnahmen, ohne daß es unbedingt zu einer Eiszeit oder Versteppung der betroffenen Gebiete gekommen ist. Derartige Klimaschwankungen manifestieren sich in veränderten Durchschnittstemperaturen und damit verbundenen Verdunstungsraten sowie in geänderten Niederschlagsmengen. Sie haben somit eine unmittelbare Auswirkung auf den Wasserhaushalt der betroffenen Regionen. So herrschte vor etwa 2000 Jahren in Palästina ein gemäßigtes Klima, das im Vergleich zur heutigen Situation den Anbau einer breiten landwirtschaftlichen Produktpalette zuließ. Zur gleichen Zeit war Nordafrika die Kornkammer des Römischen Reiches. Die Ursachen derartiger natürlicher Klimaänderungen sind vielfältiger Natur und waren in vergangener Zeit durch den Menschen nicht beeinflußbar. Sie werden hier auch nicht detailliert dargestellt, da vertiefte Kenntnisse zu diesem Thema keinen wesentlichen Beitrag zum Verständnis für die in der vorliegenden Arbeit behandelten Problematik leisten.

Erst mit Einsetzen des Industriezeitalters wirkt sich *menschlicher Einfluß* in zunehmendem Maße auf die Klimaentwicklung aus. Abgasemissionen und der damit verbundene Treibhauseffekt sowie die flächenhafte Abholzung und das Absterben des tropischen Regenwaldes werden mittelfristig

---

[4] Clarke, R.: Wasser: Die politische, wirtschaftliche und ökologische Katastrophe - und wie sie bewältigt werden kann, München 1994.

das Klima in zumindest dem gleichen Maße beeinflussen wie es natürliche Ursachen bisher taten. Bei der Ursachenforschung sind zukünftig natürliche und anthropogene Effekte kaum noch zu trennen. In vielen Fällen ist das Baumsterben jedoch nachweislich auf den Einsatz veralteter Industrieeinrichtungen zurückzuführen, die in den Industrienationen aufgrund strengerer Umweltschutzauflagen nicht mehr betrieben werden konnten und daher in die Dritte Welt exportiert wurden. Nach Simmons[5] ist der Bestand an Tropenwäldern weltweit bis Ende der achtziger Jahre um mehr als 40 Prozent zurückgegangen. Die Tendenz ist gleichbleibend. Beide Ursachen, sowohl das Abholzen als auch das Absterben von Waldflächen, führen zu einer deutlichen Erhöhung des Oberflächenabflusses. Dies wiederum hat einschneidende Folgen für den Wasserhaushalt des betroffenen Gebietes *(Abbildung 2)*. Erstens wird die Versickerung und damit die Grundwasserneubildung drastisch verringert. Dies hat im Extremfall zur Folge, daß der Grundwasserspiegel sinkt und gegebenfalls vorhandene Brunnen trockenfallen. Zweitens führt der erhöhte Oberflächenabfluß zu einer beschleunigten Erosion der nun ungeschützen Böden, die durch Windeinwirkung noch verstärkt werden kann. Die Folge ist ein dramatischer Verlust dringend benötigten Ackerlandes. Schließlich werden intensive Niederschlagsereignisse, wie sie in den Tropen durchaus üblich sind, unmittelbar an Bäche und Flüsse weitergegeben, ohne daß Wald und Boden puffernd wirken können. Hieraus resultieren zum Teil katastrophale Überflutungen, die wiederum landwirtschaftliche Nutzflächen vernichten. Die Folgen der zunehmenden Entwaldung zeigt eindrucksvoll, daß durch die Anwendung zunächst positiv erscheinender Maßnahmen, wie dem Export tropischer Hölzer, auf dem Weg zu gesicherten Lebensverhältnissen die Basis zum nackten Überleben, nämlich Wasser und fruchtbarer Boden, vernichtet wird.

Von den nur vom Menschen hervorgerufenen und zu verantwortenden Ursachen von Ressourcenverknappung ist in erster Priorität das ungebremste *Bevölkerungswachstum* zu nennen. Die Weltbevölkerung hat sich seit dem Jahr 1950 etwa verdoppelt[6] und wird zur Jahrtausendwende die 10 Milliarden Grenze überschreiten.[7] Rein rechnerisch hat dies zur Folge, daß die pro Kopf verfügbare Wassermenge kontinuierlich kleiner wird. Betrachtet man die Problematik etwas detaillierter, so kommt erschwerend hinzu, daß das Bevölkerungswachstum in den Ländern mit bereits vorhandener Wasserknappheit besonders groß ist. Nach Simmons werden

---

5   Simmons, J. G.: Ressourcen und Umweltmanagement. - Eine Enführung für Geo-, Umwelt- und Wirtschaftswissenschaftler, Heidelberg 1993.
6   Speth, G.: Eine bestandsfähige Zukunft nach Rio? Perspektiven für die Weltkonferenz über Umwelt und Entwicklung, in: Europa-Archiv, 47/1992, S. 231-237.
7   Bundesministerium für Umwelt, Naturschutz und Reaktionssicherheit: Konferenz der Vereinten Nationen für Umwelt und Entwicklung im Juni 1992 in Rio de Janeiro. Dokumente; Agenda 21, Bonn 1993.

innerhalb der nächsten 100 Jahre 95 Prozent des Bevölkerungswachstums in der Dritten Welt stattfinden *(Abbildung 3)*. Zur Versorgung dieser Menschen wird im Vergleich zu heute die dreifache Menge an Nahrungsmitteln bereitgestellt werden müssen. Dies wird speziell in Ländern, die auf Bewässerung ihrer landwirtschaftlichen Nutzflächen angewiesen sind, eine dramatische Erhöhung der Wassernachfrage zur Folge haben.
Die Situation wird weiterhin dadurch verschärft, daß innerhalb der Entwicklungsländer Wanderbewegungen in die Ballungszentren nahezu weltweit festzustellen sind. So werden nach Schätzungen des Bundesministers für Umwelt, Naturschutz und Reaktorsicherheit im Jahr 2000 knapp fünf Milliarden Menschen, das sind cirka 50 Prozent der dann vorhandenen Weltbevölkerung, in Ballungsgebieten leben. Dies hat zur Folge, daß nur wenige lokale Wasservorkommen den Bedarf einer ständig anwachsenden Bevölkerung decken müssen.
Die Ursache für das rasende Bevölkerungswachstum ist ursächlich in der steigenden Lebenserwartung des einzelnen Menschen zu sehen. Sich ständig verbessernde medizinische Versorgung und Hygienestandards, optimierte landwirtschaftliche Anbaumethoden und industrielle Entwicklung ermöglichen dem Einzelnen eine bedeutend größere Lebensspanne als es früher der Fall war.
Diese Voraussetzungen treffen grundsätzlich sowohl für die Industrienationen als auch für die Entwicklungsländer zu. Die Staaten der Dritten Welt reagieren jedoch im allgemeinen nicht mit einer sinkenden Geburtenrate auf die verbesserten Lebensumstände, sondern halten aus überwiegend traditionellen oder religiösen Gründen an ihrer ablehnenden Haltung gegenüber Maßnahmen der Familienplanung fest. Die Folge ist der Anstieg der Bevölkerungszahlen verbunden mit dem parallelen Absinken des pro-Kopf-Einkommens und der verfügbaren Rohstoffressourcen.
Insgesamt bleibt festzustellen, daß besonders in Gebieten mit bereits heute angespannter Wasserlage das Bevölkerungswachstum zu einer deutlichen Verschärfung der Situation wenn nicht gar zum Kollaps führen wird. Die Folgen wie Hungersnöte, Epidemien oder Flüchtlingsströme sind durchaus geeignet, die sicherheitspolitische Lage der betreffenden Regionen zu destabilisieren. Die Industrienationen werden hiervon nicht nur indirekt durch den Ausfall von Absatzmärkten oder Rohstofflieferungen, sondern auch unmittelbar durch den Ansturm einer steigenden Zahl von Wirtschaftsflüchtlingen betroffen sein.
Zu den anthropogen bedingten Ursachen, die zu einer Wasserknappheit führen können, zählt weiterhin der Einsatz *veralteter Bewässerungstechniken*. Hierunter ist einmal die Nutzung offener Versorgungskanäle zu verstehen, bei der das Wasser in Gräben auf die Felder geleitet wird. In diesem Fall ist es in vollem Umfang der Sonneneinstrahlung ausgesetzt, ein

Umstand, der zu einer extrem hohen Verdunstungsrate führt. Zusätzlich kann in mangelhaft gewarteten Versorgungskanälen das Wasser durch leckgeschlagene Abschnitte ungenutzt im Boden versickern. Durch technische Maßnahmen, wie z.B. der Sanierung des Leitungssystems und Übergang von offenen zu geschlossenen Versorgungsnetzen, ist es Israel innerhalb der letzten fünf Jahre gelungen, die Leitungsverluste auf 10 bis 15 Prozent der Durchflußmengen zu reduzieren. In Jordanien und dem Westjordanland, wo keine vergleichbaren Modernisierungsmaßnahmen durchgeführt wurden, liegen die Leitungsverluste weiterhin bei 30 bis 50 Prozent.[8]

Unter dem Oberbegriff "veraltete Bewässerungstechniken" ist auch das Problem der *Bodenversalzung* zu nennen. Die zur Bewässerung genutzten Wassermengen führen eine bestimmte Menge an gelösten Salzen mit sich. Aufgrund der in den meisten Entwicklungsländern vorherrschenden klimatischen Bedingungen verdunstet ein Großteil des zur Bewässerung genutzten Wassers, bevor es von den Wurzeln der Pflanzen aufgenommen werden kann. Die gelösten Salze kristallisieren aus und reichern sich mit der Zeit auf den landwirtschaftlichen Nutzflächen an. Verstärkt wird dieser Effekt dadurch, daß aufgrund geringer Niederschlagsmengen auch die episodische Auswaschung dieser Salze unterbleibt. Dies hat letztendlich zur Folge, daß weite Flächen fruchtbaren Ackerlandes für die landwirtschaftliche Nutzung unbrauchbar werden. Durch Bewässerungsmaßnahmen, die ja eigentlich eine Produktionssteigerung landwirtschaftlicher Erzeugnisse zur Grundversorgung der Bevölkerung bewirken sollen, wird so ein gegenteiliger Effekt erzielt. Die teilweise kritische Versorgungslage der Bevölkerung verschlechtert sich weiter. Auch für dieses Problem bieten neuere, hauptsächlich von Israel entwickelte Bewässerungsmethoden eine Lösungsmöglichkeit. Bei der Tröpfchenbewässerung wird das benötigte Wasser unmittelbar in den Wurzelbereich der Pflanzen eingespeist. Hierdurch wird der Verdunstungsverlust deutlich reduziert. Die im Wasser gelösten Salze werden nahezu vollständig von den Wurzeln aufgenommen, eine Bodenversalzung findet so nicht statt.

Ein ähnlicher Teufelskreis aus Zwang zur Erhöhung des Nahrungsmittelangebotes und Vernichtung der hierfür notwendigen landwirtschaftlichen Nutzflächen führt zu dem unter dem Begriff *Desertifikation* (lat.: Verwüstung) bekannten Phänomen der flächenhaften Ausdehnung wüstenhafter Regionen. Dies erfolgt besonders in den Randbereichen bereits bestehender Wüsten wie z.B. in der Sahel-Zone Nordafrikas. Durch intensiven Ackerbau wird der Nährstoffgehalt des Bodens derart ausgelaugt, daß Pflanzenwachstum nicht mehr möglich ist. Begleitet wird dieser Umstand häufig durch die oben beschriebene Versalzung der Böden und einer

---

8 Dombrowsky, I.: Wasserprobleme im Jordanbecken, Frankfurt a.M. 1995.

Überbeanspruchung der Grundwasservorräte, in deren Folge die vorhandenen Brunnen trockenfallen. Die dann noch überlebensfähigen Vegetationsarten werden durch große Viehbestände in einem Ausmaß abgegrast, daß sie sich nicht regenerieren können. Aufgrund der fehlenden Pflanzendecke wird der Boden durch Wind und Regen abgetragen, so daß sich schließlich eine unfruchtbare Wüste bildet. Um ihr Überleben zu sichern, roden die betroffenen Volksgruppen die angrenzenden Baumbestände, um so neues Weide- und Ackerland zu gewinnen, das dann wieder durch Überbeanspruchung ausgelaugt wird. Der Prozeß der Desertifikation beginnt erneut, die Wüsten schieben sich immer weiter in fruchtbare Regionen vor. Nach Harenberg[9] soll bis zum Jahr 2000 ein Drittel der Landfläche der Erde zur Wüste werden. Hierdurch wird etwa 900 Millionen Menschen die Lebensgrundlage entzogen werden.

Wasserverschmutzung

Das Vorhandensein einer ausreichenden Menge Wasser ist für die Deckung des menschlichen Bedarfs allein nicht ausschlaggebend. Als zweite Voraussetzung kommt neben der Quantität der Qualität des Wassers eine entscheidende Bedeutung zu.
Grenzwerte geben die maximal zulässige Konzentration verschiedener chemischer Verbindungen an, bei deren Überschreiten potentiell die Gesundheit des Trinkwasserkonsumenten gefährdet ist oder aber bestimmte Pflanzen nicht mehr bewässert werden können. So wurde aufgrund erhöhter Düngung in den vergangenen Jahren in den Industrienationen ein steigender Nitratgehalt im Grundwasser festgestellt, der häufig den Wert von 50 mg/l überschritt. Die Nutzung derart belasteter Vorkommen ist wegen der krebsverursachenden Wirkung der aus dem Nitrat unter Einwirkung des Mundspeichels entstehenden Nitrosamine und Nitrosamite gemäß der Trinkwasserverordnung verboten. Wie jedoch bereits mehrfach gezeigt, sind besonders die Entwicklungsländer an einer Steigerung ihrer landwirtschaftlichen Produktivität interessiert. Es ist daher nicht verwunderlich, daß in diesen Ländern die Düngung mit stickstoffhaltigen Mitteln rigoroser und ohne wesentliche Einschränkungen durch eine "Gülle"- oder "Trinkwasserverordnung" durchgeführt wird. Das Problem wird durch die Vegetationslosigkeit in vielen Gebieten der Dritten Welt verschärft. Die Pufferwirkung des Bodens und der Vegetation ist häufig nicht mehr vorhanden. Der Boden hat normalerweise aufgrund seiner chemo-physikalischen Eigenschaften die Fähigkeit, einen Großteil der Schadstoffe entweder zu binden oder chemisch umzuwandeln. Eine gleiche Filtereigenschaft

---

9 Harenberg, B. (Hrsg.): Harenberg Lexikon der Gegenwart - Aktuell 96. Dortmund 1995.

besitzt die Vegetation. Fehlt sowohl der gesunde Boden als auch die funktionierende Pflanzenwelt, so werden die Schadstoffe über den Niederschlag im vollen Umfang in Bäche, Flüsse und das Grundwasser eingebracht. Dies kann dazu führen, daß die Vorkommen für die Nutzung als Trinkwasser oder für Bewässerungszwecke nicht mehr verwendbar sind.
Problematisch wird diese Entwicklung, wenn hiervon grenzüberschreitende Ressourcen betroffen sind. So führt der Colorado auf dem Territorium der Vereinigten Staaten von Amerika qualitativ gutes Wasser, das seit 1961 in Süd-Arizona für die Bewässerung intensiv gedüngter landwirtschaftlicher Flächen genutzt wird. Zusätzlich wurde durch den Bau von Staudämmen am Oberlauf der Abfluß des Colorado drastisch verringert. Als Folge verfügte Mexiko als Unteranlieger seit dieser Zeit über eine weitaus geringere Wassermenge, die darüber hinaus noch durch eine zu hohe Salzkonzentration kontaminiert war. Insgesamt fielen hierdurch 14 Prozent der Bewässerungsfläche im mexikanischen Colorado-Delta für die landwirtschaftliche Nutzung aus. Der Konflikt konnte in den sechziger und siebziger Jahren vorläufig auf dem Verhandlungsweg dadurch beigelegt werden, daß die USA ihr Drainagewasser erst unterhalb des Punktes in den Colorado einleiten, aus dem Mexiko hauptsächlich sein Bewässerungssystem speist.[10] Auch der Bau einer Entsalzungsanlage wird es jedoch nach Einschätzung von Clarke nicht verhindern, daß bis zum Jahr 2000 das gesamte Colorado-Delta in Mexiko für die landwirtschaftliche Nutzung unbrauchbar sein wird.
Neben der Landwirtschaft ist die Industrie ein Hauptverantwortlicher für Gewässerverschmutzungen. In Deutschland wird zum Beispiel 70 Prozent des Gesamtwasserverbrauchs für industrielle Zwecke benötigt. Als Folge eines allgemein gestiegenen Umweltbewußtseins ist es den westlichen Industrienationen gelungen, durch technische Vor- oder Nachsorge die Verschmutzung der Gewässer deutlich zu vermindern. Gleichzeitig fand jedoch ein Export veralteter und in der westlichen Welt nicht länger einsetzbarer Industrieanlagen in die Dritte Welt statt. Der bereits mehrfach aufgezeigte Zwang zum wirtschaftlichen Wachstum, dem diese Staaten unterliegen, läßt keinen Raum für kostenintensive Filter- oder Kläreinrichtungen. Somit verringern die Staaten die sich in diesem Teufelskreis bewegen, nicht nur die verfügbare Wassermenge, sondern kontaminieren den Rest teilweise derartig, daß er für Trinkwasser- oder Bewässerungszwecke nur mit großem hygienischen Risiko nutzbar ist.
Besonders in den Entwicklungsländern verursacht die *Landflucht* großer Bevölkerungsteile und die damit verbundene Slumbildung in den Großstädten eine weitere Gefährdung der Wasserqualität. In den wenigsten

---

10 Mandel, R.: Sources of International River Basin Disputes, in: Conflict Quarterly, 4/1992, S. 25-25.

Fällen sind die an sich schon veralteten und teilweise nicht funktionsfähigen Kläranlagen in der Lage, die anfallenden Abwassermengen zu bewältigen. In den von Abwassereinleitungen betroffenen Gewässern kommt es durch eine Nährstoffübersättigung zu einem Sauerstoffmangel, so daß letztlich alles Leben in den betroffenen Flüssen und Seen vernichtet wird. Hierdurch wiederum verliert eine Vielzahl von Menschen ihre Nahrungsquelle, so daß es in letzter Konsequenz zum Ausbruch von Hungersnöten kommen kann. Selbst für den Fall, daß diese Extremsituation nicht eintritt, gelangt eine Vielzahl von Schadstoffen über das Wasser in die Nahrungskette und bedroht in letzter Konsequenz die Gesundheit des Menschen. Gleiches gilt dann, wenn durch unzureichende Reinigung bakteriell verseuchtes Wasser durch den Menschen konsumiert wird. Als Konsequenz ist der Ausbruch von Seuchen in den betroffenen Regionen nur eine Frage der Zeit.

Grundwasserabsenkungen

Die Tatsache, daß das Grundwasser in der vorliegenden Arbeit in einem gesonderten Kapitel behandelt wird, kann nicht allein mit der Feststellung Gleick's[11] begründet werden, daß aufgrund zunehmender Diskussionen über multinational genutzte Grundwasservorräte die entsprechenden internationalen Gesetze besser entwickelt werden müssen. Grundwasservorkommen stellen mit 4,55 Millionen km^3 immerhin etwa 96,8 Prozent der für den Menschen nutzbaren Süßwasserbestände der Erde. Sie unterscheiden sich in mehrerer Hinsicht von Oberflächenressourcen, so daß eine gesonderte Betrachtung durchaus gerechtfertigt erscheint. Nach DIN 4049[12] ist Grundwasser unterirdisches Wasser, das die Hohlräume der Erdrinde zusammenhängend ausfüllt und dessen Bewegungsmöglichkeit ausschließlich durch die Schwerkraft bestimmt wird. Es bildet sich entweder durch die Versickerung atmosphärischer Niederschläge oder infolge der Infiltration oberirdischen Wassers durch das Gewässerbett in den entsprechenden Grundwasserleiter. Grundwasser ist somit der unterirdische Anteil des Abflusses A der Hydrologischen Grundgleichung.
Im Unterschied zu Oberflächengewässern ist der jeweilige Wasserstand eines Grundwasservorkommens nicht unmittelbar wahrnehmbar. Während ein ständig sinkender Wasserspiegel in einem See oder einem Fluß eine sich verschlechternde Wasserlage für jeden sichtbar widerspiegelt, ist ein fallender Grundwasserspiegel nur über ein ausgedehntes System von Beobachtungs- und Meßstellen feststellbar. Existiert ein derartiges Kon-

---

11 Gleick, P.H.: Water and Conflict, in: International Security, 1/1993, S. 79-112.
12 Deutsches Institut für Normung (Hrsg.): DIN 4049 Hydrologie, Begriffe; Teil 1 Grundbegriffe und Wasserkreislauf, Berlin 1989.

trollsystem nicht, wird eine Verringerung der Grundwasservorräte häufig erst dann bemerkt, wenn Brunnen austrocknen, zu einem Zeitpunkt also, zu dem die Einleitung wirksamer Gegenmaßnahmen zu spät kommt. Auch zu Zeiten größter Trockenheit noch Wasser liefernde Brunnen, lassen Grundwasservorräte nahezu unerschöpflich erscheinen. Dieser Eindruck führt vielerorts zu einer Überausbeutung der Vorkommen mit häufig katastrophalen Folgen.

Neben der fehlenden "Sichtbarkeit" unterscheidet sich Grundwasser auch dadurch von Oberfächengewässern, daß sein physikalisch-hydraulisches Verhalten und seine chemischen Eigenschaften von dem Gestein abhängig sind, in dem es fließt. So weisen poröse Grundwasserleiter wie etwa Sande ein relativ hohes Reinigungvermögen auf, das in ihren hohen adsorptiven Eigenschaften und der langen Verweildauer des Wassers im Gestein begründet ist. In Kluftgrundwasserleitern wie etwa Sandsteinen kann die Fließgeschwindigkeit je nach Ausmaß der Klüfte schon bedeutend größer und das Reinigungvermögen somit geringer sein. Verkarstete Kalke stellen mit ihren ausgedehnten Hohlräumen bezogen auf die Selbstreinigungsfähigkeit den ungünstigsten Fall dar.

Darüber hinaus beeinflußt die petrographische Zusammensetzung des Grundwasserleiters die Fördercharakteristik von Brunnen. Während bei der Entnahme aus einem See der Wasserspiegel gleichmäßig absinkt, bildet sich um einen Brunnen ein Absenkungstrichter *(Abbildung 4)*. Ist der Brunnen ausreichend tief angelegt und wird mit einer entsprechend hohen Förderquote betrieben, so kommt es im Absenkungsbereich zu einem Abfall des Grundwasserspiegels. Hierdurch können andere, weniger tief angelegte Brunnen betroffen sein, die dann trockenfallen. Ein Beispiel hierfür ist das Vorgehen der israelischen Behörden in dem seit 1967 besetzten Westjordanland. Bevor in diesem Raum von palästinensischer Autonomie und einer gerechten Aufteilung der Wasservorräte die Rede war, wurde es ausschließlich israelischen Siedlern erlaubt, tiefe und leistungsfähige Brunnen anzulegen. Da die Entnahmestellen der palästinensischen Bauern bedeutend flacher angelegt waren, fielen diese aus den oben beschriebenen Gründen in vielen Fällen trocken. Wollten die Palästinenser ihre landwirtschaftlichen Nutzflächen weiter bewässern, so mußten sie das hierfür benötigte Wasser von den israelischen Siedlungen kaufen, was häufig ihre finanzielle Leistungsfähigkeit überstieg. Eine große Anzahl alteingesessener palästinensischer Familien wurde auf diese Weise gezwungen, ihre landwirtschaftlichen Betriebe aufzugeben. Die nicht mehr bestellten Nutzflächen konnten aufgrund einer Weisung der israelischen Militärbehörden nach einer bestimmten Frist enteignet werden. Zynisch formuliert hätte dieses Vorgehen der Israelis als elegante ethnische Säuberung ohne Blutvergießen bezeichnet werden können. Es bleibt zu hoffen, daß durch eine Wiederbelebung des derzeit stagnierenden Friedensprozesses im Nahen Osten auch der Weg zur Kooperation auf dem Wassersektor freigemacht wird.

Ein Konfliktszenario in bezug auf *grenzüberschreitende Ressourcen* bahnt sich im Grenzgebiet zwischen Libyen, Ägypten, Sudan und Tschad an.[13] In diesem Bereich der Sahara werden ausgedehnte Grundwasservorkommen durch Libyen ausgebeutet.[14] Das geförderte Wasser wird durch ein leistungsfähiges Röhrensystem, dem Great-Manmade-River, in den Norden des Landes gepumpt und dort für Bewässerungszwecke genutzt. Diese Grundwasservorräte haben sich vor 8000 bis 12000 Jahren gebildet, als im Bereich der heutigen Sahara ein gemäßigtes Klima mit entsprechend hohen Niederschlagsmengen herrschte. Sie werden aber aufgrund der seit dieser Zeit fehlenden Niederschläge nicht oder nur zu einem äußerst geringen Teil ergänzt. Die Förderung durch Libyen führt damit zu einer immer weiter fortschreitenden Absenkung der Grundwasseroberfläche, die sich bereits auf ägyptischer Seite durch das Verdorren einer Anzahl von Oasen bemerkbar macht. Obwohl die Nutzung zusätzlicher Wasservorkommen neben denen des Nils die Versorgungslage in Ägypten deutlich entschärfen könnte, hat man dort die negativen Folgen einer Förderung der fossilen Ressourcen erkannt und verzichtet bisher darauf. Offen bleibt die Frage, wie Ägypten auf die zunehmende Beeinträchtigung durch die libyschen Förderungen reagieren wird. Überträgt man die strikte ägyptische Haltung in Hinblick auf mögliche Eingriffe in den Wasserhaushalt des Nils durch dessen Oberanlieger auf die Grundwasservorkommen der Sahara, so sind zunehmende Auseinandersetzungen vorprogrammiert.

Ein weiteres Problem der Grundwassernutzung besteht in dem Fall, daß Süßwasservorkommen im hydraulischen Kontakt mit Brack- oder Salzwasser stehen. Hierbei kann es sich einmal um unterschiedlich mineralisierte Grundwässer oder aber um einen Kontakt zwischen Grund- und Meerwasser im Küstenbereich handeln. In beiden Fällen dringt infolge von Fördermaßnahmen Salzwasser in den bis dahin vom Süßwasser erfüllten Raum des Grundwasserleiters. Werden die Süßwasservorkommen durch Niederschläge oder künstliche Grundwasseranreicherungen ergänzt, stellt sich das alte Gleichgewicht nach einer bestimmten Zeit wieder ein. Geschieht dies nicht, so intrudiert das Brack- oder Salzwasser bis in den Bereich der Brunnen und macht die Nutzung dieses Grundwassers für den menschlichen Bedarf unmöglich. Entsprechende Beobachtungen können seit geraumer Zeit im Gaza-Streifen gemacht werden. Nach

---

13 Spillmann, K.R.: Eine andere Konfliktdimension im Nahen und Mittleren Osten: Wasser, in: Spillmann, K.R. (Hrsg): Zeitgeschichtliche Hintergründe aktueller Konflikte III, Zürich 1994, S. 153-173.
14 Jakob, K.: Das Meer unter der Wüste, in: Bild der Wissenschaft, 1/1995, S. 19-22.

Elkhoudary[15] stellt dieser Raum mit einer Fläche von 360 km^2, auf denen 800000 Einwohner leben eines der am dichtesten besiedelten Gebiete der Erde dar. Der Gesamtwasserverbrauch wird auf 110 bis 130 Millionen m^3 pro Jahr geschätzt. Er wird hauptsächlich aus dem Grundwasser gedeckt, dessen jährliche Neubildungsrate jedoch bei nur 65 Millionen m^3 liegt.[16] Gleichzeitig wird die Situation dadurch verschärft, daß das aus dem ostwärts anschließenden Negev nachströmende Grundwasser auf israelischer Seite zum größten Teil abgepumpt wird. Die Vorkommen des Gaza-Streifen werden aus dieser Richtung somit nur unwesentlich ergänzt. Durch das eindringende Meerwasser fördern etwa 70 Prozent der Brunnen Wasser mit einem Chloridwert von über 500 mg/l, wobei Spitzenwerte von 1500 mg/l gemessen wurden.[17] Der von der WHO festgelegte Grenzwert liegt bei 250 mg/l. Nach Isaac[18] steigt die Chloridkonzentration um durchschnittlich 15 bis 25 mg/l jährlich. Byrne[19] führt die überdurchschnittlich hohe Zahl von Nierenerkrankungen (fünf bis acht Prozent der Bevölkerung im Khan Younis Refugee Camp) auf diesen erhöhten Salzgehalt zurück. Neben den einschneidenden qualitativen Einschränkungen ist quantitativ für den palästinensischen Bevölkerungsanteil des Gaza-Streifens ein pro-Kopf-Verbrauch von 337 l pro Tag errechnet worden. Der entsprechende Verbrauch der ansässigen israelischen Siedler konnte durch rechtliche Restriktionen und Subvention des Wasserpreises bei ungefähr 6300 l pro Tag gehalten werden.[20] Von der der palästinensischen Bevölkerung zur Verfügung stehenden Menge werden etwa zwei Drittel für die Bewässerung landwirtschaftlicher Nutzflächen benötigt, 66 l Tag stehen für industrielle Zwecke und lediglich 46 l pro Tag für den spezifischen pro-Kopf-Verbrauch der Haushalte zur Verfügung. Eine Menge von 44 l pro Tag gilt bereits als lebensnotwendiges Minimum.

Zusammen mit der mangelhaften Abwasserentsorgung, die zu erheblichen hygienischen Problemen führt, und einem überdurchschnittlich hohen Bevölkerungswachstum von 4,6 Prozent garantiert die Überförderung des Grundwasserleiters der Küstenebene auch zukünftig ausreichenden politischen Zündstoff für den Gaza-Streifen.

---

15 El-Khoudary, R. H.: Water Crisis in the Gaza Strip and Options of their Solution, in: Bagis, A.I. (Hrsg.): Water as an Element of Cooperation and Development in the Middle East, Ankara 1994.
16 Beschorner, N.: Water and Instability in the Middle East. An Analysis of Environmental, Economic and Political Factors Influencing Water Management and Water Disputes in the Jordan and Nile Basins and Tigris - Euphrate Region, in: Adelphi Paper No. 273, London 1992.
17 Beschorner, 1992.
18 Isaac, J.: Impact of the Israeli Occupation on Water and Environment in the Palestinian Occupied Territories, in: Schröder M.Y. (Hrsg.): Water and Environment: Perspectives on Cooperation between Europe and the Arab World, Den Haag 1993.
19 Byrne, A.: Water - The Red Line, Jerusalem 1994.
20 Beschorner, 1992.

Ergebnis

Die Ausführungen der vorangegangenen Kapitel haben gezeigt, daß Wasser sich global in einem geschlossenen Kreislaufsystem bewegt, ohne hierbei quantitative Verluste zu erleiden. Innerhalb dieses Systems gibt es regional Bereiche mit positiver, ausgeglichener oder negativer Wasserbilanz. Aufgrund der steigenden Bevölkerungszahl wird die pro Kopf verfügbare Menge des für den Menschen nutzbaren Wassers kontinuierlich kleiner. Verschärft wird dieses Problem dadurch, daß ein überproportionales Bevölkerungswachstum gerade dort festzustellen ist, wo bereits heute eine angespannte Wasserlage vorherrscht. Weiterhin kommt in vielen Fällen erschwerend eine qualitative Einbuße der nutzbaren Wasservorräte hinzu. Die betroffenen Staaten bewegen sich häufig in einem Teufelskreis aus Überbeanspruchung ihrer Ressourcen, um die momentane Versorgung ihrer Bevölkerung sicherzustellen und der damit verbundenen quantitativen und qualitativen Degradierung dieser Wasservorräte.
In dieser kritischen Situation werden häufig Grundwasservorräte als "hydrostrategische Reserve" betrachtet. Ihre scheinbar unendlich vorhandene Wassermenge verführt zu einer Ausbeute über die jeweilige Neubildungsrate hinaus. Die Folge ist häufig auch in diesem Fall die nachhaltige Zerstörung der lebensnotwendigen Wasservorkommen.

Ausgewählte Möglichkeiten zur Vergrößerung des Wasserdargebots

Wasserspeicherung und -umleitung

Das Speichern eines saisonalen Wasserüberschusses als Rücklage für niederschlagsärmere Zeiten ist eines der ältesten Verfahren zur Erhöhung des Wasserdargebots. Technisch wird dies durch den Bau von Staudämmen, Talsperren oder Regenauffangbecken ("water harvesting") realisiert. Auf diese Weise kann eine ganzjährige Bewässerung und eine permanente Trinkwasserversorgung ermöglicht werden. Darüber hinaus wird das gespeicherte Wasser vielfach zur Erzeugung elektrischer Energie genutzt, die wiederum zum Aufbau von Industriestandorten verwandt werden kann.
Neben diesen positiven Effekten darf aber eine Reihe negativer Auswirkungen nicht unerwähnt bleiben, die besonders den Wert groß dimensionierter Staudammprojekte einschränken. Grundsätzlich verursacht jedes Aufstauen eines Gewässers eine Änderung im betroffenen Ökosystem. Bereits während der Bauphase kommt es durch die erforderlichen Rodungen zu einem erhöhten Oberflächenabfluß, der eine deutliche Steigerung

der Erosionsrate nach sich zieht. Wertvoller Boden wird abgetragen und steigert nicht unerheblich die Schwebstoffbelastung der Gewässer. Das Gleichgewicht zwischen Erosion und Sedimentation im Unterlauf des Flusses wird zu Gunsten der letztgenannten verändert. Mit der einsetzenden Verlandung ändern sich gleichzeitig die Lebensbedingungen der dort vorhandenen Tier- und Pflanzenwelt. Dieser Umbruch im Ökosystem hat im schlimmsten Fall unmittelbare Auswirkungen auf die dort ansässige Bevölkerung.

Nach Fertigstellung des Staudamms hingegen werden die Schwebstoffe im Speicherbecken zurückgehalten. Dies hat nunmehr zur Folge, daß die Sedimentationsrate im Unterlauf des Flusses sinkt, während die Erosion zunimmt. Diese Entwicklung führte in Ägypten nach Bau des Assuan-Staudammes zu einem Ausbleiben der jährlichen Überschwemmungen, die seit Jahrtausenden die Ablagerung fruchtbaren Bodens am Unterlauf des Nils garantierten.

In vielen Fällen ist mit dem Bau großdimensionierter Staudämme auch eine Umsiedlung der dort ansässigen Bevölkerung verbunden. Herausgerissen aus ihrem traditionellen Umfeld verelenden diese Menschen entweder in den Slums der Großstädte oder verändern die ethnische Zusammensetzung der Bevölkerung im zugewiesenen Siedlungsgebiet derart umfassend, daß schwere soziale Spannungen entstehen, die zu bewaffneten Auseinandersetzungen eskalieren können.

Eine interessante Variante der Wasserspeicherung ist die Ergänzung des Grundwassers mit zeitweise überschüssigen Wassermengen. Diese läßt man entweder durch Verrieseln im Boden versickern oder injiziert sie über sogenannte Schluckbrunnen direkt in den Grundwasserleiter. Der Vorteil dieser Methode liegt neben der geringen Verdunstungsrate und der Reinigung des Wassers während des Versickerungsvorganges besonders in der Regenerierung der häufig während der Trockenperioden überförderten Grundwasserressourcen.

Noch stärker als Maßnahmen zur Wasserspeicherung führt die Umleitung von Flußsystemen zu einer Änderung des ökologischen Gleichgewichts und muß daher mit besonderer Vorsicht betrachtet werden. Als Folge einer derartigen Planung für die großen sibirischen Flußsysteme, ein letztendlich nicht realisiertes Projekt der Sowjetunion, das die Bewässerung der zentralasiatischen Steppen zum Ziel hatte, hätten sich die Eisverhältnisse vor der nordsibirischen Küste drastisch verschlechtert. Durch die fehlende Süßwasserzufuhr aus den Flüssen wäre zusätzlich die Salzkonzentration des Meerwassers in den entsprechenden Küstenregionen angestiegen. Beide Faktoren hätten zu einer tiefgreifenden Umgestaltung der betroffenen Ökosysteme geführt.

Zusammenfassend kann festgestellt werden, daß großdimensionierte Staudammprojekte neben ihrem unbestreitbaren wasserwirtschaftlichen Nutzen ein nicht zu unterschätzendes ökologisches Risiko in sich bergen. Die Folgen ehrgeiziger Pläne zu Flußumleitungen sind kaum kalkulierbar. Die Forderung muß daher lauten, an der Stelle von Großprojekten eine Vielzahl kleinerer Anlagen zu planen, deren potentielle Risiken besser kalkuliert und beherrscht werden können.

Wassertransport

Um die oben beschriebenen ökologischen Risiken einer Umleitung von Oberflächengewässern zu vermeiden und trotzdem lokal überschüssiges Wasser in Gebiete zu bringen, die an Wassermangel leiden, wurden vielfach Modelle entworfen, dies mit Hilfe von Pipelines, Schiffen oder sogar dem Transport von Eisbergen zu realisieren. Ein Beispiel für Fernwasserleitungen im nationalen Rahmen ist der bereits beschriebene Great-Manmade-River Libyens, in dem das im Süden geförderte Grundwasser für Bewässerungszwecke in den Nordteil des Landes transportiert wird. Ein vergleichbares Projekt realisierte Israel mit dem Bau des National-Water-Carriers, mit dem überschüssiges Wasser aus dem Jordan und dem See Genezareth ebenfalls für Bewässerungszwecke in den Negev gepumpt wird.
Um einen internationalen Wasserausgleich im Nahen Osten herzustellen schlug der ägyptische Präsident Sadat bereits 1979 den Bau eines Kanals quer durch den Sinai vor, der den Negev mit Nilwasser versorgen sollte. Aufgrund der zunehmend angespannten Wasserversorgungslage in Ägypten ist die Realisierung dieses Projektes heute eher unwahrscheinlich. Realistischer sind Angebote der türkischen Regierung zu bewerten, mit Hilfe einer "Friedenspipeline" überschüssiges Wasser aus Ostanatolien zur Versorgung der Staaten des Nahen Ostens und der Arabischen Halbinsel zu liefern. Die Ursache, daß auch dieser Plan bisher nicht realisiert wurde, liegt darin, daß der Bau und der Unterhalt von Fernwasserleitungen sehr kostenintensiv ist. Das importierte Wasser wäre für eine Anzahl der Zielstaaten kaum erschwinglich oder müßte im hohen Maße subventioniert werden. Nicht zu unterschätzen ist aber auch die politische Abhängigkeit, in die sich die importierenden Staaten vom Exporteur begeben würden. Da die mehr oder weniger nach umfassender Autarkie strebenden Staaten des Nahen Ostens eine derartige Abhängigkeit als potentielle Bedrohung empfinden, sind die türkischen Pläne auch 1994 auf der multilateralen Wasserkonferenz von Maskat erneut verworfen worden.[21]

---

21 Feuilherade, P.: "Liquid Diplomacy", in: The Middle East, 235/1994, S. 32-33.

Der Transport von antarkischem Eis in wasserarme Gebiete scheint technisch ebenfalls durchführbar. Realisiert wurde ein derartiges Projekt bisher noch nicht, da neben dem hohen Kostenfaktor die ökologischen Folgen kaum kalkulierbar sind.[22]

Praktikabel erscheint auch der Einsatz von Schiffen als Wassertanker. Um deren Kapazität zu erhöhen, wurden auftreibende Polyurethan-Säcke (Medusabags) entwickelt, die mit einem Volumen von bis zu 3,5 Mio m^3 von Schiffen gezogen werden könnten.[23]

Wassertransport kann somit punktuell zu einer Verbesserung der Versorgungslage beitragen. Ökologische Restrisiken sind in diesem Fall ebenso vorhanden, auch wenn sie nicht so groß sind wie im Fall von Wasserspeicherung und -umleitung. Neben den hohen Kosten, die die beschriebenen Transportmöglichkeiten verursachen, ist es vielfach der mangelnde Wille zur Kooperation, der die betroffenen Staaten daran hindert, das gemeinsame Problem der Wasserarmut koordiniert und gegebenenfalls unter Aufgabe liebgewonnener Autarkieprinzipien zu bekämpfen.

Wasserentsalzung

Unter Anwendung unterschiedlicher technischer Verfahren läßt sich der Salzgehalt von Meer- oder Brackwasser so weit reduzieren, daß es für den menschlichen Verbrauch genutzt werden kann. Die verschiedenen Entsalzungsmethoden und ihre Einsatzmöglichkeiten sind detailliert bei Dombrowsky beschrieben. Allen ist ein großer Energieverbrauch gemeinsam, der sich in einem entsprechend hohen Preisniveau für das auf diese Weise produzierte Trink- und Brauchwasser niederschlägt. Vom Grundsatz kann davon ausgegangen werden, daß sich die Höhe des Salzgehaltes unmittelbar auf die aufzubringenden Kosten auswirkt. Das bedeutet, daß die Entsalzung von Meerwasser deutlich teurer zu kalkulieren ist als die von Brackwasser. Aus diesem Grund sind Meerwasserentsalzungsanlagen zur flächenhaften Versorgung bisher nur von Staaten der Arabischen Halbinsel in Betrieb genommen worden, die in der Lage sind, derart hohe Investitionen zu tätigen. Für weniger wohlhabende Staaten bietet sich die Entsalzung als lokal wirksame Methode an, mit deren Hilfe beispielsweise die Qualität der Grundwasservorkommen im Gaza-Streifen verbessert werden könnte. Denkbar und machbar ist mit vergleichsweise geringerem Kostenaufwand auch die zielgerichtete Teilensalzung bestimmter Grundwasservorkommen, mit deren Wasser anschließend ausgesuchte Pflanzengesellschaften bewässert werden können. Weiterhin besteht im Falle potentiell möglicher Bodenversalzung als Folge intensiver Bewässerungs-

---

22 Tölgyessy, J./Piatrik, M.: Wasser, Berlin 1990.
23 Dombrowsky, 1995.

maßnahmen in Trockengebieten die Möglichkeit, den Salzgehalt des Wassers auf ein ökologisch optimales Maß zu reduzieren.

Insgesamt bietet die Entsalzung von Wasser eine praktikable Möglichkeit, die verfügbare Wassermenge zu erhöhen. Nach Auffassung von Simmons kann sie vorläufig jedoch nur als ergänzende Maßnahme angewandt werden. Die Wasserversorgung ausschließlich auf Entsalzungsanlagen zu stützen ist aufgrund der Kostenintensität derzeit für die meisten Staaten nicht wirtschaftlich.

Künstliche Beregnung

Mit Hilfe künstlich hervorgerufenen Regens sind in Israel und Jordanien lokal um bis zu 15 Prozent erhöhte Niederschlagsmengen realisiert worden. Bei diesem Verfahren werden Wolken mit Silberjodidkristallen "geimpft", um die der Wasserdampf kondensiert und anschließend in Form von Regen zur Erde fällt.

Das Verfahren weist einige entscheidende Nachteile auf, die den Wert einer flächenhaften Anwendung fraglich erscheinen lassen. Grundvoraussetzung für die Durchführung der künstlichen Beregnung ist zunächst das Vorhandensein von Wolken. Diese Bedingung wird aber gerade in den Trockengebieten der Erde, in denen die Erhöhung der verfügbaren Wassermenge angestrebt wird, nicht sehr häufig erfüllt. Darüber hinaus besteht eine latente Umweltgefährdung durch die Verwendung des Silberjodids, das mit dem Regen ebenfalls zur Erde fällt, im Boden abgelagert wird und auf diesem Weg in die Nahrungskette des Menschen gelangen kann.

Politisch interessant wird das Verfahren dann, wenn ein Staat den Niederschlag über seinem eigenen Hoheitsgebiet abregnen läßt, der ohne diesen Eingriff im Nachbarstaat gefallen wäre. Ist der letztgenannte Staat dringend auf diese Niederschläge angewiesen, so ist mit der künstlichen Beregnung der Keim für einen zwischenstaatlichen Konflikt gelegt. Dieses Beispiel zeigt darüber hinaus, daß das Verfahren keine zusätzlichen Wassermengen verfügbar macht, sondern lediglich bereits vorhandene räumlich und zeitlich verlagert. Es ist daher für eine nachhaltige Erhöhung des Wasserdargebots nicht geeignet.

Nebelfallen

Eine weitere exotische und nur lokal anwendbare Alternative zur Vergrößerung der verfügbaren Wassermenge stellt die Installation von sogenannten Nebelfallen dar. Hierbei werden Nebelfelder mit bis zu 120 m^2 großen

Netzen aus Polypropylen "ausgekämmt". Ein von Otto[24] beschriebenes Projekt im Norden Chiles versorgt auf diese Weise kostengünstig und wartungsarm ein Dorf mit dem benötigten Trinkwasser, das die von der WHO geforderte Qualität aufweist. Voraussetzung für das Funktionieren dieses Verfahrens ist eine ausreichend hohe Zahl von Nebeltagen sowie Speicheranlagen, um die Wasserversorgung während nebelfreier Tage zu garantieren. Hieraus ergibt sich zwangsläufig, daß Nebelfallen nur im begrenzten Umfang und häufig nur zur Sicherstellung zusätzlicher Wasserreserven eingerichtet werden können. Als überregionale Großprojekte haben sie speziell in Trockengebieten keine Bedeutung.

Ergebnis

In den vorangegangenen Kapiteln wurde eine Auswahl von technischen Möglichkeiten vorgestellt, mit deren Hilfe das Wasserdargebot regional vergrößert werden kann.
Hierbei handelt es sich um mehr oder weniger praktikable Optionen, die jedoch gleichzeitig entscheidende Nachteile aufweisen. Dies sind im wesentlichen ökologische Restrisiken, die nur schwer kalkulierbar sind, jedoch die Gefahr in sich bergen, die Lösung eines Problems mit der Schaffung einer neuen und gegebenenfalls schlimmeren Bedrohung zu erkaufen. Andere Möglichkeiten sind nur lokal anwendbar und können daher nicht als generelle Lösung für weltweite Wasserprobleme betrachtet werden. Hinzu kommt, daß im internationalen Kontext die beschriebenen Ansätze politischen Sprengstoff bergen, wenn sie die Interessen benachbarter Staaten beeinträchtigen. Vereinfacht läßt sich feststellen, daß diese Verfahren zwar die Auswirkungen der Wasserknappheit bekämpfen und häufig auch mildern. Um jedoch eine wirksame Ursachenbekämpfung zu garantieren, müssen die technischen Möglichkeiten zur Erhöhung des Wasserdargebots durch ökonomische und politische Maßnahmen ergänzt werden.

Zusammenfassung und Folgerungen

Die vorliegende Arbeit hat aufgezeigt, daß bei global gleichbleibenden Wassermengen der für den menschlichen Bedarf nutzbare Anteil geringer wird. Lokal können die für das Überleben der Bevölkerung notwendigen Quoten nicht in ausreichender Qualität bereitgestellt werden. Gemeinsam

---

24 Otto, K.-H.: Nebelfallen - ein alternativer Weg der Wasserversorgung, in: Alfred Wegener Stiftung zur Förderung der Geowissenschaften (Hrsg.): Kongreßhandbuch. Internationale Fachmesse und Kongreß für Geowissenschaften und Geotechnik, Köln 2.-5. Mai 1995, S. 44-45.

genutzte Wasservorräte bilden zwischen den Anrainerstaaten unter diesen Umständen ein latentes Konfliktpotential, das im ungünstigsten Fall zu einem Krieg um Wasser eskalieren kann.

Technische Möglichkeiten zur Erhöhung des Wasserdargebotes bergen häufig ökologischen Zündstoff oder sind nicht universell einsetzbar. Sie sind nur eine Säule, auf die sich wirksame Maßnahmen zur Bekämpfung von Wasserknappheit und -armut stützen können. Zusätzlich sind politisch und wirtschaftlich steuernde Maßnahmen im Rahmen eines möglichst überregionalen Wassermanagements erforderlich, um angespannte Versorgungslagen auf dem Wassersektor zu entschärfen und damit einen Beitrag zur Konfliktvorsorge und -bewältigung zu leisten. Zu diesen Mitteln einer wirksamen Ursachenbekämpfung gehört in erster Linie der effizientere Einsatz der vorhandenen Wassermengen. Hierunter fallen Maßnahmen wie die Teilbewässerung anstelle der ständigen Bewässerung landwirtschaftlicher Nutzflächen sowie Tröpfchen- statt Flächenbewässerung, um den Verdunstungs- und Versickerungsverlust möglichst gering zu halten. Der Einsatz höherwertigerer Agrarprodukte und die Verminderung des Wasserverschmutzungsgrades innerhalb des Bewässerungssystems bewirkt eine Steigerung des landwirtschaftlichen Ertrages pro eingesetzter Wassermenge. Nach Kaps[25] ist es Syrien auf diese Weise 1995 erstmals wieder gelungen, ausreichend Weizen zur Deckung des eigenen Bedarfs zu ernten.

Langfristig sind in den Entwicklungsländern zusätzlich wirksame Maßnahmen zur Geburtenregelung unerläßlich, um so die verfügbare pro-Kopf-Menge an Wasser zu erhöhen. Verbunden mit einem überregionalen Wassermanagement könnten so insgesamt vielerorts entscheidende Verbesserungen erreicht werden.

Gleiches gilt für die Aufgabe der Subventionierung der Wasserpreise als eine Voraussetzung für einen sparsameren Umgang mit diesem Rohstoff. Die Nachfragesteuerung über den Preis bedeutet aber in Staaten wie z.B. Israel und Jordanien gleichzeitig die Abkehr von der priviligierten Behandlung der Landwirtschaft. Dieser wurde bisher aus ideologischen Gründen eine Sonderrolle zugestanden. Ob diese Entpolitisierung des Agrarsektors ohne Schwierigkeiten durchführbar ist, bleibt fraglich. Weiterhin bedarf es sicherlich auch einer Aufgabe der Tendenz zu nationalen Lösungsansätzen. Wirksame Kooperation setzt aber Vertrauen voraus, um auf Teile nationaler Autarkie verzichten zu können. Dieses Vertrauen muß sich zunächst jedoch in vielen der von Wasserknappheit betroffenen

---

25 Kaps, C.: Das kostbare Naß - In vielen Teilen der Erde herrscht Wassernot, in: Frankfurter Allgemeine Zeitung vom 25.3.1996.

Staaten entwickeln, bevor an multinationale Lösungsmöglichkeiten gedacht werden kann.

Ein grundlegendes Umdenken ist daher in vielen Staaten, die unter Wasserknappheit leiden, Voraussetzung für die Anwendung wirksamer Gegenmaßnahmen. Das Übertragen von in den Industrienationen bewährten Modellen zur Lösung regionaler Wasserprobleme kann aber nicht ohne weiteres auf andere Regionen der Erde übertragen werden. Dies würde vielfach von den betroffenen Staaten als Form eines neuen Imperialismus empfunden werden. Die oben erwähnte Kombination aus effizienter Nutzung des verfügbaren Wasser, Erhöhung des Wasserdargebots kombiniert mit Geburtenregelung und multinationalem Wassermanagement ist somit nicht universelles Allheilmittel gegen Wasserprobleme sondern muß immer dem jeweiligen Einzelfall angepaßt werden.

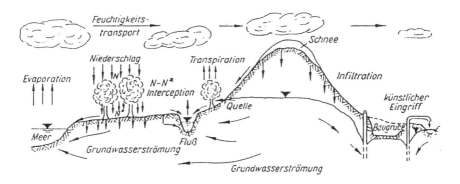

Abbildung 1: Schematische Darstellung des Wasserkreislaufs (aus BUSCH & LUCKNER, 1974)

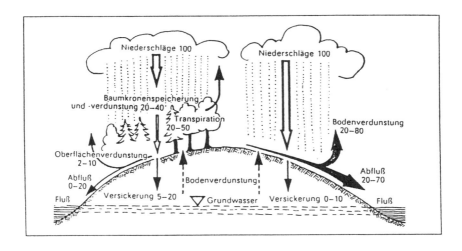

Abbildung 2: Schematische Darstellung des Wasserhaushaltes in einem Waldgebiet und einem entwaldeten Gebiet (aus TÖLGYESSY & PIATRIK, 1990)

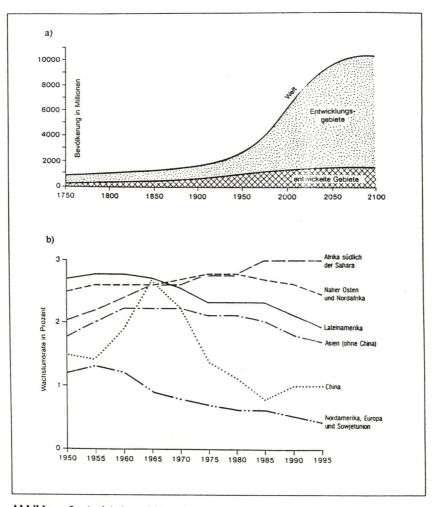

Abbildung 3: a) globale und b) regionale Wachstumsentwicklung der Erdbevölkerung (aus SIMMONS, 1993)

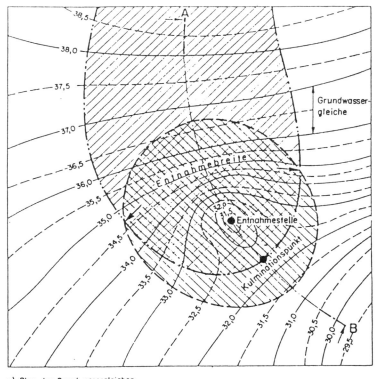

a) Plan der Grundwassergleichen

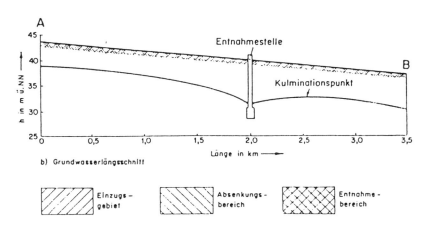

b) Grundwasserlängsschnitt

Abbildung 4: Absenkungs- und Entnahmebereich um einen Brunnen im natürlichen Grundwasserstrom (aus DIN 4049)

Land	Jährliches Wasservorkommen pro Einwohner im Jahre 1990	Geschätztes jährliches Wasservorkommen pro Einwohner im Jahre 2025
Afrika		
Ägypten	1070	620
Algerien	750	380
Äthiopien	2360	980
Burundi	660	280
Djibouti	750	270
Kap Verde	500	220
Kenia	590	190
Komoren	2040	790
Lesotho	2220	930
Lybien	160	60
Marokko	1200	680
Nigeria	2660	1000
Ruanda	880	350
Somalia	1510	610
Südafrika	1420	790
Tansania	2780	900
Tunesien	530	330
Amerika		
Barbados	170	170
Haiti	1690	960
Peru	1790	980
Asien / Mittlerer Osten		
Iran	2080	960
Israel	470	310
Jemen	240	80
Jordanien	260	80
Katar	50	20
Kuwait	<10	<10
Libanon	1600	960
Oman	1330	470
Saudi Arabien	160	50
Singapore	220	190
Vereinigte Arabische Emirate	190	110
Zypern	1290	1000
Europa		
Malta	80	80

Tabelle 1: Jährlich pro Einwohner verfügbare Wassermenge [m^3] ausgewählter Staaten (abgeändert nach GLEICK, 1993)

II.

Wasser - Regionaler Konfliktstoff weltweiter Bedeutung

Basins und Regionalpolitik

Margret Johannsen

Nach Wasser drängt, am Wasser hängt doch alles.[1]

Das Konfliktkonglomerat im Jordanbecken

Einleitung

Anders als das Gold Mephistos - das Gretchen dem Faust gewogen machen soll, aber sie übergibt es auf Betreiben ihrer frommen Mutter dem Pfaffen - ist Wasser ein unverzichtbares Gut. Unter Bedingungen von Knappheit kann es darum Konfliktstoff werden. Im Jordanbecken sind die Wasservorkommen sowohl Quelle von Konflikten in der Region als auch Instrumente für den Konfliktaustrag im Rahmen komplexer Interaktionen staatlicher und nicht-staatlicher Akteure in diesem Raum, die - neben dem Anspruch und Zugriff auf Wasser - eine Reihe weiterer Konfliktgegenstände betreffen. Mit diesem Konfliktkonglomerat befaßt sich der vorliegende Beitrag. Die Wasserkonflikte in diesem Raum werden nur in aller Kürze gestreift, da sie an anderer Stelle behandelt werden.[2]

Die Wasserressourcen des Jordanbeckens werden von Israel, Jordanien, Syrien und dem Libanon sowie den Palästinensern in den selbstverwalteten Gebieten der Westbank und des Gazastreifens genutzt. Die Konkurrenz zwischen diesen Akteuren um die knappen Wasserressourcen nimmt im wesentlichen aus drei Gründen den Charakter eines Konfliktes an:

1. Nahezu alle relevanten Wasservorkommen des Jordanbeckens überqueren international anerkannte Grenzen bzw. Waffenstillstandslinien. Zwischen den Anrainern existieren mit einer Ausnahme[3] keine völkerrechtlich bindenden Abkommen, die die Nutzung der Wasservorkommen vertraglich regeln.
2. Die Mehrzahl der Wasserressourcen befindet sich auf Territorien, deren Zugehörigkeit politisch umstritten[4] ist. Die Kontrolle über diese Vorkommen wird auf der Grundlage von Macht, nicht von Recht ausgeübt.

---

1 Frei nach Johann Wolfgang von Goethe, Faust I, Vers 2802-2804.
2 Vgl. den Beitrag von Stephan Libiszewski in diesem Band.
3 Die Ausnahme stellt der israelisch-jordanische Friedensvertrag (1994) dar, der die Aufteilung des Jordanwassers zwischen den beiden Parteien verbindlich regelt. Von diesen Regelungen tangiert ist allerdings ein dritter Konkurrent, der jedoch im Vertragswerk nicht erwähnt wird, nämlich das palästinensische Gemeinwesen.
4 Im israelisch-palästinensischen Verhältnis ist der Streit um Territorien zudem Teil eines umfassenderen Nationalitätenkonfliktes, dessen Lösung ohne völkerrechtlich verbindliche Vereinbarungen, die die Verfügungsgewalt über Territorien regeln, nicht möglich ist.

3. Die Gestaltung der außenpolitischen Beziehungen unter den meisten Anrainerstaaten entspringt dem "Sicherheitsdilemma"[5] und folgt den Regeln eines strategischen Nullsummenspiels. Die wechselseitigen Bedrohungsperzeptionen folgen einem Denken im Rahmen von "worst case"-Szenarien.

Die folgenden Ausführungen widmen sich zunächst den Kriegsmitteln in der Region. Hierbei liegt das Schwergewicht auf den Massenvernichtungswaffen, da insbesondere hiervon ein hohes Destabilisierungsrisiko ausgeht. Anschließend werden die Konfliktlinien zwischen Israel, Jordanien, Syrien, dem Libanon und dem palästinensischen Gemeinwesen erörtert. Das Konfliktkonglomerat wird in seine bilateralen Elemente zerlegt. Das Hauptgewicht liegt hierbei auf dem Konflikt um Palästina, dem Kernkonflikt des Nahen Ostens. In diesem Zusammenhang wird auch das Phänomen des bewaffneten Kampfes nicht-staatlicher Akteure mit Mitteln terroristischer Gewalt untersucht. Die Rolle der Türkei und der Staaten der Golfregion, hier vor allem des Irak und des Iran, bei der Ausprägung und Bearbeitung der Konflikte in dem Beziehungsgefüge zwischen den fünf genannten Akteuren wird nicht gesondert behandelt, sondern dann, wenn die jeweilige Materie es erfordert. Schließlich ist die sicherheitspolitische Verknüpfung der regionalen Eigendynamik mit globalen Interessen zu berücksichtigen. Konkret heißt das, nach den Auswirkungen der "US-Sicherheitspatronage"[6] auf die Struktur und Dynamik des Konfliktkonglomerats zu fragen. Auch dies geschieht im Kontext der spezifischen Konfliktstoffe.

Militärische Bedrohungen

Der hohe Militarisierungsgrad der Region verleiht dem Konfliktkonglomerat im Jordanbecken besondere Bedrohlichkeit. Im Lichte der Verbreitung ballistischer Raketen größerer Reichweite,[7] die den Nahen Osten sicherheitspolitisch an die anderen Subregionen des Vorderen Orients ankoppeln,[8] gewinnen zudem auch die Militärpotentiale der Staaten des Arabisch-Persischen Golfes sowie des Nato-Mitgliedstaates Türkei Relevanz für das hier betrachtete Konfliktkonglomerat.

---

5   Vgl. grundlegend John H. Herz, Idealist Internationalism and the Security Dilemma, in: World Politics, 2/1950, S. 157-180.
6   Claudia Schmid, Der Israel-Palästina-Konflikt und die Bedeutung des Vorderen Orients als sicherheitspolitische Region nach dem Ost-West-Konflikt, Baden-Baden 1993, S. 37.
7   Vgl. Götz Neuneck, Missiles and Missile Programmes in the Middle East and Southern Asia, in: Otfried Ischebek/Götz Neuneck (Hrsg.), Co-operative Policies for Preventing and Controlling the Spread of Missiles and Nuclear Weapons - Policies and Perspectives in Southern Asia, Baden-Baden 1996, S. 33-60, bes. S. 33-44.
8   Zur territorial-funktionalen Bestimmung der Region vgl. Claudia Schmid 1993, S. 23-33.

Die konventionellen Arsenale

Der Nahe und Mittlere Osten gehört zu den am stärksten militarisierten Regionen der Welt.[9] Bereits Mitte der fünfziger Jahre begann im Nahen Osten eine Phase der Aufrüstung durch Waffenimporte. Nach den beiden Nahostkriegen in den Jahren 1967 und 1973 erlebte die Region zwei regelrechte Aufrüstungswellen, während derer die Militärausgaben auf über 20 Prozent des Bruttosozialprodukts stiegen.[10] Während die Aufrüstung in den fünfziger und sechziger Jahren vorwiegend im Rahmen von militärischen Hilfsprogrammen der befreundeten "Schutzmächte" und von Importwettläufen stattgefunden hatte, gelang es einigen Regionalstaaten in den siebziger und achtziger Jahren, eine eigene Rüstungsindustrie aufzubauen. Ägypten und Iran produzieren schwere Waffen. Irak, Jordanien, Saudi-Arabien und Syrien fabrizieren Munition und Kleinwaffen. Die unangefochtene Spitzenposition nimmt Israel ein. Der Sechstagekrieg 1967 und das damit einhergehende Waffenembargo Frankreichs wurde zur Initialzündung für die Entwicklung einer eigenen Rüstungsindustrie.[11] Heute ist Israel zugleich Importeur, Produzent und Exporteur von Waffensystemen und Militärtechnologie. Die Rüstungsproduktion stellt einen wichtigen wirtschaftlichen Faktor dar. Rund ein Viertel aller israelischen Exporte sind Waffen und militärische Ausrüstungsgüter. Der Rüstungswettlauf im Nahen Osten erhielt darüber hinaus eine neue Qualität: Israel wurde zur Atommacht. Nach dem vierten Nahostkrieg von 1973 beherrschte, wie im Ost-West-Konflikt, auch im Nahen Osten das Prinzip der militärischen Abschreckung die Beziehungen zwischen Israel und den arabischen Staaten. Mittlerweile verfügt eine Reihe von Regionalstaaten über Massenvernichtungswaffen und deren Trägersysteme in Form von Kampfflugzeugen und Boden-Boden-Raketen.

Doch schon bevor sich, bedingt durch das Ende des Ost-West-Konflikts, weltweit der Aufrüstungstrend umkehrte, brach er im Nahen Osten. Von Mitte der achtziger Jahre bis 1991 verminderten sich die militärischen Auswendungen, der Anteil der Militärausgaben am Bruttoinlandsprodukt und die Waffenimporte Israels und seiner arabischen Nachbarstaaten sowie der Golfstaaten (mit Ausnahme der Parteien des ersten Golfkriegs, Iran und Irak).

---

9   Die Region nimmt bei den meßbaren Indikatoren - wie Anteil der Militärausgaben am Staatshaushalt und am Bruttosozialprodukt, bei den militärischen Aufwendungen pro Einwohner oder bei dem Zahlenverhältnis zwischen Einwohner und militärischem Personal - nach den Abrüstungserfolgen in Europa jeweils weltweit die Spitzenposition ein.
10 Vgl. Aaron Karp, Change and Continuity in the Middle East Arms Race, in: M. E. Ahrari (Hrsg.), Change and Continuity in the Middle East, London/New York 1996, S. 164-191, hier S. 168.
11 Zu Rüstungsproduktion in Israel vgl. Claudia Schmid 1993, S. 75-81.

Die Rüstungskonkurrenz bei den konventionellen Waffen hat sich seit Mitte der achtziger Jahre stabilisiert.[12] Die wesentliche Ursache hierfür liegt in der allmählichen Akzeptanz des regionalen Status quo. Nach einer Reihe militärischer Niederlagen haben sich die sogenannten arabischen Frontstaaten schließlich mit der Existenz des jüdischen Staates abgefunden und ihren Traum von strategischer Überlegenheit und der Verwirklichung politischer Ziele durch militärische Eroberungen aufgegeben. Mitte der neunziger Jahre hat sich dieser Prozeß auch in den meisten anderen Staaten der Region durchgesetzt und dazu geführt, daß die Streitkräfte nicht länger als Instrumente zur Durchsetzung geopolitischer Veränderungen betrachtet werden. Der Beschaffungsboom der Mitgliedstaaten des Golf-Kooperation-Rates (GCC) nach dem zweiten Golfkrieg schien zunächst den seit Mitte der achtziger Jahre zu konstatierenden Abwärtstrend bei den Rüstungsimporten zu durchbrechen. Er war jedoch nicht von langer Dauer und kann als ein Vorgang der Komprimierung verstanden werden. Normalerweise fünf oder zehn Jahre dauernde Modernisierungszyklen wurden durch den Schock des irakischen Überfalls auf Kuwait in zwei Jahren durchlaufen. Wenn die 1991 bis 1993 abgeschlossenen Verträge erfüllt und die bestellten Rüstungsgüter in die Truppen eingeführt sind, werden Saudi-Arabien, Kuwait und die Ölscheichtümer am Golf über Streitkräfte verfügen, die qualitativ gesehen zu den besten der Welt gehören. Hiervon müssen keine nennenswerten destabilisierenden Wirkungen ausgehen. Vielmehr sind die konservativen Öl-Monarchien dann besser gerüstet, als es seinerzeit Kuwait war, um einer eventuellen Aggression zu begegnen. Auch die sinkenden israelischen Militärausgaben sind ein Indikator für die Akzeptanz des militärischen Status quo in der Region. Die im September 1992 von Präsident Bush angekündigte Lieferung von 72 Kampfflugzeugen des Typs F-15X sowie mehrerer hundert Raketen an Saudi-Arabien wurde von Israel zum Anlaß genommen, einen verbesserten Zugang zu US-Aufklärungsdaten zu fordern; Kompensationsforderungen im Bereich der militärischen *hardware* hingegen blieben aus. Die Militärausgaben in der Region dienen nicht länger der Ausweitung der Streitkräfte, sondern ihrem Erhalt und ihrer Modernisierung. Truppen werden in erster Linie für begrenzte militärische Szenarien, Eingriffe in innerstaatliche Auseinandersetzungen eingeschlossen, bereitgehalten. Das Schwergewicht der militärischen Investitionen liegt auf dem Ausbau der defensiven Fähigkeiten.[13]
Auch ein eventueller Friedensschluß in der Region wird voraussichtlich nichts an der in Gang befindlichen Modernisierung der konventionellen Arsenale in der Region ändern. Die Anstrengungen Syriens und Israels,

---

12 Die folgenden Ausführungen orientieren sich an Aaron Karp, a.a.O.
13 Vgl. ebenda, S. 178.

der beiden stärksten Militärmächte und gegenwärtigen Hauptkontrahenten in der Region, richten sich in erster Linie auf eine weitere Modernisierung ihrer Luftverteidigungssysteme. Beide werden vermutlich nicht ab-, sondern umrüsten. Israel wird gegebenenfalls versuchen, den "Verlust" palästinensischen Territoriums durch einen Ausbau der Luftwaffe auszugleichen; Syrien dürfte hierauf mit der Anschaffung von Luftabwehr- und Überwachungssystemen antworten.[14] Israel würde zudem weiterhin in die Raketenabwehr investieren.

Fraglos werden die Länder zwischen Mittelmeer und Persischem Golf auf absehbare Zeit ein begehrter Markt für konventionelle *high tech*-Militärtechnologie bleiben. Gleichwohl sind es nicht in erster Linie die konventionellen Arsenale, sondern vor allem die Massenvernichtungswaffen und ihre Trägermitteln, denen ein hohes Destabilisierungsrisiko in der ohnehin in vielerlei Hinsicht instabilen Region zugeschrieben wird.[15]

Massenvernichtungswaffen und Trägertechnologie

Massenvernichtungswaffen existieren in der Region seit Jahrzehnten. *Israel* ist der einzige Atomwaffenstaat. Die offizielle Selbstdarstellung Israels in bezug auf seinen nuklearen Status wird in die Formel gekleidet, Israel werde nicht als erster Nuklearwaffen in die Region einführen. Doch unter Experten ist unumstritten, daß Israel über die Fähigkeit verfügt, Atomwaffen selbst herzustellen, sowie im Besitz eines beträchtlichen nuklearen Arsenals ist. Israel, neben Indien und Pakistan einer der drei unerklärten Kernwaffenstaaten, wird auf Grund des angenommenen Umfangs seines nuklearen Arsenals auch als sechster Kernwaffenstaat bezeichnet.[16] Trotz Mitgliedschaft des *Irak* im NVV und Kontrollen seitens der Internationalen Atomenergiebehörde (IAEO) war das geheime iraki-

---

14 Vgl. Volker Perthes, Die Herasforderungen des Friedens. Syrien, Libanon und die Perspektiven einer neuen regionalen Arbeitsteilung, in: Aus Politik und Zeitgeschichte, B 18/1996, S. 25-31, hier S. 29.
15 Vgl. Kenneth W. Stein, Politische Instabilitäten im Nahen Osten, in: Internationale Politik, 3/1995, S. 25-32; Zalmay Khalilzad, The United States and the Persian Gulf: Preventing Regional Hegemony, in: Survival, 2/1995, S. 95-120, hier S. 109-11; Anthony H. Cordesman, Iran & Iraq. The Threat from the Northern Gulf, Boulder/San Francisco/Oxford 1994, S. 84-115, 232-276, 285-288; Geoffrey Kemp/Janice Gross Stein, Enduring Sources of Conflict in the Persian Gulf Region: Predicting Shochs to the System, in: Geoffrey Kemp/Janice Gross Stein (Hrsg.), Powder Keg in the Middle East. The Struggle for Gulf Security, Lanham, Maryland/London 1995, S. 3-43, hier S. 36
16 Über die Entwicklung, den Umfang und die Zusammensetzung des israelischen Nukleararsenals sowie über die internationale Unterstützung für das israelische Atomwaffenprogramm und die damit verbundenen strategischen Planungen sind keine unumstrittenen Angaben möglich. Vgl. Margret Johannsen, Die Chancen für eine Denuklearisierung des Nahen Ostens im Lichte des arabisch-israelischen Friedensprozesses, in: Vierteljahresschrift für Sicherheit und Frieden (S+F), 3/1995, S. 148-156, und die dort, bes. S. 149, angegebene Literatur.

sche Nuklearwaffenprogramm vor 1991 weit fortgeschritten. Doch die nuklearen Forschungs- und Produktionsanlagen des Irak wurden infolge des zweiten Golfkriegs zerstört. Solange die strenge Aufsicht der UNO über den Irak fortbesteht, wird er sein Kernwaffenprogramm schwerlich wiederbeleben können. Doch auch anderen Regionalstaaten werden Programme zur Entwicklung einer Kernwaffenfähigkeit nachgesagt. Am meisten Besorgnis erregt in dieser Hinsicht der *Iran*. Der Iran ist zwar Mitglied des Nichtverbreitungsvertrags (NVV), wird aber verdächtigt, unter dem Deckmantel ziviler Kernenergieentwicklung ein illegales Nuklearwaffenprogramm zu betreiben. Das Interesse *Libyens* am Erwerb von Nuklearwaffen geht vermutlich weit über die technologischen Möglichkeiten des Landes hinaus.

Eine Reihe von Regionalstaaten verfügt mit hoher Wahrscheinlichkeit über chemische Waffen und scheint an der Entwicklung biologischer Kampfstoffe interessiert.[17] Der Irak besaß vor dem zweiten Golfkrieg ein umfangreiches Arsenal an Chemie- und Biowaffen. Ägypten, Iran, Israel, Libyen und Syrien besitzen Chemiewaffen und auch eigene Produktionsanlagen für chemische Waffen. Israel, Syrien und der Iran betreiben extensive Forschung im Bereich biologischer Waffen und verfügen wahrscheinlich über Kapazitäten zur Herstellung von Biowaffen.

Zwar sind Massenvernichtungswaffen in der Region kein neuartiges Phänomen, die gegenwärtig vermuteten Potentiale erhalten jedoch eine neue Qualität durch die Proliferation von geeigneten Trägersystemen, in erster Linie Kampfflugzeuge und Boden-Boden-Raketen größerer Reichweite. Nur Israel kann Kampfflugzeuge in Eigenproduktion bauen. Ägypten ist zur Ko-Produktion in der Lage. Alle anderen Regionalstaaten importieren Kampfflugzeuge. Vor allem Saudi-Arabien hat sich in den letzten Jahren eine umfangreiche hochmoderne Flotte zugelegt. Ägypten, Iran, Israel, Libyen, Saudi-Arabien und Syrien unterhalten F&E-Programme für ballistische Raketen.[18] Außer Israel kann kein Staat der Region selbständig Raketen herstellen, aber Irak, Ägypten und Iran sind dazu in Zusammenarbeit mit anderen Staaten in der Lage oder können importierte Raketen so umbauen, daß sie für ihre Zwecke einsatzfähig werden. Ballistische Raketen befinden sich in den Arsenalen Ägyptens, des Iran, Israels, Jemens, Libyens, Saudi-Arabiens und Syriens und möglicherweise des Irak. Seit den späten achtziger Jahren haben die Bemühungen, durch Mechanismen wie das *Missile Technology Control Regime* (MTCR) die Proliferation ballistischer Raketen einzudämmen, die Zahl der Anbieter drastisch vermin-

---

17 Zum folgenden vgl. Raymond Picquet, Weapons Acquisition and Arms Racing in the Middle East, in: M.E. Ahrari (Hrsg.), a.a.O., S. 192-232.
18 Vgl. Götz Neuneck, a.a.O., S. 33-44.

dert. Die wichtigsten Lieferanten von Raketen-Technologie in die Region sind heute Nord-Korea und China.

Eine Vielzahl von Experten geht davon aus, daß die Erfahrung des zweiten Golfkriegs den Drang der Regionalstaaten nach Massenvernichtungswaffen verstärkt habe. Mit dem Einsatz ihrer überlegenen konventionellen Streitmacht demonstrierten die USA eindrucksvoll, daß jeglicher Versuch, ihnen ebenbürtige konventionelle Waffensysteme entgegenzusetzen, zum Scheitern verurteilt ist. Massenvernichtungswaffen könnten von Regionalstaaten als preiswerter *force-multiplier* und als *equalizer* betrachtet werden, der es den USA oder anderen Staaten des Westens verbieten würde, uneingeschränkten Gebrauch von ihrer überlegenen Ausrüstung mit hochentwickelter Militärtechnologie zu machen.

Die Frage nach den möglichen Motiven der Regionalstaaten zur Entwicklung von Massenvernichtungswaffen fördert ein ganzes Bündel von Faktoren zutage, die die Proliferation in der Region angeheizt haben. Massenvernichtungswaffen können

- den Status des Besitzerstaats in den Augen der eigenen Bevölkerung und der regionalen Konkurrenten erhöhen;
- den Einfluß in der Region verstärken;
- quantitative oder qualitative Unterlegenheiten auf konventionellem Gebiet kompensieren;
- potentielle Gegner vor dem Gebrauch von A- oder C-Waffen abschrecken;
- zur Androhung der Eskalation bewaffneter Konflikte genutzt werden oder sie real herbeiführen;
- Aggressionen gegen Interventionen Dritter flankierend absichern.[19]

Den israelischen Atomwaffen werden darüber hinaus die folgenden Funktionen zugeschrieben. Sie können

- potentielle Gegner vor dem Israels Existenz bedrohenden Einsatz konventioneller Kriegsmittel oder vor dem Gebrauch von Massenvernichtungswaffen abschrecken;
- die Anerkennung des Existenzrechtes Israels in der Region befördern;
- die Schutzmacht USA in einem kriegerischen Konflikt zur materiellen und diplomatischen Unterstützung Israels veranlassen;
- territoriale Kompromisse mit den arabischen Nachbarn erleichtern.

Vor dem Hintergrund einer tiefverwurzelten Skepsis hinsichtlich der Dauerhaftigkeit formeller regionaler Übereinkünfte und der Zuverlässigkeit von Sicherheitsgarantien durch äußere Mächte wurzelt das Atomwaffen-

---

19 Vgl. Antony H. Cordesman, Weapons of Mass Destruction in the Middle East, Center for Strategic and International Studies, Washington, D.C., November 28, 1995, S. 2.

programm Israels in der Überzeugung, daß Israel das Überleben des jüdischen Staates am sichersten durch eigene militärische Stärke gewährleisten könne. Nuklearwaffen werden als wichtiges Element solcher Stärke betrachtet.[20] Diese Überzeugung speist sich wesentlich aus den Erfahrungen des Holocaust und der arabisch-israelischen Kriege. Die Wahrnehmung, daß sich der jüdische Staat in einem Zustand permanenter Belagerung befinde,[21] wird von der politischen Elite wie von der Bevölkerung gleichermaßen geteilt.[22]

Die Mehrzahl der Analytiker geht davon aus, daß die israelischen Kernwaffen "Waffen der letzten Zuflucht" für den Fall darstellen, daß der jüdische Staat in seiner Existenz bedroht ist. Die glaubhafte Androhung nuklearer Vergeltung erfolge zum Zwecke existenzieller Abschreckung gegen einen massiv vorgetragenen Angriff mit konventionellen Waffen oder Massenvernichtungsmitteln.[23] Für diesen Zweck wäre allerdings eine geringe Anzahl von Spaltbomben mit einer Sprengkraft von wenigen Kilotonnen hinreichend.[24] Falls die Annahmen über eine weit darüber hinausgehende Größe und Diversifizierung des israelischen Kernwaffenarsenals zutreffen, so ist nicht auszuschließen, daß Israel neben der Option massiver Vergeltung durch Angriffe gegen zivile Ziele (vor allem Städte) des potentiellen Gegners (*countercity*-Strategie) auch nukleare Kriegführungsoptionen gegen militärisch relevante Ziele (z.B. Kommandozentralen, Waffendepots, Abschußrampen, Angriffsrouten etc.) entwickelt hat (*counterforce*-Strategie), und zwar für den Fall, daß weitere Regionalstaaten in den Besitz von Nuklearwaffen und anderen Massenvernichtungsmitteln sowie treffgenauen Trägersystemen gelangen.[25]

Die unter dem Etikett "Abschreckung" subsumierbaren Funktionen der israelischen Atomwaffen richten sich gegen potentielle Gegner im arabischen Raum bzw. in der islamischen Welt und gegebenenfalls gegen deren Verbündete (vor der politischen "Zeitenwende" implizierte dies daher auch die Abschreckung der Sowjetunion). Aus der Abschreckungsfunktion

---

20 Vgl. Frank Barnaby, The Invisible Bomb: The Nuclear Arms Race in The Middle East, Berlin 1989, S. 47-52.
21 Vgl. Claudia Schmid 1993, S. 23.
22 Zur israelischen Bedrohungswahrnehmung nach Ende des zweiten Golfkriegs vgl. Dore Gold, Evaluating the Threat to Israel in an Era of Change, in: Shai Feldman/ Arile Levite (Hrsg.), Arms Control and the New Middle East Security Environment, Boulder et al. 1994, S. 95-108, hier S.96-97; S. 105-107.
23 Vgl. die Liste möglicher Funktionen für das israelische Nukleararsenal in: Robert E. Harkavy, The Imperative to Survive, in: Louis René Beres (Hrsg.), Security or Argageddon. Israel's Nuclear Strategy, Lexington, Massachusetts/Toronto 1986, S. 97-118; ferner Yair Evron, Deterrence Experience in the Arab-Israel Conflict, in: Aharon Klieman/Ariel Levite (Hrsg.), Deterrence in the Middle East: Where Theory and Practice Converge, Jaffee Center for Strategic Studies, JCSS Study no. 22, Tel Aviv 1993, S. 98-121, hier S. 113.
24 Vgl. Frank Barnaby, a.a.O., S. 54.
25 Vgl. ebenda, S. 66-67; Mohammad Ziarati, The effect of peace in Israel's strategic thinking, in: Middle East International, Nr. 479, 9.7.1994.

ableitbar ist die Funktion, die arabische Welt davon zu überzeugen, daß jeder Versuch, das Existenzrecht Israels in Frage zu stellen, zum Scheitern verurteilt ist.[26]

Den israelischen Atomwaffen wird darüber hinaus die Funktion eines Druckmittels des israelischen "Klienten" auf seinen US-"Patron" zugesprochen. Sie werden als geeignet angesehen, in einem kriegerischen Konflikt in der Region zur Vorbeugung gegen den Einsatz von israelischen Nuklearwaffen als letzte Zuflucht die Lieferung von modernsten konventionellen Waffen an Israel sowie seine diplomatische Unterstützung in internationalen Organisationen zu gewährleisten.[27]

Die auf Atomwaffen gegründete Überlebensgarantie für Israel wird zudem innenpolitisch als geeignet angesehen, den Spielraum der Regierung in Fragen territorialer Kompromisse zu vergrößern, indem die Aufgabe besetzter Gebiete und der hierdurch bewirkte "Verlust an strategischer Tiefe" durch die nukleare Option kompensiert wird.[28] Mit dieser Funktion erklärt sich das Phänomen, daß sogenannte "Tauben" innerhalb der israelischen Arbeitspartei, die für die Aufgabe besetzter Gebiete plädieren, engagierte Verfechter einer Nuklearkomponente in der israelischen Sicherheitsstrategie sind.[29]

Der Streit um Territorien und Souveränitätsrechte

Die Kontrolle über Territorien im Jordanbecken basiert auf international anerkannten Grenzen sowie auf Waffenstillstandslinien. Die Grenzverläufe gehen auf die Aufteilung des Nahen Ostens in britische und französische Mandatsgebiete nach der Auflösung des Osmanischen Reiches infolge seiner Niederlage im Ersten Weltkrieg zurück. Die Waffenstillstandslinien sind das Ergebnis des ersten israelisch-arabischen Krieges, der der Staatsgründung Israels im Jahre 1948 folgte.

Die wesentlichen Konfliktlinien im Jordanbecken ergeben sich aus der Entwicklung des Nahostkonflikts nach dem Oktoberkrieg 1973. In den letzten beiden Jahrzehnten wurde der israelisch-arabische Gegensatz zunehmend desaggregiert.[30] Den Anfang machten die Camp-David-Rah-

---

26 Vgl. Shai Feldman, Israeli Deterrence and the Gulf War, in: Aharon Klieman/Ariel Levite (Hrsg.), a.a.O., S. 122-148, hier S. 126; ferner Avner Cohen, Towards a New Middle East: Rethinking the Nuclear Question. Center for International Studies, Massachusetts Institute of Technology, Cambridge, Massachusetts, DACS Working Paper, November 1994, S. 10, S. 15-16.
27 Honoré M. Catudal, a.a.O., S. 12.
28 Vgl. Louis René Beres, The "Peace Process" and Israel's Nuclear Strategy, in: Strategic Review, 1/1995, S. 35-47.
29 Vgl. Frank Barnaby, a.a.O. S. 47.
30 Vgl. Claudia Schmid, Frieden auf Raten, in: Vierteljahresschrift für Sicherheit und Frieden (S+F), 2/1996, S. 70-76, hier S. 70.

menvereinbarung (1978) und der nachfolgende Friedensvertrag zwischen Ägypten und Israel (1979). Die Verhandlungen im Rahmen des Madrider Friedensprozesses (seit 1991) und die Osloer Geheimgespräche (1993) beschleunigten die Auflösung des Nahostkonflikts in seine bilateralen Elemente. Zwar etablierte Madrid auch multilaterale Gesprächsrunden; dennoch dominieren gegenwärtig die bilateralen Foren: Hier geht es vor allem um die sogenannten harten Fragen, um territoriale Ansprüche und militärische Sicherheit.

Die folgenden Ausführungen befassen sich mit den territorialen Konflikten zwischen Israel und seinen arabischen Nachbarn, die gemäß der Formel "Land gegen Frieden" zu lösen sind - so jedenfalls lautet das Mandat, das die Nahostkonferenz in Madrid im Oktober 1991 den Kontrahenten erteilt hat - und behandeln diese Konflikte analog den in Madrid etablierten Verhandlungssträngen als bilateral zu lösende Streitfragen.

Israel und Jordanien

Der jordanisch-israelische Friedensvertrag vom 26. Oktober 1994 beendete formell den Kriegszustand zwischen beiden Staaten. Völkerrechtlich gesehen hatte seit 1949 lediglich Waffenstillstand geherrscht. Der Vertrag, der mit sofortiger Wirkung in Kraft trat, übernimmt mit einigen kleineren Korrekturen die Grenzziehung der britischen Mandatszeit. Der formelle Verzicht Jordaniens auf die Westbank und Ost-Jerusalem, die im Sechstagekrieg 1967 verlorengegangen waren, war bereits zwanzig Jahre zuvor eingeleitet worden, als die Arabische Liga 1974 auf ihrer Gipfelkonferenz in Rabat der PLO das alleinige Vertretungsrecht für die Palästinenser in den seit 1967 israelisch besetzten Gebieten zugesprochen hatte. Durch die Entwicklung seit 1974 waren Ansprüche Jordaniens auf die Rückgabe der Westbank völlig irreal geworden. Zugunsten der PLO verzichtete Jordanien schließlich 1988 offiziell auf die Gebiete westlich des Jordan. Im selben Jahr proklamierte die PLO den Staat Palästina. Die PLO trat damit gewissermaßen das Erbe Jordaniens im Territorialkonflikt mit Israel an.

Im israelisch-jordanischen Friedensvertrag erhielt Jordanien einige kleine Gebiete südlich des Toten Meeres zurück. Israel verzichtete auf einen Grenzstreifen von ca. 330 Quadratkilometern in der Arava-Ebene. Dieser Teil des Vertrages enthält friedenspolitisch eine innovative Idee, denn zugleich wurde ein Pachtvertrag mit 25jähriger Laufzeit geschlossen, der den israelischen Siedlern die landwirtschaftliche Nutzung dieses Gebiets weiterhin ermöglicht. Der Pachtvertrag läßt sich als eine Variante der Formel "Land gegen Frieden" deuten. Sein Grundgedanke könnte bei Übereinkünften über die israelischen Siedlungen im Gazastreifen und in der Westbank Pate stehen.

Israel sicherte Jordanien außerdem zu, es werde bei den künftigen israelisch-palästinensischen Verhandlungen über die Zukunft Jerusalems der historischen Rolle des haschemitischen Königreichs bei der Verwaltung der islamischen Heiligtümer in Jerusalem Priorität einräumen. Diese Vereinbarung stieß auf massive Kritik seitens der PLO. Diese begrüßte den Friedensschluß insgesamt, erhob jedoch massive Einwände gegen die Vereinbarungen über Jerusalem, da sie vom Status quo der israelischen Besetzung Ost-Jerusalems ausgingen und mit dem palästinensischen Hauptstadtanspruch auf Ost-Jerusalem kollidierten. Jordanien und die Autonomiebehörde waren jedoch um Schadensbegrenzung bemüht. Nach dem palästinensisch-jordanischen Kooperationsabkommen vom 27. Januar 1995 nimmt Jordanien vorübergehend die Verantwortung für die islamischen Stätten in Ost-Jerusalem solange wahr, bis die Palästinenser ihre souveränen Hauptstadtrechte ausüben können.

Israel und die Palästinenser

Der israelisch-palästinensische Nationalitätenkonflikt ist nach wie vor ungelöst. Die Kontrahenten sind jedoch insofern einer Regelung nähergekommen, als sie im September 1993 einander explizit ein legitimes Existenzrecht zuerkannten und in der sogenannten Osloer Prinzipienerklärung ("Oslo I") vereinbarten, daß das langfristige Ziel ihrer Verhandlungen die Lösung des israelisch-palästinensischen Konflikts auf der Basis der UN-Resolutionen 242 und 338 sei. Die Resolutionen erteilen der Eroberung von Territorien durch Krieg eine Absage, fordern den Rückzug der israelischen Streitkräfte aus den im Sechstagekrieg 1967 besetzten Gebieten und postulieren das Recht eines jeden Staates der Region, in Frieden innerhalb sicherer und anerkannter Grenzen frei von Drohungen und Gewaltakten zu leben. Auf dem Weg zu diesem langfristigen Ziel soll für eine begrenzte Zeit die Zivilverwaltung in die Hände palästinensischer Behörden übergehen, die ihre Legitimation aus demokratischen Wahlen beziehen. Die sogenannte Übergangszeit ist bis zum Mai 1999 befristet und soll dann vom endgültigen Status der palästinensischen Gebiete abgelöst werden.
Im Rückblick auf den hindernisreichen Verhandlungsprozeß und auf die ihn begleitende Gewalt wie in der Vorausschau auf die Verhandlungen über die bisher ausgeklammerten Streitfragen wird deutlich, wie kompliziert die Einhegung des Konfliktes ist. Nach der Unterzeichnung des sogenannten Gaza-Jericho-Abkommen vom 4. Mai 1994 in Kairo begann im selben Monat im Gazastreifen und im Bezirk Jericho die Übergabe der Zivilverwaltung von der israelischen Militärregierung auf palästinensische Behörden. Sie wurde Ende 1995 mit einer achtzehnmonatigen Verzöge-

rung gegenüber dem ursprünglichen Zeitplan durch die Erweiterung der palästinensischen Zivilverwaltung auf das gesamte Westufer abgeschlossen. Grundlage hierfür ist das Israelisch-Palästinensische Interimsabkommen über die Westbank und den Gazastreifen ("Oslo II") vom 28. September 1995.

Genauer betrachtet begründet Oslo II eine palästinensische Teilautonomie. Das Abkommen teilt die 5.600 Quadratkilometer große Westbank mit ihren rund 1,3 Millionen Einwohnern - ausgenommen ist Jerusalem - in drei Gebiete auf: *Gebiet A* umfaßt die Städte Dschenin, Tulkarm, Nablus, Kalkilja, Ramallah und Bethlehem. Aus diesen Städten wurde das israelische Militär vollständig abgezogen. Hier erhielt die palästinensische Selbstverwaltung alle zivilen und polizeilichen Befugnisse. In der Stadt Hebron blieben zum Schutz der dort lebenden 415 jüdischen Siedler vorerst israelische Truppen stationiert. Zu *Gebiet B* gehören rund 450 palästinensische Kleinstädte und Dörfer. In diesem Gebiet wurde das israelische Militär außerhalb der Gemeindegrenzen neu postiert. Auch hier erhielt die palästinensische Selbstverwaltungsbehörde zum Jahresende 1995 die zivilen Kompetenzen, die Verantwortung für die öffentliche Ordnung und Polizeibefugnisse, die allerdings gemeinsam oder in Absprache mit dem israelischen Militär ausgeübt werden. *Gebiet C* schließlich enthält den "Rest" der nicht zu den Gebieten A und B gehörenden Westbank einschließlich der dort befindlichen jüdischen Siedlungen, Zufahrtsstraßen zu den Siedlungen und israelischen Militäreinrichtungen. Es umfaßt 73 Prozent des Territoriums der Westbank. Über diesen Sektor übt Israel weiterhin vollständige militärische Kontrolle aus. Darüber hinaus verbleiben zunächst alle mit territorialen Fragen verbundenen zivilen Befugnisse unter israelischer Jurisdiktion. Sie sollen schrittweise bis zum 7. September 1997 an die palästinensische Selbstverwaltungsbehörde übergehen. Ausgenommen sind jedoch die israelischen Militäreinrichtungen und Siedlungen, einschließlich ihrer Zufahrtsstraßen. Sie haben exterritorialen Status und verbleiben unter israelischer Jurisdiktion. Über diese Gebiete wird erst im Rahmen der Verhandlungen über den endgültigen Status entschieden.

Zusammengefaßt erhielt die palästinensische Selbstverwaltung durch Oslo II die vollständige Kontrolle über vier Prozent des Westbank-Territoriums und die administrative Verantwortung für 98 Prozent der dort lebenden palästinensischen Bevölkerung. Israel kontrolliert 73 Prozent des Territoriums und hat darüber hinaus das Recht, in weiteren 23 Prozent des Territoriums militärisch zu intervenieren. Für die äußere Sicherheit bleibt Israel gemäß dem Kairoer Gaza-Jericho-Abkommen vom Mai 1994 zuständig. Das Abkommen bestätigt, daß die Westbank und der Gazastreifen eine territoriale Einheit darstellen, deren Integrität während der Übergangspe-

riode aufrechterhalten wird. Doch das Westufer gleicht einem Flickenteppich. Die palästinensisch verwalteten Gebiete sind voneinander separiert und von großen Gebieten unter israelischer Kontrolle umgeben. Das Abkommen enthält keine Vorkehrungen dagegen, daß die israelischen Siedlungen, die in Gebiet C liegen, vergrößert werden. Der Personen- und Güterverkehr zwischen der Westbank und dem Gazastreifen ist strengen Beschränkungen unterworfen. Das Abkommen etablierte außerdem Dutzende von gemeinsamen Ausschüssen, deren Aufgabe sein soll, die Umsetzung der Vereinbarungen zu koordinieren. Sie bieten Israel die Handhabe, in allen Fragen, die israelische Interessen tangieren, Kontrolle auszuüben. Dies betrifft nicht nur Fragen der Sicherheit, sondern auch die wirtschaftlichen Beziehungen in Industrie und Landwirtschaft, die Zusammenarbeit in Fragen des Umweltschutzes, der Energieversorgung, des Verkehrs und des Tourismus, in Wissenschaft und Technik, Kultur und Bildung, bei der Bekämpfung des Drogenhandels u.a.m.
Während der Übergangszeit soll über den endgültigen Status der palästinensischen Gebiete verhandelt werden. Auf der Agenda stehen Fragen, die enormen Konfliktstoff bergen: Jerusalem, die palästinensischen Flüchtlinge, die israelischen Siedlungen im Gazastreifen und in der Westbank, die Grenzen des palästinensischen Gemeinwesens und seine Beziehungen zu den Nachbarstaaten. Die territorialen Aspekte dieses Konfliktes werden vor allem von der Hauptstadtfrage, von der Zukunft der israelischen Siedlungen in den palästinensischen Gebieten und von dem künftigen Rechtsstatus des palästinensischen Gemeinwesens tangiert.

Jerusalem: Wessen Hauptstadt?

Die palästinensische Unabhängigkeitserklärung von 1988 reklamiert Ost-Jerusalem als Hauptstadt Palästinas. Der seit dem ersten israelisch-arabischen Krieg jordanisch verwaltete Ostteil der Stadt wurde im Sechstagekrieg 1967 von den israelischen Truppen erobert und wenige Tage danach von Israel annektiert. Die konkurrierenden israelischen und palästinensischen Besitzansprüche auf die Stadt und ihr Umland haben sich auf beiden Seiten zu einem Tabu verfestigt.
Die mit *religiösen* Argumenten geführte Auseinandersetzung betrifft die Altstadt in Ost-Jerusalem. Hier liegen unter anderem zwei der größten Heiligtümer der Muslime, der Felsendom und die al-Aksa-Moschee, und das heiligste Bauwerk der Juden, die Klagemauer. Israel gewährt allen Religionen im Grundsatz freien Zugang zu ihren Heiligtümern. Mit Verweis auf diese Praxis wehrt der israelische Staat bis heute religiös begründete hoheitliche Ansprüche von arabischer bzw. palästinensischer Seite auf Ost-Jerusalem ab.

Israel hat seinen durch die Annexion im Jahre 1967 erhobenen *politischen* Besitzanspruch auf Ost-Jerusalem 1980 durch das "Grundgesetz von Jerusalem" bekräftigt, in dem Jerusalem zur ewigen und unteilbaren Hauptstadt Israels erklärt wird.[31] Israelische Rechtsgelehrte leiten die Rechtmäßigkeit der Annexion aus dem Selbstverteidigungsrecht Israels ab, weil seine Existenz in mehreren Kriegen durch arabische Staaten in Frage gestellt worden sei. Palästinensische Juristen widersprechen jedoch dem israelischen Besitzanspruch auf ganz Jerusalem unter Hinweis auf internationales Recht. In der Tat wird die israelische Rechtsauffassung von der Mehrheit der Völkerrechtler nicht geteilt. Die Annexion von Gebieten selbst eines Aggressors ist nach dem Völkerrecht ausdrücklich verboten. Die UNO hat denn auch die israelische Aneignung Ost-Jerusalems stets als völkerrechtswidrig und damit nichtig betrachtet.

Die Durchsetzung des palästinensischen Hauptstadtanspruchs wird in erster Linie durch die dramatische Veränderung der *demographischen* Zusammensetzung der Stadt gefährdet. Bis 1967 war der Ostteil der Stadt fast ausschließlich palästinensisch bevölkert. Nach der israelischen Annexion Ost-Jerusalems wurde der jüdische Bevölkerungsanteil in der Altstadt und im Umland durch staatlich geförderte Bautätigkeit systematisch erhöht. Das erforderliche Bauland wurde mit Hilfe bürokratischer Wohnrechtsbeschränkungen für Palästinenser, Konfiszierungen palästinensischen Besitzes und Vertreibungen beschafft. 1992 wohnten in der durch neue Siedlungen vergrößerten Stadt insgesamt 523.000 Juden, davon 350.000 in West-Jerusalem, 140.000 in Ost-Jerusalem und 33.000 in den Jerusalem umgebenden Siedlungen der Westbank. Der israelische Regierungswechsel 1992 erbrachte keine Änderung in der Politik der allmählichen Majorisierung der arabischen Bevölkerung Ost-Jerusalems durch die Israelis. Im Juni 1993 gab die israelische Regierung bekannt, daß im Ostteil der Stadt nunmehr eine jüdische Mehrheit wohne. 1994 ist ihre Zahl auf 168.000 gegenüber 154.000 Palästinensern gestiegen. Die Ausdehnung der israelischen Wohnsiedlungen und der Bau von Verbindungsstraßen werden bis heute unvermindert fortgesetzt.

In derselben Region leben heute 210.000 Palästinenser, davon rund drei Viertel in Ost-Jerusalem und ein Viertel in den Dörfern und Städten des Jerusalemer Umlands der Westbank. Ost-Jerusalem ist nach wie vor die größte arabische Stadt Palästinas. Durch den massiven Siedlungs- und Straßenbau im Norden, Osten und Süden der Stadt sowie durch administrative Beschränkungen des Zugangs von der Westbank wird jedoch der arabische Teil Jerusalems von seinem Hinterland abgeschnitten und *wirtschaftlich* zunehmend isoliert. Ost-Jerusalem ist jedoch nicht nur das reli-

---

31 Vgl. Norbert Mattes, Jerusalem - von der geteilten Stadt zur Hauptstadt Israels, in: Vierteljahresschrift für Sicherheit und Frieden (S+F), 2/1996, S. 107-112.

giöse, politische, soziale und ökonomische Zentrum der Palästinenser, sondern auch der Verkehrsknotenpunkt der Westbank. Hier befinden sich zudem die wichtigsten Energieversorgungsunternehmen, Finanz- und Handelseinrichtungen und die besten Krankenhäuser der besetzten Gebiete.[32] Vor allem wegen seiner Infrastruktur ist Ost-Jerusalem denn auch für den Aufbau eines künftigen palästinensischen Staates kaum verzichtbar.

Für die israelischen Regierungen gleich welcher Couleur ist die jüdische Besiedlung Ost-Jerusalems und seines Umlands eine *strategisch* notwendige Maßnahme, die im Falle eines kriegerischen Konflikts die erfolgreiche Verteidigung der Stadt gewährleisten soll. In ihren Bekenntnissen zu Jerusalem als der "ewigen und unteilbaren Hauptstadt Israels" gingen Labour- und Likud-Regierungen stets konform. Die große Mehrheit der Israelis sieht dies ebenso. Keine israelische Regierung würde in absehbarer Zukunft die Aufgabe Ost-Jerusalems politisch überleben. Doch dies gilt auch für die palästinensische Seite. Es sind daher Kompromisse über den Status der Stadt erforderlich. Da die Stadt de facto beiden Nationen gehört, sollte - so der Kern einer Vielzahl von Vorschlägen aus völkerrechtlicher und staatsrechtlicher Sicht - Jerusalem die Hauptstädte beider Staaten beherbergen.

Die jüdischen Siedlungen in den palästinensischen Gebieten: Israelische Exklaven oder Heimat von Juden in einem Staat Palästina?

Die Gründung von jüdischen Siedlungen außerhalb des israelischen Kernlandes setzte bald nach dem Sieg Israels im Sechstagekrieg 1967 ein und wurde von den Regierungen Labours wie Likuds gleichermaßen betrieben. Die Siedlungen in den 1967 besetzten Gebieten waren in den ersten zehn Jahren offiziell illegal, wurden aber geduldet und dann 1977 nach der Regierungsübernahme durch Likud legalisiert. Heute leben im Westjordanland (ohne Ost-Jerusalem) und im Gazastreifen in über 150 Siedlungen mehr als 150.000 jüdische Siedler. Ihre große Mehrheit kann als Wirtschaftssiedler bezeichnet werden. Sie sind wegen der staatlich subventionierten Billigpreise des Wohnungsmarktes in die besetzten Gebiete gezogen. Eine Minderheit von etwa 30.000 Israelis siedelt dort jedoch aus religiösen Motiven. Sie wollen ihren Traum von Eretz (=Land) Israel verwirklichen und zählen das Gebiet der Westbank, von ihnen als biblisches Stammland Judäa-Samaria bezeichnet, zum integralen Bestand Israels. Die religiös-politischen Siedlerorganisationen, zu deren bekanntesten und

---

32 Vgl. Jeffrey Boutwell/Everett Mendelsohn (Principal Authors), Israeli-Palestinian Security: Issues in the Permanent Status Negotiations. Report of a Study Group of the Middle East Program, Committee on International Security Studies, American Academy of Arts and Sciences, Cambridge, Massachusetts 1995, S. 83.

militantesten *Gush Emunim* (Block der Getreuen) zählt, beanspruchen, durch die Gründung von Siedlungen im palästinensischen Kernland ihr Anrecht auf das dem auserwählten Volk Abrahams von Gott verheißene Land zu realisieren. Mit der Legalisierung der Siedlungen im palästinensischen Kernland durch die Likud-Regierung 1977 wähnten sie sich der Erfüllung ihres Traumes einen bedeutenden Schritt nähergekommen. Sie drohen, sich etwaigen Vereinbarungen, die die Aufgabe der Siedlungen zur Folge haben würden, mit Waffengewalt zu widersetzen. Insbesondere in Hochburgen der religiösen Fanatiker wie in Hebron sind Provokationen an der Tagesordnung und blutige Zusammenstöße mit den palästinensischen Bewohnern der Stadt keine Seltenheit.[33] Die äußerst gespannte Lage veranlaßte die israelische Regierung, Besatzungstruppen in Hebron zu belassen, während aus den anderen größeren palästinensischen Städten die Streitkräfte vertragsgemäß abgezogen wurden.

Die israelische Siedlungspolitik kann als das zivile Pendant zu kriegerischer Landnahme palästinensischen Bodens durch Israel angesehen werden. Israels Grenzen sind nur teilweise definiert.[34] Die Unabhängigkeitserklärung von 1948 enthält keine Angaben über die geographische Ausdehnung Israels. Auch heute sind nur die Grenzen zu Ägypten und Jordanien im völkerrechtlichen Sinne festgelegt. Den Mangel an vollständig definierten und gegenseitig anerkannten Grenzen kompensiert Israel politisch. Auf erobertes bzw. konfisziertes Land wird israelisches Recht übertragen. Wo israelische Gesetze und Verwaltung herrschen, ist Israel. Die Siedlungen inmitten der palästinensischen Gebiete sind exterritorial, auch hier gilt allein israelisches Recht.

Die israelische Siedlungstätigkeit konzentriert sich auf Jerusalem und sein Umland sowie auf Siedlungen entlang der Waffenstillstandslinie von 1949, die seit dem Sechstagekrieg von 1967 das israelische Staatsgebiet von den besetzten bzw. teilautonomen Gebieten trennt. In Jerusalemer Umland wurden in den letzten Jahren bereits bestehende Siedlungen um tausende neuer Wohneinheiten erweitert. Darüber hinaus wurde der Bau eines 400 km langen Straßennetzes in Angriff genommen, das die Siedlungen unter Umgehung der palästinensischen Wohngebiete an israelisches Territorium anbinden soll. Der rasch fortschreitende Straßenbau basiert auf extensiven Landenteignungen, die von der israelischen Regierung mit "öffentlichem Interesse" begründet werden. Die Besiedlung dieses Landkorridors, der sich zangenförmig um Ost-Jerusalem herumlegt und die Stadt auf diese Weise fest mit Israel verbindet, wird zusehends dichter.

Die Hoffnung auf palästinensischer Seite, daß im "Geiste von Oslo" die

---

33 Im Februar 1994 verübte ein jüdischer Siedler in einer Moschee in Hebron ein Massaker, bei dem 30 Palästinenser erschossen wurden. Bei den darauf folgenden Unruhen stieg die Zahl der palästinensischen Todesopfer auf über 80.
34 Zum israelischen Konzept sicherer Grenzen vgl. Claudia Schmid 1993, S. 121-133.

fortwährenden Enteignungen palästinensischen Grund und Bodens beendet würden, erwies sich mithin als trügerisch. Die Palästinenser werten die ungebrochene Siedlungsaktivität der Israelis als Versuch, vollendete Tatsachen zu schaffen, bevor die Zukunft der Siedlungen auf die Tagesordnung der Verhandlungen über den endgültigen Status gesetzt wird. Die Ernennung von Ariel Sharon - unter Menachim Begin Inhaber des Landwirtschaftsressorts und unter dessen Nachfolger Itzhak Shamir Wohnungsbauminister und in beiden Ämtern für die israelische Siedlungspolitik Israels verantwortlich[35] - zum Minister für nationale Infrastruktur in der Likud-Regierung Netanyahus, der in dieser Funktion für Boden-, Wasser-, Transport-, Energie- und Entwicklungsfragen sowohl in Israel als auch in den teilautonomen Gebieten und damit wie vormals auch für die Siedlungen und den Straßenbau zuständig ist, nährt diese Befürchtungen. Vornehmlich mit Mitteln zivilen Widerstands versuchen die Palästinenser immer wieder, der fortgesetzten israelischen Landnahme Einhalt zu gebieten. Ohne Zweifel schwächt die Siedlungspolitik der Israelis diejenigen Kräfte unter den Palästinensern, die den Ausgleich suchen. Für die Gegner des Vertragswerks erhärtet die israelische Siedlungspolitik die Einschätzung, daß Arafat mit seiner Unterschrift palästinensisches Land verschenkt habe. Nicht nur der zivile Widerstand, sondern auch der gewaltsame Kampf gegen die Siedler und das zu ihrem Schutz operierende Militär dürften in einer Situation eskalierender Gewalt auf wachsende Zustimmung unter der palästinensischen Bevölkerung stoßen.

Der Ausbau der Siedlungen in Ost-Jerusalem und seinem Umland sowie entlang der Waffenstillstandslinie dürfte darauf abzielen, die Annexion Ost-Jerusalems unumkehrbar zu machen und die Annexion weiterer besetzten Landes im Umland der Stadt sowie von Gebieten östlich der Waffenstillstandslinie, in denen die Mehrzahl der jüdischen Siedlungen liegt, vorzubereiten. Ob alle oder Teile der israelischen Siedlungen fortbestehen werden, hängt davon ab, welches Siedlungskonzept sich durchsetzen wird.

In Israel wird zwischen politischen und strategischen Siedlungen differenziert. Die sozialdemokratische *Arbeitspartei* strebte von Anbeginn eine Kontrolle der besetzten Gebiete durch strategische Siedlungen im Jordantal, in Ost-Jerusalem und im südlichen Gazastreifen an, die es erleichtern sollte, den dicht besiedelten palästinensischen Gebieten eine begrenzte Autonomie zuzugestehen, falls dies erforderlich werden sollte. Vor allem der massive Siedlungsbau bei Jerusalem ist strategisch begründet. Diesen Siedlungen mißt die Arbeitspartei sowohl aus Gründen der Verteidigung Jerusalems als auch wegen des Zugangs zum Grundwasser der Westbank eine lebenswichtige Bedeutung für Israel zu. Nicht zufällig ist hier die

---

35 Vgl. das Portrait Sharons von Susanne Knaul, Der Bulldozer, in: Das Sonntagsblatt, 21.6.1996.

Mehrzahl der israelischen Siedler ansässig. Es hat den Anschein, als hätte die jüdische Besiedlung der besetzten Gebiete schon zur Regierungszeit Rabins jene "kritische Masse" erreicht, die einen Konsens mit den Palästinensern über die Zukunft der Siedlungen nahezu ausschließt. Dafür spricht die bemerkenswerte Langmut des israelischen Staates gegenüber radikalen und gewaltbereiten Siedlerorganisationen und deren Instrumentalisierung für die schleichende Expansion israelischen Territoriums. Solange sie den Staat nicht mit offener Gewalt herausfordern und das internationale Ansehen Israels nicht zu sehr schädigen, begründen offizielle israelische Stellen mit der Gefährdung der Siedlungen die fortgesetzte Stationierung israelischer Truppen in den besetzten Gebieten. Nach dem Massaker in Hebron unterließ es die Rabin-Regierung, die den Friedensprozeß aufs schwerste belastende Frage nach dem Fortbestand der Siedlungen offensiv anzugehen und die Auflösung eines Teils der Siedlungen zumindest als Perspektive ins Gespräch zu bringen. Die blutige Gewalttat in Hebron hatte dem Image der Siedler unter ihren israelischen Landsleuten im Kernland enorm geschadet und die innenpolitische Bewegungsfreiheit der Regierung in der Frage der Siedlungen vergrößert. Doch die Regierung von Ministerpräsident Rabin hat diese Chance nicht genutzt.

Der rechtskonservative *Likud-Block* will mittels politischer Siedlungen mitten im palästinensischen Kernland langfristig die Palästinenser aus diesen Gebieten verdrängen. Die Planungen der Siedlungspolitik sahen bereits in den siebziger Jahren vor, die besetzten Gebiete durch Siedlungskeile und -ringe so zu zerstückeln, daß die dicht bevölkerten palästinensischen Gebiete den Charakter von Gettos erhalten. Aufgrund ihrer Isolierung durch jüdische Siedlungen würde es der einheimischen palästinensischen Bevölkerung schwerfallen, eine territoriale und politische Zusammengehörigkeit aufrechtzuerhalten. Auf diese Weise hoffte Likud, die schrittweise Entstehung eines Palästinenserstaates zu erschweren. Ein Teil der Palästinenser sollte zum Verlassen der Heimat veranlaßt werden, die Kontrolle der übrigen würde erleichtert werden. Diese Siedlungsstrategie war als Gegenmittel gegen die "demographische Waffe" der Palästinenser gedacht, die nach Berechnungen des israelischen Landwirtschaftsministeriums im Jahre 2010 in dem von Israel beherrschten Gebiet die jüdische Bevölkerung zur Minderheit machen würde.

Mit der Übernahme der Regierungsmacht durch Likud im Mai 1996 und dem gestiegenen Einfluß der Nationalreligiösen haben sich optimistische Einschätzungen, daß im Fortgang des Friedensprozesses "normale" Wohnsiedlungen ohne strategischen Wert aufgegeben würden, erst einmal zerschlagen. Die Regierungserklärung Netanyahus nennt die Unterstützung, Erweiterung und Entwicklung der Siedlungen eine "Aufgabe von nationalem Interesse". Sie diene der "Verteidigung Israels" und beinhalte zugleich

"die Realisierung der zionistischen Idee."[36] Folgerichtig hob die Regierung Netanyahus Baubeschränkungen bei bereits bestehenden Siedlungen auf und kündigte eine Aufhebung des von seinen Vorgängern verfügten Baustopps für neue Siedlungen an.[37] Sein Infrastrukturminister Sharon veröffentlichte Pläne für den Bau strategisch wichtiger Straßen im Westjordanland, die die jüdischen Vorstädte im Norden Jerusalems mit den Siedlungen des Westjordanlandes sowie die israelische Küstenebene und das Jordantal verbinden sollen.[38] Der Führungsrat der Siedler am Westufer gab einen Vierjahresplan zur Verdreifachung der Zahl der Siedler am Westufer und im Gazastreifen bekannt, für die 120.000 neue Wohnungen errichtet werden sollen.[39]
Nach palästinensischer Auffassung müssen die Siedlungen zwar grundsätzlich reversibel sein, doch wird den israelischen Bewohnern in einem künftigen Staat Palästina ein Bleiberecht unter palästinensischer Hoheit eingeräumt. Die entsprechenden, Konzessionsbereitschaft signalisierenden, Erklärungen der PLO bzw. der Palästinensischen Selbstverwaltungsbehörde in dieser Frage gehen jedoch offensichtlich ins Leere.

Autonomie - kommunale Selbstverwaltung oder Vorspiel für einen Staat Palästina?

Israel und die PLO bzw. die Palästinensische Selbstverwaltungsbehörde verbinden mit der Autonomielösung für die Westbank und den Gazastreifen grundlegend unterschiedliche Zielvorstellungen zur Zukunft des palästinensischen Gemeinwesens. Ein eigener souveräner Staat stellt für die PLO die essentielle Voraussetzung dafür dar, die kollektiven und individuellen Sicherheitsbedürfnisse der Palästinenser nach dem Verlust ihrer Heimat nunmehr auf einem Teilgebiet des ursprünglichen Palästina gewährleisten zu können. Dies gilt nicht nur für die Palästinenser in der Westbank und im Gazastreifen, die in jahrzehntelanger Besatzungszeit massive Beeinträchtigungen ihrer persönlichen Sicherheit seitens der israelischen Besatzungsmacht (Enteignung von Land, Verletzung von Menschenrechten, ökonomische Abhängigkeit) und seitens bewaffneter jüdischer Siedler erfahren mußten. Es gilt auch für diejenigen Palästinenser im Exil, die als Flüchtlinge vielfach staatenlos sind und sich von einem künftigen Staat Palästina den Schutz ihrer bürgerlichen Rechte erhoffen. Mit dem Staatsziel verbindet sich für die Palästinenser die Erwartung ei-

---

36 Zitiert nach Ammon Kapeluk, Netanjahu vor dem Partnerwechsel, in: Le Monde Diplomatique/die tageszeitung/WoZ, 4.7.1996; vgl. ferner Baseer H. Aruri, Netanyahu and the peace process, in: Middle East International, Nr. 532, 16.8.1996, S. 16-17.
37 Vgl. Deutsche Welle, Monitor-Dienst Nahost, Nr. 155, 14.8.1996, S. 6-7.
38 Vgl. Deutsche Welle, Monitor-Dienst Nahost, Nr. 145, 31.7.1996, S. 3-4.
39 Vgl. Deutsche Welle, Monitor-Dienst Nahost, Nr. 133, 15.7.1996, S. 1-2.

ner selbstbestimmten wirtschaftlichen und gesellschaftlichen Entwicklung. Der teilautonome, d.h. territorial differenzierte, sachlich begrenzte und zeitlich befristete Status, den das Interimsabkommen vom 28. September 1995 dem palästinensischen Gemeinwesen gewährt, wird dementsprechend nur als Vorspiel zu voller staatlicher Souveränität betrachtet.

Auf dem Wege zu einem eigenen Staat geht es für die Palästinenser vorwiegend auf drei Feldern um die Überwindung der auf dem Autonomiestatus gründenden Einschränkungen: *Territorial* gesehen übt die Palästinensische Selbstverwaltungsbehörde nur über sieben große Städte ungeteilte Kontrolle aus. Zudem ist ungeklärt, welches Territorium ein Staat Palästina umfassen wird. Nach wie vor legen beide Seiten die UN-Resolution 242 unterschiedlich aus. Die Palästinenser berufen sich darauf, daß der UN-Sicherheitsrat die Eroberung von Territorien durch Krieg für unzulässig erklärt hat, und sie bestehen darauf, daß sich die Israelis aus allen 1967 besetzten Gebieten (einschließlich Ost-Jerusalems) zurückziehen. Israel dagegen hält die Resolution bereits durch die Räumung und Rückgabe des Sinai an Ägypten für erfüllt, weil es sich damit aus über 90 Prozent der besetzten Gebieten zurückgezogen habe. Solange Israel über keine vollständig demarkierten Grenzen verfügt, besitzt das israelische Konzept von Sicherheit durch Expansion weiterhin Realisierungschancen. Dementsprechend lautet die Zielvorgabe für die Palästinenser, die Zerstückelung palästinensischen Landes aufzuheben bzw. die Integrität des palästinensischen Gemeinwesens auf dem gesamten, 1967 von Israel besetzten, Territorium der Westbank, einschließlich Ost-Jerusalems, und des Gazastreifens herzustellen. *Funktional* gesehen sind vor allem die Befugnisse des Palästinensischen Rates und der palästinensischen Rechtsprechung eingeschränkt, da die Gesetzgebung durch die fortgeltenden israelischen Militärverordnungen begrenzt wird und israelische Staatsbürger, darunter vor allem die Siedler, israelischer und nicht palästinensischer Rechtsprechung unterliegen. Daraus ergibt sich die Zielvorgabe, die palästinensischen Organe mit sämtlichen Attributen legitimer staatlicher Gewalt auszustatten, d.h. ihnen uneingeschränkte legislative, exekutive und judikative Kompetenzen zu verschaffen. *Sektoral* gesehen erstreckt sich zum einen die Zuständigkeit der palästinensischen Selbstverwaltung gegenwärtig nur auf solche Zivilangelegenheiten, die keine territorialen Kompetenzen berühren, wie Erziehung und Kultur, Sozialwesen, Tourismus, Gesundheitswesen und direkte Besteuerung; zum anderen unterliegen alle für die wirtschaftliche Entwicklung des palästinensischen Gemeinwesens relevanten Entscheidungen israelischer Mitsprache, so daß die Entwicklung der palästinensischen Ökonomie vermutlich auch künftig in hohem Maße durch die Bedürfnisse der israelischen Wirtschaft bestimmt wird.[40] Daraus ist als

---

40 Margret Johannsen/Claudia Schmid, Frieden durch Wohlstand? Zur Politischen

Zielvorgabe abzuleiten, die ungeteilte Kontrolle über den Boden und die Bodenschätze, über die Wasserressourcen und den Luftraum, über die öffentliche Ordnung und die innere Sicherheit, über die Verteidigungspolitik und alle weiteren außenpolitischen sowie über die außenwirtschaftlichen Angelegenheiten auszudehnen.

Die Zielvorstellungen Israels kollidieren massiv mit der palästinensischen Interpretation der Autonomie als Übergang zu nationaler Selbstbestimmung in einem Staat Palästina. Die von den beiden großen Volksparteien Likud und Arbeitspartei geführten Regierungen Israels haben bisher die Autonomieverhandlungen mit den Palästinensern mit dem Ziel geführt, die Kosten der Besatzung zu minimieren und gleichwohl die israelische Kontrolle des palästinensischen Gemeinwesens aufrechtzuerhalten. Alle israelischen Regierungen haben denn auch bislang explizit die Schaffung eines palästinensischen Staates ausgeschlossen. Nach der Amtsübernahme durch den Palästinensischen Rat Ende Januar 1996 demonstrierte die hermetische Abriegelung der palästinensischen Städte und Dörfer, mit der das israelische Militär auf die Hamas-Terroranschläge vom Februar und März 1996 reagierte, in aller Deutlichkeit die Grenzen der palästinensischen Selbstbestimmung im Rahmen des gegenwärtigen Autonomiestatus. Das gleiche gilt für die im Juni 1996 erfolgte Ankündigung der neuen israelischen Regierung, daß künftig wieder verdeckte Einheiten der israelischen Armee in den palästinensischen Autonomiegebieten eingesetzt werden können. In dieser Situation bleibt offen, wie die Palästinenser in der Übergangszeit die legitime Machtausübung ohne Staat bewerkstelligen wollen. Eine besonders dringliche Aufgabe bei der Umwandlung der PLO von einer Befreiungsbewegung in eine staatstragende Elite liegt in der Domestizierung organisierter Gewalt bzw. der Durchsetzung des staatlichen Gewaltmonopols. Die gegenwärtige formelle Verteilung der Zuständigkeiten für die innere Sicherheit ermöglicht nach wie vor eine Intervention israelischer Sicherheitskräfte in palästinensischen Bevölkerungszentren, wenn dies nach der Einschätzung der hierfür Zuständigen auf israelischer Seite erforderlich ist. Diese Interventionsgefahr hängt wie ein Damoklesschwert über der Selbstverwaltungsbehörde. Um dies zu vermeiden, sieht sie sich gezwungen, die israelischen Sicherheitsinteressen stellvertretend wahrzunehmen. Sie läuft auf diese Weise jedoch Gefahr, ihre Akzeptanz in der Bevölkerung, die zuletzt durch die Wahlen vom 20. Januar 1996[41] eindrucksvoll bestätigt wurden, zu verlieren. Diese ambiva-

---

Ökonomie des israelisch-palästinensischen Friedensprozesses, in: Nord-Süd aktuell, 3/1995, S. 435-444, bes. S. 437-439.

41 Zu den palästinensischen Wahlen vgl. Margret Johannsen, Im Schatten der Gewalt: Die Suche nach Frieden im Nahen Osten, in: Bruno Schoch/Friedhelm Solms/ Reinhard Mutz (Hrsg.), Friedensgutachten 1996, Münster/Hamburg 1996a, S. 255-268, bes. S. 258-260.

lente Situation erhält in Anbetracht der Intransigenz der neuen israelischen Regierung und der Gefahr einer neuen Intifada besondere Brisanz. Der israelisch-palästinensische Nationalitätenkonflikt wird so lange nicht friedlich beigelegt werden können, wie Israel nicht wirklich Staatsgewalt an die Palästinenser übergibt. Die oppositionelle Arbeitspartei hat sich hierzu während ihrer vierjährigen Regierungszeit ambivalent geäußert. Während sich der israelische Ministerpräsident Rabin 1995 noch gegen die Entstehung eines palästinensischen Staates aussprach, ließen öffentliche Äußerungen von Regierungsmitgliedern den Schluß zu, daß eine solche Entwicklung von der Mehrheit des damaligen Kabinetts für unvermeidlich gehalten wurde. Likud, und damit die gegenwärtige israelische Regierung, lehnt nach wie vor einen souveränen Staat Palästina ab. Das Regierungsprogramm des am 29. Mai 1996 gewählten Ministerpräsidenten Netanyahu bleibt den Grundsätzen des revisionistischen Zionismus treu, dessen Kern die Absage an das Recht auf nationale Selbstbestimmung der Palästinenser darstellt.[42] Ein Zusatzargument, das auf das besondere Interesse des Likud-Vorsitzenden Netanyahu am Phänomen des Terrorismus zurückgehen dürfte, stellt die Behauptung dar, ein palästinensischer Staat wäre terroristisch und würde früher oder später islamistisch. Wenn die befürchtete Aushöhlung der Verträge von Oslo durch die Regierung Netanyahus Wirklichkeit werden sollte, ist nicht auszuschließen, daß sich Teile dieser Auffassung als *self-fulfilling prophecy* bewahrheiten. Im Zusammenhang mit der Jerusalem- und der Siedlerfrage bietet aber auch der Charakter eines eventuell entstehenden, im völkerrechtlichen Sinne souveränen palästinensischen Staates reichhaltigen Konfliktstoff. Vor allem die Westbank ist durch den israelischen Siedlungs- und Straßenbau in zahlreiche Fragmente aufgesplittert. Über die künftige Anzahl der jüdischen Siedler läßt sich zwar nur spekulieren. Ein souveräner Staat Palästina wird aber voraussichtlich mit einer Vielzahl jüdischer Enklaven und deren Zugehörigkeit zum Staat Israel leben müssen, inklusive aller Sicherheitsprobleme und demokratischen Risiken, die dieses Nebeneinander in sich bergen wird.

Terroristische Gewalt im israelisch-palästinensischen Nationalitätenkonflikt

Die PLO hat sich seit 1974 von Akten des internationalen Terrorismus, z.B. spektakulären Flugzeugentführungen und Geiselnahmen, distanziert und sich in ihrem gewaltsamen Kampf gegen die israelische Besetzung auf Israel und die besetzten Gebiete beschränkt. Hierbei spielten die PLO-Basen im Nachbarstaat Libanon bis zu deren Entmachtung 1991 eine zen-

---

42 Vgl. Avi Shlaim, Im Schatten der eisernen Mauer, Frankfurter Allgemeine Zeitung, 20.6.1996.

trale Rolle. In der Intifada, dem Volksaufstand der Palästinenser in den besetzten Gebieten, wurden Zivilisten zu den Hauptträgern des Befreiungskampfes. 1988 schwor die PLO in der Proklamation des Staates Palästina ausdrücklich dem Terrorismus ab. In dem Briefwechsel zwischen dem PLO-Vorsitzenden Arafat und dem israelischen Ministerpräsidenten Rabin vom 9. September 1993, der die gegenseitige Anerkennung des Existenzrechtes Israels und der PLO schriftlich fixierte, verzichtete die PLO erneut auf Terror sowie auf jede andere Art von Gewalt und verpflichtete sich, dafür zu sorgen, daß alle der PLO angehörenden Gruppen und Individuen sich an diese Verpflichtung halten.[43] Der Gewaltverzicht des PLO-Vorsitzenden und Führers der Fatah, der größten der zur PLO gehörenden Widerstandsgruppen, stieß allerdings innerhalb des Dachverbandes sowie seitens islamistischer Gruppierungen auf entschiedene Gegnerschaft und führte im Herbst 1993 zur Bildung der Fundamentalopposition "Allianz der Palästinensischen Kräfte", in den links-laizistische PLO-Gruppen mit islamistischen Organisationen wie Hamas und Islamischer Dschihad koalieren. Sie organisieren ihren Widerstand gegen die Oslo-Vereinbarungen von der syrischen Hauptstadt Damaskus aus. Vor allem der Islamische Dschihad und der militärische Flügel von Hamas, die Kassam-Brigaden, führten den bewaffneten Befreiungskampf gegen Israel sowohl auf dem Boden des Gazastreifens und der Westbank als auch auf dem Territorium des israelischen Kernlandes weiter. In dem Maße, in dem die Verhandlungen vorankamen, eskalierte die Gewalt aus dem Untergrund, aber auch seitens der Staatsmacht. Bei Bombenattentaten militanter Islamisten starben vom 13. September 1993 bis zum 4. März 1996 nach israelischen Angaben über 200 Israelis; seit Unterzeichnung des Abkommens von Kairo im Mai 1994 fanden bei bewaffneten Überfällen jüdischer Siedler und quasi-militärischen Operationen sowie extra-legalen "Hinrichtungen" israelischer Sicherheitskräfte nach einem Bericht von *amnesty international*, der Anfang Februar 1996 veröffentlicht wurde, über 150 Palästinenser den Tod. Die letzte Welle von Selbstmordattentaten im Februar und März 1996, zu denen sich selbständig operierende Splittergruppen von Hamas bekannten, führte letztendlich zu der Wahlniederlage von Shimon Peres und zum Regierungswechsel in Israel.

Die Islamische Widerstandsbewegung Hamas ist jedoch weit mehr als eine Untergrundorganisation von Bombenlegern. Zu Beginn der Intifada als religiös inspirierte Konkurrenz zur säkular orientierten PLO hervorgegangen, schuf Hamas in den besetzten Gebieten ein Netz von sozialen Einrichtungen - Schulen, Krankenhäuser, Kindergärten, Waisenhäuser, Küchen. Ihre ideologische Basis fand Hamas in den Moscheen und in der

---

43 Vgl. Botschaft des Staates Israel (Hrsg.), Die Vereinbarungen zwischen Israel und der PLO. September 1993, Bonn 1993.

Islamischen Universität von Gaza. Hier artikulierte sich die verbreitete Unzufriedenheit der Bevölkerung mit den traditionellen Lösungsansätzen der palästinensischen Parteien. Die Antwort der Islamisten bestand in der Vision eines islamisch verfaßten Staates in Palästina als Weg, dem sozialen Elend zu entrinnen. Hamas wurde durch die gesellschaftliche Verankerung in den besetzten Gebieten und durch einen kompromißlosen Kampf gegen die israelische Besetzung rasch zu einer Massenbewegung. Die Geldmittel von Hamas entstammen größtenteils Spenden für charitative Zwecke, die vor allem im Ausland aufgebracht werden, nicht nur im Iran, sondern unter anderem auch in Saudi-Arabien und den USA.

Der Friedensschluß zwischen Israel und der PLO stieß auf die erbitterte Gegnerschaft der Islamisten. Die Prinzipienerklärung von Oslo 1993 galt Hamas als "Verrat am palästinensischen Boden". Hamas proklamierte die Fortsetzung des bewaffneten Kampfes gegen die israelische Besetzung. Doch die schrittweise Etablierung der palästinensischen Selbstverwaltung und der Verlust an Popularität in der palästinensischen Bevölkerung führten zu Meinungsverschiedenheiten über die Haltung gegenüber den neuen Realitäten und über die Mittel des Kampfes. Um dem Schicksal der säkularen palästinensischen Oppositionsgruppen mit Sitz in Damaskus zu entgehen und nicht an den Rand der palästinensischen Politik gedrängt zu werden, führte die politische Führung von Hamas mit Arafats Selbstverwaltungsbehörde - vermutlich mit Wissen und Billigung Israels - Gespräche über ein Ende der Anschläge und eine Beteiligung an der palästinensischen Selbstverwaltung als unabhängige, aber loyale oppositionelle Kraft. Im Gazastreifen beabsichtigte Hamas ursprünglich, sich an den Wahlen zum Palästinensischen Rat zu beteiligen. Die Auslandsführungen von Hamas verhinderten jedoch zusammen mit der Hamas-Führung in der Westbank diesen Schritt zur politischen Integration von Hamas.

Der militärische Flügel von Hamas setzte nach der Unterzeichnung der Osloer Prinzipienerklärung 1993 den "bewaffneten Kampf" gegen die Fortdauer der israelischen Besetzung fort und zeichnete für eine Reihe von Bombenattentaten verantwortlich. Das Zustandekommen von Oslo II konnten die Anschläge jedoch nicht verhindern. Einige Monate lang bestand die berechtigte Hoffnung, daß die Kassam-Brigaden ihre Strategie des Terrors revidiert hätten. Im Oktober 1995 verpflichtete sich Hamas gegenüber der Palästinensischen Selbstverwaltungsbehörde in einem "Stillhalteabkommen" zur Anerkennung aller zwischen Israel und der PLO geschlossenen Verträge und verzichtete vorerst auf bewaffnete Aktionen gegen Israel. Als Gegenleistung sagte Arafat Hamas eine unabhängige Rolle in der palästinensischen Selbstverwaltung zu.

Doch am 5. Januar 1996 starb der Hamas-Aktivist Yahya Ayyash im Gazastreifen durch eine in einem Funktelefon versteckte ferngezündete

Sprengladung. Ayyash galt als Bombenspezialist von Hamas. Israel beschuldigte ihn, Drahtzieher von mindestens sieben Selbstmordanschlägen seit April 1994 gewesen zu sein, bei denen über 60 Menschen getötet und mehr als 300 verletzt worden waren. Ayyash wurde wahrscheinlich Opfer des israelischen Geheimdienstes Shin Beth. Sein Begräbnis wurde zur größten Demonstration in der Geschichte Gazas. Über 200.000 Menschen kamen zu seiner Beerdigung. Der Tod Ayyashs wurde von Hamas-Kommandos gerächt. Die widersprüchlichen Verlautbarungen von Hamas nach den Attentaten deuteten darauf hin, daß sich militante Splittergruppen der Organisation verselbständigt hatten. Hamas-Aktivisten, die zur Fortsetzung des Terrors entschlossen waren, konnten augenscheinlich weder von der politischen Hamas-Führung in den selbstverwalteten Gebieten noch von dem militärischen Flügel von Hamas kontrolliert werden. Nach Auffassung des palästinensischen Politologen und Fundamentalismusexperten Sijad Amu Amer könnte der Tod Ayyashs die Entscheidung der Hamas-Hardliner ausgelöst haben, dem Kurs der in Damaskus und Jordanien residierenden Auslandsflügel von Hamas zu folgen und das mit der palästinensischen Autonomiebehörde vereinbarte Stillhalteabkommen aufzukündigen.

Die Risse, die sich kurzzeitig innerhalb des militärischen Flügels von Hamas aufgetan hatten, wurden in einem "Schulterschluß" gegen den "totalen Krieg" gekittet, den Israel nach der jüngsten Terrorwelle Hamas erklärte. Als Antwort darauf kündigten die Kassam-Brigaden die Rückkehr zur "militärischen Option gegen die israelische Besatzung" an. Wieder einmal schloß sich der Teufelskreis von Gewalt und Gegengewalt.

Es ist zu bezweifeln, daß dieser Teufelskreis durchbrochen werden kann, indem die palästinensischen Gebiete hermetisch von Israel abgeriegelt werden. Die Abriegelung wirkt als Kollektivbestrafung, verstärkt das soziale Elend in den palästinensischen Gebieten und schafft so ein Klima, das Gewalttaten begünstigt. Ob dem Terror Einhalt geboten werden kann, indem versucht wird, Hamas den Geldhahn zuzudrehen, wie es die Regierungschefs und Außenminister von 29 Ländern auf dem "Anti-Terror-Gipfel" im ägyptischen Badeort Sharm el-Sheikh am 13. März 1996 verkündeten, ist fraglich. Auf den sozialen Diensten beruht der Rückhalt für Hamas, der auf Dauer auch für eine aus dem Untergrund operierende Organisation erforderlich ist. Angesichts des sozialen Elends in der Westbank und im Gazastreifen wäre es erforderlich, soziale Alternativen anzubieten. Nur dann wird Hamas den während der Intifada erworbenen Rückhalt in den palästinensischen Gebieten vollends verlieren. In ihrer übergroßen Mehrheit hat die palästinensische Bevölkerung in den Wahlen vom Januar 1996 bereits gezeigt, daß sie Bomben nicht für ein Mittel hält, dem sozialen Elend zu entrinnen und die nationalen Ziele der palästinensischen Widerstandsbewegungen zu verwirklichen.

Ob Arafats Versuch, moderate Islamisten in die Selbstverwaltung einzubinden und den bewaffneten Flügel von Hamas zu isolieren, gelingt, bleibt abzuwarten. Von Israel kamen jüngst Signale eines härteren Vorgehens. Der neugewählte israelische Ministerpräsident Netanyahu wies im August 1996 die beiden Geheimdienste Shin Bet und Mossad[44] an, palästinensische Extremistenorganisationen in Zone A der Autonomiegebiete aktiver zu bekämpfen. Der Einsatz der Geheimdienste soll nach Erklärungen des Militärs Israels Abhängigkeit von Arafats Autonomiebehörde vermindern.[45] Möglicherweise nahm die Ankündigung Netanyahus eine Situation in den teilautonomen Gebieten vorweg, in der es Arafat zunehmend schwerer fallen könnte, die Forderungen der Israelis nach einer effektiven Bekämpfung der Islamisten zu erfüllen, da die Blockade des Friedensprozesses durch die neue israelische Regierung seinen Status untergräbt. Der Inlandsgeheimdienst meldete dem Ministerpräsidenten in einem Sonderbericht, daß "zwei Monate nach seinem Amtsantritt 'eine dramatische Erosion des Ansehens von Jassir Arafat in den Augen der Bevölkerung eingesetzt' (habe)."[46] Von Hamas gab es hingegen Zeichen eines Einlenkens. Die in den teilautonomen Gebieten tätige Organisation kündigte Beratungen mit den Hamas-Auslandsvertretungen über eine Aussetzung der terroristischen Anschläge in Israel an. Die Ausreise der Hamas-Delegation zum Zwecke dieser Beratungen wurde von den israelischen Militärbehörden genehmigt. Es hat den Anschein, als teilten die israelischen Behörden mit Teilen der politischen Führung von Hamas das Interesse an einer Rückgewinnung der Kontrolle über militante Splittergruppen islamistischer Organisationen. Dies erscheint besonders dringlich angesichts der Erfahrung, daß Prozesse, die darauf abzielen, gewaltsam ausgetragene Konflikte einer gewaltfreien politischen Regulierung zuzuführen, nicht selten zunächst zur Entfremdung und Radikalisierung derjenigen Akteure führen, die diesen Prozeß - aus welchen Gründen auch immer - ablehnen.[47] Wenn die angekündigte härtere Gangart der Geheimdienste allerdings dazu führen sollte, daß sich Attentate auf führende Islamisten wie Yahya Ayyash wiederholen, ist mit einem Scheitern des Versuchs der Deeskalation zu rechnen.

---

44 Der Geheimdienst Shin Bet ist für das Inland, der Geheimdienst Mossad für das Ausland zuständig.
45 Vgl. Deutsche Welle, Monitor Dienst Nahost, Nr. 154, 13.8.1996, S. 6.
46 Der Spiegel Nr. 33 vom 12.8.1996, S. 121.
47 Vgl. Ulrike Neureither, Terrorismus als Herausforderung an die internationale Politik, in: Bruno Schoch/Friedhelm Solms/Reinhard Mutz (Hrsg.), Friedensgutachten 1996, Münster/Hamburg 1996, S. 216-228, hier S. 225.

Israel und Syrien

Der Streit um den Golan

Der Streit um den Golan datiert vom Sechstagekrieg. Die 1967 von israelischen Truppen eroberten und in der Folge von israelischen Siedlern in Besitz genommenen Golanhöhen wurden 1981 durch einen Beschluß der Knesset von Israel annektiert. Syrien fordert auf der Basis der UN-Sicherheitsratsresolutionen 242 und 338 ihre Rückgabe. Der territoriale Konflikt zwischen Israel und Syrien um die Golanhöhen blockiert den Abschluß eines Friedensvertrages, die gegenseitige diplomatische Anerkennung und den Austausch von Botschaftern sowie die Öffnung der Grenzen für den Aufbau wirtschaftlicher, touristischer und kultureller Beziehungen. Im Rahmen des Madrider Friedensprozesses begannen im Oktober 1991 bilaterale Gesprächsrunden auf verschiedensten Ebenen, die mit vielen Unterbrechungen bis Januar 1996 fortgesetzt wurden. Die rege amerikanische Vermittlungstätigkeit zeugt von dem hohen Interesse der USA an einem israelisch-syrischen Friedensschluß.

Den Golanhöhen wird Bedeutung für die Wasserversorgung und für die Sicherheit gegen militärische Bedrohungen zugeschrieben. Die Interessen der beiden Staaten an den Wasserressourcen des Golan, den Quellflüssen des Jordan, sind asymmetrisch. Diese besitzen für die nationale Wasserversorgung Syriens einen geringeren Stellenwert als für die israelische Wasserversorgung, für die sie mittelbar von erstrangiger Bedeutung sind, da der Jordan die wichtigste Wasserressource Israels darstellt.[48] In den militärischen Bedrohungsperzeptionen Israels und Syriens hingegen ist die Kontrolle über den Golan gleichermaßen relevant. Beide Seiten reklamieren Motive der territorialen Sicherheit für ihren Anspruch auf die Gebirgszüge.

Für Israel stellt das Golanplateau eine Pufferzone dar, die das Vorrücken von gepanzerten Verbänden auf das israelische Kernland erschwert; die unmittelbar an der Grenze zum Libanon auf dem Berg Hermon installierte Frühwarnstation erlaubt es, einen großen Teil Syriens sowie den Süden Libanons und die Bekaa-Ebene auszuspähen und verspricht Schutz vor Überraschungsangriffen; die Kontrolle der Berghöhen bietet Sicherheit gegen den Artilleriebeschuß der im nördlichen Galiläa gelegenen Siedlungen. Um die Berechtigung dieser Sicherheitsbedürfnisse zu untermauern, verweist Israel auf die Politik der militärischen Nadelstiche Syriens bis 1967, auf den vom Golan geführten Vorstoß der syrischen Truppen im Sechstagekrieg und auf die Terrorangriffe auf den Norden Israels durch

---

48 Vgl. dazu den Beitrag von Stephan Libiszewski in diesem Band.

die von der Bekaa-Ebene aus agierende libanesisch-schiitische Hizbollah-Guerilla.

Für Syrien stellt der Verlust der Golanhöhen eine fortdauernde Verletzung seiner territorialen Integrität dar.[49] Syrien bezweifelt, daß militärische Sicherheitsinteressen der fortgesetzten Verletzung der territorialen Integrität Syriens durch Israel zugrunde liegen. Der Golan ist nach syrischer Darstellung eher ein Verteidigungsgürtel als ein Sprungbrett für einen Angriff auf Israel.[50] Durch die Besetzung des Hochplateaus ist die Distanz zwischen der israelischen Armee und Damaskus auf 35 km geschrumpft. Die syrische Hauptstadt liegt nunmehr in Reichweite konventioneller israelischer Geschütze. Syrien unterstellt Israel, mit der Besetzung der Golanhöhen die Realisierung der "zionistischen Wunschgeographie"[51] zu betreiben, die sich an der strategischen Ressource Wasser orientiert. In der syrischen Interpretation ist die Besetzung und Annexion des Golan ein Teil der israelischen Geschichte kriegerischer Landnahme bei nicht vollständig festgelegten völkerrechtlichen Grenzen, die auf die Schaffung vollendeter Tatsachen auf gewaltsamem Wege zielt. Die territoriale Integrität Syriens wird nach syrischer Auffassung erst wiederhergestellt sein, wenn Israel das besetzte Territorium geräumt und zurückgegeben hat.

Die israelisch-syrischen Verhandlungen über die Golanhöhen

In ihren Grundzügen sind die Ziele der beiden Parteien klar. Syrien verlangt die vollständige Rückgabe der Golanhöhen und wünscht eine de facto-Respektierung der syrischen Kontrolle über den Libanon. Israel fordert für die Räumung des Golan strenge Sicherheitsvorkehrungen, diplomatische Beziehungen und einen umfassenden Frieden mit offenen Grenzen. In zähen, immer wieder unterbrochenen Gesprächen gelang es den Parteien mit Unterstützung der USA, die gegenseitigen Blockaden durch sich ausschließende Vorbedingungen zu überwinden. Bis zuletzt blieben die Dauer eines israelischen Rückzugs vom Golan und die damit verbundenen Normalisierungsschritte umstritten. Gleichwohl, und gewissenmaßen im Vorgriff auf eine Einigung, führten hohe Militärs beider Seiten technische Gespräche über Sicherheitsarrangements im Golan. Hierbei ging es um

---

49 Zum folgenden vgl. Muhammad Aziz Shukri, The Arab-Israeli Peace Process. A Rejoinder, in: Security Dialogue, 2/1996, S. 149-153.

50 Vgl. M. Mulish, The Golan. Israel, Syria, and strategic calculations, in: Middle East Journal, 4/1993, S. 611-632, hier S. 627; nach: Bernd Wilken, Von der Konfrontation zur Kooperation? Syrien und der Friedensprozeß im Nahen Osten, in: Margret Johannsen/Claudia Schmid (Hrsg.), Auf der Suche nach Frieden in Nahost, Baden-Baden 1997.

51 Friedrich Schreiber/Michael Wolffsohn, Nahost. Geschichte und Struktur eines Konflikts, Opladen 1996, S. 70.

die Einrichtung einer demilitarisierten Zone auf den Golanhöhen, die Ausdünnung von bewaffneten Streitkräften hinter dieser Zone und die Installation von Frühwarnsystemen sowie vertrauensbildende Maßnahmen. In der Frage der Truppenausdünnung kamen sich die Delegationen einen Schritt näher: Syrien konzedierte in Anbetracht der geographischen Asymmetrie, daß die militärisch verdünnte Zone auf syrischer Seite tiefer sein könne als auf israelischer Seite. Als vorerst unlösbar erwies sich die Frage der Frühwarnsysteme. Die Israelis forderten die Installation israelisch bemannter elektronischer Warnstationen auf dem Golan, die Syrer lehnten dies als Eingriff in ihre Souveränitätsrechte strikt ab. Auch in der Frage, welches die potentielle Rückzugslinie Israels sein solle, die 1923 von Großbritannien und Frankreich deklarierte internationale Grenze (wie es Israel zu konzedieren schien) oder die Waffenstillstandslinie von 1949, die bis zum Vorabend des Sechstagekriegs 1967 israelisches Gebiet begrenzte (wie es Syrien fordert), bestanden die Differenzen fort. Der bald nach der Ermordung Rabins beginnende israelische Wahlkampf und die Bombenanschläge in Jerusalem, Aschkalon und Tel Aviv setzten den bilateralen Gesprächen dann ein Ende.

Die Übernahme der Regierungsmacht durch den Likud-Vorsitzenden Netanyahu stellt den Ertrag von vier Jahren Verhandlungen und Vermittlungen Dritter nunmehr vorerst in Frage. Die Regierungserklärung Netanyahus, die einen israelischen Rückzug vom Golan ausschließt, die Ankündigung, auf dem Golan neue jüdische Siedlungen errichten zu wollen und die Ernnennung des designierten israelischen Botschafters in den USA, Eliyahu Ben-Elisar, der für seine kompromißlose Einstellung zu einem israelischen Rückzug von den Golan-Höhen bekannt ist, zum Leiter des israelischen Verhandlungsteams[52] verheißen Stillstand, ja, sogar einen Rückfall hinter erreichte Kompromisse.[53] Der Vorsatz des neuen Regierungschefs, die Vereinigten Staaten auf eine Politik der "Bestrafung" Syriens als "Terroristenstaat"[54] einzuschwören, verheißt für die Zukunft der Verhandlungen über den Golan nichts Gutes. Völlig unerfindlich bleibt, wie unter diesen Voraussetzungen Syrien dazu bewegt werden soll, seine Rolle als faktische Vetomacht in der Politik Beiruts aufzugeben und der Zuständigkeit der libanesischen Armee für die Sicherheit des Südlibanon - und damit für die Kontrolle der Hizbollah-Guerilla - zuzustimmen.

---

52 Vgl. Deutsche Welle, Monitor-Dienst Nahost, Nr. 157, 16.8.1996, S. 3.
53 Vgl. Deutsche Welle, Monitor-Dienst Nahost, Nr. 158, 19.8.1996, S. 2-3.
54 Vgl. die tageszeitung, 8.7.1996.

Hindernisse bei der Konfliktlösung

Die vollständige Wiedergewinnung des Golan zu akteptablen Bedingungen würde zu einem enormen Prestigegewinn *Syriens* in der Region führen. Paradoxerweise erschweren aus syrischer Perspektive gleichwohl gerade regionalpolitische Erwägungen eine einvernehmliche Lösung des Golankonflikts. Das Interesse des syrischen Regimes, den Golan zurückzuerhalten und damit auch die "Schmach" der Niederlage im Sechstagekrieg zu tilgen, wird durch die erwarteten ökonomischen Konsequenzen einer umfassenden Friedenslösung im Nahen Osten zumindest teilweise konterkariert.[55]

In einem Nahen Osten ohne Fronten wird Syrien seine regionalpolitische Bedeutung als Frontstaat, die bei weitem sein tatsächliches wirtschaftliches oder militärisches Potential überschreitet, nicht erhalten können. Die Alternative, vor der der Nahe Osten steht, nämlich als Wirtschaftsraum zusammenzuwachsen, ist für Syrien nur bedingt attraktiv. Andere Länder, vor allem Israel, der Libanon und Jordanien, dürften weit mehr von der Öffnung der Grenzen für Waren und Kapital profitieren als Syrien.

Das syrische Regime Hafis al-Assads hat bei den Verhandlungen über die Modalitäten eines israelischen Rückzugs von dem besetzten Territorium auch innenpolitische Rücksichten zu nehmen. Eine Anpassung der bürokratisch verkrusteten syrischen Wirtschaft an die Bedingungen der ökonomischen Konkurrenz mit seinen Nachbarn würde zu Lasten der Bürokratie, der Armee und der Sicherheitsdienste gehen. Ein neues, offenes regionales System, in dem die Bedeutung der Staaten sich nicht so sehr an der militärischen, sondern eher an der ökonomischen Leistungsfähigkeit der Gesellschaften bemißt, dürfte zu einem Bedeutungsverlust der Staatseliten zugunsten der in der Privatwirtschaft agierenden Eliten führen. Es kann erwartet werden, daß hieraus auch ein gesellschaftlicher Druck in Richtung auf eine offenere Gesellschaft entsteht. Aus Gründen des Regimeerhalts erfordern ökonomische und politische Reformen Behutsamkeit und vor allem Zeit.

Die Konfrontation mit dem starken Nachbarn im Süden diente in der Vergangenheit auch der Legitimation des syrischen Militärregimes. Die bilateralen Vereinbarungen der PLO und Jordaniens mit Israel werden in Syrien als Ausverkauf nationaler und arabischer Rechte betrachtet. Insbesondere die PLO hat nach syrischem Urteil ihre Trümpfe, vor allem den Widerstand während der Intifada, aus der Hand gegeben und hat nunmehr bei den Verhandlungen über den Endstatus der palästinensischen Gebiete schlechte Karten. In diesem Urteil gibt es offenbar keinen Dissens zwischen dem Regime, der politischen Elite und der politisierten Öf-

---

55 Vgl. Volker Perthes, a.a.O., S. 29-31.

fentlichkeit.[56] Aus diesem Grunde ist für Präsident Assad nur ein "ehrenhafter" Friedensschluß mit Israel akzeptabel. Ein solcher erfordert einen vollständigen Abzug der Israelis vom Golan. Darüber hinaus sind aber auch Kompromißlösungen über die Modalitäten der Rückgabe des Golan und über die Normalisierung des syrisch-israelischen Beziehungen schwierig zu finden. Sie dürfen keinesfalls als zu hoher Preis für die Realisierung ohnehin rechtmäßiger territorialer Ansprüche erscheinen.

Von Bedeutung für das Gewicht Syriens im regionalen Kräftefeld ist ferner die Verknüpfung mit den Kräfteverhältnissen im Libanon. Dort gelang es Syrien während des libanesischen Bürgerkriegs von 1975 bis 1990, sich als faktische Hegemonialmacht zu etablieren. Der Südlibanon befindet sich in der Rolle einer Geisel des ungeklärten israelisch-syrischen Streits über den Golan. Eine Lösung dieser Frage könnte einerseits eine Befriedung des Südlibanon voranbringen. Wenn dies jedoch mit einer Stärkung der Regierung in Beirut einhergeht, ist die Rolle Syriens als "Ordnungsmacht" in seinem Nachbarstaat, gegenwärtig in dieser Rolle international stillschweigend geduldet, nur unter Schwierigkeiten aufrechtzuerhalten.

Auch *Israel* fehlt es an überzeugenden Beweggründen zum Vorantreiben der Verhandlungen. Ohne die Rückgabe eroberten Territoriums ist Frieden mit Syrien schließlich nicht zu haben. Zwar ist ihr militärstrategischer Nutzen, wie die irakischen Raketenangriffe auf Israel während des zweiten Golfkriegs demonstrierten, durch die wachsende Bedeutung ballistischer Raketen in der Region gesunken, doch die Funktionen für die militärische Aufklärung bestehen fort. Die Bedeutung des Golan für die Sicherheit der israelischen Wasserversorgung steht außer Frage. Wie auch immer die Modalitäten über eine Rückgabe des Golan an Syrien aussehen werden - ohne Vereinbarungen über die Nutzung der dortigen Wasserressourcen und den Schutz des dort installierten Pumpen- und Brunnensystems wird es nicht zu einer Räumung der Golanhöhen kommen. Darüber hinaus gibt es innenpolitische Akzeptanzprobleme bei der Regelung der Golanfrage. Die unmittelbaren Kosten für ihre Umsiedlung, die im Falle der Räumung mit hoher Wahrscheinlichkeit notwendig würde,[57] wurden von der Arbeitspartei auf zwei Milliarden US-Dollar veranschlagt. Zur Deckung dieser Kosten könnte Israel auf US-Finanzhilfe hoffen. Doch mit der Finanzierung allein wäre es nicht getan. Die Golan-Siedler genießen in der israelischen Bevölkerung ein hohes Ansehen. Ihre Lobby hat nicht nur im konservativen Likud-Block, sondern auch in der sozialdemokratischen Arbeitspartei Fürsprecher.

---

56 Vgl. ebenda, S. 29.
57 Ein Pachtvertrag nach dem Modell des israelisch-jordanischen Friedensvertrags dürfte für das syrische Regime indiskutabel sein.

Förderliche Bedingungen für eine Konfliktlösung

Trotz der genannten Hindernisse gäbe es auf beiden Seiten gute Gründe für eine Fortsetzung der Verhandlungen über die umstrittenen Golanhöhen und eine Normalisierung der Beziehungen zwischen beiden Ländern. *Syrien* wird sich langfristig dem Veränderungsdruck in der Region nach dem Ende des Ost-West-Konflikts kaum entziehen können. Es sieht sich seit dem Ausscheiden der Sowjetunion als externer Akteur in der Region mit dem Verlust seines Patrons konfrontiert, der früher seine umfangreichen Rüstungsimporte durch großzügige Kredite finanzierte. Auch die direkten Finanzhilfen der arabischen Ölstaaten, die Syrien jahrzehntelang als arabischer Frontstaat und zuletzt aufgrund seiner Teilnahme an der Kriegskoalition gegen den Irak erhielt, dürften aufgrund der wirtschaftlichen und politischen Krise in den erdölexportierenden Ländern am Golf künftig nicht mehr so reichhaltig fließen.[58] Syrien wird seine Bedeutung in der Region mittel- und langfristig nicht länger allein auf die Säule militärischer Stärke stützen können, sondern seine ökonomische Konkurrenzfähigkeit erhöhen müssen. Das Regime erhofft sich nach einem Friedensschluß mit Israel US-Finanzhilfe bei der Anpassung seiner Wirtschaft an die veränderten Rahmenbedingungen in der Region.

Auch *Israel* erwartet eine Friedensdividende als Folge einer umfassenden Friedensregulierung in der Region, für die eine Einigung über den Golan unverzichtbar wäre. Die israelische Volkswirtschaft, die noch immer stark von militärstrategischen und staatsmonopolistischen Merkmalen geprägt ist, wurde bereits unter der Labour-Regierung in Richtung auf eine Deregulierung und Exportoffensive hin umstrukturiert. Der neue Regierungschef Netanyahu dürfte, seinem neoliberalen Credo folgend, diese Umstrukturierung weiter beschleunigen. Das Ende des globalen Ost-West-Konflikts und die veränderten regionalen Beziehungen seit Beginn der neunziger Jahre ermöglichten bereits ein Ende der israelischen Isolation. Seither läßt sich für Israel eine Friedensdividende im Nahen Osten in Form einer Öffnung neuer Märkte realisieren. Bereits 1993 verzeichnete die israelische Handelsbilanz eine Exportsteigerung von 18 Prozent, davon gingen 80 Prozent in neue Märkte.

Noch fährt die israelische Wirtschaft die Ernte aus fünf Jahren Friedensprozeß allerdings in erster Linie durch die Öffnung der Märkte in der ehemaligen Sowjetunion, in Osteuropa und im Fernen Osten ein.[59] Doch

---

58 Vgl. Walid Khadduri, Oil and Politics in the Middle East, in: Security Dialogue, 2/1996, S. 155-166, bes. S. 159 u. S. 165-166; Birgit Cerha, Potentaten unter Druck, in: Das Sonntagsblatt, 5.7.1996.
59 Vgl. Avishai Ehrlich, Der Friedensprozeß und die israelischen Wahlen, in: Vierteljahresschrift für Sicherheit und Frieden (S+F), 2/1996, S. 80-85, hier S. 81.

wenn es nach Shimon Peres, dem Visionär eines "Neuen Nahen Ostens",[60] geht, wird dieser durch grenzüberschreitende Kooperation auf der Basis stabiler politischer Beziehungen zu einem lukrativen Wirtschaftsstandort werden und Privatinvestitionen größeren Umfangs anziehen.[61] Aus der Perspektive der israelischen Wirtschaftspolitik ist eine friedliche Regulierung der Konflikte Israels mit seinen arabischen Nachbarn inzwischen zu einer ökonomischen Notwendigkeit geworden. Die hohe Konfliktträchtigkeit in der Region im allgemeinen und der politisch begründete arabische Wirtschaftsboykott gegenüber Israel im besonderen machten die wirtschaftliche Zusammenarbeit mit israelischen Firmen zum Risiko. Israel will durch den Friedensprozeß die Restriktionen für ausländische Investitionen in Israel und für israelische Investitionen in Übersee abbauen. Der Friedensprozeß ist für die israelische Volkswirtschaft daher funktional. Es geht um Markterschließung - und zwar sowohl des regionalen arabischen Marktes als auch des Weltmarktes. Dazu bedarf es eines großen Wirtschaftsraums mit einheitlichen Regelungen und Rechtssicherheit bei deren Anwendung. Frieden ist dafür eine zwingende Vorbedingung. Je umfassender er ist, desto größer ist die zu erwartende Dividende. Aus der Perspektive der israelischen Wirtschaft besitzt eine kleine Lösung - enge Wirtschaftsbeziehungen zwischen Israel, Jordanien und dem palästinensischen Gemeinwesens - kaum Attraktivität, wenn der Preis in einer erneuten Polarisierung der Region bestünde.

Perspektiven bei einem Scheitern der Verhandlungen über die Golanhöhen

Sollten die Golanverhandlungen nicht in absehbarer Zeit wieder aufgenommen werden, dürften Israel und die Türkei ihre militärische Zusammenarbeit intensivieren. Der Aufbau einer israelisch-türkischen Achse begann mit dem Abschluß eines sogenannten Verständigungsmoratoriums im November 1993.[62] Im April 1996 unterzeichneten die beiden Staaten ein Militärabkommen, das israelischen Kampfflugzeugen künftig erlaubt, türkische Luftwaffenstützpunkte zu benutzen,[63] im August 1996 ein Rahmenabkommen über militärische Zusammenarbeit.[64] Die israelisch-türkische Annäherung erfüllt mehrere Funktionen: Sie stellt erstens eine Rückversicherung gegen eine Verschlechterung der israelisch-syrischen Beziehungen im Zusammenhang mit einer Verhärtung in der Golanfrage dar und nimmt Syrien gewissermaßen in die Zange; sie richtet sich darüber

---

60 Vgl. Shimon Peres, The New Middle East, New York 1993.
61 Vgl. Helmut Schäfer, Die Nahost-Politik der Europäischen Union, in: S+F, Vierteljahresschrift für Sicherheit und Frieden, Jg. 14 (1996), Heft 2, S.76-80, hier S. 80.
62 Vgl. Deutsche Welle, Monitor-Dienst Nahost, Nr. 221, 18.11.1993, S. 8-9.
63 Vgl. Das Sonntagsblatt, 13.6.1996.
64 Vgl. Deutsche Welle, Monitor-Dienst Nahost, Nr. 166, 29.8.1966, S. 11.

hinaus gegen den Iran, der mit der Türkei um Einfluß in den neuen transkaukasischen Republiken konkurriert;[65] sie dient zudem der Bekämpfung der von Damaskus unterstützten aufständischen Kurden, insbesondere der PKK, deren Vorsitzender Abdullah Öcalan in Syrien und Libanon residiert.[66] Israel versorgt die türkischen Sicherheitskräfte mit geheimdienstlichen Daten und stellt möglicherweise auch Personal zur Verfügung. Das langfristige Interesse Israels an einer erfolgreichen Bekämpfung der PKK durch die Regierung in Ankara liegt in einer Option auf Wasserlieferungen aus dem ehrgeizigen anatolischen Wasserprojekt (GAP), das sich zu großen Teilen aus Quellen speisen wird, die in Gebieten mit einem hohen kurdischen Bevölkerungsanteil liegen.[67]

Israel und Libanon

Erst ein förmlicher Friedensschluß zwischen Israel und Syrien wird auch eine Friedenslösung für den *Libanon* erlauben. Der Libanon, nach dem Ersten Weltkrieg französisches Mandatsgebiet und 1944 unabhängig geworden, ist seit 1971 einer der Schauplätze des israelisch-arabischen Konflikts und verlor in dessen Verlauf faktisch seine Souveränität. Gegenwärtig ist das Land Geisel des israelisch-syrischen Territorialkonflikts und gespalten. Während Syrien Hegemonialmacht im Norden ausübt und dort rund 40.000 Soldaten stationiert hat, beansprucht Israel den Süden des Landes als "Sicherheitszone", unterhält dort Militärstützpunkte und beansprucht die Lufthoheit, solange die Hizbollah quasi autonom im Südlibanon agieren kann und von hier aus den Norden Israels bedroht. In dieser "Sicherheitszone" befinden sich rund 600 Soldaten der israelischen Streitkräfte gemeinsam mit knapp 2.500 Kämpfern der von Israel unterhaltenen Südlibanesischen Armee (SLA) im Kampf gegen die Guerilla-Milizen der libanesischen Hizbollah. Die Hizbollah hat ihre soziale Basis in der unterprivilegierten, vorwiegend schiitischen, Bevölkerung des Südens und wird vom Iran finanziell und mit Waffenlieferungen unterstützt. Syrien läßt der Hizbollah in ihrem Kampf gegen die israelische Besetzung, der in der Vergangenheit auch Angriffe gegen die Zivilbevölkerung im Norden Israels einschloß, freie Hand. Die bewaffneten Auseinandersetzungen sind jedoch nicht auf den Südlibanon beschränkt. Wiederholt bezog Israel in seine Angriffe auch Gebiete nördlich der zwischen zwei und 30 km breiten

---

65 Zur Rolle der Türkei in der US-Politik des Containment gegenüber dem Iran vgl. Udo Steinbach, Ordnungsmacht oder Krisenfaktor? Die Türkei zwischen Orient und Okzident, in: Bruno Schoch/Friedhelm Solms/Reinhard Mutz (Hrsg.), a.a.O., S. 203-215, bes. S. 211-212; vgl. ferner Robert Olson, The Turkey-Israel agreement and the Kurdish question, in: Middle East International, Nr. 526, 24.5.1996, S.18-19.
66 Vgl. Robert Olson, An Israeli-Kurdish Conflict?, in: Middle East International, Nr. 529, 5.7.1996, S. 17.
67 Vgl. den Beitrag von Jörg Barandat in diesem Band.

sogenannten Sicherheitszone ein, zuletzt in der Großoffensive "Früchte des Zorns" im April 1996. Aus der Vorgeschichte der gegenwärtigen Konfliktkonstellation wird deutlich, welche Probleme bei einer Konfliktregulierung zu bewältigen sind.

Der Libanon als Schlachtfeld von Stellvertreterkriegen

Unter den arabischen Frontstaaten ist der Libanon der einzige, dessen Grenzen zu Israel, so wie sie das Waffenstillstandsabkommen von 1949 demarkierte, nie umstritten waren. Nach seiner Teilnahme im ersten israelisch-arabischen Krieg von 1948 bemühte sich das Land um einen neutralen Kurs in der Außenpolitik. Damit sicherte es auch die Stabilität im Inneren, die auf einem Kompromiß zwischen den beiden größten Religionsgemeinschaften, der christlichen und der muslimischen, über die Teilhabe an der Macht in Staat und Gesellschaft beruhte. Es nutzte seine geographische Lage als Transitland für den Handel und blühte zu einem wirtschaftlichen und kulturellen Zentrum in der Region auf. Der politische und gesellschaftliche Kompromiß war allerdings stets gefährdet. Es gelang dem Libanon auf die Dauer nicht, sich dem Sog der gewaltförmigen Auseinandersetzungen im Nahen Osten zu entziehen.

Eine wesentliche Ursache hierfür liegt in dem ungelösten palästinensischen Flüchtlingsproblem. Hunderttausende Palästinenser suchten infolge der israelisch-arabischen Kriege 1948 und 1967 und des jordanischen Bürgerkriegs 1970/71 Zuflucht im Libanon. Sie behielten ihren Flüchtlingsstatus, d.h. ihnen wurde die libanesische Staatsangehörigkeit und die volle Integration in die libanesische Gesellschaft verwehrt, um die politische und gesellschaftliche Balance in dem heute 3,3 Millionen Einwohner zählenden Land nicht zu gefährden. Die Mehrheit der vor den Kriegen Geflohenen und ihrer Nachkommen[68] lebt noch heute in Flüchtlingslagern, überwiegend im Süden des Landes. Sie bildeten seit der Vertreibung der in der PLO organisierten palästinensischen Milizen aus Jordanien und der Verlegung des PLO-Hauptquartiers in den Libanon die soziale Basis für die vom Libanon aus operierende palästinensische Widerstandsbewegung gegen Israel. Im Laufe der Jahre entstand im Süden des Landes ein "Staat im Staate", gegen den sich die libanesische Zentralregierung und ihre zahlenmäßig schwachen Streitkräfte als machtlos erwiesen.

---

68   Nach Angaben der UNRWA lebten 1993 über 324.000 palästinensische Flüchtlinge im Libanon. Sie stellten über zehn Prozent der Gesamtbevölkerung. Vgl. Jeffrey Boutwell/Everett Mendelsohn (Principal Authors), a.a.O., S. 75. Andere Quellen geben Flüchtlingszahlen bis zu doppelter Höhe an. Vgl. die Angaben bei Kirsten E. Schulze, Rolle und Perspektiven des Libanon in der Region, in: Margret Johannsen/ Claudia Schmid (Hrsg.), a.a.O.

Die Schwäche der Regierung in Beirut führte dazu, daß die verschiedenen Gruppierungen im Lande zur militärischen Verteidigung ihrer Gruppeninteressen Privatarmeen aufbauten. 1975 versank der Libanon in einem Bürgerkrieg zwischen sich bekämpfenden christlichen und moslemischen libanesischen Milizen und konkurrierenden palästinensischen Verbänden. In den fünfzehn Jahre währenden Bürgerkrieg griffen sowohl Israel als auch Syrien mehrfach ein, Israel auf seiten christlicher, Syrien auf seiten moslemischer, libanesischer sowie palästinensischer Milizen. Als 1978 bei einem palästinensischen Kommandounternehmen über 30 Israelis getötet wurden, fiel die israelische Armee in den Südlibanon ein, um die palästinensischen Kämpfer aus dem Grenzgebiet zu vertreiben. Sie begründete die Verletzung der territorialen Integrität des Nachbarlandes mit der offensichtlichen Unfähigkeit der Zentralregierung, die palästinensischen Milizen zu kontrollieren. 2.000 Libanesen und Palästinenser wurden bei der Offensive getötet, eine Viertelmillion Zivilisten flohen vor den Kämpfen. Aus dieser ersten israelischen Invasion im Libanon rührt die Resolution 425 des UN-Sicherheitsrats, auf die sich bis heute die libanesische Regierung beruft. Israel wurde aufgefordert, seine Truppen vollständig und bedingungslos von libanesischem Territorium abzuziehen. Für friedenssichernde Aufgaben wurden ein UNO-Kontingent, die United Nations Interim Force in Lebanon (UNIFIL), nördlich der Grenze stationiert. Das Mandat der gut 5.000 militärischen und zivilen UNO-Blauhelme wurde bis heute immer wieder verlängert. Auf Druck der USA zogen sich die israelischen Streitkräfte schließlich zurück.

Im Grenzgebiet zog jedoch kein Frieden ein. PLO-Kämpfer unternahmen weiterhin militärische Aktionen gegen den Norden Israels, und Kommandos der israelischen Armee führten Schläge gegen PLO-Stellungen. 1982 beschloß die israelische Regierung, die PLO, deren Hauptquartier sich in Beirut befand, militärisch zu zerschlagen. Dem Libanonfeldzug war eine Eskalation der Auseinandersetzungen zwischen den israelischen Besatzern in der Westbank und den Palästinenser vorausgegangen, die sich gegen die von Likud betriebene schleichende Annexion der besetzten Gebiete wehrten. Im März 1982 war an vielen Orten der Westbank offener Aufruhr ausgebrochen. Im Juni 1982 begann die militärische Operation, von Israel "Frieden für Galiläa" genannt. Nach wochenlangem Dauerbombardement gelang es den israelischen Truppen zwar, die PLO-Führung aus Ost-Beirut zu vertreiben (sie verlegte ihr Hauptquartier nach Tunis), doch dafür handelte sich Israel einen neuen Gegner ein: die libanesische Hizbollah-Miliz. Sie wurde 1982 während der israelischen Invasion als islamische Speerspitze im Kampf gegen die israelische Besetzung gegründet. Die Hizbollah erzwang mit spektakulären Terror-Aktionen 1983 den Abzug der US-amerikanischen und französischen Friedenstruppen aus Beirut

und drängte in den Folgejahren die israelischen Truppen in den Südlibanon ab. 1985 zog Israel sich offiziell aus dem Libanon zurück, betrachtet aber einen Streifen im Süden des Landes, der im Osten bis an den Litani reicht, seither als "Sicherheitszone" und beansprucht dort im Küstengewässer und Luftraum absolute Bewegungsfreiheit.
1990 endete der libanesische Bürgerkrieg. Im nördlichen Landesteil gelang es den syrischen Truppen, der sich bekämpfenden Milizen Herr zu werden und sie zu entwaffnen. Die regulären libanesischen Truppen erreichten im Süden des Libanon 1991 das Ende einer 20jährigen Ära der PLO-Basen. Die palästinensischen Flüchtlingslager wurden der libanesischen Armee übergeben, die PLO-Verbände bis auf Handfeuerwaffen entwaffnet. Doch eine Entwaffnung der Milizen der Hizbollah, die sich im Norden des Landes zu einer legal operierenden Partei mit acht Sitzen im Parlament gewandelt hat und vornehmlich die Interessen der schiitischen Minderheit vertritt, dürfte der Zentralregierung so lange nicht möglich sein, wie die Besetzung libanesischen Territoriums den bewaffneten Kampf der Guerilla legitimiert.[69]
Weder die Madrider Nahost-Konferenz im Oktober 1991 und ihre Folgeverhandlungen noch der israelische Regierungswechsel im Juni 1992 bewirkten eine Entspannung an der israelisch-libanesischen Front. Im Südlibanon kulminierten die militärischen Auseinandersetzungen im Juli 1993 in heftigen einwöchigen Bombardements libanesischer Ortschaften und militärischer Stellungen durch israelische Luft-, Boden- und Seestreitkräfte. Es waren die schwersten Angriffe Israels seit dem Krieg gegen die PLO im Libanon im Jahre 1982. Zehntausende wurden durch die "Operation Abrechnung" obdachlos und zur Flucht gezwungen. Sie führte zu einer von Washington ausgehandelten stillschweigenden Übereinkunft zwischen den Hizbollah-Milizen und den israelischen Streitkräften, in der sich beide Seiten verpflichteten, den Krieg nicht auf die Zivilbevölkerung südlich und nördlich der Zone auszudehnen. Doch die mündliche Vereinbarung hielt nicht. Im April 1996, mitten im israelischen Wahlkampf, beantwortete Israel die Provokationen der Hizbollah mit einer 17tägigen militärischen Großoffensive. Im Süden Libanons war eine halbe Million Menschen auf der Flucht vor den Bomben und Granaten der israelischen Luftwaffe und Artillerie. In dem Dorf Kana bei Tyrus, in dem ein Bataillon der UN-Friedenstruppe ihr Hauptquartier hat und wo libanesische Flüchtlinge Schutz gesucht hatten, starben über hundert Menschen im israelischen Artilleriefeuer.[70] Erstmals seit 1982 flog die israelische Luft-

---

69 Zur Position der Hizbollah im Libanon vgl. auch Deutsche Welle, Monitor-Dienst Nahost, Nr. 135, 17.7.1996, S. 7.
70 Der Angriff vom 18. April 1996 rief auch international einen Entrüstungssturm hervor. Israel erklärte, daß der UN-Stützpunkt irrtümlich beschossen worden sei und entschuldigte sich. Nach dem UNO-Bericht über die Beschießung hingegen "ist es

waffe wieder Angriffe gegen Vororte Beiruts. Die Operation "Früchte des Zorns" hatte weniger militärische als politische Ziele. Die Demonstration der israelischen Luftherrschaft über dem Libanon hatte in erster Linie Beirut und Damaskus im Visier und richtete sich gegen die Instrumentalisierung des Kleinkriegs im Südlibanon für die syrischen Interessen. Am 27. April 1996 trat ein von den USA und Frankreich vermittelter Waffenstillstand in Kraft, der die Zivilbevölkerung im Libanon und im Norden Israels davor schützen soll, zur Geisel und zum Opfer der Kampfhandlungen im Südlibanon zu werden. Ein internationales Komitee mit Repräsentanten aus Israel, Libanon, Syrien, den USA und Frankreich soll die Einhaltung des äußerst fragilen Abkommens überwachen. Im Juli 1996 wurde in Washington bekanntgegeben, daß sich die Parteien und Vermittler auf dessen Einsetzung geeinigt hätten.[71]

Ein Ende der militärischen Auseinandersetzungen um die Kontrolle des Südlibanon ist jedoch nicht in Sicht. Eine militärische Lösung wird es nicht geben, eine politische scheint in Anbetracht der Verhärtung der Fronten im israelisch-syrischen Verhältnis in weite Ferne gerückt.

Aussichten des Libanon bei einem Friedensschluß

Der Libanon könnte von einem regionalen Friedensschluß nur profitieren. Das in den fünfziger und sechziger Jahren prosperierende Land, das sich gerne als "Schweiz des Nahen Ostens" präsentierte, ist besser als die anderen arabischen Staaten für einen "Neuen Nahen Osten" und für den Wettbewerb mit Israel in einer neuen regionalen Ordnung gerüstet, in der vor allem wirtschaftliche Konkurrenzfähigkeit zählt. Die wirtschaftliche Zukunftsplanung der Regierung in Beirut sieht die Rolle des Libanon als Dienstleistungszentrum, Finanzplatz und Steueroase. Die hierfür notwendigen gesellschaftlichen Voraussetzungen sind vorhanden, vor allem eine offene und pluralistische Gesellschaft und vergleichsweise gut ausgebildete und kosmopolitische Fachkräfte.[72] Doch für den Wiederaufbau benötigt das Land internationale finanzielle Unterstützung. Ohne Aussicht auf Frieden und Stabilität aber werden die erforderlichen Investitionen ausbleiben.

Einen eigenständigen Beitrag zum Friedensprozeß, um die Rahmenbedingungen für das "geoökonomische Zukunftsprojekt" Beiruts herzustellen, kann der Libanon allerdings aufgrund der Vetorolle Syriens nicht leisten. Die Marginalisierung des Libanon im nahöstlichen Verhandlungsprozeß

---

unwahrscheinlich, daß die Beschießung des UNO-Lagers das Ergebnis grober technischer und/oder prozeduraler Fehler war." Israel wies den Bericht als unausgewogen und unzutreffend zurück. Vgl. Neue Zürcher Zeitung, 9.5.1996.
71 Vgl. die tageszeitung, 18.7.1996.
72 Vgl. Volker Perthes, a.a.O., S. 31.

impliziert zudem Gefahren für die innere Stabilität des Landes. Das Flüchtlingsproblem ist nach wie vor ungelöst. Eine Lösung ist abhängig von Fortschritten in den israelisch-palästinensischen Verhandlungen. Doch die Aufnahmekapazität des palästinensischen Gemeinwesens ist vorerst begrenzt. Eine Einbürgerung der palästensischen Flüchtlinge im Libanon lehnt die Zentralregierung ab.[73] Sollte der Libanon dazu gezwungen werden, ist ein Wiederaufleben der Spannungen zwischen den Konfessionen und ihren Interessenvertretern sowie zwischen den libanesischen und palästinensischen Bevölkerungsgruppen wahrscheinlich. In dieser Lage bleibt dem Libanon eigentlich nur die Hoffnung auf Lösungsvorschläge seitens der multilateralen Arbeitsgruppe, die sich der Flüchtlingsfrage widmet. Solange Syrien sich jedoch der Mitarbeit in den multilateralen Arbeitsgruppen der Madrider Verhandlungen verweigert, hat der Libanon auch hier keine Möglichkeit, seine Interessen eigenständig zu vertreten.

Der bisherige Verlauf der Madrider Nahostverhandlungen hat deutlich gemacht, daß ohne eine Annäherung Israels und Syriens in der Golanfrage eine Friedensregelung für den Libanon kaum möglich ist. Doch aus diesem Sachverhalt läßt sich nicht im Umkehrschluß ableiten, daß eine israelisch-syrische Einigung im Libanon Frieden einkehren lassen wird. Denn aus der Rolle einer Vetomacht folgt nicht unbedingt die Fähigkeit zur Friedensgestaltung. Es ist gegenwärtig nicht einmal sicher, daß es völlig ins Belieben Syriens gestellt ist, ob die libanesische Hizbollah sich an die Vereinbarung hält, Zivilisten aus den bewaffneten Auseinandersetzungen mit den israelischen Streitkräften und deren Verbündeten von der SLA herauszuhalten, d.h nordisraelische Ortschaften nicht länger zu beschießen. Es kann künftig auch nicht garantiert werden, daß Syrien unter allen Umständen in der Lage sein wird, die Hizbollah zur Beendigung des militärischen Kampfes im Süden des Landes zu bewegen. Falls Syrien nicht länger seine schützende Hand über die Hizbollah hält, kann nicht ausgeschlossen werden, daß der Iran seinen Einfluß auf die schiitischen Milizen verstärkt, um den Friedensprozeß, z.B. durch terroristische Angriffe auf Ortschaften im Norden Israels, zu stören.[74] Für die Akzeptanz einer Friedensregelung im Libanon wird viel von deren Parametern abhängen. Doch die Marginalisierung des Libanon in den Verhandlungen hat dazu geführt, daß es kein Forum gibt, auf dem genaue Vorstellungen darüber unterbreitet und diskutiert werden, wie ein Frieden im Libanon aussehen wird. *Ob* es im Libanon Frieden geben wird, hängt auch davon ab, *wie* der Frieden nach dem Willen derjenigen, die über ihn befinden,

---

73 Vgl. Kirsten E. Schulze, a.a.O.
74 Vgl. Avner Cohen, Towards a New Middle East: Rethinking the Nuclear Question. Center for International Studies, Massachusetts Institute of Technology, Cambridge, Massachusetts, DACS Working Paper, November 1994, S. 9.

beschaffen sein soll. Nicht einmal der *worst case* ist gänzlich auszuschliessen, in dem sich die beiden mächtigen Nachbarn auf eine Aufteilung des Landes im Sinne von Einflußzonen einigen und den gegenwärtigen faktischen Souveränitätsverlust des Libanon besiegeln. Es ist fraglich, ob eine solche bilaterale Regelung, die auf Kosten eines Dritten, des Libanon, erfolgen würde, dem Land dauerhaften Frieden bringen und die Voraussetzungen für die Realisierung seiner wirtschaftlichen Zukunftspläne schaffen kann.

Stephan Libiszewski

Wasserkonflikte im Jordan-Becken

Auf dem Weg zu einer Lösung im Rahmen des arabisch-israelischen Friedensprozesses?

Einleitung

Das Jordan-Yarmuk-Becken gilt oft als das Paradebeispiel eines akuten Wasserkonfliktes. Die Staaten der Region gehören zu den wasserärmsten Ländern der Welt und müssen sich die meisten Ressourcen teilen. Die Knappheit verschärft sich von Jahr zu Jahr durch das starke Bevölkerungswachstums sowie durch die anhaltende Übernutzung und Verschmutzung der vorhandenen Ressourcen. Zu diesen schwierigen hydrologischen Bedingungen kommt eine äußerst explosive politische Lage hinzu. Die fünf Anrainer des Beckens (Israel, Jordanien, Syrien, der Libanon und die Palästinenser) sind deckungsgleich mit den Kontrahenten im arabisch-israelischen Konflikt, einem der ältesten und schwierigsten Konfliktherde überhaupt. Wassereinzugsgebiete und umstrittene Territorien überlagern sich in den meisten Fällen. Israel z.B. hängt zu mehr als der Hälfte seiner Versorgung von Wasserressourcen ab, die in besetzten Gebieten entspringen oder diese durchfließen. Die Frage der Wasserverteilung und die politisch-territorialen Streitigkeiten sind daher im Jordan-Becken aufs engste miteinander verwoben.
Das Schlagwort vom "Krieg ums Wasser", das in den letzten Jahren in den Medien die Runde machte, muß in diesem Licht gesehen werden. Das Wasser bildet eine Dimension des Nahostkonfliktes, die in den letzten Jahrzehnten an Bedeutung zugenommen hat. Der Konflikt wird jedoch in seinem Kern weiterhin durch zutiefst politische und territoriale Differenzen geprägt. Die Beilegung der hydrologischen Streitigkeiten ist eine notwendige, jedoch keine hinreichende Bedingung für die Beendigung des Jahrhundertkonfliktes. Der Wasserstreit wird letztlich nur im Rahmen einer umfassenden friedensvertraglichen Regelung gelöst werden können, welche auch die politischen Streitpunkte des arabisch-israelischen Konfliktes beilegt.[1]
Der vorliegende Beitrag will einerseits die Wasserdispute im Jordan-Becken im Zusammenhang mit dem arabisch-israelischen Konflikt untersuchen und andererseits die Chancen für eine integrierte Lösung der politischen und

---

1   Für eine Gewichtung der Rolle des Wassers im Nahostkonflikt siehe Libiszewski, Stephan: Water Disputes in the Jordan Basin Region and their Role in the Resolution of the Arab-Israeli Conflict. ENCOP Occasional Paper No. 13. Swiss Peace Foundation, Swiss Federal Institute of Technology: Bern, Zürich 1995, insbes. S. 91-95.

hydrologischen Probleme ausloten. Der 1991 begonnene Friedensprozeß zwischen Israel und seinen arabischen Nachbarn erweckt in dieser Hinsicht Hoffnungen und Erwartungen, zumal in den letzten Jahren auf der politischen Ebene erste Teilerfolge erzielt worden sind. Die Prinzipienerklärung zwischen Israel und der PLO vom September 1993 und die darauf folgenden weiteren Vereinbarungen sowie der Friedensvertrag zwischen Israel und Jordanien vom Oktober 1994 haben dem Nahostfriedensprozeß eine Dynamik verliehen, die seine Umkehr trotz periodischer Rückfälle unwahrscheinlich erscheinen läßt. In bezug auf das Wasserproblem stellt sich damit die Frage, welche Fortschritte in den erzielten Abkommen auf diesem Gebiet gemacht wurden, und inwiefern das Erreichte Modellcharakter für die noch ungelösten Probleme haben kann.

Das Jordan-Becken - hydrologische und geopolitische Grundmerkmale

Entgegen seinem biblischen Ruhm ist der Jordan für europäische Verhältnisse ein winziger Fluß. Nur wenige Meter breit und knapp 230 km lang, führt er im Durchschnitt ca. 1.500 Millionen Kubikmeter (MKM) Wasser im Jahr. Dies entspricht ca. einem Fünfzigstel der Wasserführung des Rheins. Trotzdem bildet das Jordan-Becken das wichtigste Wasservorkommen einer Region, die ca. 13 Millionen Einwohner hat.[2] Für die Hauptanrainer Israel, Jordanien und die Palästinenser bilden das Jordan-Becken und die umliegenden Grundwasserressourcen die einzige Versorgungsquelle. Syrien und der Libanon verfügen zwar über höhere Wassermengen, denn sie besitzen innerhalb ihrer Staatsgrenzen noch andere Flüsse. Letztere teilen sie jedoch zum großen Teil wiederum mit weiteren Staaten, namentlich der Türkei, die den Oberlauf von Euphrat und Tigris kontrolliert.[3]

Neben diesen schwierigen natürlichen Bedingungen hat ein überdurchschnittlich hohes Bevölkerungswachstum von zum Teil jährlich über drei Prozent in den vergangenen Jahrzehnten wesentlich zur Verschärfung der Wasserkrise beigetragen. Mit 370 respektive 220 Kubikmeter natürlichen Frischwassers pro Kopf und Jahr gehören sowohl Israel als auch Jordanien heute zu den wasserärmsten Ländern der Welt. Sie liegen weit unterhalb jener Marge von 1.000 Kubikmeter Wasser, die von Hydrologen als der volkswirtschaftliche Mindestbedarf in ariden und semi-ariden Regionen angesehen wird. Die Palästinenser im Westjordanland und Gazastreifen verfügen gar nur über 100 Kubikmeter Wasser pro Kopf. Die vorhandenen Grundwasservorkommen werden vielerorts übernutzt, was zur Verschlechterung ihrer Qualität und ihrer langfristigen Abnahme beiträgt.

---

2   Mitgerechnet sind die gesamte Bevölkerung Israels, Jordaniens und der palästinensischen Gebiete (West Bank und Gaza-Streifen) sowie diejenigen Teile der Bevölkerung Syriens und des Libanons, die im Jordan-Becken leben.
3   Siehe dazu den Beitrag von Jörg Barandat zum Euphrat-Tigris in diesem Band.

Tabelle 1: Wasserverfügbarkeit und Bevölkerungswachstum im Jordan-Becken (im Vergleich mit ausgewählten anderen Staaten)

Land	Jährlich verfügbare Frischwasserressourcen pro Kopf (in Kubikmeter)	Jährliches Bevölkerungswachstum
Palästina (West Bank/Gaza)	100	3.2 %
Jordanien	220	3.4 %
Israel	370	2.6 %
Libanon	1.780	1.9 %
Syrien	2.830	3.5 %
Irak	5.285	3.1 %
Ägypten	1.100	2.1 %
Saudi Arabien	160	3.3 %
Indien	2.440	1.8 %
Deutschland	2.137	0.4 %
USA	9.951	1.0 %

Quellen: World Resources Institute: World Resources 1992-93. New York 1992, Oxford. Population projections according to UNDP: Human Development Report 1994. New York, Oxford 1994; z.T. Berechnungen des Autors.

Zu dieser kargen Wasserausstattung kommt eine sehr komplexe geopolitische Situation hinzu. Die Grenzziehungen im Gebiet der Wasserscheiden lassen sich auf die Zeit nach dem Ersten Weltkrieg zurückführen, als die Kolonialmächte das Erbe des Osmanischen Reiches untereinander aufteilten. England und Frankreich hatten im Nahen Osten ihre Interessensphären gegeneinander abzugrenzen. Bei ihren Grenzziehungen orientierten sie sich mehr an militärstrategischen Überlegungen, dem Verlauf von wichtigen Verkehrslinien und dem Standort von heiligen Stätten denn an den hydrologischen Bedingungen. Hinzu kamen spätere Grenzverschiebungen im Zuge der arabisch-israelischen Kriege von 1948/49, 1967, 1973 und 1982, die jedoch nie vertraglich sanktioniert wurden.

Als Ergebnis dieser politischen Entwicklungen bietet das Jordan-Becken heute das Bild eines in vielfacher Weise zerrissenen Wassersystems. Der obere Jordan, der im nördlichen Abschnitt die Hauptachse des Beckens bildet, wird von drei Quellflüssen gespeist, dem Dan, dem Hasbani und dem Banias. Obwohl sie alle drei in unmittelbarer Nähe voneinander an den Hängen desselben Gebirges entspringen, liegen sie auf den Territorien von drei unterschiedlichen Staaten: Der Dan entspringt innerhalb von Israels international anerkannten Grenzen, allerdings nur wenige Meter von der Grenze zu Syrien entfernt. Der Hasbani hat seine Quellen im Südlibanon, und der Banias entspringt auf den Golan-Höhen, die bis 1967 zu Syrien gehörten und seitdem zwischen Syrien und Israel umstritten sind. Nach dem Zusammenfluß der drei Quellen durchfließt der obere Jordan Nordisrael, um sich schließlich in den Tiberias-See zu ergießen. Dies ist der einzige natürliche Wasserspeicher der Region und liegt gänzlich innerhalb israelischer Grenzen, in einigen Abschnitten jedoch ebenfalls nur wenige Meter von der internationalen Grenze zu Syrien entfernt. Der See wird zudem von den Golan-Höhen überragt, von wo er durch weitere kleinere Bäche gespeist wird.

Südlich des Tiberias-Sees bekommt der Jordan das Wasser seines wichtigsten Nebenflusses, des Yarmuks. Dieser trägt dem Becken mit 400-500 Kubikmeter Wasser fast ebenso viel bei wie der obere Jordan. Trotz seines kurzen Laufes besitzt der Yarmuk eine nicht weniger komplizierte Geographie. Seine wichtigsten Quellen liegen in der syrischen Hauran-Ebene. In seinem weiteren Verlauf bildet der Yarmuk die Grenze zwischen Jordanien und Syrien, wobei diese in ihrem unteren Abschnitt entlang den Golan-Höhen verläuft, die heute von Israel kontrolliert werden. Kurz vor Erreichen des Jordans berührt der Yarmuk schließlich für einige Kilometer das israelische Kernland.

Von dieser Stelle an bildet der Jordan in seinem unteren Abschnitt zuerst die Grenze zwischen Israel und Jordanien und dann zwischen Jordanien und dem Westjordanland. Letzteres Gebiet gehörte bis 1967 zum jordanischen Königreich. Im Sechs-Tage-Krieg wurde es von Israel besetzt und stellt heute einen der Hauptstreitpunkte zwischen Israel und den Palästinensern dar. Neben dem Zugang zum unteren Jordan ist das Westjordanland auch deshalb von hydrologischer Bedeutung, weil unter ihm das wichtigste Grundwasservorkommen der Region liegt. Das "Mountain Aquifer", wie die Grundwasserschicht auf Englisch genannt wird, besitzt eine erneuerbare Wassermenge von jährlich ca. 680 MKM. Das Grundwasser speist sich hauptsächlich aus den Niederschlägen über den Bergen des Westjordanlandes, in ihrem westlichen und nördlichen Abschnitt übertritt es jedoch unterirdisch die "Grüne Linie" zu Israel. Insofern handelt es sich dabei wie beim Jordan um ein grenzüberschreitendes Gewässer.

Ein weiteres umstrittenes Gewässer der Region ist der Litani-Fluß. Dessen Einzugsgebiet befindet sich zwar gänzlich innerhalb libanesischen Territoriums, weshalb er nicht als ein internationales Gewässer zu betrachten ist. Der Litani ist jedoch trotzdem von politischer Bedeutung, weil sich ein Teil seines Unterlaufes innerhalb der von Israel seit der Libanon-Kampagne 1982 beanspruchten "Sicherheitszone" befindet. Sowohl die Zionistische Weltorganisation als auch spätere israelische Regierungen haben in der

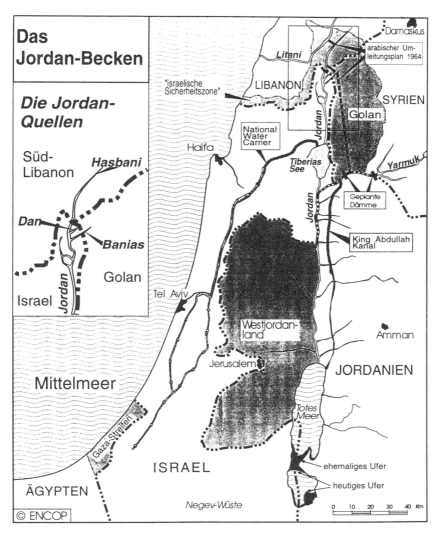

aus: Libiszewski, Stephan (1995): Water Disputes in the Jordan Basin Region and their Role in the Resolution of the Arab-Israeli Conflict. ENCOP Occasional Paper No. 13. Bern, Zürich.

Abbildung 1

Vergangenheit wiederholt Interesse an einer Abzweigung dieses Flusses nach Israel gezeigt. Dies hat bei den Arabern immer wieder Mutmaßungen genährt, Israels militärische Präsenz im Südlibanon verfolge unter anderem wasserpolitische Ziele.[4]

Die Wasserkonflikte im Jordan-Becken und ihre Bedeutung für den Nahostkonflikt

Streitigkeiten um Wasser begleiten den Nahostkonflikt seit dem Beginn der jüdischen Einwanderung nach Palästina um die Jahrhundertwende. Die hydrologische Ausstattung der Region und die möglichen Standorte für Wasserprojekte beschäftigten die zionistischen Organisationen schon bei ihren Plänen zur Errichtung einer jüdischen Heimstätte in Palästina. Erste lokale Konflikte um die Nutzung einzelner Quellen und Flüsse zwischen jüdischen und arabischen Gemeinden brachen bereits unter osmanischer Herrschaft vor dem Ersten Weltkrieg auf. Während der britischen Mandatszeit 1917-1948 spielte das Wasser eine hervorgehobene Rolle in der Diskussion über die Aufnahmefähigkeit Palästinas für jüdische Einwanderer. Als internationales Problem stellte sich die Verteilung des Wassers im Jordan-Becken jedoch erst nach Israels Staatsgründung und dem unmittelbar darauffolgenden ersten arabisch-israelischen Krieg von 1948/49.

Die Wasserkonflikte im Jordan-Becken lassen sich entsprechend den betroffenen hydrographischen Systemen und den beteiligten Parteien in drei Problemkomplexe aufteilen:

1) der Streit um die Jordan-Quellen an Israels Nordgrenze;
2) der Konflikt zwischen Israel und Jordanien um die Verteilung des Wassers von Jordan und Yarmuk; und
3) die Streitigkeiten um die Wasserrechte der Palästinenser in den besetzten Gebieten.[5]

Selbstverständlich bestehen zwischen diesen drei Problemkomplexen enge historische und zum Teil auch hydrologische Verbindungen. Im Zuge der zunehmenden Ausdifferenzierung des Nahostkonfliktes in verschiedene bi-

---

4   Zur Hydrologie des Jordan-Beckens und seiner angrenzenden Gebiete siehe ausführlicher Libiszewski, Stephan: Water Disputes in the Jordan Basin Region and their Role in the Resolution of the Arab-Israeli Conflict, ENCOP Occasional Paper No. 13. Swiss Peace Foundation: Swiss Federal Institute of Technology, Bern, Zürich 1995, S. 2ff.; auch Lowi, Miriam R.: Water and Power: The Politics of a Scarce Resource in the Jordan River Basin, Cambridge 1993; Murakami, Masahiro/ Musiake, Katsumi: The Jordan River and the Litani, in: Biswas, Asit K. (Hrsg.): International Waters of the Middle East. From Euphrates-Tigris to Nile. Water Resources Management Series, No. 2, Oxford 1994, S. 117-155; Kliot, Nurit: Water Resources and Conflict in the Middle East, London, New York 1994.

5   Zur Systematisierung der Wasserdispute entlang der „klassischen" Konfliktbereiche internationaler Politik - Herrschaft, Sicherheit, Wohlfahrt - siehe den Beitrag von Jochen Renger in diesem Band.

laterale Stränge können sie heute jedoch im Hinblick auf ihre Bedeutung für den Konflikt als teilweise selbständig angesehen werden.

Der Streit um die Jordan-Quellen an Israels Nordgrenze

Nach dem ersten arabisch-israelischen Krieg von 1948/49 bot die strittige Grenzfrage um die entmilitarisierten Zonen (EMZ) zwischen Israel und Syrien im oberen Jordantal den ersten Anlaß für einen Wasserkonflikt. Die EMZ betrafen drei Gebiete an der israelisch-syrischen Grenze, die im Krieg von 1948/49 unter syrische Kontrolle geraten waren. Gemäß dem von der UNO vermittelten Waffenstillstandsabkommen von 1949 wurden sie entmilitarisiert und bis zu einer friedensvertraglichen Regelung einer gemischten Kommission aus syrischen, israelischen und UN-Vertretern unterstellt. Rechtlich wurde der Status der EMZ jedoch nie richtig geklärt. Nach syrischer Auffassung stellten die EMZ bis zum endgültigen Friedensvertrag ein sogenanntes "Niemandsland" dar, in dem auf jegliche Aktivität zu verzichten war, die den späteren Status dieser Gebiete hätte präjudizieren können. Die Israelis betrachteten diese Gebiete hingegen als "ihr" Territorium, das nur vorübergehend als Pufferzone zwischen den verfeindeten Armeen dienen sollte, auf dessen Gebiet aber zivile Aktivitäten erlaubt waren.

Die drei EMZ sind von großer wasserpolitischer Bedeutung, weil der obere Jordan als größter Zufluß des Tiberias-Sees und wichtigste Wasserquelle Israels streckenweise durch das umstrittene Gebiet verläuft. Ebenfalls zu den EMZ gehören ein Landstrich am südöstlichen Seeufer und eine Teilstrecke des unteren Yarmuks (siehe Abbildung 2). In der Folge entbrannten die Streitigkeiten an der Frage der Nutzung der Wasserressourcen in diesen Gebieten. Israelische Projekte sahen die Trockenlegung der Hula-Sümpfe im oberen Jordantal und die Ableitung des Jordan-Wassers in ein nationales Verteilersystem, den "National Water Carrier" vor. Syrien betrachtete diese Projekte als einen Verstoß gegen das Waffentillstandsabkommen, da sie die mittlere EMZ betrafen. Durch sie wäre der endgültige Besitz über die EMZ präjudiziert worden, zudem drohte der arabischen Bevölkerung Landenteignung. Syrien schaltete den Sicherheitsrat der Vereinten Nationen ein und griff die Baustellen der Projekte militärisch an. Daraus entstanden zwischen 1951 und 1953 wiederholte Scharmützel, die beide Staaten an den Rand eines neuen Krieges brachten. Während Israel die Trockenlegung und Kultivierung des Hulatals 1958 schließlich unter Umgehung der EMZ abschließen konnte, mußte es die Wasserentnahmestelle seines Umleitungsprojektes an das Ufer des Tiberias-Sees verlegen, wo sie noch heute liegt.[6]

---

6   Vgl. Vallianatos-Grapengeter: Die wasserstrategischen Aspekte im Sechs-Tage-Krieg und ihre Relevanz für die israelisch-arabischen Friedensgespräche, in: Libiszewski, Stephan; Schiffler, Manuel (Hrsg.): Wasserkonflikte und Wassermanagement im Jordanbecken. Arbeitspapier des Deutschen Instituts für Entwicklungspolitik, Berlin 1996, S. 102ff.

Abbildung 2
Die entmilitarisierten Zonen zwischen Israel und Syrien, 1948-1967

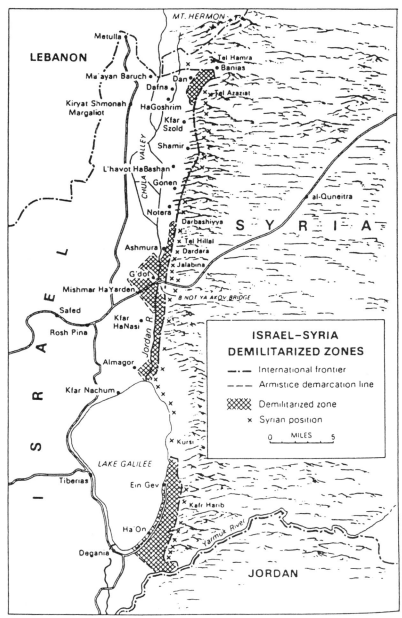

Quelle: Sachar / Howard: A History of Israel, Bd. I., New York 1979

Die Jahre zwischen 1953 und 1955 markieren einen Wendepunkt im israelisch-arabischen Wasserstreit. Durch die syrische Beschwerde vor dem Sicherheitsrat der Vereinten Nationen sahen sich die USA zum Handeln veranlaßt. Um die Gefahr eines neuen Krieges im Nahen Osten zu bannen, schickte Präsident Eisenhower den Sondergesandten Eric Johnston in die Region. Sein Auftrag war, einen grenzübergreifenden Entwicklungsplan für das Jordanbecken zu vermitteln. Dieser Plan, der als Johnston-Plan in die Geschichte einging, hatte einerseits zum Ziel, die hydropolitischen Streitigkeiten im Becken beizulegen. Andererseits sollte er durch die Ankurbelung eines wirtschaftlichen Aufschwungs die soziale Integration der palästinensischen Flüchtlinge in den arabischen Aufnahmestaaten ermöglichen und damit eines der brennendsten politischen Probleme in der Region einer definitiven Lösung zuführen. Johnston scheiterte jedoch in seinem Unterfangen, weil das politische Komitee der Arabischen Liga dem nach zweijähriger Pendeldiplomatie auf der technischen Ebene ausgehandelten Kompromiß nicht zustimmte. Eine Kooperation im Wasserbereich hätte implizit die Anerkennung Israels bedeutet. Zu diesem Schritt konnte sich jedoch die Mehrheit der arabischen Staaten nicht entschließen. Trotzdem blieb der Johnston-Plan während der folgenden Jahrzehnte der einzige Orientierungspunkt für eine vertragliche Regelung der Wasserkonflikte im Jordan-Becken. Sein Scheitern zeigte freilich, daß sich die Wasserfrage nicht einfach von den politischen Dimensionen des Konfliktes trennen ließ.[7]

Die nächste Runde im Wasserstreit wurde Mitte der sechziger Jahre eingeleitet, ausgelöst durch die angekündigte Inbetriebnahme des israelischen "National Water Carriers". Für die Araber symbolisierte das ambitiöse Projekt zur Umleitung des Jordan-Wassers nach Süden den Inbegriff der zionistischen Landnahme. Sie befürchteten, daß von ihm eine erhebliche Stärkung der wirtschaftlichen und politischen Macht Israels ausgehen würde. Die Antwort der Arabischen Liga bestand in einer breit angelegten antiisraelischen Kampagne. Zu dieser gehörte nebst der Gründung der PLO auch ein Plan zur Umleitung derjenigen beiden Quellflüsse des Jordans (Banias und Hasbani), die sich außerhalb israelischen Territoriums befanden (siehe Abbildung 1). Israel wären durch dieses arabische Projekt ca. 40 Prozent des Zuflusses in den Tiberias-See verlorengegangen. Durch den geminderten Zufluß in den See hätte sich auch dessen Salzgehalt erhöht, was zu einem Zusammenbruch der gesamten israelischen Wasserversorgung geführt hätte. Israel reagierte in den folgenden beiden Jahren mit der wiederholten Bombardierung der Baustellen des Projektes. Die Auseinandersetzungen um dieses arabische Vorhaben gehören zum Vorlauf des Sechs-Tage-Krieges.

---

7   Zur Johnston-Mission liegt mittlerweile eine Fülle von Literatur vor. Den neusten Stand der Forschung gibt wieder: Lowi, Miriam R.: Water and Power: The Politics of a Scarce Resource in the Jordan River Basin, Cambridge 1993; und Wishart, David M.: The Breakdown of the Johnston Negotiations over the Jordan Waters, in: Middle Eastern Studies, 4/1990, S. 536-546.

Sie trugen wesentlich zur Eskalationskette bei, die schließlich in den offenen Krieg vom Juni 1967 mündete.[8]

Durch den Sechs-Tage-Krieg änderte sich die wasserpolitische Situation im Jordan-Becken radikal. Mit der Eroberung der Golan-Höhen vereitelte Israel den arabischen Umleitungsplan und erlangte die volle Kontrolle über die entmilitarisierten Zonen im Jordantal sowie die strategische Kontrolle über sämtliche Quellen des Jordans. Darüber hinaus kontrolliert Israel jetzt das gesamte östliche Ufer des Tiberias-Sees und die dieses Ufer dominierenden Gebirgszüge. Früher verlief die israelisch-syrische Grenze an einigen Stellen nur zehn Meter vom Seeufer entfernt. Syrische Einheiten hatten wiederholt israelische Aktivitäten auf dem See behindert oder damit gedroht, dessen Wasser zu vergiften. Durch die Eroberung der Golan-Höhen kontrolliert Israel seit dem Sechs-Tage-Krieg auch einen weit längeren Abschnitt des Nordufers des Yarmuks, einschließlich die Eingangsstelle des jordanischen King Abdullah-Kanals. Israels Besetzung des Westjordanlandes in demselben Krieg brachte schließlich die Kontrolle über die Entstehungsgebiete des "Mountain Aquifers", dem größten Grundwasservorkommen der Region, von dem ein großer Teil von Israels Trinkwasserversorgung abhängt.

Entsprechend diesen territorialen Veränderungen verlagerten sich die Auseinandersetzungen um Wasser nach 1967 auf den Yarmuk und das Westjordanland. Die offenen Fragen hinsichtlich der Kontrolle über die entmilitarisierten Zonen und des Besitzes über die Jordan-Quellen, die zum Ausbruch des Sechs-Tage-Krieges beitrugen, bleiben jedoch in Ermangelung eines Friedensvertrages zwischen Israel und Syrien bis heute ungelöst. Vor diesem Hintergrund besitzt der syrisch-israelische Streit um die Golan-Höhen und die definitive Grenze zwischen beiden Staaten eine starke wasserpolitische Konnotation.

Der Wasserverteilungskonflikt zwischen Israel und Jordanien

Nebst dem eng mit territorialen und strategischen Fragen verknüpften Streitigkeiten um die Jordan-Quellen bildet der Konflikt zwischen Israel und Jordanien um die Nutzung des Wassers von Jordan und Yarmuk die zweite wichtige Dimension der Wasserkonflikte im Jordan-Becken. Die beiden Staaten sind, gemessen an ihrem Flächenanteil und ihrer Abhängigkeit von den Wasserressourcen des Beckens, die Hauptanrainer des Flußystems. Auch hier begann der Streit bereits unmittelbar nach Israels Staatsgründung und dem ersten arabisch-israelischen Krieg von 1948/49. Beide Staaten hatten damals ein enormes Bevölkerungswachstum aufgrund der Zuwanderung von Flüchtlingen zu verkraften. Sie starteten deshalb ambitiöse Ent-

---

8   Lowi, Miriam R.: Water and Power: The Politics of a Scarce Resource in the Jordan River Basin. Cambridge 1993, S. 125ff.; Cooley, John K.: The War over Water, in: Foreign Policy, 54/1984, S. 16.

wicklungsprogramme zur Ausweitung ihrer Bewässerungslandwirtschaft und Trinkwasserversorgung. Angesichts der sehr begrenzten Mengen und des hohen Verflechtungsgrad der Wasserressourcen in der Region mußten diese Vorhaben unweigerlich miteinander in Konkurrenz geraten.
In den fünfziger Jahren milderte der Johnston-Plan den Konflikt vorerst, weil beide Staaten sich trotz der formellen Ablehnung durch die Arabische Liga stillschweigend an die von amerikanischer Seite vorgeschlagene Aufteilung hielten. Israel baute den 'National Water Carrier', mit dem es das Wasser des oberen Jordans über die Küstenregion bis hin zur Negev-Wüste umleitete. Jordanien konzentrierte seine Anstrengungen hingegen auf den Yarmuk. Der Markstein seines Entwicklungsprogramms war der Bau des King Abdullah-Kanals (früher East Ghor Kanal), der Teile des Yarmuk-Wassers zur Bewässerung der dortigen landwirtschaftlichen Projekte auf die Terrassen oberhalb des östlichen Jordantals leitet. Doch der zunehmende Wasserbedarf und die politischen Folgen des Sechs-Tage-Krieges sprengten bald den Rahmen der informellen Abmachungen. Israel erhöhte seine Umleitungen aus dem Tiberias-See und monopolisiert seit dem Ende der sechziger Jahre faktisch das gesamte Wasser des oberen Jordans. Jordanien, dem im Johnston-Plan jährlich 100 Millionen Kubikmeter, das heißt ca. 18 Prozent des Jordan-Wassers zugewiesen worden waren, wurde von jeglicher Nutzung ausgeschlossen.
Am Yarmuk wiederum litt Jordanien unter dem jahrzehntelangen israelischen Widerstand gegen den Bau eines Dammes, mit dem die Winterfluten des Flusses hätten aufgestaut und die Umleitungen in den King Abdullah-Kanal erhöht werden sollen. Durch die Kontrolle des nördlichen Ufers des Yarmuk konnte Israel seit 1967 Jordanien wiederholt daran hindern, in diesem Abschnitt eine Stauanlage zu bauen und Wartungsarbeiten an der Einlaßstelle des Kanals durchzuführen. Ein gemeinsames jordanisch-syrisches Projekt weiter flußaufwärts wußte Israel in den 80er Jahren durch sein Veto gegen den dafür vorgesehenen Weltbankkredit zu vereiteln. Dies geschah unmittelbar im eigenen israelischen Interesse. Denn nach dem Sechs-Tage-Krieg begann Israel seinerseits damit, vom Nordufer des Yarmuks Wasser abzupumpen. Im langjährigen Durchschnitt bezog Israel in den letzten beiden Jahrzehnten 70 MKM Wasser aus dem Yarmuk, in Spitzenjahren sogar über 100 MKM. Dies sind weit mehr als die im Johnston-Plan vorgesehenen 25 MKM.[9] Dadurch sowie aufgrund der zunehmenden Wasserabzweigungen Syriens am Oberlauf des Flusses blieb Jordaniens Nutzung des Yarmuks auf nicht mehr als 130 MKM im Jahr beschränkt. Dies sind

---

9   In der Literatur werden für die 80er Jahre zum Teil israelische Entnahmen von bis zu 100 MKM genannt (z.B. Lowi, Miriam R.: Water and Power: The Politics of a Scarce Resource in the Jordan River Basin. Cambridge 1993, S. 181). Der langjährige Durchschnitt von 70 MKM ist jedoch die Menge, von der Israel und Jordanien in ihren bilateralen Verhandlungen gemeinsam ausgingen. Siehe Hof, Fred: The Yarmouk and Jordan Rivers in the Israel-Jordan Peace Treaty, in: Middle East Policy, 4/1995; S. 48ff. Von dieser Entnahmemenge wird deshalb auch hier ausgegangen.

weit weniger als jene 377 MKM, die dem Land im Johnston-Plan zugesprochen worden waren.

Tabelle 2: Die Wasserverteilung im Jordan-Becken
(in Millionen Kubikmeter; in Klammern prozentual)

Oberer Jordan

	Johnston Plan 1955		De facto Verteilung Anfang der 90er Jahre
Israel	375	(68)	ca. 550
Jordanien	100	(18)	0
Syrien	42	(8)	0
Libanon	35	(6)	0
Westjordanland (Palästinenser)	war 1955 Teil Jordaniens		0

Yarmuk

	Johnston Plan 1955		De facto Verteilung Anfang der 90er Jahre*
Israel	25	(6)	70-100
Jordanien	377	(77)	ca. 130
Syrien	90	(18)	160-200
ungenutzt			60-150

* Zahlen über die Nutzungen des Yarmuk sind umstritten. Die hier angegebenen Zahlen geben die Spannbreite der Schätzungen *unabhängiger* Experten wieder. Quellen: U.S. Army Corps of Engineers: Water in the Sand: A Survey of Middle East Water Issues. Washington DC 1991; Beschorner, Natasha: Water and Instability in the Middle East. Adelphi Paper, Nr. 273. London 1992; Lowi, Miriam R.: Water and Power: The Politics of a Scarce Resource in the Jordan River Basin. Cambridge 1993; Hof, Fred: The Yarmouk and Jordan Rivers in the Israel-Jordan Peace Treaty. In: Middle East Policy, Jg. 3, Nr. 4/95; S. 47-56.

Der Streit um die Wasserquoten entwickelte sich zu einer dauernden Quelle von Spannungen im bilateralen Verhältnis. Insbesondere in trockenen Jahren eskalierten diese gelegentlich bis hin zu einzelnen Scharmützeln. Im Sommer 1990, auf dem Höhepunkt einer vierjährigen Trockenperiode, meinte der ansonsten eher zu moderaten Tönen neigende jordanische König Hussein, daß das Wasser der einzige Grund sei, den Jordanien in einen

Krieg mit Israel führen könne.[10] Zu Beginn der Nahostfriedensverhandlungen 1991 gehörte die jordanische Forderung nach einer Neuverteilung der geteilten Wasserressourcen zu den wichtigsten Streitpunkten im Verhältnis zu Israel. Jordanien bemängelte die stark ungleichgewichtige Wasserzuteilung, wie sie sich als Ergebnis der geographisch bedingten unterschiedlichen Nutzungschancen und der militärischen Machtverhältnisse zwischen beiden Staaten herausgebildet hatte. Dabei berief es sich auf den Johnston-Plan, der, wenn auch völkerrechtlich nicht bindend, bislang der einzige Anhaltspunkt für eine gerechte Verteilung der regionalen Wasserressourcen darstellte.

Israel beharrte seinerseits auf dem Standpunkt, daß der Johnston-Plan 1955 von der Arabischen Liga abgelehnt worden sei, und daß sich in der Zwischenzeit die geopolitische Situation stark gewandelt habe. Durch die territorialen Gewinne Israels im Sechs-Tage-Krieg seien auch seine Wasserrechte gewachsen.[11] Die israelisch-jordanische "Common Agenda" vom September 1993, welche den Weg für die weiteren bilateralen Verhandlungen wies, nannte die Wasserfrage als einen von vier Punkten, für die im bilateralen Verhältnis eine Lösung gefunden werden müsse. Damit wurde der Wasserkonflikt auf dieselbe Ebene gestellt wie traditionelle Sicherheitsfragen, Grenzstreitigkeiten und das Problem der palästinensischen Flüchtlinge.

Der israelisch-jordanische Wasserdisput ist ein klassischer Verteilungskonflikt um eine knappe und geteilte regionale Ressource. Er besitzt alle Charakteristika eines Nullsummen-Spiels, zumal Jordan und Yarmuk die einzigen Oberflächengewässer der Region sind und beide Länder unter akuter Wassernot leiden. Andererseits handelt es sich um den einzigen Wasserstreit im Rahmen des Arabisch-Israelischen Konfliktes, der nicht direkt mit territorialen oder anderen, stark politisierten Differenzen verknüpft ist. Seitdem Jordanien 1988 offiziell auf seine Ansprüche auf das Westjordanland zugunsten einer palästinensischen Lösung verzichtet hat, gab es zwischen beiden Ländern keine wesentlichen Grenzstreitigkeiten mehr, abgesehen von einigen Landparzellen im äußersten Süden und Norden der gemeinsamen Grenze. Diese kleineren Gebiete stellten jedoch auf keiner der beiden Seiten ein vitales Interesse dar, noch implizierten sie die Kontrolle oder das Anrecht auf bedeutende Wasservorräte.[12] Beim israelisch-jordanischen Streit um Jordan und Yarmuk handelte es sich deshalb um einen *genuinen Vertei-*

---

10 The Independent v. 15.5.1990.
11 Zur Position Jordaniens siehe Haddadin, Munther: Water and the Peace Process: A View from Jordan, in: Policy Focus, No. 20, September 1992, S. 14-19. Die israelische Argumentation ist dargestellt in Soffer, Arnon: The Relevance of the Johnston Plan to the Reality of 1993 and Beyond, in: Isaac, Jad; Shuval, Hillel (Eds.): Water and Peace in the Middle East. Studies in Environmental Science, No. 58. Amsterdam et al. 1994, S. 107-121.
12 Die Landparzellen im Arava-Tal südlich des Toten Meeres betreffen zum Teil die Nutzung des dortigen Grundwassers. Dabei handelt es sich jedoch um verhältnismässig geringe Mengen.

lungskonflikt. Der Streit hatte eine lange und bewegte Geschichte, und er betraf die Verteilung von bedeutenden Wassermengen in einer Situation extremer Knappheit. Er konnte aber im Rahmen der bilateralen Verhandlungen als solcher angegangen - und schließlich gelöst - werden, weitgehend unabhängig von anderen strategischen Anliegen.

Konflikte um Wasserrechte als untrennbarer Teil der Palästina-Frage

Viel stärker mit den politischen Dimensionen des Nahostkonfliktes verknüpft ist hingegen der Streit zwischen Israelis und Palästinensern um die Wasserrechte in den besetzten und neuerdings zum Teil autonomen Gebieten. Der Streit betrifft in erster Linie das "Mountain Aquifer", jene Grundwasserschicht, die auf den Bergen des Westjordanlandes seinen Ursprung hat. In untergeordnetem Maße betrifft der Streit weiter den palästinensischen Anteil am Jordan-Fluß, von dem das Westjordanland Unteranrainer ist, und den Wasserverbrauch im Gaza-Streifen.

Auch in diesem Konflikt spielen die territorialen Folgen des Sechs-Tage-Krieges eine sehr wichtige Rolle. Israel nutzte zwar bereits vor 1967 das "Mountain Aquifer" von seinem Territorium aus, da dieses unterirdisch die als "Grüne Linie" bekannte Waffenstillstandsgrenze von 1949 überschreitet. Durch die Besetzung des Westjordanlandes im Sechs-Tage-Krieg sicherte sich der jüdische Staat jedoch die physische Kontrolle über die Entstehungsgebiete des Grundwassers und die politische Kontrolle über seine Nutzungskonkurrenten, die Palästinenser. Zu den ersten Maßnahmen der israelischen Administration gehörte der Erlaß einer Reihe von Militärverordnungen, welche die Wassernutzung der einheimischen palästinensischen Bevölkerung stark einschränken. Der landwirtschaftliche Verbrauch wurde auf das Niveau von 1967 eingefroren. Nur für den privaten Verbrauch gewährten die Israelis eine Erhöhung um 20 Prozent, die jedoch nicht dem Bevölkerungswachstum standhielt.

Dadurch sichert sich Israel einerseits den ungehinderten Abfluß des Wassers in das eigene Kernland. Andererseits nutzt Israel diese Wasserressourcen, um die jüdischen Siedlungen zu versorgen, die es nach 1967 im Westjordanland implantierte. Die Siedler werden aus dem lokalen Grundwasser versorgt und gegenüber den in ihrer unmittelbaren Nachbarschaft lebenden Palästinensern sowohl bezüglich Zuteilungsquoten als auch der Wasserpreise massiv bevorzugt.[13] Insgesamt nutzt Israel heute 80 Prozent dieser auf ca. 680 MKM im Jahr geschätzten Quelle. Das Wasser des Mountain Aquifers deckt ca. ein Viertel des israelischen Gesamtverbrauches und einen

---

13 Zur Problematik der Wasserpreise siehe Elmusa, Sharif S.: Dividing the Common Palestinian-Israeli Waters: An International Water Law Approach, in: Journal of Palestine Studies, 3/1993; Fußnote 28 auf S. 75; und Brooks, David B.; Lonergan, Stephen C.: Watershed: The Role of Fresh Water in the Israeli-Palestinian Conflict. Ottawa 1994, S. 92.

Basierend auf: Assaf, Karen; al Khatib, Nader; Kally, Elisha; Shuval, Hillel:
A Proposal for the Development of a Regional Water Master Plan.
IPCRI: Jerusalem 1993.

Abbildung 3

noch größeren Teil seines Trinkwassers. Die israelische Regierung befürchtet, daß der unterirdische Zufluß aus der West Bank abnehmen wird, wenn die Palästinenser ihren Verbrauch erhöhen.

Tabelle 3: Die bisherige Verteilung des "Mountain Aquifers"

	in Millionen m^3
Israel (einschl. Siedler)	483
PalästinenserInnen	118
Unbenutzt (vorwiegend Brackwasser)	78

Quelle: Abkommens über die Ausweitung der palästinensischen Selbstverwaltung auf das Westjordanland (Oslo II) vom 28.9.1995 [Schedule 10 im Annex III des Vertrages]. Beachte, daß diese offiziellen Zahlen z.T. von früheren inoffiziellen Angaben in der Literatur abweichen.

Die Palästinenser ihrerseits bemängeln die stark ungleichgewichtige Verteilung des Grundwassers und fordern einen höheren Anteil an den geteilten Ressourcen, zumal diese ihre einzige Wasserquelle darstellen und ihren hydrologischen Ursprung im Westjordanland haben. Der Konflikt wird dadurch verschärft, daß - als Folge der ungleichen Verteilung - die Wasserverfügbarkeit pro Kopf in Israel und unter den Siedlern drei- bis viermal höher liegt als bei den Palästinensern in den besetzten Gebieten. Letztere verfügen kaum über Wasser für landwirtschaftliche Bewässerung und die Wasserversorgung der privaten Haushalte liegt unterhalb dem von der Weltgesundheitsorganisation gesetzten Mindeststandard von 100 Liter pro Kopf und Tag. Als eine Folge davon resultiert beim Anteil bewässerter Flächen ein Verhältnis zwischen Siedlern und Palästinensern von 69 zu sechs Prozent. In Israel liegt dieser Anteil bei 50 Prozent.[14] Durch diese Zuteilungspolitik werden palästinensische Landwirte zur Aufgabe ihrer Betriebe und zum Landverkauf gezwungen. Darüber hinaus sind die rechtlichen Einspruchsmöglichkeiten gegen Landkonfiszierungen durch die israelischen Behörden geringer, wenn der Boden unbebaut ist. Das Wasser scheint damit eine wichtige Rolle beim Prozeß israelischer Aneignung und Kontrolle von palästinensischem Land gespielt zu haben.

In diesem Zusammenhang läßt sich der Wasserstreit kaum als unabhängige Variable von den übrigen Dimensionen des israelisch-palästinensischen Konfliktes trennen. Im Gegenteil, er stellt einen integralen Teil der eigentlichen Palästina-Frage dar. Bezogen auf die gegenwärtigen Friedensverhandlungen sind sämtliche zur Debatte stehenden politischen Kernpunkte des Konfliktes direkt oder indirekt mit dem Wasserproblem verknüpft:

---

14   Baskin, Gershon: The West Bank and Israel's Water Crisis, in: ders. (Hrsg.): Water: Conflict or Cooperation. Israel/Palestine: Issues in Conflict, Issues for Cooperation, No. 2/2. Jerusalem 1993, 2. überarbeitete Aufl. S.5.

1. Der Wasserstreit berührt direkt die Frage nach der *Reichweite palästinensischer Vollmachten* während der Selbstverwaltungsphase sowie im endgültigen politischen Status der besetzten Gebiete. Davon, ob die Palästinenser einen unabhängigen Staat bzw. ein staatsähnliches Gebilde bekommen werden oder bloß eine Körperschaft mit Selbstverwaltungsbefugnissen über Menschen, wird abhängen, ob die palästinensischen Behörden auch Souveränitätsrechte über öffentliches Land und Wasser werden beanspruchen können. Aus palästinensischer Perspektive sind Souveränitätsrechte über Ressourcen ein integraler Teil ihrer nationalen Bestrebungen. Aus israelischer Sicht ist dies umgekehrt gerade einer der Gründe, den Palästinensern das volle Recht auf Staatlichkeit zu verwehren.

2. Bezogen auf den endgültigen Status der besetzten Gebiete ist der Wasserstreit aufs engste mit der Frage der *definitiven Grenzen eines eventuellen palästinensischen Staates* verbunden. Die territoriale Ausdehnung Palästinas wird den physischen Zugang zu Wasserquellen und die Ansprüche auf Wasserrechte bestimmen. Diese Frage ist sehr heikel, weil das Gebiet, in dem sich das Grundwasser unterirdisch ansammelt und die günstigsten Bohrzonen für Brunnen liegen, auf beiden Seiten entlang der "Grünen Linie" erstreckt. Die israelische Regierung hat wiederholt betont, daß ein eventueller palästinensischer Staat nicht das gesamte Westjordanland umfassen wird. Israel wird auf territorialen Korrekturen bestehen. Nun schlagen aber israelische Strategen just jenen Streifen östlich der heutigen "Grünen Linie" zur Annexion vor, wo sich die genannten Bohrzonen - und zahlreiche israelische Siedlungen - befinden.[15] Das israelische Argument, daß dies nur eine relativ kleine Grenzkorrektur darstelle und daher zu verschmerzen sei, täuscht darüber hinweg, daß dadurch den Palästinensern der Großteil ihrer Wasserressourcen verloren ginge.

3. Der Wasserstreit betrifft weiterhin die Frage nach der *Zukunft der israelischen Siedlungen* im Westjordanland und im Gaza-Streifen. Da diese aus dem lokalen Grundwasser versorgt werden, geht ihr Verbrauch direkt zu Lasten der Palästinenser. Solange die Siedler in den Gebieten bleiben, wird dies stets die Frage aufwerfen, aus welchen Quellen und nach welchen Standards sie mit Wasser versorgt werden.

---

15 Entsprechende Vorschläge werden in einer Auftragsstudie des Jaffee Centers of Strategic Studies an der Universität von Tel Aviv von 1991 zuhanden der damaligen Regierung unterbreitet. Auszüge der geheimen Studie wurden aber der Presse zugespielt und sind dokumentiert in Schiff, Ze'ev: Israel's Water Security Lines, in: Policywatch, 75/1993, S. 1-3.; siehe auch Brooks, David B.; Lonergan, Stephen C.: Watershed: The Role of Fresh Water in the Israeli-Palestinian Conflict, Ottawa 1994 (International Development Research Centre), S. 205ff.

4. Indirekt haben selbst das Problem der *palästinensischen Flüchtlinge* und die hochbrisante *Jerusalem-Frage* Auswirkungen auf die Wasserverteilung. Sollten alle oder ein Teil der heute in den arabischen Nachbarstaaten lebenden Flüchtlinge als Ergebnis der Verhandlungen ein Rückkehrrecht in die palästinensische Einheit erhalten, so wird dies den Wasserbedarf des jungen Staates - und damit vermutlich seine Forderungen gegenüber Israel - erhöhen. Von der Zugehörigkeit Ost-Jerusalems zur einen oder zur anderen Seite werden ebenfalls demographische Strukturen und entsprechende Ansprüche auf Wasserrechte abhängen.

Eine Lösung des so vertrackten Problemkomplexes erscheint äußerst schwierig, zumal sich bei den genannten politischen Streitpunkten nach wie vor voneinander entfernte Erwartungen und Positionen gegenüberstehen. Der mit diesen politischen Differenzen eng verknüpfte Wasserkonflikt betrifft wiederum Quellen und Mengen, die für beide Seiten - wenngleich in unterschiedlichem Maße - von existentieller Bedeutung sind.

Das Wasser in den bisherigen Nahostfriedensverhandlungen

Das Wasser gehört mit zu den Kernthemen der im Oktober 1991 in Madrid begonnenen Nahostfriedensverhandlungen. Es ist sowohl ein Gegenstand in den direkten bilateralen Verhandlungen zwischen Israel und jedem einzelnen seiner arabischen Nachbarn als auch in den multilateralen Arbeitsgruppen zu praktischen regionalen Problemen, welche die Hauptverhandlungen begleiten. In den bilateralen Verhandlungen, die sich mit den eigentlichen politischen Streitpunkten des Nahostkonfliktes befassen, steht das Wasserproblem in seiner politischen Dimension als Frage von Wasserrechten und Verteilung von Wasserquoten zur Debatte. Die multilaterale Arbeitsgruppe Wasser befaßt sich hingegen mit Fragen der regionalen Kooperation im Bereich der Wasserbewirtschaftung und der Entwicklung von neuen Wasserressourcen.
Sowohl die bilateralen als auch die multilateralen Verhandlungen blieben während der ersten zwei Jahre praktisch ergebnislos. Erst die Unterzeichnung der Prinzipienerklärung zwischen Israel und der PLO im September 1993, der Geheimgespräche in Oslo vorausgegangen waren, brachte den Durchbruch. Seitdem sind eine ganze Reihe von weiteren bilateralen Verträgen zwischen Israel und der PLO und zwischen Israel und Jordanien unterzeichnet worden. Die meisten dieser Abkommen beinhalten auch Bestimmungen über die Nutzung und Verteilung der geteilten Wasserressourcen. Im folgenden soll der Stand der arabisch-israelischen Verhandlungen im Hinblick auf die Wasserfrage untersucht werden. Wie im vorhergehenden Kapitel wird nach den einzelnen bilateralen Strängen der Gespräche unterschieden. Statt in chronologischer oder geographischer Reihenfolge wird jedoch mit demjenigen Verhandlungsstrang begonnen, der am weite-

sten fortgeschritten ist. Ein letzter Abschnitt befaßt sich mit der Arbeitsgruppe Wasser im Rahmen des multilateralen Friedensprozesses.

Das israelisch-jordanische Wasserregime

Der israelisch-jordanische Friedensvertrag vom 26. Oktober 1994 ist das Ergebnis dreijähriger Verhandlungen und markiert einen der Höhepunkte im bisherigen Verlauf des Nahostfriedensprozesses. Die Beilegung des bilateralen Wasserstreits ist ein zentraler Teil der umfassenden friedensvertraglichen Regelung. Zusammen mit der endgültigen Kartierung der gemeinsamen Grenze stellt das Wasser denjenigen Bereich dar, in dem die detailliertesten und weitreichendsten Abmachungen getroffen wurden. Artikel 6 des Hauptteiles, der ganz einfach mit "Wasser" überschrieben ist, enthält Bestimmungen mehr generellen Charakters. Beide Seiten anerkennen in Paragraph 1 die "rechtmäßige Aufteilung" des Wassers gemäß den weiteren Bestimmungen des Vertrages. In Paragraph 2 stellen sie fest, "daß das Thema Wasser die Grundlage für die Förderung der beidseitigen Zusammenarbeit darstellen kann ...". Im gleichen Zug verpflichten sie sich, bei der Bewirtschaftung und Erschließung ihrer Wasserressourcen jeweils die Interessen der anderen Vertragspartei zu berücksichtigen. Auf der Grundlage der in Paragraph 3 gemachten Feststellung, "daß ihre Wasserressourcen zur Deckung ihres Bedarfs nicht ausreichen", kommen die Vertragsparteien in Paragraph 4 überein, "nach Möglichkeiten zur Verringerung des Wassermangels zu suchen und in folgenden Bereichen zusammenzuarbeiten: a) Erschließung vorhandener und neuer Wasserressourcen ...; b) Vorbeugung der Verschmutzung von Wasserressourcen; c) gegenseitige Unterstützung beim Abbau von Wasserknappheit; d) Weitergabe von Informationen und gemeinsame Forschungstätigkeiten ...". Obwohl im Vertrag weder das Prinzip der "equitable utilization" noch die in ihr enthaltenen Kriterien explizit genannt werden, entsprechen die gewählten Formulierungen und Bestimmungen dem Geist dieser Doktrin aus dem Völkergewohnheitsrecht.

Während Artikel 6 des Hauptteils mehr generellen Charakter besitzt, verkörpert Anhang II des Vertrages den eigentlichen operationellen Teil des Wasserregimes. Artikel I und II des Anhanges legen den Konflikt bei, indem sie für beide Seiten feste Quoten an Jordan und Yarmuk festlegen sowie Fragen bezüglich der vorgesehenen Stau- und Umleitungssysteme an den beiden Flüssen regeln. Die übrigen Artikel behandeln gemeinsame Maßnahmen zur Vorbeugung von Wasserverschmutzung, die Aufteilung der Grundwasservorräte im Arava-Tal südlich des Toten Meeres, das Verbot einseitiger Änderungen am Flußverlauf der beiden Flüsse und die Verpflichtung zum zukünftigen Datenaustausch und zur Kooperation. Artikel VII schließlich sieht die Einrichtung eines gemischten Wasserkomitees vor, das die Umsetzung des Abkommens überwachen und Streitigkeiten behandeln wird.

Was die Wasserverteilung anbetrifft, so enthält der Anhang detaillierteste Bestimmungen, die hier nicht in ihrer ganzen Länge wiedergegeben werden können. In der Substanz fixiert das Abkommen den zukünftigen israelischen Anteil am Yarmuk auf 25 MKM im Jahr (12 im Sommer und 13 im Winter). Israel darf darüber hinaus im Winter weitere 20 MKM in den Tiberias-See pumpen. Es muß diese jedoch im Sommer von dort wieder an Jordanien zurückgeben.[16] Gegenüber den 70 MKM, die Israel bisher im Durchschnitt aus dem Yarmuk entnahm, stellt dies eine erhebliche Verringerung dar.

Jordaniens Quote am Jordan ist hingegen auf mindestens 30 MKM jährlich fixiert, verglichen mit praktisch nichts heute. Diese Menge setzt sich wie folgt zusammen: Einerseits aus 20 MKM, die durch die Aufstauung der Winterfluten des Jordans unterhalb des Tiberias-Sees gewonnen werden; andererseits aus zehn MKM, die aus der Entsalzung von Abwässern und salzhaltigen Quellen stammen werden, die bisher von Israel in den Jordan eingeleitet wurden.[17] Da es sich bei beiden um Quellen handelt, die bislang nicht genutzt wurden, wird der jordanische Anteil am Jordan-Fluß nicht zu Lasten des gegenwärtigen israelischen Verbrauchs gehen. Der Rest des Flusses beider Ströme wird implizit der jeweils anderen Seite zugeteilt, freilich unter dem Vorbehalt der Nutzungen durch die übrigen Anrainer, zu deren Rechte der Vertrag nichts aussagt.

Artikel II des Anhanges enthält Vereinbarungen über konkrete Wasserprojekte, die von beiden Ländern gemeinsam realisiert werden sollen und einen konstitutiven Teil des Vertrages bilden. Dazu gehört in erster Linie der Bau des von Jordanien während Jahrzehnten angestrebten Dammes am Yarmuk in Adaßiya. Mit ihm sollen die Winterfluten des Flusses aufgestaut und die Abzweigungen in den King Abdullah-Kanal erhöht werden. Laut früheren jordanischen Plänen sollten dadurch zusätzlich 50 MKM Wasser gewonnen werden, vornehmlich zur Trinkwasserversorgung der Hauptstadt Amman. Dabei handelt es sich freilich um eine Zahl, die im Vertrag nicht konkret fixiert ist. Ein zweiter gemeinsamer Damm soll am unteren Jordan gebaut werden und die Gewinnung der oben erwähnten 20 MKM aus dem Unterlauf dieses Flusses ermöglichen.[18] Im letzten Paragraph des Artikels wird die Möglichkeit weiterer gemeinsamer Projekte ins Auge gefaßt.

Ferner bestimmt der Vertrag, daß Israel und Jordanien kooperieren werden bei der Suche nach Wegen, um Jordanien zusätzlich weitere 50 MKM Wasser jährlich zur Verfügung zu stellen.[19] Der Vertrag gibt keine Hinweise darüber, woher diese Ressourcen stammen werden. Konkrete Pläne dazu

---

16 Friedensvertrag zwischen dem Staat Israel und dem Haschemitischen Königreich Jordanien, Anhang II, Artikel I, Paragraphen 1a, 1b und 2a.
17 Ebd., Anhang II, Artikel I, Paragraphen 2b und 2d. Bis zur Inbetriebnahme der geplanten Entsalzungsanlage wird Israel die letzten 10 MKM aus dem Tiberias See liefern.
18 Ebd., Anhang II, Artikel II, Paragraph 2.
19 Ebd., Anhang II, Artikel I, 3.

sollen vom gemischten Wasserkomitee erarbeitet werden. In der Diskussion sind unkonventionelle Quellen wie Importe aus wasserreicheren Regionen oder der Bau von Meerentsalzungsanlagen. Bei diesem Artikel handelt es sich allerdings eher um eine Absichtserklärung. Ein offizieller israelischer Sprecher machte bei der Vorstellung des Vertrages klar, daß damit keinerlei konkrete Verpflichtungen seitens Israels verbunden seien.[20]

Eine besondere Abmachung betrifft die Nutzung der Grundwasservorkommen im Arava-Tal, im südlichen Grenzabschnitt zwischen beiden Ländern. Die Regelung orientiert sich hier an der Formel, die für die Lösung der territorialen Souveränitätsrechte über die umstrittenen Landparzellen in dieser Region gefunden wurde. Demnach wird formell die jordanische Souveränität über diese Gebiete wiederhergestellt. Israelische Landwirte behalten jedoch bis auf weiteres die privaten Nutzungsrechte über das Land und die darauf befindlichen Brunnen. Die gegenwärtige Nutzung dieser Quellen durch Israel wird auf acht MKM jährlich geschätzt.[21] Zusätzlich gewährt der Vertrag Israel das Recht, innerhalb der ersten fünf Jahren nach Vertragsunterzeichnung seine Entnahmen aus dem Aquifer um bis zu zehn MKM über die gegenwärtigen Mengen zu erhöhen, sofern dies die bestehenden jordanischen Nutzungsformen nicht beeinträchtigt.[22] Diese Bestimmungen kommen einem *de facto* Wasseraustausch zwischen dem Norden und Süden gleich. Die Verständigung ist dahingehend, daß Israel diese Quelle im Arava-Tal solange benutzen darf, wie es Jordanien im Norden mit Wasser aus dem Tiberias-See beliefert.[23]

Über die konkreten Auswirkungen dieser Bestimmungen auf die Wasserverteilung im allgemeinen und auf das Wasserbudget Jordaniens im besonderen gibt es divergierende Interpretationen. Gegenüber der eigenen Presse nannten der jordanische Premierminister Majali und der Chef-Unterhändler Haddadin eine Gesamtmenge von 215 MKM, die dem Land zusätzlich zur Verfügung stehen werden, 175 davon in Trinkwasserqualität.[24] Dies entspräche einer Erhöhung des jordanischen Wasserbudgets um ca. 25 Prozent. Die beiden Politiker gehen davon aus, daß zusätzlich zu den bereits genannten Wassermengen Jordanien mit sofortiger Wirkung weitere 25 MKM aus dem Yarmuk durch bestehende Anlagen abzweigen kann, sowie aus dem Unteren Jordan 40 MKM Brackwasser minderwertiger Qualität entnehmen wird. Letztere sind jedoch Mengen, die im Vertrag nicht explizit fixiert sind.

---

20 Jerusalem Post v. 18.10.1994.
21 Elmusa, Sharif S.: The Jordan-Israel Water Agreement: A Model or an Exception?, in: Journal of Palestine Studies, 31/1995; pp. 63-73. Elmusa, 1995, S. 65.
22 Friedensvertrag zwischen dem Staat Israel und dem Haschemitischen Königreich Jordanien, Anhang II, Artikel IV, 1.
23 Elmusa, Sharif S., a.a.O., S. 65.
24 Jordan Times v. 18.10.1994. Siehe auch Elmusa, Sharif S.: The Jordan-Israel Water Agreement: A Model or an Exception?, in: Journal of Palestine Studies, 3/1995; pp. 63-73.

Tabelle 4: Die Wasserverteilung zwischen Israel und Jordanien vor und nach dem Friedensvertrag vom 26. Oktober 1994 (in Millionen Kubikmeter).

Jordan-Fluß	*Bisher*	*Nach dem Vertrag*	*Quelle/ Zeithorizont*
Israel	550	550	bestehend
Jordanien	0	+ 10	*Entsalzung von Quellen (vorerst Tiberias-See)/ sofort*
		+ 20	*Damm am Unteren Jordan/ langfristig*
		(+ 40)	*Aus dem Unteren Jordan/ Brackwasser, mittelfristig, unsicher*

Yarmouk	*Bisher*	*Nach dem Vertrag*	*Quelle/ Zeithorizont*
Israel	70	25-70 *	
Jordanien	130	130	bestehend
		+ 20	*Tiberias-See (Austausch)/ sofort*
		(+ 25)	*Einlaßstelle King Abdullah-Kanal/ sofort, Menge unsicher*
		(+ 50)	*Damm am Yarmuk/ langfristig Menge unsicher*

Zusätzliche Ressourcen	*Bisher*	*Nach dem Vertrag*	*Quelle/ Zeithorizont*
Israel	-	nicht erwähnt	
Jordanien	-	+ 50	*Noch zu bestimmende Quellen/ sehr langfristig, sehr unsicher*

Grundwasserressourcen Arava-Tal	*Bisher*	*Nach dem Vertrag*	*Quelle/ Zeithorizont*
Israel	8	8 + 0-10	bestehend *innerhalb von 5 Jahren*
Jordanien	4	4 + ?	bestehend *nicht erwähnt*

Die Wassermengen in Klammern werden im Vertrag nicht explizit genannt. Sie beruhen auf den Angaben des jordanischen Chef-Unterhändlers Munther Haddadin gegenüber der Jordan Times v. 19.10.1995.
* Die israelische Quote ist auf 25 MKM festgelegt worden. Solange der jordanische Damm am Yarmuk nicht fertiggestellt ist, wird Israel weiterhin mehr Wasser aus dem Fluß entnehmen dürfen.

Diese Zahlen sind daher mit einer gewissen Skepsis zu betrachten. Sie dienten vermutlich vor allem der Propagierung des Vertrages vor der eigenen Öffentlichkeit. Beim größten Teil des Wassers handelt es sich nämlich um Ressourcen, die erst noch entwickelt werden müssen. Die Planung und der Bau des geplanten Dammes am Yarmuk z.B. wird noch Jahre, wenn nicht Jahrzehnte dauern. Und angesichts der steigenden syrischen Wasserentnahmen am Oberlauf des Yarmuks, ist es keineswegs sicher, ob er tatsächlich die angenommenen 50 MKM Wasser liefern wird. Auch die sofortige Abzweigung von zusätzlichen 25 MKM aus dem Yarmuk ist fraglich, zumal es sich dabei vor allem um dessen Winterfluten handelt, in Jordanien jedoch Speichermöglichkeiten fehlen.[25] Noch ungewisser sind schließlich jene Ressourcen, die laut Vertrag aus noch zu bestimmenden unkonventionellen Quellen kommen sollen.

Realistischerweise wird Jordaniens Wasserbudget kurzfristig 30 MKM zusätzliches Wasser aus dem Tiberias-See erhalten (20 als Gegenleistung für die israelischen Wasserabzweigungen im Winter und zehn aus der Behandlung der salzhaltigen Quellen, welche, solange die Anlagen noch nicht fertiggestellt sind, ebenfalls aus dem Tiberias-See stammen werden). Die 3,5 km lange Pipeline für diese Lieferungen ist im Juni 1995 in Betrieb genommen worden.[26] Darüber hinaus wird Jordanien einen Teil jener angenommenen 25 MKM zusätzlichen Yarmuk-Wassers mit den bestehenden Anlagen an der Einlaßstelle des King Abdullah-Kanals abzweigen können. Alle anderen vereinbarten und hypothetischen Gewinne sind langfristig ausgelegt, einige darüber hinaus mit technischen, finanziellen und politischen Fragezeichen behaftet.

Dieser realistischen Analyse kommen israelische Interpretationen des Vertrages näher. Der Pressesprecher der israelischen Regierung führte bei dessen Vorstellung aus, Israel habe Jordanien mit sofortiger Wirkung ca. 50 MKM Wasser zugestanden; eine unbestimmte Menge würden in Zukunft durch einen Damm am Yarmuk gewonnen werden (für den Israel freilich keine finanziellen Verpflichtungen eingegangen sei); und weitere 50 MKM "may be found should the regional development visions of Foreign Minister Shimon Peres succeed".[27] Von diesen Mengen sind jene 8-18 MKM Grundwasser abzuziehen, welche Jordanien Israel bis auf weiteres im Arava-Tal zur Nutzung überläßt. Diese israelische Nutzung geht allerdings nicht zu Lasten des gegenwärtigen jordanischen Verbrauchs, da sie bereits bisher bestand oder noch ungenutzte Quellen betrifft.

In historischer Perspektive greift das israelisch-jordanische Wasserregime einige Punkte aus dem Johnston-Plan von 1955 auf, wenngleich das Ergebnis aufgrund veränderter Bedingungen von dem älteren Verteilungsschlüssel

---

25 Hof, Fred: The Yarmouk and Jordan Rivers in the Israel-Jordan Peace Treaty, in: Middle East Policy, 4/1995, S 50.
26 Reuters press digests v. 20. und 21.6.1995.
27 Jerusalem Post v. 18.10.1995.

erheblich abweicht. Wie in Johnstons Bestimmungen erhalten Israel und Jordanien den Hauptabfluß von je einem der beiden Flüsse - Israel des oberen Jordans, Jordanien des Yarmuks -, nach Abzug einer vertraglich fixierten kleineren Quote an die Gegenpartei. Die anvisierte Höhe der israelischen Quote am Yarmuk ist sogar dieselbe wie 1955, nämlich 25 MKM im Jahr. Jordanien mußte hingegen eine Verringerung seiner Quote am Jordan-Fluß von 100 auf 30 MKM hinnehmen. Dies mag gerecht erscheinen, da die Anrainerrechte des Westjordanlandes nun nicht mehr unter die jordanische Quote fallen. Der Vertrag sagt freilich nichts darüber aus, an wen diese Rechte nun übergehen sollen. Nach Lage der Dinge müßten sie der zukünftigen palästinensischen Einheit zustehen.

Das Ergebnis weicht noch aus einer Reihe anderer Gründe vom historischen Plan ab. Laut Friedensvertrag stehen sowohl Israel als auch Jordanien zwar theoretisch je der Hauptabfluß eines Stromes zu. Wegen der rein bilateralen Natur des Vertrages und wegen der unterschiedlichen geographischen und strategischen Positionen in "ihrem" jeweiligen Flußbecken sind die beiden Länder jedoch in sehr unterschiedlichem Maße von den Nutzungen der übrigen Anrainer betroffen. Am Jordan ist Israel - dank seiner militärischen Präsenz auf den Golan-Höhen und im Südlibanon und seiner Oberanrainerposition gegenüber den Palästinensern auf der West Bank - in der Lage, seine Konkurrenten weiterhin von jeglicher Wassernutzung auszuschließen. Jordanien ist hingegen nicht in derselben Situation am Yarmuk. Da es gegenüber Syrien Unteranrainer bleibt und nicht die militärischen Mittel besitzt, seine ungünstige geographische Position zu kompensieren, muß es die erhöhten syrischen Wasserentnahmen hinnehmen. Diese Entnahmen werden von unabhängiger Seite auf 160-200 MKM jährlich geschätzt, weit mehr als die 90 MKM des Johnston-Planes. Und sie könnten in Zukunft aufgrund geplanter Projekte sogar noch weiter steigen. Jordanien wird daher nie jene 377 MKM Wasser aus dem Yarmuk bekommen, die ihm ursprünglich im Johnston Plan zugesprochen worden waren. Sollte sich Syrien weiterhin zu keiner Begrenzung seiner Wasserentnahmen bewegen lassen, werden sich die Konflikte am Yarmuk in Zukunft vermutlich von der israelisch-jordanischen auf die jordanisch-syrische Achse verlagern.

Trotzdem stellt der Friedensvertrag wasserpolitisch wahrscheinlich das Beste dar, was Jordanien unter den gegebenen Bedingungen im bilateralen Verhältnis zu Israel erreichen konnte. Sein Wasserbudget wird sich kurzfristig um ca. sieben und langfristig um schätzungsweise 15-20 Prozent erhöhen, wenn die geplanten Projekte tatsächlich realisiert werden sollten. Darüber hinaus ist der Weg nun frei für eine umfassende Kooperation mit Israel, die - im Wasserbereich wie auf anderen Gebieten - noch mehr Gewinne mit sich bringen kann. Der Vertrag enthält mehrere konkrete Bestimmungen, die darauf zielen, die Kooperation zwischen beiden Staaten zu fördern und funktionale Interdependenzen herzustellen. Der regionale Wasseraustausch zwischen Norden und Süden, die Speicherung eines Teiles der jordanischen Yarmuk-Quote im Tiberias-See während der Wintermonate, die Dämme an der gemeinsamen Grenze sowie gegebenenfalls weitere zu vereinbarende gemeinsame Projekte werden langfristig gegenseitige Abhängigkeiten und geteilte Interessen schaffen.

In vertragstechnischer Hinsicht ist die Regelung eine intelligente Kombination von begrenzter Umverteilung der bestehenden Ressourcen auf der einen Seite und der Gewinnung zusätzlicher Ressourcen durch verbessertes Wassermanagement auf der anderen. Der augenfälligste Ausdruck dieses Ansatzes ist, daß nicht alles zusätzliche Wasser, das Jordanien im Vertrag erhält, zu Lasten des israelischen Verbrauchs geht. Ein Teil davon wird durch neue Projekte gewonnen werden, die nur gemeinsam realisierbar sind. Dadurch ist das Nullsummen-Spiel in der Frage der Verteilung durch positive Summenspiele ergänzt worden, die beiden Seiten gleichermaßen Vorteile bringen. Vor allem die schwächere Seite, Jordanien, welche die meisten Abstriche gegenüber seinen ursprünglichen Forderungen hinnehmen mußte, erhielt einen Ausgleich durch die Aussicht auf zukünftige Gewinne aufgrund der vereinbarten Zusammenarbeit. Der Kompromiß wurde so wesentlich erleichtert.

Positiv ist in diesem Zusammenhang ebenfalls die Einrichtung gemeinsamer Institutionen zur Überwachung und Implementierung der getroffenen Vereinbarungen zu werten. Das regelmäßig tagende bilaterale Wasserkomitee wird sich hoffentlich zu einem Gremium entwickeln, in dem weitere Kooperationsprojekte gedeihen und allenfalls auftretende Streitigkeiten friedlich beigelegt werden können. Zusammen mit anderen funktionalen Gremien besitzt es das Potential, den Frieden zwischen beiden Ländern zu festigen und auf der praktischen Ebene mit Leben zu füllen.

In dieser expliziten Verbindung von vertragsrechtlicher Wasserverteilung und zukünftigem kooperativem Wassermanagement liegt eine der Besonderheiten und zugleich eines der Erfolgsrezepte der israelisch-jordanischen Verhandlungen. Dabei muß von einem gleichberechtigten und in gleichem Maße konstitutiven Anteil der beiden angesprochenen Bereiche ausgegangen werden. Eine Klärung der Wasserrechte beider Seiten an den geteilten Ressourcen war die Voraussetzung, welche die Bestimmungen über das kooperative Management möglich machten. Denn kostspielige und politisch brisante Wasserprojekte können in einem Zustand der Rechtsunsicherheit nicht gemeinsam durchgeführt werden. Andererseits wurde der Kompromiß bei den Wasserquoten durch die vereinbarten Kooperationsprojekte erleichtert. Erst sie erlaubten es, das Nullsummen-Spiel in der Verteilungsfrage zu überwinden.

Nicht unterschätzen darf man in diesem Zusammenhang den Beitrag der internationalen Staatengemeinschaft. Die materiellen Anreize, die nicht zuletzt die EU und Deutschland in Form von Zusagen für die Finanzierung der anvisierten Kooperationsprojekte gaben, erhöhten nachweislich die Kompromißbereitschaft der Streitparteien. In einem Antrag an die Europä-

ische Union bemerkte die jordanische Regierung, daß sie ohne diese internationale Absicherung der geplanten Projekte bei den Verhandlungen auf höhere Zugeständnisse seitens Israels bestanden hätte.[28]
Das israelisch-jordanische Wasserregime bleibt allerdings ein rein bilateraler Vertrag und kann daher nur ein erster Schritt auf dem Weg zu einer umfassenden Lösung der Wasserkonflikte im Jordanbecken darstellen. Die Wasserrechte der übrigen drei Anrainer (Libanons, Syriens und der Palästinenser) sind in die Regelung nicht einbezogen. Es bleibt letztlich offen, aus welcher Quote in Zukunft die Anteile dieser weiteren Parteien zu decken sein werden. Das israelisch-jordanische Wasserregime muß daher durch weitere Vereinbarungen mit den verbleibenden Anrainern ergänzt oder - noch besser - durch eine multilaterale Vereinbarung ersetzt werden. Die im Falle des israelisch-jordanischen Regime angewandten vertragstechnischen Formeln und Mechanismen können Hinweise geben, wie die übrigen Wasserkonflikte zwischen Israel und seinen Nachbarn gelöst werden können. Gleichzeitig müssen jedoch die Besonderheiten der einzelnen Verhandlungsstränge berücksichtigt werden.

Das Wasser in den Abkommen zwischen Israel und der PLO

War der israelisch-jordanische Friedensvertrag der vorläufige Schlußpunkt eines längeren Verhandlungsprozesses, der die Beziehungen zwischen beiden Seiten auf allen Ebenen formell normalisierte, so gilt dasselbe nicht für die Verträge zwischen Israel und der PLO. Die vielbeachtete Prinzipienerklärung vom 13. September 1993 (auch Oslo-Abkommen genannt) muß eher als der *Beginn* eines Prozesses bezeichnet werden. Denn durch die gegenseitige Anerkennung zwischen der israelischen Regierung und der Palästinensischen Befreiungsorganisation schuf sie erst die Voraussetzung für ernsthafte Friedensverhandlungen. Der Frieden selbst läßt hingegen noch immer auf sich warten.
Die Prinzipienerklärung legt einen zweistufigen Zeitplan zur Beilegung des Konfliktes fest. In einer ersten Übergangsperiode von fünfjähriger Dauer soll den Palästinensern eine begrenzte Autonomie über bestimmte zivile Lebensbereiche in den besetzten Gebieten gewährt werden, beginnend mit einem israelischen Abzug aus dem Gaza-Streifen und Jericho. Der definitive politische Status der Gebiete, zu dem alle wichtigen Streitpunkte wie Grenzen, Souveränitätsrechte, Sicherheitsbestimmungen, die Zukunft der israelischen Siedlungen, die Jerusalem- und die Flüchtlingsfrage gehören, wird erst in einer zweiten Phase geklärt werden. Die Verhandlungen für die de-

---

28 The Hashemite Kingdom of Jordan (1994), zitiert nach Hof, Fred: The Yarmouk and Jordan Rivers in the Israel-Jordan Peace Treaty, in: Middle East Policy, 4/1995, S. 49.

finitive Lösung sollen spätestens zwei Jahre nach Beginn der Übergangsperiode beginnen.[29]
Eine Diskussion der wasserpolitischen Implikationen der Verträge zwischen Israel und der PLO muß sich dieser begrenzten Reichweite der bisherigen Dokumente bewußt sein. Die Prinzipienerklärung liefert selbst bezogen auf die vorgesehene Übergangsperiode nur einen breiten Rahmen, welcher der Ausführung und Implementierung durch nachfolgende Verträge bedarf. Diese Implementierung ist - mit erheblicher Verspätung gegenüber dem in Oslo festgelegten Zeitplan - durch das Gaza-Jericho-Abkommen vom 4. Mai 1994 (auch Kairoer Abkommen genannt) und den Vertrag über die Ausweitung der Selbstverwaltung auf das Westjordanland (auch Taba- oder Oslo II-Abkommen) vom 28. September 1995 erfolgt. Das Bild das sich zum jetzigen Zeitpunkt zeichnen läßt, bezieht sich demnach ausschließlich auf die fünfjährige Übergangsphase der palästinensischen Selbstverwaltung. Der endgültige Ausgang der israelisch-palästinensischen Verhandlungen bleibt sowohl in politischer als auch hydrologischer Hinsicht offen.

Die Prinzipienerklärung vom 13. September 1993

Die Prinzipienerklärung sieht in Artikel VII, 4 die Einrichtung einer "palästinensischen Behörde für Wasserbewirtschaftung" (in der englischen Originalfassung: "Palestinian Water Administration Authority") im Rahmen der zu bildenden Autonomiekörperschaft vor. Sie unterläßt es aber, zu definieren, ob diese Behörde in einem engeren Sinne lediglich für den Betrieb von Wasserverteilungs- und Abwassersystemen zuständig sein soll, oder ob sie auch Souveränitätsrechte über die Ressourcen der autonomen Gebiete ausüben wird. Die etwas unnatürlich wirkende Einfügung des Wortes "Administration" - während dieses bei allen anderen vorgesehenen Behörden fehlt -, scheint eher auf ersteres hinzudeuten. Doch werden weitergehende Kompetenzen damit nicht gezwungenermaßen ausgeschlossen.
Wasser ist darüber hinaus im Anhang III zur Prinzipienerklärung angesprochen, wo es um die Einrichtung eines israelisch-palästinensischen Ausschusses für wirtschaftliche Zusammenarbeit geht. Dieser Ausschuß hat unter anderem die Aufgabe, ein wasserwirtschaftliches Entwicklungsprogramm zu erarbeiten. Dieses "... will include *proposals for studies and plans on water rights of each party, as well as on the equitable utilization of joint*

---

29 Art. V, Absatz 2 und 3. Der englische Originaltext der "Declaration of Principles on Interim Self-Government Arrangements" (Oslo-Abkommen) ist dokumentiert in: Journal of Palestine Studies, 3/1994; S. 24-40. Eine amtliche deutsche Übersetzung ist abgedruckt in: Europa Archiv, 24/1993, S. D521ff. Zur allgemeinen Bedeutung des Oslo-Abkommens siehe: Steinbach, Udo: Das Gaza-Jericho-Abkommen: Wegmarke im Friedensprozess, in: Aus Politik und Zeitgeschichte, 21-22/1994, S. 3-14. (Bemerkung des Autors: "Gaza-Jericho-Abkommen" meint in letzterer Literaturangabe die Prinzipienerklärung und nicht das Kairoer Implementierungsabkommen über die Selbstverwaltung in Gaza und Jericho.)

water resources for implementation in and beyond the interim period".[30] Dieser Passus spricht zwar einige wichtige Konzepte aus, wie z.B. daß beide Seiten "Wasserrechte" besitzen (oder in Zukunft besitzen sollen), und den Begriff der "gerechten Nutzung" (englisch: "equitable utilization"). Letzterer ist ein wichtiger Grundsatz des internationalen Wasserrechts.[31] Die Rede ist aber lediglich von "Vorschlägen für Studien und Pläne". Diese Formulierung ist äußerst vage und impliziert keinerlei konkrete Verpflichtungen.

Das Gaza-Jericho Abkommen vom 4. Mai 1994

Etwas weiter geht das auf die Prinzipienerklärung folgende Gaza-Jericho-Abkommen bezüglich des ersten genannten Punktes, den Befugnissen der Autonomiebehörde. Anhang II befaßt sich mit den an die Autonomiebehörde zu übergebenden zivilen Gewalten. Er bestimmt in Artikel II, B.31a), daß "All water and sewage ... systems and resources in the Gaza Strip and the Jericho Area shall be operated, managed and developed (including drilling) by the Palestinian Authority in a manner that shall prevent any harm to the water resources."[32] Die Regelung scheint auf den ersten Blick großzügig zu sein. Sie wird jedoch in den unmittelbar folgenden Unterparagraphen dadurch eingeschränkt, daß die israelischen Siedlungen und Militärgebiete von diesen Befugnissen ausgeschlossen bleiben und ihnen ihr bisheriger Wasserverbrauch garantiert wird. Der Gaza-Streifen und Jericho sind darüber hinaus Unteranrainergebiete, die ein Wasserdefizit aufweisen. Ihre Kontrolle durch die palästinensische Autonomiebehörde bedeutet in hydrologischer Hinsicht deshalb keinen Gewinn. Im Gegenteil, ihr wurde die Verwaltung von Krisengebieten aufgebürdet.

Dennoch hätte sich die Lage der Palästinenser bessern können, wären die im Gaza-Jericho-Abkommen gewährten Vollmachten zum Modell für die gesamten besetzten Gebiete geworden. Im Gegensatz zu Gaza und Jericho ist das Westjordanland ein Oberanrainergebiet. Die volle Kontrolle über dessen Ressourcen hätte die Palästinenser zumindest politisch in eine günstigere Position versetzt. Artikel XXIII, 5 des Gaza-Jericho-Abkommens bestimmte jedoch, daß "Nothing in this Agreement shall prejudice or preempt the outcome of the negotiations on the interim agreement or on the permanent status ...."

---

30   Annex III, Artikel I (Hervorhebungen durch den Verfasser).
31   Dazu Caponera, Dante A.: Principles of Water Law and Administration. National and International. Rotterdam 1992. Auch Kliot, Nurit: Water Resources and Conflict in the Middle East. London, New York 1994; insbesondere S. 1-14 sowie 265ff.
32   Das "Agreement on the Gaza Strip and the Jericho Area" wird hier zitiert nach der offiziellen Fassung, die von der Israelischen Regierung auf dem Internet verbreitet wurde. Israel Information Service Gopher by the Foreign Ministry of Israel, Information Division. URL gopher://israel-info.gov.il.

Das Interim-Abkommen vom 28. September 1995

Die folgenden Verhandlungen über das Interim-Abkommen zur Ausweitung der Autonomie auf die gesamten besetzten Gebiete zogen sich über mehr als 14 Monate hin. Über den ganzen Sommer 1995 mußte das Datum für die Unterzeichnung des Abkommens immer wieder verschoben werden, weil sich beide Seiten über eine Reihe von Punkten nicht einig werden konnten. Dazu gehörten: die Größe des palästinensischen Rates und die Teilnahme von Palästinensern aus Ost-Jerusalem an den Wahlen; die Sicherheitsbestimmungen für die Stadt Hebron; die Kontrolle über das Elektrizitätsnetz und - nicht zuletzt - die Frage der Verfügungsgewalt über die Wasserressourcen. Während die palästinensische Seite auf einer Anerkennung ihrer Wasserrechte und auf einer Umverteilung der Ressourcen beharrte, war die israelische Position, daß diese Fragen politischer Natur seien und deshalb gemäß der Prinzipienerklärung erst in der zweiten Phase der Verhandlungen über den definitiven Status der Gebiete zur Debatte stünden. Das Thema wurde auch in der israelischen Öffentlichkeit ausgiebig diskutiert. Kommentatoren drängten die Regierung dazu, niemals die physische Kontrolle über Israels Wasserquellen aufzugeben.[33] Der Kompromiß, der schließlich gefunden wurde, sieht einige konkrete Verbesserungen in der Trinkwasserversorgung der palästinensischen Haushalte sowie die symbolische Anerkennung der palästinensischen Wasserrechte seitens Israels vor. Die Klärung des Status' der Ressourcen und die definitive Verteilung der Quoten wurden jedoch verschoben.

Derjenige Teil des 460 Seiten langen Interim-Abkommens (auch Oslo II oder Taba-Abkommen genannt), der sich mit dem Wasser befaßt ist Anhang III betreffend die an die PLO zu übergebenden zivilen Gewalten.[34] Art. 40, 1 dieses Anhanges bestimmt, daß Israel prinzipiell "recognizes the Palestinian water rights in the West Bank". Der darauffolgende Satz schränkt jedoch ein: "These will be negotiated in the permanent status negotiations and settled in the Permanent Status Agreement relating to the various water resources". Dadurch wurde die Definition dessen, was die Wasserrechte im Einzelnen beinhalten, auf die spätere Verhandlungsphase verschoben. Im weiteren stimmen beide Seite in der Notwendigkeit überein, neue Wasserressourcen zu entwickeln. Der zusätzliche Wasserbedarf der Palästinenser

---

33 Siehe z.B. Schiff, Ze'ev: Again Forgetting the Water. In: Ha'aretz, 11 July 1995, S. B1; Yacobovitz, Mordechai: Existential Struggle: The Israeli Government Must Vigorously Insist that the Underground Water in Judea and Samaria Remain under Our Full Control, in: Ha'aretz, 2 August 1995, S. B2. (Englische Übersetzungen aus Israel Information Service Gopher by the Foreign Ministry of Israel, Information Division. URL gopher://israel-info.gov.il.)

34 Das "Interim Agreement between Israel and the PLO" wird hier zitiert nach der offiziellen Fassung, die von der Israelischen Regierung auf dem Internet verbreitet wurde. Israel Information Service Gopher by the Foreign Ministry of Israel, Information Division. URL: http://www.israel.org/israel-info/Titles.cgi/agreemnt.

im Westjordanland wird einvernehmlich auf 70-80 MKM geschätzt. Um der unmittelbarsten Not Abhilfe zu schaffen, wird Israel die Wasserzuteilung an die Palestinenser während der Übergangszeit um 28,6 MKM erhöhen, davon fünf MKM für den Gaza-Streifen. Dies entspricht einer Erhöhung von ca. zwölf Prozent gegenüber dem jetzigen palästinensischen Gesamtverbrauch (inkl. Gaza-Streifen), und von fast 50 Prozent hinsichtlich der Trinkwasserversorgung.

Die neuen Zuteilungen werden die unmittelbarste Not der Bevölkerung in den palästinensischen Städten und Dörfer lindern. Sie sind als eine vertrauensbildende Maßnahme seitens Israels zu verstehen, die zu begrüßen ist. Sie lösen jedoch noch nicht den grundsätzlichen Konflikt. Die Frage der "Wasserrechte", also des letztlichen Besitzes und der Kontrolle über die Ressourcen, bleibt ebenso ungeklärt wie der endgültige Verteilungsschlüssel. Die neuen Zuteilungen sollen zum größten Teil von noch ungenutzten Quellen im östlichen Teil des "Mountain Aquifers" gewonnen werden, also kaum eine Umverteilung der Ressourcen bewirken. Ein weiteres, noch völlig ungelöstes Problem bildet der palästinensische Anspruch auf einen Anteil am Wasser des unteren Jordans. Obwohl Cisjordanien voller Anrainer dieses Flusses ist, sind die Palestinenser bisher von dessen Nutzung ausgeschlossen gewesen. Aufgrund der verschiedenen Abzweigungen am Oberlauf fließt nur noch wenig Frischwasser das untere Jordantal hinunter. Und dieses haben Israel und Jordanien im bilateralen Friedensvertrag unter sich aufgeteilt (siehe weiter oben).

Grundlage der fortdauernden israelischen Kontrolle über die Wasserressourcen des Westjordanlandes bilden die Vereinbarungen über den Rückzug der israelischen Armee und die Übergabe der zivilen Gewalten an die palästinensische Behörde. Das Westjordanland wird während der Übergangsphase in drei Gebiete eingeteilt werden: "A" die palästinensischen Städte; "B" die von Palästinensern bewohnten ruralen Gebiete, und "C" alle übrige Gebiete, wozu die israelischen Siedlungen und Militäreinrichtungen, das Staatsland und diejenigen Gebiete gehören, die von sicherheitsstrategischer Bedeutung sind (das Grenzgebiet im Jordantal). Die israelische Armee wird sich in der Übergangsphase lediglich aus Gebiet "A" zurückziehen und in Gebiet "B" umgruppiert werden. In Gebiet "B" wird Israel die Zuständigkeit bei der Sicherung der öffentlichen Ordnung und bei der Terrorbekämpfung behalten. Beide Gebiete zusammen machen ein knappes Drittel des Westjordanlandes aus. Im Gebiet "C" werden hingegen in der ersten Phase nur diejenigen zivilen Gewalten "not related to territory" übergeben.[35] In weiteren drei Phasen, die sich bis 1997 hinziehen werden, werden nach und nach weitere zivile Gewalten übertragen, "... except for the issues that will be negotiated in the permanent status negotiations".[36] Da die Wasserrechte zu jenen Fragen gehören, die erst in den Verhandlungen über den endgültigen Status der

---

35 Anhang III, Art. 1.
36 Anhang III, Art. 2.

Gebiete behandelt werden sollen, wird die letzte Gewalt über die Ressourcen in der Übergangszeit weiterhin in israelischer Hand bleiben. Für praktische Fragen der Wasserbewirtschaftung wird ein gemischtes israelisch-palästinensisches Wasserkomitee eingerichtet,[37] was bedeutet, daß beide Seiten ein Veto-Recht gegenüber einseitigen Veränderungen am Status quo besitzen.

Das Wasser in den Verhandlungen zwischen Israel, Syrien und dem Libanon

Der israelisch-syrische und der israelisch-libanesische Strang der Nahostverhandlungen werden hier gemeinsam behandelt, weil sie aufgrund der stark abhängigen Stellung der libanesischen Regierung vom syrischen Regime politisch zusammengehören. Dieser Abschnitt des Friedensprozesses ist der einzige, in dem bisher keine nennenswerten Erfolge erzielt wurden. Der Konflikt dreht sich in erster Linie um territoriale und sicherheitsstrategische Differenzen, namentlich die Kontrolle über die Golan-Höhen und die seit 1982 von Israel besetzt gehaltene "Sicherheitszone" im Südlibanon. Das trilaterale Verhältnis ist darüber hinaus belastet durch zahlreiche vergangene Waffengänge und ein jahrzehntelanges Wettrüsten zwischen Israel und Syrien, durch Syriens Unterstützung von gegen Israel agierenden terroristischen Gruppen und durch den schwelenden Krieg im Südlibanon, wo sich israelische Besatzungstruppen und die von Syrien protegierte Hizbollah gegenüberstehen.
Die Verhandlungen werden durch unüberbrückbare Differenzen inhaltlicher Art sowie bezüglich des Vorgehens geprägt. Während Syrien die israelische Zusicherung über die Rückgabe der Golan-Höhen und ein Abzug aus dem Südlibanon vor Gesprächen über alle weiteren Fragen verlangt, besteht Israel auf einer umgekehrten Reihenfolge der Verhandlungen: Es macht den Umfang seines Rückzuges vom Golan von der konkreten Ausgestaltung des Friedens abhängig und will über territoriale Konzessionen erst dann reden, wenn in einer Reihe von Israel interessierenden Punkten zufriedenstellende Fortschritte gemacht worden sind. Am Rande der letzten ergebnislosen Runde israelisch-syrischer Gespräche Anfang 1996 nannte der israelische Außenminister Barak dazu folgende vier Bereiche:

1) einen Friedensvertrag, der eine vollständige Normalisierung der beidseitigen Beziehungen, freien Handel und Personenverkehr vorsieht,
2) militärische Arrangements zur Verringerung der Gefahr von Überraschungsangriffen und Grenzzwischenfällen,
3) die Beendigung der syrischen Unterstützung für gegen Israel agierende terroristischen Gruppen und
4) eine verbindliche Regelung hinsichtlich des Wassers.[38]

---

37 Anhang III, Appendix 1, Art. 40,11ff.
38 Israel Line v. 17.1.1996 und 25.1.1996.

Aus diesen Ausführungen geht hervor, daß die zukünftige Souveränität über die Golan-Höhen in Israels Perspektive nicht nur ein im engeren Sinne militärstrategisches Problem ist, sondern ebenso die Frage nach der Kontrolle über die Wasserressourcen betrifft. Nach dem Zusammenbruch der Sowjetunion und Iraks Niederlage im Golfkrieg dürfte der hydrologische Aspekt gegenüber den traditionellen verteidigungspolitischen Argumenten sogar an relativer Bedeutung gewonnen haben. Die syrische Forderung nach einer vollständigen Rückgabe der Golanhöhen wirft nicht nur die Frage des Besitzes über die Banias-Quellen auf, sondern ebenso den nie geklärten Status der entmilitarisierten Zonen. Denn in syrischer Lesart kann die Rückgabe des Golans nur heißen: Eine Rückkehr zur Waffenstillstandslinie von 1949, die bis zum 4. Juni 1967 galt. Damit fordert Damaskus indirekt die entmilitarisierten Zonen ein, die wasserpolitisch von großer Bedeutung sind und deren Status nie geklärt wurde.

Für Israel ist eine Rückkehr zur Situation vor 1967 höchst unerwünscht. Während eine Rückgabe der entmilitarisierten Zonen für Israel auf keinen Fall in Frage kommt, gilt selbst eine Rückkehr zu den international anerkannten Grenzen von 1948 als riskant. Wichtige Quellgebiete des Jordans würden dadurch erneut unter fremde Kontrolle geraten, und der Tiberias-See befände sich erneut in unmittelbarer Nähe der syrischen Grenze. Israelische Strategen betonen stets dieses wasserpolitische Argument und manche leiten daraus die Forderung nach Grenzkorrekturen ab. Wenn es nach Ze'ev Schiff, einem der bekanntesten strategischen Publizisten ginge, sollte in einem Friedensvertrag das Gebiet um die Jordan-Quellen sowie derjenige Teil der Golan-Höhen, der den Tiberias-See überragt, definitiv Israel zugeschlagen werden.[39]

In diesem Licht erscheint das Wasserproblem im israelisch-syrisch Verhältnis nicht in erster Linie als eigentlicher Verteilungskonflikt, sondern vielmehr als ein Teil des zwischen beiden Staaten vorherrschenden Sicherheitsdilemmas. Dies ist nicht zuletzt dadurch bedingt, daß die zur Debatte stehenden Wassermengen für die Beteiligten einen sehr unterschiedlichen Stellenwert besitzen. Während der Jordan Israels Hauptwasserquelle ist und mehr als ein Drittel seines Bedarfes deckt, tragen die beiden auf dem Golan und im Südlibanon entspringenden Quellflüsse nur wenige Prozent zum Wasserhaushalt Syriens und des Libanons bei. Denn die beiden letztgenannten Länder werden von anderen, zum Teil viel größeren Flüssen durchquert. Das arabische Projekt zur Umleitung der Jordan-Quellen in den sechziger Jahren, das zum Ausbruch des Sechs-Tage-Krieges beitrug, war denn auch nicht ökonomisch sondern politisch motiviert gewesen.

---

39 Schiff, Ze'ev: The Necessary Security Conditions for Peace with Syria, in: Ha'aretz, 21.Januar 1994, S. B5. (Englische Übersetzung aus Israel Information Gopher; URL: gopher://israel-info.gov.il). Der Artikel basiert auf einer längeren Studie desselben Autors: Peace with Security: Israel's Minimal Security Requirements in the Negotiations with Syria. The Washington Institute for Near East Policy, Washington DC. 1993.

In diesem Sinne ist eine Lösung des Wasserproblems in diesem Strang des Nahostkonfliktes den territorialen und militärstrategischen Fragen nachgeordnet. Solange die politischen Differenzen und das Mißtrauen zwischen beiden Seiten bestehen bleiben, wird das Wasser in der Perzeption der Beteiligten stets den Stellenwert einer potentiellen "Waffe" besitzen. Israels territoriale Vorbehalte, die aus dieser Perzeption resultieren, erschweren wiederum eine Lösung des Grundkonfliktes. Sollte es hingegen gelingen, für den Kern der politischen Differenzen eine Lösung zu finden und das Mißtrauen abzubauen, so würde das Wasser diese sicherheitspolitische Konnotation verlieren. Die wasserpolitischen Ziele, die Israel heute durch das Zurückhalten der Golanhöhen verfolgt, könnten ebenso durch vertragliche Abmachungen gesichert werden. Der Wasserverteilungskonflikt selbst erscheint daher nicht als unüberbrückbar, zumal wenn - wie zwischen Israel und Jordanien - das Nullsummen-Spiel durch regionale Kooperationsprojekte abgeschwächt werden sollte. Eine ganzheitliche Herangehensweise an den territorialen und hydropolitischen Konflikt wird jedoch von Syriens Weigerung behindert, die Themen Wasser und wirtschaftliche Zusammenarbeit überhaupt in die Gespräche mit einzubeziehen.

Etwas anders gelagert als bei den Jordan-Quellen ist das Problem bei dem nördlich davon liegenden Litani-Fluß. Von arabischer Seite wird Israel immer wieder vorgeworfen, es wolle das Wasser des Litani nach Süden ableiten.[40] Tatsächlich hatte Anfang des Jahrhunderts die zionistische Weltorganisation den Einschluß des Unterlauf des Litanis in das Palästina-Mandat gefordert, und israelische Regierungen hatten später Interesse am Litani gezeigt. Heute erscheint es jedoch als unwahrscheinlich, daß Israel Souveränitätsansprüche auf einen Fluß erheben wird, der gänzlich außerhalb seiner international anerkannten Grenzen verläuft. Vorwürfe, Israel habe bereits mit dem Bau von Umleitungskanälen begonnen, konnten denn auch nie erhärtet werden.[41] Darüber hinaus ist, aufgrund von Abzweigungen am Oberlauf, die Wasserführung des Litani in den letzten Jahren stark gesunken. Was in Israel allerdings nach wie vor besprochen wird, sind libanesische Wasserlieferungen auf vertraglich-kommerzieller Basis.[42] Dieses Thema könnte auf die Tagesordnung der israelisch-libanesischen Gespräche gesetzt werden, sobald diese in eine operative Phase treten werden. Der Libanon lehnt allerdings jegliche Wasserlieferung an Israel kategorisch ab.

---

40 Amery, Hussein A.: Israel's Designs on Lebanese Water, in: Middle East International, 10. September 1993, S. 18-19; Cooley, John K.: The War over Water, in: Foreign Policy, 54/1984, S. 3-26.

41 Hottinger, Arnold: Wasser als Konfliktstoff: Eine Existenzfrage für Staaten des Nahen Ostens, in: Europa Archiv, 6/1992, S. 156.

42 U.a. Kally, Elisha; Fishelson, Gideon: Water and Peace; Water Resources and the Arabi-Israeli Peace Process. Westport/Connecticut et al. 1993.

Das Wasser im multilateralen Verhandlungsprozeß

Es gehört zu den innovativen Besonderheiten des gegenwärtigen Nahost-Friedensprozesses, daß er auf zwei parallelen Ebenen stattfindet. In einem ersten, bekannteren Strang der Gespräche, von dem auch in diesem Beitrag bislang die Rede war, verhandelt Israel *bilateral* mit jedem einzelnen seiner arabischen Nachbarn. Im Vordergrund dieser Verhandlungen stehen die traditionellen politischen Streitpunkte wie Grenzverläufe, militärstrategische Fragen und die nationalen Ansprüche der Palästinenser. Daneben bestehen *multilaterale* Arbeitsgruppen zu fünf Themen: Wasserressourcen, Umwelt, ökonomische Entwicklung, Rüstungskontrolle und Flüchtlinge. Das Charakteristikum dieses zweiten Verhandlungsstranges ist, daß er - im Gegensatz zu den bilateralen - auf regionaler Ebene stattfindet. Das heißt, daß in ihm alle Beteiligten, gemeinsam mit weiteren Staaten aus dem Nahen Osten und Nordafrika sowie potentiellen Geberländern wie den USA, Japan und der EU, an ein und demselben Tisch sitzen. Der Grundgedanke bei der Einrichtung der multilateralen Arbeitsgruppen war, daß die in diesen Gesprächen behandelten Themen einerseits selbst eine Quelle von Spannungen und Konflikten in der Region bilden und daher einer Lösung bedürfen (bestes Beispiel.: Wasserressourcen). Andererseits ging man davon aus, daß die Einleitung einer funktionalen Kooperation in diesen Bereichen die Kommunikation und das Vertrauen zwischen den Parteien fördern und damit zur Lösung der politischen Grundkonflikte beitragen könne.[43]

Die fünf multilateralen Arbeitsgruppen konstituierten sich in Moskau im Januar 1992. Bis zum Herbst 1995 fanden sieben Runden der Gespräche in ca. 30 Städten rund um den Globus statt. Die Arbeitsgruppe Wasser hatte mit einigen politischen Schwierigkeiten zu kämpfen, die dessen Arbeit in den ersten beiden Jahren blockierten. Zum einen blieben Syrien und der Libanon der Arbeitsgruppe fern. Diese beiden Staaten boykottieren den gesamten multilateralen Friedensprozeß, weil sie den Standpunkt vertreten, daß funktionale Probleme nicht vor einer Einigung in den politischen und territorialen Streitpunkten diskutiert werden könnten. Die Arbeitsgruppe Wasser litt besonders unter diesem Boykott, da eine regionale Kooperation im Jordan-Becken ohne diese beiden wichtigen Anrainer nicht möglich ist. Zum zweiten wurden die Diskussionen durch unterschiedliche Ansichten bezüglich des Verhältnisses von Wassermanagement und Wasserverteilung belastet. Israel bestand von Anfang an darauf, daß in den multilateralen Gesprächen ausschließlich über technische und finanzielle Aspekte von

---

43 Zur Anlage und Grundidee der multilateralen Arbeitsgruppen siehe das sehr gute Heft von Peters, Joel: Building Peace in the Middle East: The Multilateral Arab-Israeli Peace Talks. Middle East Programme Report. Royal Institute of International Affairs, London 1994. Ebenfalls: Djerejian, Edward P.: The Multilateral Talks in the Arab-Israeli Peace Process, in: US Department of State Dispatch, 41/1993, S. 696-699; vgl. auch: Renger, Jochen: Die multilateralen Verhandlungen der Arbeitsgruppe Wasser, in: Asien Afrika Lateinamerika, 2/1995, S.149ff.

konkreten Wasserprojekten wie Meerentsalzungsanlagen oder Wasserimporten aus anderen Regionen gesprochen werde. Fragen der Wasserrechte und der Umverteilung existierender Ressourcen gehörten in dieser Interpretation zur politischen Sphäre und damit nicht zum Inhalt des multilateralen Prozesses. Im Gegensatz dazu vertraten Palästinenser und Jordanier die Meinung, daß eine Klärung der Wasserverteilung den Angelpunkt einer regionalen Zusammenarbeit im Wasserbereich bilde.

Trotzdem konnten die teilnehmenden Parteien nach einer schwierigen Anfangszeit eine gemeinsame Arbeitsbasis finden. Die Tatsache, daß die Frage der Wasserrechte in den bilateralen Verhandlungen behandelt wurde, stellte eine Verbindung zwischen den beiden Sachthemen her. Und das In-Aussicht-Stellen von finanzieller Hilfe für gemeinsame Projekte durch die internationale Staatengemeinschaft stellte für die Teilnehmer einen Anreiz dar, an den Arbeiten teilzunehmen. Im Juli 1993 begannen eine ganze Reihe von Projekten wie Ausbildungskurse für Wasserfachleute, Seminare zu Fragen der Wasserbewirtschaftung oder Studienreisen zu anderen Gewässersystemen. Diese Aktivitäten wurden von der Arbeitsgruppe über wirtschaftliche Kooperation ergänzt durch die Durchführung von Machbarkeitsstudien zu Wasserprojekten wie dem Kanal zwischen dem Roten und Toten Meer. Das Projekt soll die 400 Meter Höhenunterschied zwischen den beiden Becken für die Energieproduktion nutzen und damit eventuell ein Teil des geführten Meerwassers entsalzen.[44]

Von einem kruden politischen Gesichtspunkt her betrachtet produzierte die Arbeitsgruppe Wasser noch nicht viele konkrete Beschlüsse im Sinne von formellen Verträgen oder großen internationalen Bauvorhaben. Trotzdem trugen die multilateralen Gespräche auf der psychologischen Ebene zu einer Veränderung der Perzeptionen unter den Konfliktparteien bei, die auf der politischen Ebene Kompromisse erleichterten. Und sie bereiteten den Weg für Projekte, die später in den bilateralen Verhandlungen weiterverfolgt wurden. Zu den Verdiensten der multilateralen Arbeitsgruppen gehört, daß sie ein einmaliges Forum für informellen arabisch-israelischen Austausch und Kommunikation schufen. Die offiziellen Verhandlungsrunden der fünf Arbeitsgruppen und die Aktivitäten zwischen den Sessionen gaben häufige Gelegenheiten für informelle und diskrete Treffen zwischen Vertretern der beteiligten Parteien. Durch die Förderung der persönlichen Kommunikation ermöglichten die multilateralen Gespräche eine "Ent-Dämonisierung" und Vertrauensbildung zwischen den Konfliktparteien, was politische Durchbrüche in den bilateralen Verhandlungen förderte.

In diesem Zusammenhang ist es vielleicht bezeichnend, daß die berühmt gewordene "Oslo Connection", welche den Weg für die Geheimverhandlungen zwischen Israel und der PLO und schließlich die Unterzeichnung der Prinzipienerklärung ebnete, aus einer Studie norwegischer Wissenschaftler im Auftrag der multilateralen Arbeitsgruppe über Flüchtlinge erwuchs. Die

---

44 Die Wirtschaftlichkeit und ökologische Verträglichkeit des Projektes ist allerdings fraglich.

eigentliche Konstitution der "Connection" erfolgte auf einer Sitzung der multilateralen Arbeitsgruppe für wirtschaftliche Zusammenarbeit in London, und viele der weiteren geheimen Treffen fanden ebenfalls am Rande solcher Zusammenkünfte statt.[45] Dieser kaum beachtete Hintergrund des Durchbruches bei den Verhandlungen im September 1993 spricht für die Nützlichkeit dieses zweiten Verhandlungsgleises im Nahost-Friedensprozeß. Darüber hinaus boten die multilateralen Verhandlungen einen geeigneten Rahmen, um ohne allzu großes Risiko langjährige Tabus zu brechen und neue Formeln auszuprobieren, die später auch auf die bilateralen Verhandlungen übertragen wurden. Z.B. wurden die palästinensischen Vertreter an den Friedensverhandlungen noch vor der Unterzeichnung der Prinzipienerklärung im September 1993 in einzelnen multilateralen Arbeitsgruppen als eigenständige Delegation zugelassen. In der ursprünglichen Architektur der Verhandlungen waren sie Teil der jordanischen Delegation gewesen. Ähnliches geschah mit der Einbeziehung von palästinensischen Persönlichkeiten aus Ost-Jerusalem und der Diaspora, die im Gegensatz zu den bilateralen Verhandlungen im Rahmen der multilateralen offizielle Positionen besetzen durften. Für Israel wiederum war der multilaterale Verhandlungsprozeß ein Mittel, seine Beziehungen zur breiteren arabischen Welt stufenweise zu entspannen. Da einige der Treffen in arabischen Hauptstädten stattfanden, gab dies offiziellen israelischen Delegationen die Gelegenheit, diese Länder zu besuchen, in einigen Fällen zum ersten Mal überhaupt.[46]

Hinsichtlich der internationalen Unterstützung für den Friedensprozeß erwies sich der multilaterale Friedensprozeß als ein nützliches Forum, um diese Hilfe zu mobilisieren und zu bündeln. Die multilateralen Gespräche zeigten den Konfliktparteien die praktischen Vorteile von Kooperation unter der Bedingung des Friedens auf und begünstigten dadurch die Aufgabe von Maximalpositionen und das Eingehen von Kompromissen.[47]

Schlußfolgerungen

Die Analyse der Wasserkonflikte im Jordan-Becken hat gezeigt, daß es sich um eine vielschichtige Problematik handelt, die in den einzelnen Strängen des Nahostkonfliktes in unterschiedlicher Weise mit den übrigen politischen und territorialen Aspekten verknüpft ist.[48] Bei den laufenden Friedensverhandlungen hat die Wasserproblematik in alle erzielten Vertragswerke Eingang gefunden, zum Teil an hervorgehobener Stelle. Am weitestgehend sind

---

45 Siehe dazu Corbin, Jane: Riskante Annäherung. Die Geheimverhandlungen zwischen den Israelis und der PLO in Norwegen. München 1994.
46 Hervorzuheben ist hier das Treffen der Arbeitsgruppe Wasser in Maskat (Oman) im April 1994, wo zum ersten Mal eine offizielle israelische Delegation einen Golfstaat besuchte.
47 Siehe dazu Wolf, Aaron T.: International Water Dispute Resolution: The Middle East Multilateral Working Group on Water Resources, in: Water International, 3/1995, S. 141-150.
48 Siehe dazu auch den Beitrag von Jochen Renger in diesem Band.

die Bestimmungen im israelisch-jordanischen Friedensvertrag, wo im Rahmen einer umfassenden Regelung der bilateralen Beziehungen der Wasserkonflikt beigelegt wurde. Es zeigte sich, daß einerseits die Einigung über die Wasserrechte und -quoten die Voraussetzung war, um eine zukunftsgerichtete zwischenstaatliche Kooperation in diesem Bereich einzuleiten. Andererseits wurde dadurch, daß konkrete Kooperationsprojekte bereits in den Vertrag selbst integriert wurden, das Null-Summen-Spiel in der Frage der Verteilung abgeschwächt und so ein Kompromiß erleichtert. In dieser expliziten Verbindung von Wasserverteilung und Wassermanagement liegt eine der Besonderheiten und eines der Erfolgsrezepte der israelisch-jordanischen Verhandlungen. Die Integration der beiden Bereiche wurde begünstigt durch die zweigleisige Anlage des gesamten Friedensprozesses, der in parallelen multilateralen Arbeitsgruppen von vornherein die Diskussion von funktionalen Sachthemen vorsah. Von entscheidender Bedeutung waren ebenfalls die materiellen Anreize, welche die internationale Staatengemeinschaft in Form von Zusagen für die Finanzierung der anvisierten Projekte gab.

Weniger fortgeschritten und weit komplexer sind die wasserpolitischen Verhandlungen in den anderen Strängen des Konfliktes, dem israelisch-syrisch-libanesischen und dem israelisch-palästinensischen. Im ersten Fall ist die Wasserfrage in erster Linie als Teil der sicherheitsstrategischen Differenzen zu sehen und daher der Lösung dieser Dimension des Konfliktes nachgeordnet. Trotzdem wären Gespräche über funktionale Kooperation im Bereich des Wassermanagements dazu geeignet, auch in diesem Strang der Verhandlungen die Interaktion zwischen den Parteien zu erhöhen und damit die Kompromißbereitschaft in den politischen Hauptstreitpunkten zu fördern. Diese Herangehensweise wurde bisher durch den syrischen und libanesischen Boykott des multilateralen Friedensprozesses verhindert. Ihre zukünftige Einbeziehung in die multilateralen Gespräche über die regionale Kooperation oder die Einrichtung eines diese Fragen behandelnden Gremiums im Rahmen der bilateralen Verhandlungen erscheint deshalb von großer Dringlichkeit. Dies sollte durch die internationale Staatengemeinschaft nach Möglichkeit durch politischen Druck und konkrete Anreize ermutigt werden.

Im israelisch-palästinensischen Verhältnis ist die Wasserfrage aufs engste mit den politischen Schlüsselproblemen der ungelösten Palästina-Frage verwoben. Eine losgelöste Betrachtung des Wasserproblems ist hier unmöglich. Die Wasserdispute und der eigentliche Palästina-Konflikt können nur zusammen gelöst werden im Sinne eines Prozesses, in dem Fortschritte in den politischen Kernfragen erste Ansätze von Zusammenarbeit in praktischen Bereichen wie dem Wassermanagement möglich machen. Diese Kooperation wird wiederum die Vertrauensbasis stärken, die für weitere politische Schritte nötig ist. Nur ein solches schrittweises und mehrschichtiges Vorgehen kann zu Lösungen für Streitpunkte führen, die, wie die Jerusalem-

Frage, das Problem der palästinensischen Flüchtlinge oder die jüdischen Siedlungen in den besetzten Gebieten, heute schier unlösbar erscheinen. Kooperatives Wassermanagement und Wasserverteilung lassen sich jedoch nicht einfach voneinander trennen, das eine nicht vor dem anderen realisieren. Zusammenarbeit bei der Entwicklung neuer Ressourcen erfordert Klarheit über die gegenwärtigen Besitzverhältnisse. Der Grund hierfür liegt unter anderem darin, daß verbessertes Wassermanagement in der Regel mit hohen ökonomischen und/oder sozialen Kosten verbunden ist. Dies gilt insbesondere, wenn die Entwicklung unkonventioneller Ressourcen wie die Meerentsalzung und Wasserimporte oder die Redimensionierung wasserintensiver Wirtschaftszweige wie die Landwirtschaft vorgesehen sind. Eine Realisierung solcher Projekte im regionalen Rahmen wird stets die Frage nach der Verteilung dieser Belastungen aufwerfen. Jede Seite wird die zusätzlich anfallenden Kosten mit den Kosten existierender konventioneller Ressourcen aufrechnen. Und keine Partei wird einsehen, weshalb sie teure Lösungen mittragen soll, wenn sie der Meinung ist, sie hätte noch ausstehende Ansprüche auf existierende Wasservorräte.

In dieser Hinsicht werden die israelisch-palästinensischen Wassergespräche durch den vorgesehenen Fahrplan der bilateralen Verhandlungen behindert. Dieser Fahrplan sieht vor, daß die Frage der Wasserrechte und der endgültigen Verteilung erst in der zweiten Verhandlungsphase über den definitiven Status der besetzten Gebiete diskutiert werden soll, im Zusammenhang mit den übrigen politischen und territorialen Hauptstreitpunkten. Der Beginn dieser zweiten Phase ist für Mai 1996 vorgesehen und soll weitere drei Jahre dauern. Dieses im Oslo-Abkommen festgelegte zweistufige Vorgehen ist angesichts der Komplexität des Palästina-Problems an sich durchaus sinnvoll. In der Wasserfrage ist jedoch dadurch jene Integration von Wasserverteilung und Wassermanagement, wie sie im jordanisch-israelischen Friedensvertrag Früchte getragen hat, verbaut. Das jüngste Abkommen über die Ausweitung der palästinensischen Selbstverwaltung auf das Westjordanland sieht zwar eine leichte Erhöhung der palästinensischen Wasserquote im Sinne einer vertrauensbildenden Maßnahme vor. Die Verfügungsrechte über das Wasser bleiben jedoch in israelischer Hand und der endgültige Verteilungsschlüssel ist weiterhin offen.

So wünschenswert sie auch wäre, wird eine israelisch-palästinensische Zusammenarbeit im Wasserbereich unter diesen Rahmenbedingungen nur schwer über kleine und punktuelle Projekte hinausgehen können. Israelische Vorschläge, im Gaza-Streifen Meerentsalzungsanlagen zu bauen oder das Westjordanland mit teuren Wasserimporten aus der Türkei oder dem Libanon zu versorgen, müssen von palästinensischer Seite als Versuch interpretiert werden, die unangenehme Verteilungsfrage zu umgehen. Selbst die Aussicht auf Finanzierung solcher Projekte durch westliche Geberländer kann Kompromisse nur erleichtern, sie kann eine politische Klärung der Wasserrechte durch die betroffenen Parteien nicht ersetzen.

Israel und die PLO sollten gemeinsam mit den Sponsoren des Friedensprozesses in Erwägung ziehen, im Rahmen der Verhandlungen über den endgültigen Status der besetzten Gebiete die Regelung der Wasserfrage gegenüber den übrigen Streitpunkten vorzuziehen. Diese zweite Phase der israelisch-palästinensischen Verhandlungen wird sich der politischen Kernfragen des Konfliktes annehmen müssen. Ähnlich wie bei den bisherigen Gesprächen wird es vermutlich auch hier ein schrittweises Vorgehen geben. Die verschiedenen Fragen werden nach und nach behandelt werden, in Abhängigkeit von ihrer Bedeutung und den Aussichten auf einen Kompromiß.[49] In solch einem Rahmen sollte der Konflikt über die Wasserverteilung möglichst in einem frühen Stadium beigelegt werden. Abgesehen davon, daß eine Lösung des Wasserstreits für sich genommen ein wichtiger Schritt zum Frieden ist, wäre das Ziel dieses Vorziehens, Bewegung in die Gespräche über eine israelisch-palästinensische Kooperation im Wasserbereich zu bringen. Wie zwischen Israel und Jordanien wird auch der israelisch-palästinensische Wasserkonflikt nur durch eine Kombination von Umverteilung und verbessertem Management gelöst werden können. Von frühen Fortschritten in diesem Bereich werden die übrigen Verhandlungen wiederum nur profitieren können.

---

49 Dazu Timm, Angelika; Timm, Klaus: Nahost-Friedensgespräche zwischen Oslo und Wadi Araba, in: Österreichisches Studienzentrum für Frieden und Konfliktlösung, 1995; Schweizerische Friedensstiftung (Hrsg.): Friedensbericht 1995: Tod durch Bomben - Wider den Mythos vom ethnischen Konflikt. Ergebnisse der internationalen "State of Peace" Konferenz 1994, Zürich 1995, S. 91.

Jochen Renger

Hindernisse und Perspektiven für die wasserpolitische Kooperation der Anrainer des Jordanbeckens

Nach dem Friedensschluß von Camp David 1979 war die Hoffnung groß, daß sich über Handelsbeziehungen zwischen Israel und Ägypten eine friedliche, auf Kooperation basierende Ära im Nahen Osten anbahnen könnte. Diese Hoffnung war trügerisch: Der Friede blieb ein "kalter Friede". Im gegenwärtigen Nahost-Friedensprozeß setzen vor allem die westlichen Industrienationen und verschiedene internationale Organisationen auf das Mittel der regionalen Kooperation zur Schaffung einer neuen Friedensordnung in der Region: im wirtschaftlichen, infrastrukturellen und sicherheitspolitischen Bereich sollen alle Konfliktparteien zu einer Zusammenarbeit finden, die ihnen die Überwindung gemeinsamer Probleme erleichtern und schließlich zur Integration der gesamten Region beitragen soll. Am Ende dieses Prozesses soll ein "neuer Naher Osten" stehen, wie er von verschiedenen Seiten entworfen wurde.[1]

Im vorliegenden Beitrag werden *Hindernisse* und *Perspektiven* einer wasserpolitischen Kooperation im Jordanbecken aufgezeigt.[2] Im Nahost-Friedensprozeß wurden erste Schritte unternommen, die Wasserproblematik kooperativ zu bearbeiten. Israel und Jordanien haben im Friedensvertrag vom 26.10.1994 die Nutzung des Wassers von Jordan und Jarmuk sowie des Grundwassers im Aravatal bilateral geregelt.[3] Den Palästinensern wurden in den Autonomieabkommen gewisse Kompetenzen im Bereich der Wasserbewirtschaftung und höhere Wasserquoten zugestanden.[4] Im Rahmen der multilateralen Friedensverhandlungen hat die Arbeitsgruppe Wasser verschiedene Projekte zur Verbesserung des Wassermanagements und zur Wassergewinnung initiiert.[5] Dennoch besteht zum gegenwärtigen Zeitpunkt wenig Anlaß für Optimismus im Hinblick auf eine kooperative Wasserpolitik im Jordanbecken, da die Anrainer von einer Übereinkunft über die Wasserverteilung und die gemeinsame Wasserbewirtschaftung noch weit entfernt sind. Im Idealfall wäre ein alle Anrainer umfassendes Wasserregime

---

1   Vgl. Peres, Shimon: Die Versöhnung. Der neue Nahe Osten, Berlin 1993 und World Bank: Developing the Occupied Territories. An Investment in Peace, 6 vol., Washington, D.C. 1992.
2   Ich danke Dr.Martin Beck und Christiane Meyer für die wertvollen Anregungen.
3   Vgl. Friedensvertrag zwischen dem Staat Israel und dem Haschemitischen Königreich Jordanien, 26.10.1994, Anlage II, Angelegenheiten im Zusammenhang mit Wasser.
4   Vgl. Libiszewski, Stephan: Das Wasser im Nahostfriedensprozeß. Konfliktstrukturen und bisherige Vertragswerke unter wasserpolitischer Perspektive, in: Orient 4/1995, S.640ff.
5   Vgl. Renger, Jochen: Die multilateralen Verhandlungen der Arbeitsgruppe Wasser, in: Asien Afrika Lateinamerika, 2/1995, S.149ff.

auf vertraglicher Basis wünschenswert, das die Wasseranrechte und die Wassernutzung regelt. Experten sind sich einig, daß die Wasserversorgung in der Region nur durch multilaterale Kooperation aufrechterhalten und damit gleichzeitig die Stabilität einer Friedensordnung gewahrt werden kann.

Die Wasserproblematik ist verknüpft mit den drei "klassischen" Konfliktbereichen internationaler Politik *Herrschaft*, *Sicherheit* und *Wohlfahrt*.[6] Sie kann nicht isoliert von anderen Konfliktgegenständen des Nahost-Konflikts betrachtet werden. Die wasserpolitische Kooperation ist damit abhängig vom Fortschritt des Friedensprozesses. Aufgrund unterschiedlicher Zielvorstellungen der Konfliktparteien über den individuellen Nutzen von der künftigen Friedensordnung ist der Friedensprozeß jedoch festgefahren und droht zu versanden.

Herrschaft über Territorium und Wasser

Die umstrittenen Territorien im Nahost-Konflikt - Golanhöhen, Westbank und Südlibanon - sind aus wasserstrategischer Hinsicht in der Region von größter Bedeutung. Auf den Golanhöhen und im Südlibanon entspringen zwei der drei Jordanquellflüsse (Baniyas und Hisbani). Die Westbank verfügt über reiche Grundwasservorkommen. In den bisherigen Verhandlungsrunden des Nahost-Friedensprozesses offenbarte sich die weitreichende Komplexität: Wasserfragen sind unmittelbar mit Territorialfragen verflochten. Die Herrschaft Israels über die Golanhöhen, die Westbank und den Südlibanon ermöglicht die Kontrolle und die einseitige Nutzung der dortigen Wasserressourcen. Israel deckt seinen Wasserbedarf zu 50 Prozent aus Quellen, die im Sechs-Tage-Krieg 1967 erobert wurden und seither kontrolliert und unilateral genutzt werden.[7] Territorium bedeutet physischen Zugang zu Wasser. Bei einer Umsetzung der Friedensformel "Land gegen Frieden" müßte Israel auf die Kontrolle über zwei der Jordanzuflüsse und die Grundwasservorkommen der Westbank verzichten. In der israelischen Perzeption ist die Rückgabe von Territorium aber mit Verlust von Wasserressourcen verbunden.[8]

Die detaillierten Regelungen über die Nutzung und die Bewirtschaftung des Jordan- und Jarmukwassers zwischen Israel und Jordanien konnten nicht nur wegen einer Reihe gemeinsamer wirtschaftlicher und sicherheitspolitischer Interessen zustandekommen, sondern insbesondere deswegen, weil

---

6 Vgl. Czempiel, Ernst-Otto: Internationale Politik. Ein Konfliktmodell, Paderborn/München/Wien 1981, S.192ff.

7 Vgl. Stauffer, Thomas: Water and War in the Middle East. The Hydraulic Parameters of Conflict (The Center for Policy Analysis on Palestine Information Paper No.5), Washington, D.C. 1996.

8 Vgl. die Anzeige des israelischen Landwirtschaftsministeriums in: Jerusalem Post 10.08.1996.

keine gravierenden territorialen Hemmnisse einer Einigung im Wege standen. Zwischen Israel und Jordanien lag ein "genuiner Wasserkonflikt"[9] vor.
Israel hat den *Palästinensern* in den Autonomieverträgen formell Wasserrechte zugestanden. Eine souveräne Verfügungsgewalt über die Wasserressourcen ist damit aber nicht verbunden. Im Bereich der Wasserbewirtschaftung erhielt die Autonomiebehörde Kompetenzen bei der Wasserbereitstellung und -entsorgung. Gemäß des Protokolls über israelisch-palästinensische Zusammenarbeit in Wirtschafts- und Entwicklungsfragen wurden alle Entscheidungen über Wasserfragen in die Hände eines gemeinsamen Ausschusses für wirtschaftliche Zusammenarbeit gelegt. Trotz einiger Ansätze wasserwirtschaftlicher Zusammenarbeit kann man hier kaum von wasserpolitischer Kooperation sprechen, da die Wasserzuteilung an die Palästinenser von seiten Israels erfolgt, das Menge und Preis diktiert. Im israelisch-palästinensischen Konflikt ist der Wasserstreit unmittelbar mit der Reichweite palästinensischer Souveränitätsrechte verknüpft. Hoheit über Territorium bedeutet Kontrolle über Wasserressourcen. Für die Palästinenser ist davon der Wiederaufbau ihres Gemeinwesens abhängig. Erst die definitive Festlegung des völkerrechtlichen Status' der Autonomiegebiete und der von Israel besetzten palästinensischen Gebiete kann zu einer Bestimmung und Neuverteilung der Wasserrechte führen und damit den Weg für eine regionale Kooperation ebnen.[10]
Von der zukünftigen Entwicklung der palästinensischen Gebiete ist auch *Jordanien* betroffen. Jordanien müßte sich mit den Palästinensern über Wasserquoten am unteren Jordan einigen. Es ist anzunehmen, daß sich Jordanien und Israel auch deshalb wasserpolitisch so schnell verständigen konnten, um palästinensischen Forderungen mit geschaffenen Fakten begegnen zu können.
Syrien stellte klar, daß ohne eine Einigung in der Territorialfrage nicht über andere Sachfragen verhandelt wird. Syrien beharrt auf der Umsetzung der UN-Resolution 242 und damit auf einen bedingungslosen Rückzug Israels von den Golanhöhen. Sieht man von der Bedeutung des Wassers auf den Golanhöhen für die regionale Bevölkerung ab, dann spielen sie für den Wasserhaushalt Syriens eine marginale Rolle. Für das syrische Regime sind die Golanhöhen aber eine Frage des nationalen Prestiges. Dies ist für die Herrschaftslegitimation von zentraler Bedeutung. Innenpolitisch werden die Golanhöhen zum Symbol der nationalen Würde stilisiert, innerarabisch wird die heroische Standhaftigkeit gegenüber Isarel beschworen. Eine Umgehung der Territorialfrage zugunsten einer pragmatischen Regelung anderer Fragen ist für Syrien undenkbar.
Israels ehemalige Ministerpräsidenten Rabin und Peres verknüpften mit den Golanhöhen vor allem militärische und sicherheitsstrategische Überlegungen. Unter Schaffung eines umfangreichen Sicherheitsregimes mit interna-

---

9   Libiszewski a.a.O., S.626.
10   Siehe hierzu auch den Beitrag von Stephan Libiszewski in diesem Band.

tionaler Beteiligung schien die Rückgabe der Golanhöhen durchaus möglich. Für die Regierung unter Ministerpräsident Netanjahu stehen territoriale Zugeständnisse nicht zur Debatte.

Einem *israelisch-libanesischen Abkommen* über den Südlibanon stünden nur wenige Hindernisse entgegen. Israel hegt keine territorialen Forderungen an den Libanon und fordert lediglich die Sicherheit der Grenze und des Grenzgebietes. Der Libanon hat mehrfach erklärt, die militärische und politische Kontrolle im Südlibanon übernehmen zu können. Beiden Staaten wäre ein Separatfrieden sehr willkommen. Die israelisch-libanesischen Friedensverhandlungen sind aber an Damaskus gekoppelt. Aus politischen Gründen können keine Alleingänge unternommen werden.

Sicherheit und Wasser

Aus der Sicht aller Konfliktparteien stellt Wasser eine strategische Ressource dar. Für *Israel* ist die Verfügbarkeit über Wasser eine Frage der Existenz des jüdischen Staates. Die israelische Wasserversorgung hängt von Quellen ab, die außerhalb des international anerkannten Staatsgebietes liegen. Israel hat in seiner Geschichte mehrfach die Erfahrung gemacht, daß die umliegenden Staaten Wasser als Waffe gegen Israel einzusetzen versuchten; so insbesondere 1964, als unter ägyptisch-syrischer Führung die Quellflüsse des Jordan umgeleitet werden sollten (Arab Diversion Plan). Im Sechs-Tage-Krieg 1967 hat Israel die Kontrolle über den Jordan und die Grundwasserressourcen der Westbank übernommen und diese Bedrohung gebannt. Die Wasserproblematik hat daher eine sicherheitspolitische Dimension.[11] Zwar wird die Möglichkeit, daß Kriege um Wasser geführt werden, inzwischen ausgeschlossen, doch besteht weiterhin die Gefahr, daß Wasser in künftigen Auseinandersetzungen instrumentalisiert werden könnte. Im Friedensprozeß sind Wasserfragen für Israel daher mit sicherheitspolitischen Erwägungen verknüpft. Eine vollständige Rückgabe der Wasserressourcen in palästinensische, syrische oder libanesische Hoheit steht für Israel zur Zeit aus Sicherheitsgründen nicht zur Disposition.[12]

Für die *Palästinenser* ist die Verfügungsgewalt über die Wasserressourcen der Westbank ebenfalls von größter sicherheitspolitischer Bedeutung. Die Palästinenser mußten unter israelischer Besatzung die Erfahrung machen, daß mittels Wassers israelische Herrschaftsinteressen durchgesetzt wurden.[13] Durch den Anschluß der Wasserressourcen der Westbank wurde die sozio-

---

11 Vgl. Schmid, Claudia: Der Israel-Palästina-Konflikt und die Bedeutung des Vorderen Orients als sicherheitspolitische Region nach dem Ost-West-Konflikt, Baden-Baden 1993, S.102ff.
12 Vgl. exemplarisch für den israelisch-syrischen Kontext Schiff, Ze'ev: Peace with Security. Israel's Minimal Security Requirements in Negotiations with Syria (The Washington Institute Policy Papers No. 34), Washington, D.C. 1993, S.90f.
13 Renger, Jochen/Andreas Thiele: Politische Verteilungskonflikte um Wasserressourcen. Wassernutzung und Wasserverteilung im Jordanbecken. Israel und seine arabischen Nachbarn, in: Der Bürger im Staat, 1/1996, S.79f.

ökonomische Entwicklung des palästinensischen Gemeinwesens blockiert. Für die Palästinenser ist der souveräne Zugang zu Wasserressourcen deshalb integraler Bestandteil der sicherheitspolitischen Konzeption. Darüber hinaus manifestiert sich in der Wasserfrage die Reichweite palästinensischer Souveränität und Unabhängigkeit.

Wohlfahrt und Wasser

Die Verfügbarkeit über Wasser determiniert die ökonomischen und gesellschaftlichen Enwicklungschancen in der Nahostregion.[14] Alle Konfliktparteien - mit Ausnahme des Libanon - leiden unter Wasserknappheit. Nimmt man das nach dem Konzept des Water Stress Index zur wirtschaftlichen und gesellschaftlichen Entfaltung notwendige Bedarfsminimum von 500m³ pro Kopf und Jahr als Maßstab, so zeigt sich, daß diese Menge in Israel (300m³), den besetzten Gebieten (150m³) und in Jordanien (315m³) nicht erreicht wird.[15] Der Wasserbedarf übersteigt das Wasserangebot und kann nur noch unter Inkaufnahme ökologischer Schäden bedient werden. In den 90er Jahren bezogen Israel und Jordanien etwa 20 Prozent ihres Wasserangebots aus nichterneuerbaren Grundwasserbeständen. Wenngleich der Naturraum Jordanbecken durch generelle Wasserknappheit geprägt ist, so zeigt sich, daß die Wasserkrise eine nutzungs- und verteilungsbedingte Überstrapazierung der erneuerbaren Wasserressourcen darstellt. Eine Schlüsselrolle kommt dabei den "durstigen" Agrarsektoren zu, die in Israel und Jordanien 75 Prozent und in Syrien 90 Prozent des nationalen Wasserhaushaltes aufzehren.[16] Keine der Konfliktparteien will es sich gegenwärtig leisten, zugunsten einer Neuverteilung der Wasserressourcen auf Wasser zu verzichten. Dies insbesondere auch aufgrund des anhaltenden Bevölkerungswachstum und der ambitionierten wirtschaftlichen Entwicklungsprojekte.

In Anbetracht der Tatsache dessen, daß *Israels* Wasserbilanz trotz "arabischen" Wassers negativ ist, stellt sich die Frage, woher das im Falle einer kooperativen Bearbeitung der Wasserproblematik zurückzugebende Wasser kommen soll. Zwar gibt es technische Optionen, das Wasserangebot zu steigern und damit Rückgabemengen zu gewinnen - beispielsweise durch Wasserimporte via Fernleitungen und Meerwasserentsalzung -, diese sind jedoch äußerst kostenintensiv und nur mit externer Finanzhilfe zu realisieren.[17] In der Landwirtschaft könnte durch Rationalisierung und Rückbau Wasser freigesetzt werden. Dies ist allerdings innenpolitisch aus ideologischen und koalitionspolitischen Gründen nicht durchsetzbar. Vorgeschlagen wurde auch eine Junktimslösung: Rückgabe des Wassers bei gleichzeitigem

---

14 Gleick, Peter H.: Water and Conflict. Fresh Water Resources and International Security, in: International Security, 1/1993, S.79ff.
15 Shuval, Hillel: Approaches to Resolving the Water Conflicts Between Israel and Her Neighbors. A Regional Water-For-Peace-Plan, in: Water International, 3/1992, S.134.
16 Renger/Thiele a.a.O., S.76f.
17 Stauffer a.a.O., S.12ff.

Kauf. Dies ist aber angesichts der angespannten Haushaltslage Israels unrealistisch. Israel betonte mehrfach, daß es wegen der Wasserknappheit keine substantiellen Konzessionen bei der Neuverteilung der Wasserressourcen machen könne.

Die *Palästinenser* sind gegenwärtig die Hauptleidtragenden der asymmetrischen Wasserverteilung im Jordanbecken.[18] Sie verfügen nicht nur über die geringste Wassermenge pro Kopf, sondern sind auch seitens Israels ihrer Verfügungsgewalt über die Wasserressourcen der Westbank beraubt und bei der Wasserversorgung von israelischen Zuwendungen abhängig.[19] Da die Westbank an den Jordan grenzt, hätten die Palästinenser eigentlich auch ein Anrecht auf Wasser aus dem unteren Jordan. Die Speicherung von Wasser des oberen Jordans im See Tiberias führt aber dazu, daß der untere Jordan nur noch ein Rinnsal von schlechter Wasserqualität ist. Die Palästinenser bestehen aber nachdrücklich auf Wasseranrechte (Westbank und Jordan) und höhere Wasserquoten, da Wasser zum Aufbau des Gemeinwesens benötigt wird. Dies gilt insbesondere für die Versorgung der Haushalte und die palästinensische Landwirtschaft. Im Oslo-II-Abkommen konnten sie zumindest eine höhere Wasserzuteilung durch Israel erwirken.

Syrien ist nicht zuletzt durch die türkischen Euphrat-Projekte gezwungen, Wasserressourcen in anderen Landesteilen zu mobilisieren. Ein Augenmerk gilt dabei dem Jarmuk, der als syrischer Fluß reklamiert wird. Durch den Bau von Staudämmen ist damit zu rechnen, daß sich die Abflußmenge in Zukunft reduzieren wird. Davon betroffen ist primär Jordanien, das Israel im Friedensvertrag vom 26.10.1994 Abflußquoten garantiert hat. Für Jordanien besteht die Gefahr, dadurch Wassereinbußen hinnehmen zu müssen. Im Falle einer wasserpolitischen Kooperation müßte sich Syrien als Oberlieger mit Jordanien und Israel über Abflußmengen des Jarmuk verständigen.

Stillstand im Nahost-Friedensprozeß

Die Komplexität der Wasserproblematik liegt - wie gesehen - in der engen Verflechtung mit den verschiedenen Dimensionen des Nahost-Konfliktes. Die Chancen der wasserpolitischen Kooperation stehen damit in Abhängigkeit vom Voranschreiten des Nahost-Friedensprozesses. Die Friedenseuphorie, die nicht zuletzt aus den spektakulären Friedensschlüssen zwischen Israel und der PLO einerseits und Israel und Jordanien andererseits resultierte, hat nur kurze Zeit über die grundlegenden Differenzen der Konfliktparteien hinwegtäuschen können. Die gegenwärtigen Verhandlungspositionen scheinen unbeweglich. Der Hauptgrund hierfür dürfte in den divergie-

---

18 Vgl. Jerusalem Media and Communication Center (ed.), Water. The Red Line, Jerusalem 1994.
19 Vgl. Lowi, Miriam R.: Bridging the Divide. Transboundary Resource Disputes and the Case of West Bank Water, in: International Security, 1/1993, S.113ff.

renden Zielvorstellungen der Akteure über den individuellen Nutzen der zukünftigen Friedensordnung liegen.[20]

Israel verbindet mit dem Friedensprozeß in erster Linie sicherheitspolitische und wirtschaftliche Zielsetzungen. Diese konnten bereits zu einem substantiellen Teil umgesetzt werden. Die Existenz Israels wird von der PLO anerkannt und von den meisten arabischen Staaten nicht mehr in Zweifel gezogen, ohne daß die besetzten Gebiete vollständig geräumt worden wären. Die bisherige Doktrin der arabischen Staaten, Israel wegen der Besetzung von arabischem Territorium zu boykottieren, ist zerbrochen. Politische Beziehungen und Kontakte zwischen Israel und arabischen Staaten (außer Ägypten und Jordanien) sind zwar offiziell überaus heikel, allerdings ist man dabei, sich auf dem diplomatischen und vor allem auf dem wirtschaftlichen Parkett zu arrangieren. Die Militäroperation im Libanon im Frühjahr 1996 hat gezeigt, daß Israel auch unter Umgehung einer Gesamtlösung des israelisch-arabischen Konfliktes Sicherheitsarrangements treffen und die Auseinandersetzungen mit der Hizbollah auf die "Sicherheitszone" beschränken kann. Ökonomisch betrachtet konnte Israel in mehrfacher Hinsicht profitieren. Die bisherigen Zugeständnisse wurden durch umfangreiche Finanzhilfen v.a. seitens der USA honoriert. Die EU gewährte Israel 1995 ein neues Assoziationsabkommen mit weitreichenden Privilegien (höhere Quoten für Agrarprodukte, EU-Forschungsgelder u.a.). Durch die Einstellung des sekundären und tertiären Wirtschaftsboykotts der arabischen Staaten konnte Israel im Welthandel neu Fuß fassen. Nach Erlangung dieser Ziele besteht für Israel vorerst wenig Veranlassung, weitere Zugeständnisse an die arabischen Konfliktparteien zu machen. Dies gilt insbesondere für die komplexe Wasserfrage.

Die *palästinensische Autonomiebehörde* ist gegenüber Israel in einer sehr schwachen Verhandlungsposition. Die PLO mußte sich auf den Friedensprozeß einlassen, um nicht in der Bedeutungslosigkeit zu versinken und sich vor dem finanziellen Bankrott zu retten.[21] Die Staatlichkeit Palästinas wurde auf unbestimmte Zeit vertagt. Für die Interimsabkommen hat die palästinensische Führung unter Arafat alle "Trümpfe" (Anerkennung Israels, Gewaltverzicht u.a.) ausgespielt und kann nun nur noch auf Zugeständnisse Israels hoffen. Ohne externen Druck auf Israel v.a. seitens der USA ist die palästinensische Autonomiebehörde hilf- und machtlos. Selbst die Umsetzung bestehender Verträge erweist sich als zähes Ringen. Mit Gaza und Jericho hat sich die palästinensische Autonomiebehörde hydrologische Notstandsgebiete aufgelastet, die nur mit internationaler Hilfe saniert werden können. Bei der Wasserbewirtschaftung ist die Autonomiebehörde abhängig von israelischen Wasserzuteilungen.

---

20 Vgl. Perthes, Volker: Integration oder Trennung? Die Logiken des nahöstlichen Friedensprozesses, in: Internationale Politik, 7/1995, S.55ff.

21 Vgl. Beck, Martin: Der israelisch-palästinensische Friedensprozeß, in: Aus Politik und Zeitgeschichte, 18/1996, S.9f.

Für das *syrische Regime* stellt ein zukünftiger Friede in Nahost ein nicht kalkulierbares herrschaftspolitisches Risiko dar.[22] Der Nutzen für Syrien ist unklar. Die bisherige komfortable Frontstellung gegenüber Israel verschafft Syrien regional- und weltpolitisch ein enormes Gewicht, das sein wirtschaftliches und militärisches Potential bei weitem übersteigt. Die Frontstaatenstellung machte sich lange Zeit als Rentenquelle (Golfstaaten, v.a. Saudi-Arabien) bezahlt. Seine politische Rolle in der Region kann Syrien seit dem zweiten Golfkrieg bei den westlichen Industriestaaten und den Golfstaaten in Finanzhilfe ummünzen. Ökonomisch ist das Land auf eine neue Friedensordnung, die die Belebung von Handel und wirtschaftliche Zusammenarbeit in Nahost vorsieht, nicht vorbereitet. Die verkrustete staatlich dominierte Volkswirtschaft könnte mit keiner anderen in der Region auch nur annähernd konkurrieren. Syriens Chancen einer neuen regionalen Arbeitsteilung liegen im Irak und im Iran. Beide Länder sind jedoch von der regionalen Friedensneuordnung ausgeschlossen. Das syrische Regime benötigt Anpassungszeit, um sich überhaupt ernsthaft auf den Friedensprozeß jenseits von Maximalforderungen einlassen zu können.

Der *Libanon* bereitet sich für den "Ernstfall Frieden" vor und sieht seine zukünftige Rolle in der Region als Dienstleistungszentrum, Finanzplatz und Steueroase. Ohne die Zustimmung Syriens ist aber keine Übereinkunft mit Israel möglich.

Jordanien und Israel schlossen am 26.10.1994 vertraglich Frieden. Die haschemitische Führung hoffte, mit dem Friedensschluß ein rentenpolitisches Krisenmanagement[23] betreiben, seine besondere religiöse Rolle in Jerusalem wahren und die Wasserversorgung des Landes verbessern zu können. Die jordanischen Erwartungen auf eine üppige Friedensdividende haben sich nur zum Teil erfüllt. Die Zuwendungen des Westens erschöpften sich weitgehend in der Schuldenstreichung. Entwicklungshilfeleistungen zur Unterstützung des Friedensprozesses werden konditioniert. Die erhofften Profite durch Belebung der wirtschaftlichen Aktivitäten blieben aus. Bemerkenswert ist aber das wasserpolitische Regelungswerk zwischen den beiden Ländern, das Wasserquoten festschreibt und eine Reihe kooperativer Elemente enthält (Wasseraustausch, Wasserkommission u.a.).[24] Allerdings sind die übrigen Anrainer - Syrien und die Palästinenser - nicht berücksichtigt, so daß im Falle einer regionalen Wasserkooperation ein neues Arrangement getroffen werden muß.

---

22 Vgl. Perthes, Volker: Syrien. Frieden mit begrenzter Wirkung, in: Der Überblick, 4/1995, S.56-60.

23 Saudi Arabien strich Jordanien wegen seiner undurchsichtigen Haltung im zweiten Golfkrieg die finanzielle Unterstützung. Die haschemitische Führung geriet in eine Finanz- und Herrschaftskrise. Durch das Engagement im Friedensprozeß sollte Finanzhilfe durch westliche Industriestaaten mobilisiert werden.

24 Vgl. Friedensvertrag zwischen dem Staat Israel und dem Haschemitischen Königreich Jordanien, 26.10.1994, Anlage II, Angelegenheiten im Zusammenhang mit Wasser.

Ausblick

Es besteht in absehbarer Zeit wenig Aussicht auf eine wasserpolitische Kooperation der Jordananrainer. Die kooperative Bearbeitung der Wasserproblematik ist unmittelbar verknüpft mit der Lösung der zentralen Konfliktgegenstände des Nahost-Konfliktes.[25] Territorial- und Sicherheitsfragen überlagern wasserpolitische Fragen. Gleichzeitig engt die zunehmende Wasserknappheit in den Staaten den Verhandlungsrahmen für eine Neuverteilung der Wasserressourcen immer stärker ein. Besonders Israel, das den Großteil der Wasserressourcen des Jordanbeckens monopolisiert hat, ist nicht daran interessiert, substantielle Wassermengen zurückzugeben. Das bedeutet aber keineswegs, daß die Situation völlig aussichtslos ist und sich nicht doch eine dynamische Entwicklung in der Wasserfrage ergeben könnte. Zum ersten ist denkbar, daß im Rahmen von Paketlösungen eine Neuverteilung der Wasserressourcen erreicht wird. Da die Quellflüsse des Jordan für den syrischen und libanesischen Wasserhaushalt von marginaler Bedeutung sind, könnten sich Syrien und der Libanon bei israelischen Konzessionen in anderen Bereichen oder durch finanzielle Kompensationen bereitfinden, das Jordanwasser Israel zu überlassen. Überlegenswert erscheinen in diesem Zusammenhang auch internationale Sicherheitsgarantien für den Abfluß des Jordans. Zum zweiten besteht bei allen Konfliktparteien ein großes Potential der Wassergewinnung durch Wassereinsparung und Verbesserung des Wassermanagements. Dadurch könnten Spielräume für eine Neuverteilung der Wasserressourcen - insbesondere zwischen Israel und den Palästinensern - geschaffen werden. Hier kann die internationale Staatengemeinschaft durch finanzielle Unterstützung helfen, die Wasserbilanzen zu verbessern. Wasserimporte und Meerwasserentsalzung werden bereits projektiert. Wünschenswert wäre es aber auch, darauf hinzuwirken, daß die knappen Wasserressourcen sparsam und volkswirtschaftlich sinnvoll in Wert gesetzt werden. Dies zielt insbesondere auf einen ökonomischen Strukturwandel ab, der den Rückbau der Landwirtschaft beinhaltet. Zum dritten besteht eine Reihe an gemeinsamen Interessen der Parteien im Hinblick auf ökologische Aspekte. Keiner Partei ist an einer Zerstörung des Ökosystems, beispielsweise Versalzung und Vergiftung der Gewässer, gelegen. Hiervon könnten Impulse zumindest für eine partielle Zusammenarbeit bei der Wasserbewirtschaftung ausgehen, die als Keimzelle einer wasserpolitischen Kooperation fungieren könnten. Trotz dieser Optionen sind die Chancen einer wasserpolitischen Kooperation beim gegenwärtigen Stand des Friedensprozesses gering zu beurteilen.

---

25 Siehe hierzu auch den Beitrag von Stephan Libiszewski in diesem Band.

Bülent Güven

> *„Und gedenket der Zeit, da Moses um Wasser betete für sein Volk und Wir sprachen: <<Schlage an den Felsen mit deinem Stab>>, und zwölf Quellen brachen aus ihm hervor; jeder Stamm kannte seinen Trinkplatz.<<Esset und trinket von Allahs Gaben und verübt nicht Unheil auf Erden, indem ihr Unfrieden stiftet.>>"*
>
> Koran, Sura 2,61

Die Türkei - eine Republik vor der größten Herausforderung ihrer Geschichte

Ist die Türkei in einer innen- und außenpolitischen Krise? Im folgenden Beitrag soll dieser Frage nachgegangen werden. Dazu wird zunächst die Innenpolitik der Türkei dargestellt und analysiert, danach die außenpolitischen Ziele, Perspektiven und Beziehungen zu den Nachbarstaaten betrachtet.

Vor zweihundert Jahren wurden im osmanischen Reich konkrete Modernisierungsmaßnahmen ergriffen, die mit der Republiksgründung durch Kemal Atatürk in den Bereichen Politik, Gesellschaft, Rechtswesen, Bildung und Wirtschaft ausgeweitet und beschleunigt wurden. Die Kernpunkte der Reformen waren der Bruch mit der osmanisch-islamischen Tradition, d.h. die Trennung von Religion und Politik, die Einführung des Etatismus im wirtschaftlichen und politischen Bereich[1] und die Ersetzung des identitätsstiftenden Elements Islam durch den türkischen Nationalismus. Durch ihn wurde eine künstliche Nation geradezu „aus dem Boden gestampft". Das kemalistische Modell bot allerdings der jungen Republik die Chance, eine Demokratie nach westlichem Vorbild zu begründen und in einer ihr nicht unbedingt freundlich gesinnten Umwelt zu überleben. Unter den heutigen Rahmenbedingungen stößt der Kemalismus allerdings an seine Grenzen. Er wird zunehmend zu einer Ideologie, die heute keine hinreichenden Antworten mehr auf die Frage geben kann: Wie überleben in einer politischen und wirtschaftlichen Krise?

Da der Islam während der Republiksgründung aus dem öffentlichen Leben verbannt wurde, wanderten viele islamischen Gruppen in den Untergrund ab. Erst mit dem Übergang zum Mehrparteiensystem 1946 traten sie wieder in die Öffentlichkeit. Seitdem haben fast alle politischen Parteien islamische Parolen benutzt, um Wählerstimmen zu gewinnen, obwohl sie keine islamischen Ziele verfolgten. Eine Ausnahme ist hier die 1970 gegründete damalige „Nationalen Heilspartei", die heutige „Wohlfahrtspartei". Diese Partei

---
1   Eingriff des Staates in das Wirtschaftsgeschehen sowie eine zentralisierte Staatsführung.

ist als Protest gegenüber der vom Staat radikal betriebenen Laizismuspolitik entstanden. In den siebziger Jahren hat sie in Koalitionsregierungen als kleiner Partner teilgenommen. Aus den letzten Wahlen ist sie mit 21,75 Prozent der Wählerstimmen als Sieger hervorgegangen.[2] Seit Juni 1996 ist der Gründer und Vorsitzende dieser Partei, Nejmettin Erbakan,[3] Ministerpräsident in der Koalitionsregierung mit Tansu Cillers „Partei des rechten Weges". Mit Erbakan wurde seit fast neunzig Jahren erstmalig ein Islamist Ministerpräsident. Dies stellt ganz augenscheinlich einen Bruch mit der kemalistischen Tradition dar. Nach seiner Regierungsübernahme kündigte er aber die Einhaltung aller bisherigen internationalen Abkommen (Mitgliedschaft in der Nato, Zollunion mit der EU etc.) an. Sein Ziel sei es, so kündigte er an, die Türkei zur Brücke zwischen der islamischen und der westlichen Welt zu machen. Und so sicherte er in seiner Regierungserklärung auch die Einhaltung der demokratischen und marktwirtschaftlichen Regeln zu. Wenn Erbakan seine Versprechungen einhält - was er bis jetzt tat - dann kann er nicht nur als eine Chance für die Türkei, sondern auch als ein Modell für die islamische Welt verstanden werden, das eine Versöhnung zwischen Demokratie und Islam zustande bringt. Die kemalistischen Eliten, vor allem das Militär, duldeten bis jetzt die Regierung Erbakan und beobachten die Entwicklung weiter.

Die Bevölkerung der Türkei besteht aus neunundzwanzig verschiedenen ethnischen Gruppen, gegenüber denen der türkische Nationalismus eine strenge Assimilierungspolitik betrieb. Er folgte dem von Kemal Atatürk geprägten Grundsatz: „Der soll glücklich sein, wer sagt, ich bin ein Türke (Ne mutlu Türküm diyene)". Diese Politik führte bei verschiedenen ethnischen Gruppen zunächst zu Protest und in der späteren Entwicklung auch zum Widerstand gerade der Kurden,[4] der größten ethnischen Minderheit in der Türkei. Anfangs gab es verschiedene Widerstände kurdischer Gruppen, die aber schnell unterdrückt werden konnten. Seit 1984 leistet aber die marxistisch-leninistisch orientierte PKK (kurdische Arbeiterpartei) Widerstand, der bis heute von Seiten des türkischen Staates nicht niedergerungen werden konnte. Zwar repräsentiert die PKK wegen ihrer politischen Ausrichtung nicht das gesamte kurdische Volk. Immerhin bezeichnen sich nach jüngsten Umfragen 97 Prozent der Kurden als Moslems und über 70 Prozent sprechen sich gegen einen kurdischen Staat aus. Da aber der türkische Staat auf den Einsatz des Militärs setzt und offensichtlich unfähig ist, auch politi-

---

2   Dieses Ergebnis wird bisweilen auch dahingehend interpretiert, daß es eine Zustimmung zum laizistischen Staat sei, da sich dadurch 80 Prozent der Bevölkerung gegen eine islamisch orienterte Politik ausgesprochen hätten. Es würde den Rahmen dieser Arbeit sprengen, diese Interpretation kritisch und differenzierter zu untersuchen.

3   Erbakan, Sohn eines Richters, wurde 1927 in Sinop geboren. Er promovierte an der TU Aachen zum Dr. Ing. und war bis zum Beginn seiner politischen Karriere Professor an der TU Istanbul.

4   Über ihre Zahl gibt es keine zuverlässige Statistik. Es muß davon ausgegangen werden, daß in der Türkei 10-13 Millionen Kurden leben.

sche, wirtschaftliche und soziale Maßnahmen zur Problemlösung zu ergreifen, findet die PKK Zulauf. Politiker wie der verstorbene Staatspräsient Turgut Özal oder der jetzige Ministerpräsident Nejmettin Erbakan wurden an ihren Versuchen, auch andere Problemlösungen anzustreben, von den kemalistischen Eliten, dem Militär aber auch Teilen der Presse, gehindert. Begründet im etatistischen Staatsbau, aber auch aufgrund der genannten Kurdenproblematik, steht die Türkei heute in einer tiefgreifenden wirtschaftlichen Krise struktureller Art. Anfang der 80er hat Turgut Özal zwar teilweise eine liberale Wirtschaftspolitik eingeführt, sie aber nicht vollenden können. Sie scheiterte am Widerstand bestimmter Gesellschaftsschichten, aber teilweise auch wegen fehlender rechtlicher Rahmenbedingungen. So wurden z.B. einige Privatisierungsvorhaben der Regierung durch das Verfassungsgericht als verfassungswidrig erklärt. Durch die Kurdenproblematik gibt die Türkei heute ein Drittel ihres gesammten Haushaltes für die Bekämpfung der PKK aus. Die Folge der wirtschaftlichen Misere sind 80 Prozent Inflationrate, eine 30 prozentige Arbeitslosenquote, ein hohes Haushalts- und Zahlungsbilanzdefizit und eine steigende Auslands- und Inlandsverschuldung.

Im Zusammenhang mit diesen ökonomischen Problemen der Türkei ist auch die Bedeutung des Südostanatolien-Projektes (GAP) zu sehen. Da ihre Bevölkerung über einen hohen Anteil junger Menschen und über eine Wachstumsrate von durchschnittlich zwei Prozent verfügt, kann mittel- und langfristig diese wachsende Bevölkerung nur durch Produktivitätssteigerung ernährt werden. Darüber hinaus verlief die Entwicklung in der Türkei auch noch regional unterschiedlich, insbesondere zu Ungunsten Ostanatoliens. Das Resultat dieser bevölkerungs- und wirtschaftsgeographischen Disparität konfrontiert heute den türkischen Staat mit sozialen Spannungen, Landflucht und der nicht erwünschten weiteren Urbanisierung bereits entwickelter Zonen. Aus Sicht der Türkei sind daher Projekte wie das GAP unverzichtbar, wenn der Lebensstandard ihrer Bürger auch zukünftig sichergestellt, ggf. noch verbessert werden soll. So ist dieses Staudamm- und Bewässerungsprojekt mit modernster Technologie das größte Investitionsprojekt in der Geschichte der Türkei und eines der größten Entwicklungsprojekte der Region. Nicht ohne Folgen für die Außenbeziehungen zu den Nachbarn. Darauf wird später noch einzugehen sein.

Außenpolitische Ziele und Perspektiven

Nach dem Zweiten Weltkrieg basierten die internationale Beziehungen der Türkei auf drei Säulen: Der wirtschaftliche Zusammenarbeit mit dem Westen im Rahmen von EG/EU und OECD. Dabei garantierte die Mitgliedschaft in der NATO die nationale Sicherheit und unterstütze das Streben nach endgültiger Integration der Türkei in die westliche Zivilisation. Während des Kalten Krieges war die Aufgabe der Türkei innerhalb der NATO darauf orientiert, im Mittelmeer eine mögliche sowjetische Invasion zu verhindern. Die Türkei hat ihre Aufgabe erfüllt und galt als zuverlässiger NATO-Partner. Unter diesen Bedingungen schien es in der Vergangenheit nicht nötig, ein eigenes grundlegendes, zukunftsorientiertes außenpolitisches Konzept zu entwickeln. Das Land stand unter dem Einfluß der USA, denn ohne die militärische und wirtschaftliche Hilfe des Westens konnte die Türkei ihre Aufgabe innerhalb der NATO nicht erfüllen. Die militärische Hilfe wurde von den USA und teilweise auch von Deutschland geleistet. Andere Länder des Bündnisses leisteten eher wirtschaftliche Hilfe.

Auf den Zerfall des Sowjetunion war die Türkei, wie jedes andere Land, nicht vorbereitet. Sie mußte nun fürchten, aus dem europäischen Integrationsprozeß gedrängt zu werden, da die Beziehungen zum Westen im wesentlichen auf gemeinsamen Sicherheitsinteressen beruhte und nun der gemeinsame Feind nicht mehr existierte. Aber die Lage entwickelte sich ganz anders. Plötzlich stand die Türkei im Mittelpunkt des politischen Geschehens in der Region und rückte noch stärker in den Blickwinkel der internationalen Politik. Sie mußte in kürzester Zeit, unerwartet und unvorbereitet, in eine Rolle hineinwachsen, die der des Osmanischen Reichs in seiner Endphase nicht unähnlich war: die Rolle einer Regionalmacht auf einem Pulverfaß, da in fast allen seinen Nachbarstaaten Instabilität, Despotismus, ausgeprägter Nationalismus, ethnische Auseinandersetzungen etc. herrschen. Sie selbst, auch wenn aufgrund ihrer geostrategischen Lage Europa zugehörig, ist andererseits auch in den Regionen Balkan, Mittelmeer, Nahost, Schwarzmeer und Kaukasus eingebunden und unterhält historisch begründete Beziehungen zu arabischen und nordafrikanischen Ländern.[5]

Nach der Auflösung der Sowjetunion im Jahre 1991 wurde die Türkei Zeuge der Entstehung fünf neuer unabhängiger Republiken: Aserbaidschan, Usbekistan, Kasachstan, Kirgistan und Turkmenistan. Sie blicken auf das gleiche kulturelle Erbe zurück wie die Türkei, ihre Bewohner sprechen trotz unterschiedlicher Akzente die gleiche Sprache und weisen die gleiche ethnische Herkunft auf. Noch im September desselben Jahres besuchte der kasachische Präsident Nursultan Nazarbayev die Türkei, im November der aserbaidschanische Ministerpräsident Hasan Hasanov, im Dezember der turkmenische Präsident Saparmurat Niyazov, der usbekische Präsident Askar Akayev und im Januar 1992 der aserbaidschanische Präsident. Dies war ein historisches Ereignis. Seit den Seldschucken war es nun erstmals wieder möglich, daß die türkischen Staaten bzw. Völker unbeschränkt miteinander kommunizieren konnten. Die Turkrepubliken sahen die Türkei als eine zentrale Kraft an, an der sie sich orientieren wollten. Sie waren nach der Auflösung der Sowjetunion unabhängig geworden, ohne einen Unabhängig-

---

5   Vgl.: Meier, Max Georg: Die Politische, wirtschaftliche und soziale Situation der Türkei im Frühjahr 1995, S. 78f., in: Konrad-Adenauer-Stiftung: Auslandsinformationen, 4/1995; S. 75-97.

keitskampf führen zu müssen, waren auf eine solche Situation ebenfalls unvorbereitet und suchten nach einer Orientierungshilfe. Auch sahen sie z.B. im Iran keine wünschenswerte Alternative, da sie nach der Auflösung der Sowjetunion ihre Sicherheit in der Anlehnung an das westliche Bündnis suchten und das westliche Wirtschaftssystem übernehmen wollten. Daher war die Türkei für sie die bessere Alternative. Türkischem Einwirken ist es so auch zu verdanken, daß sie im Januar 1992 der KSZE beitraten. Auch war die Türkei das erste Land, das diese Staaten diplomatisch anerkannte und Botschaften in den jeweiligen Republiken eröffneten.[6] Darüber hinaus unterzeichnete Usbekistan beim Besuch des türkischen Außenministers im Februar 1992 ein Abkommen, nach dem die Türkei Usbekistan in internationalen Institutionen vertreten und die türkischen Botschaften Usbekistan im Ausland repräsentieren dürfen. Deutlich wird, daß es ein langfristiges Ziel der Türkei war und ist, in der Region ein spezifisch türkisches Einflußgebiet zu schaffen. Eine Region, in der insgesamt 115 Millionen Menschen leben und die über wertvolle Bodenschätze wie z.B. Gas, Kohle, Öl und Gold verfügt. Andererseits will und muß die Türkei aber auch vermeiden, daß der Eindruck entsteht, sie würde eine pantürkische bzw. expansionistische Politik betreiben. Eine solche Politik würde zwangsläufig zu Konflikten mit Rußland führen, das seinerseits unverändert politische Interessen in dieser Region hat.

Für ihre Politik sucht die Türkei die Unterstützung des Westens und ist bemüht, ihre Ziele mit denen der westlichen Länder abzustimmen. Abgesehen von wirtschaftlichen Interessen ist hier auch die Eindämmung reislamisierender Einflüsse, insbesondere seitens des Iran und Saudi Arabiens ein wichtiges gemeinsames Feld.[7]

Wesentliche Hindernisse für die Realisierung türkischer Zielvorstellungen sind die Hinterlassenschaften siebzigjähriger sowjetischer Herrschaft. Ihr geschlossenes System verhinderte den Austausch zuverlässiger Informationen mit der zentralasiatischen Region. So besteht das Risiko, daß die Türkei aufgrund dieses Mangels falsche politische Strategien entwickelt. Auch sind die jetzigen Führungskader dieser Länder vielfach noch aus den alten kommunistischen Nomenklaturen. Wachsende Demokratisierung kann so auch Machtkämpfe herausfordern. Aserbaidschan ist dafür ein gutes Beispiel.[8] Was das militärische Potential der Türkei angeht, so ist es zwar nicht zu unterschätzen. Für die Rolle als Stabilisierungsmacht in der Region, abgesehen von einer geringen Fähigkeit zu räumlich und zeitlich begrenzten Interventionen, ist es aber nicht ausreichend. Dies hat in der Vergangenheit der Konflikt zwischen Armenien und Aserbaischan deutlich gemacht. Abge-

---

6 Candar, Cengiz: Degismekte olan dünyada türkiyenin bagimsizligini kazanan yeni Türk Cumhuriyetlerle iliskileri, S. 133f; In: Sabahattin Sen (Hrg.): Yeni dünya düzeni ve Türkiye; Istanbul 1992, S. 133-142.
7 Kramer, Heinz: Die Türkei: Eine Regionalmacht mit Zukunft, S. 121f, in: Zunker, Albrecht (Hrsg.): Weltordnung oder Chaos?, Frankfurt 1993, S. 109-125.
8 Candar, Cengiz, 1992, S. 139.

sehen von der mangelnden Fähigkeit würden solche Interventionen aber auch Rußland provozieren, was wiederum - wie bereits ausgeführt - nicht im Interesse der Türkei sein kann.
Eine realistische Einschätzung des wirtschaftlichen Potentials und der aktuellen wirtschaftlichen Lage der Türkei macht deutlich, daß eine massive ökonomische Unterstützung der Turk-Republiken und die Bereitstellung benötigter Technologie sowie des dazu gehörigen Know-Hows nicht möglich ist. So investieren türkische Unternehmen zwar in der Region, aber entweder handelt es sich um Investitionen kleinen Volumens oder die Beteiligung an Joint-Ventures. Angesichts dieser Probleme bleibt der Türkei als einziges Instrument zur friedlichen Einflußnahme in der Region der Ausbau von kulturellen Beziehungen zu den Turk-Republiken. Dieses Instruments bedient sie sich auch. Das türkische Außenministerium hat eine „Abteilung für Ostangelegenheiten" eingerichtet, um das lateinische Alphabet in Zentralasien zu verbreiten. Denn die Menschen in Aserbaidschan, Kirgisien, Kasachstan, Usbekistan und Turkmenistan bedienen sich zwar der türkischen Sprache, in der Stalin-Ära wurde ihnen aber das kyrillische Alphabet aufgezwungen. Mit Ausnahme von Tadschikistan haben inzwischen alle Republiken das lateinischen Alphabet eingeführt. Die Türkei hat sie unterstützt, indem sie Lehrer zur Verfügung stellte, aber auch Bücher und Schreibmaschinen mit lateinischen Buchstaben spendete.[9] Stipendien werden an Studenten vergeben, damit sie in der Türkei studieren können. Auch werden türkische Tageszeitungen in den Turk-Republiken publiziert, und die Türkei hat ein gesondertes Fernsehprogramm: „Euroasia-TV" eingerichtet, das über den Satellit „Türk-Sat" für 100-200 Millionen Menschen in Europa und Asien vierundzwanzig Stunden täglich ausgestrahlt wird. Zur Koordinierung dieser Aktivitäten findet jedes Jahr ein Kongreß in der Türkei statt, zu dem alle Turk-Republiken eingeladen sind. Hier werden für die Zusammenarbeit der teilnehmenden Staaten gemeinsam Arbeitspapiere entworfen und Kommissionen gebildet. Diese kulturelle Zusammenarbeit wird langfristig positive Ergebnisse zeigen, auch wenn die Türkei wegen fehlender militärischer und ökonomischer Mittel ihr Ziel, Regionalmacht zu werden, zumindest kurzfristig nicht realisieren kann.
Nach dem Überfall des Irak auf Kuwait am 2. August 1990 hat die Türkei in der Golfkriegsallianz unter dem Mandat des UN-Sicherheitsrates und der Führung der USA mitgewirkt. Dazu stellte sie US-Kampflugzeugen türkische und NATO-Basen in der Türkei zur Verfügung und sperrte die irakischen Erdölpipelines zur türkischen Mittelmeerküste. In gewisser Weise dokumentierte der Eintritt in den zweiten Golfkrieg aber auch einen ersten Bruch mit dem Kemalismus. Da der Irak infolge der Niederlage in diesem Krieg seine Rolle als Regionalmacht in Mittelost einbüßte, fiel er auch als Kräftependant zum Iran in der komplizierten sicherheitspolitischen Kräftebalance am Golf aus. Durch ihre Teilnahme am Krieg gab sich die Türkei

---

9 Erzeren, Ömer: „Türkisch von der Adria bis China", in: Die Tageszeitung, 2.3.1993.

nunmehr als Regionalmacht zu erkennen, und sie dokumentierte insbesondere die Bereitschaft zur Übernahme der bisherigen Rolle des Irak gegenüber dem Iran. Damit hat ihre geostrategische Bedeutung aus Sicht der NATO und der EU wieder an Bedeutung gewonnen. Da diese Staaten ein Interesse daran haben, eine Verbreitung der Islamisierung nach iranischem Vorbild in der Region zu verhindern, kommt es ihnen darauf an, das türkische Modell der iranischen Alternative als überlegen und vorbildhaft für die anderen islamischen Staaten der Region darzustellen.[10]

Auch in der Schwarzmeerregion[11] versuchte die Türkei, ihren Einfluß auszuweiten. Auf ihre Initiative sollte die wirtschaftliche Zusammenarbeit der Schwarzmeeranrainerstaaten intensiviert werden. Die Idee der Gründung einer „Schwarzmeer-Wirtschaftsregion" (Black Sea Economic Cooperation; BSEC) wurde von dem türkischen Diplomaten Sükrü Elekdag entworfen. Die Idee wurde 1990 von dem damaligen türkischen Staatspräsidenten Turgut Özal aufgegriffen und verbreitet. Die ehemaligen Ostblockstaaten Sowjetunion, Bulgarien und Rumänien zeigten großes Interesse für die BSEC. Nach der Auflösung der Sowjetunion erhöhte sich die Zahl der Teilnehmerstaaten. Gegenwärtig hat die BSEC elf Mitgliedstaaten: Albanien, Armenien, Aserbaidschan, Bulgarien, Griechenland, Georgien, Moldavien, Rumänien, Rußland, die Ukraine und die Türkei. Außerdem haben sieben weitere Staaten, Ägypten, Israel, Italien, Österreich, Polen, die Slowakei und Tunesien einen Beobachterstatus in der BSEC. Die Bundesrepublik Jugoslawien (Serbien und Montenegro) und Makedonien wollen Vollmitglieder der BSEC werden, Slowenien hat die Zulassung als Beobachter beantragt. Bei ihrem letzten Treffen in Bukarest haben die Mitgliedsländer noch keine Beschlüsse über die Aufnahme neuer Mitglieder gefaßt.[12] Das Schlußkommunique der BSEC wurde von den Mitgliedstaaten am 25. Juni 1992 in Istanbul unterschrieben. In 18 Punkten haben die Staaten ein umfangreiches Programm für die wirtschaftliche Zusammenarbeit entworfen, das Bereiche des Handels, der industriellen Kooperation, der Wissenschaft und Technik sowie der Umwelt einschließt. Die Ziele der BSEC wurden darin wie folgt beschrieben:

- Durch Demokratie, soziale Gerechtigkeit, wirtschaftliche Freiheit, Achtung der Menschenrechte und Grundfreiheiten soll der wirtschaftliche Wohlstand der Mitgliedsländer erhöht werden.
- Bilaterale und multilaterale Kooperationen sollen untereinander weiterentwickelt, der technologische, wirtschaftliche und soziale Fortschritt vorangetrieben sowie ein freies Unternehmertum gefördert werden.

---

10 Krech, Hans: Turgut Özal - Ein Mann für Visionen, S. 55f, in: Rissener Rundbrief, 4-5/1996, S. 51-60.
11 Vgl.: Sen, Faruk: Die Schwarzmeer-Regionen auf dem Weg nach Europa, in: Frankfurter Rundschau, 7.1.1993.
12 „Brücke nach Nahost und Zentralasien", in: Frankfurter Allgemeine, 29.4.1996.

- Um eine raschere Integration der BSEC mit der Weltwirtschaft zu erreichen, sollen Kooperationen mit Drittstaaten und internationalen Organisationen gefördert werden.

Im Schlußkommunique wurde bekräftigt, daß die wirtschaftliche Zusammenarbeit in der BSEC entsprechend den Prinzipien der Helsinki-Schlußakte, der Beschlüssen der KSZE/OSZE-Folgedokumente, sowie der Prinzipien des internationalen Rechts erfolgen wird. Die Mitgliedsländer tagen regelmäßig einmal im Jahr. Aber bis jetzt wurden weder bahnbrechende Erfolge bei der Entwicklung der BSEC erzielt, noch kann von einer türkischen Einflußzone gesprochen werden.[13] Ein wichtiger Grund dafür liegt darin, daß einige Mitgliedsländer wie Armenien, Bulgarien oder Griechenland aus historischen Gründen gegen eine Dominanz der Türkei in der BSEC sind. Daneben sind mit Rußland und der Ukraine aber auch Staaten vertreten, die längerfristig selbst als Aspiranten für eine politische Führungsrolle prädestiniert scheinen. So wird der Erfolg der BSEC auch davon abhängig sein, wie der Interessenkonflikt um die Vormachtstellung einiger Mitgliedstaaten ausgehen wird. Denn solange die BSEC als Forum zur Verschaffung von Vormachtstellungen wahrgenommen wird, wird sie längerfristig scheitern.[14]

Beziehungen zu einigen ausgewählten Nachbarstaaten

Die Beziehungen der Türkei zu seinen Nachbarstaaten sind nicht ohne Spannungen. Dies gilt insbesondere für Syrien, den Irak und Griechenland. Es ist auch nicht auszuschließen, daß es mit ihnen zu militärischen Auseinandersetzungen kommt. Erschwerend kommt hinzu, daß einige ihrer Nachbarstaaten ein Interesse daran haben, durch Unterstützung des Terrors in der Türkei diese zu destabilisieren. So kann sie, mit ihren inneren Probleme beschäftigt, keine Politik in Richtung einer Regionalmacht betreiben.[15]

Syrien

Das türkisch-syrische Verhältnis leidet bis heute unter der Last der Geschichte. Syrien war seit den Tagen des Sultans Selim I. Yavuz, der das Gebiet 1516 eroberte, bis zum Ende des Ersten Weltkrieges von den Osmanen beherrscht worden. In der zweiten Hälfte des vorigen Jahrhunderts hat sich in Städten wie Damaskus, Beirut und Aleppo erster Widerstand geregt, der schließlich zur Entstehung eines dezidiert antitürkischen arabischen Nationalismus führte. Doch auch nach dem Zusammenbruch des Osmani-

---

13 Sen, Faruk: Die Schwarzmeer-Region auf dem Weg nach Europa, in: Frankfurter Rundschau, 7.1.1993.
14 Kramer, Heinz, 1993, S. 120f.
15 Candar, Cengiz,1992, S. 141.

schen Reichs kam es immer wieder zu Spannungen. So akzeptiert Syrien bis heute nicht die mit einer Volksabstimmung verbundene Abtretung der Sandschaks von Alexandrette (türkisch Hatay) an die Türkei im Jahre 1939. Syrische Karten weisen dieses Gebiet um die heute türkischen Städte Iskendurun und Antakya als syrisches Territorium aus. Andere Probleme, die das Verhältnis der beiden Länder belasten, sind Wasser und die Unterstützung der PKK durch Syrien. Der Chef der PKK lebt in Syrien, und die PKK hat ihr Hauptquartier, die sogenannte „Akademie Mahsun Korkmaz", in der ostlibanesischen Beka-Ebene.[16]

Die Türkei hat über 98,8 Prozent des Euphratwassers unter seiner Kontrolle, von dem Syrien mittlerweile sehr stark abhängig ist. Syrien fürchtet deshalb, daß nach der Fertigstellung des Südostanatolien-Projekts (GAP), die Türkei ihre Monopolstellung hinsichtlich des Wassers mißbrauchen kann bzw. wird.[17] Syrien ist seinerseits nicht in der Lage, das GAP-Projekt zu verhindern, da es als Unteranlieger in dieser Frage nahezu keinen Einfluß auf die Türkei ausüben kann. Auch läßt die türkische Militärmacht Drohungen nicht erfolgreich erscheinen. Deshalb versucht Syrien einerseits durch Unterstützung der PKK ein Druckmittel für Verhandlungen gegenüber der Türkei in die Hand zu bekommen und andererseits, durch Mobilisierung der Arabischen Liga diesen Konflikt zu internationalisieren. Im Juni 1996 erfolgten wieder einmal Truppenbewegungen beiderseits der türkisch-syrischen Grenze. Dem waren eine Reihe von Bombenanschlägen in Damaskus, Latakia, Aleppo und in anderen Städten entlang der syrisch-türkischen Grenze vorausgegangen. Syrien vermutete hinter den Anschlägen die Türkei, machte die türkischstämmige Bevölkerung für sie verantwortlich und nahm in größerem Umfang Verhaftungen vor. Zur gleichen Zeit führte die Türkei im Südosten eine Operation gegen die PKK durch. Seit in der Türkei die Wohlfahrtspartei die Macht übernommen hat, gibt es Initiativen von seiten des Ministerpräsidenten Necmettin Erbakan, die das Verhältnis zwischen Syrien und Türkei entspannen sollen. Was diese Initiativen bewirken werden, bleibt abzuwarten.[18] Denn beide Länder bewerten den völkerrechtlichen Status des Flusses unterschiedlich. Während Syrien ihn als internationales Gewässer betrachtet, versteht die Türkei ihn als grenzüberschreitendes Gewässer, da seine Quellen innerhalb der türkischen Grenzen liegen.

---

16 „Erfolgreicher Besuch Özals in Damaskus", in: Neue Züricher Zeitung, 22.7.1987.
„Die Wasser wurden ärmer", In: Frankfurter Allgemeine, 7.8.1992.

17 Allerdings ist es fraglich, ob diese Einschätzung Syriens realistisch ist. Dazu Kamuran Inan, ehemaliger Staatsminister im Interview mit dem Autor am 18.8.1994 im türkischen Parlament in Ankara: „Doch die Türkei hat nicht die Absicht, das Wasser als politisches Druckmittel einzusetzen. Dafür läßt sich folgendes Beispiel anführen: Während des Golfkrieges schlugen amerikanische Experten mehrfach vor, den Atatürk-Staudamm vollständig zu sperren, um den Irak sozusagen austrocknen zu lassen. Die Türkei lehnte das jedoch ab, da sie nicht die Absicht hat, Wasser als Druckmittel der Politik zu mißbrauchen. Dieses Projekt ist für die Türkei ein Entwicklungsprojekt ohne politische Ziele. Die Türkei wird wie bisher auch weiterhin seine Nachbarn mit Wasser versorgen".

18 „Syrische Truppen an der türkischen Grenze", in: Frankfurter Allgemeine, 18.6.1996.

Nach internationalem Recht sind internationale Gewässer gerecht zwischen den Anrainern zu verteilen. Grenzüberschreitende Gewässer hingegen unterliegen dieser Regelung nach türkischer Auffassung nicht.

Irak

Auch mit dem Irak steht die Türkei in einem Wasserkonflikt. Irak fordert 60 Prozent der jährlichen Wasserrechte am Euphrat. Auch er ist bemüht, jede sich ihm bietende Gelegenheit nutzen, seine Ansprüche anzumelden und wenn möglich durchzusetzen.[19] Ebenso wie Syrien betrachtet der Irak die Flüsse Euphrat und Tigris als internationale Gewässer und fordert die Türkei auf, das Wasser gerechter aufzuteilen.

Wie bereits erwähnt, nahm die Türkei im zweiten Golfkrieg Partei für die Allianz, trägt bis heute alle UN-Sanktionen gegen den Irak mit und sperrte die für Irak strategisch wichtigen Erdölpipelines zum türkischen Hafen Yumurtalik, über die der Irak sein Öl von den Ölfeldern um Mossul exportierte. Bis zu diesem Zeitpunkt war der Irak der wichtigste Öllieferant der Türkei. Nach dem Golfkrieg brach unter den irakischen Kurden ein Aufstand aus, der von Saddam Hussein blutig niedergeschlagen wurde. Deshalb flüchteten 466 000 kurdische und turkmenische Flüchtlinge an die irakisch-türkische Grenze. Die Türkei war mit ihrem Kurdenproblem und dem Kampf gegen die PKK zur Genüge beschäftigt. Sie war somit daran interessiert, daß die Flüchtlinge wieder in ihre Siedlungsgebiete zurückkehren. Über Geheimverhandlungen mit den irakischen Kurdenführern Talabani und Barzani, die zusicherten, keine Feinde der Türkei zu sein und keinen Kurdenstaat gründen zu wollen, nahm die Türkei Einfluß auf die Politik im Nordirak. Eine internationale Schutztruppe wurde stationiert, die den Irak von einem Rachefeldzug gegen die Kurden abhalten sollte.[20] Die Kurdenführer im Irak erhielten türkische Diplomatenpässe von den Türken und haben im Gegenzug die Türkei über ihre Auslandsbesuche informiert. Dem damaligen türkischen Staatspräsidenten Turgut Özal kann das Ziel unterstellt werden - wie auch Kommentaren der türkischen Presse zu entnehmen war - den Nordirak langfristig eng an die Türkei anzubinden. Allerdings versuchte die Türkei nach dem Tod von Turgut Özal wieder eine Annäherung an Saddam Hussein, da sie die Möglichkeit der Gründung eines kurdischen Staates in Nordirak fürchtete, der auch ein Beispiel für die türkischen Kurden hätte werden können. So nahm der Einfluß der Türkei im Nordirak wieder ab.[21]

---

19   Barandat, Jörg: Ein Kampf um Wasser, in: Rheinischer Merkur, 12.4.1996.
20   Krech, Hans, 1996, S. 55ff.
21   Candar, Cengiz: Cekic Güc, in: Sabah, 20.7.1996.

Griechenland

Der Konflikt zwischen der Türkei und Griechenland gründet sich im wesentlichen auf Fragen im Umgang mit Minderheiten, den Konflikt zwischen der türkischen und griechischen Volksgruppe auf Zypern und die Rechte in der Ägäis. Auch der Krieg auf dem Balkan verursachte zusätzliche Spannungen. Der Minderheitenkonflikt ist der älteste Konflikt zwischen Griechenland und der Türkei. In Westthrakien leben türkische Minderheiten. Die Griechen rechnen sie nicht als Türken, sondern als Muslime, die nur eine religiöse Minderheit sind. Nach dem Verständnis der Türkei sind es hingegen Türken, als deren natürliche Beschützer sie sich versteht. Andererseits hat sich die griechische Minderheit in der Türkei aufgrund der Spannungen zwischen beiden Ländern seit den fünfziger Jahren gezwungen gesehen, nach Griechenland ausgewandert. So leben heute de facto keine Griechen mehr in der Türkei.

Auf der Insel Zypern leben nach wie vor eine griechische und eine türkische Volksgruppe, deren Spannungen untereinander durch die Einflußnahme Griechenlands und der Türkei verschärft wurden. Die Griechen sehen sich als Bevölkerungsmehrheit auf der Insel in der Ausübung ihres Selbstbestimmungsrechts durch die Inseltürken gehindert. Die Inseltürken wiederum sehen ihre Rechte nicht ausreichend vor einer Majorisierung durch die griechischen Zyprioten gewährt und verlangen Sicherheitsgarantien. Die Inseltürken begreifen sich als zweites Staatsvolk und als gleichberechtigte Nationalität in einem Zweivölkerstaat. Die zwei türkischen Invasionen 1974 führten zur Teilung der Insel, Trennung der Volksgruppen und in der Folge zu einem Bevölkerungsaustausch im großen Umfang.

Der jugoslawische Konflikt hat die Beziehungen zwischen beiden Ländern noch verschärft. Die Türkei versuchte, im Rahmen ihrer Möglichkeiten während des Krieges den Bosniaken zu helfen. Ebenso versucht sie, mit anderen muslimischen Volksgruppen auf dem Balkan gute Beziehungen zu pflegen. Griechenland bezeichnet das als ein Bemühen der Türkei, einen „muslimischen Bogen" um das orthodoxe Griechenland zu ziehen und es damit international zu isolieren.

Beim Ägäis-Konflikt geht es um vier Streitfragen: Den Festlandssockel, die Territorialgewässer, den Status der ostägäischen Inseln und die Kontrolle des Luftverkehrs. Nach Auffassung der Türkei sind die Inseln eine natürliche Verlängerung Anatoliens. Nach dieser Auffassung erstreckt sich der türkische Festlandsockel bis etwa in die Mitte der Ägäis. Danach liegen etliche der griechischen Inseln auf dem türkischen Festlandsockel. Griechenland hingegen vertritt die Position, daß alle griechischen Ägäis-Inseln über einen eigenen Festlandsockel verfügen, womit die Ausbeutung des Meeresbodens in der Ägäis fast gänzlich der griechischen Souveränität unterläge. Nach der Seerechtskonvention von 1982 hätte Griechenland das Recht, seine Hoheitsgewässer von sechs auf zwölf Seemeilen auszudehnen.

Wenn Griechenland seine Rechte aus der Seerechtskonvention wahrnähme, wäre das für die Türkei unannehmbar, weil damit der Anteil der internationalen Gewässer in der Ägäis erheblich reduziert würde. Die Türkei erklärte einen solchen Schritt zu einem Kriegsgrund. Zwar hat Griechenland offensichtlich nicht die Absicht, einen solchen Schritt tatsächlich zu unternehmen, es benutzt aber die Androhung als Verhandlungstrumpf. Auch betreibt Griechenland eine Militarisierung auf den ostägäischen Inseln. Es begründet dies damit, daß die türkische Zypern-Invasion im Jahre 1974 die akute Gefährdung der griechischen Inseln aufgezeigt hat und die Türkei über ein Militärpotential verfügt, das zu einer raschen Besetzung der Inseln befähigt. Im letzten Streitpunkt zwischen den beiden Staaten in der Ägäis geht es um die Abgrenzung und die Kontrolle des Luftraums. Nach Auffassung der Türkei dürfte der Luftraum gemäß internationaler Konvention lediglich den Grenzen der Territorialgewässer (z.Zt. sechs Seemeilen) entsprechen. Griechenland fordert aber zehn Seemeilen, was die Türkei nicht akzeptiert.[22]

Der letzte Zuspitzung des Konflikt zwischen den beiden Ländern ereignete sich im Januar 1996. Ein auf Imia (Kardak) gestrandetes türkisches Handelsschiff hatte die Frage provoziert, wem das Eiland eigentlich gehöre. Weder die türkische, noch die griechische Regierung hatte ein Interesse daran, diesen Fall hochspielen. Aber der Bürgermeister der benachbarten griechischen Insel hißte die griechische Fahne und lud dazu die Presse ein. Daraufhin landeten Journalisten einer türkischen Zeitung mit einem Hubschrauber auf der Insel und hängten ihrerseits die türkische Fahne vor die laufenden Kameras. Daß in der Folge die Streitkräfte beider Seiten in Bereitschaft versetzt wurden, macht die Brisanz des Ägäis-Konflikts deutlich. In diesem Fall konnte die akute Eskalation nur durch das Eingreifen des amerikanischen Präsidenten Bill Clinton noch in derselben Nacht entschärft werden.

Eine grundsätzliche Beilegung der Konflikte zwischen der Türkei und Griechenland ist zur Zeit nicht in Sicht. Griechenland will die Probleme vor dem Internationalen Gerichtshof behandeln. Die Türkei lehnt dies ab und plädiert dafür, daß zunächst bilaterale Verhandlungen geführt werden sollten. Erst wenn diese nicht zu einem Ergebnis führen, soll der Internationale Gerichtshof angerufen werden.[23]

Auswege aus der Krise

Um die politischen und wirtschaftlichen Krisen zu bewältigen, aber auch um Regionalmacht zu werden, muß die Türkei heute neue Wege gehen. Dazu gehört zunächst einmal, daß sie sich mit ihrer Geschichte auseinandersetzt,

---

22 Axt, Hans-Jürgen: Konflikttriade im östlichen Mittelmeer, in: Internationale Politik, 2/1996, S. 34f.
23 Axt, Hans-Jürgen, 1996, S. 33f.

die nicht erst mit Kemal Atatürk beginnt. Damit kann sie auch nicht mehr den Islam, eine ihrer kulturellen Wurzeln, wie bisher ignorieren und unterdrücken. Erbakan kann daher für die Versöhnung von Staat und Religion als eine Chance begriffen werden. Wenn anstelle des türkischen Nationalismus der Islam wieder als verbindendes Element für die Gesellschaft Bedeutung gewänne, könnte ein Beitrag für den inneren Frieden geleistet werden.
Eine Versöhnung von Staat und Religion könnte auch eine gute Grundlage für die Lösung der Kurdenproblematik sein. Denn wie bereits erwähnt, sind 97 Prozent der Kurden Muslime. Um den Einfluß der PKK aber zu marginalisieren, bedürfte es anstatt militärischer Maßnahmen eher politischer, wirtschaftlicher und sozialer Anstrengungen. Eine Lösung der Kurdenproblematik ist äußerst wünschenswert, da sie den Haushalt entlasten und neue Investition der privaten Unternehmen - auch mit Hilfe des Staates - in der Region ermöglichen würde.
Neben einer Sanierung der Wirtschaft, Senkung der Inflation, Verbesserung der Einkommensverteilung und der Beschäftigungsgrundlage bedarf es aber insbesondere struktureller Reformen im Staatsapparat: Der zentral ausgebaute Staatsapparat muß dezentralisiert werden, damit die Kommunalregierungen mehr Möglichkeiten haben, Probleme vor Ort zu lösen.
Dies bedeutet auf den Punkt gebracht: Die Türkei muß sich zukünftig nach ihren eigenen Normen und Werten demokratisieren.[24] Ob dazu die jetzige oder eine andere Koalition fähig sein wird, bleibt abzuwarten. Eine Analyse der Demokratiegeschichte der Türkei zeigt allerdings, daß Koalitionsregierungen eher ungeeignet für die Durchführung solcher Reformen sind. Deshalb erscheint es zweckmäßig, ein neues System, ggf. orientiert am französischen oder US-amerikanischen Modell zu entwickeln, das einer Partei das Regieren ermöglicht.
Im außenpolitischen Bereich muß sich die Türkei auch weiterhin am Westen orientieren, dabei aber gleichzeitig die Beziehungen mit anderen Ländern - und zwar nicht nur den islamischen - vertiefen. Denn nicht zuletzt hat sie mangels eigener Rohstoffe und fossiler Energiequellen ein vitales Interesse an vorteilhaften Beziehungen zu ihren Nachbarn.
Löst die Türkei die genannten Probleme nicht, kann es weder innenpolitisch Frieden geben, noch kann sie ihre außenpolitischen Interessen realisieren. Wird die politische und wirtschaftliche Krise in der Türkei keiner Lösung zugeführt, wird dies nicht nur für sie selbst, sondern auch für die gesamte Region und darüber hinaus immense negative Folgen haben.

---

24 Vgl.: Güven, Bülent: Ökonomische und politische Modernisierungsprozesse und Islamisierungstendenzen unter besonderer Berücksichtigung der Türkei, unveröffentlichte Diplomarbeit, Hamburg 1995.

Weitere Literatur

Axt, Heinz-Jürgen: Der „Islamische Bogen"; In: Südost-Europa; Heft 9/92.

Buhbe, Matthes: Türkei: Politik und Zeitgeschichte, Opladen 1996.

Criss, Nur Bilge: Between discord and cooperation: Turkish-Russian relations after the Cold War, Ebenhausen 1996 (Stiftung Wissenschaft und Politik, SWP-AP 2988).

Faroqhi, Suraiya: Kultur und Alltag im Osmanischen Reich. Vom Mittelalter bis zum Anfang des 20. Jahrhunderts, München 1995.

Hermann, Rainer: Die drei Versionen des politischen Islam in der Türkei, In: Orient, 1/96, S. 35 - 58.

Krech, Hans: Wie Phönix aus der Asche: Der Aufstieg der Türkei, in: ders.: Vom II. Golfkrieg zur Golf-Friedenskonferenz, Bremen 1996.

Mehmet, Özay: Fundamentalismus und Nationalstaat. Der Islam und die Moderne, Hamburg 1994.

Meier, Andreas: Der politische Auftrag des Islam, Wuppertal 1994.

Schüler, Harald: Parlamentswahlen in der Türkei. Wohlstandspartei gewinnt Stimmen im Hinterland, In: Orient, 2/96, S. 35 -58.

Steinbach, Udo: Die Türkei im 20. Jahrhundert, Bergisch Gladbach 1996.

Thesen: Die Türkei - neue "central region" der NATO ?

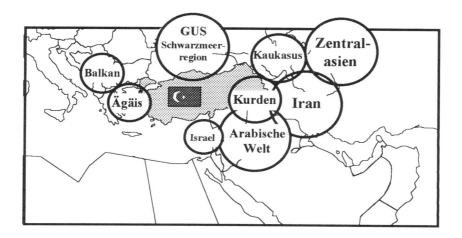

1. Die Bedeutung der Türkei für die West-/ Mitteleuropäische Sicherheit hat sich grundlegend gewandelt.
2. Die Türkei ist eine aufstrebende Regionalmacht.
3. Die Türkei steht in mehr oder weniger akuten Konflikten mit ihren Nachbarn.
4. Aus strategischen Überlegungen besteht ein türkisch-israelisch-amerikanisches Sonderverhältnis. In der Einflußnahme auf Zentralasien z.B. versucht die USA durch die Beziehungen Washington <=> Ankara die Abschottung der Region durch Moskau <=> Teheran zu kompensieren. Noch sind die Türkei und Israel die stabilsten Staaten der Region und könnten einen Modellcharakter für die Transformation der Region in die Moderne abgeben.
5. Die Bedeutung der Türkei im Rahmen von Nah- Mittelost- und Zentralasienszenarien ist gestiegen. Sie wird sich aber nur dann für die Stabilität Europas positiv auswirken, wenn
   - die Türkei einen innenpolitischen Ausgleich zwischen Kultur, Religion und Moderne findet: *„Die Moderne realisieren und sie islamisch legitimieren,"*
   - die Türkei in die EU integriert wird,
   - Europa bereit ist, sich politisch im ganzen Mittelmeerraum zu engagieren und Verantwortung zu übernehmen,
   - über die NATO, die OSZE oder neu zu gründende Foren eine qualitativ neue politische/sicherheitspolitische Architektur realisiert wird.

Jörg Barandat

> *"Wir haben das Recht, mit unserem Wasser zu tun oder zu lassen, was uns beliebt. Der Schnee, der auf unsere Berge fällt, gehört nicht den Arabern. Dieses Wasser ist unser Wasser. Das Öl gehört dem, der Öl hat, und das Wasser gehört dem, der Wasser hat."*
>
> Süleyman Demirel, als türkischer Premierminister

Die Türkei in der Wasserfalle: Das Südostanatolien-Projekt
(GAP, Guneydogu Anadolu Projesi) [1]

Für die Region des Nahen und Mittleren Ostens kann die Türkei durchaus als "Wassermonopolist" bezeichnet werden. So übt sie z.B. faktisch die Kontrolle über 98,8 Prozent des Euphratwassers und 50 Prozent des Tigriswassers aus. Nach ihrer Auffassung ist dieses Wasser eine natürliche Hilfsquelle, die für die nationale Entwicklung nach eigenem Ermessen zu nutzen ist. Durch das Großprojekt GAP will die Türkei diese für sie günstigen Rahmenbedingungen in wirtschaftlichen wie politischen Profit umwandeln. Bei einem Investitionsvolumen von 32 Milliarden US $ soll es bis 2005 fertiggestellt sein. Es umfaßt für den Euphrat 21 Staudämme, 17 Wasserkraftwerke, 1000 km Kanäle, eine Million Hektar Bewässerungsland sowie für den Tigris weitere acht geplante Staudämme und 600 000 Hektar Bewässerungsland.[2] Das GAP-Projekt beschränkt sich allerdings nicht nur auf die Gewinnung von Bewässerungswasser und elektrischer Energie, sondern es ist als umfassendes regionales Entwicklungsprojekt konzipiert. Es integriert damit auch Vorhaben in wirtschaftlichen und sozialen Bereichen wie Industrie, Verkehrs- und Kommunikationsinfrastruktur, Bildung und Kultur, Gesundheit und Freizeit. Damit unterscheidet es sich grundlegend von anderen Großprojekten, die diese Felder in der Regel nicht oder nur wenig berücksichtigen.[3]

---

1 Ich danke Herrn Oberst i.G. Osman Gönültaş, Türkische Botschaft in Bonn und Herrn Mohamed Al Nahari, Liga der Arabischen Staaten, Büro Bonn für ihre umfangreichen und wertvollen Informationen. Ich bedaure, daß - trotz wiederholter Versuche meinerseits - syrische und irakische Stellen meine Anfragen nicht beantwortet haben.
2 Zu weiteren Leistungsdaten siehe den Beitrag von Waltina Scheumann in diesem Band.
3 Vgl.: Republic of Turkey, Prime Ministry, State Planning Organization: GAP-Masterplan, Bd. 1, Ankara 1989, S.3ff. Eine umfassende und übersichtliche Darstellung liefert auch: Mutlu, Servet: The Southeastern Anatolia Project (GAP) of Turkey: its context, objectives and prospects, in: Orient, März 1996, S. 59-86.

Allerdings wird sich nach seiner Fertigstellung die zu den Nachbarn Syrien und Irak abfließende Wassermenge um ca. 60 Prozent verringern. Damit steckt die Türkei bezüglich ihres GAP-Projekts außen- wie innenpolitisch in mehrfacher Hinsicht in einer für sie allein nicht auflösbaren Zwangslage, die nachfolgend dargestellt werden soll. Darüber hinaus soll aufgezeigt werden, daß ein Konflikt um das Wasser des Euphrat und Tigris auch für die Staaten der Europäischen Union von Bedeutung sein wird. Die Türkei, wie die anderen Staaten der Region, bedürfen in einer schwierigen Phase ihrer Entwicklung im europäischen, wie in ihrem eigenen Interesse, partnerschaftlicher Hilfe. Dabei wäre es allerdings wenig hilfreich, auf politischen Aktionismus zu setzen, der sich kurzsichtig über die Realitäten in der Region hinwegsetzt, oder der Türkei den von ihr selbst gewählten Weg in Richtung Demokratie und Europa versperrt. Ebenso erscheinen Versuche, die Realisierung des GAP-Projekts über eine völkerrechtliche Bewertung zu verhindern, zu verzögern oder zu modifizieren, wenig sinnvoll. Denn nach den heute gültigen Prinzipien des internationalen Rechts kann das GAP-Projekt nicht als völkerrechtswidrig bewertet werden. Es ist weder rechtswidrig, noch moralisch verwerflich, wenn ein souveräner Staat - zudem auch noch im Interesse der Mehrheit seiner Bürger, die sich von der Realisierung dieses Projekts einen höheren Lebensstandard erhoffen - seine Interessen verfolgt und mit friedlichen Mitteln durchsetzt. Aus Souveränität und Integrität einschränkenden Normen des internationalen Wasserrechts („Helsinki Rules", „Helsinki Convention") können für die betrachtete Region nur sehr bedingt konkrete Rechte und Pflichten der Anlieger abgeleitet werden. Im Falle der Türkei wäre dies allerdings anders zu bewerten, wenn sie Mitglied der Europäischen Union würde.

Wenn Deutschland und Europa ein Interesse daran haben, den Vorderen Orient in Richtung auf europäische Wertvorstellungen zu verändern - und die Staaten Türkei und Israel werden für die Realisierung eines solchen langwierigen und schwierigen Prozesses Schlüsselpositionen einnehmen - bedarf es eines abgewogenen, ausgefeilten politischen Konzepts. Europäische und insbesondere deutsche Politik ist daher gut beraten, sich aktiv und pragmatisch einzubringen, zumal sie in vielfältiger Hinsicht wertvolle Hilfestellungen für die Konfliktpartner in der Region leisten könnte.[4]

Aus einer solchen Betrachtungsweise ergibt sich folgende Frage über das GAP-Projekt: Ist die Realisierung dieses Projekts auch mittel- und langfristig *sinnvoll und zweckmäßig für die Entwicklung und Stabilisierung der Region* unabhängig von staatlichen Grenzen?

Unter dieser Fragestellung sollen nachfolgend zu erwartende Entwicklungen und Lösungsansätze aufgezeigt werden.

---

4   Siehe dazu auch die Beiträge in den Kapiteln III und IV dieses Bandes.

Wille und Zwang zur wirtschaftlichen Entwicklung

Die Bevölkerung der Türkei verfügt über einen hohen Anteil junger Menschen und über eine Wachstumsrate von durchschnittlich um zwei Prozent. Mittel- und langfristig kann diese wachsende Bevölkerung nur durch Produktivitätserhöhung ernährt werden. Zwar war die Türkei insbesondere in den achtziger Jahren überdurchschnittlich erfolgreich und konnte zwischen 1985-87 ihr BIP mehr als verdoppeln. Dennoch wuchs die Arbeitslosenquote von 1990 auf 1992 von 8,3 auf 13,2 Prozent, und das Wirtschaftswachstum verringerte sich im gleichen Zeitraum von 9,7 auf 5,9 Prozent. Darüber hinaus verlief die Entwicklung auch noch regional unterschiedlich insbesondere zu Ungunsten Ostanatoliens. Das Resultat dieser bevölkerungs- und wirtschaftsgeographischen Disparität konfrontiert heute den türkischen Staat mit sozialen Spannungen, Landflucht und der nicht erwünschten weiteren Urbanisierung bereits entwickelter Zonen.

Aus Sicht der Türkei sind daher Projekte wie das GAP unverzichtbar. Sie sind im geplanten Umfang fortzusetzen, wenn der Lebensstandard ihrer Bürger zukünftig sichergestellt, ggf. noch verbessert werden soll.

Für die GAP-Region sollen bis 2005 ca. zwei Millionen zusätzliche Arbeitsplätze in der Landwirtschaft geschaffen werden. Dabei ist die Türkei auch bereit, tiefgreifend in die Sozialstruktur dieser Region einzugreifen. So sind im Rahmen des Stauseebaus ca. 19.000 Menschen umzusiedeln, und bereits heute wirbt der türkische Staat massiv um ausländische Investoren, um auch die Industrialisierung in dieser Region einzuleiten.

Grundsätzlich fällt in der Türkei mit Ausnahme der anatolischen Hochebene genügend Niederschlag, der ihr den Regenfeldbau ermöglicht. Dennoch macht schon heute der Bewässerungsfeldbau, obwohl nur ca. sieben Prozent der Ackerfläche, bereits 15 Prozent der Erzeugung aus. Eine weitere Intensivierung der Agrarproduktion durch Bewässerungswirtschaft wird angestrebt, da er weitgehend von den Unwägbarkeiten der unregelmäßig fallenden Niederschläge unabhängig macht.

Ostanatolien soll zukünftig die "Kornkammer" und der "Gemüsegarten" des Nahen Ostens werden.[5] Hier sollen mehr als 60 Prozent der Baumwolle und 50 Prozent des Getreides allein für den Export produziert werden. Die wirtschaftliche Entwicklung Ostanatoliens wird von der türkischen Regierung als die Grundvoraussetzung zur Schaffung innenpolitischer Stabilität begriffen. Neben der landesweiten Bereitstellung von Arbeitsplätzen wird auch das Ziel verfolgt, über wirtschaftliche Entwicklung und Wohlstand die Integration nationaler Minderheiten in den türkischen Staat voranzutreiben. So wurden z.B. die arabischen Bauern in der Harran-Ebene nahe der syrischen Grenze am 9. November 1994 über Wasserpipelines an das GAP an-

---

5 Seitens des Amts für die GAP-Gebietsentwicklung wird eine Reihe von Informationsschriften angeboten, so auch der GAP-Masterplan, die dort angefordert werden können: GAP-Regional Development Administration, Karh Sokak No: 59, 06700 Ankara.

geschlossen. Durch zwei 26 km lange und im Durchmesser sieben Meter starke Stollen strömen nunmehr 328 m³/s Wasser. Erste Ernteerfolge wurden in der türkischen Presse als großer Erfolg gefeiert.[6] Wie lange allerdings diese Erfolge anhalten werden, ist fraglich, da entgegen den Erkenntnissen aus dem Masterplan[7] die Drainage an der Grenze endet. Keine guten Rahmenbedingungen für ein Gebiet, das traditionell schon mit Bodenversalzung zu kämpfen hat. Auch bezüglich der kurdischen Bevölkerungsgruppe strebt die türkische Regierung gezielt an, die Lebensbedingungen der Bevölkerung in Ostanatolien zu verbessern, und so dem Terrorismus der PKK den Nährboden zu entziehen.

Es ist daher durchaus nachvollziehbar, daß kurdische Nationalisten sowie Vertreter der PKK, zwischenzeitlich aber auch konservative türkische Kreise, im GAP einen Anschlag auf ihre Interessen sehen und ihn aus diesem Grunde bekämpfen. Sie befürchten einen Machtverlust, wenn staatlicherseits der Lebensstandard in der Region angehoben wird. Hinzu kommt, daß ähnlich den Palästinensern im Nahen Osten, auch die Nachbarn der Türkei ein Interesse daran haben, die Kurdenproblematik zu instrumentalisieren, um die Türkei als wirtschaftlichen und politischen Konkurrenten zu schädigen.[8] Damit wird die Wasserfrage auch zum Instrument der Konfliktaustragung. Denn die Rolle der Türkei als Wassermonopolist weckt Vorbehalte der arabischen Welt, die sich aus der Geschichte der Kolonialmacht Osmanisches Reich begründet. Wasser wird daher seitens der arabischen Nachbarn als Mittel zur Ausübung politischer und wirtschaftlicher Kontrolle der Region und Instrument zur Durchsetzung hegemonialer Ansprüche bewertet. So wird die Diskussion ideologisiert und aufgrund der Sensibilität der Thematik in einer ariden/semiariden Zone zur politischen Propaganda ("osmanischer Imperialismus") genutzt. Ein typisches Beispiel für Propaganda ist der

---

6   Siehe: Crops abundant in Harran, in: News Spot, Ankara 15.03.1996; GAP agriculture to yield $ 6.6bn by 2010, in: Turkish Daily News, Ankara 23.02.1996. Die in diesem Aufsatz angeführten Zeitungsartikel sind dokumentiert im Nahost- Informationsdienst, hrsg. vom Deutschen Orient Institut, Hamburg.

7   GAP-Masterplan, Bd.2, Ankara 1989, S.5: „The provision of sufficient drainage is an absolute must for successful irrigation development."

8   „The uneasy relationship with Turkey will remain a feature of Syrian foreign policy for some time ... The historic territorial dispute over the Turkish province of Hatay ... is a constant irritant. The giant Ataturk dam and related projects in southeast Turkey, which control the flow of the Euphrates river into and through Syria, is another object of resentment by Syria against Turkey. Nevertheless, the source of greatest strain in the question of sanctuary within Syria for the Kurdish PKK insurgents ... The PKK presence also acts as lerverage for Damascus with Ankara over the water issues."
Wyllie, James: Assad's future options. in: Jane's Intelligence Review, 2/1996, S.86. Vgl. auch: Syria slams Turkey over terrorism charges, in: Jordan Times, Amman 26.02.1996.
Darüber hinaus lassen sich auch Zusammenhänge zwischen der Inbetriebnahme des Urfa-Tunnels im Herbst 1995 und dem Großangriff der PKK infolge der Einflußnahme seitens der syrischen Regierung gegen die mit der Türkei kooperierenden kurdischen Barsanifraktion im Irak vermuten. Aber auch der Irak selbst hält sich zwischenzeitlich Optionen offen. Das 1984 abgeschossene Sicherheitsabkommen, das der Türkei das Recht zur Nacheile bis zu fünf km einräumte, wurde nach 1988 nicht mehr verlängert.

Vorwurf an die Türkei, sie wolle im Fall einer politischen Krise zur Durchsetzung ihrer Interessen den „Wasserhahn zudrehen". Da sich, wie später weiter ausgeführt wird, die Türkei zunehmend in die Abhängigkeit von Wasserkraft begibt, ist eine solche Annahme allerdings sehr fragwürdig. Ein Wasserstopp wäre demnach gleichbedeutend mit erheblichen Einschränkungen in der Energieversorgung, in einer Folgenabschätzung in Hinblick auf die eigene Volkswirtschaft also abwegig. Es wird also zukünftig nicht einfach sein, die gesellschaftliche und politische Diskussion in den Anliegerstaaten des Euphrat-Tigris-Basin wieder zu versachlichen.
Aber auch Wissenschaftler,[9] die nicht in Zweifel ziehen, daß das GAP-Projekt den Entwicklungsrückstand der Südosttürkei verringern wird, schätzen die Wahrscheinlichkeit, daß die Türkei ihre hochgesteckten wirtschaftlichen Ziele erreicht, vielfach skeptisch ein. Diese Skepsis wird im Wesentlichen damit begründet, daß die Landreform in der Türkei nicht in Richtung auf effiziente Betriebsgrößen (weder zu klein, noch zu groß) durchgesetzt werden konnte und auch die sozialen Ungleichheiten nicht hinreichend beseitigt wurden. So wird modernste Technik in traditionelle, archaische Machtstrukturen eingebettet. Auch wird als Beleg angeführt, daß der Nachbar Syrien sein ehrgeiziges Bewässerungsprogramm mit Euphratwasser - geplant waren zunächst 640.000 ha - erst auf 460.000 ha (1977) und heute auf 240.000 ha reduziert hat.

Der Wille zur Unabhängigkeit von fossilen Energiequellen

Die Türkei verändert die Anteile ihres BIP langsam aber beständig immer mehr zugunsten des industriellen Sektors. Dabei ist allerdings die wachsende Industrialisierung mit einem steigenden Energiebedarf verbunden. Im Gegensatz zu den Euphratanliegern Syrien und Irak verfügt aber die Türkei über nur geringe Vorkommen an primären Energieträgern. Sie ist daher zu größeren Brennstoffimporten gezwungen. 1993 hat die Türkei ihr bisher höchstes Defizit in der Zahlungsbilanz erwirtschaftet. Im Gegensatz zu den Exporten, die nur um fünf Prozent zunahmen, erhöhten sich die Importe um 33 Prozent. Die wichtigsten Importgüter sind Maschinen und Rohöl. Es ist damit zu rechnen, daß sich dieser Trend zukünftig weiter fortsetzen wird.
Die Wasserkraft bietet sich als zuverlässige alternative Energiequelle an und trägt bereits heute mit einem Anteil von 30 Prozent zur Energieversorgung bei. Die Gefällstrecken des Euphrat und Tigris in der GAP-Region sind bisher nur zu ca. zwölf Prozent bezüglich der möglichen Energiegewinnung ausgenutzt. Dies wird sich mit der Ansiedlung von Energieprojekten in dieser Region grundlegend ändern. Schätzungen gehen davon aus, daß die GAP-Region allein über 50 Prozent des zukünftigen Energiebedarfs der

---

9   Vgl.: Struck, Ernst: Das Südostanatolien-Projekt, in: Geographische Rundschau, 2/1994, S.88ff.

Türkei decken wird. So konnten aufgrund des Ausbaus der Wasserkraft sogar Planungen für den Bau von Kernkraftwerken zurückgestellt werden. Die Landwirtschaft erwirtschaftet bereits heute 17,4 Prozent des BIP sowie seit Jahren konstante Überschüsse, die 23,7 Prozent der Exportgüter ausmachen. Eine Ausweitung dieser Überschußproduktion läßt langfristig auf eine ausgeglichene Handelsbilanz hoffen. Dies insbesondere dann, wenn der Handel mit den Partnern erfolgt, von denen Primärenergie und Industriegüter bezogen werden. Wasser würde so auf dem Umweg über Agrarprodukte zu Energie. Allerdings ist gegenüber solchen Berechnungen durchaus Skepsis angesagt. Auch wenn eine hohe Steigerungsrate bei landwirtschaftlichen Produkten erwartet werden kann, so wird aufgrund des Bevölkerungswachstums in der Türkei ein größerer Nettoüberschuß bei Getreide, Obst und Gemüse wohl ausbleiben, ebenso ist zu erwarten, daß das Reisdefizit bleiben wird.[10]

Neben dem Export von in Agrarprodukten gebundenem Wassers wird auch an einen direkten Wasserexport gedacht. Israel, Ägypten, Jordan und die palästinensische Autonomiebehörde haben ihr Interesse bekundet.[11] Noch unter Turgut Özal entstand der Plan einer Wasserpipeline von der Türkei nach Palästina und auf die arabische Halbinsel. Dies wäre allerdings nicht das erste regionale Entwicklungsprojekt, das wegen der konflikträchtigen Egoismen in der Region nur geringe Aussicht auf Realisierung hat.[12] Erinnert werden soll hier an die Bagdad und Hedschas Bahn um die Jahrhundertwende. Es ist daher schlüssig, wenn Israel einen Wasserimport mittels Tankschiff (jährlich 250 Mio m³) vorzieht.

Der Handel mit Wasser ermöglicht so zwar einerseits Ansätze für die Kooperation mit den Nachbarn, wird aber auch Ursache für weitere Konfrontation sein. Bei den herrschenden Rahmenbedingungen erscheint es schwer vorstellbar, daß es im nationalen Interesse der Nachbarstaaten wäre, vom Import türkischer Agrarprodukte oder türkischen Wasserexporten abhängig zu sein, um dann die Türkei mit Öl beliefern zu müssen. Syrien fürchtet darüber hinaus, im Falle einer zunehmenden Kooperation zwischen der Türkei, Israel und Jordanien sogar eine seitens der USA initiierte „Einkreisung" oder „Ausgrenzung".[13]

---

10   Ders. in seinem Vortrag auf dem GAP-Symposium des Vereins Türkischer Ingenieure, Naturwissenschaftler und Architekten am 15.11.1996 in Hamburg.

11   Vgl.: Mideast countries plan to form consortium to buy water from Turkey, in: Turkish Daily News, Ankara 13.12.1996.

12   „Turkey has underscored its role as water broker in the region by proposing to build what it calls 'peace pipeline' to drier Middle East nations ... .Along with the pipelines' $ 21-billion estimated cost, a major drawback is the financing would depend on all parties reaching a broader water-sharing agreement. Perhaps a larger hurdle is that at this point the downstream Arab nations do not want to place their water security in Turkey's hands or to bank on a technological solution that would be vulnerable to attack in so many countries." Postel, Sandra: Last Oasis, New York/London 1992, S.82.
Siehe auch: Barandat, Jörg: Wasser-Ein neues Pulverfaß? Hamburg 1993, S.37, 64.

13   Vgl.: Gold, Dore: What Syria wants, in: The Jerusalem Post International Edition, 30.12.1995.

Die Konfliktpartner Syrien und Irak

Das Wasser des Euphrat und Tigris eignet sich aufgrund seiner Qualität für die Bewässerung aller Bodenarten. So sind alle drei Anlieger von diesem Flußsystem bereits abhängig, bzw. sind auf dem Weg, sich durch wachsende Nutzung mehr und mehr abhängig zu machen. Sie könnten dann in eine vergleichbare Situation kommen wie Ägypten, das seine gesamte Ernte, Pakistan, das zu 80 Prozent, China, das zu 70 Prozent und Indien, das zu 55 Prozent seine Ernte aus dem Bewässerungsbau bezieht.
Eine intensive Nutzung, die bei wachsender Bevölkerung in der Region aber nur den jeweils größten nationalen Nutzen im Auge hat, führt zwangsläufig zu einer sich öffnenden Schere zwischen Wassernachfrage und Wasserangebot. Darüber hinaus wird eine deutliche Tendenz dahingehend erkennbar, Gewinne aus der Wassernutzung möglichst zu nationalisieren / privatisieren, Belastungen und Kosten aber zu internationalisieren / externalisieren. Auch wenn z.Zt. noch genügend Wasser nach Syrien und in den Irak einfließen, so ist absehbar, daß im Endausbau aller Planungen der drei Anlieger, ergänzt um die Verdunstungsmenge und den notwendigen Wasserdruck gegen das Einströmen von Meerwasser im Delta, insgesamt 160 Prozent der Jahreswasserfracht notwendig wären. Hinzu kommt, daß es sich nicht nur um eine Frage der Quantität, sondern auch der Qualität handelt. Da der Irak am Ende der Kette der Nutzer liegt, ist schon vor Erreichen des Endausbaus damit zu rechnen, daß er zwar vom Volumen noch über Wasser verfügen wird, mit diesem aber keine Bewässerungswirtschaft mehr betreiben kann. Da es die vorangehenden Nutzer belastet haben, kann es als "verbraucht" gelten. Es auf die Felder zu pumpen, würde sie in kurzer Zeit versalzen.
Einer Meldung der Süddeutschen Zeitung vom 30./31. Januar 1993 ist zu entnehmen: "Die Türkei werde die Belange seiner Nachbarn bei der Planung des Projekts gemäß internationalem Recht berücksichtigen." Eine beruhigende Meldung, wüßte man nichts über die tatsächliche Situation des internationalen Rechts in Wasserfragen, die sich vielfach weniger durch vertragliche Regelungen über die Verteilung, sondern vielmehr durch das Recht des Stärkeren auszeichnet.
Tatsächlich besteht eine Erklärung der Türkei[14] aus dem Jahr 1987, die eine ständige Abgabe von 500 m³/sec. für die Unterlieger des Euphrats zusagt. Im Februar 1991 drosselte sie aber diesen Ablauf "aus technischen Gründen" vorübergehend auf 300 m³/sec. Zwar gab es Proteste, einen Anspruch anmelden und durchsetzen konnten die Unterlieger aber nicht. Auch gibt es eine "trilaterale Kommission", die wiederholt getagt hat. Allerdings ist man über den Austausch von Daten über Niederschlagsmengen und Wasserfracht noch nicht hinaus gekommen. So wird die aktuelle Lage weiter durch strikt

---

14   Zu den unterschiedlichen Vorstellungen der Euphrat- und Tigrisanlieger über Vereinbarungen und Regelungen zur Wasserverteilung siehe auch den Beitrag von Waltina Scheumann in diesem Band.

nationale Interessenverfolgung in einer Atmosphäre von Mißtrauen und Gereiztheit bestimmt. Eine vom ehemaligen Staatspräsidenten Özal angestrebte internationale Konferenz über Wasserfragen kam bisher nicht zustande. Das erste Mal wurde sie durch den letzten Golf-Konflikt verhindert. Das zweite Mal, für den November 1991 geplant, führte die Einladung Israels zur Verweigerung der arabischen Staaten.

Dabei signalisiert die Türkei grundsätzlich ihre Bereitschaft, im Sinne der "Helsinki-Rules" zu handeln. Sie macht dies nicht nur durch Gesprächsangebote deutlich, sondern auch durch konkrete Übereinkommen z.B. mit dem Irak, "... daß für die Füllung des Keban-Speichers nur Wassermengen verwendet werden, die einen Abfluß von 350 m³/sec überschreiten."[15]

Allerdings scheint sich die Türkei nicht bewußt werden zu wollen oder zu können, daß sie als der technisch und ökonomisch am weitesten entwickelte Anlieger mit dem GAP-Projekt faktisch mehr und mehr das Euphrat-Tigris-Wassersystem ganz für sich vereinnahmt. Erklärungen des guten Willens seitens der Türkei können unter diesem Gesichtspunkt für die anderen Anlieger nicht ausreichend sein. Bedrohung ist nicht objektiv meßbar, sondern entsteht im Kopf des Konfliktpartners auf der Grundlage seiner Wahrnehmung. Und danach ist das GAP insbesondere für den Irak eine existentielle Bedrohung. Stabilität ließe sich daher durch bi- und multilaterale Vereinbarungen erreichen, die es unmöglich machen, daß sich die Beteiligten vielleicht doch noch auf eine Position der absoluten Souveränität oder Integrität zurückziehen können. Solange dies nicht ausgeschlossen ist, kann auch die Türkei nicht erwarten, daß die Unterlieger des Euphrat und Tigris ihren Beteuerungen, sie wolle "nicht den Wasserhahn abdrehen", vorbehaltlos vertrauen.

Auch soll an dieser Stelle angemerkt werden, daß steigende Technisierung und Zivilisierung erwiesenermaßen einen exponentiellen, häufig bei der Planung nicht berücksichtigten Anstieg der Wassernutzung zur Folge haben. Dies läßt in allen drei Staaten auch innenpolitische Auseinandersetzungen um den "Ausverkauf von Bewässerungswasser" - wie er heute schon aus den USA, insbesondere in Kalifornien, bekannt ist - erwarten. Auch ist mittlerweile bekannt, daß der Industrialisierung (auch der der Landwirtschaft) städtische Agglomerationen folgen, die sich durch steigende Nachfrage nach Trink- und Brauchwasser auszeichnen und ihren Bedarf gegenüber anderen Nachfragen häufig sehr massiv durchsetzen. Daher erscheint es fraglich, ob die Türkei - guten Willen zur Kooperation mit seinen Nachbarn vorausgesetzt - bei einer z.B. klimabedingten Verknappung der Wasserfracht ihren Zugriff darauf überhaupt einschränken kann. Es ist schwer vorstellbar, daß dies eine bis dahin in der GAP-Region zugewanderte und gewachsene Bevölkerung dulden wird. Im Unterbewußtsein ist das präsent, wie eine Fest-

---

15 Garbrecht, Günther: Wasserwirtschaftliche Probleme beim Ausbau internationaler Flüsse, aufgezeigt am Beispiel des Euphrat, in: Zeitschrift für Bewässerungswirtschaft, 2/1971, S. 172.

stellung des türkischen Außenministers Çetin im Januar 1992 belegt: "Concerning water, we are aware of its growing importance and its regional implications. We see it as an integral element of overall regional cooperation. We are ready to cooperate in this respect, but I must point out that we will do so in accordance with our own priorities and within the limits of our potential. Turkey is not a country which has abundant water resources. We may soon face problems in meeting our own needs."

Syrien

90 Prozent seines gesamten Wasserbedarfs werden heute aus dem Euphrat gedeckt. Im Gegensatz zu Syrien verfügt die Türkei noch über weitere wasserreiche Flußsysteme, der Irak über den Tigris und seine Zuflüsse. Somit ist es eine Frage der nationalen Integrität, die Respektierung der Anforderungen an den Euphrat durch die anderen Anlieger zu verlangen.[16]
So mahnte Syrien anläßlich der Inbetriebnahme des Atatürk-Staudamms am 25.Juli 1992 ein dreiseitiges Abkommen über eine gemeinsame Nutzung des Euphratwassers an. Der türkische Außenminister Çetin machte allerdings in seinem kurz darauf folgenden Besuch in Damaskus am 3. August 1992 deutlich, daß die Türkei keine Veranlassung für neue Verhandlungen über die 1987 vereinbarten 500 m^3/sec. hinaus sähe. Ein weiterer Vorstoß des Irak und Syriens anläßlich des Baubeginns des Birecik-Staudamms am 28. Januar 1993 wurde seitens der Türkei unter Bezug auf die bekannten Positionen - man werde die Belange der Nachbarn berücksichtigen - zurückgewiesen. Daß dieser Konflikt ein Dauerthema ist, belegt auch ein Artikel der Turkish Daily News vom 9. Januar 1995, in dem eine syrische Veröffentlichung aufgegriffen und kommentiert wird:
"Sounding the bugle for what looks to be another international campaign, Syria has voiced strong concern about the effects of Turkey´s vast Southeastern Anatolia (GAP) hydroelectrical power and energy scheme, urging joint control of the user states on the waters of the river Euphrate....Ankara, for ist part, has been categorically rejecting the calls of its Arab neighbors to tie the water sharing to an international agreement...Turkey finds Syria´s and Iraq´s complaints unjustified and calls upon them to modernize their energy technology and rationalize irrigation."
Die aktuelle Entwicklung läuft z.Zt. darauf hinaus, daß sowohl Damaskus als auch Bagdad eine Internationalisierung des Konflikts anstreben. So finden nicht nur diese beiden Staaten, die seit 1980 keine diplomatischen Beziehungen mehr unterhalten, über die Wasserfrage - so bei einem Treffen von Regierungsvertretern beider Seiten Anfang 1996 in Damaskus - wieder

---

16 Vgl. Starr, Joyce R.: Water Wars, in: Foreign Policy, 82/1991, S.30: "But Syria's situation is even worse. The low level of the Euphrates, combined with pollution from Syrian pesticides, chemicals and salt, has forced the government to cut back on the supply of drinking water and electricity to Damascus, Aleppo and several other cities."

zueinander.[17] Auch gelang es Syrien offensichtlich über die Mobilisierung der Arabischen Liga,[18] in ersten Ansätzen Staaten wie Kuwait und Bahrain, die bislang gute Beziehungen zur Türkei unterhielten, in eine Oppositionsfront einzubinden. So fand die 12. Versammlung der Außenminister der Arabischen Liga am 27. und 28. Dezember 1995 auf Veranlassung Syriens und unter der Leitung des syrischen Außenministers statt, um eine gemeinsame Haltung in der Wasserfrage zu erarbeiten.[19] Aber auch gegenüber Staaten der Europäischen Union wird Front bezogen. So forderte Syrien in einer diplomatischen Note im Dezember 1995[20] von den EU-Staaten, bei der Türkei die Einstellung des Baus des Birecik-Staudamms zu erwirken. Besondere Kritik wurde dabei gegenüber Deutschland, Frankreich, Belgien und Österreich erhoben, da Banken aus diesen Ländern an der Finanzierung und Baufirmen an der Ausführung beteiligt sind.

Zwischenzeitlich liegen auch Dokumente der Arabischen Liga vor,[21] die die Frage um das Wasser des Euphrat und Tigris als eine arabische Angelegenheit definieren. Im Gegenzug ist die Türkei bemüht, ihrerseits den Konflikt zu internationalisieren, indem sie die NATO zu verstärktem Engagement an ihrer Südflanke drängt und die politische und militärische Kooperation mit Israel verstärkt.

Trotz intensiver Bemühungen um weitere Industrialisierung macht der Beitrag der Landwirtschaft zum syrischen BIP immer noch 30 Prozent aus. Der Anteil ist weiter steigend, einerseits wegen günstiger Ernteergebnisse, andererseits aber auch wegen der Abnahme der industriellen Produktivität. Im Nordosten des Landes ist Regenfeldbau möglich, aber aufgrund wechselhafter Niederschlagsmengen sehr krisenanfällig. Ca. 60 Prozent der möglichen Ackerflächen werden landwirtschaftlich genutzt, davon ca. ein Zehn-

---

17   Siehe: Syria, Iraq open rare talks on water dispute, Dawn, Karachi 11.02.1996.
18   Siehe: Iraq's demarche raises eyebrowes in Ankara, Turkish Daily News, Ankara 12.01.1996; Syria wants Arab backing on dispute with Turkey, Egyptian Gazette, Kairo 06.02.1996.
19   „Die Minister wurden über die Maßnahmen der türkischen Regierung unterrichtet, bezüglich der Errichtung von Staudämmen entlang des Flusses Euphrat, ohne Rücksprache mit den Anliegern zu halten, wie es die Regeln des internationalen Gesetzes und die internationalen Normen vorschreiben, sowie über die Entsorgung des verschmutzten Abwassers des Bewässerungsprojektes in Süd Nord Anatolien [GAP] in [grenzüberschreitend nach] Syrien, die Schäden im Bewässerungs-, Trinkwasser und in der Umwelt entrichten [verursachen]. Außerdem appellierten die Minister ausgehend von den bestehenden Beziehungen zwischen diesen acht Ländern und der Türkei an die türkische Regierung, die Entsorgung des verschmutzten Wassers in [nach] Syrien zu stoppen und zu einer fairen und akzeptablen Abmachung zu gelangen bezüglich der Teilung des Euphratwassers unter den Anrainern ... Die Minister verlangten zu einem endgültigen Abkommen bezüglich der Teilung des Euphratwassers unter den Anrainern durch Verhandlungen zu gelangen." Schreiben des deutschen Büros der Arabischen Liga (Ref.: 101.2.96 vom 22.04.1996) auf der Grundlage eines vom syrischen Außenministerium herausgegebenen Dokuments.
20   Vgl.: George, Alan: Syria and Iraq threaten anti-European action, in: The Middle East, 255/April 1996, S.21; George, Alan: Syria and Iraq call a tactical truce, in: Jane's Intelligence Review, June 1996, S.262f; Turkish-Israeli axis alarms Damascus, in: Dawn, Karachi 13.07.1996.
21   Siehe Anlage.

tel der Ackerfläche im Bewässerungsanbau. Da aufgrund der Qualität der bisher nicht genutzten Ackerböden eine Vermehrung der Anbauflächen die Produktivität nur ungenügend steigerte, setzt Syrien auf die Intensivierung der Nutzung bisheriger Flächen auf bis zu drei Ernten. Dies ist nur möglich bei der Umstellung von Trockenfeldwirtschaft auf Bewässerungswirtschaft. Syrien exportiert vielfältige Agrarprodukte. Insbesondere Baumwolle sowie daraus hergestellte Produkte sind ein wichtiges Ausfuhrgut. Im Gegensatz zum Irak spielt auch die Viehzucht eine wirtschaftliche Rolle an der Agrarproduktion. Der durch Wasserkraft gewonnene Anteil an Elektroenergie beträgt ca. 20 Prozent.

Mit dem Assad-Stausee im Euphrat-Tal sowie einem zweiten Staudammprojekt im Khabour-Tal setzt Syrien seine Zielvorstellungen zur Intensivierung der landwirtschaftlichen Produktion in Großprojekten um, verbunden mit massiven Eingriffen in die Ökologie sowie das soziale Umfeld der Menschen. Allein durch die infolge der Großprojekte erfolgten Massenumsiedlungen von Menschen wird deutlich, daß der syrische Staat nicht nur wirtschaftliche, sondern auch ordnungspolitische Ziele verfolgt: "Mit der Verfügungsgewalt über den Produktionsfaktor Wasser - in Ländern des Orients immer schon als eigenständig neben dem klassischen Produktionsfaktor Boden ausgewiesen - behält er die Kontrolle über den Entwicklungsprozeß."[22] Damit erwecken die syrischen Projekte, die sich wenig an vorhandenen Bedürfnisse der ansässigen Bevölkerung sowie an soziökonomischen Strukturen orientieren, den Eindruck, primär Prestigeprojekte zur Demonstration staatlicher Macht zu sein.

Ein Ausbleiben der Wasserfracht hätte aufgrund des möglichen Regenfeld-/Trockenfeldbaus keine schwerwiegenden Folgen für die Bevölkerung der Region gehabt. Nach der Umstellung auf Bewässerungsfeldbau sind nun aber für diesen Fall hinsichtlich des Problems der Versalzung ähnliche Folgen wie für den Irak zu erwarten. Auch ist es fraglich, ob in einer Wasserkrise wieder auf die traditionellen Anbauweisen umgestellt werden könnte.

Irak

Obwohl im Zeitraum 1970-79 der Anteil der Landwirtschaft am BIP von 27 auf zwölf Prozent zurückging, sind heute noch ca. ein Drittel der im Durchschnitt sehr jungen Bevölkerung (Wachstumsrate 3,2 Prozent) in der Landwirtschaft beschäftigt. Aufgrund seines großen, aber bisher nur extensiv genutzten Agrarpotentials exportierte der Irak bis zum zweiten Golfkrieg vielfältige Agrarprodukte. Heute liegt der Export an Nahrungsmitteln bei nur noch 0,5 Prozent. Ca. 45 Prozent der landwirtschaftlich nutzbaren Fläche werden heute genutzt, davon ca. ein Drittel im Bewässerungsbau. Wasserkraft ist für die Energiegewinnung im Irak ohne größere Bedeutung.

---

22 Hopfinger, Hans: Ein neues Staudamm- und Bewässerungsgroßprojekt am nordsyrischen Khabour, in: Geographische Zeitschrift, 3/1984, S.189.

Der Bewässerungsbau im Irak geht in seinen Ursprüngen auf Bemühungen zum Hochwasserschutz im sehr flachen Deltagebiet des Euphrat und Tigris zurück. Dabei wurden in der Nähe der beiden Ströme liegende Senken in der Wüste durch Kanäle angeschlossen und als Rückhaltebecken genutzt.

Mit Ausnahme des Südostens im Zuge des Tigris fällt nur ungenügend Niederschlag und die Schmelzwasserabflüsse aus dem armenischen Hochland kommen "zur falschen Zeit". Erst durch die Ableitung des Wassers aus den "Rückhaltebecken" zur "richtigen Zeit" wurde ein erfolgreicher Anbau von Agrarprodukten möglich.

Wasserwirtschaft als Kombination aus Hochwasserschutz und Bewässerungswirtschaft ermöglicht so dem Menschen überhaupt erst das Leben in Mesopotamien und reicht damit bis ins Altertum zurück.

60 Prozent der jährlichen Wasserfracht des Euphrats werden daher als in den letzten 5000 Jahren "wohlerworbenes Recht" gefordert, das von den anderen Anliegern zu garantieren sei. Zwar gibt es zwischen der Türkei und dem Irak ein bilaterales Abkommen aus dem Jahre 1946. Doch regelt dieses keine Wasserquoten, sondern gibt nur einen Rahmen für die gegenseitige Information und Zusammenarbeit bei Regulierungen des Euphrat und Tigris zur Bewässerung und Energieerzeugung im "Interesse beider Staaten" vor.

Der heutige Irak baute in der Vergangenheit weitgehend auf traditionelle Bewässerungssysteme auf. Dies brachte ihm aber insbesondere seitens der Türkei den Vorwurf ein, mit dem Wasser verschwenderisch umzugehen. Mit moderner Technik vorangetriebene Großprojekte zur Wassernutzung wurden bisher nur im Delta geplant und im Frühjahr 1993 vollendet. Der Saddam-Kanal, 30 km südlich vom Euphrat abzweigend und dann 565 km südostwärts auf den Persich-Arabischen Golf zulaufend, verfolgte allerdings ebenso innen- und militärpolitische Zielsetzungen. Einerseits sollte so den im Delta lebenden Schiiten systematisch die Lebensgrundlage entzogen und andererseits das Marschland auch für Panzer befahrbar gemacht werden. Grundsätzlich aber soll der geplante weitere Ausbau des Bewässerungsanbaus lediglich das alte System weiter perfektionieren, was allerdings angesichts der Folgen des UN-Embargos schon auf begrenzte Möglichkeiten stößt.[23] Daneben wird auch wieder der Trockenfeldbau regional durch den Staat gefördert.

Eine Verknappung des Wassers wird kurzfristig insbesondere im Delta zu einer Versalzung der Felder führen, da aus dem Persich-Arabischen Golf Salzwasser zurückströmen kann. Damit würden fruchtbare Böden auf lange Sicht vernichtet. Ein ähnlicher Effekt wäre bei intensivem Wassergebrauch der Oberlieger zu erwarten, da das versalzene Drainagewasser bzw. Industrieabwässer den Salzgehalt des Wassers erhöhen würde.

---

23 "...The hardship arising from the acute shortage of raw materials and equipment that serve the irrigation sector due to the continuation of the UN imposed embargo on Iraq in August 1990, the Ministry's staff have managed to produce alternatives and devices to help maintain and carry out irrigation projets." Baghdad Observer vom 27.Dezember 1994.

Vor dem Golf-Konflikt importierte der Irak einen Großteil seiner Nahrungsmittel. Diese Importe wurden aus den Erlösen des Erdölexports finanziert. Infolge des UNO-Embargos wurde im September 1990 den Bauern eine Intensivierung der Produktion "befohlen", um das Embargo zu unterlaufen. Eine solche Intensivierung muß zwangsläufig zu einem weiteren rapiden Anstieg der Anbauflächen vernichtenden Versalzung führen, von der heute schon 65 Prozent der Bewässerungsflächen im Irak betroffen sind. Fraglich erscheint, ob dieser "Befehl" überhaupt umgesetzt werden kann, wenn man berücksichtigt, daß sich infolge des zweiten Golf-Kriegs das Wasserangebot von 450 Liter/Tag/Person auf bis zu zehn Liter/Tag/Person reduziert hat.

Der Irak ist z.Zt. der schwächste Partner im Konflikt, zumindest solange Saddam Hussein Staatsoberhaupt bleibt. Aufgrund seiner internationalen Rolle als "Paria" wird der Irak daher keine Chance haben, seinen durchaus berechtigten Interessen überhaupt Gehör zu verschaffen. Er ist zu 2/3 vom Wasserzufluß außerhalb seiner Landesgrenzen abhängig und verbraucht heute bereits 43 Prozent des verfügbaren Trinkwassers. Wenn Bevölkerungswachstum eine der hochsignifikanten Ursachen für Ressourcenverbrauch ist, die durch steigende Urbanisierung und Industrialisierung in der Landwirtschaft noch verstärkt wird, vergrößert sich die Abhängigkeit des Irak von diesem Zufluß. Wird dieser reduziert, entsteht für den Irak sehr schnell ein „Wassernotstand". Dieser wird sich zunächst im Konflikt zwischen Landwirtschaft und den Städten innenpolitisch destabilisierend auswirken. Da diese innenpolitischen Spannungen aber durch eine entsprechende Informationspolitik auf die Nachbarn Türkei und ggf. auch Syrien als Verursacher projiziert werden können, kann so die irakische Gesellschaft schnell zum Konflikt mobilisiert werden. So steht heute eine Äußerung eines irakischen Regierungssprechers schon in ihrer ganzen Klarheit im Raum: "Wir lassen uns das Wasser nicht abgraben. Notfalls führen wir darum Krieg." Nach der UN-Aggressionsdefinition ist es unzweideutig, wer der Aggressor ist,[24] doch welche anderen realen Möglichkeiten hätte der Irak, um seine überlebenswichtigen Interessen durchzusetzen?

Solche Drohungen sind damit als sehr realistisch zu bewerten: Immerhin konnte in der Vergangenheit ein militärischer Konflikt zwischen dem Irak und Syrien um den Bau des Tabqa-Damms (Assad-Stausee) 1975 gerade noch durch intensive Bemühungen der Arabischen Liga und die Androhung der Intervention seitens Saudi-Arabiens verhindert werden.

---

24 "Keine Überlegung irgendwelcher Art, ob politisch, wirtschaftlich, militärisch oder sonstwie, kann als Rechtfertigung für eine Aggression dienen." Art.5 der Resolution der Generalversammlung der Vereinten Nationen über die Definition der Aggression vom 14. Dezember 1974.

Der Wille zur Selbstbehauptung in der Region

Die Mehrheit der deutschen Öffentlichkeit nimmt das Geschehen südlich des Mittelmeers, wenn überhaupt, dann nur sehr oberflächlich wahr. Das ist verständlich. War doch aufgrund des Ost-West-Konflikts ihr wesentliches Interesse auf die Staaten der Warschauer-Vertrags-Organisation gerichtet. Der Nahe und Mittlere Osten trat nur im Zusammenhang mit den "Ölkrisen" und den besonderen deutschen Beziehungen zu Israel in das Bewußtsein der Bundesbürger.

Zwischenzeitlich hat sich dies geändert, und in Europa wächst das Bewußtsein dafür, daß der Nahe und Mittlere Osten sowie der Vordere Orient vor einem tiefgreifenden Wandel[25] stehen. Die Mehrzahl der "Nationalstaaten" in dieser Region beruht auf den Teilungsplänen Frankreichs und Englands nach dem Ersten Weltkrieg und dem Untergang des Osmanischen Reiches. Grenzen wurden ganz bewußt so gezogen, daß Volks- und Religionsgruppen nicht in einer Nation zusammenleben konnten, sondern nach dem Prinzip: "Teile und herrsche". Absicht der ehemaligen Kolonialmächte war es, die Staaten so zu organisieren, daß jeweils Minderheiten über Mehrheiten herrschen und Mehrheiten auf verschiedene Nachbarstaaten aufgeteilt werden. Das Volk der Kurden sowie der "irakische Nationalstaat" sind dafür ein gutes Beispiel. Regierungen wurden ohne bzw. mit nur sehr zweifelhafter Legitimation der Völker eingesetzt. Das sicherte innen- und zwischenstaatlichen Streit und auf diesem Wege auch den Einfluß dieser Mächte weit über das Ende der Kolonialzeit hinaus. Darüber hinaus entsprach dieses Verfahren aber auch durchaus dem Interesse der Mehrzahl der herrschenden Familienclans dieser Region.

In der Vergangenheit versprach sich diese scheinbar weitsichtige Politik auch auszuzahlen. Trug sie doch wesentlich zu einer indirekten Kontrolle über die Erdölvorkommen der arabischen Halbinsel bei. Heute allerdings scheint sich diese Politik nach dem Wegfall des Ost-West-Konflikts langfristig als verfehlt und verhängnisvoll zu erweisen.

In der Zeit des Kalten Krieges ist die Region von Ost und West aufgerüstet worden. Solange das Prinzip der gegenseitigen Abschreckung auch für sie galt, und Waffen in der Hand der Regierenden die innenpolitische Stabilität sicherten, ließen sich unter diesem Schirm die eigenen nationalen Interessen der Industriestaaten trefflich verfolgen. Dies hat sich durch den Wegfall der Sowjetunion als der zweiten "Kontrollinstanz" grundlegend geändert. Das Gebäude der "Stabilität durch ausgewogene Instabilität" ist in sich zusammengebrochen. Einzelne Staaten brechen aus und suchen ihre Interessendurchsetzung im Alleingang. Dazu nutzen sie auch das für sie verfügbare militärische Potential. Angesichts eines großzügig ausgestatteten "Marktes" an Fachwissen, Technik und Fachpersonal wird es nur eine Frage der Zeit

---

25 Siehe hierzu insbesondere den Beitrag von Bülent Güven in diesem Band.

sein, wann einige dieser Staaten auch über weitreichende Trägersysteme und Massenvernichtungswaffen verfügen.

In der nahen Zukunft wird sich die islamische Welt politisch neu ordnen. Zwei regionale Mächte werden in dieser politischen Neuorientierung eine Schlüsselrolle spielen: Die Türkei und der Iran. Beide bemühen sich schon heute mit großem Ernst um Einfluß im muslimischen Süden der zerbrochenen Sowjetunion, auf der arabischen Halbinsel, in Nord- und Ostafrika und auf dem Balkan. Drohgebärden - auch militärische - sind schon heute an der Tagesordnung und ein neues Wettrüsten findet statt.

Es ist unverkennbar, daß die Türkei aus ihrer Sicht nur vor der Alternative steht, wirtschaftliche und innenpolitische Stabilität auf Kosten außenpolitischer Konfrontation zu erwerben. Diese scheut sie aber nicht, da sie sich als der politisch, wirtschaftlich und militärisch stärkste Akteur in der Region versteht - nicht zuletzt auch durch die Einbindung in die NATO und abgestützt durch ihre besonderen Beziehungen zu den USA. Gerade auch in der Realisierung des GAP-Projekts wird dieses nach außen wie nach innen demonstriert.[26]

Andererseits strebt sie aufgrund ihrer gemeinsamen Geschichte und gegenseitiger ökonomischer Abhängigkeiten mit den anderen Staaten der Region auch nach vielfältigen und gutnachbarschaftlichen Beziehungen zu diesen. Die Türkei geht so gegenüber Europa wie auch Asien einen eigenständigen Weg zwischen Abgrenzung und Integration. Dieser Weg bestimmt Chancen wie Grenzen ihrer "Brückenfunktion" sowie die Bedeutung einer politisch handlungsfähigen Türkei für beide Kontinente.

Mit diesem kurzen Exkurs wird deutlich, daß die Wasserfrage nicht für sich isoliert betrachtet werden kann, sondern zu ihrer Lösung integrierter Politikansätze bedarf.

Hier kann und muß auch europäische Außenpolitik ansetzen, zum gegenseitigen Vorteil und als Beitrag zur Stabilisierung der Region. Die Alternative zur partnerschaftlichen Einbindung hieße Isolation oder Polarisierung. Dies ist angesichts der Probleme und Spannungen in der Region nicht im europäischen Interesse. Die Türkei scheint in ihrem eigenen nationalen Interesse zu dieser Kooperation bereit. Die Frage ist, ob es Europa auch ist, wenn die Türkei im europäischen Markt als wirtschaftlicher Konkurrent auftritt.

---

26 Ministerpräsident Demirel (in: Nachrichten aus der Türkei vom 31. Juli 1992) bei der Einweihung des Atatürk-Staudamms das GAP-Projekt: "... der Wille, der dieses Projekt realisierte, sei der gleiche, der den Unabhängigkeitskrieg siegreich beenden half"..."Das GAP stelle die Türkei in eine Reihe mit den hochentwickelten Ländern".

Mögliche Auswege der Türkei aus der Wasserfalle

Die bisher am Beispiel GAP aufgezeigten unerwünschten, mitunter die gesamte Zielsetzung des Großprojekts gefährdenden Folgen, lassen sich vermeiden - zumindest aber abmildern - wenn bereits in einer Planungsphase umfassende und reelle Kosten-Nutzen-Rechnungen und Umweltverträglichkeitsprüfungen durchgeführt werden. Das kann mitunter auch den Verzicht auf ein Großprojekt zugunsten einer Vielzahl ökologisch und sozioökonomisch angepaßter Kleinprojekte zur Folge haben. Denn eine Analyse der Weltbank[27] zeigt, daß

- die örtlichen Kommunen von Großprojekten nicht profitieren, da sie mit den Folgebelastungen (z.B. Auftreten von im Wasser lebenden Krankheitserregern, Veränderungen des Mikroklimas, Veränderung der Produktionsmethoden und Erwerbsstrukturen) in der Regel überfordert werden;
- Umsiedlungskosten vielfach zu niedrig angesetzt werden;
- die Entschädigung für den Verbrauch von Land durch Bargeld dazu führt, daß der Entschädigte in die Stadt geht und nach Verbrauch des Geldes zur Vergrößerung des Stadtproletariats beiträgt;
- die von der Landflucht betroffenen Kommunen unzureichende finanzielle Entlastung erhalten;
- Schäden für die Unterlieger - insbesondere bei grenzüberschreitenden Gewässern - nicht berücksichtigt werden.

So ist es gerade die Weltbank, die großen Wasserbauprojekten inzwischen sehr skeptisch gegenübersteht und sie im Regelfall, im Gegensatz zu kleineren lokalen Projekten, nicht mehr fördert. Auch im Fall des GAP hat sich die Weltbank einer Mitfinanzierung verweigert.

Wenn die Türkei ein Interesse daran hat, die zu erwartenden unerwünschten Nebenwirkungen des GAP zu reduzieren, wird sie ein Programm zur "Schadensbegrenzung" initiieren müssen. Das heißt:

- Gemeinsame regionale grenzüberschreitende Überplanung aller nationalen Vorhaben der Anlieger. Dabei muß den durch ihre Lage am Unterlauf benachteiligten Nachbarstaaten die Möglichkeit eingeräumt werden, ihre Interessen - aber auch die zukünftiger Generationen - gleichberechtigt einzubringen.
- Entwicklung eines Forums (Gewässerkommission), das orientiert an Grundsätzen zeitgemäßen Wassermanagements,[28] mittel- und langfristig technische, soziale, wirtschaftliche und politische Impulse für regionale

---

27 vgl.: Frederiksen, Harald D. u.a.: Principles and Practices for Dealing with Water Resources Issues, Washington, D.C. 1994 (= World Bank Technical Paper Number 233).
28 Dazu gibt auch der GAP-Masterplan (Bd.1, S.18) Richtlinien, die lediglich über die GAP-Region hinaus für das gesamte Basin anzuwenden sind: „It has been widely recognized that high economic growth in any region, especially under severe natural conditions, cannot be sustained without the proper management of the environment."

Politik ohne Rücksicht auf Ländergrenzen und zum allseitigen Vorteil fördert.

Noch wäre die Zeit günstig, um einen solchen Prozeß einzuleiten, da die Realisierung des GAP-Projekts hinter dem Zeitplan liegt. So wäre eine Nachsteuerung in Richtung nachhaltiger Entwicklung („sustainable development") noch möglich. Je weiter sein Ausbau allerdings voranschreitet, um so mehr Fakten werden geschaffen, die zukünftig nicht mehr korrigierbar sind.

So könnte mit Hilfe der Wasserfrage unter Umständen sogar ein wesentlicher Beitrag bei der Bestimmung und Herausbildung neuer politischer Strukturen im Nahen Osten und Vorderen Orient geleistet werden. Die Alternative: Konfrontation kann langfristig nicht im nationalen Interesse der Türkei liegen, da große Teile der Gewinne aus dem GAP dann in den Verteidigungshaushalt investiert werden müßten und so der Entwicklung des Landes entzogen würden. Wenn sich die Türkei als Teil Europas verstehen will, wird sie sich auch in der Wasserfrage an europäischen Standards orientieren und in ihrem eigenen Interesse prüfen müssen, ob sie an ihrer jetzigen Position festhalten kann. Eine Veränderung hin zur Kooperation unter Aufgabe bestimmter Souveränitätsrechte widerspricht dabei nicht grundsätzlich kemalistischen Politikvorstellungen.[29] Bei den vom 07. - 25.10.96 in New York stattgefunden Verhandlungen über den ILC-Entwurf einer internationalen Wasserkonvention folgte allerdings die Türkei einem Kurs, der unzweifelhaft die Wahrung ihrer Souveränität zum Ziel hatte: Keine Hinnahme von Einschränkungen bezüglich nationaler Entwicklungsziele und -möglichkeiten, bzw. Einflußnahme in ihre Wirtschafts- und Industriepolitik von außen. Sie wich damit nicht von ihrer Position ab, die sie bereits - wie viele andere Staaten, insbesondere Anlieger an Oberläufen - beim Entstehen des Entwurfs immer wieder herausgestellt hatte. So wünscht die Türkei eine eher unverbindliche Rahmenkonvention ("framework convention").[30] Einige Statements lassen sogar darauf schließen, daß sie, wenn möglich, eine noch weniger bindende - hinter die Standards der „Helsinki

---

29 Kemal Atatürk: „ Heute sind alle Nationen der Erde fast Verwandte geworden oder bemühen sich, es noch zu werden. Infolgedessen muß der Mensch nicht nur an die Existenz und das Glück derjenigen Nation denken, der er angehört, sondern auch an das Vorhandensein und das Wohlbefinden aller Nationen der Welt...Wir wissen nicht, ob uns nicht ein Ereignis, das wir weit entfernt glauben, eines Tages erreicht. Aus diesem Grund muß man die gesamte Menschheit als einen Körper und eine Nation als sein Glied betrachten." Zitiert nach: Türkische Nationale Kommission für die UNESCO (Hrsg.): Atatürk. Sein Leben und seine Werke, 1981, S.274f.

30 84th General Assembly, 6th Committee, 28th Meeting: Press Release GA/L/2799 v. 5. November 1993.
United Nations: Report of the International Law Commission on the Work of its forty-fifth Session, New York 1993 (=General Assembly Official Records, Forty-eight Session Supplement No.10), S.74: "Most of the members who commented on this article found it usefull particularly if the article were to become a framework convention whose provisions were meant not to be binding but to act as guidelines for States."

Rules" zurückfallende - Form bevorzugt: "... The affected State should not necessarily have the power to veto activities ... The State of origin might not be expected to refrain from activities if those activities were fundamental to development of the country ... Everything would depend on the relationship between the State that had committed an act and the affected State." In diesem Zusammenhang soll auch darauf hingewiesen werden, daß die Türkei den Euphrat und Tigris als „grenzüberschreitendes" und nicht „internationales" Gewässer verstanden wissen will.

Diese Vorstellungen[31] wurde bei den Verhandlungen in New York dahingehend umgesetzt, daß sie z.B. die Artikel 11-19 des ILC-Entwurfs wegen der bestehenden Notifikationsverpflichtung bei geplanten Maßnahmen insgesamt nicht akzeptierte und für die Art. 12-15 eigene Entwürfe vorgelegt hat.

Europäische Verantwortung

Europäische Politik kann kein Interesse daran haben, daß ihr Partner Türkei in politische oder sogar militärische Auseinandersetzungen in der Region verwickelt wird, da sie letztendlich Teil eines solchen Konfliktes würde, zumindest aber die Folgen daraus mit zu tragen hätte. Sie wäre daher gut beraten, sich im Vorderen Orient vielfältig einzubringen. Es besteht - alternativ zu einer nicht mehr zeitgemäßen Fortschreibung der bestehenden „Stabilität durch Instabilität" - die Notwendigkeit, ein integriertes Politikkonzept für die Region zu entwerfen. Ohne die Implementierung eines solchen Konzepts könnte sich auch die Türkei zu einem destabilisierenden Faktor im Vorderen Orient/Mittleren Osten entwickeln. Zumindest aber verlöre dann die Türkei ihre „Brückenfunktion" sowie ihren Modellcharakter für die Umgestaltung islamisch geprägter Gesellschaften zu Zivilgesellschaften („civil societies").

In einem solchen integrierten Konzept könnte gerade Deutschland in vielfältiger Hinsicht wertvolle Hilfestellung für die Konfliktpartner leisten und so zu einer positiven Entwicklung in der Region beitragen:
- Was die Region des Nahen und Mittleren Ostens angeht, so hat Deutschland gegenüber anderen europäischen Mächten hier keine koloniale Vergangenheit und könnte damit eher als unabhängiger und glaubwürdiger Vermittler auftreten als z.B. Großbritannien oder Frankreich.
- Deutschland verfügt als Anlieger unterschiedlichster Gewässersysteme und Mitglied von daraus gewachsenen Vertragswerken über eine umfassende Expertise, die anderen Staaten zur Verfügung gestellt werden kann. Als ökonomisch starker Partner kann Deutschland bei der konkreten Problem-

---

31 Siehe hierzu: Republic of Turkey, Ministry of Foreign Affairs, Department of Regional and Transboundary Waters: Water issues between Turkey, Syria and Iraq, Ankara 1995, insbesondere S.27ff, 39ff.

lösung, aber auch für den Aufbau von Zivilgesellschaften, finanzielle Beiträge als Investition in die Zukunft leisten, die die schwächeren Volkswirtschaften in der Region nicht erbringen könnten.
- Letztendlich verfügt aber Deutschland - ob es will oder nicht - über ein nicht unwesentliches Gewicht in der internationalen Gemeinschaft. Damit hätte es auch die Möglichkeit, der Türkei und anderen Staaten der Region Wege nach Europa zu öffnen. So könnte diesen Staaten dabei geholfen werden, ihre Entwicklung voranzutreiben, ohne sich in vitale Interessenkonflikte mit ihren Nachbarn zu begeben. Dies wiederum eröffnet Chancen zu einer vertraglich geregelten, gerechten Verteilung des Gewinns aus der gemeinsamen Nutzung des Euphrat- und Tigriswassers. Unter diesen Voraussetzungen könnte es für die Anlieger durchaus attraktiv werden, Teile ihrer Souveränität zugunsten einer bi- oder multilateralen Wasserkonvention aufzugeben, die es ermöglicht, die positiven Elemente des Entwicklungsprojekts GAP auf das gesamte Basin von Euphrat und Tigris auszuweiten.

Bundespräsident Roman Herzog: *„Das Primat der Politik ist ein neuer Imperativ geworden. Mehr denn je brauchen wir einen umfassenden politischen Ansatz, der für wirtschaftliche, politische und militärische Stabilität sorgt - vor allem durch Kooperation und Krisenvorsorge. Das geht heute nicht mehr durch den einzelnen Staat allein. Die Staatengemeinschaft muß ihre Kräfte bündeln, muß koordiniert vorgehen."* [32]

---

32   Rede anläßlich seines Besuchs an der Führungsakademie der Bundeswehr in Hamburg am 11.12.1996

Anlage:

League of Arab States General Secretariat   8th July, 1993

Water Issues in the Arab World, S. 5f:

„The question of Arab Water resources in the Middle Eastern region is steeped in complex and trenchant political adversity, especially with regards to the water systems of the Palestine geopolitical theatre.

In the long-term, an even more potentially explosive flashpoint could develop in the northern corner of the Arab World - along the Turkish-Syrian-Iraqi borders.

The Arab countries, grouped within the Arab League are making common cause with Syria and Iraq, the legacy of the Gulf War notwithstanding.

There are recent signs, gleaned from Turkish moves, that this Arab solidarity is being noted in Ankara."

Appendix I Political Aspects, S. 5f:

„If Turkey seeks to harvest benefits for its national economy, this must not be at the expense of Arab rights, and must not be done without consulting Syria and Iraq regarding the apportionment of waters ...

Thus these dangerous unilateral Turkish practices have a massive impact on Arab development and on the Arab environment which is threatened with desertification and aridification and the migration of millions of agriculturalists from their land and homes, and the consequent escalation of the problem of nutritional security, and its aggravation.

We can view the problem of the waters of the rivers Euphrates and Tigris in the light of Arab-Turkish relations. In spite of the absence of an international treaty between Turkey, Syria and Iraq concerning the apportionment of the waters of the rivers Euphrates and Tigris, Turkey was and still is bound, in accordance with established international legal practices, to negotiate and come to an agreement with the two Arab states concerned before commencing and continuing to implement its projects on the two rivers. The benefit it reaps from the river's waters as a result of those projects should not be at the expense of the established legal rights both of Syria and Iraq to the waters."

Appendix II Recommendations, S. 16:

„1- To secure the rights of the two Arab states of Syria and Iraq to the waters of the rivers Euphrates and Tigris, and to support the efforts they are exerting in order to come to a final tripartite agreement which guarantees the established rights of the two countries and helps to strengthen neighbourly relations with Turkey.

2- To approach international financial institutions to arrange for linking the granting of any aid or financial loans to finance projects on the higher basins of the rivers Euphrates and Tigris until tripartite agreement concerning the apportionment of waters is reached.

3- To affirm the necessity of adopting an integrated Arab stand in preparation for the discussions of the Sixth Committee of the United Nations General Assembly concerning the draft of the international law pertaining to non-maritime use of international water courses, in order to support Syria and Iraq's established rights to the rivers Euphrates and Tigris."

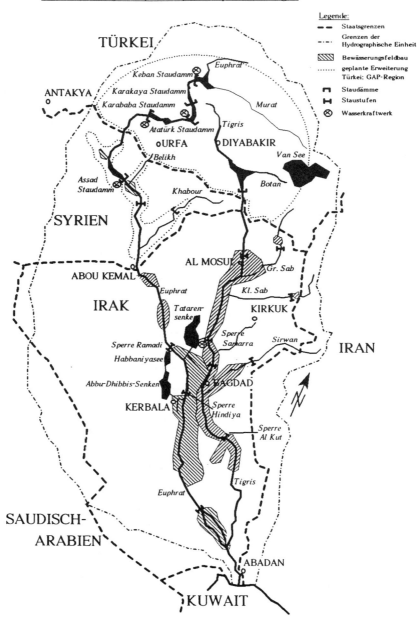

Das Gewässersystem ("basin") des Euphrat und Tigris

Staaten im Gewässersystem von Euphrat und Tigris

	Wasserangebot in km³			Wasserverbrauch					Bevölkerung in %			
		grenzüberschreitend			davon Bereiche in %				Stadt		Land	
	im Inland	+ Zufluß	- Abfluß	% des verfügbaren Trinkwassers	Landwirtschaft	Industrie Gewerbe	öffentliche Wasserversorgung	Zuwachs	1970	1990	1970	1990
Türkei	196,00	7,00	69,00	8	57	19	24	2,05	38,4	60,9	61,6	39,1
Syrien	7,60	27,90	30,00	9	83	10	7	3,58	43,3	50,2	56,7	49,8
Irak	34,00	66,00	-	43	92	5	3	3,21	56,2	71,8	43,8	28,2

Quelle: Statistisches Bundesamt, Stand der Daten: 1970-90 unterschiedlich nach Ländern, zum Teil Schätzungen. Sie machen keine Aussage über die regionale Verteilung des Wasserangebots innerhalb eines Staates möglich.

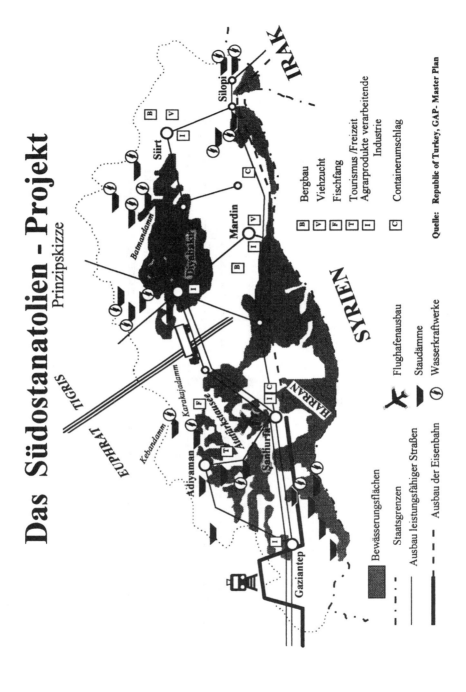

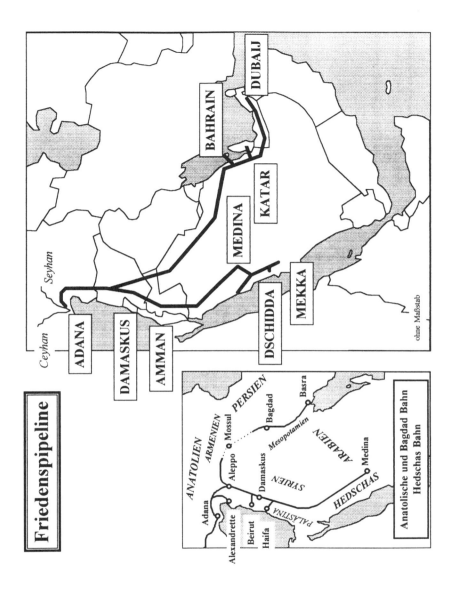

Waltina Scheumann

Verhandlungen über wasserbauliche Maßnahmen an grenzüberschreitenden Flußsystemen: Optimum an Nutzungsvorteilen und gerechte Verteilung der Kosten[1]

Wasserbauliche Erschließungsmaßnahmen und die Wassernutzung am Oberlauf grenzüberschreitender Flußsysteme haben eine Reihe von negativen und positiven Auswirkungen auf den Unterlauf der Flüsse und die Unterliegerstaaten. Es sind die negativen externen Effekte,[2] die für vielfältigen Konfliktstoff zwischen den Anrainerstaaten sorgen und die deshalb Gegenstand völkerrechtlicher Regelungen und politischer Verhandlungen sind; obwohl die Berücksichtigung der positiven externen Effekte für eine gerechte Kosten-Nutzenverteilung von Bedeutung ist, können sie nur selten in Verhandlungen geltend gemacht werden.

Seitdem die türkische Regierung mit der Implementierung des Südostanatolischen Entwicklungsprojektes (GAP) begonnen hat, stehen die negativen Auswirkungen der türkischen Bewässerungsprojekte auf die Unterliegerstaaten Syrien und Irak im Zentrum des Konflikts zwischen den drei Anrainerstaaten. Da für die zu erwartenden negativen Auswirkungen der Wassernutzungen in der Türkei bisher keine befriedigende Lösung gefunden wurde, stehen der Berücksichtigung der positiven Seiten im Verhandlungsprozeß, die von den wasserbaulichen Maßnahmen am Oberlauf ausgehen, beträchtliche Schwierigkeiten entgegen. Wenn die positiven Auswirkungen von wasserbaulichen Maßnahmen am Oberlauf von der Türkei im Verhandlungsprozeß geltend gemacht werden würden, wäre eine Verschärfung des Konflikts die Folge. Eingedenk dieser Tatsache, diskutiert die Verfasserin die Bedingungen unter denen sie eine positive Rolle im Verhandlungsprozeß spielen könnten.

---

1 Für die kritische Durchsicht des ersten Entwurfs danke ich Manuel Schiffler und Jörg Barandat.
2 Im folgenden werden externe Effekte als "Leistungsbeziehungen zwischen Wirtschaftseinheiten verstanden, die nicht über Märkte vonstatten gehen und daher nicht durch Preise abgegolten werden". Dies kann auch auf die Beziehung zwischen Nationalstaaten zutreffen. Der Absender eines von dem Empfänger negativ bewerteten externen Effektes haftet nicht für den von ihm damit angerichteten Schaden. Positive externe Effekte nutzen andere kostenfrei (siehe: Schumann, Jochen: Grundzüge der Mikroökonomie, Heidelberg 1992, S.40.).

Negative externe Effekte der Maßnahmen am Oberlauf des Euphrat

Die geplante Ausweitung der Bewässerungslandwirtschaft in allen drei Anrainerstaaten des Euphrat birgt ein großes Konfliktpotential in sich, da die Realisierung aller geplanten Projekte in den drei Anrainerstaaten das Wasserdargebot des Euphrat überschreitet: Alle Bewässerungsprojekte werden 43,3 Milliarden Kubikmeter Wasser konsumieren und die Verdunstungsverluste aus allen Reservoiren werden auf ca. 7,4 Milliarden geschätzt, so daß sich ein Negativszenario von minus 18,9 Milliarden Kubikmeter ergibt.[3]
Der in den 70er Jahren gebaute Keban Damm und der 1987 fertiggestellte Karakaya Damm haben dem Euphrat in der Türkei nur marginal Wasser für die Landwirtschaft entzogen; eine Reduzierung des Abflusses entstand v.a. durch die Verdunstung aus den Staureservoiren, die der Energieproduktion und Hochwasserkontrolle dienen. Die Verdunstungsmenge aus den türkischen Reservoiren wird auf jährlich 2,9 Milliarden Kubikmeter geschätzt.[4]
1991 wurde der Atatürk Staudamm in Betrieb genommen, dessen Staukapazität ausreicht, um ca. eine Million Hektar Land in den südöstlichen Provinzen der Türkei zu bewässern. Der 1995 fertiggestellte Urfa-Tunnel kann pro Sekunde 328 Kubikmeter Wasser aus dem Atatürk-Reservoir in die Urfa-Harran und in die Mardin-Ceylanpinar Ebene leiten. Er überwindet eine Entfernung von 26 Kilometern vom Staureservoir bis zu den Hauptverteilern beider Ebenen. In der Harran-Urfa-Ebene werden derzeit 30 000 Hektar mit Oberflächenwasser aus dem Atatürk Reservoir bewässert; eine jährliche Ausweitung um 20 000 Hektar wird angestrebt. In dieser Ebene wurde die Bewässerung mit Grundwasser aufgegeben, die in den letzten zehn Jahren zu erheblichen Grundwasserabsenkungen geführt hatte. Der Wasserverbrauch aller geplanten türkischen Bewässerungsprojekte am Euphrat wird mit zehn Milliarden Kubikmetern angegeben; das entspricht ca. einem Drittel des durchschnittlichen Wasserabflusses von 31,8 Milliarden Kubikmeter (gemessen am Pegel Hit im Irak).[5] Mit der Inbetriebnahme des syrischen Tabqa Dammes 1975 war die Bewässerung von 640 000 Hektar geplant; syrische Experten sprechen inzwischen realistischerweise von 300 000 Hektar, die mit den aufgestauten Wassermengen im Tabqa-Reservoir bewässert werden sollen.[6] Zu Beginn der 90er Jahre werden in der syri-

---

3 Der Wasserverbrauch anderer Nutzungen und der Wasserrückfluß sind in dieser Schätzung nicht erfaßt.
4 Kolars, John F.: The Future of the Euphrates Basin, World Bank Technical Paper No.175, 1992, S.138.
5 Die Angaben über die durchschnittliche Abflußmenge sind in den Quellen nicht einheitlich; siehe: Kolars, John, F., William A. Mitchell: The Euphrates River and the Southeast Anatolia Development Project, Carbondale and Ewardsville 1991, Kapitel 5; Daoud, Maged: Regional water resources and their influence on the economy of Syria, Stiftung Wissenschaft und Politik, 1996, S. 5.
6 Die Planzahlen wurden wegen der Bodenqualität reduziert; siehe: Lembke, Hans H. et al.: The Euphrates Development Scheme in Syria. Social Impact, Production and Linkages, Berlin 1990.

schen oberen Euphratebene jedoch nur etwa 82 000 Hektar bewässert; insgesamt wird die durch den Euphrat bewässerte Fläche in Syrien mit ca. 250 000 Hektar angegeben.[7] Im Irak, der dem Fluß seit langem Wasser für die Bewässerung entzieht, werden schätzungsweise zwischen 1 und 1,29 Millionen Hektar bewässert; eine Ausweitung auf 1,8 Millionen ist möglich. Das größte Hindernis für die Entwicklung der Bewässerungslandwirtschaft im Irak ist die Versalzung landwirtschaftlicher Flächen; ca. 80 Prozent der bewässerten Flächen ist davon betroffen. Für ihre Rehabilitierung bedarf es kostspieliger Investitionen und großer Wassermengen zur Auswaschung der angereicherten Salze.[8]

Auch wenn der aktuelle Wasserverbrauch in allen drei Anrainerstaaten die Abflußmenge des Euphrat nicht erschöpft und der Bedarf für die mittelfristig geplanten Projekte ebenfalls gedeckt werden kann, überschreiten die Planungen in absehbarer Zukunft die verfügbare Wassermenge. Die geplante Bewässerung von 1 Million Hektar in der Türkei wird von den arabischen Staaten als Bedrohung wahrgenommen und stellt für sie einen hohen Unsicherheitsfaktor dar, da sie den Ausbau ihrer Bewässerungslandwirtschaft und die zur Zeit bewässerten Flächen reduzieren müßten. Syrien könnte nur 42 Prozent und der Irak nur 40 Prozent seiner Planungen realisieren.[9]

Der Verhandlungsprozeß

Die bilateralen Verhandlungen zwischen der Türkei und Syrien auf der einen Seite und zwischen Syrien und dem Irak auf der anderen konzentrieren sich bisher auf die mengenmäßige Aufteilung des Euphratwassers. In dem türkisch-syrischen Protokoll von 1987 garantiert die Türkei einen Mindestabfluß von 500 Kubikmetern pro Sekunde an der türkisch-syrischen Grenze; laut Protokolltext galt diese Regelung für die Zeit des Einstaus des Atatürk Reservoirs und solange bis ein trilaterales Abkommen zustandekommt.[10] 1989 vereinbarten Syrien und der Irak, daß das aus der Türkei kommende Wasser zu 42 Prozent von Syrien und zu 58 Prozent vom Irak genutzt werden kann. Bei der derzeit garantierten Mindestmenge von 500 Kubikmetern pro Sekunde (ca. 15,7 Milliarden m³/sec.) erhält Syrien 6,627

---

7 Bakour, Yahia: Planning and Managing of the Water Resources in Syria, in: Guy Le Moigne et al. (eds.): Country Experiences in Water Resources Management, World Bank Technical Paper No.175, 1992, S.154.
8 Siehe: Kliot, Nurit: Water Resources and Conflicts in the Middle East, London and New York 1994, S.159.
9 Siehe: Daoud 1996, S. 5.
10 "During the filling up period of the Atatürk reservoir, and until the final allocation of the waters of the Euphrates among the three riparian countries, the Turkish side undertakes to release a yearly average of more than 500 m³/sec. at the Turkish-Syrian border, and in cases where the monthly flow falls below the level of 500 m³/sec., the Turkish side agrees to make up the differences during the following month." (Protocol on Matters Pertaining to Economic Cooperation between the Republic of Turkey and the Syrian Arab Republic, in: Resmi Gazete 1987, No.19660)

und der Irak 9,106 Milliarden m³/sec. Die syrisch-irakische Forderung von 700 Kubikmetern pro Sekunde[11] wurde bis vor kurzem von der türkischen Seite vehement abgelehnt. Obwohl sich die neue türkische Regierung unter Erbakan kompromißbereiter zeigt, besteht zwischen den Parteien kein Einvernehmen über die Vorgehensweise wie eine Einigung erreicht werden kann.[12] Die Türkei schlägt einen "Drei-Phasen-Plan zur optimalen, gerechten und vernünftigen Nutzung des grenzüberschreitenden Flußsystems Euphrat-Tigris" (1984) vor, der das Euphrat-Tigris-Becken als Einheit betrachtet und vorsieht, daß der Wasserbedarf nicht notwendigerweise nur vom Euphrat gedeckt werden muß (die Türkei verweist auf den Thartar Kanal im Irak, der Tigris und Euphrat verbindet). Im Zentrum des Drei-Phasen-Plans steht die effiziente Nutzung der Wasserressourcen; deshalb sollen Kriterien zur Landeignung und der Wasser- und Auswaschungsbedarf für die angebauten Kulturpflanzen ermittelt werden. Alle Möglichkeiten zur Minimierung des Wasserbedarfs für die geplanten und bereits realisierten Bewässerungsprojekte sollen evaluiert werden. Für alle drei Länder wird der Wasserbedarf der Landwirtschaft, der Industrie und der Kommunen ermittelt (einschließlich der Verdunstungs- und Zuleitungsverluste). Letztendlich werden Methoden und Kriterien für die Wirtschaftlichkeit der geplanten Bewässerungsprojekte festgelegt.[13] Syrien und der Irak benutzen 'mathematische Formeln', mit der definitive Wasserquoten bestimmt werden sollen. Syrien schlägt vor, daß die Anrainerstaaten ihre Ansprüche an die Nutzung von Euphrat und Tigris separat für den jeweiligen Fluß erklären sollen; überschreiten die Ansprüche die tatsächliche Abflußmenge des jeweiligen Flusses, dann soll das Defizit proportional vom Anteil der Anrainerstaaten abgezogen werden. Der irakische Vorschlag geht davon aus, daß jeder Anrainerstaat seine Ansprüche für die bereits fertiggestellten, die in Bau befindlichen und die geplanten Projekte bekanntgeben soll. Um die Quoten für die jeweiligen Länder festzulegen, soll das Gemeinsame Technische Komitee den Bedarf sukzessive ermitteln; die entgültige Festlegung der Quoten erfolgt zunächst für die bereits realisierten, dann für die in Bau befindlichen und zuletzt für die geplanten Projekte.

---

11   Die irakische Regierung hatte im Juni 1990 eine Aufteilung zu drei gleichen Teilen vorgeschlagen.
12   Allerdings spielen non-water issues nach wie vor eine wichtige Rolle; siehe dazu: Scheumann Waltina: New Irrigation Schemes in Southeast Anatolia and in Northern Syria: More Competition and Conflict over the Euphrates?, in: Quarterly Journal of International Agriculture,3/1993, pp.240-259; Scheumann, Waltina: Wasserkonflikt am Euphrat: Dreht die Türkei Syrien und dem Irak den Wasserhahn zu?, in: INAMO, .5-6/1996; Blaschke , Björn: Das GAP-Projekt: Eine strategische Option für die Türkei als Regionalmacht, in: INAMO ,5-6/ 1996.
13   Siehe: T.C. Ministry of Foreign Affairs, Department of Regional and Transboundary Waters: Water Issues between Turkey, Syria and Iraq, Ankara 1995, S.35ff.

Eine Aufteilung zu drei gleichen Teilen, wie sie der Vorschlag des Irak vorsieht, würde bedeuten, daß die Türkei 68 Prozent, Syrien 60 Prozent und der Irak 65 Prozent der geplanten Fläche bewässern kann.[14]
Fragen der Wasserqualität haben bisher in dem Verhandlungsprozeß keine Rolle gespielt, obwohl mit der Wassernutzung in der Landwirtschaft neben der Reduzierung der Wassermenge für die jeweiligen Unterliegerstaaten ein Wasserqualitätsproblem entsteht, da der Rückfluß aus der Landwirtschaft mit Chemikalien angereichert sein wird.[15] Bereits ohne anthropogene Nutzung steigt der Salzgehalt flußabwärts, da sich durch die zunehmende Verdunstung Salze anreichern. Am Pegel Keban Staudamm wird eine elektrische Leitfähigkeit als Indikator für den Salzgehalt von durchschnittlich 407 micromhos/cm gemessen. Die Salzkonzentration des Euphratwassers erhöht sich in Syrien; am Pegel Hit (Irak) kann sie in Niedrigwasserzeiten ein Maximum von mehr als 1600 micromhos/cm erreichen.[16] Zu beachten ist ferner, daß ein Teil der mit Chemikalien angereicherten Wasser in den Grundwasserkörper sickert, der unter türkischem und syrischem Territorium liegt.

Positive externe Effekte von wasserbaulichen Maßnahmen am Oberlauf des Euphrat

Ganz allgemein haben wasserbauliche Maßnahmen (Staureservoire) am Oberlauf eines Flusses auch positive Auswirkungen, da sie den Abfluß verstetigen und Hochwasserspitzen regulieren; wenn die Staurescvoire überdies als Rückhaltebecken angelegt sind, dienen sie der Hochwasserkontrolle. Ein Teil der Sedimente eines Flusses wird in dem sogenannten Totvolumen der Staubecken angelagert,[17] so daß die reduzierte Sedimentfracht die Lebensdauer von Staudämmen flußabwärts verlängert und die Wasserqualität positiv beeinflußt. Die Sedimentablagerung in Staubecken ist eines der gravierendsten Probleme von Staudammbauten, da sich dadurch deren kalkulierte Lebensdauer reduziert; während die Investitionskosten und Instandhaltungserfordernisse steigen, sinkt die Dauer, in der Serviceleistungen bereitgestellt werden können. Dieses Problem ist erst recht evident, wenn die teilweise

---

14 Die Berechnungen sind Daoud, 1996, S.6 entnommen. Daoud gibt an, daß die Türkei mit einem Drittel der Abflußmenge nur 987000 Hektar bewässern könnte. Die türkischen Planungen sehen eine Bewässerung von nur wenig mehr vor (ca. 1 Million).
15 Das Ausmaß der zu erwartenden Veränderungen in der Wasserqualität kann nicht abgeschätzt werden.
16 Siehe: Franke, Christian: Limnological Investigations on Lake Assad, Al Thawra 1979; Government of Iraq Development Board, Ministry of Development: Study of the Lower Tigris-Euphrates Rivers, Baghdad 1957/58; Scheumann, Waltina, 1993.
17 Das Totvolumen kann keiner direkten Nutzung wie Bewässerung, Stromproduktion, etc. zugeordnet werden.

oder gar nicht bewaldeten Wassereinzugsgebiete der Flüsse einen hohen Sedimenteintrag verursachen.[18]

Der Bau des Keban Dammes hatte positive Auswirkungen auf die am Unterlauf v.a. im Irak auftretenden Hochwasser; mit der Errichtung des zweiten Dammes auf türkischem Territorium, dem Karakaya Damm, wurden die Möglichkeiten zur Kontrolle der Hochwasser verstärkt. Für den dünnbesiedelten und kaum bewässerten Abschnitt zwischen der türkisch-syrischen Grenze und dem Assad-Stausee hat der Atatürk Damm keine nennenswerte Funktion für die Hochwasserkontrolle. Zweifelsfrei ist allerdings der positive Effekt der Sedimentablagerung im Atatürk-Reservoir, da das Wassereinzugsgebiet zwischen Keban und Atatürk Damm weitgehend entwaldet ist. In diesem Zusammenhang sei darauf hingewiesen, daß in dem kleineren Einzugsgebiet des Euphrat zwischen Karakaya und Atatürk Damm Aufforstungsmaßnahmen als Teil des Südostanatolischen Entwicklungsprojektes (GAP) durchgeführt werden.[19] Berechnungen gehen davon aus, daß aus dem gesamten türkischen Wassereinzugsgebiet des Euphrat die jährlichen Sedimentablagerungen in allen drei Reservoiren ein Volumen von 1050 Kubikmeter pro Quadratkilometer erreichen können;[20] dieser Wert - mit der Größe des Wassereinzugsgebietes in der Türkei multipliziert - ergibt die tatsächliche Sedimentmenge, die sich in den Reservoiren ablagert. Dies war und ist für die syrischen Staudämme von entscheidender Bedeutung, da die Reservoire des Tabqa und Al Ba'ath Dammes wegen der topographischen Gegebenheiten kein hohes Stauvolumen haben und das Aktivvolumen für die Bewässerung v.a. aber für die Energieproduktion schnell beeinträchtigt wird.[21]

Der Aufstau eines Aktivvolumens für die verschiedenen Nutzungen - Hochwasserkontrolle, Bewässerung und Energieproduktion - ermöglicht erst die Abgabe einer bestimmten Wassermenge an die flußabwärtsliegenden Staaten auch in Trockenperioden und ist deshalb ein wichtiger risikominimierender

---

18   Ein Beispiel dafür ist der türkische Seyhan Damm, dessen Aktivvolumen sich zwischen 1956 und 1986 um 60 Millionen Kubikmeter reduzierte mit negativen Folgen für die Hochwasserkontrolle. Für Beispiele aus anderen Ländern, siehe: Brown, Lester und Eric Wolf: Soil Erosion - Quiet Crisis in the World Economy. Worldwatch Institute Paper 60, Washington D.C., September 1984; Xuemin, Cheng: Reservoir sedimentation at Chinese hydro schemes, in: Water Power & Dam Construction, October 1992; Leyland, B.: Large dams: implications of immortality, in: Water Power & Dam Construction, February 1990; Water International 10, 1985; Dixon, Talbot und Le Moigne: Dams and the Environment. Considerations in World Bank Projects. World Bank Technical Paper No.110, 1987; Magrath, William B. und John B. Doolette: Strategic Issues for Watershed Development in Asia, World Bank Environment Working Paper No.30, 1990, S.6f.

19   Projekte zur Erosionskontrolle werden in den Provinzen Malatya, Gaziantep, Adiyaman und Kahramanmaras auf ca. 50 000 Hektar durchgeführt (Stand 1990).

20   Für den Keban, den Karakaya und den Atatürk Damm wird eine jährliche Menge von jeweils 350 Kubikmetern pro Quadratkilometer angenommen (General Directorate for State Hydraulic Works, Department for Operation and Maintenance, 1990).

21   Das Tabqa-Reservoir hat ein maximales Stauvolumen von 11,6 Mrd. Kubikmeter; im Vergleich dazu das Maximalvolumen von 48,7 Mrd. Kubikmeter des Atatürk Dammes.

Faktor für die Wassernutzung flußabwärts.[22] Erst mit dem Bau des Atatürk Dammes ist ein garantierter Mindestabfluß auch in Trockenzeiten möglich. Bisher wurden drei Trockenperioden gemessen; sie traten auf bevor und während der Atatürk Damm in Betrieb genommen wurde.[23] Begünstigt durch die topographischen Gegebenheiten am Oberlauf, konnten die türkischen Reservoire des Keban, des Karakaya und des Atatürk Dammes mit einer Staukapazität ausgestattet werden, die einen Wasserrückhalt für Trokkenperioden ermöglicht.[24] Obwohl die Unteranliegerstaaten von diesem Bau profitieren - die vertragliche Regelung sieht vor, daß der Mindestabfluß an der türkisch-syrischen Grenze unabhängig von den Niederschlagsmengen abgegeben wird -, trägt die türkische Seite die Kosten für den Dammbau, die Umsiedlungsmaßnahmen, Erosionsschutz und Betrieb und Wartung der Einrichtungen. Der 1987 protokollarisch garantierte Mindestablaß von 500 Kubikmetern pro Sekunde kann nur wegen der Staukapazität des Atatürk Dammes eingehalten werden. Ohne den Wasserrückhalt im Atatürk Reservoir, der den Abfluß nach Syrien verstetigt, ist Syrien wegen der limitierten Staukapazität seiner Reservoire nicht in der Lage, genügend Wasser für die Bewässerung und für die Energieproduktion zu speichern.

Die Forderungen der arabischen Länder in den Verhandlungen mit der Türkei und die Einigung zwischen Syrien und dem Irak zeigen ein unterschiedliches Muster: Während von der Türkei garantierte Wasserquoten (700 m³/sec. statt 500 m³/sec.) gefordert werden, haben sich die beiden Unteranliegerstaaten auf proportionale Anteile und damit auf eine Riskikoaufteilung geeinigt. In dem Protokoll von 1987 trägt die Türkei einseitig das Risiko und die Kosten, wenn sie auf die Wassernutzung zugunsten des Mindestabflusses verzichten muß. Das syrisch-irakische Abkommen von 1990, das eine prozentuale Aufteilung vorsieht, trägt - ob beabsichtigt oder nicht - Niedrigwasserbedingungen Rechnung.

Die Bekanntgabe der Finanzierungsvereinbarungen für den Birecik Damm, der letzte Staudamm auf türkischem Territorium vor der syrischen Grenze, hat den Konflikt um die Aufteilung des Euphrat-Wassers erneut angeheizt. Aus seinem Staureservoir sollen ca. 80 000 Hektar Land bewässert werden; er dient der Stromproduktion und reguliert v.a. die Abflußspitzen, die auftreten, wenn das Wasserkraftwerk des Atatürk Dammes Strom in Spitzenzeiten produziert. Die acht Turbinen des Wasserkraftwerkes haben einen Durchfluß von jeweils 225 Kubikmetern pro Sekunde und können, bei

---

22 Der Atatürk Damm wird in einem erheblichen Maße zur Deckung des Strombedarfs der Türkei beitragen. Die Wasserkraftwerke an Euphrat und Tigris können 25 Prozent des türkischen Energiebedarfs decken; sie werden 85 Prozent der Hydroenergie produzieren. Mit der Ausschöpfung der indigenen Wasserressourcen hat sich die türkische Regierung vorerst gegen eine Nutzung der Kernenergie entschieden.

23 Die erste Trockenperiode trat Ende der 50er Jahre bis 1962 auf, die zweite dauerte von 1970 bis 1975 und die bisher letzte von Ende der 80er Jahre bis 1991. Siehe: Kolars and Mitchell 1991, Kapitel 5.

24 Das Aktivvolumen aller türkischen Reservoire umfaßt 42 Mrd. Kubikmeter.

maximalem Betrieb, eine Flutwelle von 1800 Kubikmeter pro Sekunde erzeugen.[25] Eine solche Flutwelle würde erheblichen Schaden stromabwärts verursachen. Der Bau des syrischen Al Ba'ath Dammes (1986), stromabwärts des Tabqa Dammes gelegen, dient dem gleichen Zweck. Dieser positive Effekt kann in den Verhandlungen jedoch nicht geltend gemacht werden, da er lediglich die negativen Auswirkungen, die durch eine Maßnahme des Oberanrainerstaates Türkei entstehen, korrigiert.

Relevanz positiver Effekte für den Verhandlungsprozeß

Die Helsinki Rules der International Law Association von 1966 verankerten das inzwischen in allen völkerrechtlichen Dokumenten anerkannte Prinzip einer gerechten und vernünftigen Aufteilung von grenzüberschreitenden Wasserressourcen und ihrer optimalen Nutzung durch die Anrainerstaaten. Ein Optimum an Nutzungsvorteilen für alle Verhandlungspartner und eine 'gerechte' Aufteilung der Kosten und des Nutzens kann nur dann gefunden werden, wenn die positiven Externalitäten mitverhandelt werden. Die Helsinki Rules sehen das in gewissem Sinne vor, wenn sie als ein Faktor unter anderen "the practicability of compensation to one or more of the co-basin States as a means of adjusting conflicts among uses" hervorheben.[26] Die Betonung dieses Faktors folgt dem Grundsatz, daß ein Anrainerstaat anderen keinen 'beträchtlichen' oder 'signifikanten' Schaden zufügen soll und daß im Fall eines Schadens ein Anrecht auf einen Ausgleich oder ein Anrecht auf Maßnahmen zur Schadensvermeidung besteht. In der aktuellen Diskussion um eine internationale Wasserkonvention wird nicht explizit hervorgehoben und geregelt, wie mit positiven Effekten verfahren werden soll.

Ein Blick auf einige Wasserverträge zeigt, daß positive Effekte Berücksichtigung finden und kooperative Regelungen möglich sind. 1946 wurde zwischen der Türkei und dem Irak ein Abkommen geschlossen, in dem beide Regierungen vereinbarten, daß Maßnahmen zur Hochwasserkontrolle in der Türkei zum Nutzen des Irak durchgeführt werden, der für die Kosten aufkommt. Die Kosten für die Meßstationen werden zu gleichen Teilen von der Türkei und dem Irak getragen.[27] Dieses Abkommen, obwohl ratifiziert, wurde niemals konkret umgesetzt.[28] Eine ähnliche Regelung wurde zwi-

---

25 Dieser Fakt ist zudem relevant, weil das Eigeninteresse der Türkei an der Stromproduktion mit dem Interesse der Unteranlieger Syrien und Irak an einem hohen Wasserabfluß zusammenfällt. Die Terms of Reference für ein Pilotprojekt in der Harran-Urfa Ebene betonen die Relevanz von wassersparenden Maßnahmen in der Landwirtschaft u.a. deshalb "that it would increase the amount of water available for the turbines at Atatürk and downstream dams" (T.C. State Planning Organization: Regulation and management of water irrigation canals and water-saving irrigation methods and technologies. Terms of Reference, Ankara 1989/90, p.8.).
26 Helsinki Rules 1966, j.
27 United Nations, Treaty Series 1949, 1.Nos.574-582, Vol.37, S.281-291.
28 Siehe: Chalabi, Hasan, Tarek Majzoub: Turkey, the Waters of the Euphrates and Public International Law, in: Allan and Mallat (eds.), Water in the Middle East. Legal, Political and

schen Indien und Nepal vereinbart; in diesem Fall erhielt der Unteranliegerstaat die Erlaubnis, Dämme auf dem Territorium des Oberanrainerstaates zu errichten, für deren Kosten der Unterlieger aufkam.[29] Guatemala und Mexiko führen Verhandlungen über die Flüsse Usumacinte, Suchiate und Grijalva. Die mexikanische Seite - der Unteranliegerstaat - vertritt die Ansicht, daß der Oberanlieger Guatemala zurecht für die Kosten entschädigt wird, die ihm aus Flußregulierung entstehen; der Unterlieger soll den ihm erwiesenen Nutzen kompensieren. In dem Vertrag über Bewässerung und Hochwasserkontrolle am Rio Grande, der 1933 zwischen Mexiko und den USA geschlossen wurde, werden die Kosten proportional zu dem Wert des bewässerten oder geschützten Landes aufgeteilt.[30] Der mexikanisch-U.S.-amerikanische Colorado-Vertrag von 1944 definiert unterschiedliche Kostenbeteiligungen je nach Nutzung; die Investitionskosten für die Hochwasserkontrolle teilen sich die beiden Staaten je zur Hälfte. Die Kosten für andere Maßnahmen verhalten sich proportional zu den definierten Eigentumsrechten am Wasservolumen; diese Eigentumsrechte leiten sich davon ab, wieviel Wasser ein jedes Land in das Basin und folglich in das Reservoir einspeist.[31] In dem Columbia-Vertrag verpflichten sich die USA zu Kompensationen an den kanadischen Staat für die von Kanada finanzierten Hochwasserschutzmaßnahmen.[32]

Diese Verträge zeigen, daß bei Projekten, die den Vertragsparteien einen unmittelbaren *gemeinsamen Nutzen* sichern, kooperative Regelungen eher möglich sind. Dies ist v.a. allem bei Maßnahmen zur Hochwasserkontrolle der Fall. Wasserbauliche Projekte, die in erster Linie im nationalen Interesse eines Oberanliegerstaates liegen, also Bewässerung und Energieproduktion, und die positiven Auswirkungen auf die Unteranliegerstaaten nur als *Nebeneffekt* produzieren (verstetigter Abfluß, Ausgleich für Trockenperioden, Sedimentfalle, etc.), sind nur dann kompensationsfähig, wenn die Eigentums- oder Nutzungsrechte an Wasser geregelt sind. Wenn diese Bedingung nicht gegeben ist, ist es schwierig über eine Aufteilung der Kosten solcher Oberlauf-Maßnahmen, die den Unteranrainerstaaten offensichtlichen Nutzen bringen, zu verhandeln. Dies gilt um so mehr für Situationen,

---

Commercial Implications, Tauris Academic Studies, I.B. Tauris Publishers London and New York 1995, S.189-233.

29 Siehe: Lichem, Walter: Institutional and legal aspects related to national multi-purpose water resources projects on international rivers or interstate rivers, in: Water for Human Consumption, Vol.1, Dublin 1982, S.548.

30 Es handelt sich allerdings um ein Flußsystem, das die Grenze zwischen beiden Staaten bildet. In der Regel ist die Beteiligung der Unterliegerstaaten an den Kosten nicht proportional zum Nutzen. Eine proportionale Aufteilung der Baukosten, der Kosten für den Betrieb und für Instandhaltungsarbeiten sind bei Projekten zwischen Partnern mit ähnlichen wirtschaftlichen und finanziellen Kapazitäten möglich.

31 Siehe: United Nations: Institutional issues in the management of international river basins: Financial and contractual considerations. Natural Resources/Water Series No.17, New York 1987, S.81ff.

32 Siehe: United Nations 1987, S.89.

in denen keine Einigkeit über die potentiellen negativen Effekte zustande kam. Die Berücksichtigung positiver externer Effekte kann nicht als simple Kompensation für negative Auswirkungen verstanden werden, da sie unterschiedliche Nutzungen betreffen. Z.B. kann eine Verminderung der Sedimentanteile im Bewässerungswasser, mithin ein positiver Effekt, eine Verschlechterung der Wasserqualität durch Chemikalien nicht ausgleichen; die verlängerte Nutzungszeit eines Staudammes hilft wenig, wenn die eingeleiteten Wassermengen den Bedarf nicht befriedigen. Das Hauptproblem zwischen den drei Anrainerstaaten des Euphrat besteht darin, daß für die Durchführung gemeinsamer Projekte - zumindest zur Zeit - kaum Chancen bestehen, auch wenn sie einen gemeinsamen Nutzen schaffen könnten. Der türkisch-syrische Protokolltext (1987) betonte noch die Absicht, daß "the two parties agreed in principle to construct and operate jointly projects in the lands of both countries on the Euphrates and Tigris rivers for irrigation and power generation" (Art.9), und die syrische Seite sicherte in dem Protokoll ebenfalls eine Zusammenarbeit bei dem Peace Pipeline Projekt zu (Art.10).[33] Das strategische Verhalten aller Anrainerstaaten verhindert eine optimale Nutzung der Ressource, da die Projekte in allen Anrainerstaaten unilateral geplant und durchgeführt werden. Dabei ist jedoch ein wesentlicher Unterschied zwischen der Türkei und den arabischen Ländern zu beachten: Die Türkei hat eine Standortposition, die ihr einen strategischen Vorteil bei der Wassernutzung sichert, während die negativen Auswirkungen auf die Unteranliegerstaaten bisher vertraglich nicht geregelt sind. Die türkische Seite hat verschiedentlich auf die positiven Auswirkungen ihrer wasserbaulichen Maßnahmen hingewiesen; sie hat diese jedoch bisher nicht in den Verhandlungsprozeß eingebracht. Solange die Unterliegerstaaten Syrien und Irak keine gesicherten Nutzungsrechte am Euphrat-Wasser haben, werden die positiven Effekte von wasserbaulichen Maßnahmen am Oberlauf nicht Gegenstand der Verhandlungen werden können. Im Gegenteil, sie würden den Konflikt zwischen den Staaten eskalieren. In Abwesenheit einer trilateralen einvernehmlichen Regelung können die Unteranliegerstaaten den Nutzen mancher Maßnahmen genießen, ohne einen Teil der Kosten zu tragen.

---

33 Protocol on Matters Pertaining to Economic Cooperation between the Republic of Turkey and the Syrian Arab Republic, in: Resmi Gazete 1987, No.19660.

Stefanie Babst

Das Konfliktkonglomerat in Zentralasien

Seit der Desintegration der Sowjetunion richtet sich das öffentliche und wissenschaftliche Interesse primär auf die Entwicklung der Transformation in der Russischen Föderation. Zweifellos sind die vielfältigen politisch-diplomatischen Anstrengungen und wirtschaftlichen Unterstützungsleistungen seitens der westlichen Welt berechtigt - verfolgen sie doch das Ziel, die turbulente Umgestaltung des sowjetischen Systems in eine demokratische und marktwirtschaftlich orientierte Ordnung zu stabilisieren. Gleichwohl ist mit der Konzentration auf das Jelzinsche Rußland die Vernachlässigung der übrigen postsowjetischen Staaten verbunden, die in seinem Schatten mehr oder weniger erfolgreich versuchen, ihre nationale Unabhängigkeit zu wahren. Dies gilt im besonderen Maße für die fünf zentralasiatischen Staaten Kasachstan, Kirgistan, Usbekistan, Tadschikistan und Turkmenistan, die als treue Vasallen Moskaus jahrzehntelang kaum internationale Beachtung fanden.[1]

Mit der Proklamation ihrer staatlichen Unabhängigkeit 1991 rückten sie zwar etwas näher in das Zentrum der Aufmerksamkeit, aber lediglich im Zusammenhang mit der Feststellung, daß es sich um fünf muslimische Staaten handelt, die aufgrund ihrer ethnisch-religiösen Strukturen und geographischen Nähe zu den Anrainerstaaten Afghanistan, Pakistan und Iran potentielle Gefahrenherde für die Entstehung eines fundamentalistischen Islam sein könnten.[2] Die künftige Entwicklung in Mittelasien wurde daher mit Skepsis betrachtet und basierte primär auf den Annahmen, daß

1. in den politischen Systemen der jungen Nationalstaaten ähnliche Eruptionen wie beispielsweise in den kaukasischen Staaten, Moldova und Rußland auftreten würden;
2. die zentralasiatischen Gesellschaften aufgrund ihrer ethnischen, religiösen und sozialen Komposition einen konfliktträchtigen Fragmentisierungsprozeß erfahren würden, der die Gefahr einer gewaltsamen Eskalation in sich berge sowie

---

1 Im folgenden wird Kasachstan vereinfachender Weise mit zu Mittel- oder Zentralasien gerechnet, da es historisch und ethnisch eng mit den mittelasiatischen Nachbarstaaten verflochten ist.
2 Einen länderspezifischen Überblick über die fünf zentralasiatischen Staaten in: Information zur politischen Bildung, Gemeinschaft Unabhängiger Staaten, Nr. 249, Bonn 1995, S. 26ff.

3. gesellschaftspolitische Polarisierungseffekte die Entwicklung radikaler islamischer Strömungen begünstigen würden und damit die gesamte Region in den Einflußbereich des Iran geraten könnte.

Tatsächlich schienen gewaltsame Zusammenstöße zwischen mes'chetischen Türken und Usbeken, Kirgisen und Usbeken sowie Turkmenen und Aseri im Sommer 1989 sowie vor allem der Bürgerkrieg, der 1992 in Tadschikistan ausbrach, diese Thesen zu belegen. Die direkte Einmischung afghanischer Muschaheddin in den Konflikt durch militärische Übergriffe auf russische Grenzposten und die Versorgung der tadschikischen Freischärler mit Waffen erweckten in Moskau ernsthafte Befürchtungen um die territoriale und politische Stabilität Zentralasiens.
Betrachtet man die Entwicklung seit Dezember 1991, dann kann man konstatieren, daß die Ausweitung ethnischer Unruhen und gewalttätiger machtpolitischer Auseinandersetzungen auf die gesamte Region ausgeblieben ist. Entgegen der im Westen verbreiteten Annahme waren die politischen und wirtschaftlichen Eliten Zentralasiens nur in geringem Maße auf die Übernahme von Eigenverantwortlichkeit vorbereitet und verfolgten den Weg staatlicher Unabhängigkeit zunächst weitaus weniger ambitioniert als die Eliten in den anderen postsowjetischen Staaten. Überdies hat die sozialistische Periode in Zentralasien tiefere Spuren in den politischen, administrativen und wirtschaftlichen Strukturen hinterlassen als dies vermutet wurde. Ein Elitenwechsel hat mit Ausnahme Kirgistans, an dessen Spitze der reformorientierte Präsident Askar Akajew steht, bislang nicht stattgefunden und damit eine radikale gesellschaftspolitische und ökonomische Kursänderung verhindert. Angesichts der nach wie vor autoritär geprägten Staats- und Verwaltungsstrukturen und der ungebrochenen Bedeutung lokaler und regionaler Clan- und Patronagesysteme konnten sich progressive, demokratisch orientierte Kräfte kaum entwickeln. Zwar schreitet die Revitalisierung religiöser und geistiger Wurzeln weiter voran, aber von einigen Regionen abgesehen hat sich der Islam bisher nicht als eigenständige politische Kraft entwickeln können. Dennoch weist die Situation in Zentralasien eine Reihe brisanter und gefährlicher Krisensymptome auf, die die tiefgreifenden Wandlungen in der Region verdeutlichen.

Ungewollte staatliche Unabhängigkeit

Ihre staatliche Unabhängigkeit erreichten die fünf zentralasiatischen Staaten gewissermaßen auf unfreiwillige Weise. Noch im März 1991 sprach sich die überwältigende Mehrheit der 50 Millionen Zentralasiaten in ei-

nem unionsweit durchgeführten Referendum für den Erhalt der Sowjetunion und ihren Verbleib darin aus. Der Versuch konservativer Kräfte in Moskau, den Reformkurs Gorbatschows gewaltsam zu beenden und damit den in ihren Augen drohenden Zerfall staatlicher Autorität aufzuhalten, erweckte bei den zentralasiatischen Regierungen ambivalente Reaktionen.[3] Während der ereignisreichen Tage im August 1991 signalisierten die Präsidenten Usbekistans, Tadschikistans und Turkmenistans ihre Unterstützung für die Putschisten, während ihre Amtskollegen in Kasachstan und Kirgistan den Umsturzversuch nach einigem Zögern verurteilten. Generell beobachtete man die politischen Entwicklungen in Rußland mit Besorgnis und Skepsis. In den darauffolgenden Monaten mußten sich die fünf Republiken zunehmend der Dynamik des Desintegrationsprozesses anpassen. Zwar proklamierten sie wie die anderen Unionsrepubliken ihre staatliche Unabhängigkeit, aber dies eher mit der Absicht verbunden, ihren Protest gegenüber der Moskauer Zentralregierung zu demonstrieren, als den Weg ihrer nationalen Selbständigkeit konsequent zu beschreiten. Dies spiegelte sich in den Unabhängigkeitserklärungen der zentralasiatischen Republiken wider, die allein durch präsidiale Entscheidungen erfolgten und weder durch öffentliche Diskussionen, nationale Referenden noch größere gesellschaftliche Bewegungen gestützt wurden.[4]
Von der beabsichtigten Auflösung der Sowjetunion, die die Präsidenten der drei slawischen Republiken am 8. Dezember 1991 in Minsk verkündeten, wurden sie vollkommen überrascht, da es keine vorherigen Warnungen oder Konsultationen gegeben hatte. Dementsprechend wenig euphorisch reagierten die Regierungen in Zentralasien auf die neu gewonnenen Freiheiten. Im Gegensatz zu den baltischen Republiken, der Ukraine und den kaukasischen Staaten, in denen die staatliche Unabhängigkeit stürmisch begrüßt und als Befreiung von der russischen Bevormundung begeistert gefeiert wurde, dominierte in Zentralasien das Gefühl der Desorientierung und Irritation. Eine logische Folge dieses Zustandes war deshalb die rasche Bereitwilligkeit, mit der sich die fünf Republiken unter der Führung des kasachischen Präsidenten Nursultan Nasarbajew der Gemeinschaft Unabhängiger Staaten (GUS) anschlossen, die am 21. Dezember 1991 in Almaty (bis 1993 Alma-Ata) gegründet worden war. Zwar entsprach die Erweiterung der Gemeinschaft nicht den ursprünglichen Vorstellungen der slawischen Mitglieder, die eine wirtschaftliche und politische enge Kooperation anstrebten, aber dennoch akzeptierte man die

---

3   Vgl. Bess Brown, Die Angst Zentralasiens vor dem russischen Bären, in: Internationale Politik, Nr. 11, November 1995, S. 51-56, hier S. 52.
4   Vgl. Shirin Akiner, The Struggle for Identity, in: Jed C. Synder (Ed.), After Empire. The Emerging Geopolitics of Central Asia, Washington, D.C. 1995, S. 3-36.

Notwendigkeit, die ökonomisch schwachen zentralasiatischen Republiken in den neugeschaffenen institutionellen Rahmen zu integrieren.

Mit Ausnahme Turkmenistans haben sich die Republiken bislang als integrationswillige Mitglieder der GUS gezeigt und eine Vielzahl gemeinsamer Kooperationsabsprachen mitgetragen. Dies betrifft vornehmlich den wirtschaftlichen Bereich, der durch den Niedergang des Handels zwischen den ehemaligen Sowjetrepubliken großen Beeinträchtigungen ausgesetzt ist. Alle fünf Staaten besitzen bergbauliche und partiell energetische Rohstoffe sowie einen ausgedehnten Agrarsektor, jedoch nur eine unterentwickelte verarbeitende Industrie und Infrastruktur. Sie sind daher auf einen umfassenden Intra-GUS-Handel angewiesen.

Auch in sicherheits- und militärpolitischer Hinsicht gehören Kasachstan, Kirgistan, Tadschikistan und Usbekistan zu derjenigen Staatengruppe innerhalb der GUS, die eine enge Anbindung an Moskau favorisiert. Neben Armenien unterzeichneten sie im Mai 1992 zusammen ein kollektives Sicherheitsabkommen (Pakt von Taschkent) mit Rußland, in dem sich die Signatarstaaten der gegenseitigen Hilfeleistungen im Falle einer Aggression gegen eines seiner Mitglieder versichern. Darüber hinaus sieht das Abkommen eine enge militärpolitische Zusammenarbeit vor, die Rußlands Einfluß auf die Entwicklung und den Einsatz militärischer Kräfte in Zentralasien garantiert. Absprachen über die Stationierung russischer regulärer Einheiten, Grenztruppen sowie gemeinsamer Peacekeeping-Kontingente sind auf der Basis bilateraler Verträge geregelt worden. Einzig Turkmenistan hat seine sicherheitspolitische Einbindung in die GUS bislang mit der Begründung verweigert, daß es eine bilaterale Regelung solcher Fragen mit Moskau vorzöge.[5]

Als Befürworter einer weitreichenden Kooperation innerhalb der GUS, die alle wichtigen Politikbereiche mit einschließt, hat sich insbesondere der kasachische Präsident Naserbajew ausgewiesen. In den vergangenen fünf Jahren unterbreitete er mehrere Vorschläge zur Schaffung integrativer Mechanismen und Organe, mit deren Hilfe die Zusammenarbeit der GUS-Mitglieder verstärkt werden sollte. Angesichts der Heterogenität der postsowjetischen Staaten und der distanzierten Haltung, die vor allem die Ukraine gegenüber einem engeren Zusammenschluß mit Rußland demonstriert, blieben Naserbajews Initiativen jedoch erfolglos. Daß eine kleine Staatengruppe innerhalb der GUS dennoch bereit ist, ihre wirtschaftliche und politische Kooperation zukünftig zu intensivieren, manifestierte sich im März 1996 in der Gründung der Gemeinschaft Integrierter Staaten (GIS), der neben Rußland und Weißrußland auch Kasachstan und

---

5 Vgl. Maxim Shashenkov, Central Asia: Emerging Military-Strategic Issues, in: Jed C. Snyder (Ed.), After Empire. The Emerging Geopolitics of Central Asia, Washington D.C. 1995, S. 85-119.

Kirgistan beigetreten sind. Ziel der GIS ist die Schaffung eines Raumes, in dem nach dem Vorbild der Europäischen Union der *"freie Verkehr von Arbeit, Waren und Kapital"* gewährleistet wird. Ob dieses ehrgeizige wirtschaftspolitische Projekt erfolgreich realisiert werden kann, bleibt derzeit noch ungewiß, aber die Mitgliedschaft der beiden mittelasiatischen Staaten in der Subgruppe der GUS zeigt, daß sie nach wie vor in den slawischen Nachbarstaaten ihre Hauptwirtschaftspartner sehen.

Nationale und subnationale Identifikation

Wie in den anderen postsowjetischen Staaten haben sich auch in den zentralasiatischen Republiken ethnisch begründete Konflikte entwickelt, die häufig im Zusammenhang mit territorialen Ansprüchen stehen, die die Konfliktparteien gegeneinander erheben. Die Gründe dafür liegen in der Künstlich- und Willkürlichkeit, mit der die kommunistischen Machthaber die Grenzen zwischen den ethnischen Gruppen gezogen hatten. Vor der Oktoberrevolution gehörten die Steppenregionen des alten westlichen Turkestans und ihre polyethnische, muslimische Nomadenbevölkerung unter die Jurisdiktion der Khanate Chiwa und Kokand sowie des Emirates Buchara. Der Tradition der zaristischen Eroberungs- und Russifizierungspolitik folgend wurde ein großer Teil West-Turkestans zunächst Rußland zugeordnet und später unter die Unionsrepubliken Usbekistan und Turkmenistan (1924), Tadschikistan, welches 1929 von Usbekistan abgetrennt wurde, Kasachstan und Kirgistan (1936) aufgeteilt.[6] Mit der Gründung der zentralasiatischen Unionsrepubliken wurden damit staatliche Gebilde geschaffen, die es bis dato in dieser Region nicht gegeben hatte. Ideologisch begründeten die Kommunisten die territorial-nationale Aufgliederung mit dem Hinweis auf das Selbstbestimmungsrecht der Völker, das sich für die zentralasiatischen Völker damit erfüllt hätte, de facto aber sollte mit der Etablierung der fünf Republiken der integrativen Bindungskraft des Islam und des Panturkismus begegnet werden.

Bei der Grenzziehung orientierte man sich primär an ethno-linguistischen Kriterien und erreichte somit, daß die turksprachigen Kasachen, Kirgisen, Turkmenen und Usbeken weitestgehend in jeweils einer Republik zusammengefaßt wurden. Eine Ausnahme stellten die persischsprachigen Tadschiken dar, die zwar auch den Status einer Unionsrepublik erhielten, aber historisch so eng mit den Usbeken verflochten waren, daß eine territoriale Trennung kaum möglich war. Nach der Gründung Tadschiki-

---

6   Vgl. Bernd Johann, GUS ohne Zukunft?, Materialien und Studien der Stiftung Entwicklung und Frieden des Instituts für Entwicklung und Frieden, Nr. 15, Bonn 1993, S. 20-23.

stans mußte ca. ein Drittel der Tadschiken in Usbekistan verbleiben, während eine usbekische Minderheit (23,5 Prozent) fortan in Tadschikistan lebte. Als besonders negativ wurde von den Tadschiken der Verlust des Zuganges zu ihren religiösen Zentren Buchara und Samarkand empfunden, die unter die Jurisdiktion der Nachbarrepublik fielen. Dieser Umstand, gegen den die Tadschiken in der sowjetischen Periode erfolglos protestierten, ist heute erneut Gegenstand von Spannungen und Streitigkeiten zwischen den beiden Staaten.

Während der sowjetischen Periode entwickelte sich in den Unionsrepubliken nur langsam ein staatstragendes nationales Selbstverständnis, da sich bis dahin die ethnische Identifikation der Bevölkerungen primär entlang ihrer lokalen und regionalen Zugehörigkeit zu Clans und Stämmen orientiert hatte. Mit der territorialen Aufgliederung und Sowjetisierung der Region wurde das Identifikationsmuster jedoch zunehmend auf die nationale Ebene ausgeweitet. Dennoch blieb die Bedeutung der traditionellen Clientel- und Patronagebeziehungen weitgehend erhalten. Dies gelang unter anderem durch die erfolgreiche Kooption der lokalen und regionalen Eliten in den kommunistischen Machtapparat, in dem sie als offizielle Funktionsträger gleichzeitig die Interessenvertretung und den Schutz ihrer jeweiligen Clanangehörigen wahrnehmen konnten. Der enge Zusammenhalt historisch gewachsener Stämme und Clans brachte den Zentralasiaten oft den Vorwurf der Illoyalität gegenüber dem kommunistischem Regime ein. Tatsächlich war er ein effektiver Schutzmechanismus, um religiöse, kulturelle und ethnische Werte auf lokaler Ebene zu konservieren. Mit der Unabhängigkeit der Republiken ist er jedoch zunehmend zu einer Quelle wirtschaftlicher Kriminalität und politischer Machtkämpfe geworden.

Ethnisch-territoriale Konfliktpotentiale

Die Tatsache, daß die Bevölkerungen Kasachstans, Kirgistans, Usbekistan und Turkmenistans zur Gruppe der muslimischen Turkvölker gehören und damit eine kulturelle, religiöse und sprachliche Verwandtschaft besitzen, darf nicht über die polyethnische Gesamtstruktur Zentralasiens hinwegtäuschen. Erstens leben in der Region neben den Titularnationen - muslimische Völker, wie beispielsweise Dunganen, Belutschen und Uiguren sowie Angehörige slawischer Ethnien (Ukrainer, Russen). Letztere siedelten sich im Zuge verschiedener Russifizierungsschübe vornehmlich in ihrer Funktion als Mitglieder der wirtschaftlichen und politischen Eliten an. Zweitens wurde im Rahmen der stalinistischen Nationalitätenpolitik eine Reihe von Völkern nach Mittelasien deportiert, wie etwa Mes'cheten,

Krimtataren, Juden, Kurden und Deutsche. Drittens gibt es in nahezu allen zentralasiatischen Staaten Minderheitengruppen aus den jeweiligen Anrainerstaaten, deren rechtlicher Status umstritten ist.

Tabelle 1: Ethnische Komposition in den zentralasiatischen Republiken (1989)[7]

Republik   Prozentualer Anteil an der Gesamtbevölkerung

KASACHSTAN (16,46 Mio. E.)	*100,0%*
Kasachen	39,7%
Russen	37,8%
Deutsche	5,8%
Ukrainer	5,4%
Tataren	2,0%
Uiguren	1,1%
Koreaner	0,6%
KIRGISTAN (4,25 Mio. E.)	*100,0%*
Kirgisen	52,4%
Russen	21,5%
Usbeken	12.9%
TADSCHIKISTAN (5,09 Mio. E.)	*100,0%*
Tadschiken	62,3%
Usbeken	23,5%
Russen	7,6%
TURKMENISTAN (3,52 Mio. E.)	*100,0%*
Turkmenen	72,0%
Russen	9,5%
Usbeken	9,0%
USBEKISTAN (19,81 Mio. E.)	*100,0%*
Usbeken	71,4%
Russen	8,3%
Tadschiken	4,7%
Kasachen	4,1%
Koreaner	0,9%

---

[7] Vgl. Shirin Akiner, Struggle for Identity, a.a.O., S. 28f.

Auffällig an der ethnischen Zusammensetzung in den zentralasiatischen Staaten ist der hohe Anteil der russischen Minderheiten, der zwar insgesamt in den vergangenen fünf Jahren in allen fünf Republiken zurückgegangen ist, aber dennoch vornehmlich in Kasachstan (37,8 Prozent) und Kirgistan (21,5 Prozent) beachtlich bleibt. Die seit der Auflösung der Sowjetunion beobachtbare Migrationsbewegung der Minderheit zurück in die Russische Föderation ist hauptsächlich wirtschaftlich motiviert, da die Lebensbedingungen in Zentralasien vergleichsweise schlechter sind. Als vormals privilegierte Ingenieure, Techniker, Facharbeiter und Verwaltungsangestellte müssen sie oftmals Angehörigen der Titularnationen Platz machen, die nach Jahrzehnten russischer Dominanz in den wirtschaftlichen und politischen Führungspositionen nun auf ihre Rechte pochen.

Darüber hinaus fühlen sich viele der rund neun Millionen Russen durch die Revitalisierung nationaler und kultureller Werte der Titularnationen - ausgegrenzt, wenn nicht sogar gesellschaftlich diskriminiert. Mit der Einführung einheimischer Sprachen im Schulunterricht und in der Verwaltung sowie der Betonung der neuen Rolle des Islam haben sich die Angehörigen der mittelasiatischen Titularnationen deutlich von ihren ehemaligen slawischen Kolonialherren distanziert, die dieses wiederum als feindselige Haltung perzipieren.

Um Spannungen mit der russischen Minderheit vorzubeugen und eine massenhafte Emigration zu verhindern, hat sich besonders der kasachische Präsident Naserbajew für die Schaffung einer toleranten gesellschaftlichen Atmosphäre eingesetzt. Angesichts des großen russischen Bevölkerungsanteils in seiner Republik ist die Gewährleistung eines friedlichen Verhältnisses zwischen den ethnischen Gruppen unerläßlich. Naserbajews moderate Politik könnte für die zentralasiatischen Nachbarstaaten Vorbildcharakter haben, wenngleich Konflikte mit der russischen Minderheit ihre Ursprünge nicht immer in dem erstarkten Nationalgefühl der Titularnationen, sondern oftmals in der großrussischen Rethorik haben. Nationalpatriotische Zielvorstellungen, so wie sie in den vergangenen drei Jahren von verschiedenen Mitgliedern der Führung um Jelzin propagiert worden sind, unterstreichen stets den historisch begründeten Anspruch Rußlands auf Zentralasien. Dies manifestiert sich sowohl in der Militärdoktrin, in der der Schutz der russischen Diaspora im nahen Ausland ausdrücklich zu den *"lebenswichtigen nationalen Interessen"* gezählt wird, die notfalls militärisch durchgesetzt werden sollen, als auch in der Forderung, den nördlichen, mehrheitlich von Russen besiedelten Teil Kasachstans einer "Slawischen Union" zuzuführen.[8] Dem Druck der Moskauer Regie-

---

8 Siehe dazu Alexander Solschenizyns "Slawophiles Manifest" in der Frankfurter Allgemeinen Zeitung vom 20. Oktober 1990.

rung, den ethnischen Russen die doppelte Staatsbürgerschaft zuzugestehen und die russische Sprache zusammen mit der jeweiligen Landessprache zur Staatssprache zu machen, haben sich die Führungen in Zentralasien aber bislang dennoch nicht gebeugt.

Territoriale Revisionsansprüche ethnischer Minderheiten werden auch in anderen Regionen Zentralasiens erhoben. Dies betrifft insbesondere das Verhältnis zwischen den turksprachigen Usbeken und den persischen Tadschiken. Letztere erheben Forderungen auf das Gebiet des historischen Transoxaniens, in dem die beiden Zentren der persischen Kultur, Buchara und Samarkand, liegen. Primär wirtschaftliche Motive liegen dem Streit um das fruchtbare Ferganatal zugrunde, auf das Kirgistan, Usbekistan und Tadschikistan Anspruch erheben. Alle drei Staaten wollen den Zugang zu lebensnotwendigen Wasserressourcen und Weideflächen zu ihren Gunsten vergrößern.

Umstritten sind ebenfalls die Autonome Republik der Karapalpaken im nördlichen Usbekistan sowie das in Tadschikistan gelegene Autonome Gebiet Berg-Badachschan, das an Afghanistan grenzt. In Karapalkakien entstand 1991 eine separatistische Bewegung, die sich für die Schaffung eines unabhängigen, souveränen Staates einsetzt. Einen ersten Erfolg in dem Konflikt mit der Zentralregierung konnte sie 1992 verbuchen, als ihr Gebiet den Status einer Autonomen Republik erhielt. Ähnliche Beweggründe liegen den Forderungen der Unabhängigkeitsbewegung in Berg-Badachschan zugrunde, in der eine Vielzahl kleiner ethnischer Minderheiten (Pamir-Völker) lebt, die sich gegen die kommunistischen Machthaber in Duschanbe erhoben haben. Sie unterscheiden sich von den Tadschiken durch eine eigene Sprache und den ismailitischen Glauben. Im Zusammenhang mit dem Bürgerkrieg in Tadschikistan und den andauernden Infiltrationsversuchen afghanischer Muschaheddin über die nahe Grenze gehört diese Region mit den zu gefährlichsten Unruheherden.

Soziale und ökonomische Konfliktpotentiale

Die ethnische Heterogenität in Zentralasien ist nicht der einzige Faktor, der zu Unruhen und gewaltsamen Konflikten führt. Die Zusammenstöße zwischen ethnischen Gruppen sind häufig wirtschaftlich motiviert. Abgesehen von wenigen Wirtschaftssektoren ist die ökonomische Situation in allen fünf zentralasiatischen Staaten problematisch.[9] Die Förderung von Energieträgern wie Erdöl, -gas, Kohle und verschiedenen Metallerzen, die

---

9 Vgl. Roland Götz, Die Wirtschaft der Mitglieder der Gemeinschaft Unabhängiger Staaten. Teil III: Die zentralasiatischen Republiken, Aktuelle Analysen des BIOSt, Nr. 31, Köln 1995.

für Kasachstan, Kirgistan, Usbekistan, Tadschikistan und in geringerem Maße auch für Turkmenistan volkswirtschaftlich elementar ist, mußte seit 1991 gedrosselt werden. Für den wichtigen Exportartikel Baumwolle sind durch den Zusammenbruch des früheren sowjetischen Binnenmarktes Absatzmärkte verloren gegangen. In der verarbeitenden Industrie hat der Nachfragerückgang für Investitionsgüter und Konsumgüter auf dem Inlandsmarkt wegen der niedrigen Realeinkommen der Bevölkerung zu Produktionseinbrüchen und Betriebsstillständen geführt.

Der Importbedarf bei Maschinenbauerzeugnissen, Chemikalien und vor allem Nahrungsmitteln konnte ebenfalls nur bedingt gedeckt werden und hat die gesamtwirtschaftliche Situation verschlechtert. Hohe Inflationsraten, Engpässe in der Versorgung mit Rohstoffen, Material- und Absatzprobleme, steigende Arbeitslosigkeit und soziale Verelendung bestimmen das sozioökonomische Bild der Region. Betroffen von hohen Geburten- und Kindersterblichkeitsraten sind besonders Kirgistan, Usbekistan, Turkmenistan sowie das durch den Bürgerkrieg zusätzlich belastete Tadschikistan. Lediglich in dem industrialisierten Norden Kasachstans und einigen fruchtbaren Talregionen der südlichen Republiken genießt die Bevölkerung einen bescheidenen Wohlstand. In den ländlichen, dünn besiedelten Gegenden liegen die aus Sowjetzeiten stammenden riesigen Agrarkomplexe zumeist brach oder können nur noch partiell bewirtschaftet werden. Die über Jahrzehnte betriebene extensive Viehzucht und der monokulturelle Anbau von Baumwolle, der zuletzt mit Hilfe chemischer Düngemittel forciert wurde, hat sowohl Wasserreserven als auch Bodenkulturen drastisch erschöpft. In etlichen Gebieten (z.B. Aralsee, Semipalatinsk) wurde das ökologische Gleichgewicht derart empfindlich gestört, daß das Ausmaß der Umweltschäden gegenwärtig noch nicht absehbar ist. Somit haben die kommunistischen Machthaber den Bewohnern Zentralasiens nicht nur ein schweres wirtschaftliches, sondern auch ökologisches Erbe hinterlassen.

Tabelle 2: GUS: Volkswirtschaftliche Kennziffern im Vergleich (Angaben in Prozent)[10]

		BIP	Industrie-produktion	Inflation
Rußland	1992	-19	-18	1575
	1993	-12	-14	934
	1994	-15	-21	224
	1.Hj. 1995	-4	-3	78
Kasachstan	1992	-14	-15	944
	1993	-13	-16	2200
	1994	-25	-29	2000
	1.Hj. 1995	-19	-14	534
Kirgistan	1992	-25	-26	1006
	1993	-16	-24	1300
	1994	-26	-25	300
	1.Hj. 1995	-1	-17	170
Tadschikistan	1992	-30	-24	1157
	1993	-30	-20	2300
	1994	-12	-30	340
	1.Hj. 1995	-21	-25	139
Turkmenistan	1992	-5	-15	931
	1993	-8	4	1730
	1994	-24	-25	2810
	1.Hj. 1995	-22	-33	k.A.
Usbekistan	1992	-10	-10	698
	1993	-4	-5	2600
	1994	-4	-1	1700
	1.Hj. 1995	-2	-6	796

Die Versuche der jungen Republiken, die wirtschaftliche Talfahrt zu beenden und einen Reformkurs einzuleiten, sind bislang nicht sehr erfolgreich gewesen. Mit Ausnahme Kirgistans und Kasachstans verhalten sich die autoritären Regierungen marktwirtschaftlichen Elementen gegenüber,

---

10 Vgl. Ders., a.a.O., S. 5f.

wie beispielsweise einer umfassenden Privatisierung, ablehnend und zögerlich. In Turkmenistan betrug der Anteil des Privatsektors am Bruttoinlandsprodukt 1994 nur 15 Prozent. In Usbekistan wurden zwar der Dienstleistungssektor, Einzelhandel sowie einige Textilbetriebe privatisiert, aber der Privatbesitz von Grund und Boden ist nicht erlaubt. Auch in Tadschikistan gibt es nur geringe Fortschritte bei der Privatisierung von Mittel- und Großbetrieben. Eine strenge Fiskal- und Geldpolitik wird immer wieder hinausgezögert, da sie die sozial schwache Bevölkerung noch stärker belasten würde. Wie in den anderen postsowjetischen Staaten fehlen zumeist auch klare rechtliche Rahmenbedingungen, die westlichen Investoren und einheimischen Interessierten ein gewisses Maß an Sicherheit garantieren würden. Immerhin bemühen sich alle fünf Staaten, eigene nationale Institutionen im Banken- und Finanzwesen sowie für die Ausbildung ihrer künftigen wirtschaftlichen, politischen und diplomatischen Eliten zu etablieren, um außenpolitische und -wirtschaftliche Kontakte zu intensivieren. Diese durchaus sinnvollen Ansätze werden jedoch erst langfristig Erfolge zeigen und die unmittelbare ökonomische Perspektive für die jungen Republiken kaum beeinflußen.

Vor dem Hintergrund der wirtschaftlichen Krise in Zentralasien sind die meisten Menschen gezwungen, in einen verschärften Wettbewerb um Arbeitsplätze, Wohnungen und soziale Hilfsleistungen einzutreten. Wie und in welchem Umfang sie es schaffen, die Rahmenbedingungen für ihr wirtschaftliches Überleben zu sichern, hängt in großem Maße von ihrer Zugehörigkeit zur jeweiligen ethnischen Gruppe und deren Stellenwert im staatlichen Machtgefüge ab. In einer gesellschaftlichen Atmosphäre, die von Frustration, Existenzängsten und Konkurrenz geprägt ist, dient die ethnische Identifikation oft als Katalysator für die Entwicklung chauvinistischer Einstellungen gegenüber konkurrierenden (ethnischen) Gruppen. Beispiele für die rasche Eskalation derartig motivierter Konflikte ließen sich 1989 im usbekischen Ferganatal und 1990 in der kirgisischen Stadt Osh sowie im westlichen Kasachstan zwischen immigrierten Kaukasiern und Kasachen beobachten.

Die bevorzugte Behandlung einflußreicher Clans ist auch im tadschikischen Bürgerkrieg eine Konfliktlinie, in dem vier Regionen um die politische und wirtschaftliche Dominanz streiten. In dem Machtkampf treten die nördliche Provinz Leninabad (Chudschand) sowie die südlichen Provinzen Garm, Kuljab und Kurgan-Tjube als Konfliktparteien auf. Die Leninabader wurden als Vertreter der traditionellen Herrschaftselite stets von den Kuljabi unterstützt, bis diese sie 1992 zunehmend aus dem Regierungslager verdrängten. Beiden stehen die Anführer der Regionen Garm und Kurgan-Tjube als Bastionen der islamischen Opposition gegenüber. Obwohl der blutige Bürgerkrieg, der im Sommer 1992 zwischen den oppositionellen Regionen und Gruppen und der prokomunistischen Regierung in Duschanbe entbrannte, mit Hilfe militärischer Unterstützung durch Usbekistan und Rußland beendet werden konnte, ist die politische Situation in Tadschikistan äußerst instabil. Der am 6. November 1994 gewählte Präsident Emomali Rachmonow stammt aus der südlichen Provinz Kuljab und kann die rivalisierenden Eliten nur durch die Präsenz russischer Truppen voneinander getrennt halten.[11]

Die Entwicklung eines Nord-Süd- sowie Zentrum-Peripherie-Konfliktes hat sich mittlerweile auch in Kirgistan bzw. Usbekistan angebahnt. In Kirgistan verläuft die Trennungslinie zwischen dem armen Norden und reichen Süden, während in der Nachbarrepublik Usbekistan rivalisierende Clans versuchen, den Einfluß der traditionellen Machtzentren in Taschkent, Fergana und Samarkand zurückzudrängen. Die Vielzahl der informellen Bewegungen und regierungskritischen Parteien, die 1990/91 in Usbekistan entstanden, wurde im Laufe der vergangenen Jahre unter der autoritären Herrschaft Präsident Islam Karimows ausgeschaltet, ins Exil gezwungen oder durch innere Spaltungen neutralisiert. An ihre Stelle sind wiederum die Vertreter lokaler Verwaltungen getreten, die versuchen, ihre jeweiligen stammesspezifischen Interessen durchzusetzen.

Ein weiterer Instabilitätsfaktor, der in den vergangenen Jahren in Zentralasien an Bedeutung gewonnen hat, ist die steigende Kriminalität. Schwarzmarktgeschäfte, Schmuggel und der illegale Verkauf von Drogen und Waffen haben einen Umfang angenommen, den die staatlichen Behörden nur noch hilflos zur Kenntnis nehmen können. Mafiotische Organisationen, die teilweise eng mit lokalen und regionalen ethnischen Clans verbunden sind, haben die gesellschaftlichen Strukturen Zentralasiens stark durchdrungen. Die Gefahr gewaltsamer Auseinandersetzungen zwischen rivalisierenden Mafiaorganisationen gewinnt durch die ethnische Komponente eine zusätzliche Brisanz. Zuweilen ist ihr Einfluß auf die staatlichen Regierungsinstitutionen so groß, daß wichtige politische Entscheidungen nicht ohne sie getroffen werden. Die Kriminalisierung weiter Teile der Gesellschaft vollzieht sich aber nicht nur in Gestalt der Mafia, sondern auch durch Korruption, Bestechung sowie eine steigende Gewaltbereitschaft in der Bevölkerung. Letztere manifestiert sich unter anderem in der drastischen Zunahme minderer und schwerer Straftaten, über die die Polizei- und Justizbehörden aller fünf Republiken klagen. Die Ursachen dafür sind ebenso wie in den anderen postsowjetischen Staaten zweifellos in der wirtschaftlichen und sozialen Krise begründet, die die mittelasiatischen

---

11 Zur Entwicklung im tadschikischen Bürgerkrieg siehe Patrick Clawson, The Former Soviet South and the Muslim World, in: Jed C. Synder (Ed.), After Empire. The Emerging Geopolitics of Central Asia, Washington, D.C. 1995, S. 137-162, bs. S. 144ff.

Staaten gegenwärtig erleben. Gleichwohl hat das organisierte Verbrechen hier eine zusätzliche, nämlich ethnische Dimension, die sich von staatlicher Seite noch schwerer bekämpfen läßt als beipielsweise in der Russischen Föderation. Verbunden mit machtpolitischen Kämpfen verschiedener Clans um die Vorherrschaft in einer Region oder Zugang zu Ressourcen stellt es ein gefährliches innenpolitisches Krisen- und Konfliktpotential dar, das auch in Zukunft die Entstehung gewaltsamer Auseinandersetzungen wahrscheinlich macht.

Die Revitalisierung des Islam

In der westlichen Welt wird die Tatsache, daß der zentralasiatische Raum muslimisch geprägt ist, häufig mit der Befürchtung der verbunden, daß dort ein radikalisierter, fundamentalistischer Islam entstehen könne. Nachdem die Ausübung der Religion in der Sowjetunion verboten beziehungsweise stark eingeschränkt war und der Zusammenbruch des kommunistischen Systems ein geistig-ideologisches Vakuum in den Gesellschaften hinterlassen hat, erwarteten etliche Bobachter die rasche organisatorische Konsolidierung des Islam als politische Kraft.
Tatsächlich hat der Islam in allen fünf Republiken einen Wiederaufschwung erlebt, jedoch weniger als politische Bewegung, sondern vielmehr als kulturelle und ethnische Orientierungs- und Identifikationshilfe. Vor dem Hintergrund schwieriger ökonomischer und sozialer Lebensbedingungen ist die Wiederentdeckung eigener religiöser Wurzeln für die meisten Menschen ein positives Erlebnis, das von Stolz und Neugier begleitet wird. Da das Wissen über islamische Riten, Pflichten und Lehrsätze generell gering ist, besteht hier ein großer Nachholbedarf.[12] Der Bedeutung tribaler Strukturen entsprechend haben religiöse Aktivitäten zuallererst auf lokaler Ebene, also in der *mahalla*, zugenommen, in der Moscheen, Koran- und Gebetsschulen wiedererrichtet worden sind.
Der Versuch, den Islam auf supranationaler Ebene in eine organisatorische Form zu betten, ist hingegen fehlgeschlagen. Die übergeordnete islamische Organisation, die nach dem Zweiten Weltkrieg für die Ausbildung und Administration des islamischen Klerus in allen fünf Staaten zuständig war, wurde in den vergangenen Jahren nahezu vollständig aufgelöst. Jede Republik besitzt eine eigene islamische Verwaltung, deren Miglieder jedoch weitgehend Marionetten der jeweiligen Regierungen sind. Dies hat den Fragmentarisierungsprozeß innerhalb der muslimischen Gemein-

---

12 Vgl. Mehmet Saray, The Roots of Islam in Central Asia: A Brief Primer, in: Jed C. Snyder (Ed.), After Empire, The Emerging Geopolitics of Central Asia, Washington, D.C. 1995, S. 37-46.

schaft noch weiter beschleunigt, da viele Gläubige ihren Führern vorwerfen, die religiösen Grundprinzipien zu verletzten. Als Opposition gegen die staatlich kontrollierte Religion wurde die "Islamische Partei der Wiedergeburt" gegründet, die in Tadschikistan aktiv ist, in den anderen Staaten aber nicht als Partei registriert wurde. Außer im Ferganatal hat sie bislang keine Unterstützung erhalten und ist somit als politische Organisation schwach.

Generell läßt sich in Zentralasien beobachten, daß die Rückbesinnung auf den Islam in den Regionen am stärksten ist, wo die ökonomische Krise die größten Spuren hinterlassen hat, also auf dem Land und in den ärmeren Vororten der Städte, in die sich Tausende arbeitsloser Landarbeiter mit ihren Familien geflüchtet haben. Darüber hinaus tritt sie in dem traditionell konservativen Süden auf, in dem westliche, demokratische Werte mit der Begründung abgelehnt werden, daß sie lediglich eine andere Form des Imperialismus seien, unter dem man während der sowjetischen Herrschaft bereits gelitten hätte. Auf ähnliche Einstellungen trifft man auch zunehmend im Norden Kasachstans und in Kirgistan.

Hierin liegt zweifellos eine Gefahr: Sollte die sozioökonomische Krise anhalten, dann wächst die Wahrscheinlichkeit, daß zunehmend mehr Menschen Zuflucht in einer religiösen Heilslehre suchen, deren Inhalte von ehrgeizigen politischen Führern manipuliert, gegebenenfalls auch radikalisiert werden könnten. Die Religion könnte als Instrument zur Mobilisierung der Massen mißbraucht werden und rasch chauvinistische Züge gegenüber Nicht- und Andersgläubigen annehmen, die gewaltsame Auseinandersetzungen nicht ausschlössen. Eine solche Entwicklung würde allerdings einen entsprechenden Organisationsgrad des Islam sowie politische Akteure voraussetzen, die Interesse an einer Instrumentalisierung der Religion hätten. Beide Voraussetzungen fehlen jedoch gegenwärtig in den zentralasiatischen Staaten. Bewegungen, die den Islam als politisches Element favorisieren, existieren mit Ausnahme einiger marginaler Parteien - nicht. Wie in der ehemaligen Sowjetunion liegt das Monopol über die Ausübung der Religion in den Händen des Staates. Bislang haben es alle nationalen Regierungen erfolgreich verstanden, den religiösen Revitalisierungsprozeß in einem von ihnen festgelegten Rahmen zu steuern. Ansätze zur Bildung nichtstaatlich kontrollierter muslimischer Organisationen wurden im Keim erstickt. Die Staatspräsidenten und andere politische Funktionsträger bekennen sich zwar öffentlich zu ihrem Glauben, betonen jedoch gleichzeitig die kulturelle und nationale Bedeutung des Islam für ihre Republik. Die Errichtung einer "Islamischen Republik", eventuell nach dem theokratischen Modell des Iran, wird von allen fünf Präsidenten abgelehnt. Die fundamentalistischen Töne, die vereinzelt von muslimischen Oppositionellen kommen sowie die Entwicklung in Tadschikistan, haben insbesondere die Präsidenten Usbekistans und Kirgistans veranlaßt, vor der Entstehung eines radikalisierten Islam zu warnen. Angesichts der Gefahr des Überschwappens islamischer Opposition auf sein Territorium zögerte Präsident Karimow 1992 nicht, das prokommunistische Regime in Duschanbe aktiv militärisch und politisch zu unterstützen. Sein Protest gegenüber den Regierungen in Islamabad, Teheran und Kabul, sie würden die muslimischen Rebellen in Tadschikistan finanziell und militärisch ausstatten, war zwar sachlich richtig, hat in der Konsequenz jedoch dazu geführt, daß der innerstaatliche Konflikt aufgewertet und zum Gegenstand von diplomatisch-politischen Auseinandersetzungen zwischen allen Anrainerstaaten geworden ist.

Fazit

Die Entwicklungen in den vergangenen fünf Jahren haben demonstriert, daß in den zentralasiatischen Gesellschaften ein nicht zu unterschätzendes Konfliktpotential entstanden ist. Dieses hat seine Ursprünge primär in der wirtschaftlichen und ökologischen Krise, in die die Staaten nach der Desintegration der Sowjetunion geraten sind. Proteste sozial benachteiligter und schwacher Gruppen sind deshalb wahrscheinlich. Begleitet von einer starken ethnischen Identifikation der Bevölkerung bergen sie auch künftig die Gefahr von Rivalitäten und Auseinandersetzungen zwischen ethnischen Minder- und Mehrheiten, regionalen und zentralen Eliten sowie verschiedenen Clans.
Gleichwohl sind in den zentralasiatischen Gesellschaften viele sowjetisch geprägte, konservative Strukturen erhalten geblieben. Traditionelle Seilschaften und Machtstrukturen sind auch nach der staatlichen Unabhängigkeit weitgehend ungebrochen. Die Regierungen aller fünf Republiken werden zum größten Teil von ehemaligen Kommunisten dominiert, die es trotz aller Veränderungen im postsowjetischen Raum bislang geschickt verstanden haben, ihre Machtpositionen zu erhalten und zu festigen. Die von ihnen errichteten Präsidialsysteme weisen zwar autoritäre Züge auf, mit deren Hilfe sie die Entwicklung progressiver, reformorientierter gesellschaftlicher Kräfte auf restriktive Weise kontrollieren können, bilden jedoch gleichzeitig einen institutionellen Rahmen, der ein gewisses Maß an Stabilität gewährleistet. Diese ist mehr als notwendig, um den wirtschaftlichen Reorientierungsprozeß fortzusetzen, ausländische Investoren anzuziehen und die vorhandenen Kapazitäten auszubauen. Nur dann werden sich die ökonomische Situation verbessern und soziale Spannungen abbauen lassen.

Mittelfristig ist anzunehmen, daß Rußland auch weiterhin den Part der ordnungspolitischen Macht in Zentralasien übernehmen wird, obwohl ihr diese Rolle von den muslimischen Anrainerstaaten, der Türkei und China zunehmend streitig gemacht wird. An dem Konkurrenzkampf um den Zugriff auf natürliche Ressourcen, die in dieser Region reichlich vorhanden sind, werden sich verstärkt auch westliche Unternehmen beteiligen. Ob diese Drittstaaten jedoch die engen politischen, wirtschaftlichen und militärischen Beziehungen zu Rußland kompensieren können, ist zweifelhaft. Zentralasien ist ein Raum, der in Bewegung geraten ist, aber noch immer unter dem Einfluß Rußlands steht.

Weitere Literatur zu den Entwicklungen in Zentralasien

Bess Brown, Die Angst Zentralasiens vor dem russischen Bären, in: Internationale Politik, Nr. 11, Bonn 1995

Roland Götz, Die Wirtschaft der Mitglieder der Gemeinschaft Unabhängiger Staaten, Teil III: Die zentralasiatischen Staaten, Aktuelle Analysen des BIOst, Nr. 31, Köln 1995

Citha Maaß/Susanne Fries, The Central Asian Region: Conflict Assessment and Perspectives, Stiftung Wissenschaft und Politik, Ebenhausen 1995

Palat Madhavan, Politisch-geistige Strömungen im postsowjetischen Zentralasien, in: Osteuropa, Jahrgang 44, November 1994, S.1005-1022

Jed C. Synder (Ed.), After Empire. The Emerging Geopolitics of Central Asia, Washington, D.C. 1995

Stefan Klötzli

Das „Aralsee-Syndrom" in Zentralasien: Hindernis oder Chance regionaler Kooperation?

Einführung

In den letzten Jahren haben die ökologischen Probleme in der Aralregion internationale Aufmerksamkeit erlangt. Besonders die Austrocknung des Aralsees ist zu einem Symbol für den Raubbau an natürlichen Ressourcen geworden. Eine strukturelle Fehlentwicklung unter sowjetischer Herrschaft führte unter anderem zur Zerstörung und Verknappung lebenswichtiger Umweltressourcen, vor allem von Wasser und Boden. Die Umweltzerstörung hat zu schweren gesundheitlichen Schädigungen der Lokalbevölkerung und zu sinkenden Ernteerträgen geführt. Aufgrund ihrer diffusen und vielfältigen Wirkungen kann diese Umweltkrise treffend als „Aralsee-Syndrom" bezeichnet werden. Ein Syndrom ist eine Gruppe von Faktoren, deren gemeinsames Auftreten einen bestimmten Zusammenhang oder Zustand (Krankheitsbild in der Medizin) anzeigt. Erst das zeitlich und räumlich verstärkende Zusammenfallen der ökologischen mit ökonomischen, sozialen und politischen Krisensymptomen macht die Virulenz der Krise aus. Konflikte um die Nutzung knapper Umweltressourcen sind eine weitere Folge davon.
Die Verselbständigung der ehemaligen Sowjetrepubliken ließ neue politische Grenzen entstehen und erhöhte die Zahl der politischen Akteure. Neue Brennpunkte politischer Macht sind entstanden, die funktionalen Beziehungen haben sich verändert. Die Verfügungsgewalt über Umweltressourcen steht nun im Gegensatz zu Sowjetzeiten verschiedenen Staaten zu. Seit der Auflösung der Sowjetunion sind in Zentralasien zwei neue internationale Flußbecken entstanden. Damit ist theoretisch die Möglichkeit gegeben, die neu entstandenen internationalen Flußbecken in ökoregionaler Kooperation zu verwalten. Ein neues Flußwasserregime ist aber bisher nicht gefunden worden, so daß knapper werdende Wasserressourcen bereits zu Streitigkeiten zwischen den Republiken geführt haben. Gleichzeitig sind internationale kooperative Bemühungen im Gange, das „Aralsee-Syndrom" auf friedlichem Wege anzugehen.[1]

---

1   Vgl.: Klötzli, Stefan: The Water and Soil Crisis in Central Asia - a Source for Future Conflicts? ENCOP Occasional Paper 11 (Hrsg.: ETH Zurich und Swiss Peace Foundation). Zurich, Berne 1994; Tröster, Urban: Die Wasserkrise in Zentralasien. Ursachen, Verlauf und Perspektive eines ökologisch induzierten Konflikts. Magisterarbeit. Tübingen 1994. Klötzli, Stefan: Shrinking Sea and Rising Conflict - Political Problems of the Water Management in Post-Soviet Central Asia, in: Ministry of Water Resources (Hrsg.): The Sultanate of Oman International Conference on Water Resources Management in Arid Countries, Muscat 12-16

Im folgenden sollen die bisherigen kooperativen Bemühungen im Bereich des gemeinsamen Ressourcenmanagements im Aralseebecken bzw. bereits sich abzeichnende Konflikte um die grenzüberschreitende Verteilung von Flußwasser analysiert werden. Dabei geht es um die Frage, welche Wirkung die bisherige Kooperation auf eine friedliche Konfliktregelung gezeitigt hat. Die politischen Bemühungen, um das „Aralsee-Syndrom" zu entschärfen, sollen einer analytischen Zweiteilung unterliegen. Zuerst werden die kooperativen Ansätze zum Management grenzüberschreitender Flüsse und danach jene zur Rettung des Aralsees untersucht.

Bei der vorliegenden Untersuchung soll ein ökoregionaler Ansatz verfolgt werden. Territorium wird dabei nicht mehr in erster Linie als politischer Gebietskörper oder als geopolitische Grundkategorie betrachtet, sondern als die politische Grenzen überlagernde Funktionsräume. In bezug auf die räumliche Ausdehnung von Umweltproblemen wird die Kategorie der Ökoregion aus der Biogeographie übernommen und, angepaßt an die politisch-geographische Fragestellung, als politischer Funktionsraum definiert.[2] Der als Ökoregion im politisch-geographischen Sinne definierte Wirkungsbereich politischen Handelns soll dabei nicht wie bisher vor allem auf der staatlichen Ebene untersucht, sondern als ökoregional orientierter politischer Zusammenschluß zur Regelung von Nutzungskonflikten um gemeinsame Umweltressourcen verstanden werden.

March 1995, Bd. 1: Jabrin Sessions. Muscat 1995, S. 337-344; Klötzli, Stefan: Umweltzerstörung und Politik in Zentralasien. Eine ökoregionale Systemuntersuchung. Diss. Zürich 1996 (im Druck).

2   Bächler, Günther: Konflikt und Kooperation im Lichte globaler humanökologischer Transformation. ENCOP Occasional Paper 5 (Hrsg.: ETH Zurich und Swiss Peace Foundation). Zurich, Berne 1993; Bächler, Günther: Conflict and Cooperation in the Light of Human-Ecological Transformation. ENCOP Occasional Paper 9 (Hrsg.: ETH Zurich und Swiss Peace Foundation). Zurich, Berne 1993; Bailey, Robert: Delineation of Ecosystem Regions. In: Environmental Management, 4/1983, S. 365-373; Boulding, Elise: States, Boundaries and Environmental Security, in: Sandole, Dennis, J.D.; van der Merwe, Hugo (Hrsg.): Conflict Resolution Theory and Practice. Integration and Application. Manchester 1993, S. 194-207; Byers, Bruce: Ecoregions, State Sovereignity and Conflict. In: Bulletin of Peace Proposals, 1/1991, S. 65-76; Cohen, S.B.; Rosenthal, L.D.: A Geographical Model for Political Systems Analysis, in: Geographical Review, 61/1971, S. 5-31, Dodge, Jim: Living by Life: Some Bioregional Theory and Practice, in: The Coevolution Quarterly, Winter 1981, S. 6-12; Goodin, Robert E.: Green Political Theory. Cambridge 1992; Westing, Arthur: Environmental Security for the Danube Basin, in: Environmental Conservation, 16/1989, S. 323-329; Westing, Arthur: Environmental Approaches to Regional Security, in: Westing, Arthur H. (Hrsg.): Comprehensive Security for the Baltic: an Environmental Approach. London 1989, S. 1-14, Westing, Arthur: Building Confidence with Transfrontier Reserves: the Global Potential, in: Westing, Arthur H. (Hrsg.): Transfrontier Reserves for Peace and Nature: a Contribution to Human Security. Nairobi 1993, S. 1-15; u.a. Eine Ökoregion ist geprägt durch ein Nutzungsmuster, das einen spezifischen, politisch, sozioökonomisch und kulturell geprägten interdependenten Stoffwechsel zwischen Gesellschaft und Natur in einem regionalen Sinnzusammenhang zum Ausdruck bringt (Flußbecken, Bewässerungsgebiete wie ein Delta oder eine Flußoase, oder Gebirgssteppen).

Demographische Entwicklung und die Bedeutung der Landwirtschaft

Die Nutzung der Wasserressourcen in Zentralasien ist eng mit der Bedeutung der Landwirtschaft verknüpft, die fast völlig von der Bewässerung abhängig ist. Fast 100 Prozent des jährlichen Oberflächenwassers im Aralsee-Einzugsgebiet werden vor allem für die Landwirtschaft genutzt, die einer schnell wachsenden Bevölkerung gerecht werden muß. Das Bevölkerungswachstum und der Anteil der ländlichen Bevölkerung einerseits, sowie die Exportabhängigkeit der Landwirtschaft andererseits bestimmen zu einem großen Teil die ökonomischen Entwicklungsmöglichkeiten der zentralasiatischen Republiken und damit Wege zu einer weniger wasserintensiven Wirtschaftsweise.

Die Bevölkerung Zentralasiens (mit den südlichen Provinzen Kasachstans) hat sich zwischen 1951 und 1989 mehr als verdreifacht und betrug 1992 rund 37,5 Mio. Die jährliche Zuwachsrate betrug zwischen 1959 und 1970 3.4 Prozent und sank auf 2.5 Prozent zwischen 1980 und 1992 (UdSSR: 0.87 Prozent zwischen 1979-1989).[3] Die Zuwachsraten sind mit denjenigen mancher Entwicklungsländer wie Malaysia (2.5 Prozent, 1980-1992) und Ägypten (Ägypten 2.4 Prozent 1980-1992) vergleichbar. Das schnelle Bevölkerungswachstum ist auf hohe Fruchtbarkeitsraten,[4] eine Altersstruktur mit einem großen Anteil der jungen Bevölkerung und auf eine niedrige Emigration der einheimischen Bevölkerung zurückzuführen. Selbst bei Annahme eines Rückgangs des jährlichen Zuwachses wird die Bevölkerung im Aralseebecken im Jahre 2010 rund 50 Millionen erreichen.

1989 lebten nur knapp 40 Prozent der Bevölkerung Zentralasiens in Städten (UdSSR: 65.8 Prozent). Zu Migrationsbewegungen kam es in letzter Zeit vor allem aus Gebirgsregionen in Kirgistan und Tadschikistan sowie aus Städten, vor allem seitens der slawischstämmigen Bevölkerung. Die einheimische Bevölkerung in den dicht besiedelten Bewässerungsgebieten ist dagegen sehr immobil, so daß eine Landflucht großen Stils noch nicht stattgefunden hat.[5] Der Weiterbestand der bisherigen Agrarstrukturen konserviert

---

3   Micklin, Philip P.: Water Management in Soviet Central Asia: Problems and Prospects, in: Stewart, John Massey (Hrsg.): The Soviet Environment. Problems, Policies and Politics. Cambridge 1992, S. 88ff.

4   Die Fertilitätsraten betrugen für die Mitte der 80er Jahre zwischen vier (Kirgistan) und sechs (Tadschikistan) Kinder pro Familie (vgl. Rowland, Richard: Demographic Trends in Soviet Central Asia and Southern Kazakhstan. In: Lewis, Robert A. (Hrsg.): Geographic Perspectives on Soviet Central Asia. London 1992, S. 226).

5   Als Gründe für die niedrige Mobilität der einheimischen Bevölkerung werden u.a. unbefriedigende Arbeitsmöglichkeiten in den Städten, mangelnde Qualifikationen für industrielle Arbeiten, Bevorzugung der ländlichen Lebensweise mit traditionellen sozialen Beziehungen genannt (Craumer, Peter R.: Agricultural Change, Labor Supply, and Rural Out-Migration in Soviet Central Asia, in: Lewis, Robert A. (Hrsg.): Geographical Perspectives on Soviet Central Asia. London 1992, S. 166). Die arbeitsintensive Wirtschaftsweise in den Bewässerungsgebieten erlaubt es - im Gegensatz zu den extensiv bewirtschafteten Gebirgsregionen - eher noch, Arbeitskräfte zu absorbieren und damit die Abwanderung gering zu halten.

vor allem in den Bewässerungsgebieten einen hohen Anteil der ländlichen Bevölkerung. Es fehlen immer mehr Beschäftigungsmöglichkeiten auf dem Lande für ein angesichts des großen Anteils der jungen Bevölkerung schnell wachsendes Arbeitskräftepotential. Gleichzeitig nimmt die Dichte der ländlichen Bevölkerung tedenziell weiter zu. Die weitere Ausdehnung der arbeitsintensiven Bewässerungskulturen ist aber angesichts knapper Wasser- und Bodenressourcen begrenzt. Größere Wanderungsströme als bisher in urbane Zentren werden dann nicht mehr auszuschließen sein.[6]

Tabelle 1: Strukturdaten der Landwirtschaft in Zentralasien

	Usb.	*Kas.*	*Kirg.*	*Turkmen.*	*Tadsch.*	*Schweiz*
Anteil der Landwirtschaft am BIP in Prozent (1991)	33	28	28	36	31	3
Beschäftigte in der Landwirtschaft in Prozent	43	26	38	44	3	6

Quelle: Fischer Weltalmanach 1995.

Die rücksichtslose Bewässerungspraxis in Zentralasien, mit dem Ziel die landwirtschaftlichen Erträge zu erhöhen, führte zu einer gegenteiligen Entwicklung. Die Bewässerung mit teilweise mineralisiertem und verschmutztem Wasser hat seit der zweiten Hälfte der achtziger Jahre zur Folge, daß Böden durch Salinisierung, Vergiftung mit Pestiziden und Vernässung ihre Fruchtbarkeit einbüßten. Offiziellen Angaben zufolge mußten wegen schlechter Bewirtschaftung bis 1988 etwa 3.5 Mio. ha Ackerland im Aralseebecken aus der Produktion genommen werden.[7] Dies entspricht etwa 46 Prozent der totalen Bewässerungsfläche von 1987.

Mit steigender Bevölkerungszahl und abnehmender Produktivität sind alle zentralasiatischen Staaten noch auf Nahrungsmittelimporte angewiesen, um ihre gegenwärtige Bevölkerung zu ernähren. Das erklärte Ziel insbesondere der großen Bewässerungsländer Usbekistan und Turkmenistan ist es jedoch, Selbstversorgung und Beschäftigungsmöglichkeiten für eine wachsende ländliche Bevölkerung zu schaffen. Für die Selbstversorgung wurde der forcierte Anbau von Getreide vorangetrieben. Damit soll die Abhängigkeit von importierten Nahrungsmitteln reduziert werden. Diese Politik führt trotz steigender Weltmarktpreise zu einer Abnahme des mit Baumwolle kultivierten Landes zugunsten des Getreideanbaus.[8]

---

6   Vgl.: Craumer, London 1992, S. 156.
7   Feshbach, Murray; Friendly, Alfred jr.: Ecocide in the UdSSR. Health and Nature Under Siege. London 1992, S. 76.
8   Der Autor konnte sich im Frühjahr 1995 in der Provinz Choresm von der Veränderungen im Anbau überzeugen. Zu dieser Jahreszeit heben sich die mit Winterweizen angebauten Felder von den übrigen brachliegenden oder geschwemmten Feldern ab. Sie machen etwa ein Drittel des gesamten Kulturlandes aus.

Tabelle 2: Zusammensetzung der Bewässerungsfläche
in Usbekistan 1985-1995

Jahr	Gesamtfläche in km²	Getreidefläche km²	Baumwollfläche km²
1985	4080	969.3	1989.5
1986	3953.4	700.4	2054
1987	4332	1003.7	2107.7
1988	4349.3	1094.5	2016.7
1989	4160.1	881.8	1970.1
1990	4194.2	1008.1	1830.1
1991	4200.3	1079.9	1720.5
1992	n.a.	n.a.	1667
1993	n.a.	n.a.	1694
1994	n.a.	n.a.	1690
1995	n.a.	n.a.	1491

Quelle: Achmedov, E.: Republic of Uzbekistan. Tashkent 1993,S. 85; Statističeskij Bjulleten' Nr. 21 1994, S. 45.

Trotz Umweltbedenken und der erklärten Absicht, die eigene Nahrungsmittelversorgung zu verbessern, bleibt die Baumwolle vor allem für Usbekistan auf absehbare Zeit das Rückgrat seiner Wirtschaft.[9] Auf der anderen Seite scheint trotz praktischer Erschöpfung der Wasserressourcen eine zusätzliche Ausweitung der Bewässerungsfläche unumgänglich geworden zu sein.[10] Usbekistan möchte die Bewässerungslandwirtschaft im zentralen Ferganatal, in der Hunger- und Karschisteppe sowie im Surchantal intensivieren. So sollen jährlich 20 bis 25 000 ha Bewässerungsland neu erschlossen und 50 bis 60 000 ha bisherige Bewässerungsflächen rekonstruiert werden. Allein 1993 wurden 17 000 ha neu erschlossen.[11]

Zwischenstaatliche Wasserpolitik

1. Vulnerabilität gegenüber Wasserknappheit

Die Vulnerabilität (Verwundbarkeit) eines Landes gegenüber Wasserknappheit gibt an, welche potentiellen Gefährdungen sich aus einer großen Abhängigkeit der wirtschaftlichen Entwicklung vom Wasser ergeben können.

---

9 1992 machte die Baumwolle 78 Prozent der Exporte mit Nicht-GUS-Staaten aus (Fischer Weltalmanach 1995).
10 Die ökonomische Abhängigkeit von Wasser führt dazu, daß einige Länder ihren bisherigen Verbrauch sogar erhöhen möchten. So hat Turkmenistan Pläne für die Entwicklung von 1.6 Millionen ha neuer Bewässerungsflächen angekündigt, um die Weizenproduktion zu steigern (Arab News 2.4.1993). Auch Usbekistan hat allein 1993 zwischen 15 000 und 20 000 ha Bewässerungsland neu erschlossen (Achmedov, 1993, S 84).
11 Ginijatullin, Rim A.: Voda i Pašnja (Wasser und Ackerbau), in: Pravda Vostoka vom 12.1.1994, S. 2.

Die Identifizierung solcher Abhängigkeiten gibt Hinweise auf die mögliche Konfliktneigung gewisser Regionen aufgrund der Verteilung von Wasserressourcen. Für die Evaluation der Vulnerabilität gegenüber der Wasserknappheit können einige quantitative Indikatoren identifiziert werden.

Tabelle 3: Wasserverfügbarkeit pro Kopf und Jahr (1991)

Land	Gesamte (exogene und endogene) Wasserressourcen m^3/Kopf	Endogene Wasserressourcen m^3/Kopf
Usbekistan	5215	459
Turkmenistan	18847	304
Kirgistan	11080	11080
Tadschikistan	17731	8846
Aralsee-Einzugsgebiet (zentralasiatischer Teil)	3565	2971

Quelle: Smith, David R.: Climate Change, Water Supply, and Conflict in the Aral Sea Basin, in: CIS Environmental Watch 1994, S. 60-61.

Ein erster Indikator ist der Wasserverbrauch pro Kopf der Bevölkerung. Die empfohlene Mindestmenge für das Funktionieren der Wirtschaft eines mäßig entwickelten Landes liegt bei 1000 m³.[12] Betrachtet man für die Länder des Aralseebeckens die gesamte Wasserverfügbarkeit pro Kopf, so würde sie selbst bei der Verdoppelung der Bevölkerungszahl in jedem Fall noch weit über der kritischen Grenze liegen. Geht man jedoch nur von den endogenen Wasserressourcen aus, die ohne Berücksichtigung der exogenen Zuflüsse in einem bestimmten Land oder in einer bestimmten Provinz verfügbar sind, so ergeben sich einige bedeutsame länderspezifische Unterschiede. Die Gebirgsrepubliken Tadschikistan und Kirgistan verfügen über reichliche endogene Wasserressourcen. Die lokale Wasserverfügbarkeit pro Kopf der Bevölkerung in Usbekistan und Turkmenistan hingegen liegt mit 459 bzw. 304 m³/Kopf und Jahr weit unter dem empfohlenen Limit. Unberücksichtigt bei dieser quantitativen Berechnung bleibt die Wasserqualität für die einzelnen Benutzer. Diese kann je nach Lage der Region im Flußsystem die Nutzbarkeit theoretisch verfügbarer Wasserressourcen drastisch reduzieren.

Ein zweiter Indikator mißt die Abhängigkeit eines Landes oder einer Provinz von Wasserressourcen, die jenseits der Grenzen ihren Ursprung haben. Der Indikator gibt den Anteil des „importierten" Wassers an der totalen Wasserverfügbarkeit an. Während Usbekistan und Turkmenistan in hohem Masse von Flußwasser ausländischer Herkunft abhängig sind, verfügen Kirgistan und Tadschikistan über reichliche Wasserressourcen, die auf ihrem Territorium ihren Ursprung haben. Selbst gebirgsnahe usbekische

---

12 Gleick, Peter H. (Hrsg.): Water in Crisis. A Guide to the World's Fresh Water Resources. New York 1993, S.105.

Provinzen wie Namangan im Ferganatal sind fast vollständig vom Zufluß aus Kirgistan abhängig.

Schließlich ist die Bedeutung der Wasserkraft für die Energieversorgung eines Landes ein weiterer Hinweis für die Vulnerabilität gegenüber Wasserknappheit. Hydroenergie ist für Kirgistan und Tadschikistan wichtig, da der Anteil der Wasserkraft an der gesamten Energieproduktion über 50 Prozent ausmacht. In Kasachstan und Usbekistan ist die Bedeutung dieses Energieträgers weit geringer. Das ökonomisch nutzbare Potential beträgt 127 Mia. kWh pro Jahr für das ganze Aralseebecken; davon 80 Mia. kWh in Tadschikistan, 37 Mia. kWh in Kirgistan und 10 Mia. kWh in Usbekistan.[13]

Tabelle 4: Abhängigkeit von exogenen Wasserressourcen

Land	In Prozent des externen Flußwassers	Nutzbare Stauseekapazität in Prozent der Gesamtkapazität
Usbekistan	91	42 (Amu D.), 16 (Syr D.)
Tadschikistan	50	58 (Amu D.); 9 (Syr D.)
Kirgistan	0	58 (Syr Darja)
Turkmenistan	98	keine
Provinz Schimkent	19	18 (Syr Darja)
Provinz Namangan	98	n.a.
Karakalpakstan	100	n.a.
Jordanien	36	n.a.
Ägypten	97	n.a.

Quelle: Gleick, Peter H.: Water and Conflict, in: Occasional Paper Series of the Project on Environmental Change and Acute Conflict No. 1 (Hrsg.: American Academy of Arts and Science; University of Toronto). Cambridge MA 1992, S.18; Marchand, P.: Géopolitique de l'eau sur le territoire de l'ex-U.R.S.S., in: Revue géographique de l'est, 1/1993, S. 66-71; und berechnet nach Mnatsakanian, Ruben A.: Environmental Legacy of the Former Soviet Republics. Edinburgh 1992; Smith 1994; 60-61.

Die Bedeutung der Wasserkraft ist eng mit der Kontrolle über Stauseen auf dem eigenen Territorium verbunden. Die Staukapazitäten in den Reservoiren der einzelnen Länder können die Abhängigkeit von externen Wasserressourcen etwas dämpfen oder entsprechend die Abhängigkeit eines anderen flußabwärts liegenden Landes erhöhen. Die Reservoire erlauben mittels Regulierung die Abhängigkeit von saisonal stark schwankenden externen Wasserressourcen zu mildern oder geben die Möglichkeit, Wasser zulasten von Unteranrainern zu speichern. Zur Zeit verschärft die Verteilung der Speicherkapazitäten in beiden Flußbecken noch die ungleiche Kontrollmacht über Wasserressourcen der einzelnen Republiken. Die wasserreichen

---

13 UNEP: The Aral Sea: Diagnostic Study for the Development of an Action Plan for the Conservation of the Aral Sea, o.J, S. 38.

Republiken kontrollieren den überwiegenden Teil der nutzbaren Staukapazität der Reservoire[14] in beiden Flußbecken.

2. Toktogul: Beispiel eines Nutzungskonflikts

Mit der politischen Unabhängigkeit der zentralasiatischen Republiken wurden im Aralseebecken zwei Flüsse zu grenzüberschreitenden Gewässern, was die Wasserverteilung angesichts der nun wirksamen komplizierten Grenzziehung vor beachtliche Probleme stellt. Eine politische Macht, die, wie früher die Moskauer Zentralbehörden, die Streitigkeiten autoritativ beglich, fehlt nun. Kritische Oberanlieger-Unteranlieger-Situationen haben sich so mit der Bildung neuer Staaten vervielfacht.

Die hydrologischen Bedingungen erlauben es, die Kosten für die Nutzung oder Übernutzung auf Unteranlieger zu externalisieren. Oberanlieger versuchen, ohne Rücksicht auf die Salinisierung und Verschmutzung des Wassers für Unteranlieger, Wasser für ihre eigenen Bedürfnisse abzuzweigen. Es scheint offensichtlich, daß die Oberanlieger geringe Anreize haben, ihren negativen Einfluß auf die Unteranlieger zu reduzieren.

Besonders komplex ist die Ober-Unteranlieger-Situation im dicht besiedelten und ethnisch gemischten Ferganatal, wo die drei Staaten Kirgistan, Tadschikistan und Usbekistan ineinander verzahnte Grenzen haben. Gerade in dieser Region bestehen die meisten ethnopolitisch begründeten territorialen Ansprüche an die jeweiligen Nachbarn.

Usbekistan, die bevölkerungsreichste Republik in der Region, kontrolliert keine der für die Irrigationssysteme lebenswichtigen Quellen der Hauptflüsse Syr Darja, Amu Darja und Serawschan. Ebenso sind die Möglichkeiten dieses Landes, hydrotechnische Anlagen zu kontrollieren, entlang des Syr Darja begrenzt. Die meisten Flußregulierungsbecken liegen außerhalb der Grenzen. Auch wenn sich ein Großteil der Reservoire unter der Kontrolle der interrepublikanischen Flußwasserbehörde (BVO) befindet, stellen diese einen potentiellen Hebel dar, um Druck auf Unteranliegerstaaten auszuüben.

Seit der Unabhängigkeit ist es zu grenzüberschreitenden Konflikten über die Durchflußmenge von Kirgistan nach Usbekistan gekommen. Die Bedürfnisse der Landwirtschaft entsprechen oft zeitlich nicht den Bedürfnissen maximaler Energienutzung. Nach dem „elektrizitätsoptimalen" Szenario wird im Sommer Flußwasser in den Stauseen gespeichert, um es im Winter bei maximalem Energieverbrauch abzulassen.[15] In Sowjetzeiten wurde der Abfluß noch nach dem „bewässerungsoptimalen" Szenario geregelt, d.h. im Sommer, wenn viel Wasser für die Bewässerung benötigt wird, wurde der Abfluß stark erhöht. Im Winter, wenn in den Staubecken nur noch wenig

---

14 Die nutzbare Speicherkapazität der Reservoire ist die Differenz zwischen dem maximalen und minimalen Volumen (= totes Volumen) eines Speicherbeckens.
15 Vgl.: Rumer, Boris Z.: Soviet Central Asia. A Tragic Experiment. Boston 1989, S. 77.

Wasser vorhanden war, erhielt Kirgistan Energiekompensationen von außen.
Mit der Unabhängigkeit verschwanden diese Kompensationen allmählich. Der Oberanlieger Kirgistan steht nun vor ernsthaften wirtschaftlichen Problemen im Zusammenhang mit der Verknappung der Erdöl- und Erdgaszufuhr aus Rußland und den Nachbarländern. Als Reaktion darauf ist die Energieproduktion aus Wasserkraft zu einer wichtigen Einkommensquelle für dieses Land geworden. Kirgistan möchte deshalb maximale Gewinne aus seinen reichlich vorhanden Wasserressourcen ziehen. Das Primat der Energieproduktion über die Bedürfnisse der Bewässerungskulturen im Ferganatal hat bereits zu Streitigkeiten zwischen Kirgistan und Usbekistan geführt.
Im Sommer 1993 hielt Kirgistan etwa die Hälfte der Usbekistan garantierten Wasserallokation im Toktogulstausee zurück.[16] Mit der Einführung einer eigenen nationalen Währung in Kirgistan, hob Usbekistan die Preise für Öl und Gas für seinen Nachbarn an. Kirgistan, das Elektrizität exportiert, versuchte Usbekistan dazu zu bewegen, Energie als Vergütung für den normalerweise freien Wasserzufluß ins Ferganatal zu erwerben. Usbekistan, das nur daran interessiert war, das benötigte Wasser zu erhalten, warf Kirgistan vor, es habe die Absicht, Wasser an seine Nachbarn zu „verkaufen". Darüber hinaus ist Usbekistan nicht von der Elektrizitätsproduktion Kirgistans abhängig; es produziert dieselbe Energie billiger mit dem Einsatz eigener fossiler Ressourcen.[17]
Kirgistan wurde in der Folge beschuldigt, im Winter 1993 - in Übereinstimmung mit dem Nutzungsmuster der Energieproduktion - entsprechend zuviel Wasser vom Toktogulstausee abgelassen zu haben. Gemäß einer Verlautbarung des Gesellschaftlichen Komitees zur Rettung des Aralsses an die Präsidenten der fünf Republiken hat dieses zusätzliche Wasser den Aralsee nicht erreicht. Der zugefrorene Unterlauf des Syr Darja ließ das Wasser aufstauen und in die Aydarkul Depression fliessen.[18] Der Fall des Toktogulstausees illustriert die Fähigkeit eines Oberanliegers, den saisonalen Abfluß zu beeinflussen und damit Konflikte mit Unteranliegerstaaten auszulösen. Dennoch darf die Wirkung solcher Maßnahmen nicht überschätzt werden. Die Oberanliegerstaaten sind in großem Maße auf eine sichere Versorgung mit fossilen Energieträgern aus den Unteranliegerstaaten angewiesen. Die meisten Pipelines nach Kirgistan führen über usbekisches Territorium, was damit zu einer gegenseitigen Verletzlichkeit der Ober- und Un-

---

16 Nach Auskunft von M. Chamidov (1993) wollte Kirgistan die Wasserallokation diktieren, um seine Wasserressourcen optimal für die Energieproduktion einsetzen zu können. Ein „Skandal" sei verhindert worden, weil wegen eines regenreichen Jahres 1993 genug Wasser in anderen Reservoirs der BVO Syr Darja habe gespeichert werden können.

17 Nach persönlicher Auskunft von Alik Bekenov, Direktor der Verwaltung der Bewässerungssysteme in Kirgistan im Ministerium für Wasserwirtschaft, August 1993.

18 Obraščenie učastnikov ekspedicii "Syrdarj'a-93" organizovannoj Obščestvennym Komitetom po saščite Arala i Priaral'ja, Taschkent 1993 (Verlautbarung der Teilnehmer der Expedition „Syr Darja-93", organisiert vom Gesellschaftlichen Komitee zur Rettung des Aralsees und der Priaralregion).

teranlieger beiträgt.[19] Wirtschaftsboykotte im Zusammenhang mit einer ungleichen Verteilung der Wasserressourcen sind deshalb denkbar. Rohstoffreiche, aber wasserarme Länder wie Turkmenistan und Kasachstan werden die Energielieferungen an die Oberanlieger von ungehindertem Wasserabfluß abhängig machen.
1995 einigten sich die beiden Anrainer an einem bilateralen Treffen auf ein „bewässerungsoptimales" Szenario, wonach Usbekistan im Sommer Kirgistan die überschüssig produzierte Elektrizität abnimmt und im Winter Kirgistan mit anderen Energieressourcen versorgt. Es ist allerdings noch unklar, inwiefern das Abkommen über gegenseitige Lieferungen („international bargaining") eingehalten wird.[20] Ein weiteres Treffen diesmal unter Einschluß Kasachstans im April 1996 deutet auf eine Ausweitung des Abkommens hin.[21]

3. Eskalationsgefahr von Wasserkonflikten in Zentralasien

Die Konflikte um Flußwasser in Zentralasien entstehen vor allem im Zusammenhang mit konkurrierenden nationalen Entwicklungsstrategien (Erweiterung der Bewässerungsfläche, Ausbau der Hydroenergie). Die hohe internationale Vulnerabilität gegenüber Wasserknappheit hat bereits zu Nutzungskonflikten zwischen Ländern mit Bewässerungswirtschaft (Usbekistan, Turkmenistan) und Gebirgsländern (Kirgistan, Tadschikistan) geführt. Letztere können zwar die Wasserbalance empfindlich stören, aber die offensichtliche politische und militärische Machtasymmetrie zwischen den größeren Staaten Usbekistan und Kasachstan einerseits und den kleinen Oberanrainern andererseits kompensiert zum Teil die ungleiche Wasserverteilung. Die Möglichkeit, letztere wirtschaftlich, v.a. mit der Versorgung fossiler Energieträger, unter Druck zu setzen, läßt anstelle bewaffneter Konflikte eher das Szenario des internationalen Ausgleichs („international bargaining") von ungehinderter Wasserzufuhr gegen ebensolche Energiezufuhr erwarten.
Etwas anders liegt der Fall bei lokalen grenzüberschreitenden Nutzungskonflikten zwischen geteilten Bewässerungssytemen im Unterlauf des Amu Darja, wo man sich über die Feinzuteilung an diejenigen Bewässerungskanäle streitet, die das Territorium des Nachbarstaates durchqueren, bevor sie die eigenen Bewässerungsgebiete erreichen. Diese Wassermengen sind zwar auch dem interrepublikanischen Verteilungsschlüssel unterworfen, sie unterstehen aber oft nicht der Kontrolle der zentralen Flußwasserbehörden BVO. Diese Konflikte spielen sich auf einer grenzüberschreitend lokalen

---

19   Vgl.: Kiričenko, Aleksej; Mursaliev, Azer: Vodnye vojny (Wasserkriege), in: Moskovskie Novosti, Nr. 18/94; S. 8.
20   Azija - Ekonomika i zhisn' 6/96.
21   OMRI Daily Digest, 9.April 1996.
      http://www.omri.cz/Publications/Digests/DigestIndex.html

Ebene zwischen benachbarten Provinzen und Bezirken ab, deren Vertreter - oft mit vermittelnder Beteiligung der BVO - eine einvernehmliche Lösung anstreben. Hier sind Lösungen im Bereich lokaler bis regionaler grenzüberschreitender Zusammenarbeit im unmittelbaren Grenzraum zu suchen. Diese internationalen Konflikte dürften sich trotz der den Grenzziehungen inhärenten ungelösten ethno-territorialen Fragen zur Zeit unterhalb der Gewaltschwelle abspielen. Gegenseitige territoriale Forderungen sind zwar latent vorhanden, werden aber von sämtlichen politischen Führungen in Zentralasien nicht im tagespolitischen Geschäft aufgeworfen. Aufgrund der Interdependenz in ethno-territorialen Fragen hütet man sich auch vor territorial begründeten Gewaltdrohungen, weil man damit indirekt eigene Minderheiten in den Nachbarstaaten Repressionen aussetzt. Gerade im Falle des Toktoguldammes verhindern die wirtschaftlich bedingten Interdependenzen eine gewaltsame Eskalation, so daß ethno-territoriale Fragen als Argmente in den Wasserkonflikten gar nicht erst aufgeworfen werden.

4. Institutionelle Bemühungen um die Aufteilung von Flußwasserressourcen

Die neu geschaffenen Regelwerke und Institutionen bauen im wesentlichen auf den bisherigen administrativen Strukturen der Sowjetzeit auf. So wurden die 1988 geschaffenen Flußwasserbehörden beibehalten und die bisherigen Wasserverteilungsnormen unverändert übernommen.[22] Das Verwaltungssystem der Wasserressourcen in der Sowjetunion war Teil der sowjetischen Planungsbürokratie und als solches zum großen Teil verantwortlich für ökologische Schäden, die im Zusammenhang mit der Ausweitung der Bewässerungslandwirtschaft in Zentralasien entstanden sind. Die Probleme des Wassermanagements und der Wasserpolitik[23] in Zentralasien ergeben sich aus der Übernahme dieses, für die ehemaligen sowjetischen Bedürfnisse konzipierten Verwaltungssystems. Dazu gehören rechtliche und politisch-institutionelle Probleme.

Anrainerstaaten eines grenzüberschreitenden Flußes richten oft Flußbeckenbehörden ein, um auf der Basis von Prinzipien des internationalen Wasserrechts miteinander zu kooperieren.[24] Im 1992 unterzeichneten Wasserabkommen einigten sich die Staaten Zentralasiens darauf, ein gemeinsames

---

22 In der Präambel des Wasserabkommens anerkennen die Unterzeichnerstaaten die „bestehende Struktur der Wasserverteilung und deren Prinzipien, die auf den bisher gültigen normativen Dokumenten zur Verteilung internationaler Wasserressourcen basieren." (Ekokur'er 26.3.1992).
23 Wassermanagement ist die ökonomisch sinnvolle Allokation der Wasserressourcen für bestimmte Bedürfnisse, es umfaßt im weiteren die Kontrolle über den Verbrauch und die Qualität des Wassers. Die Wasserpolitik sorgt für die politischen und institutionellen Bedingungen für ein effizientes und ökologisch vertretbares Wassermanagement.
24 Falkenmark, Malin; Lindh, Gunnar; De Mare, Lennart; et al.: Water Conflicts and Research Priorities, in: Widstrand, Carl (Hrsg.): Water and Society. Conflicts in Development, Bd. 2. Oxford 1980, S.126.

Zwischenstaatliches Koordinationskomitee für Wasserressourcen (ICWC)[25] einzurichten, das aus den Ministern für Wasserwirtschaft der Unterzeichnerländer besteht. Die Kommission tritt vierteljährlich oder auf Antrag einer der Parteien - wenn Konflikte oder Unklarheiten über die Ansprüche der Republiken auftauchen - zusammen. Gemäss Art. 8 des Wasserabkommens hat die Kommission folgende Aufgaben:

- Sie bestimmt die Wasserwirtschaftspolitik in der Region und arbeitet deren Ausführung auf der Grundlage der Bedürfnisse aller Zweige der Volkswirtschaft aus.

- Sie erarbeitet und legt in Zusammenarbeit mit den nationalen Wasserministerien jährlich die Limits des Wasserverbrauchs für jede Republik und für die Region als ganzes fest.[26]

Das ICWC ist heute eine Unterabteilung des Zwischenstaatlichen Rates für den Aralsee (ICAS).[27] Die beiden Flußwasserbehörden (BVO) sind die operativen Organe des ICWC und wurden 1988 vom Sowjetregime eingerichtet, um die Kontrolle über die Wasserbauanlagen zu verbessern und Streitigkeiten um Wasserlimits besser schlichten zu können. Nach der Unabhängigkeit einigten sich die fünf Republiken auf die Beibehaltung dieser Einrichtungen, die jetzt ihrer gemeinsamen Kontrolle unterstellt sind. Art. 9 des Wasserabkommens legt fest, daß die hydrotechnischen Anlagen, die sich unter Verwaltung der BVO befinden, als gemeinsames Eigentum der fünf Republiken betrachtet werden. Die Finanzierung der BVO erfolgt durch die fünf Republiken.

Die BVO's sind für die Zuteilung und Kontrolle der interrepublikanischen Wasserressourcen für Bewässerungszwecke und für den Betrieb hydrotechnischer Knotenpunkte (Stauseen, Kanäle, Pumpstationen) verantwortlich. In Einzelfällen kann die BVO sogar eine Vermittlerrolle bei grenzüberschreitenden regionalen Verteilungsproblemen und als neutrale Stelle Protokolle zwischen Streitparteien vereinbaren. Die Vertreter der Regionen am unteren Amu Darja - Taschaus, Karakalpakstan, Choresm - treffen sich in kritischen trockenen Zeiten manchmal alle zehn Tage, um die Limits neu festzulegen.[28]

Die Ausrichtung der Verträge und Institutionen auf die fünf zentralasiatischen Republiken, die 83 Prozent des Einzugsgebietes ausmachen, spiegelt bereits ein gewisses ökoregionales Bewußtsein wider. Es gibt aber entscheidende Lücken:

---

25 Der Einheitlichkeit halber werden für die zentralasiatischen Institutionen, die für die Probleme der Aralregion zuständig sind, die Abkürzungen der Weltbank verwendet. ICWC = Interstate Commission for Water Coordination.
26 Die Quoten sind nach Land, totaler Fläche, Bewässerungsperiode und nach Umfang und Länge der Kanäle und Bewässerungssysteme festgelegt (Nach persönlicher Auskunft des Direktors der BVO Syr Darja, Machmud Chamidov Juli 1993).
27 ICAS = Interstate Council for the Aral Sea.
28 Auskunft BVO Amu Darja, Urgentsch März 1995.

a) Weitere, am Aralseebecken mitbeteiligte Länder sind noch von einer gemeinsamen Lösung ausgeschlossen. Das Wasserabkommen berücksichtigt nicht die Interessen Afghanistans, was angesichts wachsender Bedürfnisse dieses Oberanrainers nach Wasserressourcen die ökoregionale Kooperation der Region längerfristig beeinflussen dürfte.

b) Nur ein Teil der hydrotechnischen Anlagen und Zuflüsse befindet sich unter der Kontrolle dieser zwischenstaatlichen Organisationen, während der Rest den einzelnen nationalen Jurisdiktionen untersteht (z.B. der Karakumkanal oder der internationale Fluß Serawschan). Die BVO Amu Darja, beispielsweise, kontrolliert ca. 60 Prozent des Wasserflusses im Amu Darja Becken, wobei wichtige Anlagen, wie der Karakumkanal oder Tujamujun-Stausee in Choresm nicht der BVO, sondern den nationalen Wasserwirtschaftsministerien unterstehen. Die Republiken behindern meist die Übertragung ihrer hydrotechnischen Anlagen auf die internationale Institutionen.

Neben dem Knappheitsproblem, das durch ausgehandelte Allokationen gelöst werden sollte, stellt sich das komplexe Problem der Wasserqualität. Die bisherigen zwischenstaatlichen Bemühungen haben die Tendenz, einer reinen Verteillogik zu folgen, indem die Wasserknappheit als ökonomisches Allokationsproblem betrachtet wird. Die mit der Nutzung verbundenen schwerwiegenden grenzüberschreitenden ökologischen Probleme (Bodenversalzung und vergiftetes Wasser) werden oft noch außer acht gelassen. Bis jetzt ist es lediglich gelungen, die zwischen den Republiken aufgeteilte Wassermenge festzulegen, eine Regelung bezüglich der Wasserqualität steht indes noch aus, was angesichts der Schwierigkeiten (Identifikation der Verursacher, „Trittbrettfahrer", hoher Investitionsbedarf) die Konflikte vor allem zwischen Mittel- und Unterlauf verschärfen dürfte.

Aralsee-Politik

1. Die Aralseeregion als „nationales Opfergebiet"

Der Aralsee war mit einer Fläche von 69 500 km² das viertgrößte Binnengewässer der Erde. Seit 1960 sank der Seespiegel um 16.5 Meter, und der See verlor 56 Prozent seiner Fläche, welche derjenigen Belgiens entspricht. Im gleichen Zeitraum sind fast dreiviertel seines Volumens verdunstet, während die Salinität sich mehr als verdreifacht hat. Der aktuelle Salzgehalt von 30 g/l entspricht etwa demjenigen der Nordsee.[29] Es ist offensichtlich, daß menschliche Aktivitäten eine Schlüsselrolle in diesem radikalen Wandel spielen. Die direkten Folgen der Austrocknung des Aralsees sind vielfältige

---

29 Siehe: Dech, Stefan Werner; Ressl, Rainer: Die Verlandung des Aralsees. Eine Bestandsaufnahme durch Satellitenfernerkundung, in: Geographische Rundschau, 6/1993, S. 349.

Desertifikationsprozesse infolge Grundwasserabsenkungen in den Deltas des Amu und Syr Darja mit einem Verlust an Biodiversität, Salz-und Staubverwehungen sowie von regionalklimatischen Veränderungen. Die kumulierten Folgen der Umweltzerstörung in Zentralasien greifen auch den Menschen an. Eine schlechte Trinkwasserqualität, pestizidbelastete Nahrung und windverfrachteter Salzstaub haben vor allem im Unterlauf der Flüsse zu schwerwiegenden gesundheitlichen Problemen bei der Bevölkerung geführt.[30]

Periphere Gebiete, wo die ökonomischen Interessen des Staates (z.B. Bergbau) die traditionelle Lebensweise der einheimischen Bevölkerung gefährden, nennt man „nationale Opfergebiete".[31] In solchen Opfergebieten ist die Bevölkerung meist dadurch marginalisiert, daß sie die ökologischen Kosten der Ausbeutung von Umweltressourcen trägt, ohne einen wirtschaftlichen Nutzen davonzutragen. Die ökologische Degradation ist oft eingeplant oder zumindest in Kauf genommen. Die Zerstörung der traditionellen Lebensweise durch Ressourcenraubbau kann Konflikte auslösen, falls die Parteien fähig und willig sind, einen solchen Streit mit der Zentralregierung auszutragen.

Zu sowjetischen Zeiten galten Zentralasien und die Priaralregion im besonderen als Opfergebiete. Das am meisten betroffene Gebiet am Aralsee, Karakalpakstan, ist selber eine marginalisierte Region innerhalb Usbekistans und kann als nationales Opfergebiet bezeichnet werden. Zugunsten der Bewässerungswirtschaft am Mittel- und Oberlauf der Flüsse wird in Kauf genommen, daß die Existenzgrundlagen der Menschen am Unterlauf durch stark verschmutztes und salines Wasser gefährdet sind. Hier handelt es sich im wesentlichen um einen (potentiellen) Konflikt zwischen dem politischen Zentrum im usbekischen Kernland und der ökologisch, aber auch wirtschaftlich und politisch marginalisierten Region von Karakalpakstan. Die Autonome Republik Karakalpakstan ist jedoch politisch stabil und hat ein niedriges Potential für ethnopolitische Konflikte. Die formell autonome Republik hat infolge der politischen und wirtschaftlichen Abhängigkeit vom „Mutterland" wenig Macht, seine Interessen - wie eine Vorzugsbehandlung bei der nationalen Entwicklungspolitik - durchzusetzen. Ein schwach ausgeprägtes Umweltbewußtsein und eine weitverbreitete fatalistische Haltung gegenüber den sich verschlechternden Lebensbedingungen in Kombination mit einer relativ stabilen Gesellschaftsstruktur schaffen somit noch nicht das kritische Potential für soziale Unruhen oder gewaltsame separatistische Bewegungen.[32]

---

30 Siehe z.B.: Létolle, René; Mainguet, Monique: Aral. Paris 1993; Micklin, 1992.
31 Vgl.: Böge, Volker: Large-Scale Strip-Mining and Environmentally Induced Conflicts. Working Paper, 1993.
32 Eine Sezession Karakalpakstans von Usbekistan ist theoretisch möglich und in der Verfassung vorgesehen.

2. Institutionelle Bemühungen zur Rettung des Aralsees

Auf politischer, informeller und wissenschaftlicher Ebene wurden seit Ende der achtziger Jahre z.T. unter ausländischer Beteiligung über 300 Resolutionen und Abkommen unterzeichnet. In der Präambel des Aralabkommens vom 26. März 1993[33] erkennen die Staatsoberhäupter der fünf Republiken nicht nur die ökologischen Gefahren für die lokale Bevölkerung an, sondern auch die negativen Folgen für andere Regionen im Aralseebecken, insbesondere durch mikroklimatische Veränderungen. Das Abkommen legt zunächst die gemeinsamen Aufgaben im Bereich des Wassermanagements wie die effiziente Nutzung begrenzter Wasserressourcen fest, um die sozioökonomische Entwicklung der ganzen Aralregion zu gewährleisten. Damit knüpft dieses zweite Abkommen an die erste Übereinkunft von 1992 über die Nutzung grenzüberschreitender Wasserressourcen an. Weitere gemeinsame ökologische Aufgaben sind die Renaturierung komplexer Ökosysteme der Deltas am Aralsee, die Verbesserung der Wasserqualität und der Gesundheitssituation der lokalen Bevölkerung. Das Dokument hält den Bedarf für einen garantierten minimalen Zufluß in den Aralsee fest - ohne jedoch die benötigte Menge festzulegen. Damit wird der Aralsee - neben den fünf Republiken - als 6. Wassernachfrager formell anerkannt. Zum beschlossenen Maßnahmenkatalog gehören auch allfällige Projekte, die Wassertransfers aus anderen hydrologischen Systemen vorsehen. Damit wird klar, daß die Idee von Flußumleitungen noch nicht aufgegeben worden ist.[34] Um ihre Aktivitäten zu koordinieren, haben die Unterzeichnerländer der Schaffung eines Zwischenstaatlichen Rates für den Aralsee (ICAS) mit einem ständigen Exekutivkomitee (EC) zugestimmt. Der ICAS besteht aus 25 hochrangigen Vertretern der fünf Republiken und tritt halbjährlich zusammen. Es koordiniert die Anliegen der Mitgliedstaaten und entscheidet über die vom EC vorgeschlagenen politischen Leitlinien, Programme und institutionellen Vorschläge.[35] Die Russische Föderation erhält dabei einen Beobachterstatus und leistet technische und wissenschaftliche Unterstützung. Gleichzeitig richteten die Mitgliedstaaten zur Finanzierung der Maßnahmen einen „Internationalen Fonds für den Aralsee" (IFAS) ein, der durch Beiträge der Mitgliedstaaten gespeist wird. In einer Resolution wird die Beitragshöhe in Form von ein Prozent der Staatsausgaben jährlich lediglich empfohlen.

Seit dem ersten Araltreffen 1993 treffen sich die Staatsoberhäupter der fünf Republiken jährlich zu einem ähnlichen Treffen. Nach dem Treffen 1994 in Nukus[36] fand 1995 die Aralkonferenz im turkmenischen Taschaus statt. Sie

---

33 Volltext in: Ekokur'er, 8/1993, S. 2.
34 Im Original: "Erneuerung von Projekten zur Zuführung zusätzlicher Wasserressourcen zum Aralseebecken auf der Basis von neu erarbeiteten gegenseitig akzeptierten Bedingungen."
35 The World Bank; UNDP; UNEP: Aral Sea Basin Program - Phase 1. Proceedings of the Donors' Meeting Held in Paris on June 23-24, 1994. Washington DC. 1994, Annex 2, S. 1-2.
36 An der Aralkonferenz in Nukus 1994 unterzeichneten die fünf Staatsoberhäupter ein Programm, das vorsah, die Einleitung von Drainagewasser in den Amu Darja bis 1997 voll-

war vor allem organisatorischen Fragen gewidmet. Wichtigstes Traktandum war das Problem der Mittelbeschaffung für den Internationalen Fonds für den Aralsee. Der Präsident Kasachstans und Vorsitzender des Aralfonds Nasarbaev kritisierte die Mitgliedstaaten wegen ihres schwachen finanziellen Engagements. Bisher hätten die Länder des Aralseebeckens gerade 15 Prozent der vorgesehenen Summe bezahlt. Kasachstans bezahlte 30 Prozent, Usbekistan und Kirgistan je zwei Prozent; Turkmenistan und Tadschikistan haben bisher überhaupt keine Mittel bereitgestellt.[37]

Im September 1995 fand eine internationale UNO-Konferenz zu den Problemen des Aralsees in der Hauptstadt Karakalpakstans Nukus statt. Neben den Staatsoberhäuptern der zentralasiatischen Länder nahmen noch Vertreter westlicher Länder, der UNO und anderer internationaler Organisationen an der Konferenz teil. Einzig Turkmenistans Präsident Nijazov blieb der Veranstaltung fern, was mit seiner Zurückhaltung in Fragen multilateraler Zusammenarbeit in Verbindung gebracht wurde. Allerdings unterzeichnete er kurz darauf die bereits an der Konferenz von den anderen Staatsoberhäuptern Zentralasiens verabschiedete „Erklärung von Nukus",[38] in der die politischen Führer dazu aufrufen, sie in verschiedenen Strategien zur Lösung des Aralseeproblems zu unterstützen. Darin bekennen sie sich zu den Prinzipien einer nachhaltigen Entwicklung und versprechen u.a. Maßnahmen zur Stärkung der regionalen Institutionen und zur besseren Informationsverbreitung bezüglich der ökologischen Probleme. Auf der anderen Seite fehlen insbesondere konkrete Zusagen für eine verbindliche Regelung der Wasserverteilung. Trotz einiger bemerkenswerter Neuerungen und dem größeren politischen Gewicht, das dem Dokument durch die Anwesenheit von Vertretern internationaler Organisationen verliehen wurde, bleibt abzuwarten, ob den Versprechungen und Bekenntnissen auch Taten folgen werden.

Probleme wirksamer ökoregionaler Kooperation

Die Effizienz aktueller ökoregionaler Politik wird schlußendlich am Resultat einer verbesserten Umweltsituation bzw. einer vermehrt nachhaltigen Nutzung der Umweltressourcen gemessen. Wegen der stark verzögerten Wirkung einer solchen Politik auf den Umweltzustand kann vorläufig erst eine plausible Beziehung hergestellt werden. Dennoch gibt es Indikatoren zur Beurteilung der Effizienz von Abkommen und Institutionen, die eine Verbesserung der Umweltsituation eher begünstigen. Im folgenden soll analysiert werden, inwiefern die ökoregionale Kooperation in Zentralasien ihre

---

ständig einzustellen. Es ist allerdings fraglich, ob dieses Ziel angesichts der riesigen Aufgabe erreicht werden kann (vgl. Turkmenskaja Iskra 13.1.94).

37 OMRI Daily Digest., 6.3.95 (http://www.omri.cz/OMRI.htm.).
38 Russischer Originaltext in: Pravda Vostoka vom 21.9.95.

Wirksamkeit entfalten konnte. Levy, Keohane und Haas[39] sehen die Stärke internationaler Institutionen in der Ausübung dreier katalytischer Funktionen - in Entsprechung einiger Rahmenbedingungen für Kooperation - für die erfolgreiche Umsetzung gemeinsamer Beschlüsse:

a) Institutionen können Lernprozesse auf verschiedenen Stufen der Gesellschaft auslösen (*boosting concern*). Sie können innergesellschaftliche Umweltinteressen stärken, indem sie bürokratische Abläufe beeinflussen (Stärkung der Umweltbürokratie) und oft für Ressourcenumverteilungen (z.B. zugunsten von Wasseraufbereitungsanlagen) sorgen. Anhand verbesserter Informationen fördern sie das Lernen über die Probleme und Betroffenheit der anderen Vertragsparteien sowie über die Ursache-Wirkungszusammenhänge, indem die Institutionen z.B. in Zusammenarbeit mit regionalen NGO's und Umweltgruppen Informationen über die Umweltsituation in den Vertragsländern verbreiten und damit die öffentliche Meinung mobilisieren.

b) Institutionen verbessern das zwischenstaatliche Vertragsklima (*enhancing the contractual environment*), indem sie beispielsweise die Einhaltung von Vereinbarungen und Verträgen überwachen, die Transaktionskosten (Kosten für die Aufrecherhaltung von Kommunikation) reduzieren und durch die Einhaltung gemeinsam vereinbarter Normen und Regeln die Verhaltenserwartung (z.B. die gegenseitige Erwartung, daß die anderen Vertragsparteien vereinbarte Wasserentnahmequoten einhalten) etablieren.

c) Institutionen verbessern die politischen, materiellen und institutionellen Handlungskompetenzen (*capacity-building*) oder die Problemlösungsfähigkeit der beteiligten Vertragsparteien, um die identifizierten Probleme zu bewältigen. Häufig beinhalten internationale Institutionen Informations- und Wissenstransferleistungen für innerstaatliche Programme, gemeinsame Technologieanstrengungen oder direkte Transfermechanismen für Geld, Management und Technik von Ländern mit höheren Umweltkapazitäten in solche mit geringeren Kapazitäten (z.B. der Global Environmental Facility [GEF] der Weltbank).

Wie groß ist das politische Interesse der zentralasiatischen Staaten, die Umweltprobleme zu lösen und inwiefern hat die interrepublikanische Kooperation im Umweltbereich für eine Erhöhung dieses politischen Interesses geführt? Bei der Analyse des politischen Interesses an Umweltfragen der Re-

---

39   Keohane, Robert O.; Haas, Peter M.; Levy, Marc A.: The Effectiveness of International Environmental Institutions, in: Haas, Peter M.; Keohane, Robert O.; Levy, Marc A. (Hrsg.): Institutions for the Earth. Cambridge MA 1993, S. 20-21; vgl. dazu auch: Zürn, Michael: Globale Gefährdungen - auf dem Weg zu einer Weltrisikogesellschaft?, in: Calliess, Jörg (Hrsg.): Treiben Umweltprobleme in Gewaltkonflikte? Ökologische Konflikte im internationalen System und Möglichkeiten ihrer friedlichen Bearbeitung (Loccumer Protokolle 21), Rehburg-Loccum 1994, S. 253-257.

gierungen der fünf Republiken muß klar zwischen der bei Gipfeltreffen demonstrierten Betroffenheit und der tatsächlichen länderspezifischen Politik unterschieden werden. Nach der Unabhängigkeit der Republiken Zentralasiens ist es schwierig geworden, die Verantwortlichen für den ökologischen Notstand in der Region zu finden. Die Sowjetunion kann nicht mehr zur Verantwortung gezogen werden. Rußland als Rechtsnachfolger ist von den ökologischen Problemen Zentralasiens nicht betroffen und ist nicht bereit, eine unabsehbare und die finanziellen Möglichkeiten weit übersteigende Erbschaft anzutreten.

Der Aralsee als Feuchtigkeitsspender und Temperaturregler hat zwar eine Bedeutung als regionale Ressource, aber auch innerhalb Zentralasiens und selbst innerhalb einiger Republiken ist die politische Betroffenheit sehr unterschiedlich. Dies ist zunächst auf die politisch-geographische Situation der einzelnen Staaten zurückzuführen. Der Aralsee hat keinen Abfluß ins offene Meer, sein Niveau ist somit ganz vom Zufluß von Amu und Syr Darja abhängig. Ein verminderter Abfluß betrifft nicht nur die unmittelbaren Anrainer des Binnenmeeres, sondern auch Regionen, die nicht direkt an das Gewässer angrenzen. Selbst die weit entfernten Gebirgsstaaten Tadschikistan und Kirgistan leiden unter Salzverfrachtungen und Klimaveränderungen im Zusammenhang mit der Austrocknung des Aralsees. Umweltschädigende Handlungen fallen also in irgendeiner Weise wieder auf den Verursacher zurück. Von der Struktur her wären die Spielräume für eine kooperative Lösung im Falle des Aralsees besser als in einer klassischen Ober-Unteranlieger-Situation, weil alle beteiligten Parteien ein Interesse haben sollten, die Ursachen der Aralkrise zu bekämpfen.

Allerdings ist die Schaden-Nutzen-Asymmetrie - viele, nicht lokalisierbare Nutznießer und wenige, dafür schwer Geschädigte - zwischen Verursachern und Betroffenen so groß, daß selbst innerhalb der Hauptverursacherländer Usbekistan und Turkmenistan beträchtliche regionale Differenzen auftreten. Karakalpakstan gilt auch innerhalb Usbekistans als Notstandsregion, das gleiche gilt für die Provinz Taschaus innerhalb Turkmenistans.

Da die ökologischen Probleme im Zusammenhang mit der Wasser- und Bodenkrise die Republiken in unterschiedlichem Ausmaße treffen, ist es politisch kompliziert, die unterschiedlichen Prioritäten und finanziellen Verpflichtungen auf einen gemeinsamen Nenner zu bringen. Die nationalen Entwicklungspläne der einzelnen Länder stehen oft im Gegensatz zum gemeinsam formulierten Interesse einer Stabilisierung der ökologischen Situation. Mit Rücksicht auf die Bedürfnisse einer wachsenden Bevölkerung ist es die erklärte Absicht Usbekistans und Turkmenistans, die Autarkie in der Getreideversorgung zu erreichen - ohne die Baumwollproduktion substantiell zu reduzieren. Beide Länder sind in erster Linie an einer Effizienzsteigerung in der Wassernutzung und allenfalls an der Eindämmung der gravierendsten Folgen des Aralproblems interessiert. In den beiden Wasserabkommen sind keine Hinweise auf Ziele für einen reduzierten Wasserver-

brauch oder für eine weniger wasserintensive Landwirtschaft zu finden. Auf wenig Interesse stößt deshalb die Stabilisierung der ökologischen Situation im Krisengebiet, was eine erhebliche Reduktion des Wasserverbrauchs voraussetzen würde. Usbekistan müßte nämlich im letzteren Fall die Bewässerungsfläche drastisch reduzieren und damit auf Baumwolle als „cash-crop" verzichten. Turkmenistan mißt dem Aralsee keine besondere Bedeutung zu und hält das Gewässer angeblich offiziell für verloren. Das Land unterstützt deshalb kaum regionale Bemühungen für eine irgendwie geartete Stabilisierung, was schon am fehlenden finanziellen Engagement zu erkennen ist. Dank personeller Verflechtung kann Turkmenistan darüber hinaus direkt seine nationalen Interessen im ICAS wahren; der Minister des Ministeriums für Melioration und Wasserwirtschaft Turkmenistans ist Vorsitzender des Exekutivorgans des ICAS. Tadschikistan, das wirtschaftlich ärmste Land der Region, ist kaum in der Lage, irgendwelche finanziellen Beiträge für Aral-Hilfsprogramme zu leisten.[40] Obwohl Usbekistan zu einem großen Teil für das Aralproblem verantwortlich ist, haben sich Präsident Karimov und seine Regierung von jeder Verpflichtung zu eigenständigen Aktionen in dieser Frage distanziert und zählen auf regionale und internationale Hilfe.[41]
Es ist nicht von der Hand zu weisen, daß die Republiken mit ihrer Umwelt- und Ressourcenpolitik auch andere politische Ziele verfolgen. Obwohl am Aral-Gipfeltreffen im März 1995 politische Betroffenheit für die ökologischen Probleme der Aralregion signalisiert wurde, ging es bei der Begegnung der fünf Staatsoberhäupter offenbar mehr darum, das Aralproblem zur Demonstration politischer Einigkeit zwischen den fünf Republiken zu verwenden. Dies kommt auch in dem im Anschluß an die Konferenz veröffentlichten Communiqué[42] zum Ausdruck. Das Dokument erklärt die Bereitschaft der Republiken, das gemeinsame ökonomische Potential zur Lösung lebenswichtiger ökologischer Fragen zu fördern. Auf der anderen Seite wird jeder Republik das Recht auf einen eigenen nationalen Entwicklungsweg und auf ein eigenes Modell des politischen und sozialen Systems zuerkannt. Welchen Einfluß haben kooperative Bemühungen auf das Vertragsklima zwischen den einzelnen Republiken? Bisher ist es zu zwei bedeutsameren

---

40   Der stellvertretende tadschikische Umweltminister Viktor Boltov erklärte auf der zentralasiatischen Umweltkonferenz im März 1995 in Taschkent, daß sein Land ebenso schwer von Umweltzerstörungen betroffen sei, wie alle anderen Länder der Aralregion. Die Weltbank trägt diesem Umstand Rechnung; eines der Hilfsprogramme ist für ein verbessertes Wasser- und Bodenmanagement speziell am Oberlauf der Flüsse vorgesehen.
41   Ähnlich äußerte sich auch Kasachstans Präsident Nazarbaev (Nazarbaev, Nursultan: Problema planetarnaja, in: Ekokur'er vom 28.5.1992, S. 1). Vgl. auch: Critchlow, James: Central Asia: How to Pick Up the Pieces?, in: DeBardeleben, Joan; Hannigan, John (Hrsg.): Environmental Security and Quality after Communism. Eastern Europe and Soviet Successor States. Boulder 1995, S. 149-150.
42   Karimov, I.; Nazarbaev, N.; Akaev, A.; et al.: Sovmestnoe zajavlenie presidentov Respubliki Uzbekistan, Respubliki Kazachstan, Kyrgyzskoj Respubliki, Respubliki Tadžikistan i Turkmenistana (Gemeinsame Erklärung der Präsidenten der Republik Usbekistan, der Republik Kasachstan, der Republik Kirgistan, der Republik Tadschikistan und Turkmenistans), in: Narodnoe Slovo vom 7.3.1995, S. 1.

regionalen Abkommen zur Lösung der Wasserkrise in Zentralasien gekommen. Die neuen interrepublikanischen Institutionen - Wasserkommission, ICAS, Aralfonds - sind Produkte dieser Abkommen und wurden erst 1992 bzw. 1993 eingerichtet oder sind im Aufbau begriffen. Ihre Wirkung auf weitere umweltpolitische Abkommen und Verträge kann deshalb nicht beurteilt werden. Hingegen hat das bereits wenige Monate nach der Unabhängigkeit abgeschlossene Wasserabkommen von 1992 bezüglich seiner Zielsetzung die weiteren kooperativen Bemühungen in diesem Bereich im wesentlichen bestimmt. Selbst die Weltbankprogramme - die der ICAS entworfen hat - sind mit den Zielsetzungen der beiden Abkommen konsistent. Die in Zentralasien eingerichteten zwischenstaatlichen Institutionen (ICWC, ICAS, IFAS) und abgeschlossenen Abkommen zeigen wie viele andere internationale Abkommen auf der Welt einen beträchtlichen Mangel an bindender legaler Kraft und koordiniertem Vollzug. Die Weltbank meint in einem Strategiepapier, daß

„despite the water agreements signed after the independence of the republics, the potential for future water disputes cannot be ignored. Comprehensive planning and management of water resources of Amu and Syr Rivers should receive high priority, both for using the resources efficiently and for improving regional cooperation in sharing the resources."[43]

Unter der mangelnden Durchsetzungskraft des Wasserabkommens leidet auch die operationelle Arbeit der BVO's. Eine zunehmende Nationalisierung der Wasserverteilungsanlagen, die früher der interrepublikanischen Kontrolle unterlagen, vermindert die Effektivität des Abkommens. Die noch in der sowjetischen Periode geschaffenen Institutionen der BVO's sind nach der Unabhängigkeit vom „Goodwill" der Republiken abhängig. Die aktuellen Probleme dieser Flußbeckenbehörden sind ihr unklarer legaler Status und die Abhängigkeit von der Zahlungsmoral der Mitgliedstaaten.[44]

Auf der anderen Seite haben die immer noch in Kraft befindlichen sowjetischen Wasserquoten an Legitimität eingebüßt. Fehlende bindende Normen und Regeln sowie schwache Kontrollmechanismen in den seit der Unabhängigkeit unterzeichneten Abkommen führen dazu, daß gegenseitige Erwartungen einer Einhaltung der Wasserentnahmequoten, basierend auf den aktuellen ökologischen, ökonomischen und sozialen Bedingungen, durch andere Staaten kaum etabliert werden. Hingegen haben die Institutionen ICAS und IFAS sicherlich dazu beigetragen, die Transaktionskosten zur Aufrechterhaltung der Kommunikation zwischen den Republiken zu senken. Diese Institutionen erleichtern die Durchführung regelmäßiger Konferenzen

---

43   The World Bank: The Aral Sea Crisis: Proposed Framework of Activities. Washington D.C. 1993, S. ii. Die Weltbankprogramme für den Aralsee zielen schwerpunktmäßig darauf ab, die institutionelle Kapazität der regionalen Institutionen zu verbessern.

44   Gončarov, Aleksej: Učenye prognozirujut nastuplenie 10 malovodnych let (Wissenschafter prognozieren den Beginn zehn wasserarmer Jahre), in: Panorama, Bd. 8, Februar 1995, S. 5.

auf höchster Ebene und dienen den Staatsoberhäuptern und Regierungen gleichzeitig als wertvolles Forum für Konsultationen mit Vertretern aller Mitgliedstaaten.

Es ist unklar, in welchem Umfang ein Transfer von politikrelevanten Informationen und Expertisen an die nationalen Behörden stattfindet, damit diese ökoregionale Ziele auf nationaler Ebene besser durchsetzen können. Die dominanten institutionellen Interessen der nationalen Bürokratien verhindern wahrscheinlich, daß die Handlungskompetenz zur Umsetzung ökoregionaler Ziele auf nationaler Ebene erhöht wird. Erstens sind die zwischenstaatlichen Institutionen zum Teil personell, materiell und ideologisch mit den nationalen Wasserministerien verflochten. Die mangelnde finanzielle Ausstattung der Flußbeckenkommissionen durch die Mitgliedstaaten ist ein weiteres Indiz für diese Annahme. Es sind ferner keine Mechanismen vorhanden, die einen Ressourcentransfer finanzieller oder technologischer Art von besser ausgestatteten Räumen (Hauptstadtregionen von Almaty, Taschkent) in Krisenregionen (Priaralregion) erlauben würden. Ebenso fehlt noch ein wissenschaftlicher Austausch, aus dem gemeinsame Technologieanstrengungen erwachsen würden.

Schlußfolgerungen

Vor dem Hintergrund einer Verschärfung des „Aralsee-Syndroms" stehen die zentralasiatischen Staaten vor zwei entscheidenden Herausforderungen: Erstens eine Strategie zur Eindämmung der Umweltfolgen einer Fehlentwicklung zu finden und zweitens eine dauerhafte Regelung der Wasserverteilung in einer Region mit schnell wachsenden wirtschaftlichen und sozialen Bedürfnissen zu erreichen. Ein hoher Problemdruck steht dabei schwach etablierten Problemlösungsmechanismen gegenüber. Letztere werden durch eine politische Instrumentalisierung des „Aralsee-Syndroms" zur Versinnbildlichung der eigenen Strukturkrise und zur eigenen Machtfestigung kompensiert.

Diesem Widerspruch hat die international koordinierte Hilfe mit kleineren, weniger kostenintensiven, dafür gut abgestützten und umweltverträglichen Projekten Rechnung zu tragen. Bei diesen Programmen geht es weniger darum, den Aralsee selber zu retten, sondern die Menschen *vor* dem Gewässer zu schützen. Die kurzfristige Hilfe konzentriert sich zunächst auf die Verbesserung der Lebensbedingungen in der Priaralregion. Darüber hinaus ist es unabdingbar, die Informationsverbreitung in den zentralasiatischen Gesellschaften über die sozioökologischen Ursache-Wirkungszusammenhänge sowie über die Probleme und Ansprüche der Nachbarstaaten zu verbessern. Zu den langfristigen Maßnahmen gehören die Einführung eines Preissystems, die Förderung lokaler Partizipation am Betrieb von Bewässerungssystemen, Landreformen oder die Förderung weniger ressourcenintensiver Klein- und Mittelbetriebe.

Gemeinsame bilaterale und multilaterale Projekte können die gegenseitige Abhängigkeit in der Ressourcenfrage (funktionale Interdependenz) verstärken, damit alle Beteiligten Vorteile aus einer solchen Zusammenarbeit ziehen können. Kooperationsanreize können Austauschbeziehungen zwischen wasserreichen und wasserarmen Regionen im selben Flußbecken sein, die nach dem Kompensationsprinzip funktionieren. So können wasserreiche Regionen, die über wenig landwirtschaftlich nutzbare Fläche verfügen, im Austausch gegen Wasserressourcen Nutzungsrechte für Bewässerungssysteme in einer wasserarmen Region erhalten. Gemeinsame Gewässerschutz-, Hochwasserschutz- oder Speicherseeprojekte sind weitere Beispiele einer solchen Zusammenarbeit.

Eine der vielversprechendsten Ansätze zur Verbesserung der Nutzung grenzüberschreitender Ressourcen ist die Stärkung bereits vorhandener institutioneller Strukturen. Die Flußbeckenkommissionen (BVO) sind zur Zeit nicht in der Lage, oben erwähnte Aufgaben nutzbringend zu erfüllen. Die BVO's sind nur für bestimmte Bereiche des Einzugsgebietes zuständig und kontrollieren lediglich einen Teil der hydrotechnischen Anlagen in ihrem Flußbecken. Die volle Integration des Aralsees als grenzüberschreitendes Gewässer in das Verteilungskonzept der BVO's ist für ein umfassendes Wassermanagement essentiell. Es besteht nämlich die große Gefahr, daß der Aralsee bzw. die Bewohner der an das Gewässer grenzenden Regionen beim Kampf um das kostbare Naß der beiden Hauptflüsse den kürzeren ziehen.

Der Erfolg regionaler Kooperation auf dem Gebiet des Wassermanagements hängt dann wesentlich von den technischen und institutionellen Kapazitäten von ICWC und BVO's ab. Sie sollen aber nicht nur der Verteilung von Ressourcen dienen, sondern versuchen, diese gemeinsam zu schützen und optimal zu nutzen. Zu ihren institutionellen Kapazitäten sollte die Fähigkeit gehören, konsensbildend zu sein, Konflikte zu lösen und das Vertrauen der Republiken in ihre Objektivität und Unabhängigkeit zu gewinnen. Mit funktionierender grenzüberschreitender Kooperation würden auch allgemein die Verhaltenserwartungen bezüglich der Umsetzung umweltpolitischer Maßnahmen gestärkt.

Die Unterstützung solcher Organe ist auch ein Beitrag zur allgemeinen Stabilität dieses Raumes. Ungeachtet aller institutionellen Schwächen sind es gerade diese kooperativen Bemühungen, die sich gegenüber anderen Formen der multilateralen Zusammenarbeit (beispielsweise im wirtschaftlichen Bereich) durch bescheidene Integrationsfortschritte auszeichnen. Die Zusammenarbeit im vitalen Umweltbereich könnte weitere vertrauensbildende Schritte der wirtschaftlichen und politischen Zusammenarbeit in Zentralasien initiieren.

Für grenzüberschreitende Bewässerungsgebiete, wie zum Beispiel zwischen Usbekistan und Turkmenistan am Unterlauf des Amu Darja, kann eine direkte bilaterale Kooperation auf der Stufe der jeweiligen Grenzregionen in

Betracht gezogen werden. Die lokalen Behörden können Nutzungskonflikte, die den unmittelbaren Grenzraum betreffen, alleine oft besser bewältigen als die entsprechenden nationalen Administrationen mit ihren oft anders gelagerten Interessen.

Dem „Aralsee-Syndrom" ist nur durch eine Änderung der wirtschaftlichen und politischen Prioritäten, den Einbezug der eigenverantwortlichen Endverbraucher in das Ressourcenmanagement und durch eine dauerhafte politische Lösung der ökoregionalen Umweltprobleme beizukommen. Andernfalls wird die Wasserfrage in einem Klima wirtschaftlicher Bedrängnis und ethno-territorialer Streitigkeiten eher zu einem Hindernis denn zu einer Chance regionaler Kooperation. Gefordert ist hier auch die internationale Gemeinschaft, die sich nicht resignierend zurückhalten, sondern mit gezielten und effektiven Programmen den schlimmsten Umweltfolgen wenigstens die Spitze brechen sollte. Oder um es mit Edmund Burke zu sagen:

„Nobody made a greater mistake than he who did nothing because he could do only a little."
Edmund Burke, britischer Politiker und Publizist, 1729-1797

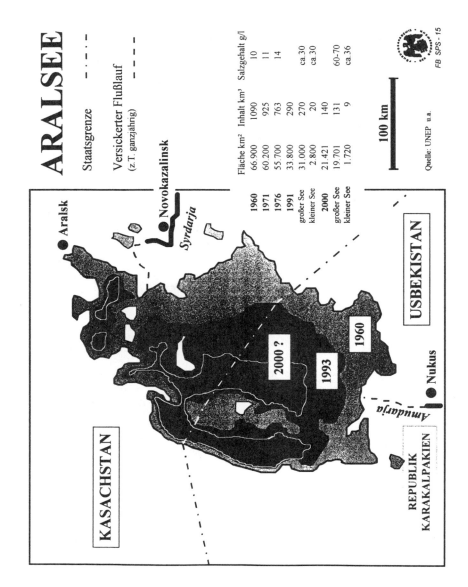

FERGANA-BECKEN

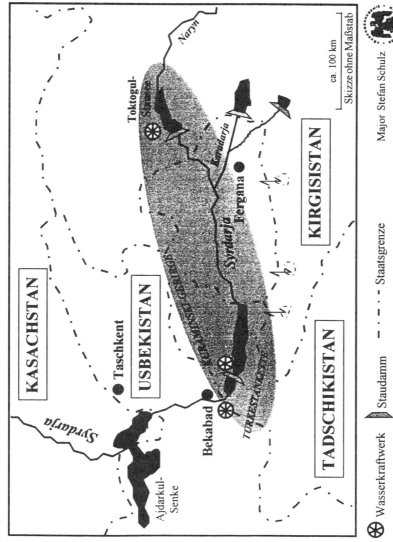

René Klaff

Der Induswasserkonflikt - Ansätze einer pragmatischen Wasserpolitik in der Konfliktregion Südasien

Wasserkonflikte in Südasien

Die lebensspendende Ressource Wasser spielt angesichts der beständig wachsenden Weltbevölkerung, der Steigerung des Lebensstandards der Menschen und der damit einhergehenden Ernährungs- und Energiefragen auch in Südasien[1] eine wichtige Rolle für inner- und zwischenstaatliche Konfliktkonstellationen. Drei der größten Flußsysteme des Erdballs verlaufen in dieser Region, diejenigen des Indus, des Ganges und des Brahmaputra. Indus und Brahmaputra entspringen im tibetischen Himalaya, nur unweit voneinander entfernt, der Ganges auf der indischen Seite des Himalaya. Nachdem sie das Hochgebirge verlassen haben, prägen sie mit ihren zahlreichen Zu- und Nebenflüssen Lebensrhythmus und Lebensqualität der Bevölkerung im nördlichen Teil des indischen Subkontinents. Sie durchfließen hier Gebiete, die zu den dichtestbevölkertsten der Welt gehören; für die Landwirtschaft und die Elektrizitätserzeugung Pakistans, Nordindiens und Bangladeshs sind sie von entscheidender Bedeutung. In den Becken der drei Flußsysteme leben zusammengenommen ca. 500 Millionen Menschen - weit mehr, als etwa in den Einzugsgebieten der großen Ströme des Nahen und Mittleren Ostens.

Die wichtigsten zwischenstaatlichen Konflikte um Nutzung und Verfügungsrechte von Wasserressourcen in Südasien werden daher um diese drei Flußsysteme ausgetragen, und zwar zwischen Indien und Pakistan um den Indus und zwischen Indien und Bangladesh um den Ganges und in zweiter Linie auch den Brahmaputra. Die Staaten, in denen diese Hauptflüsse bzw. wichtige Zu- und Nebenflüsse entspringen - also China, Nepal, Bhutan und Afghanistan -, spielen bislang insgesamt eine nachgeordnete Rolle in den jeweiligen Konfliktkonstellationen; als Anrainerstaaten der jeweiligen Flußbecken sind sie hierin jedoch zumindest potentiell eingebunden. So läßt sich beispielsweise kein umfassendes *regionales* Konfliktregelungsszenario, vor allem im Hinblick auf Ganges und Brahmaputra, ohne die Integration dieser Staaten etablieren.

Wasserkonflikte werden in Südasien jedoch auch im innerstaatlichen Bereich ausgetragen. Dies gilt in erster Linie für Indien und Pakistan. Statt

---

1   Unter Südasien wird die Region der sieben zur *South Asian Association for Regional Cooperation (SAARC)* gehörenden Staaten Bangladesh, Bhutan, Indien, Malediven, Nepal, Pakistan und Sri Lanka verstanden.

souveräner Staaten sind hier Unionsstaaten bzw. Provinzen die Anrainer und damit die zentralen Akteure. Als Konflikte um Nutzungsrechte und Ressourcenallokation sind sie ansonsten ähnlich strukturiert wie die zwischenstaatlichen Konflikte. Regionale Antagonismen, meist auf der Grundlage ethnischer Fragmentierung, spielen dabei eine entscheidende Rolle. Für Indien sind diesbezüglich vor allem die Probleme um den Yamuna in Nordindien und um den Cauvery in Südindien zu nennen,[2] für Pakistan die Nutzung der Induswasserressourcen.[3]

Die zwischenstaatlichen Konflikte um die Wasserressourcen des Indus im Nordwesten und des Ganges und Brahmaputra im Nordosten des indischen Subkontinents sind seit der Teilung des indischen Subkontinents im Jahre 1947 virulent. Mit dem Ende des britischen Kolonialreiches auf dem Subkontinent entstanden zwei neue Staaten, Indien und das aus einem West- und einem Ostflügel bestehende Pakistan. Durch die von den Briten vorgenommene Grenzziehung wurde Indien zum oberen Anrainer aller drei Ströme sowie zahlreicher, für die Bewässerungswirtschaft nicht minder wichtiger Zu- und Nebenflüsse, während (West-)Pakistan und das 1971 aus dem ostpakistanischen Flügel hervorgegangene Bangladesh zu unteren Anrainern wurden. Damit befand sich Indien in der strukturell günstigeren Ausgangslage hinsichtlich der Möglichkeit der Stauung und der Ab- oder Umleitung der Flüsse zum Zwecke der eigenen Nutzung. Diese Situation ist die Grundlage und Ausgangssituation für die nach der Teilung ausbrechenden zwischenstaatlichen Wasserkonflikte zwischen Indien und Pakistan, bzw. später auch zwischen Indien und Bangladesh.

Der Induswasserkonflikt ist formal bereits im September 1960 zum Abschluß gekommen. Indien und Pakistan einigten sich nach langjährigen Verhandlungen auf ein umfangreiches Vertragswerk, mit dem die Nutzungs- und Verfügungsrechte des Indus, seiner fünf wichtigsten östlichen Zuflüsse sowie der künstlichen Bewässerungskanäle in dem betreffenden Gebiet geregelt wurden. Von dieser Warte aus betrachtet handelt es sich also beim Induswasserkonflikt um einen historischen Konflikt, im Gegensatz zum Konflikt zwischen Indien und Bangladesh um das Wasser des Ganges, bei dem sich noch keine Regelung abzeichnet. Angesichts der

---

2   Im Konflikt um den Yamuna sind die Unionsstaaten Himachal Pradesh, Haryana, Uttar Pradesh, Rajasthan und das National Capital Territory Delhi involviert; im Cauvery Konflikt die Unionsstaaten Tamil Nadu, Karnataka, Kerala und das Unionsterritorium von Pondicherry. Vgl. Praveen Swami: Water Worries, in: Frontline, Dec. 30, 1994; Ramaswamy R. Iyer: The Cauvery Dispute, in: Liberal Times, 1/1996, S.30-32.
3   Am Streit um die innerpakistanische Nutzung des Induswassers sind alle vier Provinzen des Landes - North-West Frontier Province, Punjab, Sindh und Belutschistan - beteiligt; selbst durch den zwischen den Provinzen ausgehandelten "Indus Water Accord" vom 16.3.1991 ließ sich keine dauerhaft akzeptierte Aufteilung der vorhandenen Wasserressourcen erreichen.

vielfältigen Spannungslinien und des hohen Grades an Konfliktintensität zwischen Indien und Pakistan bleibt aber grundsätzlich zu fragen, wie tragfähig die Konfliktregelung zwischen diesen beiden Staaten ausgerechnet im zentralen Bereich der Wassernutzung ist. Daher steht der Induswasserkonflikt im Mittelpunkt dieser Analyse.

Im folgenden sollen vor allem die Fragen geklärt werden, auf welchen Grundlagen die Regelung des Induswasserkonflikts beruht, welche Wechselwirkungen sie mit den allgemeinen Konfliktkonstellationen der Region, bzw. denjenigen zwischen Indien und Pakistan, aufweist und unter welchen Bedingungen sie Modellcharakter für andere Wasserkonflikte in Südasien haben könnte. Dies ermöglicht dann die Beantwortung der Frage, ob ein Szenario der vielfach diskutierten 'Wasserkriege', also der militärischen Auseinandersetzung um die Verfügungsgewalt von Wasserressourcen, für Südasien realistisch ist, oder ob in dieser Region zumindest Ansätze für ein gemeinsames Management der Wasserressourcen auszumachen sind, die möglicherweise gar einen Beitrag zur Reduzierung des allgemeinen regionalen Konfliktpotentials leisten können. Im Sinne dieser Fragestellung ist zunächst das Verständnis der regionalen Konfliktstrukturen unerläßlich.

Die Einbindung des Induswasserkonflikts in die Konfliktstrukturen Südasiens

Die regionalen Rahmenbedingungen

In Südasien lebt mit ca. 1,25 Milliarden Menschen derzeit schon mehr als ein Fünftel der Weltbevölkerung.[4] Nach allen relevanten Kriterien ist die Region - mit Ausnahme Sri Lankas und der Malediven - der Dritten Welt zuzurechnen.[5] Über die Grenzen hinweg lassen sich sicherlich bestimmte gemeinsame Merkmale in den gesellschaftlichen Konturen - etwa hinsichtlich des Kastenwesens - und in einigen allgemeinen äußeren Kennzeichen der Lebensführung feststellen, die für die Bevölkerung Südasiens insgesamt charakteristisch sind; dies gilt zumindest für sozio-kulturelle

---

4 In wenigen Jahrzehnten wird Indien voraussichtlich der bevölkerungsreichste Staat der Erde sein. Pakistan wird bei einem Bevölkerungszuwachs von ca. drei Prozent, eine der höchsten Raten überhaupt, im Jahre 2025 mit ca. 285 Mio. Einwohnern bereits der bevölkerungsmäßig viertgrößte Staat der Erde sein; vgl. United Nations Population Fund: The State of World Population 1996, New York 1996, S. 70 ff.

5 In einigen Kategorien sind die Unterschiede zwischen einzelnen Staaten der Region jedoch relativ groß, etwa im Bildungsbereich oder dem Gesundheitssektor; vgl. den *Human Development Index* und die übrigen relevanten Statistiken der UNDP in: United Nations Development Programme: Human Development Report 1996, New York et al. 1996.

Großräume innerhalb der Gesamtregion, etwa für den historischen Kernraum des Subkontinents, die indo-gangetische Ebene. Aber entgegen der im Westen weitverbreiteten Ansicht, daß die Menschen Südasiens eine weitgehend homogene Gesellschaft bilden und daher die inner- und zwischenstaatlichen Konflikte Übergangserscheinungen oder Fehlentwicklungen der Moderne seien, ist diese Region tatsächlich in vielerlei Hinsicht extrem heterogen; eine "politische Geschehenseinheit"[6] ist Südasien als ganzes erst in der zweiten Hälfte des 20. Jahrhunderts geworden. Das Netzwerk der in der Region auszumachenden inner- und zwischenstaatlichen Konfliktlinien läßt sich strukturell auf einige zentrale Bestimmungsgründe zurückführen.[7]

(1) Die Bevölkerung Südasiens ist in *ethnischer, linguistischer und religiöser Hinsicht* ausgesprochen heterogen. Die Staaten der Region sind entlang dieser Kriterien in unterschiedliche Volks-, Sprach- und/oder Religionsgruppen segmentiert (Sri Lanka, Bangladesh, Bhutan, Malediven) oder fragmentiert (Nepal, Indien, Pakistan). Allein in Indien sind durch die Verfassung 18 offizielle Schriftsprachen anerkannt. Hinduismus, Islam, Buddhismus, Sikhismus, Jainismus sind in der Region ebenso beheimatet wie Parsismus, Judentum und Christentum. Diese Religions- und Glaubenssysteme sind zum Teil völlig unterschiedlich strukturiert, so daß ihre Anhänger vielerorts eher eine Tradition des Neben- als des Miteinander entwickelt haben (Problem des *communalism*). Folglich unterscheiden sich die Wertvorstellungen, aber auch die Geschichtsbilder der Anhänger der einzelnen Glaubensgemeinschaften erheblich voneinander, wahrscheinlich am krassesten zwischen Hindus und Muslimen. In politischer Hinsicht verbindet die Menschen in Südasien, historisch betrachtet, außer der gemeinsamen Erfahrung der britischen Kolonialzeit nur wenig miteinander.

---

6   So Tibis Grundcharakterisierung eines regionalen Subsystems innerhalb des internationalen Systems; vgl. Bassam Tibi: Konfliktregion Naher Osten. Regionale Eigendynamik und Großmachtinteressen, München 1989, S. 74 u. S. 38 ff.
7   Zu den Konfliktstrukturen in Südasien unter unterschiedlichen Blickwinkeln vgl. u.a.: Wolfgang-Peter Zingel: Struktur- und Entwicklungsprobleme Südasiens, in: Dieter Nohlen/Franz Nuscheler (Hrsg.): Handbuch der Dritten Welt, Bd. 7: Südasien und Südostasien, 3., völlig neu bearb. Aufl., Berlin 1994, S. 14-53, sowie die entsprechenden Länderkapitel hier; Craig Baxter et al.: Government and Politics in South Asia, Boulder 1987; Ayesha Jalal: Democracy and Authoritarianism in South Asia. A Comparative and Historical Perspective, Lahore 1995; Dagmar Gräfin Bernstorff/Dieter Braun (Hrsg.): Political Transition in South Asia: Regional Cooperation, Ethnic Conflict, Political Participation, Stuttgart 1991; J. Blenck/D. Bronger/H. Uhlig (Hrsg.): Südasien, Frankfurt/M. 1981; Oskar Weggel: Die Asiaten, München 1990; Robert D. Baird (Hrsg.): Religion in Modern India, 2. überarb. Aufl., New Delhi 1989.

(2) Die Einführung des modernen, auf territorialer Souveränität beruhenden Staates als strukturbildendes politisches Prinzip in der zweiten Hälfte des 20. Jahrhunderts führte zu vielfältigen Problemen der *nationalen Integration und Identität*. Angehörige einzelner ethno-linguistischer oder religiöser Gruppen fanden sich plötzlich als Mehrheits- oder Minderheitsgruppen in ihren jeweiligen Staaten. Die Bandbreite der daraus entstehenden Konflikte ist groß. Zu ihnen gehören regionale Disparitäten innerhalb einzelner Staaten durch gezielte ungleichgewichtige Allokation von Ressourcen ebenso wie die Diskriminierung und Verfolgung von Minderheiten. Die länderübergreifende Verteilung einzelner ethnischer und religiöser Gruppen führt darüber hinaus nicht nur zu innenpolitischen sondern auch zu zwischenstaatlichen Spannungen. So behauptet Pakistan die Unterdrückung der Muslime in Indien, während Indien den Stellenwert der Hindus in Bangladesh und Pakistan moniert und sich als Sachwalter der Interessen der (indischen) Tamilen in Sri Lanka versteht. Bangladesh wiederum verurteilt Unterdrückungsmaßnahmen muslimischer Bengalen in Indien, und Bhutans Minderheitenpolitik führt zu Spannungen mit Nepal.

(3) Struktur und Intensität der tiefsten und folgenreichsten zwischenstaatlichen Konfliktlinien gehen im Kern auf die neue *politische Geographie* zurück, die durch die Teilung des Subkontinents nach dem Ende der britischen Kolonialherrschaft im Jahre 1947 geschaffen wurde. Sie führte zu zahlreichen Grenz- und Territorialkonflikten zwischen Indien und Pakistan bzw. Bangladesh, von denen einige - insbesondere der Konflikt um Kaschmir - bis heute ungelöst sind. Die Konflikte um die Verfügungsgewalt über Wasser, der wichtigsten raumgebundenen Ressource Südasiens, sind hierin eingebunden.

(4) Die Teilung 1947 ging mit *traumatischen Erfahrungen* für die betroffenen Bevölkerungen einher; ähnliches wiederholte sich mit der Sezession Bangladeshs von Pakistan im Jahre 1971. Millionen von Menschen wurden zu Flüchtlingen oder verloren ihr Leben. Das daraus gespeiste Mißtrauen wie auch die nach Erlangung der Unabhängigkeit rasch einsetzende *Entwicklung jeweils unterschiedlicher Gesellschaftsordnungen und politischer Systeme* führten zur weitgehenden Entfremdung, vor allem zwischen Indien und Pakistan.

Vor diesem Hintergrund sind die bi- und mulitlateralen Beziehungen in Südasien häufig gespannt, wenn nicht offen feindselig. Dabei ist zunächst festzuhalten, daß das regionale Staatensystem Süadasiens extrem asymmetrisch ist. Indien ist der nach Fläche, Bevölkerungszahl, ökonomischer und politischer Stärke bei weitem größte Staat. Angesichts dieser Dominanz sowie der geopolitischen Situation der Mittellage verwundert es nicht, daß Indien an praktisch allen zwischenstaatlichen Konflikten der Region beteiligt ist oder war. Demgegenüber ist der politische Einfluß der kleinen Randstaaten Bhutan, Nepal, Malediven und auch Sri Lankas auf die Geschicke des südasiatischen Staatensystems gering. Die kleinen Staaten Südasiens sind in ihren auswärtigen politischen und ökonomischen Beziehungen mehr oder weniger auf Indien konzentriert; ansonsten ist das Netzwerk der Beziehungen aller südasiatischen Staaten untereinander in der Regel bemerkenswert dünn. Das Verhältnis Bangladeshs zu Pakistan ist nach wie vor psychologisch belastet und alles andere als eng oder gar freundschaftlich. Dies geht auf die jahrzehntelange Vernachlässigung und Bevormundung des ehemaligen Ostflügels durch (West-)Pakistan zurück, wie auch auf den Prozeß der Sezession im Jahre 1971, der erst nach einem blutigen Bürgerkrieg mit ca. einer Million toten Bangladeshis und durch das militärische Eingreifen Indiens zur Unabhängigkeit führte. Trotz dieser Geburtshilfe ist auch das indische Verhältnis zu Bangladesh problematisch. Hier wirken ebenfalls die territorialen Konflikte und sozio-ökonomischen Verwerfungen nach, die die Teilung 1947 im Osten des Subkontinents hervorrief. In Sri Lanka hat Indien über die Unterstützung tamilischer Gruppen über Jahre hinweg eigene Großmachtinteressen verfolgt, bis hin zur Entsendung von Truppen; in der Folge wurde der tamilische Terrorismus auch nach Indien getragen. Lediglich die indischen Beziehungen zu Nepal, ebenso wie Indien ein mehrheitlich von Hindus bewohnter Staat, können als eng bezeichnet werden; allerdings ist Nepal - wie mit Abstrichen auch Bhutan - verkehrsmäßig und außenwirtschaftlich nahezu völlig von Indien abhängig.

Zusammenfassend läßt sich für die regionale Perspektive festhalten, daß zwischenstaatliche Kommunikations- und gar Kooperationsformen in Südasien bislang nur vergleichsweise schwach entwickelt sind. Die Region wird geprägt durch große Heterogenität in den sozio-kulturellen Strukturen, eine Vielzahl von eher neben- als miteinander lebenden ethno-linguistischen und religiösen Gruppen sowie von sehr unterschiedlichen politischen Ordnungsmustern. "Bestechend ist aber, daß diese Vielfalt stets auch innerhalb Indiens gegeben ist, so daß sie nicht als unüberwindliches Hemmnis für regionale Kooperation angesehen werden kann."[8] So existiert mit der South Asian Association of Regional Cooperation (SAARC) seit 1985 eine Regionalorganisation, die auf politischen, wirtschaftlichen und kulturellen Feldern die Zusammenarbeit der südasiatischen Staaten forcieren soll; hinsichtlich der regionalen Handelsbeziehungen sind bereits erste Kooperationsstrukturen innerhalb des SAARC-Rahmens geschaffen worden. Aber das historische Erbe und die Folgen der Kolonialzeit, die Asymmetrie im regionalen Staatensystem sowie, ganz allgemein, Ele-

---

8 Zingel, Struktur- und Entwicklungsprobleme Südasiens, S. 44.

mente kultureller Distanz haben einer Intensivierung von politischen Kooperations- oder gar Integrationsstrukturen bislang entgegengewirkt.

Das pakistanisch-indische Verhältnis

Die schwerwiegendsten Belastungen für das regionale Staatensystem gehen vom pakistanisch-indischen Verhältnis aus, dessen politische Sprengkraft im Laufe der kurzen Geschichte beider Staaten durch drei Kriege (1947/48, 1965, 1971) besonders deutlich geworden ist.[9] Weltpolitische Brisanz erhält diese Konfliktbeziehung dadurch, daß beide 'Erzfeinde' über Nuklearwaffenpotential verfügen und ihren Einsatz für den Fall künftiger militärischer Auseinandersetzungen mehr oder weniger offen erwägen; dem Atomteststopp-Vertrag und dem Nichtverbreitungsvertrag von Atomwaffen sind weder Indien noch Pakistan beigetreten. Diese Situation macht Südasien zu einer der potentiell gefährdetsten Konfliktregionen, mit unübersehbaren möglichen Folgen für die Stabilität des internationalen Systems. Vor diesem Hintergrund erhalten die einzelnen Konfliktlinien im indisch-pakistanischen Verhältnis einschließlich des Problems um das Induswasser eine zusätzliche Dimension.

Das bilaterale Verhältnis ist bereits seit der Unabhängigkeit beider Staaten am 14. August (Pakistan) bzw. 15. August (Indien) 1947 schwer belastet. Das Konzept der Teilung des Subkontinents ist auf Betreiben der Interessenvertretung der Muslime Britisch-Indiens, der Muslim League um Muhammad Ali Jinnah, umgesetzt worden, gegen den ausdrücklichen Willen der Hindus und der politischen Führung der Kongreß-Partei um Mahatma Gandhi und Jawaharlal Nehru.[10] Theoretische Grundlage der Teilung war die von der Muslim League propagierte 'Zwei-Nationen-Theorie', nach der die Hindus und die Muslime Indiens zwei in jeder Hinsicht voneinander getrennte Nationen darstellen. Die politischen Hintergründe lagen in der Befürchtung der Muslim League, daß in einem ungeteilten unabhängigen Indien die Muslime nur einen zweitklassigen politischen, ökonomischen und sozialen Stellenwert besitzen würden. Dieses Argument wurde von der Kongreß-Partei zwar nicht akzeptiert, aber die Teilung des Subkontinents in ein formal säkulares, mehrheitlich von Hindus bevölkertes Indien und ein muslimisches Pakistan konnte sie nicht verhindern. Aus indischer Sicht, die vielfach auch in der Gegenwart noch

---

9   Die indisch-pakistanischen Beziehungen sind Gegenstand zahlreicher Darstellungen; vgl. S.M. Burke/Lawrence Ziring: Pakistan's Foreign Policy. An Historical Analysis, 2. Aufl., Oxford 1990.
10 Aus dem umfangreichen Schrifttum zur Teilung vgl. H.V. Hodson: The Great Divide. Britain-India-Pakistan, Oxford 1985.

latent auszumachen ist, mangelte es dem Staat Pakistan indessen im Kern an genuiner Legitimität.

Dieser tiefgreifende Antagonismus und seine Ausdrucksformen während des Teilungsprozesses, der in chaotischen Wirren Millionen von Menschen das Leben kostete oder sie zu Flüchtlingen machte, bildet die psychische und emotionale, kollektiv empfundene Grundlage des pakistanisch-indischen Konfliktverhältnisses; sie ist bis heute nicht aufgearbeitet.

Der territoriale Zuschnitt der beiden neuen Staaten schuf schließlich eine neue politische Geographie, die sich schnell als strukturelle Konfliktquelle erwies. Der Logik der Zwei-Nationen-Theorie folgend hätten alle Provinzen Britisch-Indiens mit muslimischer Bevölkerungsmehrheit an Pakistan fallen sollen. Tatsächlich jedoch wurden im Rahmen der unter britischer Federführung erfolgten Grenzziehung[11] die Provinzen Punjab und Bengalen gemäß ihrer internen Bevölkerungsverteilung geteilt. So fiel der Westpunjab mit der Hauptstadt Lahore an Pakistan, während der Ostpunjab Indien zugeschlagen wurde. Im Nordosten des Subkontinents wurde die Provinz Bengalen geteilt. Ostbengalen wurde zu Ostpakistan, während das ökonomisch entwickeltere Westbengalen einschließlich der Wirtschaftsmetropole Kalkutta an Indien fiel. Die neuen Grenzen teilten somit Gebiete, die bis dahin kulturelle, ökonomische und politische Einheiten waren. Das Teilungsprinzip, vor allem aber der tatsächliche Grenzverlauf blieb eine beständige Konfliktquelle; hinzu kamen soziale und ökonomische Verwerfungen mit tiefgreifenden Folgewirkungen für die Konfliktkonstellationen beider Staaten. Und schließlich machten die neuen Grenzen Indien zum oberen Anrainer der großen Flußsysteme des nördlichen Subkontinents, während Pakistan und später Bangladesh zu unteren Anrainern wurden.[12]

Zum schwerwiegendsten Einzelkonflikt im Zusammenhang mit der Teilung entwickelte sich die bis in die Gegenwart umstrittene Frage der Zugehörigkeit des Fürstentums Kaschmir.[13] Der Besitz Kaschmirs ist vor allem für Pakistan, aber auch für Indien von erheblicher geostrategischer Bedeutung. Eine wichtige Rolle spielt dabei die Tatsache, daß der Indus

---

11 Die Festlegung der Grenzen und ihre Folgewirkungen sind umfangreich dokumentiert; vgl. z.B. S.M. Burke/Salim al-Din Quraishi: The British Raj in India. An Historical Review, Oxford 1995, S. 536 ff.; Mujtaba Razvi: Frontiers of Pakistan. A Study of Frontier Problems in Pakistan's Foreign Policy, Rawalpindi 1971, S. 226 ff.

12 Einige Territorialkonflikte, die durch die Teilung entstanden, konnten entweder gelöst werden *(Rann of Kutch*, östlich von Karachi*)* oder verloren im Zeitablauf an politischer Relevanz (Pakistans Ansprüche auf die ehemaligen Fürstentümer *Junnagadh* und *Manavadar*; Disput um die Unabhängigkeit des südindischen *Hyderabad*); vgl. Razvi, Frontiers of Pakistan, S. 45 ff.

13 Zum Kaschmirkonflikt vgl. Alastair Lamb: Kashmir. A Disputed Legacy 1846-1990, Oxford 1991; ders.: Birth of a Tragedy. Kashmir 1947, Oxford 1994; International Commission of Jurists (Hrsg.): Human Rights in Kashmir. Report of a Mission, Genf 1995; Tavleen Singh: Kashmir. A Tragedy of Errors, New Delhi 1995.

und seine großen Zuflüsse Jhelum und Chenab durch Kaschmir fließen, bzw. sogar hier entspringen (Jhelum); der Disput um die Wasserressourcen des Indusbeckens ist daher politisch mit dem Kaschmirkonflikt eng verknüpft.
Der Beitritt Kaschmirs zur Indischen Union wurde von Pakistan nicht hingenommen, da Kaschmir mehrheitlich - allerdings nicht ausschließlich - von Muslimen bewohnt wird. Bereits wenige Wochen nach der Unabhängigkeit trugen Indien und Pakistan ihren ersten - nicht offiziell erklärten - Krieg um Kaschmir aus. In dessen Verlauf wurden das eigentliche Kaschmirtal mit der Hauptstadt Srinagar, die mehrheitlich hinduistische Region um Jammu sowie das vornehmlich von Buddhisten bevölkerte Hochland von Ladakh von Indien besetzt; diese Gebiete sind heute als Provinz mit Sonderstatus Teil der Indischen Union. Pakistan konnte ca. ein Drittel des zum Fürstentum Kaschmir gehörenden Territoriums besetzen. China verleibte sich im Krieg gegen Indien 1962 Teile des umstrittenen nordöstlichen Hochlandes ein (Aksai Chin) und erhielt kurz darauf nördliche Grenzgebiete des pakistanisch besetzten Kaschmirs durch Abtretung.
Die von Pakistan besetzten Teile Kaschmirs sind heute als die *Northern Areas* (i.w. die ehemaligen *Gilgit-* und *Baltistan-Agencies*) sowie *Azad Kaschmir* (Freies Kaschmir) politisch und verwaltungsmäßig fest an Pakistan geknüpft. Sie sind allerdings nicht formal in den pakistanischen Staatsverband integriert, da Pakistan weiterhin seinen Anspruch auf das gesamte Kaschmir aufrechterhält und den Konflikt nicht durch eine formelle Teilung beenden will. Dabei stützt sich Pakistan auf zwei UN-Resolutionen aus den Jahren 1948/49, die die Entscheidung über die Zugehörigkeit Kaschmirs durch eine Volksabstimmung vorsehen. Dieses Referendum wird von der indischen Seite abgelehnt; Indien hält vielmehr an der Rechtmäßigkeit des Beitritts Kaschmirs zur Indischen Union fest. Demgemäß beansprucht auch Indien das gesamte Territorium des ehemaligen Fürstentums. Beide Seiten sehen die seit 1948 bestehende Waffenstillstandslinie *(line of control)* formal nicht als endgültige Staatsgrenze an.[14]
Seit der Teilung des Subkontinents, die somit auch zur faktischen Teilung Kaschmirs führte, blieb der von Indien besetzte Teil unruhig. Nachdem 1989 bewaffnete Gruppen ihren Kampf gegen die indische Staatsmacht wieder aufnahmen und diese mit Ausnahmezustand und militärischer Besatzung reagierte, herrscht hier praktisch Bürgerkrieg. Die indische Seite wirft Pakistan die aktive Unterstützung der sogenannten Widerstandsgruppen, die sie als Terroristen ansieht, vor. Entlang der Waffenstillstandslinie kommt es daher immer wieder zu Grenzzwischenfällen

---

14 Die politischen Präferenzen der Muslime zumindest im indischen Teil Kaschmirs, wahrscheinlich aber auch in Azad Kaschmir, laufen demgegenüber auf eine dritte Alternative, die Unabhängigkeit, hinaus.

zwischen den Sicherheitskräften beider Staaten, und zwar nicht nur am Siachen-Gletscher.[15] Auf niedriger Ebene wird in Kaschmir ohne Zweifel bereits ein 'heißer Krieg' ausgetragen, mit allen grundsätzlichen Gefahren der Eskalation. Der Kaschmirkonflikt ist damit das größte sicherheitspolitische Problem Südasiens; er überschattet alle übrigen regionalen oder bilateralen Konfliktlinien.

Das indisch-pakistanische Konfliktverhältnis setzt sich auch in ihren Beziehungen zu Staaten außerhalb der Region fort. Während Indien, formal ein blockfreier Staat, enge Beziehungen zur Sowjetunion knüpfte, suchte Pakistan beständig ein enges Verhältnis zu den USA, denen das Land zeitweilig gar als 'Brückenkopf' in der Auseinandersetzung mit der Sowjetunion um Afghanistan diente. Von indischer Seite wird das enge Verhältnis, das Pakistan zur anderen kontinentalen asiatischen Großmacht China sucht, mit Unbehagen betrachtet.[16] Umgekehrt versucht Indien, die traditionellen Probleme Pakistans mit dessen Nachbarstaat Afghanistan durch Unterstützung antipakistanischer Gruppierungen zu nutzen. Indien sucht ebenfalls ein engeres Verhältnis zum Iran, mit dem Pakistan gleichfalls Interessengegensätze in Afghanistan hat.[17] Kurzum: Indien und Pakistan versuchen beständig, außerregionale bilaterale Konfliktlinien zur wechselseitigen Schwächung zu nutzen.

Angesichts der Schärfe der indisch-pakistanischen Konfliktbeziehung und ihrer Wirkungen auf die Stabilität der Region Südasien erlangen die Konfliktkonstellationen hinsichtlich der Verfügungsgewalt und Nutzungsrechte der Wasserressourcen der großen Flußsysteme ihren zentralen Stellenwert im Gesamtzusammenhang der regionalen Konfliktstrukturen. Hieran bemessen sich die politischen Konsequenzen der Alternative zwischen Konflikt oder Kooperation hinsichtlich der Nutzung der Wasserressourcen des Indusbeckens.

---

15 Vgl. Lamb, Kaschmir, S. 325 ff.
16 Auch im indisch-chinesischen Verhältnis spielt Kaschmir eine wichtige Rolle, denn über die Frage des Grenzverlaufs in den Himalayaregionen Kaschmirs war es im Jahre 1962 zum Krieg zwischen beiden Staaten gekommen. Ein militärisches Eingreifen Pakistans auf seiten Chinas galt als durchaus möglich.
17 Hinzu kommt das latente Grenzproblem an der pakistanisch-iranischen Grenze in Belutschistan, die zwar von beiden Staaten, nicht aber von einzelnen belutschischen Nationalisten akzeptiert wird.

Der Konflikt um die Wasserressourcen des Indusbeckens

Der geographische Raum

Das Induswassersystem[18] besteht aus dem Indus, der mit einer Länge von über 3000 Kilometern einer der längsten Flüsse der Erde ist, und seinen Zuflüssen. Es hat eine jährliche Fließmenge von ca. 170 Mio Acre-feet (MAF).[19] Die beiden wichtigsten westlichen Zuflüsse sind der Kabul-Fluß, der bei Attock in Nordpakistan in den Indus fließt, und der 150 Kilometer weiter südlich im Indus aufgehende Kurram; beide Zuflüsse entspringen in Afghanistan. Die wichtigsten östlichen Zuflüsse, die im Zusammenhang mit dem Induswasserkonflikt zwischen Indien und Pakistan allein bedeutsam sind, sind der Jhelum, der Chenab, der Ravi, der Sutlej und der Beas. Der Jhelum entspringt im indischen Teil Kaschmirs, der Sutlej in Tibet, die übrigen Flüsse in den indischen Himalayaregionen. Sie alle fließen nach Verlassen der Bergregionen in südlicher, bzw. südöstlicher Richtung durch die heißen Ebenen der Landschaft des Punjab, der sie den Namen gegeben haben (Punjab heißt wörtlich: *fünf Wasser*), dem Indus zu. Auf pakistanischem Gebiet nimmt der Chenab die Wasser des Jhelum und des Ravi auf, bevor er sich mit dem Sutlej westlich von Bahawalpur vereinigt. Der Beas fließt bereits auf indischem Territorium südlich von Amritsar in den Sutlej; er ist damit der einzige rein indische Fluß des Induswassersystems. Der Zusammenfluß von Sutlej und Chenab, genannt Punjnad, fließt nach ca. 70 Kilometern im Süden der pakistanischen Provinz Punjab in den Indus.

Der durch dieses Flußsystem vorgegebene geographische Raum des Indusbeckens hat von den Himalayaregionen im Norden bis zum Arabischen Meer im Süden eine Drainage-Fläche von ca. 450.000 Quadratmeilen, was ungefähr der Fläche Deutschlands, Frankreichs und Italiens entspricht.[20] Davon liegen ca. 175.000 Quadratmeilen in den dünnbesiedelten Bergregionen des Himalaya im Norden und des Hindukusch im Nordosten, in denen der Indus und seine Zuflüsse entspringen. Die übrigen ca. 275.000 Quadratmeilen liegen in den Ebenen Pakistans und Nordostindiens, die zu den heißesten und dichtestbesiedelten Gebieten der Erde zählen. Knapp 90 Prozent der Gesamtfläche des Beckens liegen in Pakistan und Indien; den Rest seines Einzugsgebiets machen die Quellregionen Tibets und Teile Ostafghanistans aus. Mit Ausnahme der westlichen

---

18 Vgl. Aloys A. Michel: The Indus Rivers. A Study of the Effects of Partition, New Haven/London 1967, S. 22 ff.; Niranjan D. Gulhati: Indus Water Treaty. An Exercise in International Mediation, New Delhi et al. 1973, S. 24 ff.
19 Dies entspricht der doppelten Fließmenge des Nils, der dreifachen von Euphrat und Tigris. Vgl. Keesing's Contemporary Archives, 1960, S. 17655.
20 Zu den Zahlenangaben vgl. Gulhati, Indus Water Treaty, S. 18 ff.

Bergregionen Belutschistans gehört die Gesamtfläche Pakistans zum Indusbecken, also die Provinzen NWFP (North-West Frontier Province), Punjab, Sindh und (Ost-)Belutschistan ebenso wie die pakistanischen Teile des ehemaligen Fürstentums Kaschmir. Innerhalb Indiens gehören die Unionsstaaten Jammu und Kaschmir, Himachal Pradesh, Punjab, Haryana und Rajasthan ganz oder teilweise zum Indusbecken. Die künstlich bewässerte Fläche im Indusbecken ist die größte der Welt.

Die Konfliktkonstellationen um das Indusbecken

Zusammengenommen dürften gegenwärtig knapp 200 Millionen Menschen im Indusbecken leben, was ungefähr einer Vervierfachung der Bevölkerungszahl seit 1947 entspricht; ungefähr die Hälfte dieser Menschen lebt in den pakistanischen und indischen Provinzen des Punjab, dem demographischen und ökonomischen Kernraum des Indusbeckens. Die Lebensgrundlagen dieser Menschen werden von den Möglichkeiten der Bewässerungswirtschaft geprägt. Neben den zur Verfügung stehenden natürlichen Fließmengen der Flüsse, die durch das Schmelzwasser der Hochgebirge und, insbesondere bei den östlichen Zuflüssen, durch die jährlichen Monsunniederschläge bestimmt werden, ist die Bewässerungswirtschaft im Indusbecken durch zwei weitere Elemente gekennzeichnet.

(1) Um über ausreichende landwirtschaftliche Nutzfläche zu verfügen, sind für die Bewässerungswirtschaft in den heißen Ebenen des Indusbeckens seit der antiken Industal-Hochkultur künstliche Bewässerungsanlagen, insbesondere *Kanäle*, angelegt worden.
(2) Die Fließmengen der Flüsse sind nicht konstant, da der Zufluß durch Schmelzwasser und vor allem durch wechselhafte Niederschlagsmengen von Region zu Region oder von Jahr zu Jahr unterschiedlich ist. Daher sind in jüngerer Zeit *Stauanlagen* zur Regulierung der Wasserressourcen gebaut worden. Damit läßt sich das Kanalsystem steuern, und es kann Überschwemmungen zumindest teilweise und in bestimmten Gebieten vorgebeugt werden. Zusätzlich ermöglichen die großen Stauanlagen neue Dimensionen der Energieerzeugung, die sich wegen der Bedeutung des Wassers als Energiequelle in der zweiten Hälfte des 20. Jahrhunderts als unverzichtbar erwiesen hat.

Während der britischen Kolonialherrschaft war im gesamten Indusbecken das Bewässerungssystem intensiv ausgebaut worden; im Jahre 1947 lag im Indusbecken die größte künstlich bewässerte Fläche der Erde. Insbesondere der westliche, heute pakistanische Teil der Provinz Punjab war seit der zweiten Hälfte des 19. Jahrhunderts mit einem Netzwerk künstlicher

Bewässerungsanlagen ausgestattet worden. Dies hat nicht nur den landwirtschaftlichen Ertrag vervielfacht und die Provinz zu einer Kornkammer des Kolonialreiches gemacht, sondern auch zu einer allgemeinen ökonomischen Dynamik und im Vergleich zu anderen Provinzen - etwa dem Sindh - weitreichenden Modernisierung der gesamten Wirtschafts- und Sozialstruktur geführt. Der Ausbau des künstlichen Bewässerungssystems in anderen Teilen des Punjabs und in den übrigen Provinzen des Indusbeckens war 1947 demgegenüber noch nicht so weit vorangeschritten.[21]

Die Teilung des Subkontinents und die neue Grenze machte damit nicht einfach nur Indien zum oberen und Pakistan zum unteren Anrainer der Flüsse; sie stellte vielmehr das bisherige Gesamtsystem der Bewässerungswirtschaft, ihren künftigen Ausbau und die technische Weiterentwicklung dieses Systems in Frage. Die politische Brisanz lag darin, daß damit zugleich die Rahmenbedingungen der Modernisierung und Entwicklung weiter Teile des Indusbeckens, vor allem auf indischem Territorium, betroffen waren. Die neuen politischen und geographischen Rahmenbedingungen stellten Indien und Pakistan somit vor erhebliche Probleme.

(1) Das drängendste Problem war 1947/48 die Ernährung von jeweils mehr als 20 Millionen Menschen beiderseits der Grenze, zu der noch eine unbekannte Zahl an Flüchtlingen hinzukam. Mit der Teilung waren aber die traditionalen Kommunikationsstrukturen und die Infrastruktur des Punjabs zusammengebrochen, einschließlich der Nahrungsmittelversorgung. Strukturell erhob sich die Frage, ob und auf welcher Ebene ein integriertes Infrastruktursystem gemäß der historischen Prägung aufrechterhalten werden konnte, oder ob zwei neue, getrennte Systeme aufgebaut werden mußten.

(2) Die Teilung des Indusbeckens beließ den größten und entwickelteren Teil der bislang künstlich bewässerten Nutzfläche in Pakistan. In Indien lagen insgesamt nur ca. fünf Millionen Acres dieser Fläche, während auf Pakistan mit 21 Millionen Acres mehr als das Vierfache entfiel. Allein im pakistanischen Westpunjab waren ca. 19,5 Millionen Acres durch das vorhandene Kanalsystem bewässert, im indischen Ostpunjab lediglich 3,8 Millionen Acres. Vor allem der nunmehr indische Ostpunjab und angrenzende Gebiete Rajasthans erwarteten noch ihre Integration in das künstliche Bewässerungssystem. Folglich war auch die in das Kanalsystem eingespeiste Wassermenge, die Pakistan zur

---

21 Vgl. Michel, Indus Rivers, S. 99 ff.; Mohammad Waseem: Politics and the State in Pakistan, Islamabad 1994, S. 36 ff.

Verfügung stand, mit 64,4 MAF um ein Vielfaches größer als die 8,3 MAF, die die nunmehr in Indien liegenden Kanäle bewässerten.[22]

(3) Pakistan konnte aber die Einspeisung zentraler Teile des Bewässerungssystems auf seinem Territorium nicht kontrollieren. Die beiden großen Headworks von Madhopur am Ravi und Ferozpur am Sutlej, die wichtige Kanäle im West- und Südpunjab belieferten, lagen nunmehr auf indischem Territorium. Damit konnte prinzipiell die Wasserzufuhr nach Pakistan beschnitten oder unterbrochen werden, ein Szenario, das sich durch Indiens Lage als obererer Anrainer des Induswassersystems auch an anderen Stellen zumindest potentiell ergab. Insgesamt lagen 21 von 23 im Jahre 1947 existierenden ganzjährig und sieben von acht zeitweilig wasserführenden Kanälen auf pakistanischem Boden, deren Wasserzufuhr Pakistan nicht vollständig kontrollieren konnte.[23]

Damit war die Ausgangslage für den Induswasserkonflikt vorgezeichnet.[24] Pakistan war als unterer Anlieger in die strukturell abhängige Position geraten. Eine Drosselung oder gar Unterbindung der Wasserzufuhr in das eigene Kanalsystem war mit unabsehbaren Konsequenzen verbunden. Die kultivierten landwirtschaftlichen Nutzflächen sind im Prinzip von einer permanenten Bewässerung abhängig, um nicht zu versalzen oder zu versanden. Aus pakistanischer Sicht waren der Ertrag und im weiteren Sinne die gesamte Existenz der Landwirtschaft vor allem Westpunjabs durch die neuen geographischen und politischen Konstellationen gefährdet. Indien sah seinerseits die Notwendigkeit, weite Teile von zwar fruchtbaren, aber bislang nicht ans Bewässerungssystem angeschlossenen Gebieten des Ostpunjabs und Rajasthans nutzbar zu machen. Dafür wurden die Ressourcen des Indusbeckens benötigt.

Die Annahme, daß die Wasserregulierung im Punjab trotz der neuen politischen Gesamtsituation einvernehmlich, wenn nicht unter gemeinsamer Kontrolle *(joint control)* ausgeübt werden würde, erwies sich schnell als falsch. Sie scheiterte bereits an den chaotischen Zuständen, die durch Flucht, Vertreibung und den unerklärten Krieg um Kaschmir entstanden waren. Besonders in Pakistan existierten zudem in den Monaten nach der

---

22 Vgl. Gulhati, Indus Water Treaty, S. 59.
23 Vgl. Razvi, Frontiers of Pakistan, S. 70 f.
24 Vgl. für eine pakistanische Sicht die Darstellung des ehemaligen Finanzministers und Premierministers Chaudhri Muhammad Ali: The Emergence of Pakistan, Lahore 1973, S. 316-331; für eine indische Sicht vgl. Ajay Saksena: India and Pakistan. Their Foreign Policies, Delhi 1987, S. 55 ff.

Erlangung der Unabhängigkeit kaum arbeitsfähige Verwaltungsstrukturen.[25]

Der Konflikt brach schließlich aus, als die Regierung des indischen Unionsstaates (Ost-)Punjab die Wasserzuflüsse zu den wichtigsten Kanälen in Richtung Pakistan am 1. April 1948, einen Tag nach Beendigung des Mandats des Schiedstribunals, unterbrach. Ein Großteil der landwirtschaftlichen Nutzfläche südlich Lahores bis in die Gegend des im heutigen Südpunjab liegenden Bahawalpur blieb zunächst ohne Wasser, mit einschneidenden Konsequenzen für die Aussaat und damit für die Lebensmittelversorgung von Millionen von Menschen; insgesamt waren 1,66 Millionen Acres pakistanischer landwirtschaftlicher Nutzfläche vom Austrocknen bedroht, die Trinkwasser- und Elektrizitätsversorgung der Bevölkerung in den betroffenen Gebieten einschließlich Lahores waren in Frage gestellt.[26]

Die Unterbrechung der Wasserzufuhr nach Pakistan zu diesem Zeitpunkt war eher politisch als ökonomisch begründet. Sinnvolle Ableitungen zur Bewässerung des Ost-Punjab waren bislang nur im begrenzten Umfang vorhanden. Indien ging es vielmehr darum, Druck auf Pakistan auszuüben. Beide Staaten trugen in jener Phase nicht nur ihren Krieg in Kaschmir aus, sondern auch eine Reihe von Handelskonflikten, die nach der Teilung aufgekommen waren. Aus pakistanischer Sicht spielte zudem die Grundhaltung der indischen Führung eine Rolle, nach der die Nichtüberlebensfähigkeit eines unabhängigen Pakistans demonstriert werden sollte.[27]

Inhaltlich bestimmt wurde der Konflikt vor allem durch die sich wechselseitig ausschließenden Grundpositionen beider Staaten. Indien beanspruchte die *volle Souveränität* und damit das ungeteilte Verfügungsrecht über die auf eigenem Territorium liegenden Flüsse und Kanäle, um die notwendigen Maßnahmen zur sozialen und ökonomischen Entwicklung durchzuführen. Diese Haltung charakterisierte wenig später auch den indischen Standpunkt im Disput über das Gangeswasser; im Jahre 1951 be-

---

25 Im Unabhängigkeitsprozeß gingen die britischen Kontroll- und Entscheidungsrechte über das ungeteilte Bewässerungssystem im Punjab durch das *Standstill Agreement* vom 18.12.1947 auf das sogenannte "Schiedstribunal" *(Arbitral Tribunal)* über. Diese Einrichtung war geschaffen worden, um die enormen materiellen Folgewirkungen der Teilung zu regeln; diese hatte schließlich nicht nur territoriale Konsequenzen, sondern sie bedeutete auch eine Aufteilung aller Güter und Verpflichtungen, die sich bislang im Hoheitsbereich der britischen Kolonialadministration befunden hatten. Vgl. Saksena, India and Pakistan, S. 58, für die indische Interpretation, daß Pakistan an den sich abzeichnenden Wasserfragen kein Interesse gezeigt habe und keinerlei Lösungen hierfür bereit hatte.

26 Für Interpretationen der tatsächlichen und möglichen Konsequenzen der Unterbrechung der Wasserzufuhr aus indischer und aus pakistanischer Sicht vgl. Gulhati, Indus Water Treaty, S. 63 ff.; C. Muhammad Ali, Emergence of Pakistan, S. 319 ff.

27 Vgl. Michel, Indus Rivers, S. 196 f.; C. Muhammad Ali, Emergence of Pakistan, S. 321 ff.

gann Indien ca. 17 Kilometer vor der ostpakistanischen Grenze mit dem Bau der sogenannten Farrakka-Barrage zur Umleitung von Gangeswasser, das der Schiffbarkeit im Hafen von Kalkutta dienen sollte und folglich der pakistanischen Nutzung entzogen sein würde.[28] Die indische Haltung basierte auf dem Argument, daß die Indische Union als Rechtsnachfolgerin Britisch-Indiens auch dessen Hoheitsrechte in vollem Umfang übernommen habe, während ein Staat Pakistan zuvor nicht existiert habe und somit folglich keine Verantwortlichkeit ihm gegenüber bestehen könne.

Diese Haltung widersprach dem Völkerrechtsprinzip der 'gerechten Verteilung' *(equitable distribution/equitable apportionment)* der Wasserressourcen bei Flüssen mit mehreren Anrainern.[29] Danach werden Flüsse als unteilbare Einheiten anerkannt, deren Ressourcen der größtmöglichen Anzahl von Menschen ohne Rücksicht auf territoriale Grenzen dienen sollen. Dieses Prinzip ist eng verknüpft mit demjenigen der 'Vermeidung spürbaren Schadens' *(obligation not to cause appreciable harm)* für einen oder mehrere Anrainer von Flüssen. An diesen Prinzipien hatte sich beispielsweise die Verwaltung Britisch-Indiens bei Konflikten über die Flußwassernutzung zwischen einzelnen Provinzen des Kolonialreiches oder mit den zahlreichen formal unabhängigen Fürstenstaaten orientiert.[30]

Pakistan machte seinerseits *historische Gewohnheitsrechte* geltend - was dem Prinzip der 'gerechten Verteilung' ebenfalls widersprach - und forderte den gleichen Zufluß des Wassers des Indussystems wie vor der Teilung. Diese Haltung ließ sich politisch nicht durchsetzen; sie ging auch insofern an den gegebenen Realitäten vorbei, als daß von Indien nicht erwartet werden konnte, den Vor-Teilungszustand quasi einzufrieren und gegebenenfalls auf die Kultivierung weiterer Gebiete auf seinem Territorium zu verzichten.

Die Entwicklung vom April 1948 demonstrierte mit einem Schlag die strategische Anfälligkeit Pakistans. Die psychologischen Konsequenzen für die Bevölkerung und die politische Elite Pakistans waren weitreichend. Zwar war es Indien schon aus technischen Gründen 1948 kaum möglich, die Wasserzufuhr nach Pakistan für längere Zeit zu unterbrechen, aber dieses Szenario war schon für die nahe Zukunft nicht ausgeschlossen; durch den Bau verschiedener Verbindungsdämme ließen sich sogar die

---

28 Vgl. Razvi, Frontiers of Pakistan, S. 64. Khurshida Begum: Tension over the Farakka Barrage. A Techno-Political Tangle in South Asia, Calcutta 1988.
29 'Gerechte Verteilung' war Ende der 40er Jahre als Völkerrechtsprinzip anerkannt und ist seither durch durch die Helsinki-Regeln der International Law Association 1966 und den Entwurf durch die Völkerrechtskommission der Vereinten Nationen 1991 weiter begründet worden. Vgl. Stephen McCaffrey: Water, Politics and International Law, in: Peter H. Gleick (Hrsg.): Water in Crisis - A Guide to the World's Fresh Water Resources, New York/Oxford 1993.
30 Vgl. Michel, Indus Rivers, S. 199.

Flüsse Sutlej, Ravi und Beas so beeinflussen, daß in ihrem weiteren Verlauf in Pakistan ihre Austrocknung drohte.[31] David Lilienthal, ehemaliger Leiter der Tennesse Valley Authority: "No army with bombs and shellfire could devastate a land as thouroughly as [West] Pakistan could be devastated by the simple expedient of India's permanently shutting off the sources of water that keep the fields and the people of [West] Pakistan alive."[32] Ein 'Wasserkrieg' erschien langfristig als eine wahrscheinliche Konsequenz, zumal beide Staaten wegen der Kaschmirfrage aus bei weitem weniger existentiellen Gründen bereits bewaffnete Auseinandersetzungen austrugen.

Die Situation eskalierte 1948 vor allem wegen der in jeder Hinsicht desolaten Lage Pakistans nicht weiter. Am 4. Mai 1948 unterzeichneten beide Staaten eine Vereinbarung, die die künftige Wasserzufuhr der entsprechenden Kanäle und der drei östlichen Flüsse des Induswassersystems (Ravi, Beas und Sutlej) zumindest für bestimmte Zeiträume regelte. Die indische Seite konnte jedoch ihre Position der vollständigen Souveränität über die jeweiligen Flüsse in den Vetrag einbringen; zusätzlich mußte Pakistan Gebühren für die Zuleitung von Wasser durch das Kanalsystem entrichten. Das Abkommen war indes zeitlich auf bestimmte Aussaat- und Ernteperioden begrenzt; es wurde im Verlauf der 50er Jahre mehrfach verlängert. Das entscheidende Problem des Bedarfs an einer grundsätzlichen, umfassenden, langfristigen, von beiden Seiten akzeptierten Regelung über die Nutzung des Induswassersystems löste es nicht.

Der Induswasservertrag

Die Spannungen zwischen Indien und Pakistan nahmen in der Folgezeit nicht ab. Zwar konnte der Kaschmirkonflikt auf der Grundlage eines Waffenstillstandes eingefroren werden, aber insbesondere im Außenwirtschaftsbereich traten neue Konflikte zu Tage, die zeitweise die Form regelrechter Handelskriege annahmen. Zugleich trieben beide Staaten ihre Entwicklungsvorhaben im Indusbecken voran.[33] Somit behielt das Problem der Nutzung der Wasserressourcen eine hohe Priorität auf der politischen Tagesordnung. Ohne einvernehmliche Regelung blieben die politi-

---

31 Zu den Folgen vgl. Michel, Indus Rivers, S. 201.
32 David E. Lilienthal: "Another 'Korea' in the Making?" in: Colliet's Magazine, 4.8.1951, zitiert nach Burke/Ziring, Pakistan's Foreign Policy, S. 11.
33 Dies ging zeitweise wieder mit reduziertem Wasserzufluß nach Pakistan einher. Im Februar 1953 sollen sogar nur acht Prozent des Pakistan nach dem Agreement vom Mai 1948 zustehenden Wassers aus dem Kanalsystem von Indien geflossen sein; vgl. C. Muhammad Ali, Emergence of Pakistan, S. 326.

schen Rahmenbedingungen für Kernfragen der sozio-ökonomischen Entwicklung in beiden Staaten unsicher.

Vor diesem Hintergrund akzeptierten schließlich 1951 beide Seiten die Rolle der Weltbank als neutralen Vermittler im Induswasserkonflikt.[34] Ausgangspunkt der Weltbank war, sich auf die *funktionalen Aspekte* des Konflikts zu konzentrieren. Im Mittelpunkt standen daher Bemühungen, auf der Grundlage der vorhandenen Ressouren das technische Problem zu lösen, beiden Seiten ihren tatsächlichen Wasserbedarf so weit wie möglich zu gewährleisten. Die *politischen und völkerrechtlichen Aspekte* des weitergefaßten indisch-pakistanischen Konfliktes sollten von der Lösung dieses Problems möglichst unberührt bleiben.

Es zeigte sich schnell, daß der Induswasserkonflikt nicht auf der Basis eines integrierten Systems zu beheben war. Die politischen Rahmenbedingungen erlaubten es nicht, von der Einheit des Indusbeckens auszugehen und die Allokation der Wasserressourcen gemeinschaftlich festzulegen und zu kontrollieren. Dennoch erwies sich im Zeitablauf, daß sowohl Pakistan als auch Indien an einer tragfähigen Regelung des Konflikts ernsthaft interessiert waren, nicht zuletzt um einer Eskalation mit potentiell unabsehbaren Konsequenzen vorzubeugen.

So setzte sich schließlich das Konzept durch, die Ressourcen des Induswassersystems auf beide Seiten aufzuteilen. Dieses Konzept lag dem Induswasservertrag zugrunde, der am 19. September 1960 in Karachi nach schwierigen Verhandlungen vom pakistanischen Präsidenten Ayub Khan und dem indischen Ministerpräsidenten Jawaharlal Nehru sowie einem Repräsentanten der Weltbank unterzeichnet wurde.[35] Die Einigung auf das Vertragswerk und auf die Ausführungsbestimmungen hatte Jahre in Anspruch genommen. Letztere wurden in acht Sektionen als Appendix zum Vertrag formuliert, die weitaus umfangreicher sind als der eigentliche Vertrag.[36] In ihnen wird die Implementierung der Vertragsbestimmungen bis ins kleinste Detail vorgezeichnet; sie sind zugleich ein beredtes Zeugnis für das Mißtrauen zwischen beiden Staaten.

---

34 Zur Rolle der Weltbank vgl. bes. Gulhati, Indus Water Treaty, S. 330 ff. Schlichtungen anderer Gremien, etwa durch die UNO oder den Internationalen Gerichtshof scheiterten an unterschiedlichen Rechtsauffassungen und den fehlenden Zuständigkeiten, über bilaterale Konflikte von Commonwealth-Staaten zu entscheiden; vgl. Razvi, Frontiers of Pakistan, S. 65.

35 Zum Verhandlungsprozeß ausführlich Gulhati, Indus Water Treaty, S. 91-309 ff. Die chronische Instabilität des pakistanischen politischen Systems spielte eine wichtige Rolle für den Zeitfaktor. Eine Lösung des Konflikts, überhaupt eine Einigung mit Indien, ließ sich erst erreichen, als mit der Errichtung der Militärdiktatur unter Ayub Khan relative Stabilität in den innenpolitischen Verhältnissen einkehrte.

36 Vertragstext in: Kirphal Singh (Hrsg.): Select Documents on Partition of Punjab 1947 - India and Pakistan, Delhi 1991, S. 718-732; Auszüge bei Gulhati, Indus Water Treaty, S. 373 - 411; Keesing's Contemporary Archives, 1960, S. 17655 ff.

Die beiden wichtigsten Punkte des Vertrages, die die Grundlage der Konfliktregelung darstellen, legen folgendes fest:

(1) Ausgangspunkt des gesamten Regelwerks stellt die *Aufteilung der Nutzungsrechte* der einzelnen Flüsse des Induswassersystems dar. Der Vertrag spricht Indien die vollständige Nutzung der Wasserressourcen der drei östlichen Flüsse - Ravi, Sutlej und Beas - zu, während Pakistan die Nutzungsrechte der drei westlichen Flüsse - Indus, Jhelum und Chenab - erhielt. Fortan war somit auch die Einspeisung der Wasserressourcen in das Kanalsystem geklärt: Jedem Staat standen hierfür künftig nur die ihm jeweils zuerkannten Flüsse zur Verfügung.

(2) Um den pakistanischen Verlust der Wasserressourcen der drei östlichen Flüsse zu kompensieren, legte der Vertrag den Bau von acht *Verbindungskanälen* zwischen den westlichen Flüssen zu den Unterläufen der östlichen Flüsse auf pakistanischem Territorium sowie von fünf *Stauwerken* und zwei *Staudämmen* am Jhelum (Mangla) und am mittleren Indus (Tarbela) fest. Damit waren die drei östlichen Flüsse auch vor dem Austrocknen geschützt, ihr historischer Verlauf blieb gewährleistet.

Die weiteren zentralen Punkte des Vertragswerkes bestimmten folgendes:

(3) Indien erhielt *eingeschränkte Rechte* an der Nutzung der drei westlichen Flüsse auf seinem Territorium. So darf Indien weiterhin in bestimmtem Umfang Wasser aus dem Indus, dem Jhelum und dem Chenab entnehmen, um lokale Bewässerungswirtschaft zu ermöglichen. Auch der Bau von Stauwerken, nicht aber von Dämmen, zur Wasserregulierung und Elektrizitätsgewinnung blieb im Rahmen genau festgelegter Bestimmungen erlaubt.

(4) Für Pakistan war die Integration der Staudammprojekte besonders wichtig, um ganzjährig ein ausreichendes Niveau an Wasserressourcen im eigenen Kanalsystem zu gewährleisten; in früheren Vertragsentwürfen war der Bau von Staudämmen nicht vorgesehen. Bis zur Fertigstellung dieser Anlagen wurde eine *Übergangsperiode* von bis zu 13 Jahren festgelegt, innerhalb derer Indien weiterhin genau festgelegte Wassermengen in die wichtigsten Kanäle des pakistanischen Westpunjab einlassen mußte. Im Gegenzug mußte Pakistan *Gebühren* für die Instandhaltungskosten der entsprechenden Headworks an Indien zahlen.

(5) Für den schließlichen Erfolg des Vertragsabschlusses war die Finanzierung der Großprojekte ausschlaggebend, die auf pakistanischem Boden entstehen sollten. Hierfür war unter Federführung der Weltbank der *Indus Basin Development Fund* eingerichtet worden. Die

Weltbank, sogenannte 'freundliche Regierungen' und die beiden Vertragsparteien kamen für ein - später erhöhtes - Gesamtvolumen von ursprünglich knapp 900 Millionen Dollar auf, die zur Finanzierung der Kanäle und vor allem der Staudammprojekte aufzubringen waren.[37] Erst dieser Fonds machte die Durchführung des Gesamtprojekts möglich; ohne ihn wäre auch das Vertragswerk in dieser Form nicht zustande gekommen.

(6) Darüber hinaus legte der Vertrag die Einrichtung meteorologischer und hydrologischer Beobachtungsstationen auf beiden Seiten der Grenze fest, zwischen denen ein breiter *Informationsaustausch* stattfinden sollte. So wurden beide Seiten beispielsweise auch verpflichtet, Bauvorhaben an den einzelnen Flüssen sechs Monate vor Baubeginn der anderen Seite mitzuteilen, damit diese die potentiellen Folgewirkungen beurteilen könne.

(7) Schließlich wurde durch den Vertrag eine *Kommission* eingerichtet, bestehend aus je einem Repräsentanten beider Länder. Ihr obliegt die Überwachung der Implementierung des Vertragswerks. Im Falle von Konflikten sollte zunächst ein neutraler Experte oder, im Falle seines Scheiterns, ein Internationaler Gerichtshof die Schlichtung übernehmen.

Indien sicherte sich somit durch den Vertrag die vollständigen Wasserressourcen der drei östlichen Flüsse des Induswassersystems von ca. zwölf MAF; seit 1970 werden sie von Indien in vollem Umfang genutzt. Pakistan kann weder Ansprüche auf diese Wasserressourcen geltend machen, noch die Art ihrer Nutzung durch Indien beeinflussen. Zudem ist Indien zur eingeschränkten Nutzung der Wasserressourcen der westlichen Flüsse im indischen Teil Kaschmirs berechtigt, sowohl hinsichtlich landwirtschaftlicher Nutzung als auch zur Elektrizitätsgewinnung. Dies ermöglichte die ökonomische Entwicklung des auf indischem Territorium liegenden östlichen Teils des Indusbeckens.

Für Pakistan war das Problem der Abhängigkeit durch die Lage als unterer Anrainer weitgehend gelöst. Die Wasserressourcen der westlichen Flüsse des Induswassersystems blieben, unter dem Vorbehalt der eingeschränkten indischen Rechte, fortan allein pakistanischer Nutzung vorbe-

---

37 Auf Dollarbasis betrug der indische Beitrag zum Fond $ 173,98 Mio; die Beiträge der einzelnen 'freundlichen Regierungen' beliefen sich auf: Australien: $ 15,54 Mio; Kanada: $ 22,19 Mio; Deutschland: $ 30,22 Mio; Neuseeland: $ 2,78 Mio; Großbritannien: $ 58,48 Mio; USA (Zuschüsse und Kredite) $ 177 Mio; Pakistan erhielt direkt von den USA und der Weltbank Kredite in Höhe von $ 150 Mio und von den USA einen weiteren nicht-rückzahlbaren direkten Zuschuß von $ 235 Mio, während es selbst nur $ 29,43 zum Fond beisteuerte. Vgl. Keesing's Contemporary Archives, 1960, S. 17656; Gulhati, Indus Water Treaty, S. 277.

halten. Der Verlust der Wasserressourcen der östlichen Flüsse konnte durch das Stau- und Verbindungssystem nicht nur kompensiert werden; tatsächlich standen Pakistan langfristig dadurch bis zu knapp 50 Prozent mehr Wasserreserven zur künstlichen Bewässerung zur Verfügung als zur Zeit vor Abschluß des Vertrages.[38] Der Bau der großen Staudämme von Mangla und Tarbela eröffnete zusätzlich völlig neue Dimensionen der Elektrizitätsgewinnung.[39] Für Pakistan bedeutete der Vertrag damit nicht nur die Sicherstellung der Bewässerungswirtschaft, sondern in seinen Nebeneffekten die Umsetzung eines der größten allgemeinen Entwicklungsprojekte überhaupt - und zwar zu extrem günstigen Kredit- und Finanzierungsbedingungen. Nach Fertigstellung der letzten Elemente des durch den Indus Basin Development Fund zu finanzierenden Gesamtkonzepts zur Mitte der 70er Jahre verfügte Pakistan über eines der größten integrierten Bewässerungssysteme der Welt. Das neu angelegte Stau- und Verbindungssystem hatte somit eine allgemeine entwicklungspolitische Bedeutung für Pakistan, die weit über die im Vertrag (Artikel 5) anvisierte Funktion der 'Ersetzung' *(replacement)* für die fehlenden Wasserreserven hinausging. Ohne den Induswasservertrag wären die finanziellen Ressourcen für diese Projekte, vor allem für den Bau der beiden Dämme, nicht einmal im Ansatz vorhanden gewesen. Der allgemeine Entwicklungsweg Pakistans wäre damit ein anderer gewesen.

Die Bedeutung dieser Komponente des Vertrages kann nicht hoch genug bewertet werden. Die Weltbank hat nicht nur als Vermittler in jahrelanger Verhandlungsarbeit eine entscheidende Rolle als Katalysator gespielt, sie hat auch durch die Einrichtung des Indus Basin Development Funds die Verknüpfung mit einem umfangreichen allgemeinen Entwicklungskonzept erreicht; dieses war für das Zustandekommen einer Regelung des ursprünglichen Konflikts unabdingbar. Die Regelung des Induswasserkonflikts stellt damit - unabhängig von den ökologischen und sozialen Folgeproblemen, die in Pakistan durch die Bauprojekte später zu verzeichnen waren - sicherlich einen der größten Erfolge der Weltbank überhaupt dar.

---

38 Vgl. Sohail J. Malik/Safiya Aftab/Nargis Sultana: Pakistan's Economic Performance 1947 to 1993, Lahore 1994, S. 192 f.
39 Der 1967 fertiggestellte Mangla-Damm hat eine Länge von ca. 1700 m und eine Höhe von ca. 63 m; seine Staukapazität beträgt 4,81 MAF; die bislang erreichte Kapazität der Elektrizitätsgewinnung beträgt 1.000 MW. Der 1976 in Betrieb genommene Tarbela-Damm ist mit ca. 1500 m Länge und 80 m Höhe der größte Erdwall-Damm der Welt. Seine Staukapazität beträgt 9,74 MAF, die Kapazität der Energiegewinnung ca. 3.500 MW. Vgl. Government of Pakistan (Hrsg.): Economic Survey 1994-95, Islamabad 1995, S. 40.

Die politischen Aspekte des Induswasservertrages

Das Vertragswerk erwies sich als bemerkenswert stabil. Trotz des hohen Stellenwertes, die der Verfügungsgewalt über Wasserressourcen im Gesamtzusammenhang der indisch-pakistanischen Konfliktkonstellationen zukommt, überlebte der Induswasservertrag zwei Kriege, die Pakistan und Indien in der Folgezeit gegeneinander austrugen; dabei kann durchaus darüber spekuliert werden, ob die Regelung des Induswasserkonflikts nicht entscheidend dazu beigetragen hat, daß beide Kriege im Kern begrenzte Auseinandersetzungen blieben.

Die Vertragsbestimmungen hinsichtlich der Ressourcenaufteilung werden seit nunmehr fast 40 Jahren eingehalten. Ein Kommunikationsnetzwerk, das den notwendigen Austausch von Informationen sicherstellt, ist eingerichtet. Die vom Vertrag vorgesehene Kommission trifft sich in regelmäßigen Abständen. Gravierende Konflikte über die Implemetierung des Vertragswerkes, die die Einschaltung eines Schlichters erfordert hätten, sind bislang nicht zu verzeichnen gewesen. Dies läßt zunächst den Schluß zu, daß der Induswasserkonflikt befriedigend geregelt wurde.

Auf der anderen Seite blieben die weiter gefaßten politischen Aspekte der pakistanisch-indischen Konfliktbeziehungen durch das Vertragswerk weitgehend unberührt. Dies zeigt sich vor allem hinsichtlich des politisch und geographisch eng mit dem Induswasserkonflikt verknüpften Kaschmirkonflikts. Im Vertragswerk selbst wird jeglicher Bezug auf irgendeinen Aspekt der Kaschmirproblematik peinlich vermieden. Allgemein werden Souveränitätsfragen aus den Regelungsaspekten ausgeklammert. So heißt es im Artikel 11:

"Nothing in this Treaty shall be construed by the Parties as in any way establishing any general principle of law or any precedent."

Mit dieser Formulierung waren alle Zweifel ausgeräumt, daß eine der beiden Seiten durch die Unterzeichnung des Vertrages auf rechtliche Ansprüche oder auch nur auf die eigene Interpretation von Souveränitätsfragen verzichtet hätte. Dies bezieht sich sowohl auf Kaschmir als auch auf die Frage nach der Souveränität über die betreffenden Flüsse. Der Vertrag ermöglichte somit Indien und Pakistan, ihre jeweiligen Rechtsauffassungen und politischen Positionen beizubehalten. Indien hält nach wie vor an der prinzipiellen Souveränität über die natürlichen Ressourcen auf seinem Territorium fest; die eigene Nutzung der Ressourcen des Induswassersystems hat für die indische Seite Vorrang vor den Prinzipien der *'gerechten Aufteilung'* oder der *'Vermeidung spürbaren Schadens'*, unabhängig von den konkreten Vereinbarungen des Vertrages. Die pakistanische Seite hat ihrerseits den Standpunkt nicht aufgegeben, nach dem sie historische Rechte an den Ressourcen aller Flüsse des Induswassersystems hat, ebenfalls unabhängig von den konkreten Vereinbarungen des Vertrages. Beide Seiten verweigerten in der Folgezeit auch in anderen Zusammenhängen ihre Zustimmung zu Regelungskonzepten, die auf der Beschneidung unumschränkter staatlicher Souveränität zu Gunsten eines multilateralen 'Wasserregimes' beruhen, wie etwa zum entsprechenden Vertragsentwurf der Vereinten Nationen von 1991.[40]

Die politische Bedeutung des Induswasservertrages läßt sich somit in zweierlei Hinsicht zusammenfassen:

(1) Trotz - oder gerade wegen - der tiefen allgemeinen Konfliktkonstellationen im bilateralen Verhältnis hat sich eine funktionale, langfristig tragfähige Regelung des den Lebensnerv der jeweiligen Bevölkerungen betreffenden Induswasserkonflikts als möglich erwiesen. Das Regelungskonzept stellt gleichermaßen eine Folge, aber auch eine Zementierung der politischen und geographischen Teilung des Subkontinents dar. Das Indusbecken als ganzes ist wie nie zuvor in seiner Geschichte in jeder Hinsicht - ökonomisch, kommunikationstechnisch, transport- und handelsmäßig - in zwei autarke Systeme geteilt. Konsequenterweise basiert das Regelungskonzept auch nicht auf einem gemeinsamen Management der Wasserressourcen im eigentlichen Sinne, sondern auf der weitestmöglichen Dissoziation und Abkoppelung der beiden Konfliktparteien voneinander. Aber der Konflikt als solcher, mit all seinen potentiell katastrophalen Konsequenzen, ist, wenn nicht gelöst, so doch geregelt. Die Gefahr eines 'Wasserkrieges', also einer militärischen Auseinandersetzung zwischen Indien und Pakistan, die ursächlich um die Nutzung der Ressourcen des Indusbeckens geführt würde, ist nicht nur abgewendet worden, sondern selbst unter den gegebenen politi-schen Rahmenbedingungen auch für die Zukunft nicht absehbar. *Der Induswasservertrag ist insofern ausgesprochen erfolgreich.*

(2) Die Regelung des Induswasserkonflikts wirkte sich allerdings nicht positiv auf die übrigen Aspekte im bilateralen Konfliktverhältnis aus. Zwar sind mit dem Abschluß des Vertrages viele Hoffnungen - in beiden Staaten und im Ausland[41] - verbunden gewesen, das Konfliktpotential auch in anderen Bereichen nunmehr abbauen zu können; wenn es für beide Staaten möglich war, sich hinsichtlich einer solch zentralen Überlebensfrage vertraglich zu einigen, schien eine weitere

---

40 Vgl. dazu die Diskussionsbeiträge zur Debatte des Rechtsausschusses der Generalversammlung der Vereinten Nationen (84th General Assembly, 6th Committee, 28th Meeting), in: Press Release GA/L/2799 v. 5. November 1993.

41 Vgl. Gulhati, Indus Water Treaty, S. 339 ff., für eine ausführliche Beschreibung der Reaktionen auf die Vertragsunterzeichnung.

Aussöhnung nur eine Frage der Zeit. Gerade für die Lösung des Kaschmirkonflikts wurde eine neue Dynamik erwartet. Diese Hoffnungen haben sich jedoch nicht erfüllt. Indien und Pakistan trugen nach Abschluß des Vertrages zwei weitere Kriege gegeneinander aus, und ihr Verhältnis ist gegen Ende der 90er Jahre unverändert äußerst gespannt. Eine weitere, schwerwiegende Konfliktdimension mit möglicherweise globalen Folgen ist durch die Fähigkeit zum Einsatz nuklearer Waffen hinzugekommen, die sich beide Staaten eröffnet haben. *Die Wirkungen des Induswasservertrages sind insofern begrenzt.*

Seit dem Abschluß des Vertrages im Jahre 1960 sind zwei ernste Dispute um seine Implementierung aufgekommen. In den 70er Jahren führte der von Indien betriebene Bau eines Damms am Chenab in Kaschmir, des Sillal-Damms, zu Protesten Pakistans. Diese Proteste wiederholten sich, als Indien im Jahre 1985 mit dem Bau eines Damms am Ausgang des Wullar-Sees, durch den der Jhelum fließt, ca. 30 Kilometer nördlich der kaschmirischen Hauptstadt Srinagar begann. Islamabad warf Indien jeweils Vertragsverletzung vor, da nach pakistanischer Ansicht die Dämme mehr Wasser als vertraglich erlaubt aufstauten und damit ihre Zweckbestimmung ebenfalls nicht vertraglich gedeckt sei. Delhi bestritt dies und argumentierte, die Dämme dienten allein der lokalen Energieerzeugung, der Erleichterung der Navigation sowie der Verbesserung der lokalen Bewässerung im Rahmen der vertraglich festgesetzten Bestimmungen. Während der Konflikt um den Sillal-Damm 1978 beigelegt werden konnte,[42] schwelt derjenige um den noch nicht fertiggestellten Damm am Wullar-See weiter.[43]

Politisch ging es Pakistan bei beiden Disputen um die strategische Bedeutung der Dämme. Vor allem im Zusammenhang mit dem Bau des Wullar-Damms werden immer wieder Krisenszenarien vorgebracht, nach denen Indien die Reduzierung, wenn nicht gar die vorübergehende Unterbrechung der Wasserzufuhr des Jhelums betreibe, oder dazu zumindest in Zukunft befähigt sei. Damit werden die traditionellen Ängste wieder lebendig, am Lebensnerv getroffen werden zu können, wenn nämlich die Wassermenge am Mangla-Stausee, nur wenige Kilometer weiter am Unterlauf des Jhelum im pakistanisch kontrollierten Azad Kaschmir gelegen, so weit reduziert würde, daß die von hier ausgehenden Kanalsysteme nicht mehr ausreichend mit Wasser gespeist werden könnten. Allerdings wird

---

42 Die vertragliche Vereinbarung legte fest, daß die Höhe des Sillal-Damms nur zehn Meter, nicht wie ursprünglich vorgesehen zwölf Meter betragen dürfe. Damit konnte Indien den Bau vollenden, und Pakistan hatte das Gesicht gewahrt. Vgl. Keesing's Contemporary Archives, 1978, S. 29019.

43 Vgl. Iyaz Hussein: Pakistan and the Wullar Barrage Project, in: Regional Studies, Spring 1988, S. 47-62, für eine pakistanische Interpretation des Sachverhalts.

auch das umgekehrte Argument verwendet, nämlich daß sich Indien durch große Stauvorrichtungen in die Lage versetzen könne, pakistanisches Gebiet zu überfluten
Angesichts der technischen Unmöglichkeit, die Wasserressourcen der Oberläufe der westlichen Flüsse nach Indien umzuleiten oder die Wasserzufuhr nach Pakistan langfristig zu unterbrechen, wird deutlich, daß die pakistanischen Krisenszenarien in erster Linie politisch motiviert sind. Ähnlich ist das Überflutungsargument zu bewerten; die Schäden in Indien bzw. im indisch kontrollierten Teil Kaschmirs wären nicht geringer als für Pakistan. Dies gilt unabhängig von der Frage, ob Indien tatsächlich gegen die Vertragsbestimmungen verstößt oder nicht.
An diesen Beispielen wird deutlich, wie eng die Frage der Nutzung der Wasserressourcen des Indusbeckens weiterhin mit den allgemeinen Konfliktkonstellationen, vor allem derjenigen um Kaschmir, in Beziehung steht. Die Regelung des Induswasserkonflikts ist zwar als erfolgreich zu bewerten, gerade weil sie alle bisherigen Zeitläufte überstanden hat; dies kann aber nicht zu der Schlußfolgerung führen, daß das Regelungssystem gewissermaßen für alle Zeiten zementiert ist. Die Probleme der Verfügungsgewalt über Wasser stellen sich gerade vor dem Hintergrund des Bevölkerungswachstums in Südasien immer wieder neu. Vor allem in den Millionenstädten des Subkontinents ist die Frage nach Wasserreserven und -qualität bereits in der Gegenwart ein akutes Problem. Solange in den allgemeinen politischen Rahmenbedingungen keine strukturelle Konfliktreduzierung zu verzeichnen ist, bleibt daher auch das durch den Induswasservertrag entwickelte System der Wassernutzung im Indusbecken im Kern fragil.

Ausblick

Es ergibt sich abschließend die Frage, ob der Induswasservertrag als Modell für die Regelung ähnlicher Wasserkonflikte in Südasien oder in anderen Regionen taugt. Insbesondere mit Blick auf den Konflikt um das Gangeswasser, der seit 1951 zunächst zwischen Indien und Pakistan und seit 1971 zwischen Indien und Bangladesh schwelt, wird gelegentlich auf die Möglichkeit der Orientierung an den Regelungsmechanismen des Induswasservertrages verwiesen.[44]
Hierbei ist zunächst festzuhalten daß der Vertrag auf sehr komplexe Weise einen bestimmten, fest definierten Konflikt regelt. Die Grundsatz-

---

44 So schon Razvi, Frontiers of Pakistan, S. 73; vgl. auch M. Rafiqul Islam: The Ganges Water Dispute. An Appraisal of a Third Party Settlement, in: Asian Survey, 8/1987, 1987, S. 918-935, bes. S. 931.

elemente des Vertrages, vor allem aber die ausführlichen und detaillierten Bestimmungen zur Implementierung sind auf spezifische Bedingungen bezogen, die in dieser Form bei anderen Konflikten nicht gegeben sind. Der Wert des Induswasservertrages als Modell zur Regelung von Wasserkonflikten ergibt sich daher eher aus den allgemeinen Bedingungen, die sein Zustandekommen ermöglichten. Diese basieren auf drei zentralen Faktoren, die noch einmal explizit herausgestellt werden sollen:

(1) Nachdem das dramatische Konfliktpotential um das Induswassersystem ab 1948 deutlich geworden war, setzte sich auf beiden Seiten die Einsicht durch, daß eine einvernehmliche Regelung, so schwierig sie auch zu erreichen war, letztlich größeren Nutzen für die jeweils eigene Seite bringen würde als das Beharren auf ursprünglichen, nicht kompromißfähigen unilateralen Maximalpositionen. Trotz vieler Widerstände und Rückschläge entwickelte sich somit in Indien und in Pakistan der *politische Wille* zur Konfliktregelung; dies war die zwingende Voraussetzung für das Zustandekommen des Induswasservertrages.

(2) Die Ausschaltung gegensätzlicher politischer und völkerrechtlicher Positionen und die Abkoppelung von anderen bilateralen Konfliktkonstellationen ermöglichte die Konzentration auf die *technische Ebene* des Konflikts. Damit war die angesichts der politischen Rahmenbedingungen tatsächlich praktikable Materie, aber auch die Reichweite der Konfliktregelung vorgegeben.

(3) Mit der Einschaltung der Weltbank wurde ein dritter Akteur als *unabhängiger Vermittler* in den Regelungsprozeß einbezogen. Die Weltbank bot nicht nur ein Forum für die Verhandlungen, sondern trug auch die entscheidenden Elemente zur Erarbeitung eines für beide Seiten akzeptablen Regelungskonzepts bei. Es gilt als unbestritten, daß ohne die Vermittlungsrolle der Weltbank die langjährigen, immer wieder stockenden Verhandlungen zu keinem erfolgreichen Abschluß hätten geführt werden können.

Erst das Zusammenwirken dieser drei Faktoren schuf die notwendigen Voraussetzungen und Rahmenbedingungen für die Konfliktregelung um die Nutzung des Induswassers. In der Erkenntnis der Funktion dieser Voraussetzungen und Rahmenbedingungen bei antagonistischen Konfliktkonstellationen um Wasserressourcen, die grundsätzlich entscheidende Folgewirkungen für zumindest einen Teil der betroffenen Bevölkerungen aufweisen, liegt der Wert des Induswasservertrages als Modell, und zwar sowohl für zwischenstaatliche wie auch für innerstaatliche Wasserkonflikte. Hinsichtlich der ungelösten, zum Teil seit Jahrzehnten schwelenden

Wasserkonflikte in Südasien ist festzustellen, daß einzelne oder alle beteiligten Konfliktparteien die Kombination dieser drei Faktoren nicht oder nur bedingt als Ausgangslage für eine Konfliktregelung akzeptieren, sondern sich vielmehr an Positionen der unilateralen Nutzenmaximierung orientieren. Dies führt dann zu Regelungskonzepten, sofern sie überhaupt gefunden werden, die zeitlich und/oder auf Einzelfragen begrenzt sind. Dies gilt unabhängig davon, ob die Wasserkonflikte zwischen souveränen Staaten oder zwischen Provinzen, bzw. Unionsstaaten, ausgetragen werden. Die Gründe für diesen Sachverhalt ergeben sich aus der komplexen Natur der regionalen Konfliktstrukturen. Trotz des erfolgreichen Induswasservertrages sind die politischen Akteure in Südasien weit von einer grundsätzlichen Akzeptanz des gemeinsamen oder des funktionalen Managements von Wasserressourcen entfernt.

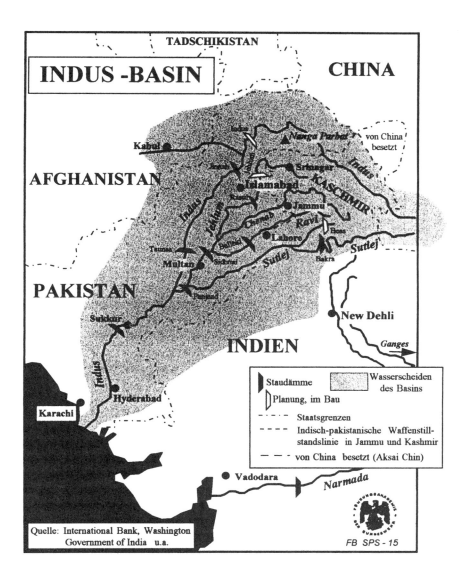

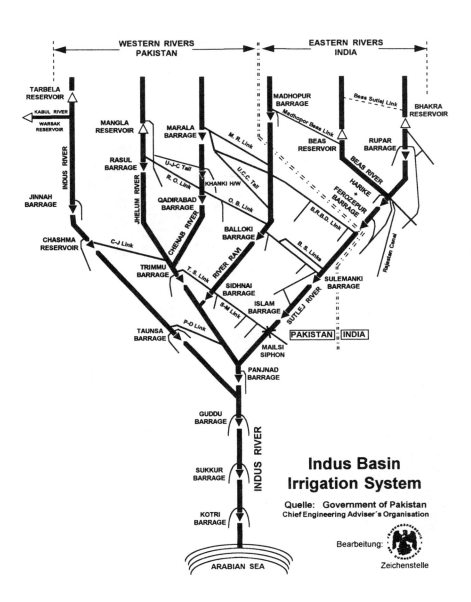

Manuel Schiffler
Konflikte um den Nil oder Konflikte am Nil?

"Sudans Spiel mit dem Wasser ist ein Spiel mit dem Feuer", erklärte der ägyptische Außenminister Amre Muhammad Mussa, als der Sudan im August 1995 drohte, den Vertrag über die Aufteilung des Nilwassers zwischen beiden Staaten von 1959 aufzukündigen. Zuvor hatte die ägyptische Regierung die islamistische Regierung des Sudan für einen Anschlag in der äthiopischen Hauptstadt Addis Abeba verantwortlich gemacht, bei dem der ägyptische Präsident Hosni Mubarak nur knapp mit dem Leben davongekommen war. Sudans Drohung mit der "Wasserwaffe" war eine Reaktion auf die ägyptischen Vorwürfe.

Pläne über eine stärkere Nutzung des Nilwassers durch einen der neun Staaten am Oberlauf des Nil haben bei ägyptischen Regierungen schon immer Nervosität hervorgerufen. Abgesehen von nicht-erneuerbaren Grundwasservorräten in entlegenen Wüstengebieten hat Ägypten keine eigenen Wasserressourcen und ist daher für seine Wasserversorgung nahezu vollständig auf den Nil angewiesen. Bereits der griechische Geschichtsschreiber Herodot hatte Ägypten treffend als ein "Geschenk des Nil" bezeichnet. Winston Churchill beschrieb Ägypten als ein Land, das vom Nil abhängig ist wie ein Taucher von einem Luftschlauch. Dementsprechend ist die Sorge um einen gesicherten Zufluß des Nil eine Konstante der ägyptischen Außenpolitik. Butros Butros Ghali hatte in seiner Zeit als Staatsminister im ägyptischen Außenministerium sogar wiederholt davor gewarnt, daß der nächste Krieg im Nahen Osten nicht um Öl, sondern um Wasser geführt werde.[1]

Die Hauptakteure im Konflikt um das Nilwasser sind neben Ägypten der Sudan und Äthiopien. Etwa 85 Prozent des Nilwassers entspringt in Äthiopien und fließt über den Blauen Nil und den Atbara durch den Sudan nach Ägypten. Nur 15 Prozent des Nilwassers kommen aus dem Weißen Nil, der sich aus den Niederschlägen um den Victoria-See speist. Die Anrainerstaaten des Weißen Nil sind außer dem Sudan Zaire, Burundi, Ruanda, Tansania, Kenia und Uganda. Außerdem entspringt der Nil-Nebenfluß Atbara zum Teil in Eritrea. Diese Staaten spielen jedoch im Konflikt um das Nilwasser im Vergleich zu den drei Hauptakteuren nur eine untergeordnete Rolle.

---
1   Gabriel R. Warburg, The Nile in Egyptian-Sudanese relations, in: Orient, 4/1991, S. 572.

Das Century Water Storage Scheme

Die Geschichte der Versuche, das Nilwasser in seinem gesamten Einzugsgebiet zu bewirtschaften, gehen in die Zeit des britischen Kolonialreiches zurück. 1904 schlugen britische Ingenieure erstmals das in den folgenden Jahren immer weiter ausgefeilte *Century Water Storage Scheme* vor, dessen Ziel es war, die Nilflut außerhalb der Grenzen Ägyptens aufzufangen. Dadurch sollte ein konstanter jährlicher Durchfluß erreicht werden. Dürren und Überschwemmungen sollten der Vergangenheit angehören, und die in Ägypten für Bewässerungszwecke zur Verfügung stehende Wassermenge sollte erheblich erhöht werden.[2] Der Plan sah unter anderem den Bau eines Damms am Tana-See in Äthiopien an den Quellen des Blauen Nil, einen Damm am Victoria-See an den Quellen des Weißen Nil, eine Reihe von Dämmen im Sudan und einen Kanal durch die Sümpfe des *Sudd* im Süd-Sudan vor, um durch Verringerung der Verdunstung die verfügbare Wassermenge zu erhöhen. Der Bau eines Damms in Ägypten war aufgrund der erwarteten enormen Verdunstungsverluste, die im äthiopischen Hochland weit geringer wären, nicht vorgesehen. Der Zerfall des britischen Kolonialreiches und fehlende Mittel verhinderten zwar damals die Umsetzung des gesamten Plans. Doch zumindest einzelne Teile des Plans sind später verwirklicht (so der Bau des Owens-Damm am Victoria-See in den 50er Jahren) oder in Angriff genommen worden (so der Jonglei-Kanal im Süd-Sudan Anfang der 80er Jahre).

Erste Abkommen über das Nilwasser

Äthiopien hatte sich bereits 1902 in einem von Kaiser Menelik II unterzeichneten Abkommen verpflichtet, Dämme am Blauen Nil nur im Einvernehmen mit Großbritannien und dem Sudan zu errichten.[3] Dieses Abkommen, dessen Bedeutung von ägyptischer Seite heute noch gelegentlich hervorgehoben wird, ist nie von Äthiopien ratifiziert worden und wird daher von äthiopischer Seite als ungültig betrachtet.[4]
Die Bedeutung des Nil für Ägypten beschrieb der ägyptische Nationalist Sa'ad Zaghlul, indem er behauptete, der Sudan sei für Ägypten wichtiger als Alexandria. Der britische Hochkommissar von Ägypten und Sudan, Lord Edmund Allenby, goß Öl in das Feuer ägyptischer Ängste in bezug

---

2 John Waterbury, Hydropolitics of the Nile Valley, Syracuse 1979, S. 61 ff., Nurit Kliot, Water Resources and Conflict in the Middle East, 1994, S. 35-37.
3 John Waterbury, Legal and Institutional Arrangements for Managing Water Resources in the Nile Basin, in: Reeva S. Simon (Ed.), The Middle East and North Africa, New York 1990, S. 280.
4 Habib Ayeb, La vallée du Nil. Un grand axe géopolitique, in: Monde arabe Maghreb Machrek, 138/1992, S. 68.

auf den Nil, als er nach der Ermordung des Generalgouverneurs des Sudan durch einen ägyptischen Nationalisten 1924 drohte, der Sudan werde soviel Wasser erhalten wie er wünsche, ohne die Rechte Ägyptens zu berücksichtigen.[5] Zu dieser Zeit war der Sennar-Damm am Blauen Nil im Bau, der zur Bewässerung der Baumwollfelder in der *Gezira* südlich von Khartoum dient, das bis heute als das größte Bewässerungsprojekt der Welt gilt.[6] Drohungen wie jene Lord Allenby's haben in Ägypten zu dem Trauma beigetragen, wer den Sudan beherrsche, könne Ägypten durch das Nilwasser erpressen. Tatsächlich verlief die Geschichte der Nilwasseraufteilung in den folgenden Jahrzehnten jedoch genau gegenläufig.

1929 fand zwischen dem inzwischen unabhängig gewordenen Ägypten und dem britischen Hochkommissar Lord Lloyd, der im Namen des unter gemeinsamer britischer und ägyptischer Verwaltung stehenden Sudan agierte, ein Notenwechsel bezüglich der Aufteilung des Nilwassers zwischen beiden Ländern statt. In dem Notenwechsel wurden jährlich 48 Milliarden Kubikmeter Wasser Ägypten und nur vier Milliarden Kubikmeter dem Sudan zugesprochen.

Das Nilwasserabkommen von 1959

Als der Sudan die Unabhängigkeit erlangen sollte, setzten sich zunächst die "Unionisten" im Sudan für einen Anschluß an Ägypten ein. Sie unterlagen jedoch ihren politischen Gegnern unter Ismail al-Azhari, der den Sudan 1956 in die Unabhängigkeit führte.[7] Die Regierung des unabhängigen Sudan lehnte das "Abkommen" von 1929 ab und verlangte eine Erhöhung des dem Sudan zustehenden Wasseranteils. Zur gleichen Zeit war Gamal Abdel Nasser, der den Bau des Assuan-Hochdamms vorantrieb, an einer völkerrechtlich verbindlichen und sicheren Garantie des ägyptischen Nilwasseranteils interessiert. Nach zähen Verhandlungen wurde am 8. November 1959 das Nilwasser-Abkommen zwischen Ägypten und dem Sudan unterzeichnet, das bis heute eingehalten wird und als Modell für die einvernehmliche Wasseraufteilung an grenzüberschreitenden Flüssen gilt. Das Abkommen sieht vor, daß Ägypten jährlich 55,5 Milliarden Kubikmeter Wasser erhält, während dem Sudan jährlich 18,5 Milliarden Kubikmeter zustehen. Es wurde damit gerechnet, daß außerdem zehn Milliarden Kubikmeter im Stausee des Assuan-Damms verdunsten würden (dies allein entspricht mehr als dem dreifachen des gesamten heutigen ägyptischen Trinkwasserverbrauchs!), womit der gesamte Nil-Durchfluß von

---

5 Warburg (1991), S. 568 f.
6 Wild (1994), Towards an economic reallocation of Blue Nile Waters, unveröffentlichtes Manuskript, S. 67.
7 Warburg (1991), S. 570.

jährlich durchschnittlich 84 Milliarden Kubikmeter bei Assuan aufgeteilt wurde. Die Ägypten zustehende Wassermenge ist bis heute ausreichend, um den Verbrauch von 45 Milliarden Kubikmeter im Jahr 1990 (davon 80 Prozent in der Landwirtschaft) zu decken. Durch den Vertrag wurde außerdem ein *Permanent Joint Technical Committee* gebildet, das paritätisch mit Ägyptern und Sudanesen besetzt ist und deren Vorsitz periodisch wechselt. Das Komitee, das seinen Sitz in Khartoum hat, überwacht die Einhaltung des Abkommens. Es hat trotz aller politischen Spannungen zwischen beiden Ländern in den vergangenen 36 Jahren seine Arbeit fortgeführt.[8] Das Abkommen sieht außerdem Baumaßnahmen zur Erhöhung des Nildurchflusses vor, deren Kosten jeweils zur Hälfte von beiden Staaten getragen werden. Das zusätzlich gewonnene Wasser soll ebenfalls gleichmäßig aufgeteilt werden. Gemeint war vor allem das Projekt eines Kanals durch den *Sudd* im Süd-Sudan. Verhandlungen mit anderen Anrainerstaaten des Nil über deren Wasserrechte sollen von beiden Staaten gemeinsam geführt werden. Eine daraus entstehende Verringerung der Wasserrechte soll von beiden Staaten zu gleichen Teilen getragen werden.[9]

Nach Abschluß des Vertrags wurde 1960-70 in Ägypten der Assuan-Hochdamm gebaut, der erste Damm am Nil, der groß genug war, um die gesamte Nilflut speichern zu können. Etwa zur gleichen Zeit wurde am Blauen Nil der vergleichsweise kleine Roseires-Damm errichtet. Es war damals schon offensichtlich, daß der Sudan seine Dämme und sein Bewässerungsnetz jedoch nicht rasch genug ausbauen konnte, um seine Wasserrechte voll nutzen zu können. Das vom Sudan ungenutzte Überschußwasser kommt automatisch Ägypten zu. Bis heute nutzt der Sudan nach verschiedenen Angaben nur jährlich zwischen 12,6 und 16,9 Milliarden der ihm zustehenden 18,5 Milliarden Kubikmeter.[10]

Die äthiopische Unbekannte

Die entscheidende Schwäche des Abkommens von 1959 ist jedoch, daß mit Äthiopien einer der wichtigsten Nil-Anrainerstaaten nicht mit einbezogen werden konnte. Damals war Äthiopien unter Kaiser Haile Selassie ein enger Verbündeter der USA, während sich Ägypten unter Nasser der

---

8 M.A. Abu Zeid und M.A. Rady, Water Resources Management and Policies in Egypt, in: Country Experiences with Water Resources Management, World Bank Technical Paper No. 175, Washington D.C. 1992, S. 99.
9 Dale Whittington/Kingsley E. Haynes, Nile Water for Whom?, in: P. Beaumont/K. McLachlan, Agricultural Development in the Middle East, 1985, S. 136, Waterbury (1990), S. 284-288, Ayeb (1991), S. 67.
10 Beschorner, Water and Instability in the Middle East, Adelphi Paper 273, International Institute for Strategic Studies, London 1992, S. 52, Whittington and Haynes (1985), S. 139, Kliot (1994), S. 65.

Sowjetunion angenähert hatte. So ist es kein Zufall, daß gerade zu dieser Zeit, nämlich von 1958-63, das US Federal Bureau of Reclamation eine groß angelegte Machbarkeitsstudie über 33 Dämme im Einzugsgebiet des Blauen Nil anfertigen ließ. Nach verschiedenen Angaben würde die durch diese Dämme ermöglichte Bewässerungslandwirtschaft in Äthiopien jährlich zwischen 5,4 und 6,4 Milliarden Kubikmeter Wasser verbrauchen.[11] Bis auf zwei kleinere Dämme ist dieser Plan nie verwirklicht worden. Äthiopische Regierungen haben jedoch immer wieder mehr oder weniger offen auf die Möglichkeit des Baus dieser Dämme hingewiesen, wenn sie auf Ägypten Druck ausüben wollten. Als in Äthiopien 1977 die marxistische Mengistu-Regierung an die Macht gelangt war, während Ägypten unter Sadat zuvor in das westliche Lager übergewechselt war und Somalia im Ogaden-Krieg gegen Äthiopien unterstützte, brachte Äthiopien wieder die Dammpläne auf den Tisch. Sadat reagierte darauf, indem er drohte, die Baustellen bombardieren zu lassen, wenn auch nur ein Damm gebaut würde.[12]

Abgesehen von dem internationalen Konfliktpotential ist die Wirtschaftlichkeit der Dämme ohnehin fragwürdig. Die zu erwartenden Erträge in der Stromproduktion und der Landwirtschaft müßten die auf über 50 Milliarden US $ (etwa das Neunfache des gesamten äthiopischen Bruttosozialprodukts) geschätzten Kosten dieser Dämme rechtfertigen. Wirtschaftlich interessant erscheint in Äthiopien weniger die Bewässerungslandwirtschaft, sondern die Nutzung der Wasserkraft mit einer Kapazität von 8380 Megawatt (entsprechend acht großen Kernkraftwerken bzw. über dem Vierfachen der Kapazität des Wasserkraftwerks am Assuan-Damm). Bei dieser Nutzung wird die Wassermenge nur in relativ geringem Maß verringert (durch höhere Verdunstung im Stausee), und die Elektrizität könnte eines Tages zum Teil in den Sudan exportiert werden.[13] Doch selbst wenn die Wirtschaftlichkeit der Dämme sichergestellt wäre, kann das bitterarme Land die Mittel für den Bau nicht selbst aufbringen, sondern ist auf Zuschüsse oder Kredite aus dem Ausland angewiesen. Es ist unwahrscheinlich, daß Äthiopien ausgerechnet für Großstaudämme Mittel aus der Entwicklungshilfe erhalten wird. Die Bedenken bezüglich der ökologischen, sozialen und wirtschaftlichen Kosten von Großstaudämmen haben in den letzten Jahren erheblich zugenommen, und die Weltbank hat sich nach anfänglicher vehementer Unterstützung auf spektakuläre Weise aus zwei heftig kritisierten Großstaudamm-Projekten (Narmada in Indien und Arun in Nepal) zurückziehen müssen. Außerdem ist die Weltbank durch eine Direktive ihres Exekutivdirektoriums (Operational Directive

---

11 Ayeb (1991), S. 70, Beschorner (1992), S. 56.
12 Beschorner (1992), S. 60.
13 Wild (1995), S. 72.

7.50) dazu verpflichtet, Staudämme an grenzüberschreitenden Flüssen nur dann zu finanzieren, wenn ein Abkommen über die Wasseraufteilung mit den flußabwärts liegenden Staaten vorliegt.[14] Es erscheint kaum denkbar, daß andere Geber solche Dämme ohne die Weltbank sowie gegen den Willen Ägyptens und des Sudans finanzieren würden.

Der Jonglei-Kanal

Das Nilwasser-Abkommen von 1959 wurde vom Sudan in einer Zeit häufiger Regierungswechsel, darunter zahlreiche Putsche und noch zahlreichere Putschversuche, immer eingehalten, einschließlich des Austauschs hydrologischer Daten. 1974 beschlossen Anwar as-Sadat und Gafaar an-Numeiri, in Übereinstimmung mit dem Nilwasser-Abkommen, gemeinsam einen Kanal durch den Sudd zu finanzieren, durch den die Wassermenge im Weißen Nil um jährlich etwa neun Milliarden Kubikmeter erhöht werden sollte. Der 360 km lange Kanal von Bor nach Malakal war beinahe fertiggestellt, als die Sudanesische Befreiungsarmee (SPLA) unter John Garang durch die Entführung der ausländischen Ingenieure 1984 dem Bau ein Ende setzte.[15] Aufgrund des Bürgerkriegs im Süd-Sudan mußte das Projekt daraufhin aufgegeben werden.

Ein Abkommen für das gesamte Nil-Becken?

Die UN und die Organisation für afrikanische Einheit (OAU) waren zu dieser Zeit bemüht, alle Anrainerstaaten des Nil in Organisationen, die sich technischen Fragen der Nilwassernutzung widmeten, vorsichtig aneinander anzunähern. Dazu zählte auch die *Undugu*-Arbeitsgruppe, die nach dem Suaheli-Wort für Einheit benannt wurde, in der seit 1982 Ägypten, der Sudan und die Staaten am Weißen Nil zusammenarbeiteten. Äthiopien beteiligte sich nicht an dieser Arbeitsgruppe, die dann auch weitgehend erfolglos blieb.[16] Die Zusammenarbeit im Nil-Becken wird unter anderem dadurch erschwert, daß es außerhalb der Wasserfrage wenig gemeinsame wirtschaftliche und politische Interessen zwischen den Anrainerstaaten gibt. So ist zum Beispiel der Handel zwischen den Nilstaaten minimal.

Ein bescheidener Durchbruch bei der Zusammenarbeit in Wasserfragen gelang nach dem Sturz der Mengistu-Regierung in Äthiopien, als im Dezember 1991 ein Abkommen über Frieden und Zusammenarbeit zwischen

---

14 World Bank, Water Resources Management. A World Bank Policy Paper, Washington D.C. 1993, S. 120.
15 Warburg (1991), S. 566.
16 Wild (1994), S. 69.

Ägypten und Äthiopien geschlossen wurde. In dem Abkommen verpflichtet sich Äthiopien, an allen wasserbezogenen Initiativen im Nil-Becken voll teilzunehmen.[17] Daraufhin wurde 1993 die Konferenzserie *Nile 2002* begonnen, die mit Tagungen in Assuan (1993), Khartoum (1994), Arusha/Tansania (1995) und Kampala/Uganda (1996) begann und durch jährliche Konferenzen in den zehn Anrainerstaaten des Nil fortgesetzt werden soll, deren nächste in Addis Abeba in Äthiopien stattfinden soll.[18] An den Tagungen, auf denen wissenschaftliche Ergebnisse vorgestellt werden, nehmen auch die für Wasserwirtschaft zuständigen Minister der Nil-Anrainerstaaten teil. Auf der Tagung in Arusha wurde im Februar 1995 ein Expertenrat gegründet, der ein Rahmenabkommen über die Aufteilung des Nilwassers zwischen allen Anrainerstaaten ausarbeiten soll.[19] Ein solches Abkommen wäre ein wichtiges Mittel zur Prävention zukünftiger Konflikte um Wasser. Parallel zu den *Nile 2002* Konferenzen wurde ein *Technical Cooperation Committee for the Promotion of the Development and Environmental Protection of the Nile Basin (Tecconile)* gegründet. Auf einem Treffen der *Tecconile* in Kairo 1993 lud der äthiopische Umweltminister, Mesfin Abebe, seinen ägyptischen Kollegen, den Wasserminister M.A. Radi, zu einem Besuch nach Äthiopien ein, um zu sehen "was wir tun und was wir nicht tun". An der achten Konferenz der *International Water Resources Association* in Kairo im November 1994 nahmen Abebe und Rady gemeinsam teil. Abebe wehrte sich gegen den Ruf seines Landes, in Wasserfragen nicht zu kooperieren. "Die Wasserressourcen des Nil können gerecht aufgeteilt werden, ohne spürbaren Schaden anzurichten". Der Nil sei keine Ursache für Konflikte, sondern ein Mittel der regionalen Kooperation.[20]

Die Position des Sudan

Bei den jüngsten Spannungen zwischen Ägypten und dem Sudan standen - anders als die politische Rhetorik vermuten läßt - die Auseinandersetzungen um Wasser nicht im Mittelpunkt, sondern vielmehr die Frage der sudanesischen Unterstützung für die islamistische Opposition in Ägypten. Tatsächlich sind die Drohungen des Sudan aber angesichts seiner begrenzten Möglichkeiten nur leere Worte. Die relativ kleinen Dämme im Sudan - der Roseires- und der Sennar-Damm am Blauen Nil, der Jebel

---

17 Beschorner (1992), S. 60.
18 Aly M. Shady/Ahmad M. Adam/Kamal Ali Mohamed, The Nile 2002: The Vision Toward Cooperation in the Nile Basin, in: Water International, 19/1994, S. 77-81.
19 Sandra Postel, Sag mir wo die Flüsse sind!, World-Watch Juli/August 1995, S. 20; The East African, Nairobi, zitiert in: Akuteller Informationsdienst Afrika vom 22.3.1996.
20 Mesfin Abebe, The Nile - Source of Regional Cooperation or Conflict?, Rede auf dem VIII IWRA-Kongreß, Kairo, 24. November 1994.

Auliya-Damm am Weißen Nil und der Khashm el-Girba-Damm am Atbara - können nur einen Bruchteil der Nilflut zurückhalten. Die gesamte Speicherkapazität der teilweise verlandeten Stauseen wird heute auf maximal sechs Milliarden Kubikmeter geschätzt, was etwa sieben Prozent der jährlich vom Nil geführten Wassermenge entspricht.[21] Der Sudan ist außerdem angesichts des schlechten Zustands seiner Bewässerungssysteme in manchen Jahren nicht einmal in der Lage, das in den bestehenden Stauseen gespeicherte Wasser vollauf zu nutzen, geschweige denn noch mehr Wasser in der Landwirtschaft zu verbrauchen. Aus wirtschaftlicher Sicht sollte in der sudanesischen Landwirtschaft die Rehabilitierung der bestehenden Bewässerungssysteme Priorität haben.[22] Erst danach sollten neue Bewässerungsprojekte in Angriff genommen werden. Einer der größten im Sudan geplanten Staudämme ist der Hamdab-Damm am Vierten Katarakt.[23] Der Stausee hinter dem 83 Meter hohen Damm würde den Lebensraum von 60.000 Menschen überschwemmen. Allein die Verdunstung in dem geplanten Stausee wird auf jährlich etwa 1,5 Mrd. Kubikmeter geschätzt. Das Projekt soll in erster Linie der Stromerzeugung dienen, so daß der gesamte Wasserverbrauch durch den Damm nicht deutlich höher als dieser Wert liegt.

Alle geplanten Dämme im Sudan könnten jährlich bis zu zehn Milliarden Kubikmeter beanspruchen. Auf einen Teil dieses Wassers hat der Sudan nach dem Abkommen von 1959 Anspruch. Für die verbleibende Menge hofft der Sudan auf eine zukünftige Wiederaufnahme des Baus des Jonglei-Kanals. Ausländische Finanzierung ist gegenwärtig ohnehin angesichts der politischen Isolierung der Bashir-Regierung weder für eine Rehabilitierung, noch für einen Ausbau der Bewässerungssysteme in Aussicht. Auch wenn mit chinesischen und russischen Firmen Verhandlungen über den Bau von Dämmen im Sudan geführt werden,[24] bleibt die Finanzierung dieser Milliardenprojekte ungewiß. Die Finanzierung neuer Großstaudämme durch westliche Geber und die Fertigstellung des Jonglei-Kanals wären zudem aufgrund der zu erwartenden Umweltwirkungen (teilweise Trockenlegung des *Sudd*) und der sozialen Kosten (Umsiedlung) auch dann fraglich, wenn die politischen Verhältnisse im Sudan die Finanzierung dieser Projekte erlauben würden.

Ängste bezüglich erheblich sinkender Wasserzuflüsse aufgrund von Bewässerungsprojekten am Oberlauf des Nil sind daher, was zumindest die nächsten zehn bis zwanzig Jahre angeht, kaum begründet. Der Sudan und Äthiopien sind nicht in der Lage, die hierfür notwendigen Großstau-

---

21 Eigene Berechnungen aus Nurit Kliot (1994), S. 39.
22 Whittington und Haynes (1985), S. 134, Kliot (1994), S. 70.
23 Kurt Beck, Wer kennt schon Hamdab? Ein Staudammvorhaben im Sudan. Unveröffentlichtes Manuskript, Bayreuth 1996.
24 Beck (1996), S. 2 und 10.

dämme zu bauen. Ein genuiner Wasserkonflikt besteht zumindest bisher noch nicht. Die zeitweise heftige Rhetorik um Wasser zwischen Ägypten, dem Sudan und Äthiopien kommt nicht zufällig gerade dann auf, wenn andere Konflikte besonders akut sind. Als beispielsweise zwischen dem Sudan und Ägypten in den achtziger Jahren gute Beziehungen herrschten, ist Wasser auch nicht Gegenstand verbaler Attacken in der Öffentlichkeit gewesen. Ebenso ist Wasser heute anders als während des Kalten Krieges kein heftig umstrittener Konfliktgegenstand mehr zwischen Äthiopien und Ägypten. Dies schließt jedoch nicht aus, daß langfristig im Nil-Becken ein genuiner Wasserkonflikt entstehen wird.

Nilwasser für Gaza und Israel?

Für Spannungen könnte ein anderes Projekt sorgen, das bereits früher von Anwar as-Sadat vorgeschlagen worden war: Die Ableitung von Nilwasser nach Israel. Diese Vision, die Theodor Herzl bereits 1902 voraussah, ist durch den kürzlich abgeschlossenen Bau des Salam-Kanals unter dem Suez-Kanal ihrer Verwirklichung einen Schritt näher gekommen. Der Salam-Kanal leitet Nilwasser vor allem für Bewässerungszwecke auf den Sinai bis nach El Arish an der Grenze zum Gaza-Streifen. Eine Studie hat ermittelt, daß allein die Umstellung der Bewässerungslandwirtschaft im Sinai auf sparsame Tropfbewässerung soviel Wasser freisetzen würde, daß damit ohne weiteres und nur zu geringen Mehrkosten der zusätzliche Wasserbedarf des dicht besiedelten Gaza-Streifens mit Nilwasser gedeckt werden könnte.[25] Der Verkauf von Nilwasser bis nach Israel wäre als nächster Schritt denkbar. Beide Vorschläge stoßen auf den heftigen Protest der islamistischen Opposition und nationalistischer Kreise in Ägypten.[26] Daher wird dieser Vorschlag, der wirtschaftlich sinnvoll und technisch machbar ist, aus politischen Gründen wohl kaum verwirklicht werden können.

Folgen des Klimawandels?

Eine wichtige Unbekannte für die langfristige Wasserversorgung Ägyptens ist die zukünftige Entwicklung der Niederschläge im Nil-Becken als Folge eines zunehmend wahrscheinlicher werdenden Klimawandels. Die Wassermenge im Nil lag offenbar im Durchschnitt der letzten Jahrzehnte tatsächlich niedriger als die im Nilwasser-Abkommen von 1959 angenomme-

---

25 Ariel Dinar/Aaron Wolf, International Markets for Water and the Potential for Regional Cooperation: Economic and Political Perspectives in the Western Middle East, in: Economic Development and Cultural Change 1994, S. 43-62.
26 A. Hottinger, Wasser als Konfliktstoff. Eine Existenzfrage für Staaten des Nahen Ostens, in: Europa-Archiv, 6/1992, S. 153-163.

nen 84 Milliarden Kubikmeter jährlich, die sich aus dem Durchschnittswert der Jahre 1900-1959 ergeben.[27] Andererseits gehen Klimamodelle davon aus, daß infolge einer Erderwärmung die Niederschläge eher zunehmen werden.[28] Höhere Temperaturen würden jedoch auch die Verdunstung erhöhen. Die Prognosen bezüglich der Wassermenge im Nil sind sowohl bezüglich der Richtung als auch der Höhe der Veränderung der Nilwassermenge bisher noch unsicher. Verschiedene Klimamodelle ergeben Veränderungen, die zwischen einer Zunahme der Wassermenge im Nil um 30 Prozent und einer Abnahme um bis zu 78 Prozent schwanken.[29] Diese Prognosen sind zu unsicher, um sie als Grundlage für zukünftige Planungen heranzuziehen.

Langfristige Risiken

Ägypten ist der zentrale Akteur im Nil-Becken. Ägypten ist nicht nur der bevölkerungsreichste Staat, sondern verfügt auch über keine anderen wesentlichen Wasserressourcen außer dem Nil. Was sind die langfristigen Perspektiven für Ägypten angesichts eines möglicherweise steigenden Meeresspiegels einerseits sowie einer langfristig steigenden Wassernachfrage im Sudan und in Äthiopien andererseits?
Ägypten kann nicht ausschließen, daß der Sudan eines Tages die vollen ihm zustehenden Wasserrechte wahrnehmen wird und Äthiopien erstmals formal Nil-Wasserrechte erhalten und nutzen wird, die nur auf Kosten der gegenwärtigen Wasserrechte Ägyptens und des Sudan festgelegt werden können - aus ägyptischer Sicht ein hydrologischer GAU. Mögliche Weichenstellungen, um einer solchen langfristigen Entwicklung durch Veränderungen im eigenen Land zu begegnen, werden gegenwärtig in Ägypten nicht diskutiert. Offenbar tritt dieses zukünftige Problem angesichts der massiven politischen, wirtschaftlichen und sozialen Probleme der Gegenwart in den Hintergrund.
Die Folgen zunehmender Wasserknappheit werden für Ägypten vor allem wirtschaftlicher Art sein: In der Bewässerungslandwirtschaft müßten verstärkt Anreize zur sparsamen Wasserverwendung gegeben werden. Dies ist jedoch schwierig, da Wasser für Bewässerungszwecke in Ägypten traditionell kostenlos ist, und außerdem die verbrauchte Wassermenge bisher nicht genau gemessen wird. Etwa 20 Millionen Ägypter, ein Drittel der

---

27 Waterbury (1979), S. 252.
28 Deutscher Bundestag, Erster Bericht der Enquete-Kommission "Schutz der Erdatmosphäre" zum Thema Klimaänderung gefährdet globale Entwicklung, Bonn 1991, S. 60 ff. und S. 81 f.
29 Magdy Saleh/K. Strzepek/D. Yates, Potential Climate Change Impacts on Nile Basin, Proceedings of the VIII IWRA Congress on Water Resources, Cairo, November 21-25, 1994, Volume 1, T4-S2.

Gesamtbevölkerung, leben gegenwärtig von der Landwirtschaft.[30] Wenn der Sudan und Äthiopien eines Tages ihren Wasserverbrauch erhöhen würden, könnte Ägypten vermutlich nicht den Wasserverbrauch der Landwirtschaft in allen Landesteilen gleichmäßig reduzieren. Wenn die Wasserentnahme in Oberägypten und im Kairoer Raum dann nicht deutlich eingeschränkt werden kann, würde die Wasserqualität im Nil-Delta weiter absinken. Das Nilwasser ist im Mündungsbereich durch Rückflüsse von Drainage-Wasser aus der Landwirtschaft stark aufgesalzen bzw. durch unzureichend geklärte städtische und industrielle Abwässer verschmutzt.[31] Die Bodenversalzung durch Bewässerung mit diesem Wasser verursacht erhebliche Ertragsrückgänge bzw. Kosten für Drainage. Wenn die Wassermenge und damit auch die Wasserqualität im Nil abnimmt, müßten möglicherweise Bewässerungsflächen im nördlichen Nil-Delta wegen Versalzung schrittweise aufgegeben werden. Außerdem könnte ein großer Teil der gegenwärtig verfolgten ehrgeizigen Projekte zur Bewässerung der Wüste nicht verwirklicht werden.

Beschäftigung und Einkommen für die etwa alle neun Monate um eine Million Menschen wachsende ägyptische Bevölkerung kann, unabhängig von der Entwicklung am Oberlauf des Nil, in Zukunft in immer geringerem Maß in der Landwirtschaft geschaffen werden. Ägypten ist daher gezwungen, verstärkt in auch exportorientierte Industrien und in den Dienstleistungssektor zu investieren. Bereits heute leben zwei Drittel der ägyptischen Bevölkerung nicht mehr von der Landwirtschaft, und das Land muß über zwei Drittel seines Nahrungsmittelbedarfs importieren.[32] Soweit es nicht gelingt, außerhalb der Landwirtschaft Beschäftigung zu schaffen, werden Ägypter noch stärker als bisher in andere arabische Länder (z.B. Libyen, Irak, Saudi-Arabien) auswandern müssen, wenn diese zu ihrer Aufnahme bereit sind.

Regionale wasserpolitische Interessen der Nil-Anrainer

Es liegt im langfristigen Interesse Ägyptens, die Bewässerungslandwirtschaft im Sudan und in Äthiopien möglichst begrenzt zu halten. Die außenpolitische Strategie Ägyptens dürfte aus wasserpolitischer Sicht dennoch ambivalent sein. Einerseits könnte eine ägyptenfreundliche und stabile Regierung im Sudan den von Ägypten gewünschten Bau des Jonglei-Kanals wieder aufnehmen, andererseits könnten stabile Verhältnisse im Sudan und in Äthiopien zu einer Verwirklichung der dort geplanten Staudämme führen. Daher ist es nicht ausgeschlossen, daß andauernde Insta-

---

30 Beschorner (1992), S. 48.
31 Abu Zeid and Rady (1992), S. 97.
32 Beschorner (1992), S. 51.

bilität im Sudan und in Äthiopien im ägyptischen Interesse liegen, damit der gegenwärtige Nil-Durchfluß unangetastet bleibt.

Der Sudan und Äthiopien haben hingegen ein Interesse daran, wenn sie eines Tages die finanziellen Möglichkeiten dazu haben sollten, ihre Wassernutzung zu erhöhen. Möglicherweise könnten sie dann versuchen, die "Wasserkarte" als Trumpf gegen Ägypten auszuspielen, um in anderen Bereichen ihre Interessen durchzusetzen. Bevor diese genuinen Wasserkonflikte über die bloße Rhetorik hinaus vielleicht Realität werden, wird jedoch noch viel Wasser den Nil hinabfließen.

Aktuelle Entwicklung im Januar 1997: Ein Kanal in der Wüste

Am 9. Januar 1997, am 36. Jahrestag der Grundsteinlegung für den Assuan-Staudamm, eröffnete der ägyptische Präsident Hosni Mubarak die Bauarbeiten am Sheikh al-Sayyid-Kanal, der Nilwasser aus dem Nasser-Stausee zur Bewässerung von etwa 210.000 Hektar Land im sogenannten "Neuen Tal" abzweigen soll, auf denen Bauern aus dem Niltal angesiedelt werden sollen. Der Kanal wird von der ägyptischen Presse enthusiastisch gefeiert. Mubarak hat angekündigt, alle zwei Wochen den Fortschritt der Bauarbeiten vor Ort persönlich zu überwachen. Das Projekt wird in eine Reihe mit dem Assuan-Hochdamm und mit dem Tempel Ramses'II. in Abu Simbel gestellt. Tatsächlich hat das gigantische Projekt aus wirtschaftlicher Perspektive mehr mit dem Ramses-Tempel als mit dem Assuan-Hochdamm gemeinsam. Während der Assuan-Hochdamm sich aus ägyptischer Sicht durch Hochwasserschutz, die Erschließung von bewässertem Ackerland und durch Stromerzeugung trotz seiner allgemein bekannten negativen Begleiterscheinungen mehrfach bezahlt gemacht hat, spricht alles dafür, daß der Sheikh al-Sayyid-Kanal ein Desaster wird.

Der erste Grund sind die hohen Kosten im Vergleich zu den Erträgen. Genaue Angaben über die Gesamtkosten und über die erwarteten Erträge sind zwar nicht verfügbar, doch Schätzungen der Investitionskosten einschließlich des Ausbaus der Verkehrs-, Gesundheits- und Bildungsinfrastruktur in der Region schwanken zwischen einer und 30 Milliarden US $. Die Investitionskosten pro Hektar liegen aufgrund der aufwendigen Zuleitung wahrscheinlich höher als bei anderen Bewässerungsprojekten. Der Kanal soll zunächst 320 Kilometer, in der letzten Phase schließlich 800 Kilometer lang sein, und bis zur Farafra-Oase reichen. Die Betriebskosten des Kanals dürften auch relativ hoch liegen, da an mehreren Stellen das Wasser unter hohem Energieaufwand gepumpt werden muß. Auch die Betriebskosten auf den Feldern werden hoch sein, da auf dem kargen Wüstenboden erhebliche Mengen Düngemittel eingesetzt werden müssen. Die hohen Investitionskosten könnten - wenn überhaupt - nicht durch den

Anbau von Getreide, sondern nur durch den Anbau hochwertiger Obst- und Gemüsesorten amortisiert werden, die dann unter hohen Kosten von den Oasen des "Neuen Tals" in das bevölkerungsreiche Niltal transportiert werden müßten.

Der zweite Grund für das abzusehende Desaster ist das knappe Wasser. In der Endausbauphase würde das Projekt schätzungsweise bis zu fünf Milliarden m^3 Wasser jährlich benötigen - immerhin neun Prozent der ganz Ägypten gegenwärtig zustehenden Wasserquote. Dieses Wasser würde im Niltal fehlen. Ägypten enthält der Bevölkerung im Niltal dadurch mehr Wasser vor, als es irgendein einzelnes Projekt unter den gegenwärtig von den Staaten am Oberlauf des Nil geplanten Wasserprojekten tun würde. Paradoxerweise argumentiert die ägyptische Regierung nun, es bereite keine Schwierigkeiten, diese Wassermenge im Niltal einzusparen, indem die mit Reis und Zuckerrohr bewässerte Fläche zugunsten anderer Produkte eingeschränkt und verstärkt Drainagewasser wiederverwendet wird, während die Nutzung der gleichen Wassermenge durch einen anderen Staat einer nationalen Katastrophe gleichkäme. Realistischerweise muß davon ausgegangen werden, daß diese Einsparung nicht gelingen wird, und daß nur ein Bruchteil der geplanten Wassermenge aus dem Nil entnommen werden wird, um die Bewässerung im Nildelta und auf dem Sinai nicht zu gefährden.

Sheikh al-Sayyid, der Präsident der Vereinigten Arabischen Emirate, dessen Namen der Kanal trägt, hat einen nicht näher bezifferten Betrag für die Finanzierung der ersten Phase des Projekts zur Verfügung gestellt. Allein die Kosten der Pumpstation am Nasser-Stausee, für die die Ausschreibung bereits läuft, werden auf 571 Millionen US $ geschätzt. Ägypten hofft, daß private Investoren und Entwicklungshilfegeber für den größten Teil der verbleibenden Kosten des Gesamtprojekts aufkommen werden. Diese zeigen sich jedoch sehr zurückhaltend. Die Bauzeit wird von ägyptischer Seite auf 20 Jahre geschätzt.

Ob das Projekt tatsächlich jemals in vollem Umfang verwirklicht wird, ist mehr als fraglich. Möglicherweise wird es als Faustpfand in den Verhandlungen um Wasserquoten benutzt werden: Ägypten könnte nach harten Verhandlungen großzügig auf das Projekt verzichten, um am Ende die bisherige Wasserquote von allen Anliegerstaaten unvermindert zugesichert zu bekommen. Ob diese Spekulation nun zutrifft oder nicht, so ist doch damit zu rechnen, daß dieses gigantische Projekt wie viele andere Projekte in Ägypten nach seiner pompösen Eröffnung und einem schwungvollen Start im Laufe der Jahre einen langsamen und stillen Tod sterben wird. Am Ende werden die Ruinen eines ungenutzten Kanals vom Wüstensand verweht werden.

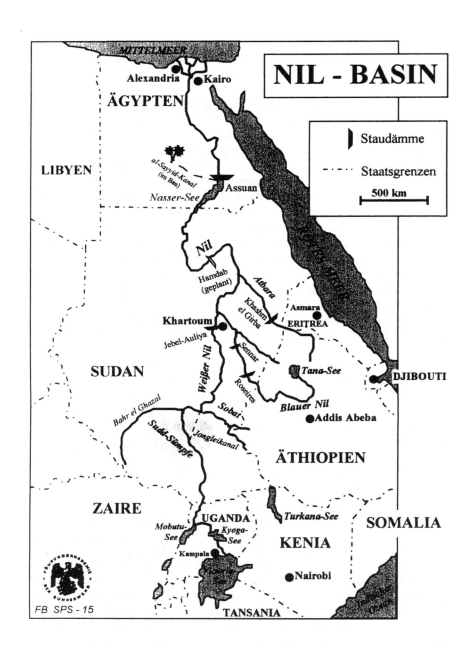

III.

Internationales Wasserrecht und dessen Umsetzung

Hans-Joachim Heintze

Wasser und Völkerrecht

Bedeutung im Völkerrecht

Das Wasser als Katalysator der Entwicklung, als Verkehrsraum und die Ausbeutung seiner Ressourcen beschäftigt das Recht allgemein und das Völkerrecht im besonderen seit jeher.[1] Bereits das Römische Recht bezeichnete Flüsse als 'rei publicae jure gentium' und umschrieb damit das Recht der öffentlichen Nutzung des Wassers.[2] Vorrangig stand jedoch das Meer im Mittelpunkt des zwischenstaatlichen rechtlichen Interesses. Das Seevölkerrecht gehört zweifellos zu den ältesten Zweigen des internationalen Rechts und viele Grundsätze der zwischenstaatlichen Zusammenarbeit entstanden in diesem Zusammenhang. Im letzten Jahrzehnt erfuhr das Seerecht mit der UN-Seerechtskonvention von 1983 die umfangreichste Kodifikation eines Zweiges des Völkerrechts. Damit sind weithin alle Fragen, die mit der Nutzung der Weltmeere zusammenhängen, geregelt und auch neue Streitschlichtungsmechanismen geschaffen. Aus der Sicht des Völkerrechts noch weithin offen sind demgegenüber die Fragen der sonstigen Nutzungen des Wassers.

Die Idee, daß die Flüsse der nationalen Souveränität der Anliegerstaaten untergeordnet werden, entstand im Mittelalter. Deutlichen Ausdruck fand dieses Souveränitätsverständnis darin, daß für die Nutzung der Flüsse durch den Landesherren Zölle erhoben wurden. Erst im 19. Jahrhundert entstand das Konzept der Internationalisierung von Flüssen, das dann hinsichtlich vieler internationaler Ströme auch mittels völkerrechtlicher Verträge durchgesetzt wurde. Freilich ist das Gesamtkonzept der Regelung der Wassernutzung damit noch nicht geschaffen worden. Das mag darauf zurückzuführen sein, daß hier vor allem die Zusammenarbeit der Staaten gefordert ist. Gerade die Ausformung des Zusammenarbeitsprinzips blieb aber bei der Kodifikation des Völkerrechts in den letzten Jahrzehnten auffällig zurück. Statt dessen können wir eine große Anzahl von Bezugnahmen auf die Abgrenzung der staatlichen Hoheitssphären verzeichnen, wie die Resolutionen zum Nichteinmischungsprinzip belegen.[3]

Dennoch ist das internationale Wasserrecht neben den Menschenrechten sicher ein Bereich des Völkerrechts, in dem im Interesse der Weltordnungs-

---

1   E. Benvenisti, Collective Action in the Utilization of Shared Freshwater: The Challenges of International Water Resources Law, in: AJIL, 90/1996, S. 385.
2   Vgl. W. Remans, Water and War, in: HuV-I 8/1995, S. 7.
3   Vgl. C. Tomuschat, Neuformulierung der Grundregeln des Völkerrechts durch die Vereinten Nationen: Bewegung, Stillstand oder Rückschritt - zur Interventionsdeklaration von 1981 und zur Manila-Deklaration über Streitbeilegung, in: Europa-Archiv, 23/1983, S. 729 ff.

belange die nationale Souveränität zurückgedrängt wurde.⁴ Es ist ganz offensichtlich, daß die Staatengemeinschaft mit einer nationalstaatlichen Herangehensweise die anstehenden Herausforderungen nicht meistern kann. Zunehmend bildeten sich deshalb Konzepte der institutionalsierten Kooperation heraus, wie beispielsweise das des gemeinsamen Erbes der Menschheit, womit bislang der rechtliche Status der Antarktis und des Mondes umschrieben wird.⁵ Hinsichtlich des Wassers gab es auch Entwicklungen, die seine Nutzung internationalsieren sollen. Gleichwohl sind bislang nur die Konturen des Konzepts erkennbar. Dennoch bleibt das Wasserrecht damit nicht hinter dem Weltraumrecht zurück, dessen Auslegung der Kommunklauseln auch noch weiße Flecken aufweist.⁶ Hier stellen die Kommunklauseln, wodurch die souveräne Entscheidungsfreiheit der Staaten durch das Gebot der Gemeinschaftsbindung eingeschränkt wird, ebenfalls noch kein komplettes Regelungswerk dar. Immerhin wurden durch die Klauseln der Nutzung ausschließlich zu friedlichen Zwecken, der Gleichberechtigung, des Diskriminierungsverbots, der Nutzung zum Vorteil und Interesse aller Länder, der internationalen Zusammenarbeit und der gebührenden Rücksichtnahme auf die entsprechenden Interessen anderer Staaten die angestrebte Weltraumsolidargemeinschaft im Ansatz entwickelt.⁷

Wasser als gemeinsame natürliche Ressource

Das Konzept der gemeinsamen natürlichen Ressource

Das Konzept der gemeinsamen natürlichen Ressource wird seit den siebziger Jahren im Völkerrecht verstärkt behandelt. Wenngleich es auch nicht gelang, den Begriff zu definieren,⁸ so wurde das Thema dennoch diskutiert. Die Grundlage dafür war die allgemein akzeptierte Überlegung, daß wichtige Umweltmedien wie die Luft und das Wasser nicht der Souveränität eines einzigen Staates unterstehen können. Sie können folglich grundsätzlich nicht nur durch Einzelstaaten verwaltet oder geschützt werden, sondern nur durch internationale Zusammenarbeit. Dies war der Ansatz für die Herausbildung eines internationalen Umweltrechts, das die nationale Gebietshoheit einschränkt. Zunehmend bildete sich die Erkenntnis heraus, daß im

---

4   Zum Begriff der Weltordnungsbelange vgl. C. Tomuschat: Die internationale Gemeinschaft, in: AVR, 33/1995, S. 19.
5   Vgl. R. St. J. Macdonald: The Common Heritage of Mankind, in: U. Beyerlin et al. (Hrsg.): Recht zwischen Umbruch und Bewahrung, Festschrift für Rudolf Bernhardt, Berlin 1995, S. 153 ff.
6   Vgl. A. Bueckling: Die Freiheiten des Weltraumrechts und ihre Schranken, in: K.-H. Böckstiegel (Hrsg.): Handbuch des Weltraumrechts, Köln 1991, S. 65.
7   R. Wolfrum: Die Internationalisierung staatsfreier Räume, Berlin 1984, S. 286 ff.
8   Der Vorschlag der UNEP lautete: "The term 'shared natural resource' means an element of the natural environment used by man which constitutes a biogeophysical unity and is located in the territory of two or more States." (UNEP-Doc. IG. 12/2, para. 16.)

Umweltschutz nicht nur die unmittelbaren Schäden, die im Nachbarstaat dann möglicherweise Schadenersatzansprüche verursachen können, zu berücksichtigen sind. Vielmehr ist eine ressourcenökonomische/ökologische Sicht notwendig, die die Erhaltung und Bewirtschaftung der Ressourcen und den Schutz der Ökosysteme in den Vordergrund stellt.[9] Dieser Ansatz unterscheidet sich von dem ursprünglichen Konzept des Umweltschutzes, das letztlich vom Nachbarschaftsrecht abgeleitet wurde. Unter Zugrundelegung der Vorstellung von den gemeinsamen natürlichen Ressourcen wurden seit den siebziger Jahren eine Reihe von völkerrechtlichen Verträgen geschlossen, die sich auf Flußläufe und Wassereinzugsgebiete beziehen.[10] Insofern entfaltete das Konzept der gemeinsamen natürlichen Ressource auch praktische Wirkungen.

Dennoch ist sein normativer Inhalt nach wie vor weithin unklar. Das wird daran deutlich, daß sich die ILC verschiedentlich mit Einzelaspekten der gemeinsamen natürlichen Ressourcen befaßte. Dabei kam es zu Überschneidungen mit anderen Konzepten, wie dem des globalen Gemeinschaftsgutes. Exakte Abgrenzungen wurden freilich nicht vorgenommen. Insgesamt konnte sich das Gremium nicht dazu durchringen, die verschiedenen Konzeptionen in ihrer rechtlichen Bedeutung zu analysieren. So besteht keine Bereitschaft, sich im Rahmen der Kodifikation den globalen Gemeinschaftsgütern der Menschheit zuzuwenden, wozu sicher auch das Wasser in seiner Gesamtheit zu rechnen ist. Insbesondere *Tomuschat* hatte davon abgeraten, diese Gemeingüter zum Gegenstand einer Kodifikation durch die ILC zumachen, da ihre Regelung im Seerechtsübereinkommen, im Weltraumrecht und im Hinblick auf die Klimaveränderungen zu unterschiedlich seien, als daß es in einem völkerrechtlich Regime allgemein übernommen werden könnte. Statt dessen solle der Schutz der globalen Gemeinschaftsgüter mit dem Kodifikationsvorhaben "Schädliche Folgen aus völkerrechtlich nicht verbotenen Handlungen" erreicht werden. Bislang ist allerdings noch nicht erkennbar, inwieweit dies tatsächlich praktisch umgesetzt werden könnte.[11]

Konzepte bezüglich des Wassers

Wasser ist in mehrfacher Hinsicht eine gemeinsame natürliche Ressource, die gemäß den Grundsätzen des Völkerrechts allen Staaten gleichberechtigt und damit diskriminierungsfrei zur Verfügung stehen muß. Da sie aber nur beschränkt vorhanden ist, bedarf es internationaler Absprachen über ihre Nutzung. Gerade die einseitige Nutzung durch einzelne Staaten zum Schaden anderer Staaten führte immer wieder zu Konflikten. Für die Zukunft

---

9   Vgl. G. Dahm/J. Delbrück/R. Wolfrum: Völkerrecht, Band I/1, 2. Aufl., Berlin 1989, S. 442.
10 Kiss, Alexandre: Survey of Current Developments, in International Environmental Law, Den Haag 1976, S. 75 f.
11 Vgl. A. Cede: Das künftige Arbeitsprogramm der ILC, in: K. Ginther et al. (Hrsg.): Festschrift Zemanek, Berlin 1994, S. 25.

werden weitere schwerwiegende Verteilungskämpfe vorausgesagt. Deshalb sind die Regelungsmechanismen des Völkerrechts, die über das allgemeine Zusammenarbeitsprinzip hinausgehen, notwendig.

Das basin concept in bilateralen Verträgen

Seit langem werden zweiseitige Verträge geschlossen, wenn es um die Nutzung der Wasserkraft von Grenzflüssen geht, wobei in der Regel exakte Beschränkungen vereinbart werden. Sie fußen auf dem "basin concept", wonach das Flußsystem unter Einschluß des Grundwassers als ökologische Einheit anzusehen ist. Eine umfangreiche Staatenpraxis haben in dieser Beziehung die USA mit Kanada und Mexiko, die zugleich die Fortentwicklung der rechtlichen Standards widerspiegelt. Ursprünglich vertraten die USA die *Harmon*-Doktrin, wonach der Oberanlieger die Wasserkraft unbeschränkt ausnutzen kann.[12] Damit vertrat man die Theorie der absoluten territorialen Souveränität, die sich allerdings mit der zunehmenden - auch grenzüberschreitenden - Nutzung der natürlichen Ressourcen nicht aufrechterhalten ließ. Später gingen die USA folglich von einem derart absoluten Souveränitätsverständnis ab und stimmten 1909 der Schaffung einer internationalen Kommission zu, die weithin für die Regelung der Nutzung der Grenzflüsse und -seen zuständig war. Betraf die Zuständigkeit der Kommission zunächst vor allem die Ableitung von Wasser, die Senkung des Wasserspiegels und die Umleitung von Flüssen, so erweiterten die USA und Kanada diese Kompetenzen in den dreißiger Jahren auf die Zusammenarbeit und Planung hinsichtlich des gesamten Seengebiets und das St.-Lorenz-Becken. Am 19. März 1941 wurde die gemeinsame Rationierung der Wasserkraft und die Errichtung von Anlagen auf beiden Seiten der Grenze vereinbart, wobei das Flußgebiet in seiner Gesamtheit erfaßt wird. Zugleich wurde mit der Great Lakes-St. Lawrence Basin Commission ein gemeinsames Planungs-, Durchführungs- und Schlichtungsorgan für Streitigkeiten geschaffen. Die Institutionalisierung der Zusammenarbeit wird gemeinhin als der entscheidende Schritt zur Vermeidung von Konflikten angesehen, wie der Spezialberichterstatter der ILC für das Thema der Wasserläufe, *Rosenstock*, hervorhob: *"Many potential disputes were resolved, long before they developed into full-blown ones, at the technical level."*[13]

Angesicht der positiven Erfahrungen verwundert es nicht, daß die USA auch mit Mexiko bereits 1944 eine umfassende Ordnung der Wassernutzung vereinbart haben und entsprechende Organe geschaffen wurden. Das river basin concept liegt auch dem Vertrag vom 19.9.1960 zwischen Indien und Pakistan über die Nutzung des Indus sowie der Konvention über das Einzugsgebiet des Tschad vom 22.5.1964 und dem Vertrag vom 23.4.1969

---

12 J. A. Barberis: International Rivers, in: R. Bernhardt (ed.), Encyclopedia of Public International Law, Instalment 9, Amsterdam 1986, S. 213.
13 UN-Doc. A/CN.4/SER.A/1993.

zwischen Argentinien, Bolivien, Brasilien, Paraguay und Uruguay über den Rio de la Plata zugrunde.

Multilaterale Ansätze

Von großer Bedeutung für die Herausbildung völkerrechtlicher Regeln der Wassernutzung war die erste multilaterale Erklärung zu diesem Thema, die Deklaration über die Verwendung gemeinsamer Gewässer für industrielle und landwirtschaftliche Zwecke, die von der 7. interamerikanischen Konferenz am 24. Dezember 1933 verabschiedet wurde.[14] Demnach muß die Wassernutzung unter Rücksichtnahme auf die Nachbarn erfolgen. Veränderungen der Wasserläufe bedürfen der Zustimmung der Nachbarn, die auch über Planungen unterrichtet werden müssen. Vermittlungs- und Schiedsverfahren sollen der Beilegung von Streitigkeiten dienen. Eine multilaterale vertragliche Ausformung erfuhr das Wasserrecht erstmals im Genfer Abkommen über die Entwicklung der Wasserkraft vom 9. Dezember 1923.[15] Dieser Vertrag billigt den Staaten das Recht zur Ausnutzung der Wasserkraft zu und verlangt lediglich dann Verhandlungen, wenn dadurch anderen Staaten Schaden zugefügt werden könnte.

Dem multilateralen Vertragswerk liegt der Ansatz des *river basin concept* zugrunde, der lediglich das Oberflächenwasser einschließt. Demgegenüber bezieht sich das *drainage basin concept* auch auf den Einzugsbereich des jeweiligen Flusses.[16] Wie die Arbeiten der ILC zur Kodifikation des Wasserrechts zeigten, sind aber kaum einheitliche Vorgehensweisen und Definitionen im multilateralen Bereich festzustellen gewesen. Dieser Umstand erschwerte auch die Herausbildung des Völkergewohnheitsrechts.

Gewohnheitsrechtliche Regeln

Obwohl das Wasser die entscheidende Lebensgrundlage für alle Staaten darstellt, gibt es im Völkerrecht kaum Regelungen bezüglich der Nutzung der Flüsse, wenn von der Schiffahrt abgesehen wird. Daher konnten sich auch kaum völkergewohnheitsrechtliche Normen herausbilden. Es ist *Biswas* zu folgen, wenn er feststellt, daß der bis in die achtziger Jahre hinein erreichte Fortschritt bei der rechtlichen Ausgestaltung der Nutzungsrechte an gemeinsamen natürlichen Ressourcen begrenzt ist und der Prozeß der Herausbildung "*painful slow*" war.[17] Das trifft gerade auch auf das Wasser zu. Noch 1991 schätzte *Crane* ein: „International law on groundwater is

---

14   In: UN-Doc. E/ECE/136. Annex 8.
15   In: LNTS 36, S. 72.
16   G. Dahm/J. Delbrück/R. Wolfrum: Völkerrecht, Band I/1, 2. Aufl., Berlin 1989, S. 396.
17   A. K. Biswas: Shared Natural Resources: Future Conflicts or peaceful Development?, in: R. J. Dupuy (ed.): The Settlement of Disputes on the new Natural Resources, The Hague 1983, S. 198.

nearly nonexistent."[18] Wegen des daraus resultierenden rechtlichen Vakuums sei gerade dieser Bereich des Völkerrechts auch besonders konfliktreich.

Die Staatengemeinschaft muß deshalb weithin grundsätzlich auf das allgemeine völkerrechtliche Nachbarrecht zurückgreifen. Demzufolge sind die Rechte und Pflichten der Uferstaaten begrenzt. So wird in der Literatur davon ausgegangen, daß keine Pflicht der Staaten zum Ausbau des Ufers und zur Verbesserung des Flußsystems besteht. Es muß keine Wassernutzungsregelung erlassen werden. Die Schranke der Nutzungsfreiheit liegt lediglich in einem Mißbrauchsverbot. Daraus ergibt sich, daß die Staaten grundsätzlich Flüsse nutzen und umleiten können, dabei aber entsprechend der sog. Solidaritätstheorie die nachbarlichen Rücksichtnahme- und Zusammenarbeitspflichten beachten müssen. Dies wird vor allem bei Flüssen praktisch, an denen mehrere Staaten liegen. Hier muß der Gemeingebrauch gesichert sein. Deshalb darf der Oberlieger durch seine Nutzung des Flusses den Unterliegern keinen Schaden zufügen, was sich in gleicher Weise auf die Entnahme und die Zuführung von Wasser bezieht. Auch die schwere Verschmutzung wäre demzufolge unzulässig. Zugleich ist aus dem Nachbarrecht grundsätzlich eine Informations- und Konsultationspflicht hinsichtlich der Errichtung von Anlagen, die die Interessen anderer Anliegerstaaten berühren, abzuleiten. Offensichtlich sind diese Grundsätze sehr allgemein gehalten. Verschiedentlich wird auch die rechtliche Verbindlichkeit bezüglich des Grundwassers in Frage gestellt.[19]

Sie bedürfen folglich der Konkretisierung in bi- und multilateralen Verträgen, die durch die Gegebenheiten vor Ort geprägt sind. Verschiedentlich erfolgte eine solche Konkretisierung auch durch einseitige Erklärungen von Staaten. Dennoch ist die Ermittlung des legitimen Umfangs der Wassernutzung im Einzelfall nach wie vor schwierig, was sich insbesondere immer wieder bei Staudammprojekten zeigt. Es führt daher in der Regel kein Weg an einer Vereinbarung der Anliegerstaaten vorbei, damit deren legitime Interessen gesichert und die Pflichtenlagen konkretisiert werden können.

Diesen Umstand bestätigt die Staatenpraxis im Grundsatz, was insbesondere an Gerichtsentscheidungen deutlich wird. So beschäftigte sich der StIGH 1937 mit der Wasserableitung aus der Maas[20] und legte dazu die zwischen den Parteien streitigen Vereinbarungen aus. Bei der Auslegung des zwischen den Niederlanden und Belgien 1863 geschlossenen Vertrages hielt sich das Gericht strikt an den Wortlaut und respektierte damit die Grundsätze Gegenseitigkeit von Rechten und Pflichten sowie den der Gleichbehandlung der Staaten. Kritisch ist freilich zu vermerken, daß diese Vereinbarungen nicht mehr den Erfordernissen entsprachen. Deshalb wurde in der

---

18   M. Crane: Diminishing Water Resources and International Law: U.S.-Mexico, A Case Study, in: Cornell International Law Journal, 24/1991, S. 298.
19   Ebenda.
20   PCIJ Series A/B 70 (1937).

Literatur kritisiert, daß das Gericht die allgemeinen völkerrechtlichen Normen und den Billigkeitsgrundsatz nicht berücksichtigte.[21] Gleichwohl zeigt die Entscheidung im Maas-Fall, auf welch unsicherem Boden sich jede wasserrechtliche Argumentation zu dieser Zeit bewegen mußte. Insofern zog sich das Gericht auf den festen Grund der Vertragsauslegung zurück. In den fünfziger Jahren zeigt die Entscheidung im Lac Lanoux-Fall zwischen Frankreich und Spanien schon deutlichere Positionen hinsichtlich der völkerrechtlichen Pflichtenlage bei der Nutzung von Wasserläufen. Das Schiedsgericht bestätigte 1957 die Pflicht des Oberliegerstaates zur Inbetrachtnahme der Interessen des Unterliegerstaates. Die Entscheidungsgrundlage war einerseits das zwischen Frankreich und Spanien geltende Vertragsrecht und andererseits das "*general international law concerning the interpretation of treaties and the rules for the use of international waters.*"[22] Der Schiedsspruch deutet darauf hin, daß zunehmend gewohnheitsrechtliche Regeln hinsichtlich der Wasserläufe angenommen wurden. Dafür spricht auch die Spruchpraxis nationaler Gerichte, die sich mit internationalen Wasserproblemen befaßten. So hat der Supreme Court der USA wiederholt entschieden, daß bei der Nutzung der Wasserkraft der Grundsatz der Billigkeit zu berücksichtigen sei. Obwohl sich das Gericht dabei auf nationales Recht bezog, wird in der Literatur auch eine völkerrechtliche Geltung angenommen.[23]

Aus der Staatenpraxis kann mithin gefolgert werden, daß das völkergewohnheitsrechtliche Prinzip der billigen Aufteilung bzw. Nutzung[24] erfordert, daß sämtliche Nutzungsarten sowie die wirtschaftlichen und sozialen Verhältnisse der betroffenen Staaten gegeneinander aufgewogen werden. Ergänzt wird dieses Prinzip durch zwei Verfahrenspflichten, die den Austausch von Informationen und die Durchführung von Konsultationen betreffen. Diese Pflichten werden als Voraussetzung dafür angesehen, daß das Prinzip der Billigkeit überhaupt Wirkung entfalten kann.[25] Dabei soll die Information alle Daten enthalten, die nennenswerte Gefahren betreffen. Sie bezieht sich nicht nur auf eingetretene Ereignisse, sondern auch auf geplante Maßnahmen. Die Aussagen müssen so detailliert sein, daß der informierte Staat die wahrscheinlichen Konsequenzen für sich einschätzen kann und die Risiken hochrechnen kann. Dabei ist der Informierende aber nicht verpflichtet, geheime Daten bekanntzumachen. In der Literatur wird eingeschätzt,

---

21 Vgl. K. Hernl, Meuse: Diversion of Water Case, in: R. Bernhardt (ed.): Encyclopedia of Public International Law, Instalment 2, Amsterdam 1981, S. 187.
22 D. Rauschning: Lac Lanoux Arbitration, in: R. Bernhardt (ed.): Encyclopedia of Public International Law, Instalment 2, Amsterdam 1981, S. 166 f.
23 Berber: Lehrbuch des Völkerrechts, Bd. I, 1975, S. 168 ff.
24 J. A. Barberis: International Rivers, in: R. Bernhardt (ed.): Encyclopedia of Public International Law, Instalment 9, Amsterdam 1986, S. 215.
25 W. H. von Heinegg: Internationales Öffentliches Umweltrecht, in: K. Ipsen: Völkerrecht, 3. Aufl., München 1990, S. 814.

daß die notwendigen Informationen in der Regel gewährt werden.[26] Der institutionalisierten Wahrnahme der Verfahrenspflichten dient die Schaffung internationaler Kommissionen, die die Implementierung von Vereinbarungen kontrollieren und koordinieren.

Als gewisser Durchbruch ist anzusehen, daß das Prinzip der fairen Aufteilung und Nutzung gemeinsamer Umweltmedien im Wasserrecht breite Akzeptanz erfahren hat. Insbesondere die International Law Association (ILA) hat mit ihren Helsinki Rules on the Uses of the Waters of International Rivers[27] einen erheblichen Beitrag zur Identifizierung der bestehenden Rechtslage geleistet. So heißt es in Art. IV dieser Helsinki Rules: "Each basin State is entitled, within its territory, to a reasonable and equitable share in the beneficial uses of the waters of an international drainage basin." Diese Regel wird mittlerweile "als grundlegende Völkerrechtsregel im internationalen Wasserrecht anerkannt."[28] Für diese Wertung spricht auch der Umstand, daß sich die UNEP in ihren Prinzipien zur "Conservation and Harmonious Utilization of Natural Resources Shared by Two or More States" von 1979 ebenfalls auf diese Regel bezog.[29] Bei einander störenden Nutzungen von Grenzgewässern findet dieser Grundsatz der fairen Aufteilung und Nutzung gemeinsamer Umweltmedien gemäß Prinzip X der Helsinki Rules ebenfalls Anwendung. Für die Bedeutung dieser Norm des Völkergewohnheitsrechts spricht weiterhin, daß die Staaten eine ganze Reihe von Vereinbarungen getroffen haben, die ein Gebot zur Vermeidung grenzüberschreitender Umweltbelastungen mit hochgefährlichen Substanzen (sog. Schwarze Listen) enthalten. Im Umkehrschluß ist daraus zu folgern, daß damit dem Prinzip der fairen Aufteilung und Nutzung gemeinsamer Umweltmedien entsprochen wurde.

Umweltschutzaspekte

Das Wasser ist auch aus der Sicht des Umweltrechts eine gemeinsame natürliche Ressource. Es kann nicht unbeschränkt Schadstoffe und Energie aufnehmen bzw. transportieren, zumal verschiedene Nutzungsarten einander ausschließen können. Folglich hat der Oberlieger grundsätzlich die Interessen der Unterlieger bei seiner Nutzung eines Flußlaufes zu berücksichtigen. Diese Forderung fand ihren Niederschlag in einigen völkerrechtlichen Abkommen zu Flußläufen und Wassereinzugsgebieten und zu weiteren Umweltschutzabkommen. Die Deklaration der Stockholmer Umweltschutzkon-

---

26 J. A. Barberis: International Rivers, in: R. Bernhardt (ed.): Encyclopedia of Public International Law, Instalment 9, Amsterdam 1986, S. 217.
27 International Law Association: Report of the 56th Conference, Helsinki 1980, S. 486.
28 D. Rauschning: Allgemeine Völkerrechtsregeln zum Schutz gegen grenzüberschreitende Umweltbeinträchtigungen, in: I. von Münch (Hrsg.): Festschrift Schlochauer, Berlin 1981, S.569.
29 In: Environmental Policy and Law, 5/1979, S. 66 ff.

ferenz von 1972[30] empfahl folglich: „Governments concerned consider the creation of river-basin commissions or other appropriate machinery for cooperation between interested States for water resources common to more than one jurisdiction." Auf dieser Grundlage haben sich eine ganze Reihe von regionalen Zusammenschlüssen gebildet bzw. bewährt. In Fortentwicklung des Ansatzes der Stockholmer Umweltschutzkonferenz von 1972 befaßte sich der Earth Summit in Rio 1992 (The United Nations Conference on Environment and Development) wiederum detailliert mit dem Schutz des Frischwassers. Als besonders wichtig ist anzusehen, daß der Umweltschutz hier mit der Frage der durchgreifenden Entwicklung der Staaten verbunden wurde.[31] Gefordert wurde ein integriertes Konzept der Wasserwirtschaft, welches „is based on the perception of water as an integral part of the ecosystem, a natural resource and a social and economic good, whose quality and quantity determine the nature of ist utilization." (§ 18.8 of Agenda 21). Mithin fußt der völkerrechtliche Ansatz zum Umweltschutz hinsichtlich des Wassers auf dem Konzept der gemeinsamen natürlichen Ressource. Notwendig sind folglich Kooperationsformen, die sich auf den Schutz und die Ressourcenallokation beziehen. Als allgemein anerkannter Grundsatz ist die Verpflichtung aller Nutzer von Gewässern anzusehen, die negativen Auswirkungen ihrer Nutzung auf andere Staaten möglichst gering zu halten. Er resultiert aus den Grundpflichten der Staaten, die sich aus den Grundprinzipien des Völkerrechts herleiten.[32] Damit ist der Staat als Teil der Staatengemeinschaft zu verstehen. Die Achtung der völkerrechtlichen Rechte und Pflichten führt nach dem Reziprozitätsprinzip zu der Erwartung, daß sich auch die anderen Staaten an ihre Verpflichtungen halten. Durch eine rücksichtslose Nutzung seines Staatsgebietes, die Auswirkungen auf andere Staaten hat, würde ein Staat das Recht verwirken, sich gegen eine ebensolche Nutzung durch andere Staaten zur Wehr zu setzen. Mithin kann heute nicht mehr von einer absoluten territorialen Souveränität der Staaten ausgegangen werden, denn die Souveränität eines Staates hat die Souveränität anderer Staaten zu berücksichtigen.

Heute gilt die Theorie der beschränkten territorialen Souveränität und Integrität.[33] Sie fand ihren Niederschlag im Prinzip 21 der Deklaration der Stockholmer Umweltschutzkonferenz von 1972, das bereits als Völkergewohnheitsrecht angesehen wird und auf der Rio-Konferenz 1992 bestätigt wurde.[34] Demnach darf die Nutzung des eigenen Staatsgebiets keine erhebli-

---

30 In: ILM 11/1972, S. 1420.
31 The United Nations Conference on Environment and Development: London 1993, S. 334 ff.
32 J. M. Ruda: States, Fundamental Rights and Duties, in: R. Bernhardt (ed.): Encyclopedia of Public International Law, Instalment 10, Amsterdam 1987, S. 467 ff.
33 G. Dahm/J. Delbrück/R. Wolfrum: Völkerrecht, Band I/1, 2. Aufl., Berlin 1989, S. 446
34 Vgl. dazu A. Rest: Die rechtliche Qualität der Rio-Vorgaben in der Staatenpraxis, in: Archiv des Völkerrechts, 34/1996, S. 145 ff.

chen Schäden oder Gefahren auf dem Gebiet des Nachbarstaates hervorrufen. Dies betrifft die staatliche Nutzung ebenso wie die private.
Ihren Niederschlag fanden diese Regeln auch in dem Übereinkommen vom 17. März 1992 zum Schutz und zur Nutzung grenzüberschreitender Wasserläufe und internationaler Seen.[35] Dort heißt es in Artikel 3 ausdrücklich, daß die Staaten zur Verhinderung, Kontrolle und Reduktion von grenzüberschreitenden Auswirkungen ihrer Wassernutzung verpflichtet und „*as far as possible, render compatible relevant legal, administrative, economic, financial and technical measures*", um Verschmutzungen einzuschränken und abfallfreie Technologien zu nutzen.

Kodifikation der Rechte am Wasser

1970 empfahl die UN-Generalversammlung der ILC, eine "study of the law of the non-navigational uses of international watercourses with a view to its progressive development and codification" zu erstellen. Nach Vorarbeiten wurde wie bei allen anderen neuen Kodifikationsvorhaben eine Unterkommission gebildet, die zuerst einmal die von den Staaten eingegangenen Stellungnahmen zu diesem Thema analysierte. Die untersuchten Fragen bezogen sich auf den Geltungsbereich der Studie, die verschiedenen Nutzungsarten des Wassers und welche dabei vorrangig untersucht werden sollte, welche Rolle die Verschmutzung spielen sollte, die Notwendigkeit sich mit der Flutkontrolle und der Erosion zu befassen, die Wechselbeziehung zwischen der schiffahrtsmäßigen Nutzung und anderen. Ein dementsprechender Fragenkatalog wurde allen UN-Mitgliedstaaten zugestellt und 1974 benannte die ILC Botschafter *Richard C. Kearney* aus den USA als ersten Spezialberichterstatter für das Thema der internationalen Wasserstraßen.[36]
Das Thema wurde 1976 wieder aufgegriffen, nachdem sich 21 Staaten zu den von der ILC ausgegebenen Fragebögen geäußert hatten und *Kearney* seinen ersten Bericht vorgelegt hatte. Die ILC kam nach der Diskussion zu dem Ergebnis, daß es nicht sinnvoll sei, mit der Ausarbeitung einer Definition des Begriffs "*international watercourse*" zu beginnen. Vielmehr sollten zuerst die allgemeinen Prinzipien der Wassernutzung formuliert werden.
1977 wurde die Benennung eines neuen Berichterstatters notwendig, da Kearney aus der ILC ausschied. Sein Nachfolger wurde der heutige IGH-Richter und damalige Professor *Stephen M. Schwebel*, der als das neue ILC-Mitglied aus den USA nominiert worden war. Am Rande sei vermerkt, daß dies nur der erste Wechsel des Spezialberichterstatters war, insgesamt versuchten sich vier Experten an dem Thema. Ein solch häufiger Austausch ist

---

35 BGBl. 1994 II, S. 2223.
36 Vgl. die Darstellung des Kodifikationsvorhabens bei S. McCaffrey: The Forty-sixth Session of the International Law Commission, in: AJIL, 89/1995, S. 396 ff.

selbst für die insgesamt nicht sehr effektiv arbeitende ILC ein Ausnahmefall, erklärt aber zum Teil, warum die Kodifikation nur schleppend voran kam. In die Amtszeit von *Schwebel* fiel 1980 die Verabschiedung der ersten sechs Artikel zu dem Thema sowie die Erstellung eines Berichts, der die gesamte Arbeit stark beeinflußte. Der darauffolgende Spezialberichterstatter *Jens Eversen* verwarf die ersten Entwurfsartikel und präsentierte 1983 einen kompletten neuen Entwurf. Im darauffolgenden Jahr überarbeitete er seinen Bericht nochmals. Unglücklicherweise konnte er aber nicht mehr diskutiert werden, weil *Eversen* an den IGH berufen wurde. Erst 1985 berief die ILC *Stephen C. McCaffrey* zum neuen Spezialberichterstatter, der nun wiederum erst in die Materie einsteigen mußte. Obwohl die ILC das Thema bereits zehn Jahre auf der Tagesordnung hatte, begann man praktisch wieder am Anfang. Dann wurde von *McCaffrey* allerdings bereits innerhalb von fünf Jahren ein kompletter Entwurf mit 32 Artikeln vorgelegt, der 1991 einer ersten Lesung unterzogen wurde. Entsprechend den Gepflogenheiten der ILC forderte sie die Regierungen zur Stellungnahme auf. Im Lichte dieser Stellungnahmen und der Bemerkungen des Spezialberichterstatters kam es dann 1994 zur zweiten Lesung.

Obwohl dieser Entwurf an sich einen tragfähigen Kompromiß darstellte und erwartet worden war, daß ihn die UN-Generalversammlung auf ihrer 51. Tagung annehmen würde, brachen die Interessengegensätze zwischen Ober- und Unterliegern im sechsten Ausschuß wieder offen aus. Als Folge dessen wurde der von der ILC erarbeitete Konventionsentwurf verworfen. Unabhängig von diesem Geschehen, das auf die unmittelbare politische Interessenlage von einzelnen Staaten zurückzuführen ist, kann dennoch davon ausgegangen werden, daß der ILC-Entwurf damit aus völkerrechtlicher Sicht nicht völlig abwegig ist. Immerhin reflektiert er rechtliche Überzeugungen der Mehrheit der Staatengemeinschaft. Viele Staaten haben ausdrücklich zu vielen Artikeln Stellung genommen. Die über weite Strecken völlig unklare Situation hat eine bestimmte Ausrichtung bekommen, indem nun die Haltung zu einigen Grundfragen der Existenz von Völkerrechtsprinzipien in bezug auf die Wassernutzung zumindest klare Konturen bekommen hat. Gleichwohl zeigt das Scheitern des Entwurfs, daß über weite Strecken noch nicht von gewohnheitsrechtlich verfestigten Überzeugungen der Staatengemeinschaft ausgegangen werden kann. Hinzu kommt, daß die verschiedenen völkerrechtlichen Verträge mit wasserrechtlichem Bezug inhaltlich nicht völlig übereinstimmen.[37]

Der in die UN-Generalversammlung eingebrachte Entwurf umfaßte 33 Artikel in sechs Teilen. In ihm waren die Prinzipien aufgelistet, die die Staaten anwenden sollen, wenn sie gemeinsam internationale Wasserläufe nutzen. Der Begriff des Wasserlaufs wird in Art. 2 definiert als "*a sytem of surface waters and groundwaters consisting by virtue of their physical relationship*

---

[37] Darauf weisen viele Staaten in ihren Stellungnahmen zum Konventionsentwurf hin, so Finnland (UN Doc. A/51/275, S. 11) und Ungarn (ebenda, S. 13).

a unitary whole and normally flowing into a common terminus". In Abgrenzung dazu wird der internationale Wasserlauf als ein ebensolches System verstanden, wobei sich seine Teile allerdings in verschiedenen Staaten befinden. Damit werden nicht nur Flüsse und Seen berücksichtigt, die Grenzen bilden oder überschreiten, sondern auch deren Zuflüsse und das damit verbundene Grundwasser.

Umstritten war lange Zeit der in dieser Definition verwendete Aspekt des "common terminus". In dem zur ersten Lesung der Entwürfe vorgelegten Kommentar dieser Bestimmung wurde diese Klausel damit begründet, daß sie eine gewisse Einschränkung des geographischen Geltungsbereiches der Artikel erreichen sollte. Anders ausgedrückt, durch diese Formulierung wird erreicht, daß die durch einen Kanal verbundenen Ströme, wie beispielsweise die Rhone und der Rhein, als getrennte Wasserwege betrachtet werden, da sie keinen "common terminus" haben.[38] Freilich schließt das eine gegenseitige Beeinflussung, beispielsweise hinsichtlich der Übertragung von Wasserverschmutzungen nicht aus. Deshalb wurde bei der zweiten Lesung das Wort „normally" in diesem Zusammenhang eingefügt. Es dient als Kompromiß zwischen den Positionen, die einerseits den geographischen Geltungsbereich der Artikel nicht ausdehnen wollen und die andererseits die Formel des "common terminus" für hydrologisch falsch und irreführend hielten und deshalb die Streichung dieses Begriffs forderten.[39] Ein weiterer Vorteil dieses Kompromisses ist darin zu sehen, daß mit dieser auch Wasserläufe erfaßt werden, die noch nicht völlig erforscht sind und insofern das "common terminus"-Erfordernis nicht erfüllen.

Das Herzstück des Dokuments waren die Allgemeinen Prinzipien, die im zweiten Teil aufgelistet sind. Es handelt sich dabei um die grundsätzlichen Rechte und Pflichten der Staaten, die an internationalen Wasserläufen liegen. Daher standen sie während der Erarbeitung im Mittelpunkt der Diskussion. Insbesondere betraf dies das Verhältnis von Art. 5 und Art. 7. Ersterer bestimmt, die gleichberechtigte und billige Nutzung von Wasserläufen, während Art. 7 die Verpflichtung umschreibt, keine schwerwiegende Schädigung des Unterliegers hervorzurufen. Die Diskussion stand im Zeichen der Frage, was geschehen solle, wenn es zu einem Konflikt zwischen beiden Bestimmungen käme, z.B. dadurch, daß ein geringentwickelter Oberlaufstaat einen Staudamm baut und damit einem hochentwickelten Unterlaufstaat die Möglichkeit nimmt, ebenfalls eine solche Anlage zu schaffen. Unter Zugrundelegung des Billigkeitsprinzips könnte eine solche Schädigung des Unterlaufstaates durchaus zulässig sein.

Der erste Entwurf der ILC entschied derartige Streitfälle durch einen Vorrang der Regel des Schädigungsverbots, denn dort hieß es: *„Prima facie, at least - utilization of an international watercourse ... is not equitable if it*

---

38 Zutreffend bezeichnete es Calero Rodrigues als absurd, beide Wasserwege als Einheit zu betrachten. In: YB ILC 1993, Vol. I., S. 94, para. 13.
39 ILC Report 1994, in: UN Doc. A/CN.4/460, para. 201.

causes other watercourse States appreciable harm."[40] Im abschließenden Entwurf wurde dieses Prinzip zwar nicht aufgehoben, jedoch aber abgeschwächt, indem von den Staaten bei der Nutzung der Gewässer die gebührende Sorgfalt verwendet werden muß, um keinen beträchtlichen Schaden bei anderen Anliegerstaaten entstehen zu lassen. Obwohl der Artikel somit eine rechtliche Grauzone offenläßt, räumt er den Staaten doch grundsätzlich den erforderlichen Spielraum für die Gewässernutzung ein. Hinzu kommt, daß ein Abs. 2 eingefügt wurde, der das Verhältnis zwischen Art. 5 und 7 noch weiter klärt. Er verlangt dann, wenn ein Staat trotz der Beachtung seiner Sorgfaltspflicht in einem anderen Anliegerstaat eine schwerwiegende Schädigung hervorruft, eine Konsultationspflicht zwischen den beteiligten Staaten über „(a) the extent to which such use is equitable...; (b) the question of ad hoc adjustments to ist utilization, destinged to eliminate or mitigate any such harm caused and, where appropriate, the question of compensation."
Dieser Artikel ist insofern bedeutsam, als damit nicht jede beträchtliche Schädigung eines internationalen Wasserlaufs eine Verletzung der völkerrechtlichen Verpflichtungen eines Staates ist.[41] Immerhin ist nämlich der Fall auszunehmen, daß ein Staat der die Schädigung verursachenden Nutzung des Wasserlaufs zugestimmt hat. Dann wäre noch nicht einmal eine Konsultationspflicht anzunehmen, die sich sonst aus dem Text ergibt. Auch hinsichtlich der Einstellung der Schädigungshandlung und der etwaigen Kompensation überläßt der Artikel die Regelung den betroffenen Parteien. Erst wenn die Konsultation zu keiner Lösung führt, stellt sich die Frage nach der Anwendung der Streitschlichtungsmechanismen, die in dem Dokument vorgesehen sind.
Der Entwurf geht damit nicht über den völkerrechtlichen Standard hinaus, der bislang insbesondere im Umweltrecht erreicht wurde. Im Kommentar zur Art. 7 wurde aber darauf verwiesen, daß zumindest einige Schädigungshandlungen nicht durch das Billigkeitsprinzip abgedeckt sind. Das betrifft vor allem solche Nutzungen, die schwerwiegende Schädigungen der menschlichen Gesundheit und Sicherheit mit sich bringen. Sie sind „inequitable and unreasonable."[42] Auch wenn das Billigkeitsprinzip als Rechtfertigungsgrund für die schädigende Wassernutzung durch einen Staat herangezogen wird, so ist es doch kein absoluter Freibrief. Durch den Entwurf in seiner Gesamtheit werden den beteiligten Staaten Rechte und Pflichten eingeräumt, die eine gewisse Balance bedeuten und die Verständigungsbereitschaft zwischen Schädiger und Geschädigtem erhöhen.[43] Insofern muß man von einem Paketcharakter des Entwurfs ausgehen, d.h. eine einzelne

---

40 YB ILC 1988, Vol. II, S. 36, para. 2.
41 S. McCaffrey: The International Law Commission Adopts Draft Articles on International Watercourses, in: AJIL, 89/1995, S. 400.
42 ILC Report 1994, S. 236.
43 YB ILC 1993, Vol. I, S. 86, para. 71 ff.

Bestimmung wird nur durch ihre Einbettung andere Normen für die Staatengemeinschaft insgesamt akzeptabel. So war *McCaffrey* durchaus zu folgen, wenn er die Regelung als nicht perfekt, aber dennoch als Verbesserung ansah.[44] Die Verabsolutierungen früherer Entwürfe wurden damit im Grundsatz überwunden. Die Autoren wurden damit dem Umstand gerecht, daß die Nutzung internationaler Wasserläufe ein sehr komplexer Prozeß ist, der es nicht möglich macht, einfach jede Schädigung in anderen Anliegerstaaten zu verbieten. Um so bedauerlicher ist, daß sich der Rechtsausschuß der UN-Generalversammlung nicht auf diese Positionen einigen konnte.

Der Teil III des Entwurfs befaßte sich mit einem Problem, das in der Staatenpraxis umstritten ist, und zwar den Verpflichtungen, die ein Staat hat, der Änderungen hinsichtlich der Nutzung internationaler Wasserläufe plant. Nachdem sich die Kommission ursprünglich nicht einig werden konnte, wurde 1988 ein Lösungsvorschlag erreicht. Demnach muß ein Staat, der Veränderungen plant, die bedeutende negative Auswirkungen in anderen Anliegerstaaten haben, diese Staaten rechtzeitig informieren. Erst wenn innerhalb von sechs Monaten nach der Notifikation keine Antwort eingegangen ist, können die Pläne verwirklicht werden, vorausgesetzt, daß diese Pläne und die eintretenden Schädigungen dem Billigkeitsgrundsatz entsprechen. Falls jedoch Widersprüche gegen die Pläne eingehen, so entsteht eine Konsultations- bzw. im Falle der Notwendigkeit eine Verhandlungspflicht zur Lösung des Streitfalls durch eine Billigkeitsentscheidung. Bis zur Entscheidung ist die Verwirklichung der Pläne für sechs Monate auszusetzen, um ernsthafte Konsultationen und Verhandlungen zu ermöglichen. Somit könnte ein Zeitraum von zwölf Monaten vergehen, der sich nochmals um sechs Monate verlängern kann, wenn die Konsultationen oder Verhandlungen nicht gutgläubig geführt werden. Falls die Angelegenheit in diesem Zeitraum nicht gelöst wird, könnte das Streitschlichtungsverfahren gemäß Art. 38 des Dokuments zur Anwendung kommen.

Teil IV des Entwurfs widmet sich nicht nur der Wasserverschmutzung, sondern dem Schutz und der Erhaltung der Ökosysteme. Er verlangt mit Art. 20, daß die Wasserläufe einzeln und gemeinsam zu schützen sind und das Ökosystem der internationalen Wasserläufe zu erhalten ist. Dieser Artikel ist Art. 192 der Seerechtskonvention nachgebildet und spiegelt die Bedeutung des Schutzes der Ökosysteme wider. Weitere Bestimmungen beziehen sich auf Wasserverschmutzung, exotische Spezies und den Schutz der Meeresumwelt vor Verschmutzungen aus Wasserläufen. Schließlich sind auch Regelungen bezüglich der kooperativen Bewirtschaftung von Wasserläufen und ihrer Regulierung festgelegt worden.

Mit gefährlichen Situationen wie z.B. Fluten befaßt sich Teil V, der folglich auch Notstandsregeln erhält. Teil VI regelt den Zustand des bewaffneten Konflikts, die Übermittlung sicherheitsrelevanter Daten, die Nichtdiskrimi-

---

44 S. McCaffrey: The International Law Commission Adopts Draft Articles on International Watercourses, S. 401.

nierung sowie die Streitschlichtung. Erwähnung verdient, daß die Nichtdiskriminierungsklausel auch auf die Tätigkeit Privater ausgedehnt wurde, d.h. auch Personen haben unabhängig von ihrer Nationalität oder ihrem Wohnsitz das Recht, juristische oder andere Verfahren wahrzunehmen, um Entschädigung oder Schutz vor Rechtsverletzungen aus Aktivitäten die mit den Wasserläufen zusammenhängen, zu erhalten.

Die Definition des Wasserlaufs des ersten Entwurfs der ILC erfaßte das Grundwasser lediglich in dem Umfang, wie es mit dem Oberflächenwasser in Verbindung stand. Zu diesem Zeitpunkt sah die Kommission keine Möglichkeit, auf das sonstige Grundwasser einzugehen, obwohl zweifellos wichtige grenzüberschreitende Wasserläufe auch rechtliche Fragestellungen aufwerfen. Erst der letzte Spezialberichterstatter, Rosenstock, kam anläßlich der zweiten Lesung nach einer Analyse der aktuellen Staatenpraxis zu dem Schluß, daß hinsichtlich der Bewirtschaftung aller Wasserressourcen eine integrierte Herangehensweise zur Anwendung kommt. Folglich sei die Erfassung auch des Grundwassers, das keine Verbindung zum Oberflächenwasser aufweist, unverzichtbar, um die Staaten zu einem vernünftigen Umgang mit Wasser zu veranlassen und seine Erschöpfung und Verschmutzung zu vermeiden. Dennoch konnte sich der Spezialberichterstatter mit diesem Vorschlag in der ILC nicht durchsetzen. Statt dessen stellte die ILC lediglich fest, daß die Regelungen des Entwurfs auch für das Grundwasser, das keine Verbindungen zu Oberflächenwasser aufweist, von Bedeutung sein könnten.[45]

Nachdem die ILC ihren Entwurf erstellt hatte, schuf die UN-Generalversammlung eine offene Arbeitsgruppe, die dieser Grundlage eine Rahmenkonvention über die nichtschiffahrtsmäßige Nutzung internationaler Wasserläufe ausarbeiten sollte.[46] Die ersten Staatenstellungnahmen belegten, daß der Entwurf zumeist als guter Kompromiß zwischen den Interessen des Unterliegers und Oberliegers internationaler Wasserläufe angesehen wurde. Dennoch gab es auch scharfe Ablehnungen seiner Grundideen (so Ägypten, Iran, Venezuela) und Kritik an der Ungenauigkeit mancher Festlegungen (so Äthiopien, Finnland).[47] Dies ist freilich das Schicksal aller völkerrechtlichen Kodifikationen, die sich immer in einem Spannungsfeld zwischen den unterschiedlichsten nationalen Interessen abspielen. In welchem Umfang diese dominierten, wird daran deutlich, daß es nach der Verabschiedung der Helsinki-Rules der ILA im Jahre 1966 zu einem fast dreißigjährigen Stillstand bei der weiteren völkerrechtlichen Bearbeitung dieses Themas kam. In diesem Lichte ist bereits der Abschluß der Arbeiten in der ILC und

---

45 ILC Report 1994, in: UN Doc. A/CN.4/460, para. 326.
46 UN Doc. A/C.6/49/L.27/Rev.1.
47 Vgl. die Nachweise bei J. Tessitore/S. Wolfson (eds.): A Global Agenda, Issues Before the 50th General Assembly of the United Nations, Lanham 1995, S. 244.

die breite Stellungnahme der Staatengemeinschaft zu dem Kodifikationsvorhaben als großer Erfolg anzusehen.[48]
Es sei nochmals unterstrichen, daß diese Einschätzung zutrifft, obwohl die UN-Generalversammlung den Entwurf nicht angenommen hat. Zu dieser Einschätzung muß man deshalb kommen, weil auch ein Entwurf, der nicht angenommen wurde, bestimmte politische Wirkungen entfaltet. Immerhin repräsentiert ein Entwurf, der die ILC passiert hat, die Auffassung der führenden Völkerrechtsexperten, die zahlreiche Staatenstellungnahmen zur Erstellung dieses Dokuments berücksichtigt haben. Welche beachtliche Wertschätzung auch eine nichtratifizierte Konvention - und damit letztlich ein politisches Dokument - erfahren kann, wird daran deutlich, daß die heftig umstrittenen UN-Konventionen über das Recht der Staatensukzession, die bislang nicht in Kraft getreten sind - aber dennoch viele völkergewohnheitsrechtliche Regeln enthalten, weithin zum Bewertungsmaßstab für die Nachfolgeereignisse beim Untergang der Sowjetunion und des früheren Jugoslawien herangezogen wurden.[49] Insofern kann auch das Dokument zur nichtschiffahrtsmäßigen Nutzung internationaler Wasserläufe erhebliche völkerrechtliche und praktische Bedeutung erlangen. Die Frage der Verbindlichkeit kann deshalb nicht so verengt betrachtet werden, wie dies verschiedentlich in der Literatur erfolgt.[50]
Zugleich ist auch hervorzuheben, daß der Auftrag der Arbeitsgruppe darin bestand, eine Rahmenkonvention auszuarbeiten.[51] Der Begriff der Rahmenkonvention ist im Völkerrecht nicht definiert. In der Staatenpraxis zeigt sich aber, daß es sich dabei um ein rechtsverbindliches Instrument handelt. Es beschränkt sich aber darauf, Grundsätze festzulegen und überläßt den Vertragsparteien die Wahl der Mittel zur Umsetzung der Bestimmungen in die Praxis.[52] In diesem Sinne sprach der ILC-Spezialberichterstatter *Rosenstock* von „model rules",[53] was schon darauf hindeutet, daß den Teilnehmerstaaten dieser Rahmenkonvention hinreichend Raum für die Berücksichtigung ihrer nationalen Interessen und der regionalen Besonderheiten gegeben werden soll.[54]

---

48 Vgl. R. Rosenstock: The Forty-sixth Session of the International Law Commission, in: AJIL, 89/1995, S.392.
49 Vgl. R. Mullerson: The Conitinuity and Succession of States by reference to the Former USSR and Yugoslavia, in: ICLQ 43/1993, S.473 ff.
50 Vgl. beispielsweise J. Barandat: Wasser, in: Hamburger Beiträge zur Friedensforschung und Sicherheitspolitik, Heft 96, November 1995, S. 15.
51 Vgl. YB ILC 1993, Vol. II, Part 2, S. 85, para. 85 ff.
52 Vgl. H. Klebes: Rahmenübereinkommen des Europarats zum Schutz nationaler Minderheiten, in: EuGRZ 22/1995, S. 264.
53 YB ILC 1993, Vol. I, S. 85 para. 62.
54 Der Konzeption der „model rules" wurde freilich auch widersprochen. So sprach sich Tomuschat für eine Konvention aus. Vgl. YB ILC 1993, Vol. I, S. 93, para. 2.

Wasser und Krieg

Wasser wird seit jeher auch für die Kriegführung eingesetzt. Bekannte Beispiele dafür sind die Überflutungen, die die Holländer im 17. Jahrhundert verursachten, um den Vormarsch der französischen Armee zu stoppen und die Öffnung der Deiche durch Belgien im Jahre 1914 als die deutsche Armee in das Land einmarschierte.[55] In diesen Fällen wurde das Wasser als Verteidigungsinstrument genutzt. Noch einfacher ist die Anwendung des Wassers für offensive Zwecke, indem das Trinkwasser vergiftet wird. Dadurch verursachten Kriegführende gerade unter der Zivilbevölkerung großes Leid und unnötige Leiden. Dasselbe trifft auch auf eine Methode der modernen Kriegführung zu, die im Zweiten Weltkrieg vielfach praktiziert wurde, die der Zerstörung von Staudämmen. So zerstörten die Alliierten 1943 im Ruhrtal zwei Staudämme, wodurch mindestens 1.300 Deutsche und eine unbekannte Zahl von Zwangsarbeitern getötet wurden. Die Sprengung eines Dammes am Gelben Fluß seitens der Chinesen sollte 1938 den Vormarsch der Japaner behindern, kostete aber zugleich Hunderttausende von Menschenleben und machte Millionen zu Obdachlosen.[56] Welche Gefahren heute von wassertechnischen Anlagen ausgehen, macht folgendes Beispiel deutlich: Die erfolgreiche Bombardierung des Glen-Canyon-Staudammes in Nordarizona würde ein von 17 Millionen Menschen bewohntes Gebiet bedrohen.[57]

Angesichts dieser verheerenden Wirkungen die Wasser haben kann, verwundert es nicht, daß sich auch das humanitäre Völkerrecht - indirekt - mit ihm befaßt. Das humanitäre Völkerrecht wurde ja geschaffen, um bestimmte Kategorien von Personen und Objekten im bewaffneten Konflikt zu schützen. Es sollen Mindestbedingungen für das Leben der geschützten Personen gesichert werden. Dazu gehört zweifelsohne das Wasser. Das humanitäre Völkerrecht enthält folglich keine Regeln für das Wasser an sich, sondern nur solche, die die Auswirkungen der Kampfhandlungen auf das Wasser betreffen.[58] Das bedeutet konkret, daß vier Verbotsnormen des humanitären Völkerrechts auf das Wasser anwendbar sind. Zum ersten ist es verboten, das Wasser zu vergiften. Diese Gewohnheitsrechtsregel wurde durch die Haager Landkriegsordnung mit Art. 23 a bestätigt. Die Norm selbst fand aber schon im Lieber Kodex von 1863 Anwendung, denn dieser verbot den Einsatz von Gift bereits. Obwohl das Wasser in der Haager Landkriegsordnung nicht ausdrücklich genannt ist, wird es erfaßt, weil das Verbot allgemeiner Natur ist.

---

55 Remans, a.a.O., S. 7.
56 G. Plant, Water as a Weapon in War, ICRC-Report of the Montreux Symposium, 1994.
57 Vgl. S. Witteler, Die Regelungen der neuen Verträge des humanitären Völkerrechts und des Rechts der Rüstungsbegrenzung mit direktem Umweltbezug, Bochum 1993, S. 118.
58 Vgl. A. Zemmali, der Schutz des Wassers in Zeiten bewaffneter Konflikte, in: Auszüge der Revue Internationale de la Croix-Rouge, XLVI/1995, S. 293.

Zum zweiten ist auf Art. 23 g der Haager Landkriegsordnung zu verweisen, der "die Zerstörung oder Wegnahme feindlichen Eigentums außer in den Fällen, wo diese Zerstörung oder Wegnahme durch die Erfordernisse des Krieges dringend erheischt wird", verbietet. Diese Norm ist dann anwendbar, wenn Wasser öffentliches oder privates Eigentum ist, was in der Regel anzunehmen ist. Zu erwähnen ist zudem, daß die Zerstörung von Eigentum dem Statut des Nürnberger Tribunals zufolge sogar als Kriegsverbrechen angesehen werden kann.

Zum dritten ist die wichtige Bestimmung des Art. 54 Abs. 2 des Zusatzprotokolls I zu erwähnen, die für die Zivilbevölkerung lebenswichtige Objekte schützt. Unter diesen Schutz fallen Nahrungsmittel, zur Erzeugung von Nahrungsmitteln genutzte landwirtschaftliche Gebiete, Ernte- und Viehbestände, Trinkwasserversorgungsanlagen und -vorräte sowie Bewässerungsanlagen. Verboten ist neben der Zerstörung auch die Unbrauchbarmachung dieser lebensnotwendigen Güter, z.B. durch chemische Substanzen. Die Güter dürfen jedoch bei zwingendem militärischen Erfordernis angegriffen werden. Es ist davon auszugehen, daß der Schutz der lebenswichtigen Objekte nur dann aufgehoben wird, wenn sie ausschließlich den Streitkräften oder zur direkten Unterstützung von militärischen Operationen dienen. In jedem Fall müssen die Kriegführenden Operationen unterlassen, die für die Bevölkerung eine Hungersnot herbeiführt oder ihr das Wasser entzieht.

Zum vierten untersagen Art. 56 des Zusatzprotokolls I und Art. 15 des Zusatzprotokolls II Angriffe auf Anlagen und Einrichtungen, die gefährliche Kräfte enthalten. Darunter werden im humanitären Völkerrecht Staudämme, Deiche und Kernkraftwerke verstanden. Angriffe auf diese sind selbst dann verboten, wenn es sich um militärische Ziele handelt, weil die Gefahren, die von diesen Zielen ausgehen, bei weitem die Auswirkungen eines rechtmäßigen Angriffs auf derartige Ziele übersteigen. Es ist daher verboten, militärische Anlagen in der Nähe von derartigen in Frage stehenden Einrichtungen und Anlagen zu errichten. Eine Ausnahme ist jedoch dann gegeben, wenn militärische Einrichtungen zur Verteidigung mit Verteidigungsbewaffnung geschaffen werden. Das Verbot des Angriffs auf Staudämme, Deiche und Kernkraftwerke wird nur dann aufgehoben, wenn diese zur regelmäßigen, bedeutenden und unmittelbaren Unterstützung von Kampfhandlungen benutzt werden und wenn der Angriff das einzige praktisch mögliche Mittel ist, um diese Unterstützung zu beenden. In jedem Falle sind jedoch vorsorgliche Maßnahmen zu treffen, um die Zivilbevölkerung und zivile Objekte zu schützen. Des weiteren wird festgelegt, daß Repressalien gegen Staudämme, Deiche und Kernkraftwerke verboten sind. Grundsätzlich sind Angriffe auf diese Objekte als schwere Verletzungen des humanitären Völkerrechts anzusehen.

Weitere Bezugnahmen im humanitären Völkerrecht auf das Wasser ergeben sich daraus, daß es eine Grundlage für die Versorgung der Kranken und Verwundeten ist, die ebenfalls den Schutz dieses Rechtszweiges genießen.

Für sie muß ebenso Wasser bereitstehen wie für das medizinische Personal. Während sich dies aus dem Sachzusammenhang ergibt, ist ausdrücklich im III. und IV. Genfer Abkommen geregelt, daß in den Lagern für Kriegsgefangene und Zivilinternierte ebenso wie bei der Evakuierung von Kriegsgefangenen ausreichend Trinkwasser vorhanden sein muß.
Da die fortschreitende Kodifizierung des humanitären Völkerrechts insbesondere auch die Rolle der Zivilschutz- und Hilfsorganisationen gestärkt hat, ist deren Rolle zu beachten. Das betrifft vor allem auch die Kompetenzen des IKRK bei der Wasserverteilung und der Reparatur der Versorgungssysteme und Reinigung der Trinkwasservorräte. Wie wichtig diese Kompetenzen sind, haben die Beispiele der bewaffneten Konflikte in der jüngsten Vergangenheit gezeigt, in denen die Wasserversorgung sehr oft unterbrochen wurde. So weist Remans darauf hin, daß das Wasser sowohl in Beirut 1989, in Bagdad 1991, in Sarajevo 1993 und in Aden 1994 unmittelbar in den Kampfhandlungen eine Rolle spielte, da es als militärisches Ziel mißbraucht wurde.[59] Der Wassermangel tötete in diesen Fällen wahrscheinlich genauso viele Menschen wie die Geschosse.
Schließlich sei darauf verwiesen, daß das Wasser nicht nur als ziviles Objekt vor Angriffen geschützt ist, sondern auch als Bestandteil der Umwelt. Art. 55 des Zusatzprotokolls I bestimmt, daß die natürliche Umwelt vor ausgedehnten, lang anhaltenden und schweren Schäden geschützt wird.

Schlußbemerkung

Das Scheitern des ILC-Entwurfs zur nichtschiffahrtsmäßigen Nutzung internationaler Wasserläufe wirft ein bezeichnendes Licht auf den Zustand der Kodifikation des internationalen Kooperationsrechts. Die Bereitschaft, die nationale Souveränität zugunsten der Staatengemeinschaftinteressen einzuschränken, ist nach wie vor gering entwickelt. Man hat sogar den Eindruck, daß mit den zunehmenden technischen Möglichkeiten der Umweltnutzung und wachsenden wirtschaftlichen Schwierigkeiten trotz der objektiven Notwendigkeit wegen der Endlichkeit der Naturressourcen der Raubbau am Wasser und anderen Medien zunimmt. Neue Konflikte sind eine zwangsläufige Konsequenz. Es bleibt deshalb nur zu hoffen, daß die Furcht vor diesen Konflikten über kurz oder lang die Staatengemeinschaft zu der Einsicht bringt, daß es keine andere Streitbeilegungsmöglichkeit gibt als die Unterwerfung unter das Völkerrecht. Letztlich ist also nur die Zurückdrängung nationaler Egoismen geeignet, das Überleben der Menschheit zu sichern.

---

59 Remans, a.a.O., S. 10 f.

Anne Schulte-Wülwer-Leidig / Koos Wieriks

Grenzüberschreitender Gewässerschutz am Rhein. Entwicklung eines ganzheitlichen, nachhaltigen Gewässerschutzes in internationaler Kooperation

Die intensive Nutzung des Rheins wie auch anderer großer Ströme ist seit Jahrhunderten eine Selbstverständlichkeit. Verschiedene, teilweise divergierende Nutzungsansprüche bedingten, insbesondere in wirtschaftlich prosperierenden Einzugsgebieten, beträchtliche Veränderungen der Flußläufe, der Täler und der Wasserbeschaffenheit. Dies alles trifft für den grenzüberschreitenden Rhein und das Rheintal in besonderem Maße zu. Nutzungsbezogene Konflikte und ökologische Probleme waren und sind somit vorprogrammiert.
Seit 1950 agiert die Internationale Kommission zum Schutze des Rheins gegen Verunreinigung (IKSR) als Abstimmungsgremium für Sanierungsprogramme zwischen den Rheinanliegerstaaten. Der Sandoz-Brand am 1. November 1986 in Schweizerhalle/Basel stellte einen Wendepunkt in der internationalen Gewässerschutzpolitik dar und war gleichzeitig Start der jetzt verfolgten Strategie eines ganzheitlichen, nachhaltigen Gewässerschutzes im Rheingebiet. Die derzeitige Entwicklung des Rheins belegt bereits die Richtigkeit des verfolgten Politikansatzes. Gleichzeitig dient die Arbeit der IKSR heute weltweit als Modell für die Gestaltung grenzüberschreitender Gewässerschutzpolitik.

Der Rhein und seine Bedeutung für Europa

Der Rhein mit einer Gesamtlänge von 1320 km verbindet als einziger Strom Europas die Alpen mit der Nordsee. Sein Einzugsgebiet ist, im Vergleich zu anderen europäischen Flußgebieten, mit ca. 185.000 km² (Donau 817.000 km², Wolga 1.380.000 km²) nicht sonderlich groß, im Vergleich zum Mississippi (Länge 6200 km, 3.900.000 km²) eher klein.
Das Rheineinzugsgebiet verteilt sich auf neun Staaten: Italien, Österreich, Liechtenstein, Schweiz, Deutschland, Frankreich, Luxemburg, Belgien, Niederlande. Deutschland hat mit ca. 100.000 km² den größten Anteil; die Schweiz, Frankreich und die Niederlande haben Anteile, die jeweils zwischen 20.000 und 30.000 km² liegen.
Die Bedeutung des Rheins hat andere Gründe. Bereits die Römer nutzten ihn als Verkehrs- und Handelsweg. Diese Infrastruktur führte damals zu ersten Stadtgründungen wie u.a. Köln, Bonn, Mainz, Straßburg. Im Mittelalter kamen Gewerbeansiedlungen, später Industriebetriebe hinzu, dies alles

möglichst direkt am Fluß. Seit Jahrtausenden bestimmt die Nutzung des Stroms und seiner Landschaft menschliches Handeln am Rhein.
Der Rhein ist Europas wichtigste Binnenwasserstraße, Duisburg der größte Binnenhafen, Rotterdam der größte Seehafen der Welt. Im Einzugsgebiet leben etwa 50 Millionen Menschen, etwa 20 Millionen sind indirekt vom Rhein als Trinkwasserquelle abhängig. Es gibt keinen Fluß, der eine höhere Dichte an Chemiewerken, anderen Industriebetrieben und Kraftwerken aufweist. Die Großräume Basel, Straßburg, Mannheim-Ludwigshafen, das Rhein-Main-Gebiet, das Ruhrgebiet, Rijnmond u.a. sind das Resultat wirtschaftlicher Entwicklungen am Rhein. Rheinwasser wird für industrielle und landwirtschaftliche Zwecke, zur Energiegewinnung, als Kühlwassser für Kraftwerke, für die Ableitung häuslicher und industrieller Abwässer und für Trinkwasserzwecke verwendet.
Gleichzeitig bilden der Rheinstrom und seine Aue natürliche, von der Flußdynamik abhängende, reich strukturierte Lebensräume für viele rheintypische Tiere und Pflanzen. Seit der letzten Jahrhundertwende reduzierten die umfangreichen nutzungsorientierten, wasserbaulichen Veränderungen des Rheinstroms und seiner Aue die natürlichen Überschwemmungsflächen auf weniger als 15 Prozent der früher vorhandenen Fläche.

Gegenläufige Interessen und ökologische Probleme

Die divergierenden Nutzungsansprüche an den Fluß führten unweigerlich zu Problemen oder Konflikten: Wasserqualitätsprobleme, ökologische Probleme und Hochwasserprobleme.
Daß das Auftreten ökologischer Probleme keine Erfindung unserer Zeit ist, belegt eine sehr frühe politische Initiative. Bereits 1449 wurde die "Straßburger Ordnung der Rheinfischerei" erlassen, weil "an vischen und vogeln uff dem Rine ettewas mercklicher abgang erstanden sin". Die Auswirkungen übermäßiger Befischung, Jagd und der Bau erster Mühlenwehre in Nebenflüssen des Rheins, die schon Hindernisse für Wanderfische bedeuteten, wie auch die Nutzung von Nebenflüssen und Bächen zur Holzbeförderung und damit einhergehender Zerstörung von Laichbiotopen waren also bereits nachweisbar, als andere negative Einflüsse noch nicht so deutlich waren. Dabei galt der Lachs viele Jahrhunderte als Brotfisch der Rheinfischerei. Die Überfischung war dann der Hauptgrund für den 1885 unterzeichneten "Staatsvertrag über die Lachsfischerei im Rhein", der auch heute noch gilt, jedoch der weiteren Abnahme der Lachsbestände am Rhein nicht Einhalt gebieten konnte.
Zwischen 1817 und 1874 hat der deutsche Ingenieur Tulla die sog. "Rheinkorrektion" geplant und realisiert, die den Flußlauf drastisch veränderte. Seine Ziele waren, Uferbewohner vor Hochwasser und Seuchen zu schützen und Aueböden nutzbar zu machen. Im Ergebnis zeigten sich jedoch rasch

unerwünschte hydrologische und ökologische Folgen. Weitere "Korrektionen" folgten im 20. Jahrhundert. Der Rhein war nun in ein festes Bett gezwängt und zwischen Basel und Hessen um mehr als 80 Kilometer verkürzt worden. Mäander verschwanden und viele Auengebiete hatten fortan keine Verbindung mehr mit der Flußdynamik. Unvorhergesehene und letztendlich nachteilige Folgen waren gleichfalls die Beschleunigung des Abflusses und die deutliche Vertiefung des Flußbettes (Sohlenerosion), die südlich des Kaiserstuhls zu Grundwasserspiegelabsenkungen von zwei bis drei Metern geführt hat und damit weitläufige Auengebiete austrocknete. Etwa im gleichen Zeitraum wurden Hoch- und Oberrhein zu Zwecken der Energiegewinnung umgestaltet. Zwischen Schaffhausen und Basel wurden zwischen 1895 und 1966 elf Laufwasserkraftwerke gebaut, die den ehemals schnellfließenden Hochrhein in eine "Wassertreppe" umwandelten. Im Oberrhein wurden im Zeitraum 1932 bis 1977 zehn Wasserkraftwerke errichtet. Gleichfalls wurden in vielen Nebenflüssen Stauwerke errichtet, so daß die natürlicherweise vorhandene Durchgängigkeit von Gewässern, die für Wanderfische untrennbar mit ihrem Lebenszyklus verbunden ist, verloren ging. Diese physischen Barrieren verhinderten somit beispielsweise, daß die Lachse ihre Laichgewässer erreichen. In der Konsequenz nahmen die Lachsfänge, die 1885 bei 250.000 gelegen hatten, bis 1935 kontinuierlich ab, bis der Bestand 1950 völlig erlosch. Dieses mußte als deutliches Alarmsignal für das Ökosystem Rhein verstanden werden.[1]

Wasserqualitätsprobleme im Rhein wurden - wie erwähnt - bereits im 15. Jahrhundert angesprochen. Aber erst Ende der 60iger Jahre des 20. Jahrhunderts, als der Rhein den traurigen Ruf als "Romantischste Kloake Europas" bereits innehatte, entwickelte sich langsam die Bereitschaft, gegenzusteuern. Das rasante Bevölkerungswachstum und die expandierende Industrie im Rheintal seit der Jahrhundertwende gingen mit einer wachsenden Verunreinigung des Rheins einher. In den Nachkriegsjahren kam es zu Produktionsausfällen, besonders in der Schwerindustrie, die kurzzeitig zu einer besseren Wasserqualität führten. Der dann einsetzende Wirtschaftsboom bewirkte das Gegenteil. So klagten die Niederländer bereits vor 50 Jahren darüber, daß insbesondere der Phenol- und Salzgehalt im Rhein die Wasserversorgung weiter Gebiete erschwert. Dennoch nahm die organische Belastung aus industriellen und kommunalen Einleitungen kontinuierlich zu. Ende der 60er Jahre war der Sauerstoffgehalt des Rheins so gering, daß Fischsterben keine Seltenheit war. Die Artenvielfalt von Fischen, Muscheln, Schnecken und Insektenlarven hatte extrem abgenommen. Nur wenige, unempfindliche Arten überlebten. Rheinfische waren wegen der Schadstoffrückstände ungenießbar und unverkäuflich. Berufsfischer am Rhein verloren ihre Lebensgrundlage.

---

[1] Friedrich, Günther / Anne Schulte-Wülwer-Leidig,: Der Rhein - das alte Sorgenkind. in: Warnsignale aus Flüssen und Ästuaren. Wissenschaftliche Fakten (Hrsg. Lozan, Jose.L.; Kausch, Hartmut) Berlin 1996, S.65-75.

Die Trinkwasserwerke im Rheingebiet gingen vermehrt dazu über, Grundwasser zu fördern oder Talsperren zu bauen, da Rheinwasser bzw. Uferfiltrat ihren Qualitätsstandards nicht mehr genügte. Die Kosten für die Bereitstellung von qualitativ gutem Trinkwasser schnellten in die Höhe.

Internationale Kooperation

Problemen an grenzüberschreitenden Flüssen wie dem Rhein kann selbstverständlich nur in internationaler Kooperation wirkungsvoll begegnet werden. Daher beschlossen die Rheinanliegerstaaten Schweiz, Frankreich, Deutschland, Luxemburg und die Niederlande bereits 1950, die internationale Kommission zum Schutz des Rheins gegen Verunreinigung (IKSR) zu gründen. Zur Verstärkung dieser Kooperation erhielt die Kommission 1963 mit der Berner "Vereinbarung über die Internationale Kommission zum Schutze des Rheins gegen Verunreinigung" eine völkerrechtliche Grundlage.[2] Als Hauptaufgaben der Kommission wurden festgehalten:

- alle notwendigen Untersuchungen zur Ermittlung von Art, Ausmaß und Ursprung der Verunreinigung des Rheins vorzubereiten, sie durchführen zu lassen,
- den Vertragsparteien geeignete Maßnahmen zum Schutze des Rheins vorzuschlagen,
- internationale Verträge zum Schutz des Rheins vorzubereiten.

Die Europäische Wirtschaftsgemeinschaft trat diesem Übereinkommen 1976 bei. Als Sitz des Sekretariats wurde Koblenz bestimmt.
Verhandlungen über den Aufbau eines Meßnetzes zur Überwachung der Rheinwasserqualität von der Schweiz bis in die Niederlande bestimmten die Kommissionsarbeit in den 50er und 60er Jahren. Konkrete Maßnahmen zur Reduzierung der immer deutlicher werdenden Stoffbelastung des Rheins wurden in der Kommission erst Anfang der 70er Jahre thematisiert. 1972 fand die erste Rheinministerkonferenz statt, die der IKSR den Auftrag erteilte, drei verbindliche Regelungen vorzubereiten, und zwar jeweils ein Übereinkommen

- zur Reduzierung der chemischen Stoffbelastung des Rheins,
- zur Reduzierung der Chloridbelastung des Rheins,
- zur Reduzierung der Wärmebelastung des Rheins.

Dieses führt natürlich zur Frage, warum die IKSR zwei Jahrzehnte benötigte, um Reduzierungsmaßnahmen zu beschließen, während die Belastungssituation des Rheins immer weiter zunahm. Die Antwort darauf ist einfach und menschlich begründet. Staaten, die in einer internationalen

---

2   Internationale Kommission zum Schutz des Rheins (IKSR): Der Rhein auf dem Weg zu vielseitigem Leben, Koblenz 1994.

Organisation zusammenarbeiten, benötigen Zeit zur Vertrauensbildung, zur Schaffung einer positiven Verhandlungsatmosphäre, zur Definition gemeinsamer Ziele und zur zielgerichteten Zusammenarbeit. Vor dem Hintergrund der im und nach dem 2. Weltkrieg gewonnenen nachbarstaatlichen Erfahrungen ist zudem die lange Phase der Vertrauensbildung in der IKSR nachvollziehbar. Sie steht gleichzeitig im Kontext des politischen Zusammenwachsens Westeuropas.

Gegenseitiges Vertrauen ist also die wichtigste Vorbedingung für internationale Zusammenarbeit. Selbst für die Rheinanliegerstaaten, die mehr oder weniger die gleiche sozio-ökonomische Ausgangslage haben, ist ausreichend Zeit für das gegenseitige Kennen- und Verstehenlernen der unterschiedlich gelagerten Probleme, Zielstellungen und Vorgehensweisen vonnöten. Dies galt insbesondere für die Anfangsphase, ist aber bei neuen Problembereichen auch heute noch gültig.

Ein anderer bedeutsamer Grund dafür, daß die Belastungsproblematik des Rheins nicht vor 1970 in Angriff genommen wurde, war die allgemeine politische Haltung gegenüber Umweltproblemen. Ende der 60er Jahre, nach der Torrey Canyon-Katastrophe[3], kamen Umweltthemen erstmals auf die politische Tagesordnung. Wasserverschmutzungsprobleme gerieten ins politische Blickfeld und viele internationale Übereinkommen wurden verabschiedet. Beispiele für die politische Akzeptanz von Umweltproblemen sind die Umweltkonferenz der Vereinten Nationen in Stockholm, das weltweit geltende MARPOL-Übereinkommen aus den Jahre 1973 zur Verhütung der Meeresverschmutzung durch Schiffe, das "OSLO-Übereinkommen zur Verhütung der Meeresverschmutzung durch das Einbringen von Abfällen durch Schiffe und Luftfahrzeuge" (Geltungsbereich Nordsee und Nordostatlantik) aus dem Jahre 1972 und das aus dem Jahre 1974 stammende "PARIS-Übereinkommen zur Verhütung der Meeresverschmutzung vom Lande aus". Auf nationaler Ebene folgten entsprechende Aktivitäten auf gesetzgeberischer und wasserwirtschaftlicher Ebene. Das positive Klima für umweltpolitische Beschlußfassungen und die drängende Belastungssituation des Rheins ebneten den Weg für Maßnahmen zur Einleitungsreduzierung im Rahmen der IKSR.

Zwischen 1970 und 1985 wurden erfolgreiche Programme zur Reduzierung der industriellen und kommunalen Abwassereinleitungen entwickelt, die im Zeitraum 1970-90 zu Investitionen von mehr als 80 Milliarden DM für den Kläranlagenbau führten. Die Sauerstoffsituation im Rhein verbesserte sich langsam, die Schwermetallgehalte nahmen ab. Sanierungsmaßnahmen setzten in dieser Zeit nur am Kläranlagenauslauf ("end-of-pipe"-Techniken) an.

1976 wurde das "Übereinkommen zum Schutze des Rheins gegen chemische Verunreinigung" (Chemieübereinkommen) unterzeichnet. Damit verpflichteten sich die Vertragsparteien einerseits, Meßstationen zu betreiben, Meß-

---

3   Erster großer Tankerunfall 1967, bei dem 121.000 Tonnen Öl vor der englischen Küste in den Ärmelkanal ausliefen.

programme durchzuführen und Informationen über das Warn- und Alarmsystem des Rheins an die jeweiligen Unterlieger weiterzugeben. Andererseits war es der IKSR dadurch auch möglich, Emissionsgrenzwerte für bestimmte gefährliche Stoffe festzusetzen. Dieser Ansatz brachte die Arbeiten aber nicht rasch genug voran, da die jeweils im IKSR-Rahmen beschlossenen Grenzwerte pro gefährlichem Stoff von den Vertragsparteien separat ratifiziert werden mußten, bevor sie in Kraft traten. Da sowohl die Verhandlungen als auch die Ratifikationsverfahren sehr lange dauerten, waren die Grenzwerte, bedingt durch die rasante technische Entwicklung, rasch überholt. Hinzu kam, daß die Grenzwerte beispielsweise für Quecksilber, Cadmium und eine Reihe organischer Stoffe nicht nur im Rheingebiet eine Rolle spielten. Dadurch war gleichzeitig die Europäische Wirtschaftsgemeinschaft gefordert, Wettbewerbsverzerrungen auszuschließen. Unglücklicherweise benötigte diese Arbeit im europäischen Rahmen gleichfalls sehr viel kostbare Zeit. Rückkopplungsprozesse auf die IKSR-Arbeit verstehen sich daher von selbst. Sehr lange diskutierte man in der Europäischen Kommission Grenzwerte für ausgewählte gefährliche Stoffe, während in Deutschland bereits seit langem ein branchenbezogener Ansatz für industrielle Einleitungen zum Einsatz kam. In diesem branchenbezogenen Ansatz wurden minimale Anforderungen für alle in einer Branche relevanten Verschmutzungsparameter festgelegt. Bei einzelnen Betrieben konnten die Anforderungen an die Einleitungen strenger sein, durften aber nie weniger streng sein. Diese unterschiedlichen Ansätze wurden im IKSR-Rahmen zwar diskutiert, aber klare Entscheidungen wurden nicht getroffen - eine schwierige Phase für die IKSR.

Äußerst schwierig gestalteten sich auch die Verhandlungen sowie die Umsetzung des 1976 unterzeichneten Chloridübereinkommens. Das Ziel war, den Salzgehalt des Rheins soweit zu verringern, daß an der deutsch-niederländischen Grenze eine Konzentration von 200 Milligramm pro Liter nicht überschritten wurde. Zum Vergleich: der natürliche Salzgehalt liegt deutlich unter 100 Milligramm pro Liter. Aus Kostengründen scheiterte die nach Prüfung aller untersuchten Varianten mögliche, schrittweise Reduzierung der Chloridbelastung. Zum Erfolg führte erst ein wirksamer Alternativplan, den die zuständigen Minister 1991 unterzeichneten und der am 1.November 1994 in Kraft getreten ist.[4]

Der Ministerauftrag, ein Wärmeübereinkommen vorzubereiten, führte neben langwierigen Verhandlungen im Rahmen der IKSR in den betroffenen Mitgliedstaaten dazu, daß die Betreiber von Kraftwerken und Industrieanlagen den Bau von Kühltürmen bereits einplanten. Die zuständigen Minister erklärten 1988 nochmals, daß der Rhein vor Erwärmung zu schützen sei.

---

4 Durth, Rainer: Der Rhein - Ein langer Weg zum grenzüberschreitenden Umweltschutz, in: Aus Politik und Zeitgeschichte. Beilage zur Wochenzeitung Das Parlament, B7/1996, S. 38-47.

Ein verbindliches Übereinkommen wurde nicht mehr für erforderlich gehalten. Die IKSR stellte diese Arbeiten 1989 ein.
Zu Beginn der 80er Jahre kamen verschiedene Problempunkte zusammen. Einerseits gab es erste Erfolge bei der Reduzierung von Schwermetallen und anderen gefährlichen, organischen Schadstoffen. Der Sauerstoffgehalt im Rhein und die Biodiversität nahmen langsam wieder zu. Mit dem zwischenzeitlich entwickelten Überwachungsprogramm konnte die einsetzende positive Entwicklung dokumentiert werden.
Andererseits konnte das Zurückdrängen der Belastung mit weiteren Schadstoffen trotz des Übereinkommens nicht adäquat in Angriff genommen werden. Der auf Vorschriften aufbauende, sehr detaillierte Ansatz des Chemieübereinkommens blockierte die Realisierung der eigenen (positiven) Zielstellungen. Der ehrgeizige Ansatz verkomplizierte und verlangsamte die Verhandlungen. Diese Situation dauerte bis 1986, als eine Umweltkatastrophe dem Gewässerschutz am Rhein deutlichen Auftrieb gab. Dieses ist eine Tatsache, die bei umweltpolitischen Entscheidungen immer wieder zum Tragen kommt.

Der Sandoz-Unfall und das Aktionsprogramm Rhein

Ein Unfall in einem schweizerischen Chemiewerk legte Verletzlichkeit und vorhandene Bedrohungen des Rheinökosystems offen. Bedingt durch den Brand in einem Chemikalienlager der Sandoz AG in der Nähe von Basel gelangten am 1. November 1986 mit dem Löschwasser etwa zehn Tonnen giftiger Insektizide, Fungizide und Herbizide in den Rhein und töteten fast das gesamte aquatische Leben stromabwärts bis zur Loreley in der Nähe von Bingen/Koblenz. Der Rhein geriet durch das massive Aalsterben in den Blickpunkt der Öffentlichkeit, nicht nur in den Anrainerstaaten, sondern weltweit.
Unterstützt durch das gestiegene Umweltbewußtsein erfuhr die internationale Gewässerschutzpolitik eine deutliche Aufwertung und Erweiterung. In kurzen Abständen folgten drei Rheinministerkonferenzen. Am 1.Oktober 1987 beschlossen die Minister das Aktionsprogramm Rhein (APR), das im Rahmen der IKSR erarbeitet worden war.
Häufig wird argumentiert, daß der Sandoz-Unfall für den Rhein ein Glücksfall war. Es ist sicherlich richtig, daß zur damaligen Zeit die öffentliche Sensibilität für Umweltbelange sehr hoch war und diese Probleme in vielen Staaten zur Tagespolitik gehörten. Vor diesem Hintergrund stellte der Unfall eine Möglichkeit dar, umweltpolitischen Handlungswillen zu demonstrieren. Termine für Unfälle sind sicherlich nicht planbar; in diesem Sinne könnte der Begriff Glücksfall gerechtfertigt sein. Aber festgehalten werden muß, daß die im Aktionsprogramm enthaltenen Ziele für die Sanierung des Rheins auf der fundierten, bereits institutionalisierten Zusammenarbeit im

IKSR-Rahmen aufbauten. Die Kombination: öffentliche Sensibilität, der Brandunfall und die bestehende internationale Zusammenarbeit bildeten somit eine exzellente Ausgangsbasis für das Aktionsprogramm Rhein.[5] Folgende Ziele sollten - spätestens im Jahr 2000 - erreicht sein:

- das Ökosystem des Rheins ist als Ganzes wiederherzustellen, die Wasserqualität ist soweit zu verbessern, daß früher heimische Arten wie Lachs und Meerforelle zurückkehren können,
- das Wasser des Rheins soll auch künftig unserer Trinkwasserversorgung dienen,
- die Schadstoffbelastung der Flußsedimente ist soweit zu verringern, daß die Sedimente jederzeit an Land aufgespült oder ins Meer eingebracht werden können.

1988 zeigten sich riesige Algenteppiche auf Teilen der Nordsee. Diese wiesen auf die engen Zusammenhänge zwischen der Belastung aus Flüssen und den Wirkungen im marinen Bereich hin. Deshalb fügten die Rheinminister 1989 dem Aktionsprogramm ein weiteres Ziel hinzu:

- die Stabilisierung des ökologischen Zustandes der Nordsee.

Dieses Aktionsprogramm markiert einen wichtigen Schritt im internationalen Gewässerschutz, da neben der Wasserqualität erstmals der ökologische Aspekt in das Sanierungsprogramm einbezogen wurde. Diese Erweiterung des Gewässerschutzrahmens legte den Grundstein für einen ganzheitlichen, ökologisch orientierten Gewässerschutz am Rhein. Damit waren fortan nicht nur Maßnahmen zur Reduzierung der Schadstoffbelastung, sondern auch die Verbesserung des Ökosystems, also strukturelle Gewässersanierungen einbezogen. Erreicht werden sollten diese Ziele durch

- Reduzierung der Belastung aus direkten punktuellen Einleitungen (Industrie und Kommunen) und indirekten, diffusen Einträgen (Atmosphäre, Landwirtschaft),
- Verringerung der Störfall-Gefährdung durch höhere betriebliche Sicherheitsstandards,
- morphologische und hydrologische Lebensraumverbesserungen für Flora und Fauna des Rheins und seiner Aue.

Das Programm sollte in drei Phasen realisiert werden. Die erste Phase - bis 1989 - diente der Ausarbeitung des Programms: Bestandsaufnahme und Zustandsbeschreibung des Rheins, Definition von für den Rhein gefährlichen, sogenannt prioritär zu reduzierenden Schad- und Nährstoffen, Festlegung von Mindestanforderungen für kommunale Einleitungen, etc. Mit dem Jahr 1995 ging die zweite Phase, die Umsetzung der erforderlichen Sanierungsmaßnahmen zu Ende.

---

5   Internationale Kommission zum Schutz des Rheins (IKSR): Das Aktionsprogramm Rhein, Koblenz 1987.

So legte das Aktionsprogramm Rhein beispielsweise als eine politische Zielsetzung fest, die Schadstoffeinleitungen von 45 Stoffen im Zeitraum 1985 bis 1995 um mindestens 50 Prozent zu reduzieren. Eine Zwischenbilanz für das Jahr 1992 zeigte den Erfolg dieses Ansatzes. Für zehn Stoffe (u.a. Atrazin, DDT, Dioxine) gab es 1992 keine punktuellen Einleitungen mehr in den Rhein. Bei 20 weiteren (u.a. Cadmium, Chrom, Benzol) konnten die Einleitungen zwischen 80 und 100 Prozent reduziert werden. Für zehn Stoffe lag die Reduktionsquote zwischen 50 und 79 Prozent. Lediglich für drei Substanzen konnte 1992 das für 1995 anvisierte Ziel noch nicht erreicht werden. Die Sanierungsmaßnahmen haben somit wesentlich schneller und umfassender gegriffen, als die politische Zielsetzung es vorsah.[6] Diese IKSR-Publikation weist namentlich alle Großeinleiter im Rheineinzugsgebiet auf und legt die 1985 und 1992 in den Rhein eingeleiteten Schadstoffmengen offen. Vor dem Sandoz-Unfall wäre eine solche Offenlegung von Einleitungsdaten illusorisch gewesen.

Vergleicht man diesen Erfolg mit der Belastungssituation Ende der 70er und Anfang der 80er Jahre, so spiegelt sich das gestiegene öffentliche Umweltbewußtsein und die Bereitschaft der Industrie, in den Umweltbereich zu investieren, Ende der 80er Jahre deutlich wider. Es ist sicherlich davon auszugehen, daß diese Bereitschaft durch den mit dem Sandoz-Unfall einhergehenden Vertrauensverlust in die chemische Industrie stimuliert wurde.

1988 verschärften die Rheinminister die Anforderungen an den Wirkungsgrad und an die Stickstoff- und Phosphorrückhaltung der kommunalen Kläranlagen, die bis zum Jahr 2000 umzusetzen sind. Der Anschlußgrad im Rheingebiet ist bis dahin von 80 Prozent auf 90 Prozent zu erhöhen. Hinzu kamen für die Mitgliedstaaten der Europäischen Union die Anforderungen der Richtlinie 91/271/EWG über die Behandlung von kommunalem Abwasser mit der Frist 1998.

Für die weitere Reduzierung industrieller Schadstoffeinleitungen wurde ein neuer branchenbezogener Ansatz entwickelt, der an der Verwendung und Weiterverarbeitung wassergefährdender Stoffe sowie an der Abwasseraufbereitung ansetzt. Dazu wird die nach dem jeweiligen internationalen Stand der Technik umwelt- und insbesondere Rheinverträglichste Technologie festgelegt. Dies geschah bisher für die Zellstoffherstellung sowie für die Papier- und Pappeindustrie, für die Oberflächenbehandlung von Metallen, in den Grundzügen auch für die Organische Chemie. Dabei werden in den Anrainerstaaten den Betrieben nur Einleitungserlaubnisse erteilt, wenn Menge und stoffliche Zusammensetzung der Abwasserströme offengelegt werden. Grundsätzlich gilt auch das Prinzip der Nichtverlagerung in andere Umweltbereiche, z.B. Boden oder Luft.

Die umfangreichen Sanierungsmaßnahmen im Emissionsbereich in allen Rheinanliegerstaaten führten zu deutlichen Verbesserungen der Wasserqua-

---

6 Internationale Kommission zum Schutz des Rheins (IKSR): Aktionsprogramm Rhein, Bestandsaufnahme der punktuellen Einleitungen prioritärer Stoffe - 1992, Koblenz 1994.

lität. Der Sauerstoffgehalt des Rheins kann heute vom Ober- bis zum Unterlauf als zufriedenstellend betrachtet werden. Die Artenzahl an Fischen, Schnecken, Muscheln, Insektenlarven etc.[7] ist deutlich gestiegen und erste Lachse steigen wieder in den Rhein auf. Trotz dieser großen Erfolge dürfen die noch bestehenden Probleme, die sich zum einen auf diffus eingetragene Stoffe wie Pflanzenschutzmittel und Nährstoffe und zum anderen auf die großen Gewässerstrukturveränderungen am Rhein beziehen, nicht verschwiegen werden.

Ökosystem Rhein - LACHS 2000

Der politische Wille, das Ökosystem soweit zu verbessern, daß Wanderfische wie Lachse und Meerforellen zurückkehren und im Rhein wieder heimisch werden, wurde im Ökologischen Gesamtkonzept für den Rhein konkretisiert.[8] Dieses hat zwei Schwerpunkte:
- Wiederherstellung des Hauptstroms als Rückgrat des Ökosystems,
- Schutz, Erhalt und Verbesserung ökologisch wichtiger Bereiche.

Die Rückkehr des Lachses ist Symbol für die Verbesserung des gesamten Rheinökosystems. Dieses Symbol vereint sowohl die Ansprüche an die Wasserqualität als auch die Gewässerstruktur, d.h. an einen intakten Fischlebensraum. Neben den umfangreichen Maßnahmen zur Verringerung der stofflichen Belastung waren gleichzeitig und sind auch künftig umfangreiche wasserbauliche Aktivitäten vonnöten. Diese beziehen sich auf die Wiederherstellung der Durchwanderbarkeit des Rheins und seiner Nebenflüsse. Dies ist notwendig, da Wanderfische bekanntlich zur Reproduktion wieder in ihre Heimatbäche aufsteigen. Nicht mehr notwendige Wehre wurden oder werden noch beseitigt, andere mit sogenannten Fischaufstiegseinrichtungen (Fischpässen, Umleitungsrinnen etc.) ausgerüstet, so daß die Wehre fortan keine Wanderhindernisse mehr bilden. Altarme und kleine Nebengewässer werden wieder an die Flußdynamik angeschlossen, um Laich- und Jungfischhabitate wiederherzustellen. Da der Rheinlachsstamm nicht mehr existent ist, werden für das Wiedereinführungsprogramm Lachseier aus anderen europäischen Wildstämmen verwendet, die in speziellen Brutanstalten aufgezogen werden und als Sälmlinge in den Rheinnebenflüssen ausgesetzt werden. Ein Teil dieser Maßnahmen wird derzeit mit finanzieller Unterstützung der Europäischen Union in den Rheinanliegerstaaten umgesetzt.
Dieses sogenannte LACHS-2000-Programm der IKSR hat die Entwicklung eines ganzheitlichen Gewässerschutzes, der Qualitäts- und ökologische Fra-

---

7 Internationale Kommission zum Schutz des Rheins (IKSR): Das Makrozoobenthos des Rheins 1990-1995 im Rahmen des Aktionsprogramms Rheins, Koblenz 1996.
8 Internationale Kommission zum Schutz des Rheins (IKSR): Ökologisches Gesamtkonzept für den Rhein "Lachs 2000", Koblenz 1991.

gen gleichzeitig behandelt, in hervorragender Weise stimuliert. Das Festmachen des umfassenden Rhein-Sanierungsprogramms an einem Symbolorganismus, dem Lachs, hat sich zudem als politisch ausgesprochen zielführend herausgestellt. Die Öffentlichkeit in allen Rheinanliegerstaaten konnte sich mit dieser Zielsetzung relativ rasch identifizieren, entweder aufgrund der eigenen Erfahrungswelt oder durch Überlieferungen. Zahlreiche Nebenbäche, Orts- oder Gasthausnamen, Gemälde etc. erinnern an den ehemals großen Lachsreichtum des Rheins und seiner Nebenflüsse.

Von der Schweiz bis in die Niederlande wird seit 1989 mit Enthusiasmus an der Realisierung des LACHS-2000-Programms gearbeitet und die internationale Presse verfolgt die Aktionen mit großem Interesse. Die ersten Erfolge des Wiedereinführungsprogramms geben den Akteuren recht. Etwa 80 laichreife Lachse sind nachweislich bis Ende 1996 aus der Nordsee wieder in den Rhein aufgestiegen, davon etwa 20 bis zur 700 km stromaufwärts gelegenen Staustufe Iffezheim. Die natürliche Vermehrung konnte 1992 gleichfalls wissenschaftlich nachgewiesen werden. Dennoch sind viele weitere große Anstrengungen erforderlich, um im Rhein wieder sich selbst erhaltende, kleinere Lachsbestände zu etablieren. Die Wiederherstellung des früher vorhandenen Lachsreichtums ist aufgrund fehlender Habitatflächen jedoch nicht mehr realisierbar.

Das Programm zeigt deutlich die Wirksamkeit internationaler Kooperation zwischen den Rheinuferstaaten. Wichtig sind gemeinsam beschlossene, ambitionierte Ziele im Rahmen der internationalen Zusammenarbeit. In den Staaten werden diese Ziele national, regional bzw. lokal in konkrete Aktionen umgesetzt. Wichtig ist dabei, daß alle Staaten entsprechend ihrer Struktur und Gesetzgebung ihre Maßnahmen auf das international anzustrebende Ziel ausrichten, d.h. nicht, daß in allen Anrainerstaaten gleichförmig durchgeführte Maßnahmen oder harmonisierte Methoden für die Zielerreichung ausschlaggebend sind. Wenn es jedoch für die Zielerreichung erforderlich war, sind in einigen Anrainerstaaten rechtliche Anpassungen vorgenommen worden, wobei die rechtlichen Gestaltungsmöglichkeiten jedoch durch die internationalen Vereinbarungen für die Staaten relativ offen blieben.

Hochwasser 1993 und 1995

Im Dezember 1994 beschloß die 11. Rheinministerkonferenz, die internationale wasserwirtschaftliche Zusammenarbeit am Rhein auf Wassermengenfragen auszudehnen. Diese Entscheidung bildete den nächsten Schritt in Richtung einer ganzheitlich ausgerichteten Gewässerschutzpolitik, die qualitative, quantitative und ökologische Aspekte gleichzeitig berücksichtigt.

Politisch verstärkt wurde dieser integrierende Gewässerschutzansatz nach dem erneuten extremen Rheinhochwasser Anfang 1995 durch den speziellen

Ministerauftrag (Arler Erklärung, 4.2.1995) an die IKSR, für das Einzugsgebiet des Rheins einen Aktionsplan "Hochwasser" zur Verbesserung der Hochwasservorsorge und zur Verringerung der Hochwasserschäden auszuarbeiten. Erwartet wird, daß die Erfolge des Aktionsprogramms Rhein, die dank der guten Zusammenarbeit zwischen den Rheinanliegerstaaten und des effizienten, ganzheitlichen und programmatischen Vorgehens realisiert werden konnten, sich bei der Behandlung der Hochwasserproblematik wiederholen lassen.

Die IKSR hat die Bearbeitung des Aktionsplans im März 1995 in Angriff genommen. Ende 1995 wurde die Arbeiten an einer internationalen Strategie zur Verbesserung der Hochwasservorsorge und zur Verringerung von Hochwasserschäden abgeschlossen und kurz danach publiziert.[9] Deren wichtigste Schlußfolgerung ist, daß Hochwasser nicht verhindert werden kann, aber daß Hochwasserschäden durch ein entsprechendes international abgestimmtes Hochwasserflächenmanagement minimiert werden können. Zehn Leitsätze wurden formuliert, die nur zusammen und ineinandergreifend die Hochwasservorsorge am gesamten Rheinstrom verbessern können.

1996 wurde eine umfangreiche Analyse des existierenden Hochwasserschutzes am Rhein erstellt. Daraus geht eindeutig hervor, daß Hochwasserschutz bisher vornehmlich unter regionalen und lokalen Gesichtspunkten gesehen und betrieben wurde. Als einzige Ausnahme von dieser Regel ist der deutsch-französische Vertrag von 1982 anzusehen, der den vor dem Oberrheinausbau vorhandenen Hochwasserschutz wiederherstellen sollte. In seiner Gesamtheit war der Rhein unter Hochwassergesichtspunkten vorher nicht betrachtet worden. Diese Lücke soll mit dem Aktionsplan "Hochwasser" geschlossen werden, der den Rheinministern Ende 1997/Anfang 1998 zur Entscheidung vorgelegt wird. Weitere Schwerpunkte bilden die bestehenden Hochwassermelde- und -vorhersagesysteme am Rhein und deren internationale Verknüpfung.

Die Aufstellung des internationalen Aktionsplans zur Verbesserung der Hochwasservorsorge und zur Verminderung der Hochwasserschäden fordert erneut und umfassender als je zuvor grenzüberschreitende Solidarität. Die Bestandsaufnahmen haben gezeigt, daß ein enger regionaler und lokaler Denk- und Aktionsradius der komplexen Hochwasserproblematik nicht gerecht wird. Technische Lösungen wie Eindeichungen und ggf. Begradigungen zum schnelleren Wasserabfluß bilden Hochwasserschutzmaßnahmen, aber alle diese Maßnahmen hatten Folgewirkungen flußabwärts, die bislang häufig unberücksichtigt blieben. So wird es die große Zukunftsaufgabe der IKSR sein, die Anrainer von der Notwendigkeit des solidarischen Denkens auch in diesem Problemfeld zu überzeugen.

Gleichzeitig bietet die IKSR die Möglichkeit, Maßnahmen zur Hochwasservorsorge und zur ökologischen Aufwertung des Rheins bereits in der Pla-

---

9   Internationale Kommission zum Schutze des Rheins (IKSR): Grundlagen und Strategie zum Aktionsplan Hochwasser, Koblenz 1995.

nungsphase sinnvoll miteinander zu verknüpfen. Die praktische Umsetzung vor Ort, z. B. bei Auenreaktivierungen, wird sicherlich wegen der Vielzahl der berührten Interessen äußerst kompliziert und nicht kurzfristig realisierbar sein.

Verschmutzungs- und Hochwasserprobleme gibt es natürlich nicht nur am Rhein. Ähnliche Problemlagen existieren beispielsweise an Maas und Schelde, für die ähnliche Strategien und Problemlösungen diskutiert werden. Gleichfalls hat die Europäische Kommission nach den Hochwasserereignissen 1995 mit politischen Initiativen im Bereich der Raumordnung reagiert.

Diese wertvolle Initiative der Europäischen Union zur Verbesserung der Hochwasservorsorge eröffnet Aktionsmöglichkeiten, die in enger Zusammenarbeit mit der Wasserwirtschaft sehr effizient sein können. So können durch die raumordnerische Planung hochwassergefährdete Gebiete von Bebauung freigehalten, spezielle Überschwemmungsgebiete oder Rückhalteräume ausgewiesen und über die Festlegung der Bodennutzung die Infiltrationskapazität der Böden im Einzugsgebiet erhöht werden.

So viele Initiativen und unterschiedliche Aktionsbereiche mit unterschiedlichen Akteuren benötigen eine ausgewogene Koordination zwischen den verschiedenen Arbeitsgruppen und betroffenen Organisationen. Das zuvor beschriebene Beispiel zeigt die Komplexität der internationalen Zusammenarbeit bei der Lösung von Wasserproblemen, die - wenn sie zudem gleichzeitig auf der Ebene unterschiedlicher Wassereinzugsgebiete (Rhein, Mosel/Saar, Maas, Schelde) behandelt werden - eine noch weitergehende Koordination erfordern.

Struktur und Funktionsweise der IKSR

Die Arbeitsstruktur der IKSR wurde entsprechend den politischen und inhaltlichen Vorgaben mehrfach angepaßt. So wurde die Kommission letztmalig 1995, nach der Einbeziehung der Hochwasserfragen, reorganisiert. Rheinministerkonferenzen finden in unregelmäßigen Abständen statt, um politische Willenserklärungen in Form von Ministerkommuniques abzugeben. Die Kommission selbst setzt sich aus hochrangigen Ministerialbeamten aus den Anrainerstaaten zusammen, die jährlich zu einer Plenarsitzung zusammenkommen, um über Vorschläge für Sanierungsmaßnahmen, Meß- und Untersuchungsprogramme u.a. zu beschließen, die als Empfehlungen an die Vertragsparteien gerichtet werden. Alle Beschlüsse der Kommission werden einstimmig gefaßt, eine Stimmenthaltung steht der Einstimmigkeit nicht entgegen. Es wird also deutlich, daß die zuvor erläuterten, gemeinsam erarbeiteten Sanierungsprogramme auf einstimmig in der IKSR gefaßten Beschlüssen beruhen und von den Vertragsparteien der Beschlußlage entsprechend auf eigenem Hoheitsgebiet umgesetzt wurden.

Eine Koordinationsgruppe tagt viermal jährlich und ist für die Vorbereitung der Plenarsitzung, die aktuelle Arbeitsplanung und Koordinierung aller IKSR-Arbeits- und Projektgruppen zuständig. Drei ständige Arbeitsgruppen decken die Bereiche "Gewässerqualität", "Ökologie" und "Emissionen" ab. In zwei zeitlich befristeten Projektgruppen wird zum einen der Aktionsplan "Hochwasser" und zum anderen das neue "Übereinkommen für den Schutz des Rheins" vorbereitet. Die Novellierung des Übereinkommens wurde erforderlich, um den ganzheitlichen Gewässerschutz am Rhein festzuschreiben und den neu hinzugekommenen Kompetenzbereichen "Hochwasserfragen" und "Ökologie" eine völkerrechtliche Grundlage zu geben.
Falls erforderlich, können zur Bearbeitung spezieller Fragestellungen zusätzlich zeitlich befristete Expertenkreise eingerichtet werden. Jede Gruppe besteht aus ein bis drei Personen pro Vertragspartei.
Die Arbeit der Kommission wird von einem kleinen, international besetzten Sekretariat unterstützt.
Eine recht neue Entwicklung in der IKSR ist die größere Offenheit gegenüber Nichtregierungsorganisationen. In Form von Anhörungen wird ein Informationsaustausch angestrebt, der zu einem verbesserten gegenseitigen Problemverständnis führen soll. Bei dem ersten IKSR-Symposium im März 1996 kamen alle wichtigen Nichtregierungsorganisationen zu Wort, um ihre Sicht über den heutigen und künftigen Zustand des Rheins darzulegen. Neben den Anhörungen finden verschiedene themenbezogene Fachgespräche mit diesen Organisationen statt. Dieser Informationsaustausch und damit die Einbeziehung wichtiger Nutz- und Schutzinteressengruppen wird künftig regulärer Bestandteil der IKSR-Aufgaben sein.

Überblick über grenzüberschreitende Zusammenarbeit im Gewässerschutz

Wasser steht in den meisten Ländern Europas in ausreichender Menge zur Verfügung. Der hohe Wert qualitativ reinen Wassers wird den Nutzern aber erst bewußt, wo es knapp oder gar nicht verfügbar ist. Weltweit sind größte Anstrengungen für die Wasserbereitstellung erforderlich, um Epidemien durch Wasserverseuchungen und Verteilungskriege um knappe Ressourcen zu vermeiden. Daher wurde dem Schutz der Güte und Menge der Süßwasserressourcen in der Agenda 21 der Umweltkonferenz 1992 in Rio viel Raum gelassen.
Die drohende Verknappung der Süßwasserressourcen führte am 22. März 1996 zur Gründung des Weltwasserrates mit Sitz in Marseille. Dieser Rat soll die Kräfte und Initiativen aller Institutionen bündeln und verstärken, die darauf gerichtet sind, auch künftigen Generationen in ausreichendem Maße Wasser zu sichern.

Seit 1971 arbeitet die UNO-Völkerrechtskommission (ILC) an einer globalen Konvention zum Recht der nicht schiffahrtsmäßigen Nutzung internationaler Wasserläufe, die sich wegen äußerst kontroverser Interessenlagen immer noch im Entwurfsstadium befindet.
Hingegen konnte eine auf Europa begrenzte Gewässerkonvention im Rahmen der ECE in relativ kurzer Zeit zum Abschluß gebracht werden. Am 18. März 1992 wurde in Helsinki von 22 Staaten und der Europäischen Gemeinschaft das "Übereinkommen zum Schutz und zur Nutzung grenzüberschreitender Wasserläufe und internationaler Seen" (Helsinki-Konvention) unterzeichnet. Die Konvention tritt am 90. Tag nach Hinterlegung der 16. Ratifizierungsurkunde in Kraft. Die Konvention verpflichtet die Vertragsparteien, alle geeigneten Maßnahmen zur Verhütung, Bekämpfung und Verringerung jeder grenzüberschreitenden Beeinträchtigung zu treffen. Des weiteren sollen Anrainerstaaten von Flußgebieten gemeinsame Gremien zum Schutz und zur Nutzung der grenzüberschreitenden Wasserläufe schaffen. Wie zuvor ausgeführt, ist letzteres beim Rhein bereits seit 1950 der Fall. Die erfolgreiche Zusammenarbeit in der IKSR, wie auch in den gleichlautenden Kommissionen für Saar und Mosel, die 1962 ins Leben gerufen wurden, wurde zum Modell für andere Flußgebiete. Im Oktober 1990 wurde das Übereinkommen zum Schutz der Elbe unterzeichnet, 1994 der Vertrag über die Donauschutzkommission. 1994 wurden gleichfalls die Kommissionen für Maas und Schelde gegründet. 1996 wurde schließlich die Oderkonvention unterzeichnet.[10]
Am 8. Oktober 1990 unterzeichneten die damalige CSFR, Deutschland und die Europäische Gemeinschaft die Vereinbarung über die Internationale Kommission zum Schutz der Elbe (IKSE). Sitz der Kommission und des Sekretariates ist Magdeburg. Mit einem 1991 beschlossenen Sofortprogramm zur Reduzierung der Schadstofffrachten in der Elbe und ihrem Einzugsgebiet konnten im Zeitraum 1992-1995 bereits beachtliche Sanierungserfolge erzielt werden. Im Rahmen dieses Programms wurden in der Tschechischen Republik und in den deutschen Bundesländern insbesondere 119 große kommunale und darüber hinaus mehrere 100 kleine Kläranlagen fertiggestellt. Für die großen Kläranlagen in der Tschechischen Republik wurden mehr als acht Milliarden Tschechische Kronen und für die 87 großen Kläranlagen in der Bundesrepublik Deutschland rund vier Milliarden DM investiert.[11].
Dem Sofortprogramm folgte das 2. politische Sanierungsprogramm, das „Aktionsprogramm Elbe" für den Zeitraum von 1996 bis 2010, das von der IKSE erarbeitet und von der 2. Elbeministerkonferenz 1995 politisch be-

---

10   Bundesumweltministerium: Umweltpolitik - Wasserwirtschaft in Deutschland, Bonn 1996.
11   Internationale Kommission zum Schutz der Elbe (IKSE): Symposium - 5 Jahre IKSE - Prag, den 19.10.1995, Magdeburg 1996.

schlossen wurde.[12] Mit der Realisierung dieses Programms soll bis zum Jahre 2000 erreicht werden, daß

- das Uferfiltrat der Elbe mit einfachen Aufbereitungsverfahren zur Trinkwasserversorgung verwendet werden kann,
- die Qualität des Elbewassers die natürliche Entwicklung der Fischfauna und Fischerei wieder ermöglicht,
- das Elbewasser für landwirtschaftliche Bewässerung genutzt werden kann

und bis zum Jahre 2010

- die feinen Sedimente wieder landwirtschaftlich verwendet werden können und
- die aquatischen Lebensgemeinschaften sich möglichst dem natürlichen Zustand nähern.

Mit diesen Zielsetzungen wird gleichzeitig ein wichtiger Beitrag zur Entlastung der Nordsee geleistet.
Hervorzuheben ist, daß aufgrund der politischen Nachkriegssituation an der Elbe viele Flußabschnitte von der Quelle im Riesengebirge über das Biosphärenreservat "Mittlere Elbe" bis zur Mündung in die Nordsee weitgehend naturnah geblieben sind. Die dort herrschende Vielfalt der für Auenlandschaften typischen verschiedenartigen Lebensräume mit annähernd intakten Lebensgemeinschaften ist im mitteleuropäischen Raum sehr selten. Am intensiv genutzten Rhein können heute nur in geringem Maße frühere Fehlentwicklungen korrigiert werden. An der Elbe geht es daher in erster Linie um den Erhalt dieses weitgehend naturnahen Stroms, bzw. soweit erforderlich, um dessen Regeneration.
Am 29. Juni 1994 wurde in Sofia das "Übereinkommen über die Zusammenarbeit zum Schutz und zur umweltverträglichen Nutzung der Donau" unterzeichnet. Beteiligt sind derzeit Deutschland, Österreich, die Tschechische Republik, die Slowakei, Ungarn, Slowenien, Kroatien, Bulgarien, Rumänien, die Ukraine, Moldavien und die Europäische Gemeinschaft. Serbien und Montenegro sowie Bosnien-Herzegowina können dem Übereinkommen noch beitreten. Sitz der Kommission und des Sekretariates ist Wien.[13]
Am 11. April 1996 wurde in Breslau der "Vertrag über die Internationale Kommission zum Schutz der Oder gegen Verunreinigung" von Deutschland, Polen, der Tschechischen Republik und der Europäischen Gemeinschaft unterzeichnet. Die Kommission mit Sitz in Breslau hat auf interimistischer Basis ihre Arbeiten aufgenommen. Als vorrangige Aufgabe wird die Reali-

---

12 Internationale Kommission zum Schutz der Elbe (IKSE): Aktionsprogramm Elbe, Magdeburg 1995
13 Zur Donau siehe den Beitrag von Günther-Michael Knopp und Dietrich Pfündl in diesem Band.

sierung eines Sofortprogramms - wie an der Elbe bereits geschehen - zur Reduzierung der Schad- und Nährstoffbelastung angesehen.

Die IKSR und ihr Modellcharakter

Unmittelbar erkennbar wird, daß bei den zuvor beschriebenen Gründungen der Flußkommissionen die IKSR als Modell gedient hat. Die Konventionen enthalten nicht nur im wesentlichen die gleichen Inhalte, auch der Aufbau der Kommissionen, die Zusammensetzung der Delegationen, die Arbeitsweisen sind - angepaßt an die flußgebietsspezifischen Charakteristika - sehr ähnlich. Kann daraus aber der Schluß gezogen werden, daß dieses Modell weltweit für grenzüberschreitende Flußsysteme anwendbar ist, oder müssen für die erfolgreiche Übertragung weitere Vorbedingungen erfüllt sein?
Die Erfahrungen mit der Elbeschutzkommission zeigen, daß die Übertragbarkeit unter bestimmten Voraussetzungen möglich ist.
Für den Erfolg der IKSR-Aktivitäten wurde auf die annähernd gleichen sozio-ökonomischen und politischen Verhältnisse in den Anrainerstaaten hingewiesen, die eine konstruktive Zusammenarbeit im Gewässerschutz ermöglichten. Gleichzeitig existieren keine grundlegenden politischen Differenzen. Dieses war für die Elbe nicht immer der Fall. Beispielsweise lehnte die DDR seinerzeit wegen des zwischen beiden deutschen Staaten umstrittenen Grenzverlaufs in der Elbe jahrelang Verhandlungen über eine Elbeschutzkommission ab. Erst die fundamentale Änderung der Weltpolitik, die Beendigung des "Kalten Krieges" zwischen Ost und West, ließ positive Verhandlungsergebnisse über Gewässerschutzfragen und die weiteren Gründungen von Flußkommissionen zu.
Das wirtschaftliche Gefälle zwischen den "westlichen" Staaten und den Reformstaaten vereinfacht die Zusammenarbeit in Flußkommissionen sicherlich nicht. Die Ergebnisse in der Elbeschutzkommission belegen jedoch, daß wirksame Maßnahmen zur Reinhaltung realisierbar sind. Die Situation in der Donauschutzkommission erweist sich derzeit als wesentlich schwieriger. Neben den beiden "westlichen" Ländern Deutschland und Österreich und einigen Reformländern mit günstiger wirtschaftlicher Entwicklung, wie die Tschechische Republik und Ungarn, gehören der Donaukommission die Nachfolgestaaten Jugoslawiens sowie Bulgarien, Rumänien u.a. an, deren wirtschaftliche Entwicklungen eine gleichgewichtige Donausanierung noch nicht erlauben. Dennoch wird die Arbeit im Rahmen der Donaukommission zu einem abgestimmten Vorgehen führen und dadurch synergetische Effekte hervorrufen. Unterstützt wird dies auch durch entsprechende internationale Finanzhilfen für überregionale Prioritäten. Nicht zuletzt wird die gemeinsame Kommissionsarbeit vertrauensbildend wirken und über den Weg der gemeinsamen Verantwortung für die lebenswichtigen Wasserressourcen das Zusammenwachsen der Völker unterstützen.

Aus diesen Fakten kann geschlossen werden, daß der IKSR heute weltweiter Modellcharakter zugesprochen werden kann, wenn bestimmte Vorbedingungen erfüllt sind. Darüber, daß auch dies ein langer Weg war und viele positive und negative Erfahrungen gesammelt werden mußten, wurde eingangs berichtet. Anfragen zum Modell "Rheinschutzkommission" erreichen die IKSR heute aus Asien, Afrika und Amerika. Sie zeigen der IKSR, daß der freiwillige, staatenübergreifende, zielgerichtete Zusammenschluß zur Erreichung von Gewässerschutzzielen und das bei der IKSR erprobte programmatische Vorgehen auch andernorts als geeigneter Weg angesehen wird. Selbstverständlich wird auch die IKSR von den an anderen internationalen Flußeinzugsgebieten gewonnenen Erfahrungen profitieren.

Allerdings sind Flußkommissionen sicherlich nicht in der Lage, grundsätzliche politische Konflikte oder Spannungen zwischen Anrainerstaaten auszuräumen. Diese Fragen sind auf einer anderen politischen Ebene zu lösen. Existiert jedoch der politische Wille zu einer Zusammenarbeit im Rahmen von Flußkommissionen in den Anrainerstaaten, bilden diese ein geeignetes Forum unter Beibehaltung der staatlichen Souveränität, einen Interessenausgleich in bezug auf den Schutz und die nachhaltige Nutzung grenzüberschreitender Gewässer zwischen allen Staaten herbeizuführen, die sich ein Flußgebiet teilen.

Günther-Michael Knopp/Dietrich Pfündl

Deutschlands und Europas Erfahrungen in der Nutzung grenzüberschreitender Gewässer - dargestellt am Beispiel der Donau

Die Donau

Die Donau, die mit ihren beiden Quellflüssen Breg und Brigach im südlichen Schwarzwald (Bundesrepublik Deutschland) entspringt, ist mit 2 850 km der zweitlängste Strom Europas. Sie durchquert bzw. berührt die Gebiete der Bundesrepublik Deutschland, Österreichs, der Slowakischen Republik, Ungarns, Kroatiens, der Bundesrepublik Jugoslawien, Rumäniens, Bulgariens, Moldaviens und der Ukraine. Die Donau mündet schließlich in einem großen Delta in das Schwarze Meer. Das gesamte Einzugsgebiet der Donau, zu dem noch Teilgebiete der Schweiz, Italiens, Polens, der Tschechischen Republik, Bosnien-Herzegowinas und Albaniens gerechnet werden, erstreckt sich auf ca. 817 000 km^2.

Die Donau ist wie kein anderer Strom in Europa gerade wegen der Vielzahl der Staaten, die von ihr durchquert bzw. berührt werden, ein Beispiel für die Notwendigkeit, internationale Regelungen zu schaffen.

Schiffahrtsfreiheit auf der Donau

Die Donau als bedeutender grenzüberschreitender Strom wurde von den Staaten schon Mitte der 19. Jahrhunderts im Zusammenhang mit Schiffahrtsfragen zum Gegenstand völkerrechtlicher Regelungen gemacht. Schon im *Pariser Friedensvertrag von 1856* wurde allen, also nicht nur den Uferstaaten, die Schiffahrtsfreiheit auf der Donau eingeräumt. Gleichzeitig wurde die *Europäische Donaukommission* eingerichtet, die für die Freimachung und Freihaltung der Donaumündung sorgen sollte. Nachdem die gleichfalls im Pariser Friedensvertrag vorgesehene ständige Uferstaatenkommission schon bald funktionsunfähig geworden war, wurde die Europäische Donaukommission 1865 zu einem praktisch ständigen Organ erhoben und auf dem Berliner Kongreß von 1878 mit weitgehenden Vollmachten zu Lasten der Uferstaaten von der Donaumündung flußaufwärts bis Galati ausgestattet. Gemäß den Versailler Friedenverträgen und der Pariser Donaukonvention vom 22.7.1921 blieb die Regelung der Schiffahrt in der Donaumündung weiterhin der Europäischen Donaukommission vorbehalten, während flußaufwärts von Galati künftig (bis 1940) die

neu geschaffene *Internationale Donaukommission* die Einhaltung der Schiffahrtsfreiheit zu überwachen sowie die großen Strombauarbeiten zu planen und auszuführen hatte.
Nach Ende des Zweiten Weltkrieges war der Rechtsstatus der Donau zwischen Ost und West stark umstritten. Immerhin kam am 18.8.1948 die Belgrader Konvention zur Regelung der Schiffahrt auf der Donau (*Belgrader Donaukonvention*) zustande, die jedoch nur von den Uferstaaten der Donau, mit Ausnahme Österreichs (Beitritt erst 1960) und der Bundesrepublik Deutschland (Beobachterstatus seit 1957), ratifiziert wurde. Ihren wesentlichen Inhalt machen die Grundsätze der Schiffahrtsfreiheit, der Wahrung der Souveränität der Uferstaaten sowie der Erhaltung und Verbesserung der Schiffahrtsbedingungen aus. Auf Grund des Zusatzprotokolls zur Belgrader Konvention wurde eine *neue,* nunmehr für den gesamten schiffbaren Flußlauf der Donau bis Kelheim zuständige Donaukommission geschaffen. Die Kompetenzen dieser regionalen zwischenstaatlichen Spezialorganisation mit Sitz in Budapest entsprechen in etwa denen der Internationalen Donaukommission von 1921. Neben der Überwachung der Einhaltung der Vertragsbestimmungen obliegt es der Donaukommission u.a., an die Uferstaaten rechtlich unverbindliche Empfehlungen zu den zur Sicherung der Schiffahrt notwendigen Arbeiten zu richten. Hinzu kommen wichtige Planungsaufgaben der Donaukommission, wie etwa zur Errichtung eines durchgängigen Schiffahrtsweges von der Nordsee bis zum Schwarzen Meer mittels des zwischenzeitlich fertiggestellten Main-Donau-Kanals.
Für die ungehinderte Nutzung der Transportkapazität auf der Donau zur Entlastung von Straße und Schiene insbesondere im ost- und mitteleuropäischen - und damit auch im deutschen - Raum sowie zur Ausschöpfung der Möglichkeiten des Main-Donau-Kanals - und damit der durchgehenden europäischen Wasserstraße von der Nordsee bis zum Schwarzen Meer - ist die volle Funktionsfähigkeit der Donaukommission unerläßlich. Ihre Arbeitsfähigkeit könnte im Rahmen einer "kleinen" Revision der Belgrader Donaukonvention durch einen Beitritt der Bundesrepublik Deutschland sowie durch die gleichzeitige Klärung der Rechtsnachfolge Jugoslawiens und der Sowjetunion wiederhergestellt und gestärkt werden. In diesem Sinne hatte bereits am 10.12.1987 die Bundesregierung beschlossen:

"Der Aufnahme von Verhandlungen, die den Beitritt der Bundesrepublik Deutschland zur Belgrader Konvention über die Regelung der Schiffahrt auf der Donau am 18. August 1948 zum Ziel haben, wird zugestimmt."

Förmliche Beitrittsverhandlungen waren bis 1990 durch die Ablehnung der Berlin-Klausel, danach durch den Ausbruch des Jugoslawien-Konflikts blockiert. Sie sind jedoch derzeit im Laufen.

Zusammenarbeit der Donaustaaten zum Schutz und zur verträglichen Nutzung der Donau

Wie andere grenzüberschreitende Flüsse wirft auch die Donau seit langem - vor allem bedingt durch Wasserverschmutzung, Verbauung von Uferstrecken, Errichtung von Staustufen und Kraftwerken - erhebliche ökologische Probleme auf. Ein Beispiel für grenzüberschreitende Umweltfragen, hier zwischen Ungarn und der slowakischen Republik stellt das Donaukraftwerk Gabcikovo bei Bratislava dar. Ungarn hatte sich nach massiven Protesten von Umweltschützern 1989 entschlossen, aus dem schon 1951 projektierten Gemeinschaftsvorhaben des Kraftwerkverbundes Gabcikovo/Nagymaros mit Rücksicht auf den mit diesem Projekt verbundenen drastischen Eingriff in die Donaulandschaft und das gesamte dortige Ökosystem auszusteigen. Ungarn zog sich von den gemeinsam begonnenen Bauarbeiten zurück, die Slowakei errichtete eine provisorische Donauausleitung auf eigenem Staatsgebiet und nahm Schleusen sowie Kraftwerk Gabcikovo in Betrieb. In jüngster Zeit sind zumindest auf Fachebene zwischen Ungarn und der Slowakei wieder Gespräche aufgenommen worden, da der Betrieb von Gabcikovo als Laufkraftwerk anstatt in Verbund mit Nagymaros - dessen Bau von ungarischer Seite eingestellt worden ist - wenig befriedigt und die Donau bzw. ihr Abfluß auf ungarischem Gebiet zwischen Ausleitung und Nagymaros einer Regelung bedarf.

Trotz des rechtlichen Regelungsbedarfs für den ökologischen Schutz der Donau finden sich in der Belgrader Konvention von 1948 keine Bestimmungen zum Umweltschutz. Dementsprechend verfügt auch die Donaukommission über keine ausdrücklichen wasserwirtschaftlichen Kompetenzen.

Die Bukarester Deklaration vom 13.12.1985

Die Bundesrepublik Deutschland war wesentlich an den internationalen Vorarbeiten beteiligt, die für das Entstehen des Donauschutzübereinkommens maßgebend waren. Bereits am 13.12.1985 unterzeichneten Regierungsvertreter der UdSSR, Rumäniens, Bulgariens, Jugoslawiens, Ungarns, der CSFR, Österreichs und der Bundesrepublik Deutschland in der Erkenntnis des bestehenden Regelungsbedarfs für den ökologischen Schutz der Donau nach langjährigen Verhandlungen die völkerrechtlich unverbindliche *Bukarester "Deklaration über die Zusammenarbeit der Donaustaaten in Fragen der Wasserwirtschaft der Donau, insbesondere zum Schutz des Donauwassers gegen Verschmutzung"*. Diese Deklaration hält die Signatarstaaten vornehmlich zur Erhaltung und Verbesserung der Wasserqualität der Donau, zu gewissen Kontrollmaßnahmen sowie zur Bekämpfung von Überschwemmungen an, ohne sie jedoch insoweit rechtlich unmittelbar in die Pflicht zu nehmen. Auf der Grundlage der Bukarester Deklaration wurden allerdings drei Arbeitsgruppen zur Befassung mit diesen Fragen eingesetzt.

Zwischen 1950 und etwa 1970 schlossen die Anliegerstaaten der Donau eine Reihe von bilateralen Vereinbarungen, die aber eher nutzungsbezogen waren, d.h. z.B. die Vermeidung von Überschwemmungen oder den Wasserkraftausbau betrafen. Danach ging man zu mehr ganzheitlichen Vereinbarungen über - wie etwa im österreichisch-tschechoslowakischen Vertrag vom 7.12.1967, der wasserwirtschaftliche Fragen bezüglich der gemeinsamen Grenzgewässer betraf.

So schlossen am 1.12.1987 auch die Bundesrepublik Deutschland und die EG mit der Republik Österreich einen Vertrag über die wasserwirtschaftliche Zusammenarbeit im Einzugsgebiet der Donau, der am 1.3.1991 völkerrechtlich in Kraft trat.

Mit den politischen Umwälzungen in Osteuropa wurden gegen Ende der achtziger Jahre günstigere Voraussetzungen für Bestrebungen geschaffen, die rechtlich unverbindliche Bukarester Deklaration durch eine völkerrechtlich bindende Donaukonvention zu ersetzen. Einen ersten Niederschlag fanden diese Bemühungen in den Schlußfolgerungen und Empfehlungen des KSZE-Umweltschutztreffens in Sofia vom November 1990, demzufolge die Staaten ermutigt wurden, neben einer multilateralen Rahmenkonvention bezüglich der Verschmutzung grenzüberschreitender Wasserläufe u.a. gerade auch für die Donau eine gesonderte Vereinbarung zu erarbeiten. Schon 1990 unternahm Bulgarien einen ersten Vorstoß, die Donaustaaten für das Projekt einer umfassenden Donauumweltkonvention zu gewinnen. Im Februar 1991 verständigten sich dann die Vertreter aller Donaustaaten bei einem Treffen in Budapest darauf, zwei getrennte Konventionen auszuarbeiten.

Neben einem Übereinkommen über die wasserwirtschaftliche Zusammenarbeit zum Schutz der Donau soll ein ökologisches Übereinkommen für die Donauregion geschlossen werden, das sich auf Fragen der Luftreinhaltung, des Abfalls, des Naturschutzes, einer ökologisch verträglichen Entwicklung und der Einführung einer grenzüberschreitenden Umweltverträglichkeitsprüfung konzentriert. Ein erster Entwurf für ein solches Übereinkommen wurde von Ungarn Ende 1991 vorgelegt. Trotz mehrerer Verhandlungsrunden konnte bisher noch kein Übereinkommenstext gefunden werden, der von allen Vertragsparteien uneingeschränkt angenommen werden konnte. Ungarn erarbeitet derzeit einen neuen Entwurf, der noch 1996 verhandelt werden soll.

Das Übereinkommen über die Zusammenarbeit zum Schutz und zur verträglichen Nutzung der Donau (Donauschutzübereinkommen) vom 29.6.1994

Am 29.6.1994 wurde das Übereinkommen über die Zusammenarbeit zum Schutz und zur verträglichen Nutzung der Donau in Sofia von neun Staaten (Bulgarien, Bundesrepublik Deutschland, Kroatien, Moldavien, Österreich, Rumänien, Slowakei, Ukraine, Ungarn) sowie von der Europäischen Gemeinschaft gezeichnet. Slowenien und die Tschechische Republik haben nachträglich gezeichnet. Serbien und Montenegro (Bundesrepublik Jugoslawien) sowie Bosnien-Herzegowina waren an den Vertragsverhandlungen nicht beteiligt, können jedoch nachträglich dem Übereinkommen beitreten.
Das Übereinkommen tritt am neunzigsten Tag nach der neunten Ratifizierung in Kraft. Die Delegationen vereinbarten bei der Zeichnung des Übereinkommens, daß die nach dem Übereinkommen vorgesehene Internationale Donauschutzkommission schon vor dem völkerrechtlichen Inkrafttreten des Übereinkommens ihre Tätigkeit auf vorläufiger Basis aufnehmen soll. Dieses Verfahren hat sich z.B. bereits im Zusammenhang mit der Internationalen Elbeschutzkommission bewährt.
Nach einer ersten deutsch-bulgarischen Initiative im Rahmen des KSZE-Folgetreffens waren sich die Donauanrainerstaaten einig, die Rechtsverbindlichkeit der Bukarester Deklaration deutlich anzuheben und ihren Regelungsgehalt ebenso deutlich auszudehnen. Diese Initiative wurde von Österreich aufgenommen und mit der Versendung eines ersten Entwurfs des Donauschutzübereinkommens im Frühsommer 1991 an die beteiligten Donauanrainerstaaten fortgeführt. Die Regierungsverhandlungen begannen im Juni 1992 und endeten mit der 4. Sitzung im November/Dezember 1993 in Sofia, Bulgarien.
Zweck des Übereinkommens ist es, zu einem effektiven modernen Gewässerschutz im Donauraum beizutragen. Es bildet die erste völkerrechtlich verbindliche Grundlage für Maßnahmen zum Umweltschutz im Einzugsgebiet der Donau.
In der Präambel des Donauschutzübereinkommens wird deutlich, welche Motive letztlich für das Übereinkommen ausschlaggebend sind, wenn es dort heißt, daß die Vertragsparteien

- "*geleitet von der festen Absicht, ihre wasserwirtschaftliche Zusammenarbeit auf dem Gebiet des Gewässerschutzes und der Wassernutzung zu verstärken;*
- *besorgt über das Auftreten von und über die Bedrohung durch nachteilige Auswirkungen auf die Umwelt, die Wirtschaft und das Wohlergehen der Donaustaaten, kurz- oder langfristig, bedingt durch Änderungen im Zustand von Gewässern im Donaubecken;*
- *mit nachdrücklichem Hinweis auf die dringende Notwendigkeit verstärkter innerstaatlicher und internationaler Maßnahmen zur Vermeidung, Überwachung und Verringerung erheblicher nachteiliger grenzüberschreitender Auswirkungen durch die Einbringung von gefährlichen Stoffen und von Nährstoffen in die aquatische Umwelt des Einzugsgebietes der Donau, wobei auch dem Schwarzen Meer gebührende Aufmerksamkeit geschenkt wird;*
- *in Würdigung der auf innerstaatliche Initiative von Donaustaaten und auf der bilateralen und multilateralen Ebene ihrer Zusammenarbeit bereits ergriffenen Maßnahmen sowie der bislang unternommenen Anstrengungen im KSZE-Prozeß, durch die Europäische Wirtschaftskommission der Vereinten Nationen und durch die Europäische Gemeinschaft zur Förderung der Zusammenarbeit, auf bi- und multilateraler Ebene, für die Vermeidung und Überwachung der grenzüberschreitenden Verschmutzung, zur verträglichen Wasserwirtschaft, zur rationellen Nutzung und zur Erhaltung der Wasserressourcen;*
- *bezugnehmend insbesondere auf das Übereinkommen vom 17. März 1992 zum Schutz und zur Nutzung grenzüberschreitender Wasserläufe und internationaler Seen sowie auf die bestehende bi- und multilaterale Zusammenarbeit zwischen Donaustaaten, die fortgesetzt wird und die bei der Zusammenarbeit aller Donaustaaten gebührende Beachtung finden wird, sowie mit Hinweis auf das Übereinkommen vom 21. April 1992 zum Schutz des Schwarzen Meeres vor Verschmutzung;*
- *im Bestreben, eine dauerhafte Verbesserung und einen anhaltenden Schutz des Donaustromes und der Gewässer in seinem Einzugsgebiet, insbesondere im grenzüberschreitenden Zusammenhang, sowie eine verträgliche Wasserwirtschaft zu erreichen, wobei die Interessen der Donaustaaten im Bereich der Wassernutzung angemessen berücksichtigt und zugleich Beiträge zum Schutz der Meeresumwelt des Schwarzen Meeres geleistet werden.*"

das nachfolgende Übereinkommen abschließen. In dem Zusammenhang ist insbesondere auch der Hinweis auf das ECE-Übereinkommen zum Schutz und zur Nutzung grenzüberschreitender Wasserläufe und interna-

tionale Seen vom 17.3.1992 von Bedeutung, das von Deutschland bereits ratifiziert wurde (BGBl 1994 II S. 2333).
Da der Entwurf des Donauschutzübereinkommens unmittelbar nach Abschluß des Übereinkommens zum Schutz grenzüberschreitender Wasserläufe erarbeitet wurde, lehnt er sich größtenteils nach Form und Inhalt diesem Übereinkommen an. Von zusätzlicher Bedeutung ist, daß dieses Rahmenübereinkommen am 18.3.1992 u.a. auch von folgenden Donauanrainerstaaten gezeichnet worden war: Bulgarien, Österreich, Rumänien, Ungarn, Bundesrepublik Deutschland. Die Anlehnung beruht zum einen darauf, daß beide Übereinkommen unter demselben österreichischen Vorsitz erarbeitet wurden. Zum anderen ist das Donauschutzübereinkommen als konkretisierendes Abkommen zur Umsetzung des Übereinkommens zum Schutz grenzüberschreitender Wasserläufe für das Einzugsgebiet der Donau ausgestaltet.
Das Übereinkommen zum Schutz grenzüberschreitender Wasserläufe, das völkerrechtlich noch nicht in Kraft getreten ist, sieht nach seinem Artikel 9 vor, daß Anrainerstaaten von grenzüberschreitenden Gewässern zweiseitige oder mehrseitige Übereinkünfte abschließen, um ihre gegenseitigen Beziehungen und ihr Verhalten in bezug auf die Verhütung, Bekämpfung und Verringerung grenzüberschreitender Beeinträchtigungen festzulegen. Dazu bestimmen sie das Einzugsgebiet der grenzüberschreitenden Gewässer oder Teile davon, in dem die Zusammenarbeit erfolgen soll. Diese Festlegung wird von dem Donauschutzübereinkommen vorgenommen.
Außerdem geht das Donauschutzübereinkommen von einem weiteren Ansatz des Übereinkommens zum Schutz grenzüberschreitender Wasserläufe aus, nämlich den Vertragsparteien weitgehende materielle Verpflichtungen für einen modernen Gewässerschutz aufzuerlegen. Damit wird umweltpolitisch dem Wunsch der Donaustaaten entsprochen, mit der Umsetzung des Übereinkommens und insbesondere der materiellen Vorschriften eine Basis zur Anpassung ihres nationalen Wasserrechts an einen modernen europäischen Gewässerschutz zu erhalten.
Das Donauschutzübereinkommen stellt erstmalig für den Donauraum, d.h. für das gesamte Donaueinzugsgebiet, detaillierte Regeln für einen modernen Gewässerschutz auf. Umgesetzt werden sollen diese Regeln einerseits durch die Vertragsparteien selbst, andererseits nach dem Vorbild der internationalen Zusammenarbeit an Rhein und Elbe durch eine Internationale Donauschutzkommission. Zweck des Übereinkommens ist es ferner, schädliche Einwirkungen auf grenzüberschreitende Gewässer zu vermeiden. Außerdem wird insbesondere erwartet, daß sich die materiellen Vorschriften des Übereinkommens auf die künftige nationale Rechtsetzung der südosteuropäischen Donaustaaten für einen modernen Ge-

wässerschutzansatz harmonisierend auswirken. Schließlich bildet das Übereinkommen einen ersten wichtigen Baustein für den allgemeinen Umweltschutz in der Region.

Das Übereinkommen gliedert sich in den Teil I über allgemeine Bestimmungen (Artikel 1 bis 4), den Teil II über die multilaterale Zusammenarbeit (Artikel 5 bis 17) als Kern des Übereinkommens, den Teil III über die internationale Kommission (Artikel 18, 19) und den Teil IV über Verfahrens- und Schlußbestimmungen (Artikel 20 bis 31). Die Anlagen I bis V enthalten die Definition "Stand der Technik" und "Beste Umweltpraxis" sowie die Liste "Industrielle Branchen und gefährliche Stoffe", Leitlinien für Gewässergüteziele, das Statut der Internationalen Kommission und das Schiedsverfahren.

Nach dem Übereinkommen (Anlage IV Artikel 11) werden die Kosten des Ständigen Sekretariats der Internationalen Donauschutzkommission von den Vertragsparteien, außer EG, zu gleichen Teilen getragen. Zentrale Vorschriften des Donauschutzübereinkommens sind die Artikel 5 bis 9. In *Artikel 5* wird der Ansatz des Übereinkommens deutlich, wonach Gewässerschutzmaßnahmen gemeinsam in der Internationalen Kommission entwickelt und verabschiedet werden, bevor sie die Vertragsparteien durchführen (vgl. Artikel 4 Buchstabe a).

Zudem sind die Vertragsparteien gehalten, die notwendigen innerstaatlichen Voraussetzungen für einen wirksamen Gewässerschutz zu schaffen. Diese innerstaatlichen Maßnahmen umfassen die Erhebung des Gewässerzustandes im Donaueinzugsgebiet sowie die Schaffung von Rechtsgrundlagen für die Genehmigung befristeter Einleitungen, für den Umgang mit wassergefährdenden Stoffen, zur Verringerung von Nährstoffeinträgen aus diffusen Quellen und die Harmonisierung dieser Vorschriften. Außerdem werden transportbedingte grenzüberschreitende Auswirkungen von Abfällen und gefährlichen Stoffen behandelt.

Nach *Artikel 6* haben die Vertragsparteien weitere materielle Pflichten übernommen, damit grenzüberschreitende Auswirkungen vermieden, überwacht und verringert sowie vor allem die Wasserressourcen verträglich und gerecht genutzt und die ökologischen Ressourcen erhalten werden. Dazu gehört die Ausweisung von Trinkwasserschutzzonen, der Schutz von Grundwasserressourcen, die langfristig der Trinkwasserversorgung dienen, und die Verminderung von Gefahren einer störfallbedingten Verschmutzung. Bemerkenswert im Zusammenhang mit den Gewässerschutzmaßnahmen ist, daß die Vertragsparteien die Biotopelemente für die Fließgewässerökologie sowie die aquatischen und litoralen ökologischen Bedingungen bei ihren Maßnahmen für die Vermeidung oder Verminderung grenzüberschreitender Auswirkungen berücksichtigen.

Einen weiteren Kern des Übereinkommens bildet *Artikel 7* durch die Festlegung auf den Branchenansatz für Emissionsbegrenzungen und für die Einleitung gefährlicher Stoffe nach dem "Stand der Technik". Kommunales Abwasser wird mindestens biologisch oder gleichwertig behandelt. Für gefährliche Stoffe und Nährstoffe aus diffusen Quellen kommt die "Beste Umweltpraxis" zur Anwendung.
In Ergänzung der vorgenannten Maßnahmen legen die Vertragsparteien - soweit dies angebracht ist - Gewässergüteziele in der Internationalen Kommission gemeinsam fest und wenden Gewässergütekriterien an, um grenzüberschreitende Belastungen zu verhüten, zu überwachen oder zu vermindern.
Der Ansatz der Internationalen Rheinschutzkommission und zunehmend auch der deutschen Gewässerschutzpolitik, qualitative Zielvorgaben in Ergänzung zu den bestehenden gesetzlichen Regelungen für den Gewässerzustand zu formulieren, bleibt unberührt, da das Übereinkommen vorsieht, daß die Vertragsparteien schärfere Gewässerschutzmaßnahmen ergreifen können (Artikel 2 Abs. 7).
Zur wirksamen Emissionsbegrenzung nach Artikel 7 stellen die Vertragsparteien durch einen abschließenden Katalog sicher, daß

a) die innerstaatliche mit der internationalen Emissionsbegrenzung schrittweise harmonisiert wird;
b) alle Abwassereinleitungen genehmigungspflichtig sind und befristet erteilt werden;
c) sich Vorschriften für neue oder modernisierte Industrieanlagen, insbesondere bei gefährlichen Stoffen, am Stand der Technik orientieren;
d) schärfere Vorschriften oder im bestimmten Einzelfall sogar Verbote vorgesehen werden, wenn es der Charakter des aufnehmenden Gewässers und seines Ökosystems in Verbindung mit gemeinsam beschlossenen internationalen Gewässergütezielen zur Vermeidung grenzüberschreitender Belastungen erfordert;
e) die zuständigen Behörden die genehmigten Aktivitäten mit grenzüberschreitenden Auswirkungen überwachen;
f) Umweltverträglichkeitsprüfungen durchgeführt werden;
g) die zuständigen Behörden bei einschlägigen vorhandenen und geplanten Anlagen, von denen Störfälle möglicherweise grenzüberschreitender Auswirkung mit wassergefährdenden Stoffen ausgehen können, Vorsorge- und Notfallmaßnahmen auferlegen.

Ergänzt werden die nationalen Maßnahmen durch das im internationalen Gewässerschutz bewährte Instrument gemeinsamer Aktionsprogramme der Vertragsparteien. Diese Aktionsprogramme zielen nach einem Prioritätenkatalog, wie zum Schutz von Elbe und Rhein, vor allem auf die Verringerung der Schmutzfrachten und -konzentrationen und enthalten die dazu notwendigen Maßnahmen sowie Zeitpläne und Kostenschätzungen. Grundlage für die Aktionsprogramme bilden regelmäßige Emissionserhebungen der Vertragsparteien über die größeren Punktquellen und diffusen Quellen im Donaueinzugsgebiet und die so erstellten Einleitungsinventare bzw. -kataster.

Durch regelmäßige Erfolgsberichte an die Internationale Kommission über die Durchführung der gemeinsamen Aktionsprogramme soll überprüft werden, ob und wie die Vertragsparteien diese Schutzmaßnahmen durchführen. Damit haben sich die Vertragsparteien nun auch im internationalen Gewässerschutz einem völkerrechtlichen Berichtssystem unterworfen, das schon in anderen Bereichen des Völkerrechts wirksam ist. Ferner erarbeiten die Vertragsparteien nach *Artikel 9* gemeinsam Überwachungsprogramme für die Gewässergüte und bewerten die ergriffenen Maßnahmen. Im einzelnen harmonisieren sie die Methoden zur Untersuchung und Bewertung der Fließgewässergüte, der Emissionsüberwachung, der Hochwasserprognose und der Wasserbilanz.

Der so ermittelte Gütezustand der Donau und der Fortschritt von Schutzmaßnahmen gegen grenzüberschreitende Auswirkungen werden regelmäßig bewertet und der Öffentlichkeit zugänglich gemacht.

Das Wissen um die Bedeutung einer ökologisch verträglichen und nachhaltigen Entwicklung der Donau führte schon vor der Zeichnung des Donauschutzübereinkommens zu einer völlig neuen, von breitem Konsens getragenen Initiative, die sich auf den 1991 gefaßten Beschluß der europäischen Umweltminister gründete, nämlich ein Regionalprogramm, ein *Umweltprogramm für den Donauraum* zu entwickeln. Im September 1991 trafen sich Experten in Sofia zur Programmkoordinierung, zur Vereinbarung von Ausmaß und Richtung dieses regionalen Umweltprogramms. UNDP, UNEP, die Weltbank, GEF und internationale europäische Banken sowie die EU haben sich bereit erklärt, als Donatoren für ein koordiniertes Donauprogramm aufzutreten.

Neben einem ausgewogenen Verhältnis zwischen örtlichen Bedürfnissen und Prioritäten, kombiniert mit größtmöglichem ökologischen Gewinn für die Region, soll die zu ergreifende Strategie auch der langfristigen wirtschaftlichen Umstrukturierung in den mittleren und unteren Donaustaaten dienen.

Als hauptsächliche Ziele wurden zunächst festgelegt

- Sicherung einer langfristigen verträglichen Nutzung und Entwicklung der natürlichen Ressourcen im Donauraum

- Aufbau einer operationellen Basis für ein strategisches und integriertes Umweltmanagement im Donaubecken
- Festlegen von Gebieten, denen besonderes Augenmerk im Umweltschutz zukommen muß
- Ausarbeiten von sog. Pre-Investment-Studien.

Zur Umsetzung ist eine "Task-Force" gebildet worden. Diese ist im Februar 1992 erstmals zusammengetreten, hat die Strukturen des Programmes und die Inhalte der bis Ende 1995 laufenden 1. Phase festgelegt. Die Koordinierung obliegt der Donauprogramm-Koordinierungsgruppe (PCU) mit Sitz in Wien. Das Arbeitsprogramm enthält zunächst kurzfristige strategische und umweltbezogene Aktivitäten sowie den Aufbau von Institutionen für die Umsetzung in den einzelnen Staaten.
In der Anfangsphase waren dies Pre-Investment-Studien an Nebengewässern der Donau und die Erfassung sog. hot-spots. In zahlreichen Workshops wurden Informationen ausgetauscht und die gemeinsamen Ziele abgesteckt. Ferner wurden die gewässerbezogenen Umweltbedingungen in den einzelnen Anrainerstaaten in Nationalberichten analysiert.
Zu den kurzfristigen Aktivitäten zählt auch die Ausarbeitung eines Warn- und Alarmplans für störfallbedingte Gewässergefährdungen. Dieser Plan soll noch im Jahr 1996 nach einer Probephase operationell werden.
In einer weiteren Arbeitsgruppe widmet man sich der Harmonisierung der Gewässerüberwachung, des Laborbetriebes und des Datenmanagements.
Daneben wurden von internationalen Beratern Studien u.a. über die Nährstoffbelastungen der Donau und über wasserbezogene Gesundheitsaspekte durchgeführt. Ferner wurde ein von CEC/PHARE finanziertes Programm für angewandte Forschung aufgelegt. Damit will man helfen, die großen Umweltprobleme im Donauraum besser zu erkennen und verständlich zu machen.
Zur Konfliktlösung müssen Strategien entwickelt werden. Die Donaustaaten kamen daher überein, gemeinsam einen sog. Strategischen Aktionsplan zu erarbeiten. Er enthält Strategien zur Lösung von wasser- und umweltbezogenen Problemen im Donaubecken. Er setzt Ziele, die innerhalb von zehn Jahren erreicht werden sollen, und schlägt die Maßnahmen vor, wie diese erreicht werden können. Er soll auch dazu beitragen, den Übergang vom zentralen zum dezentralen Management zu fördern sowie zu markt- und leistungsorientierten Anreizen zu kommen.
Verminderung der Schmutzfrachten, Verbesserung des aquatischen Ökosystems, Stärkung der biologischen Vielfalt und das Fördern der regionalen Zusammenarbeit sind wesentliche Ziele.

Am 6.12.1994 haben die Umweltminister und hochrangige Regierungsvertreter der Donauanliegerstaaten die Inhalte des Strategischen Aktionsplans für das Donaubecken angenommen, sich für die Fortführung des Umeltprogramms ausgesprochen und sich der Zusammenarbeit zur Umsetzung des Aktionsplans versichert.

Die Umsetzung der Maßnahmen soll mit Nationalen Aktionsplänen geschehen, die derzeit erarbeitet werden. Diese bilden auch die Grundlage für die Entscheidung über die Förderung durch internationale Banken und Organisationen.

Schwierigkeiten sind trotz internationaler Hilfe noch in der Finanzierung zu sehen, da westliche Finanzierungsinstrumente zur Anwendung kommen sollen, z.B. kostendeckende Wassertarife, Verzinsung der Kredite. Angesichts der Probleme der in Umwandlung befindlichen Wirtschaftsstrukturen und wegen der noch eingeschränkten Produktionsmöglichkeiten dürfen Zweifel gehegt werden an der Möglichkeit, tatsächlich baldige, spürbare Fortschritte zu erzielen.

Deshalb wird derzeit darüber verhandelt, das Grundlagenprogramm in einer zweiten Phase 1996 - 1998 weiterhin durch internationale Geldgeber zu fördern.

Das Interim-Sekretariat für das Donauschutzübereinkommen und die Koordinierungsstelle für das Donauprogramm der UNDP (PCU) sind sich grundsätzlich über die erforderliche Zusammenarbeit einig mit dem Ziel, daß die wasserbezogenen Aufgaben der PCU Schritt für Schritt auf das Sekretariat übergehen. Die enge Abstimmung wird durch die Tatsache gefördert, daß beide Stellen im Wiener International Center untergebracht sind.

Der Vertrag zwischen der Bundesrepublik Deutschland und der Republik Österreich über die wasserwirtschaftliche Zusammenarbeit im Einzugsgebiet der Donau vom 1.3.1991

Am 1.3.1991 trat der Vertrag zwischen der Bundesrepublik Deutschland und der Europäischen Wirtschaftsgemeinschaft einerseits und der Republik Österreich andererseits über die wasserwirtschaftliche Zusammenarbeit im Einzugsgebiet der Donau (Regensburger Vertrag) in Kraft. Seit dem Beitritt Österreichs am 1.1.1995 zur Europäischen Union ist die Europäische Gemeinschaft nicht mehr Vertragspartner.

Nach *Artikel 2* des Vertrags werden die Vertragsparteien einander bedeutsame Vorhaben im Hoheitsgebiet der Bundesrepublik Deutschland oder der Republik Österreich rechtzeitig mitteilen, sofern diese Vorhaben den ordnungsgemäßen Wasserhaushalt auf dem Gebiet des jeweils anderen Staates wesentlich beeinflussen können. Die Erhaltung und Erzielung eines ordnungsgemäßen Wasserhaushalts im Sinne dieses Vertrages umfaßt Vorhaben

- des Schutzes der Gewässer einschließlich des Grundwassers,
- der Gewässerunterhaltung und des Gewässerausbaues, die zu einer Änderung des Flußregimes führen können,
- der Benutzung der Gewässer einschließlich des Grundwassers, insbesondere der Wasserkraftnutzung, der Wasserableitungen und der Wasserentnahmen sowie
- der Hydrographie.

Nach *Artikel 3* werden die Vertragsparteien bei Vorhaben an grenzbildenden Gewässerstrecken im Rahmen ihrer jeweiligen Rechtsordnung darauf hinwirken, daß die wasserwirtschaftlichen Verhältnisse im Hoheitsgebiet der Bundesrepublik Deutschland oder der Republik Österreich nicht wesentlich nachteilig beeinflußt werden. Sie werden mit dem Ziel der gegenseitigen Abstimmung beraten, sofern eine Seite eine solche Beeinflussung geltend macht. Bei Vorhaben an anderen Gewässern, welche die wasserwirtschaftlichen Verhältnisse im Hoheitsgebiet des jeweils anderen Staates wesentlich nachteilig beeinflussen können, werden die Vertragsparteien vor deren Durchführung der betreffenden Vertragspartei über Möglichkeiten der Abwendung solcher Einflüsse beraten.

Zur Erleichterung der Zusammenarbeit wurde eine Ständige Gewässerkommission errichtet, die bereits mehrfach tagte und jeweils alle aktuellen Vorhaben, die vom Vertrag erfaßt sind, in gut nachbarlicher Zusammenarbeit behandelte. In Artikel 21 des Donauschutzübereinkommens wird klargestellt, daß es durch bilaterale Übereinkommen - wie beispielsweise der Vertrag zwischen der Bundesrepublik Deutschland und der Republik Österreich vom 1.3.1991 darstellt - ergänzt werden kann.

Zusammenfassung

Die Notwendigkeit zur internationalen Zusammenarbeit im Donauraum ergibt sich aus der kulturellen, volkswirtschaftlichen und ökologischen Bedeutung des Donaustroms für jeden Anliegerstaat sowie aus der Tatsache, daß die wasserwirtschaftlichen Zusammenhänge an den Staatsgrenzen nicht haltmachen.

Die in diesem Raum eingetretenen Belastungen der Gewässer, die Zerstörung natürlicher Ressourcen erfordern international koordiniertes, wirksames Handeln. Die Barrieren für einen grenzübergreifenden Gewässerschutz sind auch an der Donau mit dem Untergang der politischen

Systeme, die allzu lange auf Kosten der Umwelt gewirtschaftet haben, gefallen.

Mit dem erklärten Ziel, schrittweise zu einer Annäherung der Lebensbedingungen in West- und Osteuropa zu kommen, haben Umweltsanierung, insbesondere der Gewässerschutz, in Europa neue Dimensionen bekommen.

Für die Donau ist ein Gesamtwerk internationaler und zwischenstaatlicher Vereinbarungen im Geiste der Völkerverständigung und eines nachhaltigen Gewässerschutzes geschaffen worden, das es nun mit Leben zu erfüllen gilt. Der Schwung, mit dem die Vertreter der Donaustaaten diese Vereinbarungen gestalten, sollte auch auf schwierigen Wegstrecken, gerade auch angesichts der finanziellen Belastungen bei der Verwirklichung der angestrebten Ziele, nicht nachlassen.

Diese Ziele bedeuten aber nicht nur eine große umweltpolitische Herausforderung, sondern haben darüber hinaus eine wichtige außenpolitische Dimension. Entsprechend den Beschlüssen der Essener Tagung der Staats- und Regierungschefs der Teilnehmerstaaten der KSZE in Budapest trägt die Kooperation aller Donaustaaten zum Schutz der Donau gleichzeitig dazu bei, die ehemals sozialistischen Länder schrittweise an die Europäische Union heranzuführen.

IV.

Ökologie, Ökonomie und Sicherheit

Roland Scherer

Wasser als Grenze - Kooperation statt Konfrontation
Einige grundsätzliche Anmerkungen zur grenzüberschreitenden Umweltpolitik[1]

Einleitung

Die natürliche Umwelt orientiert sich in der Regel nicht an der politischen Umwelt, die heute durch die modernen Nationalstaaten geprägt und strukturiert wird. Die natürlichen Medien, wie z.b. Wasser oder Luft, machen nicht an den nationalen Grenzen halt. Das gleiche gilt für die vielfältigsten Umweltverschmutzungen. In der natürlichen Umwelt stellen die nationalstaatlichen Grenzen Kontaktzonen dar und sind heute meist keine Barrieren mehr, die nicht überwunden werden können.[2] In der Geschichte war dies oft anders: Hier bildeten natürliche Barrieren wie Flüsse, Seen oder Gebirge die Grenzen der jeweiligen Herrschaftsgebiete. Im Laufe von Kriegen wurden diese jedoch meist verändert und verschoben. Zeitweilig wurden dabei, wie z.B. bei der Kolonisierung Afrikas, die Grenzen auf dem 'Reißbrett' festgelegt und orientierten sich in keiner Weise mehr an den natürlichen Gegebenheiten. Unabhängig davon, ob es sich bei den verschiedenen Staatsgrenzen um natürliche oder um künstliche Grenzen handelt, diffundieren die verschiedenen Umweltmedien über die jeweiligen Grenzen, und es können Konflikte über deren Nutzung zwischen den Staaten entstehen. Diese grenzüberschreitenden Konflikte entstehen vor allem dann, wenn es um die Nutzung von natürlichen Ressourcen geht. Beispielhaft genannt werden können hier Konflikte um die Ressource Öl, die z.B. mit zum Golfkrieg geführt haben, oder zunehmend auch Konflikte um die Ressource Wasser, z.B. die Spannungen zwischen Syrien und der Türkei oder die Spannungen zwischen Ungarn und der Slowakei in der Folge der Donau-Umleitung.[3] Die grenzüberschreitende Nutzung von natürlichen Ressourcen muß aber nicht per se zu (militärischen) Konflikten führen, diese können durch kooperatives Handeln vermieden werden.

---

[1] Der Betrag basiert auf Ergebnissen eines Forschungsprojektes, das durch die EU-Kommission und das schweizerische Bundesamt für Wissenschaft und Bildung finanziell gefördert wurde und vom EURES-Institut für regionale Studien in Europa (Freiburg), der Universität St. Gallen (St. Gallen) und POPLAR (Brüssel) durchgeführt wurde. Die Projektleitung lag beim Autor dieses Beitrags.

[2] Vgl.: Ratti, Remigio: Strategies to overcome barriers: From theory to practice, in: Ratti, Remigio/ Reichman, H. (Eds.): Theory and Practice of Transborder Cooperation. Basel/ Frankfurt 1993, pp. 241-268.

[3] Eine ausführliche Darstellung des Konfliktes der Donau-Umleitung findet sich bei Tamas, László: Transborder Environmental Conflict at the Danube Barrage System, Budapest 1995, der deutlich auf die Gefahr eines möglichen militärischen Konfliktes hingewiesen hat.

In dem folgenden Beitrag werden einige grundsätzliche Anmerkungen zu diesem politischen Handlungsfeld gemacht, um dessen Spezifika aufzuzeigen und darauf aufbauend einige Voraussetzungen für eine erfolgreiche grenzüberschreitende Kooperation im Umweltbereich zu formulieren. Der Schwerpunkt der Beschreibung liegt dabei auf dem Umweltmedium Wasser, doch lassen sich die Aussagen auch auf andere Bereiche, z.B. die Luftreinhaltung oder auch den Bodenschutz übertragen.

Grenzüberschreitende Umweltpolitik als politisches Handlungsfeld

Grenzüberschreitende Kooperation im Umweltbereich ist ein politisches Handlungsfeld, das an der Schnittstelle zweier sehr unterschiedlicher Politikbereiche liegt. Es handelt sich um den Bereich der internationalen Umweltpolitik einerseits und um den Bereich der grenzüberschreitenden Kooperation auf der subnationalen Ebene andererseits. Beide Bereiche sind relativ neuartige Politikfelder, denen aber in den vergangenen Jahren zunehmend Aufmerksamkeit geschenkt wird. Beide Politikfelder sind zwar schon seit den siebziger Jahren Gegenstand der politischen und politikwissenschaftlichen Diskussion, doch kann in beiden Feldern sowohl eine erheblich zunehmende Bedeutung in der politischen Praxis als auch eine verstärkte wissenschaftliche Diskussion festgestellt werden. Im folgenden Kapitel sollen nun die beiden grundlegenden politischen Handlungsfelder kurz charakterisiert und Motive für eine grenzüberschreitende Kooperationen im Umweltbereich aufgezeigt werden.

Umweltpolitik als transnationales Handlungsfeld

Umweltverschmutzung macht an nationalen Grenzen nicht halt. Ökonomische und ökologische Verflechtungen sind international. Probleme bei Umweltschutzbemühungen entstehen vor allem dadurch, daß die Kosten und Nutzen sowohl der ökologischen Folgen wirtschaftlicher Aktivitäten als auch des Umweltschutzes grenzüberschreitend ungleich verteilt sind. Man spricht in diesem Zusammenhang inzwischen von 'multipler Interdependenz',[4] um das vielfältige Beziehungsgeflecht internationaler Umweltpolitik zu erfassen. Im Prinzip werden dabei drei ökologische Verflechtungstypen unterschieden, die im folgenden kurz dargestellt werden sollen:

---

4 Strübel, Michael: Internationale Umweltpolitik. Entwicklungen, Defizite, Aufgaben. Opladen 1992, S. 26.

- Einwegbelastungen
- Mehrwegbelastungen
- Schutz gemeinsamer Naturgüter

In einer der ersten Analysen über „Umweltaußenpolitik" wurde von Prittwitz[5] zwischen der Einwegbelastung und der wechselseitigen Belastung durch Schadstoffe unterschieden. Bei der Einwegbelastung handelt es sich um einen Schadstoff- oder Risikoexport, dem keine entsprechenden Importe gegenüberstehen. Im Gewässerbereich sind dies typischerweise die Oberanlieger, die ihre Abwässer in die Flüsse oder Seen einleiten, ohne selber einen direkten Schaden zu erleiden. Bei der Luftverschmutzung ist es der Industriestandort, dessen Schadstoffe in Windrichtung über die Grenze exportiert werden. Der Export von Müll, Transitverkehr, die Ansiedlung von Atomkraftwerken in Grenznähe oder einseitige Nutzungsansprüche an Wasservorkommen sind andere Formen einer grenzüberschreitenden Problemexternalisierung. Einwegbelastungen führen zu asymmetrischen Interessenstrukturen. Der Schadstoffimporteur hat ein starkes Interesse an einer Problemlösung (evtl. an einer Verhandlungslösung), der Schadstoffexporteur hat daran - ceteris paribus - ein geringes. Diese Einwegbelastungen erschweren daher eine grenzüberschreitende Kooperation - vor allem weil Kosten und Nutzen einer Maßnahme ungleich verteilt sind.

Leichter ist eine Einigung bei einer ausgeglichenen grenzüberschreitenden Schadstoffbilanz. Bei wechselseitigen Schadstoffbeziehungen ist die Interessenlage symmetrischer, weil beide Seiten gleichermaßen Betroffene und Verursacher sind. Die Anwendung des Verursacherprinzips führt damit zu einer ausgeglicheneren Kostenverteilung. Symmetrische Interessenstrukturen gelten in der Theorie internationaler Beziehungen als günstige Voraussetzungen für Zusammenarbeit und Kooperation.[6]

Ein anderer ökologischer Verflechtungstypus sind Umweltprobleme, die nur international zu lösen sind. Paradigmatisch hierfür sind die Klimaveränderungen und das Ozonloch. Andere globale Güter sind die Meere, die Antarktis, die Artenvielfalt und das für die ökologische Stabilität unabdingbare genetische Reservoir. Hier geht es um „common goods" - um öffentliche (Natur-)Güter, für die es keine national eingrenzbaren Nutzungsansprüche gibt. Ohne eine internationale Regulation der Nutzungsrechte und -beschränkungen droht eine Übernutzung dieser Güter. Da der Verbrauch, die Nutzung oder die Zerstörung dieser globalen Güter dann keinen Beschränkungen unterliegt, würde jeder Akteur, der dennoch auf die Nutzung ver-

---

5 Prittwitz, Volker von: Umweltaußenpolitik. Grenzüberschreitende Luftverschmutzung in Europa. Frankfurt 1984, S. 17.
6 Vgl.: Wolf, Klaus Dieter: Internationale Regime zur Verteilung globaler Ressourcen. Eine vergleichende Analyse der Grundlagen ihrer Entstehung am Beispiel der Regelung des Zugangs zur wirtschaftlichen Nutzung des Meeresbodens, des geostationären Orbits, der Antarktis und zu Wissenschaft und Technologie. Baden-Baden 1991, S. 101; Zürn, Michael: Interessen und Institutionen in der internationalen Politik. Grundlegung und Anwendungen des situationsstrukturellen Ansatzes. Opladen 1992; Prittwitz, 1984, S. 18.

zichtet, einseitig Kosten tragen ohne gleichzeitig damit effektiv zum Schutze dieser globalen Güter beizutragen.[7]

Neben den hier dargestellten globalen oder internationalen „common goods" sind Naturgüter auch auf der regionalen Ebene von großer Bedeutung. Dies gilt besonders auch für die Grenzregionen, da empfindliche Ökosysteme nicht notwendigerweise an nationalen Grenzen haltmachen. Es kann hier von einer regionalen grenzüberschreitenden „Allmende" gesprochen werden, deren Nutzungsansprüche geregelt werden müssen: z.b. grenzüberschreitende Trinkwasser- oder Grundwasservorkommen, grenzüberschreitende Naturparks oder empfindliche Ökosysteme (z.B. Ozongefahr durch Inversionswetterlage, Tallage etc.).

Aus dieser Darstellung der verschiedenen ökologischen Verflechtungstypen wird deutlich, daß diese nur in verschiedenen politischen Arenen gelöst werden können. Grundsätzlich kann man davon ausgehen, daß hier ein enger Zusammenhang besteht zwischen dem jeweiligen ökologischen Verflechtungsraum (z.B. lokal oder global) und der geeigneten politischen Handlungsebene. Es kann sich jedoch auch als notwendig erweisen, daß zur Lösung von lokalen/regionalen Umweltproblemen auch nationale oder internationale politische Ebenen benötigt werden.[8] Auf die Zusammensetzung der verschiedenen Arenen bei der Lösung von grenzüberschreitenden Umweltproblemen auf der regionalen Ebene und den dort stattfindenden Entscheidungsprozessen, wird in den folgenden beiden Kapiteln näher eingegangen.

Transnationale Umweltpolitik ist historisch gesehen ein relativ neues Phänomen[9]. Erst seit Anfang der 70er Jahre steht es auf der internationalen Tagesordnung und wird als ein eigenständiges politisches Handlungsfeld wahrgenommen. Seit Beginn der 90er Jahre gewinnt es - nicht erst seit der Rio-Konferenz - zunehmend an Bedeutung. Die Intensivierung transnationaler Umweltpolitik findet dabei auf den verschiedenen politischen Ebenen statt - angefangen von lokalen und regionalen Initiativen bis hin zu den Versuchen einer globalen Umweltpolitik.

---

7   Vgl.: Wolf, 1991; Breitmeier, Helmut/Gehring, Thomas/List, Martin/Zürn, Michael: Internationale Umweltregime, in: Prittwitz, Volker von (Hrsg.): Umweltpolitik als Modernisierungsprozeß. Politikwissenschaftliche Umweltforschung und -lehre in der Bundesrepublik. Opladen 1993, S 163-192; Oberthür, Sebastian: Politik im Treibhaus. Die Entstehung des internationalen Klimaschutzregimes, Berlin 1993.

8   Die Einbeziehung übergeordneter politischer Ebenen erscheint immer dann notwendig, wenn die unteren Ebenen nicht mehr in der Lage sind, aus eigenen Mitteln Kooperationserfolge zu erzielen oder wenn sie bestehende Konflikte nicht lösen können (vgl.: Scherer, Roland/ Blatter, Joachim: Erfolgsbedingungen grenzüberschreitender Zusammenarbeit im Umweltschutz. Erklärungen und Empfehlungen. Freiburg 1994, S. 47f. (=EURES discussion paper dp-44)).

9   Vgl.: Prittwitz, 1984; Strübel, 1992. Eine kurze Darstellung der historischen Entwicklung transnationaler Umweltpolitik und der wichtigsten Stationen findet sich bei Scherer, Roland/Blatter, Joachim/Hey, Christian: Erfolgsbedingungen grenzüberschreitender Umweltpolitik. Historische, theoretische und analytische Ausgangspunkte, Freiburg 1994 (=EURES discussion paper dp-32).

Die folgenden Ausführungen beziehen sich auf eine grenzüberschreitende Kooperation auf regionaler Ebene. Unter Region wird dabei eine Ebene unterhalb der jeweiligen Nationalstaaten und oberhalb der jeweiligen Kommunen verstanden. Grenzüberschreitend bedeutet dabei das Überschreiten von Nationalstaatsgrenzen. In diesem politischen Handlungsfeld agieren Akteure der verschiedensten politischen Ebenen. Es besteht hier eine vertikal und horizontal stark verflochtene politische Arena, durch die die Lösung grenzüberschreitender Umweltprobleme sicherlich nicht vereinfacht wird.

Grenzüberschreitende Kooperation als politisches Handlungsfeld

In den vergangenen Jahren und Jahrzehnten rückten die Grenzregionen stärker als früher in den Blickpunkt kommunaler und staatlicher Politik. Dies zeigt sich in der ständig wachsenden Zahl von institutionalisierten Zusammenschlüssen in vielen verschiedenen Grenzregionen. Die ursprüngliche Initiative für solche Zusammenschlüsse ging von einigen aktiven Grenzregionen aus. Sie wurde aber auch stark durch internationale Organisationen, vor allem durch den Europarat, gefördert. Als Pioniere der grenzüberschreitenden Kooperation auf subnationaler Ebene können vor allem die EUREGIO an der deutsch-niederländischen Grenze und die Regio Basiliensis am Oberrhein angesehen werden. Inzwischen bestehen in West- und Mitteleuropa aber eine Vielzahl von Institutionen, in deren Mittelpunkt die grenzüberschreitende Kooperation auf einer subnationalen Ebene steht. Zwischen den Institutionen in den verschiedenen Grenzregionen bestehen hinsichtlich der jeweiligen organisatorischen Ausgestaltung große Unterschiede, die von staatlichen Gremien über kommunal-verbandliche Vereinigungen bis hin zu rein privatrechtlichen Vereinen reichen. In den unterschiedlichen grenzüberschreitenden Kooperationen werden verständlicherweise verschiedene Zielsetzungen verfolgt. Grundsätzlich können jedoch zwei Hauptzielsetzungen unterschieden werden: Einerseits dienen grenzüberschreitende Kooperationen dem Abbau der bestehenden Grenzhindernisse und fördern damit das Entstehen eines 'europäischen Hauses'. Andererseits kann die grenzüberschreitende Kooperation auch die Stellung der zahlreichen Grenzregionen gegenüber den jeweiligen nationalen Zentren stärken und dient damit auch der Stärkung der Stellung der Regionen in einem 'vereinigten Europa'.[10] Die Themenpalette der Euroregionen war und ist weit gespannt und reicht von Wirtschaft über Verkehr, Soziales, Landwirtschaft, Umwelt, Technologie bis zu Kultur, Bildung und Tourismus. Auch die Gründe, die zur Institutionalisierung grenzüberschreitender Kooperationen führten, waren und sind sehr unterschiedlich. Es besteht jedoch

---

10 Vgl.: Borkenhagen, Franz H.: Vom kooperativen Föderalismus zum 'Europa der Regionen', in: Aus Politik und Zeitgeschichte, B42/1992, S. 40.

immer ein enger Zusammenhang mit den grundsätzlichen Zielsetzungen grenzüberschreitender Kooperationen.

Die Entwicklung der grenzüberschreitenden Kooperation in den verschiedenen europäischen Grenzregionen wurde sehr stark von den Aktivitäten internationaler Organisationen gefördert. Als Unterstützer und als Plattform für regionale grenzüberschreitende Kontakte betätigten sich dabei seit Ende der sechziger Jahre insbesondere der Europarat, die OECD, die KSZE und die EU.[11] Die verschiedenen Grenzregionen sind sehr unterschiedlich institutionalisiert. Die Vielfalt der grenzüberschreitenden Institutionen kann dabei nach verschiedenen Möglichkeiten systematisiert werden:[12]

- nach der Ebene der Zusammenarbeit,
- nach dem rechtlichen Status der beteiligten Akteure,
- nach der Rechtsgrundlage der Zusammenarbeit,
- nach der Organisationsform der Zusammenarbeit,
- nach der Anzahl der Beteiligten.

Die einzelnen Institutionen in den verschiedenen Grenzregionen unterschieden sich dabei gewaltig: Sie reichen von staatsvertraglich verankerten Regierungskommissionen bis hin zu informellen Zusammenschlüssen von regionalen Interessenvertretern. Innerhalb einer Grenzregion überlagern sich in der Regel die vielfältigsten Institutionen der grenzüberschreitenden Kooperation.[13] Deren jeweilige Politik kann dabei unterschiedliche Zielsetzungen verfolgen, Konflikte zwischen verschiedenen grenzüberschreitenden Institutionen gehören deshalb zur Tagesordnung.

Motive grenzüberschreitender Kooperation im Umweltschutz

Vor dem Hintergrund dieser kurzen Darstellung der beiden unterschiedlichen Politikfelder stellt sich nun die Frage nach den Gründen für umweltpolitische Kooperation in Grenzregionen. Auf einer analytischen Ebenen können verschiedene Motivationen für derartige Kooperationen unterschie-

---

11 Vgl.: Speiser, Beatrice: Europa am Oberrhein - Der grenzüberschreitende Regionalismus am Beispiel der oberrheinischen Kooperation. Herausgegeben von der Regio Basiliensis. Basel 1993, S. 72ff. (=Schriften der Regio, Bd. 13).
12 Vgl. z.B.: Friedrich-Ebert-Stiftung (Hrsg.): Euroregion Neiße. Grenzüberschreitende Kooperation im Deutsch-Polnisch-Tschechischen Dreiländereck. Bonn 1992. (=Reihe Wirtschaftspolitische Diskurse Nr. 28); Leuenberger, Theodor/Walker, Daniel u.a.: Euroregion Bodensee. Grundlagen für ein grenzüberschreitendes Impulsprogramm. St. Gallen 1992; Speiser, 1993.
13 Müller identifiziert allein in der Bodenseeregion weit über 100 verschiedene grenzüberschreitende Institutionen mit den unterschiedlichsten Organisationsformen, von losen Zusammenschluß der Feuerwehren, über die Arbeitsgemeinschaft der Wasserwerke bis hin zur staatsvertraglich geregelten Schiffahrtskommssission (Müller, Heinz: Bestandsaufnahme der grenzüberschreitenden Kooperation in der Bodenseeregion. Staatswissenschaftliche Dissertation. Hochschule St. Gallen, St. Gallen 1994).

den werden, wobei im einzelnen konkreten Fall auch mehrere Gründe zusammenkommen können:[14]

- *Zusammenarbeit aufgrund ökologischer Verflechtung*

  Gemeinsame Grundwasservorkommen oder die grenzüberschreitende Beeinträchtigung der Luft sind klassische Situationen, in denen eine ökosystemare Interdependenz zwischen den Teilregionen besteht. Bei einer ökologischen Betrachtung ist dies der „eigentliche" Grund, über staatliche Grenzen hinaus zusammenzuarbeiten.

- *Zusammenarbeit aufgrund ökonomischer Verflechtung*

  Unterschiedliche ökologische Vorschriften und Standards können einem intensiven wirtschaftlichen Austausch im Wege stehen. Teilregionale umweltpolitische Anstrengungen können als „nichttarifäre Handelshemmnisse" bezeichnet und damit verhindert werden. Eine umweltpolitische Kooperation bzw. Koordination (in Form von „Angleichung" oder in Form von „gegenseitiger Anerkennung" der Standards) ist besonders für Grenzregionen wichtig, auch wenn diese Koordinierung der Umweltpolitiken oftmals nicht in ihrem Kompetenzbereich liegt.

- *Zusammenarbeit aufgrund von sozialer Verflechtung*

  Völlig unterschiedliche Bewertung von Umweltproblemen in verschiedenen Ländern führen in Grenzregionen oftmals zu absurden Ungleichbehandlungen. Das beste Beispiel hierfür bieten die Reaktionen auf den atomaren Unfall in Tschernobyl, als auf der deutschen Gemüseinsel Reichenau das Gemüse vernichtet werden mußte, einen Kilometer weiter in der Schweiz jedoch nicht. Der atomare Fallout hatte scheinbar an der Grenze zu Frankreich haltgemacht (d.h. er wurde dort nicht problematisiert). In Grenzregionen, wo es soziale Kontakte und eine gegenseitige Wahrnehmung gibt, führen extreme Unterschiede bei der Behandlung von Umweltproblemen zu Verunsicherung und Legitimationsproblemen. Daraus resultiert der Wunsch nach Angleichung im Bereich der Umweltpolitik.

- *Zusammenarbeit zur Steigerung von Effektivität und Effizienz der Maßnahmen*

  Insbesondere bei umweltpolitischen Maßnahmen, die der „end-of-pipe"-Strategie zugeordnet werden können, sind meist technisch aufwendige und teure Anlagen notwendig, so z.B. bei Kläranlagen oder Müllbehandlungsanlagen. Durch Kooperationen, die sich oftmals aufgrund der geographischen Situation grenzüberschreitend anbieten, können bessere Ergebnisse erzielt oder die notwendigen Kosten geteilt werden. Ebenfalls in

---

14   Vgl.: Scherer/Blatter/Hey, 1994, S. 16.

diesem Bereich gehören linienförmige Infrastruktureinrichtungen (z.B. Verkehrsstrecken, Energieleitungen), die Grenzen überschreiten, und wo durch Kooperation und Abstimmung, sowohl ökologische wie ökonomische Effektivität (Zielerreichungsgrad) und Effizienz (Kosten-Nutzen-Relation) gesteigert werden können.

- *Zusammenarbeit aufgrund gleicher Probleme*

    Oftmals liegen in den Teilregionen gleiche (im Sinne von gleichartigen) aber nicht gemeinsame (im Sinne einer ökologischen Verflechtung) Problemlagen vor, wie z.B. die Verkehrsbelastung in Innenstädten, Belastungen durch Intensivlandwirtschaft o.ä. Durch Austausch von Problemlösungskonzeptionen, was sich aufgrund der räumlichen Nähe auch in Grenzregionen anbietet, können umweltpolitische Innovationen Verbreitung finden.

Zusammenfassend kann gesagt werden, daß grenzüberschreitende Kooperationen im Umweltschutz vielfältige Formen annehmen können und meist eine hohe Komplexität aufweisen. Die hohe Komplexität resultiert aus der Fülle der (potentiell) beteiligten Akteure und aus der Vielfalt der möglichen Motivationen, Konstellationen und Interaktionsformen. Im folgenden Kapitel soll nun konkret auf die grenzüberschreitende Zusammenarbeit im Wasserbereich eingegangen werden. Dabei wird versucht, die unterschiedlichen ökologischen Verflechtungstypen bei der Wassernutzung aufzuzeigen. Der Hauptaugenmerk liegt dabei bei der Frage nach den institutionellen Bedingungen, in denen grenzüberschreitendes Wassermanagement betrieben werden kann und wie durch Institutionen und Verfahren Konflikte der grenzüberschreitenden Wassernutzung verhindert werden können.

Grenzüberschreitendes Wassermanagement

Im vorangegangenen Kapitel wurde aufgezeigt, daß zwischen verschiedenen ökologischen Verflechtungstypen unterschieden werden kann. Dies gilt besonders für die grenzüberschreitenden Verflechtungen des Umweltmediums Wasser. Ausgehend von den Verursacher-Betroffenen-Relationen lassen sich hier die folgenden Problemkonstellationen bei der grenzüberschreitenden Wassernutzung feststellen.

- Wechselseitige Belastung
- Common-good-Belastung
- Einweg-Belastung

Die spezifische Art der grenzüberschreitenden Problemkonstellation ist dabei abhängig von der jeweiligen geographischen Ausgangssituation. Eine wechselseitige Belastungssituation besteht in der Regel an Flüssen, die die Grenze zwischen zwei Staaten bilden. Beispielhaft für eine derartige Problemsituation ist sicherlich der Oberrhein als Grenze zwischen Deutschland und Frankreich oder auch die Oder als Grenze zwischen Deutschland und Polen. Der (Grenz-) Fluß wird von beiden Anrainerländer auf unterschiedliche Weisen genutzt: Der Fluß ist Fahrweg für die Schiffahrt, in ihn werden Abwässer eingeleitet und möglicherweise wird aus ihm auch Trinkwasser gewonnen, darüber hinaus ist er auch Lebensraum für zahlreiche Tier- und Pflanzenarten. Die Nutzung des Flusses durch einen Staat führt nicht automatisch zu einer Belastung des Nachbarstaates und damit zu einem grenzüberschreitenden Konflikt um diese Art der Wassernutzung. Wenn die jeweiligen Nutzungsanforderungen der beiden Staaten jedoch sehr unterschiedlich sind, können grenzüberschreitende Konflikte um die Nutzung des Flusses entstehen. Exemplarisch sei hier nur auf die Konflikte am Oberrhein zwischen dem Auenschutz auf der einen Seite und der Stromgewinnung auf der anderen Seite hingewiesen.

Anders stellt sich die Problemkonstellation dar, wenn an einem Fluß eine typische Ober-Unteranlieger-Situation besteht: Ein Oberanlieger leitet seine Abwässer in einen Fluß, ohne daß daraus direkt eine Belastung für ihn resultiert. Die Belastung trifft nur den Unteranlieger. Kosten und Nutzen sind sehr unterschiedlich verteilt. Der Oberanlieger hat den gesamten Nutzen, der Unterlieger die gesamten Kosten. Durch derartige Problemkonstellationen können relativ schnell Konflikte entstehen, eine kooperative Problemlösung ist nur schwer möglich. Typische Beispiele für derartige Einweg-Belastungen bei Flüssen sind die Kalibelastung am Rhein (Frankreich vs. Holland), der Bau des Garbovicke-Staudamms (Ungarn vs. Slowakei), die Staudammprojekte in der Türkei (Syrien vs. Türkei) oder die Versalzung des Rio Grande (USA vs. Mexiko). Die Lösung derartiger Probleme beim Wassermanagement an großen Flüssen erfordert einen großen Kooperationsaufwand. In einigen Weltregionen, die unter starkem Wassermangel leiden, besteht die Gefahr, daß derartige Konflikte militärisch gelöst werden, wenn dies auf dem Kooperationsweg nicht oder nur unter größtem Aufwand möglich ist.

Grundsätzlich anders stellt sich die Situation bei der Belastung von gemeinsamen Naturgütern dar. Dazu können Seen, Meere und vor allem auch Grundwasservorkommen gerechnet werden. Hier stellt sich die Problemkonstellation in der Regel so dar, daß die Nutzung des gemeinsamen Naturgutes Wasser für alle gleichermaßen zu einer Belastung führen kann. Exemplarisch sei hier nur auf die Einleitung von Abwässern in einen See oder auf die Überfischung eines internationalen Gewässers hingewiesen. Die Lösung eines derartigen Umweltproblems nutzt in diesem Fall allen Anliegern des Gewässers - auch den Verursachern.

Im folgenden soll an zwei konkreten Fallbeispielen aufgezeigt werden, wie für verschiedene ökologischen Verflechtungstypen grenzüberschreitend im Wassermanagement zusammengearbeitet wird. Einleitend werden kurz einige wichtige Stationen des internationalen Wassermanagements aufgezeigt, um somit die beiden Fallbeispiele in den historischen Kontext einordnen zu können.

Internationale Zusammenarbeit im Gewässerschutz

Internationale Zusammenarbeit bezog sich lange Zeit nur auf die Nutzung der gemeinsamen Gewässer. In einer Zusammenstellung der Economic Commission for Europe (ECE) der Vereinten Nationen[15] wird als erstes Abkommen der Vertrag zwischen Bayern und Österreich zur Regulierung der Donau aus dem Jahre 1858 aufgeführt. Regulierung, Wasserentnahme, Navigation, Wasserkraftnutzung, Fischerei waren die bis Mitte dieses Jahrhunderts geregelten Aspekte. Die International Joint Commission (IJC), die sich mit den Grenzgewässern zwischen den USA und Kanada befaßt und 1912 mit der Arbeit begann, gilt als die erste grenzüberschreitende Institution im Gewässerschutz. Ihr folgten ähnliche Kommissionen bei vielen Verträgen,[16] allerdings gibt es kaum ein ähnlich kapazitätsstarkes Gremium wie die IJC.[17] Während in den fünfziger und sechziger Jahren noch quantitative Aspekte bei der Gewässer-Kooperation im Vordergrund standen,[18] begann Anfang der sechziger Jahre die Wahrnehmung der qualitativen Dimension der Wasserproblematik. Dies führte bei kontinentalen Flüssen und Seen zu den ersten grenzüberschreitenden Schutz-Kommissionen (so am Rhein und am Bodensee) und auch bei den Meeren ergaben sich erste Initiativen, die dann in den siebziger und achtziger Jahren zu Regimen zum Schutz der Ostsee, der Nordsee und des Mittelmeeres führten.[19] Grenzüberschreitende Grundwasservorkommen waren bis vor kurzem noch ein weitgehend unbehandeltes und problematisches Themenfeld.[20]

Insbesondere die aktive Rolle von internationalen Organisationen (wie UN-ECE oder OECD) führte zu einer Verbreitung des Problembewußtseins und von Kooperationsmechanismen. Allerdings gelang es der UN-ECE erst

---

15 United Nations - Economic Commission for Europe (UN-ECE): Bilateral and multilateral agreements and other arrangements in Europe and North America on the protection and use of transborder waters, Genf/New York 1993.
16 Siehe: UN-ECE, 1993.
17 Vgl.: Schwartz, A. M./Jockel, J. T.: Increasing Power of International Joint Commission, in: International perspectives, Nov/ Dec 1983, S. 3-7.
18 Vgl.: Kay, David A. & Jacobson, Harold K.: Environmental Protection - The International Dimension. Totowa, New Jersey 1983, S. 5-13; Utton, Albert E.: Problems and successes of international water agreements: The example of the United States and Mexico, in: Caroll, John E. (Ed.): International environmental diplomacy. The management and resolution of transfrontier environmental problems, Cambridge 1983, S. 67-83; UN-ECE, 1993.
19 Vgl.: List, Martin: Umweltschutz in zwei Meeren: Vergleiche der internationalen Zusammenarbeit zum Schutz der Meereswelt in Nord- und Ostsee, München 1991; Strübel,1992; Haas, Peter: Saving the Mediterranean. The politics of international environmental cooperation. The political Economy of International Change, New York/Oxford 1990.
20 Vgl.: Bundesinnenministerium (Hrsg.): Internationale Zusammenarbeit an grenzüberschreitenden Gewässern. Seminar vom 15. bis 19. Oktober 1984 in Düsseldorf, Bonn 1984; Utton 1988.

1992, eine „Konvention zum Schutz und der Nutzung von grenzüberschreitenden Wasserläufen und internationalen Seen" zu verabschieden. Der Ost-West-Gegensatz blockierte jahrelang ein solche Konvention, wobei die ECE in verschiedensten Arbeiten die Grundlagen für eine sachgerechte Zusammenarbeit an grenzüberschreitenden Gewässern lieferte.[21]

Der See als Grenze: Das Beispiel Bodensee

Mit seinem Volumen von 49,4 Milliarden m^3 und seiner Fläche von 539 km^2 stellt der Bodensee nach dem Genfer See das zweitgrößte Binnengewässer in Europa dar. Das Einzugsgebiet des Bodensees erstreckt sich über die deutschen Bundesländer Baden-Württemberg und Bayern, das österreichische Land Vorarlberg, die schweizerischen Kantone Thurgau, St. Gallen, beide Appenzell und Graubünden sowie das Fürstentum Liechtenstein. Den Hauptzufluß zum Bodensee stellt am Südufer der Rhein dar, weitere kleinere Zuflüsse liegen mehrheitlich am Nordufer.
Der Bodensee wird in vielfältiger Weise genutzt und muß vielfältige Funktionen erfüllen. Von besonderer Bedeutung sind dabei seine Lebensraum-, Trinkwasser- und Erholungsfunktion. Zwischen den dominierenden Nutzungsansprüchen kann auch am Bodensee eine große Konkurrenz festgestellt werden, die am Beispiel der Sportschiffahrt exemplarisch dargestellt werden kann: Für gewisse Bevölkerungsgruppen stellt die motorisierte Sportschiffahrt ein wichtiges Element ihrer individuellen Freizeitgestaltung und Erholung dar. Dadurch wird das Bodenseewasser, das der Trinkwasserversorgung von fast vier Millionen Menschen dient, durch unterschiedliche Schadstoffe belastet. Gleichzeitig wird auch der Lebensraum von Tieren und Pflanzen durch Lärm, Wellenschlag und Hafenanlagen beeinträchtigt. Ausgehend von einem nutzungsorientierten Umweltbegriff sollte die Erholungsfunktion in der Bodenseeregion daher nur so genutzt werden, daß die Wahrnehmung der anderen Funktionen ohne hohe reparative oder prospektive Kosten möglich ist.

Belastungen

Die Umweltqualität des Bodensees wird durch eine Reihe von Belastungen negativ beeinflußt. Allgemein wird bei Oberflächengewässern zwischen den folgenden Belastungsarten unterschieden:
- stoffliche Belastung des Wassers durch Schadstoffeinträge und auch durch Erwärmung,

---

21 Vgl. United Nations - Economic Commission for Europe: Environmental Conventions. Genf/New York 1994, S. 99.

- strukturelle Belastung der Wasseroberfläche und der Uferstreifen durch Freizeit- und Erholungsnutzung sowie durch bauliche Vorhaben.[22]

In der Vergangenheit stand vor allem die stoffliche Belastung des Bodensees im Vordergrund des wissenschaftlichen und des politischen Interesses, wobei hier die Nährstoffbelastung im Vordergrund stand. So wurden in den Bodensee-Obersee im Jahr 1986 insgesamt 2.265 t Phosphor und 21.076 t Stickstoffverbindungen eingetragen. Vor allem der gelöste Phosphor (1986: 20 t) ist ein entscheidender Faktor für die Eutrophierung von Gewässern, da Phosphor ein verstärktes Algenwachstum und damit einhergehend eine Reduzierung des Sauerstoffgehalts im Wasser bewirkt. Die Verursacher der Phosphoreinleitung sind dabei zur einen Hälfte die Siedlungsabwasser und zur anderen Hälfte die Landwirtschaft. Die Entwicklung des Phosphorgehaltes des Bodensees nahm in den siebziger Jahren dramatische Formen an, so daß ein Umkippen des Sees drohte. Durch den Bau von Kläranlagen rund um den Bodensee konnte dieser Trend umgekehrt werden, so daß heute wieder erheblich niedrigere Phosphorkonzentrationen im Bodensee zu finden sind.

Die stoffliche Belastung des Umweltmediums Wasser entspricht dabei dem ökologischen Verflechtungtyp der Common-good-Belastung, bei der alle Anliegerstaaten das Naturgut Wasser nutzen, ohne daß direkte Verursacher-Betroffenen-Beziehungen festgestellt werden können. Die Verursacher- und Betroffeneninteressen sind jedoch in den verschiedenen Teilregionen unterschiedlich ausgeprägt: Aufgrund der starken Trinkwasserentnahme besteht auf deutscher Seite ein sehr großes (Betroffenen-)Interesse an einer Reduktion der stofflichen Belastung des Bodensees. Diese Betroffeneninteressen sind im österreichischen Teil nicht so stark ausgeprägt, da die Trinkwasserentnahme aus dem Bodensee für die eigene Trinkwasserversorgung nur eine untergeordnete Rolle spielt. In der Schweiz hingegen sind die Verursacherinteressen stärker als in den Bodensee-Anrainstaaten ausgeprägt, da ein großer Teil des Wassereinzugsgebietes des Bodensees (Alter Rhein) in der Schweiz liegt.

Grenzüberschreitende Kooperation

Im Gewässerschutz wird am Bodensee schon seit langem grenzüberschreitend zusammengearbeitet. Bereits Ende des vergangenen Jahrhunderts entstanden die ersten internationalen Gremien, die sich mit Problemen des

---

22 Auf die strukturellen Belastungen und auf die potentiellen Belastungen wird im folgenden nicht näher eingegangen. Das grenzüberschreitende Wassermanagement geht von der Struktur her mit diesen Belastungen vergleichbar um wie mit den stofflichen Belastungen. Die folgenden Aussagen können deshalb auch auf diese Belastungsarten übertragen werden.

Wassermanagements am Bodensee beschäftigten. Dabei stand das Ziel, die wertvollen Fischarten des Bodensees zu erhalten und zu vermehren, im Vordergrund. Fragen des Gewässerschutzes und des Wassermanagements spielten dabei eine wichtige Rolle. Anfang des 20 Jh. wurden auf private Initiative erste Forschungsinstitute gegründet, die sich mit der Limnologie des Bodensees beschäftigten. Diese Institute, die bald weltweit anerkannt waren, haben Anfang der 50er Jahre öffentlichkeitswirksam auf die massive stoffliche Belastung des Bodensees hingewiesen.

In der Folge dieser öffentlichen Diskussion wurde 1959 im 'Übereinkommen über den Schutz des Bodensees gegen Verunreinigungen' die Internationale Gewässerschutzkommission für den Bodensee (IGKB) gegründet. Vertragsunterzeichner sind die deutschen Bundesländer Baden-Württemberg und Bayern, die Republik Österreich, die Schweizerische Eidgenossenschaft sowie die beiden Kantone St. Gallen und Thurgau. Das Fürstentum Liechtenstein sowie der Kanton Graubünden und die beiden Appenzeller Halbkantone beteiligen sich informell an den gemeinsamen Anstrengungen und sind teilweise auch personell in die IGKB eingebunden. In dem grundlegenden Übereinkommen verpflichteten sich die Vertragspartner, auf dem Gebiet des Gewässerschutzes zusammenzuarbeiten, den See durch strengen Vollzug der Gewässerschutzvorschriften vor weiteren Verunreinigungen zu schützen, sowie sich gegenseitig über Wassernutzungen zu informieren. Ohne eigene Geschäftsstelle wird die Arbeit in erster Linie von den Mitgliedern des Sachverständigenausschusses geleistet, wobei hier neben den Vertretern der Gewässer- und Umweltschutzfachstellen der Anliegerstaaten bzw. Kantone im Einzugsgebiet auch Vertreter wissenschaftlicher Institute mitarbeiten.

Die IGKB war bisher eine der treibenden Kräfte der grenzüberschreitenden Zusammenarbeit am Bodensee. Sie war maßgeblich daran beteiligt, daß flächendeckend Kläranlagen erstellt wurden und Anfang der neunziger Jahr Emissionsgrenzwerte für Bootsmotoren erlassen werden konnten. Ihr Aufgabenbündel und die im Übereinkommen vorgesehene Behandlung weiterer Fragen im Bereich der Reinhaltung des Bodensees ließen die IGKB zum wichtigsten Gewässerschutzgremium der Region werden. Angesichts der Bedeutung des Bodensees für das gesamte Ökosystem der Region stellt die IGKB damit auch eine der entscheidenden grenzüberschreitenden Institutionen im Umweltbereich dar. Seit Anfang der neunziger Jahre ist die IGKB dabei, ihre Aufgabenstellung umfassender zu definieren, indem sie sich ausgehend von einer rein stofflichen (physikalisch-chemischen) Betrachtungsweise einer ökosystemaren Betrachtungsweise des Gewässerschutzes zugewandt hat. Diese Entwicklung hat zur Folge, daß sich die IGKB künftig auch jenen Themenbereichen widmen will, welche sich aus den umfassenden Nutzungen des Gewässers ergeben. Die IGKB arbeitet eng mit anderen Gremien grenzüberschreitender Zusammenarbeit am Bodensee zusammen. Von besonderer Bedeutung ist dabei die Kooperation mit der Internationalen Bodenseekonferenz der Regierungschefs (IBK), dem zentralen Koordinierungsgremium der grenzüberschreitenden Zusammenarbeit, und die enge informelle Kooperation mit der Arbeitsgemeinschaft der Wasserwerke Bodensee und Rhein (AWBR). In dieser Arbeitsgemeinschaft sind die kommunalen Wasserwerke organisiert, die Trinkwasser für mehr als zehn Millionen Menschen liefern. Dieser privatrechtliche Verein spielt aufgrund seines starken wissenschaftlichen, personellen und vor allem politischen Gewichts neben der IGKB eine entscheidende Rolle für die Reinhaltung des Bodensees.

Ziele des grenzüberschreitenden Wassermanagements

Insgesamt gesehen kann festgestellt werden, daß sich das Wassermanagement am Bodensee in den vergangenen Jahren ständig inhaltlich weiterentwickelt hat. Standen in der Vergangenheit rein stofflich-naturwissenschaftliche Fragen im Vordergrund, wird heute Wassermanagement unter ökosystemaren Gesichtspunkten betrieben. Die Denkschrift der IGKB: 'Die Zukunft der Reinhaltung des Bodensees. Weitergehende und Vorgehende Maßnahmen' aus dem Jahre 1987 stellt hier einen Meilenstein dar, der auch für zahlreiche andere internationale Seen als Vorbild dienen kann. Diese Denkschrift hatte wichtige Auswirkungen auch auf andere Politikbereiche, z.B. auf die Raumordnung, die deren grundsätzliche Forderung nach einer ökologischen Strukturpolitik in der Bodenseeregion übernommen hat und die teilweise im 'Internationalen Leitbild für das Bodenseegebiet' von 1995 als Entwicklungsziel für die Region formuliert sind.

Merkmale des grenzüberschreitenden Wassermanagements

Die grenzüberschreitende Zusammenarbeit im Gewässerschutz kann in der Bodenseeregion auf große Erfolge zurückblicken: Der Bau der Kläranlagen im Einzugsgebiet des Bodensees mit einer Anschlußrate von 95 Prozent, die Emmissionsgrenzwerte für Bootsmotoren, das Schilfprogramm, die Organisation der Ölwehren usw. sind nur einzelne Bausteine einer intensiven und erfolgreichen grenzüberschreitenden Kooperation. Die Gründe für diese erfolgreiche Kooperation sind vielfältig und nicht immer klar identifizierbar. Einige Punkte sind - gerade im Vergleich mit anderen Grenzregionen - für die positive Bewertung des grenzüberschreitenden Wassermanagements verantwortlich:

- Die grenzüberschreitenden Institutionen des Gewässerschutzes am Bodensee verfügen über eine starke Unterstützung durch Forschungseinrichtungen. Durch die langjährigen Forschungen dieser Einrichtungen verfügen die Gremien über einen umfangreichen Wissenstand über die Gewässergüte des Bodensees. Gleichzeitig fungieren die Forschungseinrichtungen als 'Frühmelder' für erkennbare Belastungen des Bodensees, und sie bringen damit neue Themen auf die politische Agenda der staatlichen Institutionen des Gewässerschutzes.

- Die grenzüberschreitende Zusammenarbeit im Gewässerschutz kann am Bodensee auf eine langjährige Tradition zurückblicken. Dadurch konnten sich intensive Kooperationsbeziehungen zwischen den verschiedenen beteiligten staatlichen Ebenen entwickeln. Die in der Vergangenheit erreichten Erfolge, vor allem das Programm zum Kläranlagenbau, motivierten zur weiteren Zusammenarbeit.

- Die grenzüberschreitende Kooperation am Bodensee ist nicht nur im Gewässerschutz sehr netzwerkartig organisiert. Es bestehen zahlreiche verschiedene Gremien der Zusammenarbeit, die teilweise ähnliche Themen behandeln. In den einzelnen Gremien sind unterschiedliche Akteure organisiert, offizielle Verbindungen zwischen den Gremien existieren nur begrenzt. Innerhalb der Gremien bestehen jedoch auf der persönlichen Ebene enge Verflechtungen: Einzelne Akteure sind aufgrund ihrer Funktion Mitglied in verschiedenen Gremien, ein enger Austausch zwischen diesen ist deshalb auf der persönlichen Ebene gewährleistet. Innerhalb der verschiedenen Gremien konnten sich - auch aufgrund der langjährigen Tradition - intensive persönliche Beziehungen zwischen den Akteuren der beteiligten Länder entwickeln. Diese persönlichen Beziehungen erleichtern stark die grenzüberschreitende Kooperation und motivieren auch zu weiterer Zusammenarbeit.

- Im Gewässerschutz besteht am Bodensee zwischen den einzelnen Ländern eine vergleichbare Interessenlage. Jedes der Länder hat ein großes Interesse an der Reinhaltung des Sees und nutzt den See für unterschiedliche Funktionen. Die Nutzungsinteressen sind zwar unterschiedlich stark ausgeprägt, doch es bestehen zwischen den Ländern keine direkten Verursacher-Betroffenen-Beziehungen. Der Lösungsbedarf einer derartigen Problemkonstellation ist geringer, als wenn konkrete Verursacher-Betroffenen-Beziehungen festgestellt werden können. Dies gilt auch für andere grenzüberschreitende Verflechtungssituationen, die eine 'Common-good-Belastung' darstellen (Seen, Grundwasser).

- Die Art und Weise, wie die grenzüberschreitenden Institutionen im Gewässerschutz zusammenarbeiten, hat einen großen Einfluß auf die erfolgreiche Umsetzung der gefaßten Ziele. Grundsätzlich werden von den internationalen Gremien nur die Zielvorgaben gemeinsam formuliert, die konkrete Implementierung und auch die Finanzierung wird den einzelnen angrenzenden Ländern überlassen. Die Zielvorgaben sind sehr konkret und beinhalten auch konkrete Zeithorizonte. Um die Umsetzung zu kontrollieren, besteht ein Monitoringsystem, wobei hier die bestehenden Forschungsinstitute eine wichtige Rolle spielen. Insgesamt kann bei dem grenzüberschreitendem Wassermanagement eine starke Projektorientierung festgestellt werden: Es werden konkrete Projekte formuliert und weniger umfassende Programme.

- Die Länder, die an den Bodensee angrenzen, sind hinsichtlich ihrer Kapazitäten für den Umweltbereich sehr vergleichbar und liegen hier im internationalen Vergleich auf einem sehr hohen Niveau. Dies gilt sowohl für die finanziellen Ressourcen, die für Umweltprojekte zur Verfügung gestellt werden können, als auch für die personellen Kapazitäten, die notwendig sind Umweltprobleme zu erkennen und Problemlösungen zu erarbeiten. Auch das Umweltbewußtsein innerhalb der anliegenden Länder ist im internationalen Vergleich relativ hoch.

Die grenzüberschreitende Kooperation im Wassermanagement führt nicht nur am Bodensee zu einer innovativen Politik. Die Grenzregion wirkt hier tatsächlich als eine Kontaktzone, in der innovative Umweltpolitiken in verschiedene Länder transferiert werden. Exemplarisch hierfür ist sicherlich der Fall der Emissionsgrenzwerte für die Sportschiffahrt, die für den Bodensee ausgehandelt wurden und die auf alle Schweizer Binnenseen übertragen wurden. Die Erfolge des grenzüberschreitenden Wassermanagement dürfen jedoch auch am Bodensee nicht überbewertet werden. Vor allem gegenüber anderen, konkurrierenden Sektoralpolitiken kann sich die Gewässerschutzpolitik auch am Bodensee nur begrenzt durchsetzten. Dies gilt beispielsweise für die Siedlungspolitik oder für die Landwirtschaftspolitik. Die begrenzte Steuerungsfähigkeit der Wasserschutzpolitik, die grundsätzlich besteht, kann auch in der Grenzregion Bodensee festgestellt werden. Durch die enge Zusammenarbeit über die Grenzen hinweg, kann sich deren Steuerungsfähigkeit gegenüber anderen Sektoralpolitiken aber erhöhen. Mit auch aus diesem Grund ist der Gewässerschutz am Bodensee relativ einflußreich und konnte in der Vergangenheit seine formulierten Ziele größtenteils umsetzen. Inwieweit dies auch Zukunft gelingt, bleibt abzuwarten.

Der Fluß als Grenze: Das Beispiel Oberrhein

Der Rhein stellt mit einer Gesamtlänge von 1320 km den zweitgrößten Fluß in Europa dar. Sein Einzugsgebiet erstreckt sich über folgende Staaten: Schweiz (Flächenanteil: sieben Prozent, Einwohneranteil: sieben Prozent), Bundesrepublik Deutschland (71 Prozent; 76 Prozent), Luxemburg (zwei Prozent; ein Prozent), Frankreich (15 Prozent; neun Prozent) und die Niederlande (fünf Prozent; sieben Prozent). Der Rhein wird naturräumlich in die folgende Abschnitte eingeteilt: Alpenrhein, Bodensee, Seerhein, Hochrhein, Oberrhein, Rheingau, Mittelrhein, Niederrhein und Mündungsgebiet. Der Oberrhein erstreckt sich dabei von Basel bis Mainz. Damit sind die folgenden politischen Einheiten als Anrainer zu bezeichnen: Die Schweiz

mit dem Stadt-Kanton Basel Stadt, Frankreich mit der Region Elsaß sowie die Bundesrepublik Deutschland mit den Bundesländern Baden-Württemberg, Rheinland-Pfalz und Hessen.
Die Oberrheinebene besitzt einen charakteristischen morphologischen Querschnitt: Jeweils zu beiden Seiten des heute korrigierten und ausgebauten Rheins zunächst dessen Flußniederung (Talaue) mit zahlreichen Altrheinarmen, dann nach einer oft markanten Randböschung die von den Rheinnebenflüssen zerteilte Ebene der Niederterrasse (Hochgestade). Der Rheingraben ist aufgefüllt durch die enormen Anschwemmungen des Rheins und seiner oberen Zuflüsse. Das in den winzigen Hohlräumen dieser Ablagerungen enthaltene Grundwasser fließt mit sehr geringer Geschwindigkeit in der vom Rhein gebildeten Süd-Nord-Achse und bildet den Grundwasserspeicher, der mit seiner geographischen Ausdehnung von Basel bis Mainz das größte Trinkwasserreservoir Europas bildet.

Probleme des Gewässerschutzes

Das Oberrheingebiet ist bereits seit langem eine intensiv und vielfältig genutzte Region, die aufgrund ihrer europäischen Zentrallage in Zukunft noch deutliche Nutzungssteigerungen zu erwarten hat. Auch der Rhein muß dabei eine Reihe von unterschiedlichen Nutzungsfunktionen erbringen, wobei die folgenden Funktionen im Vordergrund stehen:

- Der Rhein ist für die Trink- und Brauchwasserversorgung von großer Bedeutung. Das Rheineinzugsgebiet versorgt über 20 Millionen Menschen mit Trinkwasser. für 8,5 Millionen ist er unmittelbarer Trinkwasserspender. Darüber hinaus ist er auch für die Versorgung mit Brauchwasser von besonderer Bedeutung.

- Seit der Industrialisierung wird der Rhein als Vorfluter für Abwässer aus den Kommunen und der Industrie sowie als Kühlmedium für die Abwärme der Kraftwerke genutzt. Neben den kommunalen Einleitungen spielen am Oberrhein insbesondere die Einleitungen der (Basler) Chemie- und Metall-Industrie, der Zellstoff- und Papierherstellung sowie die französischen Chlorideinleitungen eine besondere Rolle.

- Frankreich nutzt in zehn Kraftwerken die Wasserkraft des Rheines zur Gewinnung von Elektrizität.

- Der Rhein stellt eine wichtige europäische Schiffahrtsstraße dar. Rund 20.000 Binnenschiffe befahren jährlich den Rhein (bis Basel) und transportieren dabei ein Frachtvolumen von zehn Mio. Tonnen.

- Der Rhein und seine Augebiete stellen wichtige Lebensräume für eine vielfältige Flora und Fauna dar. Vor allem die großen Rheinauen mit dem spezifischen Lebensraum sind hier von großer Bedeutung.

Diese vielfältigen Nutzungen des Rheines führen zu unterschiedlichen Belastungen und damit zu Konflikten zwischen den verschiedenen Nutzungsarten. Grundsätzlich können am Oberrhein drei verschiedene Problembereiche unterschieden werden. Im Vordergrund stehen dabei sicherlich die stofflichen Belastungen des Rheines, wozu auch die Abwärme- und die Radioaktivitätsbelastungen gerechnet werden können. Auch am Rhein spielen die Einträge von Phosphor und Stickstoff eine wichtige Rolle und tragen stark zur Belastung der Wassergüte bei. Das meistdiskutierte Thema im Gewässerschutz stellt aber die Belastung des Rheines mit Chloriden dar. Dabei stellt die beträchtliche Salzfracht des Rheins nicht in erster Linie ein ökologisches Problem dar, sondern ebenso ein Problem für die Wasserversorger (Korrosion der Netze) und für die Landwirtschaft (Versalzung der Böden). Die Chloride, die ganz überwiegend aus der Industrie stammen, fallen insbesondere bei den Kali-Minen im Elsaß und den Kohle-Minen im Ruhrgebiet an. Eine schweizerische Quelle sowie eine französische Sodafabrik an der Mosel und weitere deutsche Industrien tragen bzw. trugen ebenfalls zur Salzbelastung des Rheins bei.

Daneben können am Rhein auch eine Reihe von ökosystemaren Problemfeldern identifiziert werden. Erst in jüngerer Zeit sind diese im Rahmen einer umfassenden Betrachtung des Ökosystems in den Blickpunkt geraten und beeinträchtigen die biologische und ökosystemare Qualität massiv. Diese Belastungen hängen eng damit zusammen, daß der Oberrhein durch die Tullasche Rheinbegradigung im 19. Jahrhundert, durch die Schiffbarmachung (1907-1937) und durch die Nutzung des Rheins zur Elektrizitätsgewinnung 94 Prozent seiner ehemals charakteristischen Auenlandschaft verlor. Hauptursache für die allmähliche Veränderung der Auenökosysteme ist zwischen Basel und Breisach die Erosion (mit der damit verbundenen Wasserspiegelabsenkung) und auf der gesamten Oberrheinstrecke von Basel bis Iffezheim der moderne Oberrheinausbau mit Seitenkanal, Schlingen und Dämmen bis an das Mittelwasserbett. Aus land- und forstwirtschaftlichen Nutzungen, der Ausweisung von Gewerbe- und Wohngebieten ergeben sich bis heute noch weitere Beeinträchtigungen und Bedrohungen für die Reste des Auenwaldes. Zu den ökosystemaren Problemstellungen gehören auch die Beeinträchtigungen von intakten Nahrungsketten und ungestörten Stoffumsätzen im Gesamtsystem Rhein. Insbesondere Langdistanz-Wanderfische sind durch Staustufen und den Wegfall von Laichgebieten (und durch die Gewässerverschmutzung) zu einem großen Teil aus dem Rhein verschwunden.

Schlußendlich bestehen am Oberrhein auch zahlreiche Probleme im Grundwasserschutz, die den gigantischen Grundwasserspeicher der Oberrheinebene beeinträchtigen. Im Vordergrund steht dabei die Absenkung des Grundwasserspiegels, hauptsächlich bedingt durch den Oberrhein-Ausbau, aber auch durch den Abbau von Rohstoffen. Neben den Bedrohungen durch

Industrie und Verkehr sind es besonders zwei Verschmutzungen des Grundwassers, die hier von großer Bedeutung sind:

- Die Versalzung des Grundwassers auf beiden Seiten des Rheins durch die früheren Ablagerungen der Kaliminen, wobei neben den elsässischen Kaliminen auch der ehemalige Kalibergbau auf badischer Seite dafür verantwortlich ist,
- Die Belastungen mit Nitrat und Agro-Chemikalien durch die intensive Landwirtschaft.

Betrachtet man nun die verschiedenen Problembereich des Gewässerschutzes am Oberrhein im Hinblick auf den ökologischen Verflechtungstypus, können alle Formen der grenzüberschreitenden Verflechtung festgestellt werden. Es bestehen hier typische Einweg-Belastungen, z.B. bei der Belastung aus der Industrie, wechselseitige Belastungssituation, z.B. bei den kommunalen Abwässern und auch 'Common-good'-Belastungen. Die grenzüberschreitende Zusammenarbeit muß also im Gegensatz zum Bodensee im Wassermanagement mit völlig unterschiedlichen Problemlagen und damit auch mit völlig unterschiedlichen Verursacher-Betroffenen-Beziehungen umgehen.

Grenzüberschreitende Kooperation

Am Rhein wird - wie auch am Bodensee - im Wassermanagement schon seit langem eng zusammengearbeitet. Die nutzungsbezogenen Kooperationsstrukturen besitzen dabei aber eine deutlich längere Tradition als die schutzbezogenen Institutionen. Am Rhein bestehen eine Vielzahl unterschiedlicher Gremien, die sich mit spezifischen Problemstellungen beschäftigen. Folgende Kooperations- und Abstimmungsgremien besitzen für das grenzüberschreitende Wassermanagement am Rhein herausgehobene Bedeutung.[23]

- 1868 schlossen die deutschen Staaten Preußen, Baden, Bayern und Hessen sowie Frankreich und die Niederlande die Mannheimer Schiffahrtsakte, aufgrund derer die bereits auf dem Wiener Kongreß (1815) ins Leben gerufene „Zentralkommission für die Rheinschiffahrt" zu einem liberalen internationalen Schiffahrtsregime weiterentwickelt wurde. Bei der Revision 1963 kamen die Schweiz, Belgien und Großbritannien als Vertragsunterzeichner dazu. Die deutsche Seite wird nun von der Bundesrepublik vertreten.

- Durch Verträge von 1956 und 1969 wurden Kommissionen zum Ausbau des Oberrheins zwischen Deutschland und Frankreich eingerichtet. Nachdem das Augenmerk dieser Kommissionen anfangs in erster Linie auf die

---

23 Vgl.: Blatter, Joachim: Grenzüberschreitende Zusammenarbeit im Gewässer- und Auenschutz am Oberrhein, Freiburg 1994, S. 10ff. (=EURES discussion paper dp-43).

Schiffahrt und die Elektrizitätsgewinnung gerichtet war, steht nun der Hochwasserschutz im Zentrum der Aktivitäten.

- Zwischen 1968 und 1978 arbeitete eine Internationale Hochwasserstudienkommission mit Mitgliedern aus Österreich, der Schweiz, Deutschland und Frankreich Vorschläge zur Verbesserung der Hochwassersituation am Oberrhein aus.

- Die Internationale Kommission für die Hydrologie des Rheineinzugsgebietes (KHR) ist 1965 von der UNESCO gegründet worden und erarbeitet fachliche Grundlagen zur Hydrologie des Rheineinzugsgebiets.

- Als erste Schutzkommission wird die 1921 ins Leben gerufene deutsch-holländische Kommission zum Schutz des Lachses bezeichnet. Sie versuchte, den „Lachsvertrag" von 1885 zwischen der Schweiz, Deutschland und den Niederlanden umzusetzen, der eine internationale Koordination der Aufzucht und Aussetzung von Jungfischen beinhaltete.

Die Internationale Kommission zum Schutz des Rheins gegen Verunreinigung (IKSR) stellt die zentrale staatliche Gewässerschutz-Institution für den gesamten Rhein dar. Nachdem die Niederlande nach dem Ende des Zweiten Weltkrieges Schutzmaßnahmen für den Rhein auf den Sitzungen der Zentralkommission für die Rheinschiffahrt verlangten, einigten sich die Regierungen der Schweiz, Frankreichs, Luxemburgs, der Bundesrepublik Deutschland und der Niederlande 1950 auf die Bildung der IKSR. Allerdings dauerte es bis zum 29.4.1963, bis eine völkerrechtlich verbindliche Vereinbarung (Berner Vereinbarung) geschlossen wurde, die zwei Jahre später in Kraft trat. 1976 wurde als weitere Vertragspartei die Europäische Gemeinschaft mit aufgenommen. Die IKSR hat nach der Berner Vereinbarung folgende Aufgaben:

- alle notwendigen Untersuchungen zur Ermittlung von Art, Ausmaß und Ursprung der Verunreinigung des Rheins vorzubereiten, sie durchführen zu lassen und die Ergebnisse auszuwerten,

- den Vertragsparteien geeignete Maßnahmen zum Schutz des Rheins vorzuschlagen,

- die Grundlagen für etwaige Abmachungen zwischen den Vertragsparteien über den Schutz des Rheins gegen Verunreinigung vorzubereiten.

Die IKSR besitzt ein ständiges Sekretariat mit Sitz in Koblenz und beschäftigt derzeit neun MitarbeiterInnen. Während die IKSR sich anfangs ausschließlich mit stofflichen Problemen des Rheins beschäftigte, stehen seit dem „Aktionsprogramm Rhein 2000" aus dem Jahr 1987 auch ökosystemare Problemfelder auf der Tagesordnung. Diese Aufgabenerweiterung wurde auf der 11. Sitzung der Rheinministerkonferenz im Dezember 1994 auch formal aufgenommen.

Neben der IKSR gibt es speziell am Oberrhein weitere Gremien, die sich mit dem grenzüberschreitenden Wassermanagement beschäftigen und die erheblichen Einfluß auf die Ausgestaltung dieses Politikfeldes besitzen. Dabei handelt es sich einerseits um die Oberrheinkonferenz, eine staatliche Institution, die sich aus den subnationalen staatlichen Ebenen zusammensetzt und an der seit neuestem auch kommunale Vertreter beteiligt sind. In dieser existiert ein Expertenausschuß 'Wasserqualität und Hydrobiologie', der sich in erster Linie um die Verknüpfung von Meß-, Überwachungs- und Warnnetzen sowie um den Grundwasserschutz kümmern will. Andererseits ist auch am Rhein die 'Arbeitsgemeinschaft der Wasserwerke Bodensee/Rhein' (AWBR) im Gewässerschutz aktiv und arbeitet auf ähnliche Art und Weise, wie bereits am Beispiel des Bodensees geschildert.

Ziele des grenzüberschreitenden Wassermanagements

Auch am Oberrhein zeigt sich, daß sich das Wassermanagement inhaltlich ständig weiterentwickelt. Im Vordergrund stand dabei eine jahrzehntelange, rein nutzungsorientierte Kooperation, die sich mit Fragen der Nutzbarmachung des Flusses beschäftigte. Erst Ende der 60er Jahre gewannen auch schutzbezogene Aktivitäten an Bedeutung. Im Vordergrund standen dabei vor allem stofflich-technische Fragen. Es handelte sich dabei vorrangig um nachsorgenden Umweltschutz, und erste 'end-of-pipe'-Technologien kamen zum Einsatz. In der Folge von öffentlichkeitswirksamen Krisen, z.B. dem Sandoz-Unglück oder den jährlichen 'Jahrhundert'-Hochwassern änderte sich die inhaltliche Ausrichtung des Wassermanagements am Oberrhein. Zunehmend wird hier nun versucht, einen vorsorgenden Umweltschutz zu betreiben, woebei eine ökosystemare Betrachtung des Rheines im Vordergrund steht. Mit dem internationalen Rheinprogramm wurde hierzu ein staatliches Aktionsprogramm aufgelegt, bei dem diese Zielsetzungen im Vordergrund stehen.

Merkmale des grenzüberschreitenden Wassermanagements

Die grenzüberschreitende Kooperation im Wassermanagement muß am Oberrhein unterschiedlich bewertet werden. Bei den nutzungsorientierten Kooperationen, z.B. bei der Rheinschiffahrt, funktioniert diese sehr erfolgreich. Anders sieht es bei den schutzorientierten Kooperationen, z.B. beim Auenschutz, aus. Hier gestaltet sich die Zusammenarbeit über die Grenze hinweg als schwierig. Es ist deshalb ein hoher Kooperationsaufwand notwendig, um konkrete Umweltprobleme grenzüberschreitend zu lösen. Unterschiedliche Faktoren sind für diese schwierige Kooperation im Gewässerschutz verantwortlich. In den vergangenen Jahren ist eine deutliche Intensivierung der grenzüberschreitenden Kooperation im Gewässerschutz am Oberrhein sichtbar. Die Faktoren, die dafür verantwortlich sind, können ebenso wie die Faktoren, die die Kooperation erschweren, aber nicht immer klar identifiziert werden. Es kann aber davon ausgegangen werden, daß die folgenden Punkte die Kooperation im grenzüberschreitenden Wassermanagement am Oberrhein stark beeinflussen:

- Am Rhein herrschen besonders stark ausgeprägte Verursacher-Interessen (v.a. Industrie, Schiffahrt, Energieerzeugung), so daß es nicht verwundert, daß trotz seit langem bestehender, extremer Umweltbelastungen relevante Schutzmaßnahmen erst seit ungefähr 20 Jahren getroffen werden. Durch den spektakulären Sandoz-Unfall 1986 in Schweizerhalle haben die Schutzbemühungen einen erheblichen Schub bekommen. Schweizerhalle erzeugte als spektakuläres Medien-Ereignis die Problemwahrnehmung und den politischen Druck, so daß entscheidende programmatische Weichenstellungen („Aktionsprogramm Rhein 2000") und eine enorme Dynamisierung bei der Umsetzung der Schutzmaßnahmen (insbesondere bei der Basler Chemie) erfolgten.

- Der Wille zur ökologischen Sanierung des Rheins ist sehr unterschiedlich ausgeprägt, da die Anlieger unterschiedliche Interessenprofile besitzen: Für die Schweiz und Frankreich dominieren eindeutig die Verursacher-Interessen, während auf der deutschen Seite Betroffenen-Interessen gleiche Bedeutung besitzen. Diese „objektive" Interessen-Asymmetrie wird durch Wahrnehmungs- und Organisationsfaktoren noch verstärkt: Höheres Umweltbewußtsein und stärkere Umweltverbände führen zu politischen Präferenzen auf deutscher Seite, die mit den französischen Präferenzen konfligieren.

- Bei den Kapazitäten bestehen auch Asymmetrien, diese sind aber nicht so stark ausgeprägt: Die ökonomischen Kapazitäten für Umweltschutz-Investitionen sind überall vorhanden, allerdings läßt sich ein Gefälle von der Schweiz über Baden-Württemberg zum Elsaß hin feststellen. Bei den verwaltungsstrukturellen und wissenschaftlichen Kapazitäten ergibt sich eine Dominanz auf baden-württembergischer Seite (Landesanstalt für Umweltschutz, Oberrhein-Agentur, Auen-Institut).

- Die Zusammenarbeit im Gewässerschutz wird durch das allgemeine Interaktionssystem am Oberrhein erschwert. Eine teilweise vorhandene moderne Regio-Identität und eine gewisse kulturelle Homogenität können das Problem der unterschiedlichen Sprachen nicht ganz aufwiegen. Durch Sprachprobleme wird die für effektive Netzwerke wichtige Vertrautheit sehr erschwert. Die französisch-deutsche Kooperation am Oberrhein wird auch durch historische Gegebenheiten überlagert: Der „Schatten" des Versailler Vertrages ist ständig präsent - ob als offene Klage der deutschen Umweltschützer oder als Tabu-Thema bei den offiziellen Kontakten - in beiden Fällen wird dadurch die Bildung von Vertrauen, Offenheit und Identität gestört.

- Die Zusammenarbeit im Wassermanagement ist am Oberrhein sehr stark formalisiert. Dies führte in der Vergangenheit dazu, daß sich nur schwer Netzwerke bilden konnten und die daraus resultierenden Vorteile für die Kooperation nur begrenzt genutzt werden konnten. Die sich aber immer stärker ausdifferenzierende Struktur im Wassermanagement bietet vielfältige Möglichkeiten, Themen und Interessen einzubringen und auch die Option des „Arenenwechsels" bei bestimmten Blockadesituationen. Die formalisierte Kooperationsstruktur führt zu einer starken Programmorientierung: Innerhalb der Gremien werden allgemeine Leitvorstellungen formuliert, die Konkretisierung und Umsetzung ist Aufgabe der einzelnen Länder. Ein gemeinsames Monitoring der Programmumsetzung existiert bislang nicht.

Insgesamt zeigt sich, daß das grenzüberschreitende Wassermanagement am Oberrhein durch eine Vielzahl unterschiedlicher Faktoren stark erschwert wird. Vor allem die stark formalisierten Entscheidungsgremien und auch die Schwierigkeiten im allgemeinen Interaktionssystems sind hierfür verantwortlich. Zunehmend zeigen sich aber auch hier Tendenzen, diese teilweise verkrusteten Strukturen aufzubrechen und neue Netzwerkstrukturen zu schaffen. Es zeigt sich aber deutlich, daß aufgrund unterschiedlicher Nutzungsinteressen der verschiedenen Länder an den Rhein, einzelne Projekte immer nur mit einem großen Kooperationsaufwand gelöst werden können. Ein übergeordnetes Leitbild für die zukünftige Entwicklung des Raumes, in dem auch die Funktionen des Rheins festgelegt sind, erscheint notwendig, um den Nutzungskonflikten entgegenzuwirken.

Einflußfaktoren grenzüberschreitender Umweltpolitik

Die Kooperationsergebnisse der grenzüberschreitenden Umweltpolitik werden von einer Vielzahl unterschiedlicher Faktoren beeinflußt. Die Faktoren determinieren sowohl das Niveau der grenzüberschreitenden Kooperation, als auch die ökologische Wirkungstiefe des jeweiligen Einzelprojektes. Keinem der Faktoren kann eine absolute Rolle für den Erfolg oder 'Miß'-Erfolg der grenzüberschreitenden Umweltpolitik zugerechnet werden. Dies liegt zum einen daran, daß je nach Problem und regionaler Situation jeweils andere Faktoren an Bedeutung gewinnen. Und es liegt zum anderen daran, daß es auf die Konstellation der Faktoren ankommt (z.B. kann nicht eine bestimmte Organisationsform als immer erfolgreich angesehen werden, sondern die Form der Kooperation muß zur Problemlage passen).
Bei der Analyse der Umweltpolitik verschiedener Grenzregionen hat sich gezeigt, daß angesichts der identifizierten Faktoren in allen Grenzregionen

eine Kooperation im Umweltbereich möglich und denkbar ist. Bei grenzüberschreitender Umweltpolitik kann deshalb auch nicht einfach zwischen erfolgreicher und erfolgloser grenzüberschreitender Kooperation unterschieden werden, sondern muß bei einer Bewertung beachten, ob man es mit einer 'leichten' oder einer 'schweren' Kooperation zu tun hat. Der Unterschied zwischen 'leichten' und 'schweren' Kooperationen ist vor allem durch Symmetrie und Asymmetrie bedingt: Besteht zwischen den Teilregionen einer Grenzregion eine Symmetrie hinsichtlich ihrer (Verursacher-Betroffenen-) Interessen, des Umweltbewußtseins, der zur Verfügung stehenden Kapazitäten und auch der jeweiligen Kompetenzen, kann ohne hohen Kooperationsaufwand und ohne hohe Problemlösungskapazitäten, relativ 'leicht' zusammengearbeitet werden und es wird meist ein relativ hohes Kooperationsniveau erreicht. Anders sieht es bei asymmetrischen Verhältnissen über die nationalstaatlichen Grenzen hinweg aus: Hier besteht meist ein sehr hoher Kooperationsbedarf und es werden hohe Problemlösungskapazitäten benötigt. Es fällt deshalb 'schwer', über die Grenzen hinweg zusammenzuarbeiten und ein hohes Kooperationsniveau zu erreichen. Im folgenden sollen nun kurz die verschiedenen Einflußfaktoren grenzüberschreitender Umweltpolitik dargestellt werden.

Problemwahrnehmung

Die Lösung eines grenzüberschreitenden Umweltproblems setzt voraus, daß das objektiv existierende Umweltproblem von den angrenzenden Ländern auch subjektiv als Umweltproblem wahrgenommen wird. Diese subjektive Wahrnehmung von Umweltproblemen hängt sehr stark mit dem Umweltbewußtsein und dem Wissen über die jeweilige Umweltsituation zusammen. Die Zusammenarbeit über die Grenzen hinweg wird stark durch die Symmetrie der jeweiligen subjektiven Wahrnehmung beeinflußt. Dabei muß zwischen der reinen Problemwahrnehmung und dem Erkennen der Lösungsbedürftigkeit eines Problems unterschieden werden. Besteht hinsichtlich der reinen Problemwahrnehmung zwischen den jeweiligen Teilregionen eine Asymmetrie, kann dieser mit Hilfe von Informations- und Wissensinstrumenten ohne großen Kooperationsaufwand entgegengewirkt werden. Schwieriger stellt sich die Situation bei der unterschiedlichen Bewertung der Lösungsbedürftigkeit eines Umweltproblems dar. Diese unterschiedliche Einstufung wird in starkem Maße von dem in den einzelnen Nationalstaaten unterschiedlich ausgeprägten Umweltbewußtsein beeinflußt. Einen ebenso bedeutenden Einflußfaktor stellt der ökologische Verflechtungstyp des grenzüberschreitenden Umweltproblems dar: Bei Umweltproblemen, bei denen symmetrische Kosten-Nutzen-Relationen bestehen, wird die Lösungsbedürftigkeit eines Umweltproblems über die jeweiligen Grenzen hinweg erkannt. Anders sieht es dagegen bei asymmetrischen Kosten-Nutzen-Relationen aus. Hier bestehen auch beim Erkennen der Lösungsbedürftigkeit dieses Problems zwischen den einzelnen Teilregionen Unterschiede, wodurch eine grenzüberschreitende Problemlösung aufgrund des hohen Kooperationsbedarfs und der notwendigen Problemlösungskapazitäten erschwert wird. Es zeigt sich, daß das Ergebnis der grenzüberschreitenden Kooperation im Umweltbereich in starkem Maße vom jeweiligen 'Input' beeinflußt wird. Durch bestehende Symmetrien oder Asymmetrien wird der Erfolg dieser Kooperation 'erleichtert' oder 'erschwert', indem ein unterschiedlich hoher Kooperationsbedarf und unterschiedlich hohe Problemlösungskapazitäten benötigt werden.

Kapazitäten und Kompetenzen

Die Ergebnisse grenzüberschreitender Kooperation werden stark von den Möglichkeiten beeinflußt, die die einzelnen Länder zur Durchführung einer eigenständigen Umweltpolitik besitzen. Die Möglichkeiten der einzelnen Teilregionen hängen von deren Problemlösungskapazitäten ab, die sich aus Wirtschaftsleistung, Innovations- und Strategiefähigkeit des politisch-administrativen Systems sowie der Institutionalisierung von Umweltinteressen ergibt.[24] Gleichzeitig spielen auch die Problemlösungskompetenzen, die die verschiedenen politischen Ebenen besitzen, eine wichtige Rolle. Entscheidend für den Erfolg grenzüberschreitender Umweltpolitik ist nicht die Ausprägung der Kapazitäten und Kompetenzen in den jeweiligen Teilregionen, sondern insbesondere die Konstellation dieser Faktoren zwischen diesen Regionen. Sind grenzüberschreitend die allgemein zur Verfügung stehenden Problemlösungskapazitäten der einzelnen Teilregionen ungleich verteilt, wird ein kooperatives Handeln deutlich erschwert. Ähnlich sieht es auch bei den umweltpolitischen Kompetenzen der verschiedenen politischen Ebenen aus. Bei einer begrenzten Kompatibilität der jeweiligen politisch-administrativen Zuständigkeiten kann ein gemeinsames Handeln erschwert werden. Die Unterschiede bei den Problemlösungskapazitäten und -kompetenzen erschweren sicherlich grenzüberschreitend ein kooperatives Handeln bei Umweltproblemen. Sie können jedoch auch dazu führen, daß durch die grenzüberschreitende Zusammenarbeit in der kapazitätenärmeren Teilregion neue Impulse für Umweltpolitik verzeichnet werden können. In diesem Fall tritt nun in dieser Teilregion eine Situation ein, wie sie von Prittwitz[25] im Zusammenhang mit dem 'Katastrophenparadox' formuliert wurde. Hier kann beobachtet werden, daß nicht die Schärfe eines Umweltproblems, sondern die (nun durch Kooperation) vorhandenen technischen, institutionellen und finanziellen Kapazitäten umweltpolitisches Handeln erklären.

---

24 Vgl.: Scherer/Blatter/Hey, 1994, S. 52f.
25 Vgl.: Prittwitz, Volker von: Das Katastrophenparadox. Elemente einer Theorie der Umweltpolitik. Opladen 1990.

Kooperationsstruktur

Neben den allgemeinen Problemlösungskapazitäten und -kompetenzen der verschiedenen Grenzregionen wird der Erfolg grenzüberschreitender Umweltpolitik in starkem Maße von dem Interaktionssystem[26] beeinflußt, das in der Grenzregion existiert. Es kann dabei zwischen verschiedenen Formen der Interaktion unterschieden werden:
- das allgemeine Interaktionssystem,
- die allgemeine Kooperationsstruktur,
- das themenspezifische Interaktionssystem.

Durch das allgemeine Interaktionssystem wird vor allem die Stabilität der grenzüberschreitenden Kooperationsbeziehungen auch im Umweltbereich gefördert. Von besonderer Bedeutung sind dabei gewisse sozio-kulturelle Faktoren wie (gemeinsame) Sprache, kulturelle Homogenität (wirkt auf das Umweltbewußtsein) und Geschichte (beeinflußt - wenn auch oftmals nur unterschwellig - das Klima und die Stimmung in den Kooperationsgremien). Diese Aspekte sind Indikatoren dafür, daß die grenzüberschreitende Kooperation in der Gesellschaft verankert sein muß, um effektiv zu sein. Hier bestehende Probleme und Konflikte können langfristig ein kooperatives Handeln über die Grenzen hinweg erschweren, auch wenn umfangreiche institutionelle Kooperationsbeziehungen bestehen. Ein gutes Beispiel hierfür ist das Verhältnis zwischen Elsaß und Südbaden. Trotz zahlreicher Institutionen und Veranstaltungen erscheint die grenzüberschreitende Kooperation im Bewußtsein der Bevölkerung nicht stark verankert zu sein, die bestehenden Sprachunterschiede und die - besonders für das Elsaß negativen - geschichtlichen Erfahrungen wirken bis in die grenzüberschreitenden Institutionen hinein und erschweren dort ein kooperatives Handeln.

Ein großer Einfluß auf die grenzüberschreitende Kooperation im Umweltbereich kann den allgemeinen Kooperationsstrukturen der Grenzregion zugerechnet werden, die ein Maß für die institutionellen Kooperationspotentiale sind. Ein vollständiges „set" solcher Kooperationsstrukturen hilft die Trennungswirkung der Grenze zu verringern, und führt dazu, daß die Umweltpolitik in Grenzregionen „nur" noch die gleichen Probleme besitzt wie in Binnenregionen.[27] Aber nicht nur die Vollständigkeit, sondern auch die generelle Ausrichtung der allgemeinen Kooperationsstrukturen macht sich bemerkbar.

Ein weiterer wichtiger institutioneller Aspekt ist die Form der Kooperation: Hier zeigen sich Unterschiede zwischen stark formalisierten Institutionen und informellen Netzwerkbeziehungen. Die Analyse der grenzüberschrei-

---

26 Vgl.: Scherer/Blatter/Hey, 1994, S. 54.
27 Vgl.: Blatter, Joachim: Grenzüberschreitende Zusammenarbeit im Gewässerschutz am Bodensee. Unter besonderer Berücksichtigung der Bootsproblematik, Freiburg 1994 (=EURES discussion paper dp-37).

tenden Umweltpolitik zeigt, daß in informellen Netzwerkbeziehungen ein kooperatives Handeln leichter möglich ist als in einem stark formalisierten grenzüberschreitenden Institutionengeflecht. Diese positive Bewertung der informellen Netzwerkbeziehungen in einer Grenzregion resultiert aus der Tatsache, daß derartige Strukturen flexibler auf aktuelle Probleme reagieren und ohne hohen Kooperationsaufwand neue grenzüberschreitende Gremien bilden können. Informelle Netzwerke sind in der Lage, problemorientiert Mitglieder zu rekrutieren, ohne auf sektorale oder horizontale Eigeninteressen Rücksicht nehmen zu müssen. In Übereinstimmung mit der politikwissenschaftlichen Netzwerktheorie[28] konnte bei einer grenzüberschreitenden Umweltpolitik, die durch informelle Netzwerke gekennzeichnet ist, eine 'entpolitisierte' (d.h. nicht von organisatorischen Eigeninteressen bzw. politischen Profilierungsinteressen überlagerte) grenzüberschreitende Kooperation in 'abgeschlossenen' Expertenzirkeln festgestellt werden. Ein besonderes Merkmal der informellen Netzwerke in der grenzüberschreitenden Umweltpolitik ist die Existenz 'epistemischer Gemeinschaften',[29] bei denen es sich um grenzüberschreitende Expertengremien mit berufs- und wissensbasierter 'problem-solving'-Orientierung handelt.[30] Den Gegensatz dazu bilden stark formalisierte Institutionengeflechte von Grenzregionen, die aufgrund ihrer starren, oft staatsvertraglich geregelten Organisation zur Bildung problemlösungsorientierter Gremien nur sehr begrenzt in der Lage sind. Die Gründung derartiger Gremien wird sehr stark 'politisiert', d.h. die Auswahl der Mitglieder wird stark von organisatorischen Eigeninteressen und politischen Profilierungsinteressen überlagert. Die Herausbildung 'epistemischer Gemeinschaften' ist in stark formalisierten Gremien nicht möglich.

Die bislang positive Bewertung eines grenzüberschreitenden Interaktionssystems, das durch informelle Netzwerkstrukturen gekennzeichnet ist, muß jedoch relativiert werden: Bei grenzüberschreitenden Umweltproblemen mit symmetrischen Kosten-Nutzen-Relationen, und bei denen zwischen den Teilregionen keine grundlegenden Konflikte bestehen, ist ein kooperatives Handeln in Netzwerken leicht möglich und führt meist zu den angestrebten Erfolgen. Bei dieser 'kooperativen' Orientierung der grenzüberschreitenden Netzwerke ist der zu erwartende gemeinsame Nutzen das handlungsleitende Kriterium.[31] Zur Lösung von Umweltproblemen, bei denen asymmetrische Kosten-Nutzen-Relationen zwischen den Teilregionen bestehen und die zu Konflikten führen (können), sind informelle Netzwerke jedoch nicht in der

---

28 Vgl. z.B.: Mayntz, Renate: Policy-Netzwerke und die Logik von Verhandlungssystemen, in: Héritier, Adrienne (Hrsg.): Policy-Analyse. Kritik und Neuorientierung, PVS-Sonderheft 24. Opladen 1993, S. 53.
29 Vgl.: Haas, 1990.
30 Vgl.: Scherer/Blatter/Hey, 1994, S. 42f.
31 Vgl.: Scharpf, Fritz W.: Koordination durch Verhandlungssysteme: Analytische Konzepte und institutionelle Lösungen, in: Benz, Arthur/ Scharpf, Fritz W./Zintl, Reinhard (Hrsg.): Horizontale Politikverflechtung. Zur Theorie von Verhandlungssystemen, Frankfurt/New York 1992, S. 53.

Lage. Derartige Umweltprobleme scheinen stark formalisierter grenzüberschreitender Institutionen zu bedürfen. Hier zeigt sich, daß die feststellbaren Faktoren in ihrer Wirkungsweise stark abhängig sind von der jeweils konkreten umweltpolitischen Problemlage und der daraus resultierenden Interaktionsorientierung der grenzüberschreitenden Kooperation.

Entscheidungsprozesse

Diese Entscheidungsprozesse sind in erster Linie durch das Fehlen hierarchischer Entscheidungsinstanzen gekennzeichnet. So muß sowohl zwischen den verschiedenen territorialen Einheiten wie auch zwischen verschiedenen sektoralen Akteuren Konsens herbeigeführt werden, um Maßnahmen auch entscheidungs- und implementationsfähig zu gestalten. Für Umweltschutzmaßnahmen mit großer Wirkungstiefe, die damit zwangsläufig in Opposition zu traditionellen Nutzungsinteressen stehen, bedeutet dies ein großes strukturelles Hindernis, da es in Grenzregionen noch mehr Veto-Möglichkeiten gibt als in Binnenregionen. Dies erklärt auch, warum in Grenzregionen zwischen den verschiedenen Sektoren bisher nur „negative Kooperation" stattfindet bzw. warum die Umweltprojekte nur additiv zu anderen, wachstumsorientierten Projekten betrieben werden. Wo versucht wird, in grenzüberschreitenden Strukturen intersektoral umweltorientierte Maßnahmen umzusetzen, dort zeigt sich, wie enorm aufwendig und langwierig solche Bemühungen sind. Ein wichtiger Faktor für den Problemverarbeitungsprozeß der grenzüberschreitenden Umweltpolitik ist auch die Verfügbarkeit von projektbezogenen Problemlösungskapazitäten. Diese projektbezogenen Kapazitäten hängen sehr eng mit den allgemeinen Problemlösungskapazitäten und -kompetenzen der jeweiligen Teilregionen zusammen. Es wurde schon darauf hingewiesen, daß der Erfolg der grenzüberschreitenden Umweltpolitik durch hier bestehende Divergenzen deutlich erschwert wird. Der konkrete Problemverarbeitungsprozeß wird aber vor allem durch die projektbezogenen Problemlösungskapazitäten beeinflußt. Das Ergebnis grenzüberschreitender Umweltpolitik wird auch stark davon beeinflußt, ob bei dem Entscheidungsprozeß die Akteure beteiligt sind, die auch über die notwendigen Umsetzungskompetenzen verfügen. Werden diese Akteure an dem Entscheidungsprozeß nicht beteiligt, ist die konkrete Umsetzung eines grenzüberschreitenden Handlungsprogrammes mit sehr hohem Kooperationsbedarf verbunden. Der Erfolg grenzüberschreitender Umweltpolitik wird deshalb entscheidend durch die Zusammensetzung der grenzüberschreitenden Gremien beeinflußt. Angesichts der sehr unterschiedlichen Akteure, die bei den verschiedenen Umweltproblemen über die jeweiligen Problemlösungskapazitäten und -kompetenzen verfügen, scheint eine erfolgreiche grenzüberschreitende Kooperation in problemorientierten informellen

Netzwerken leichter möglich zu sein, als in formalisierten Verflechtungsstrukturen mit festen Akteursgruppen.

Implementation

Aus diesen Ausführungen wird deutlich, daß das Ergebnis grenzüberschreitender Umweltpolitik direkt durch den jeweiligen Problemverarbeitungsprozeß beeinflußt wird. Die Beeinflussung zielt vor allem auch auf die Implementation der jeweiligen umweltpolitischen Handlungsprogramme. Es hat sich gezeigt, daß das Ergebnis der grenzüberschreitenden Umweltpolitik auch stark durch das gewählte Implementationsvorgehen beeinflußt wird. Es kann zwischen zwei grundsätzlichen Formen der Implementation unterschieden werden. Die eine Form kann als koordinierte Implementation bezeichnet werden. Dabei wird innerhalb der grenzüberschreitenden Gremien ein umweltpolitisches Handlungsprogramm gemeinsam beschlossen. Dieses Programm weist sowohl inhaltliche Zielsetzungen als auch zeitliche Zielsetzungen auf. Die konkrete Umsetzung, insbesondere auch die Finanzierung, wird jedoch von den einzelnen Teilregionen in alleiniger Verantwortung übernommen. Im Idealfall wird von dem grenzüberschreitenden Gremium ein Monitoring der Implementation betrieben und werden mögliche 'Verwerfungen' koordiniert. Die gegenteilige Form der Umsetzung ist die gemeinsame Implementation. Hier wird von den grenzüberschreitenden Gremien ein umweltpolitisches Handlungsprogramm gemeinsam beschlossen und auch gemeinsam umgesetzt. Dies bedeutet, daß von dem grenzüberschreitenden Gremium sowohl die Finanzierung als auch die Projektsteuerung übernommen werden muß. In der Regel ist dies mit einem relativ hohen Koordinationsaufwand verbunden und führt dazu, daß die Beteiligtenkomplexität und die Entscheidungskomplexität innerhalb des grenzüberschreitenden Gremiums stark ansteigt. Beide Formen der Implementation eines grenzüberschreitenden Umweltprogramms können den Erfolg des jeweiligen Programms fördern oder auch behindern. Die Wahl des geeigneten Implementationsvorgehens muß jeweils situativ erfolgen. Grundsätzlich kann jedoch davon ausgegangen werden, daß bei grenzüberschreitenden Projekten mit sehr hoher Problemkomplexität eine koordinierte Implementation die erfolgreiche Umsetzung erleichtert. Damit kann eine deutliche Komplexitätsreduktion erreicht werden, da der notwendige Kooperationsbedarf deutlich gesenkt wird. Hierbei handelt es sich vor allem um Umweltprogramme, die eine konkrete Leistungserstellung zum Inhalt haben. Eine andere Situation stellt sich dagegen bei Umweltprogrammen, die vor allem auf den Einsatz von wissensbasierten Instrumenten zielen. Hier erscheint eine gemeinsame Implementation über die Grenzen den Einsatz solcher umweltpolitischer Instrumente zu erleichtern, ohne daß dies mit einem überdurchschnittlich hohen Koordinationsaufwand für die beteiligten Akteure verbunden ist. Auch bei rechtlichen oder ökonomischen Instrumenten scheint eine gemeinsame Umsetzung für den Erfolg des Umweltprogramms förderlich zu sein. Hier zeigt sich, daß es kein 'Patentrezept' für eine erfolgreiche Umsetzung eines grenzüberschreitenden Umweltprogramms gibt. Durch pragmatisches Vorgehen kann jedoch das geeignete Implementationsvorgehen identifiziert werden.

Zusammenfassend kann festgestellt werden, daß das Ergebnis grenzüberschreitender Umweltpolitik von einer Vielzahl unterschiedlicher Faktoren beeinflußt wird. Diese einzelnen Faktoren folgen in der Regel einem logischen Ablaufmodell, wie es in der folgenden Abbildung dargestellt ist.

Bei der Darstellung der einzelnen Faktoren wurde darauf hingewiesen, daß durch keinen dieser Faktoren eine grenzüberschreitende Kooperation im Umweltbereich verhindert wird. Durch die unterschiedlichen Faktoren kann das kooperative Handeln über die Grenzen hinweg erleichtert oder erschwert werden. Das hier skizzierte Einflußmodell der grenzüberschreitenden Umweltpolitik ist als ein dynamisches Modell zu verstehen, das einem logischen Ablaufschema folgt. Konkret bedeutet dies, daß immer wieder Rückkoppelungen mit früheren Einflußnahmen möglich und auch notwendig sind. Es bedeutet aber auch, daß grenzüberschreitende Umweltpolitik nicht immer bei 'Null', d.h. bei der subjektiven Wahrnehmung eines Umweltproblems beginnen muß. Wie die empirische Analyse grenzüberschreitender Umweltpolitik gezeigt hat, sind auch andere Impulse denkbar, die zu einem grenzüberschreitenden Umweltprojekt führen. Konkret handelt es sich einerseits um 'neue' Problemlösungskapazitäten und um neue Kompetenzen, die der gesamten Grenzregion oder auch einzelnen Teilregionen zusätzlich zur Verfügung stehen. Exemplarisch hierfür ist die Gemeinschaftsinitiative INTERREG der Europäischen Union, von der wichtige Impulse für die grenzüberschreitende Umweltpolitik in Europa ausgegangen sind: Mit der (angekündigten) Bereitstellung finanzieller Fördermittel wurden - gerade auch in den grenzüberschreitenden Institutionen - 'neue' Umweltprobleme erstmalig ausführlich thematisiert, und es wurden in relativ kurzen Zeiträumen konkrete Einzelprojekte zur Lösung dieser Probleme formuliert und beschlossen.

Andererseits können aber auch von bereits bestehenden grenzüberschreitenden Gremien wichtige Impulse für die grenzüberschreitende Umweltpolitik ausgehen. Gerade in informellen Netzwerken, in denen sich grenzübergreifend problemorientierte Gremien sehr flexibel bilden können, ist eine Tendenz zur 'Selbstbeschäftigung' erkennbar. Hierbei spielt der 'erfolgreiche' Abschluß eines gemeinsam durchgeführten Umweltprogramms eine wichtige Rolle. Angeregt durch diesen gemeinsamen Erfolg und die während der Zusammenarbeit entstandenen persönlichen Beziehungen zwischen den einzelnen Akteuren wird ein 'neues' Thema, d.h. ein neues Umweltpro-

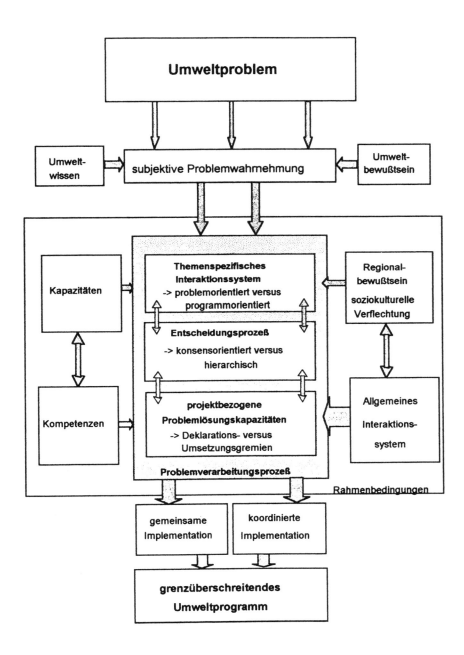

blem, gesucht, mit dem sich das Gremium beschäftigen kann.[32] Die Reduktion der vielfältigen Faktoren mit ihren unterschiedlichen Wirkungsrichtungen auf das geschilderte Ablaufmodell erscheint notwendig, um konkrete Erfolgsbedingungen für die grenzüberschreitende Umweltpolitik zu identifizieren und um konkrete Handlungsanweisungen für verschiedene (politische) Akteure zu formulieren. Mit der Verwirklichung dieser Erfolgsbedingungen kann jedoch nur erreicht werden, daß die grenzüberschreitende Kooperation im Umweltbereich erleichtert wird und bestehenden Schwierigkeiten entgegengewirkt wird.

Ansätze zur Intensivierung des grenzüberschreitenden Wassermanagements

Die allgemein für den Bereich der grenzüberschreitenden Umweltpolitik aufgeführten Einflußfaktoren gelten auch für den speziellen Politikbereich des grenzüberschreitenden Wassermanagements. Dabei spielt es keine Rolle, um welchen ökologischen Verflechtungstyp es sich handelt. Auch für die Nutzung grenzüberschreitender Wasserressourcen gilt, daß eine grenzüberschreitende Kooperation möglich und denkbar ist. Die Kooperation wird dabei von den o.g. Faktoren beeinflußt. Aus diesen Einflußfaktoren können einige Ansatzpunkte abgeleitet werden, um die Kooperation im grenzüberschreitenden Wassermanagement zu intensivieren. Folgende Punkte sind hier denkbar und versprechen positive Impulse für eine Intensivierung des grenzüberschreitenden Wassermanagements:

- Ausgangspunkt für eine erfolgreiche Zusammenarbeit ist das objektive Erkennen von Belastungen der gemeinsam genutzten Ressource Wasser. Hier spielt der Bereich der Forschung und Überwachung eine wichtige Rolle. In diesen beiden Bereichen sollte eng über die Grenze hinweg zusammengearbeitet werden. Dies kann einerseits zu komparativen Kostenvorteilen führen und andererseits die Herausbildung einer 'epistemic community' fördern, die - wie aufgezeigt - einen wichtigen Beitrag zur Lösung grenzüberschreitender Umweltprobleme leisten kann.

- Ein objektiv existierendes Umweltproblem muß in der Grenzregion auch subjektiv als ein lösungsbedürftiges Problem angesehen werden. Diese Einschätzung darf sich jedoch nicht nur auf den Wissenschaftsbereich beschränken, sondern muß auch in anderen gesellschaftlichen Bereichen bestehen. Hier spielt die grenzüberschreitende Öffentlichkeits- und Informationsarbeit auch im Wassermanagement eine wichtige Rolle. Exemplarisch sei hier nur auf die grenzüberschreitenden Informationskampagnen am Bodensee oder am Genfersee hingewiesen.

---

32 Vgl.: Blatter, Joachim: Grenzüberschreitende Zusammenarbeit im Gewässerschutz am Bodensee. Unter besonderer Berücksichtigung der Bootsproblematik. Freiburg 1994 (=EURES discussion paper dp-37).

- Die Zusammenarbeit im Wassermanagement wird entscheidend von dem in der Grenzregion existierenden Interaktionssystem beeinflußt. Die grundsätzliche Förderung eines gesellschaftlichen Austausches über die Grenzen hinweg kann die Zusammenarbeit auch im Gewässerschutz fördern. Entscheidend für die Erfolge der Zusammenarbeit ist die Existenz problemadäquater Kooperationsstrukturen. So können konflikthafte Themen erfolgreicher in stark formalisierten Strukturen behandelt werden. Informelle Netzwerke, die sich flexibel neu gestalten und ausformen können, reagieren dagegen schneller auf neue Probleme und können erfolgreicher konkrete Projekte umsetzen.

- Die Erfolge grenzüberschreitenden Wassermanagements hängen stark von den zur Verfügung stehenden Kapazitäten und Kompetenzen ab. Vor allem finanzielle Ressourcen spielen dabei eine wichtige Rolle. Bestehen hier deutliche Unterschiede zwischen den einzelnen Ländern, wird das kooperatives Handeln erschwert. Dem kann entgegengewirkt werden, indem ein gemeinsames Kapazitätenpool für gemeinsames Handeln im grenzüberschreitenden Wassermanagement geschaffen wird. Hier können internationale Institutionen grenzüberschreitendes Handeln unterstützen. Wie das INTERREG-Programm gezeigt hat, können aus finanziellen Programmen wichtige Impulse für grenzüberschreitendes Handeln auch im Gewässerbereich ausgehen. Diese Programme können auch dazu genutzt werden, die unterschiedlichen Kosten-Nutzen-Relationen der jeweiligen Länder bei einzelnen Umweltproblemen anzugleichen.

- Auch beim grenzüberschreitenden Wassermanagement gilt das alte Sprichwort: 'Mit dem Essen kommt der Hunger'. Es zeigt sich deutlich, daß die erfolgreiche Durchführung eines Projektes neue gemeinsame Projekte über die Grenzen hinweg initiiert. Angeregt durch den eigenen Erfolg und auch aufgrund der persönlichen Beziehungen, die bei der Bearbeitung des Projektes entstanden sind, sucht sich das grenzüberschreitende Gremium ein 'neues' Thema, mit dem es sich weiter beschäftigen kann. Es ist deshalb sinnvoll, auch kleinere konkrete Projekte im grenzüberschreitende Wassermanagement zu bearbeiten, da deren erfolgreiche Umsetzung zur weiteren - nun engeren - Kooperation motivieren kann.

Die hier genannten Punkte eignen sich für eine Intensivierung der Kooperation im grenzüberschreitenden Wassermanagement. Durch den Aufbau persönlicher Beziehungen und Vertrauensverhältnissen können sie damit langfristig auch zu einer Konfliktvermeidung bei der Nutzung der gemeinsam Ressource Wasser beitragen. Die genannten Ansatzpunkte sind aber nicht geeignet, existierende Konflikte besser lösen zu können. Dies liegt darin begründet, daß die Gremien des grenzüberschreitenden Wassermanagements strukturell bedingt nur eine sehr begrenzte Konfliktlösungsfähigkeit aufweisen. Dies liegt vor allem am Fehlen hierarchisch übergeordneter

Institutionen, die über eine legitimierte Entscheidungskompetenz verfügen. Der begrenzten Konfliktlösungsfähigkeit dieser horizontal verflochtenen Gremien kann auf unterschiedliche Weise entgegengewirkt werden. Entscheidend ist dabei, daß die Kosten-Nutzen-Relationen der jeweiligen Länder, die zu dem grenzüberschreitenden Konflikt führten, verändert werden. Dies kann einerseits durch (finanzielle) Ausgleichszahlungen erfolgen, d.h. der Nutzer einer Maßnahme beteiligt sich auch an den Kosten. Bei einseitigen Verursacher-Betroffenen-Beziehungen, z.B. bei einer Ober-Unterlieger-Situation, kann dies dazu führen, daß das von einer Umweltbelastung betroffene Land sich an den Kosten beteiligt, die eigentlich der Verursacher der Belastung allein zu tragen hätte. Exemplarisch sei hier auf die Lösung des Kali-Problems am Rhein verwiesen: Hier beteiligen sich Holland und Deutschland finanziell sehr stark an den Kosten, die Frankreich zur Verminderung des Kalieintrages zu tragen hat. Eine andere Möglichkeit, die Kosten-Nutzen-Relationen zu verändern und diese im Sinne eines Kaldor-Kriteriums zu optimieren, stellen 'package deals' dar.[33] Diese Paket-Lösungen genannten Verhandlungsergebnisse bedeuten, daß verschiedene Projekte - auch aus verschiedenen Politikbereichen - so zusammen geschnürt werden, daß jedes der beteiligten Ländern insgesamt einen positiven Nutzen davon hat. Dies setzt aber voraus, daß grenzüberschreitend ein Gremium existiert, daß die Kompetenz besitzt, derartige Pakete auch schnüren zu können.

Nicht alle grenzüberschreitenden Konflikte um die Ressource Wasser können auf diese Art und Weise gelöst werden, da teilweise die hierfür notwendigen Verhandlungsmassen fehlen. Dies gilt vor allem für Länder mit begrenzten Kapazitäten für Umweltschutz. Um zu verhindern, daß die grenzüberschreitenden Konflikte irgendwann militärisch gelöst werden, sind übergeordnete Vereinbarungen notwendig. In diesen internationalen Regimen wird für die Nutzung der Ressource Wasser ein Rahmen formuliert, zu dessen Einhaltung sich die beteiligten Länder verpflichten. Darüber hinaus sollen darin auch konkrete Verfahren zur Konfliktlösung und zur Einhaltung der formulierten Ziele verbindlich festgelegt werden.

Die hier aufgeführten Ansatzpunkte zur Förderung der grenzüberschreitenden Zusammenarbeit im Wassermanagement und zur Lösung von grenzüberschreitenden Konflikten um die Ressource Wasser können auf die unterschiedlichen Regionen in der Welt übertragen werden. Voraussetzung ist dabei aber immer, daß sich die konkrete Ausgestaltung der hier genannten Punkte auf das jeweils konkrete Problem zu beziehen hat. Allgemeingültige Empfehlungen können nicht getroffen werden. Es sollte dabei aber immer zweigleisig vorgegangen werden: Einerseits sollten Maßnahmen und Projekte durchgeführt werden, mit denen die grenzüberschreitende Kooperation im Wassermanagement grundsätzlich gefördert wird. Damit kann langfristig

---

33 Vgl.: Scharpf, Fritz W.: Die Politikverflechtungsfalle, in: Scharpf, Fritz W. (Hrsg.): Optionen des Föderalismus in Deutschland und Europa Frankfurt/ New York 1994, S. 11-44.

ein Beitrag zur Konfliktvermeidung geleistet werden. Andererseits ist es zwingend notwendig, daß internationale Regime verabschiedet werden, in denen ein international anerkannter Rahmen für die Nutzung der Ressource Wasser festgelegt wird. So kann angesichts der bereits offenen Konflikte um die Ressource Wasser ein Beitrag zur Konfliktlösung geleistet werden. Diese werden aller Voraussicht nach in den kommenden Jahren in einigen Regionen der Welt weiter zunehmen. Eile ist geboten, damit die Konflikte nicht militärisch 'gelöst' werden.

Weitere Literatur

Hey, Christian/Betz, Petra: Erfolgsbedingungen grenzüberschreitender Zusammenarbeit im Umweltschutz. Das Beispiel Oberrheinregion, Freiburg 1994 (=EURES discussion paper dp-33).

Leubuscher, Susan/Hager, Wolfgang: Preconditions for successfull cross-border cooperation on environmental issues. European experiences, Freiburg 1994 (=EURES discussion paper dp-38).

Scherer, Roland/Müller, Heinz: Erfolgsbedingungen grenzüberschreitender Zusammenarbeit im Umweltschutz. Das Beispiel Bodenseeregion, Freiburg 1994 (=EURES dicussion paper dp-34).

Axel Michaelowa

Klimaveränderung und internationale Klimapolitik - Implikationen für eine globale Ressourcenpolitik im Wassersektor

Einleitung

Die lokalen und regionalen Probleme, die durch eine Verknappung und Übernutzung von Wasserressourcen entstehen, stehen in einer engen Wechselwirkung mit anderen Umweltproblemen. Wasserkrisen können nicht nur durch direkte menschliche Einflüsse hervorgerufen werden, sondern werden häufig durch meteorologische und klimatische Faktoren beeinflußt.[1] Während diese Faktoren in der Vergangenheit als exogen betrachtet werden mußten, besteht mittlerweile ein breiter Konsens, daß menschliches Handeln zu einer Veränderung des Klimas und somit auch der Wettereinflüsse führt. Daher ist bei einer Beurteilung wasserpolitischer Fragen die anthropogene Klimaveränderung unbedingt zu berücksichtigen. Darüber hinaus hat das Klimaproblem auf nationaler und internationaler Ebene zu politischen Aktivitäten geführt, die im Wassersektor erst ansatzweise zu erkennen sind. Während erst 1996 über eine UN-Wasserkonvention diskutiert wurde, ist eine UN-Klimakonvention schon seit 1992 in Kraft. Der folgende Beitrag analysiert die Wechselwirkungen zwischen Klima- und Wasserpolitik und versucht, Empfehlungen für eine internationale Wasserpolitik abzuleiten.

Klimaveränderung durch den Menschen - Ursachen und Wirkungen

Mit der Industrialisierung, dem zunehmenden Verbrauch fossiler Brennstoffe und der veränderten Bodennutzung beeinflußt der Mensch in großem Maßstab die Zusammensetzung der Erdatmosphäre. Die Konzentration von Spurengasen wie Kohlendioxid (CO^2), Methan (CH^4), Stickoxiden (NO^x) und Fluorchlorkohlenwasserstoffen (FCKW) nimmt teilweise drastisch zu. Viele dieser Spurengase - im folgenden als Treibhausgase bezeichnet - lassen die kurzwellige Sonnenstrahlung fast ungehindert zur Erdoberfläche vordringen, absorbieren jedoch einen hohen Anteil der von

---

[1] Die Sahelkrise wurde beispielsweise maßgeblich durch ein überdurchschnittliches Wasserangebot in den 60er Jahren beeinflußt, das zu einer Überschätzung der langfristig verfügbaren Wassermenge führte. Die sich seit Beginn der 70er Jahre anschließende Dürre machte diese Annahme zu Makulatur.

der Erdoberfläche emittierten Wärmestrahlung. Es kommt somit zu einer Erwärmung der Atmosphäre.[2] Nach dem neuesten Bericht eines internationales Wissenschaftlergremiums, des Intergovernmental Panel on Climate Change (IPCC) wird mittels computerisierter Klimamodelle bis 2100 ein Temperaturanstieg um ca. 2°C prognostiziert.[3] Dieser Temperaturanstieg reicht an die Erwärmung zwischen der letzten Eiszeit und der heutigen Warmzeit heran. Seine Wirkung auf die Umwelt ist aller Voraussicht nach um so größer, je schneller er stattfindet. Die Ökosysteme können sich nur dann an die Veränderung anpassen, wenn die Geschwindigkeit des Temperaturanstiegs verringert wird. Allerdings bestehen noch große Unsicherheiten bezüglich der regionalen Auswirkungen der Klimaveränderung. Es ist jedoch davon auszugehen, daß sie überwiegend negativ sind und teilweise dramatische Ausmaße annehmen.

Wirkung der Klimaveränderung auf die Wasserressourcen

Trotz rapide zunehmender Rechenleistungen sind die Klimamodelle immer noch relativ grobmaschig. Über die Klimaveränderung in einem bestimmten Wassereinzugsgebiet lassen sich daher keine belastbaren Aussagen machen. Einige Tendenzen sind aber sichtbar:[4]
Mit einer Erwärmung wird die Niederschlagsmenge weltweit zunehmen, gleichzeitig aber auch die Verdunstung ansteigen. Der für die Abflußmenge entscheidende Saldo ist davon abhängig, welche Komponente sich stärker verändert; außerdem spielen Nichtlinearitäten eine Rolle. Regional,

---

2 Die folgende Aussage von Prof. Graßl, dem Leiter des Weltklimaprogramms der Weltwetterorganisation, bringt den überwiegenden Konsens der Naturwissenschaftler über das Eintreten der Klimaveränderung zum Ausdruck: "Von wissenschaftlicher Seite ist der Indizienprozeß in Sachen Ozonschicht und Treibhauseffekt gelaufen, ist der Schuldspruch gefällt und auch in Papieren der Vereinten Nationen niedergelegt. Es geht jetzt nicht mehr um weitere Beweise, sondern einzig darum, wenigstens beim Klima noch das "Strafmaß" um einiges zu mindern" (zitiert nach: Frese, Walter: Die Treibhaus-Fenster schließen sich, MPG-Presseinformation, 14.2. 1994, 5f). Die Enquete-Kommission "Schutz der Erdatmosphäre" des deutschen Bundestages wendet sich gegen eine in jüngster Zeit auftretende, "durch nichts gerechtfertigte Diskreditierung der Forschungsergebnisse [...], die eindeutig zum Ziel hat [...], die Ergreifung der notwendigen Maßnahmen zur Reduzierung der Emissionsraten klimarelevanter Spurenstoffe zu vermeiden" (Enquete-Kommission "Schutz der Erdatmosphäre" des Deutschen Bundestags: Mehr Zukunft für die Erde, Bonn 1995, S. 12).
3 Vgl.: Intergovernmental Panel on Climate Change (IPCC): Summary for policymakers: scientific-technical analysis of impacts, adaptations and mitigation of climate change, Working Group II, Rom 1995.
   Eine sehr anschauliche Darstellung der naturwissenschaftlichen Zusammenhänge findet sich bei Hartmut Graßl: Der veränderte Energiehaushalt der Erde, in: Physikalische Blätter, 6/1995, S. 487-492.
4 Vgl.: IPCC, 1995.

vor allem in ariden und semi-ariden Gebieten, kann es zu erheblichen Verschiebungen des Abflußregimes kommen. Dadurch werden sowohl Oberflächenwasser und Grundwasserangebot beeinflußt. In hohen Breiten ist eher mit einer Zunahme der Abflußmenge zu rechnen, während aufgrund des Verdunstungseffekts in den niedrigen Breiten eine Abnahme erwartet wird.

Die Klimavariabilität nimmt zu. Extremereignisse in Form von Dürren oder Überschwemmungen werden häufiger. Es ist mit einer Zunahme von Starkregenfällen zu Lasten gleichmäßiger Niederschläge zu rechnen. Außerdem ist mit einem niedrigeren Anteil fester Niederschläge zu rechnen.[5] Die damit einhergehende Erhöhung der Abflußvariabilität wird voraussichtlich die Wasserqualität verringern. Dies hätte eine Verringerung der biologischen Produktivität in Fließgewässern zur Folge. Es wird vor allem in Trockengebieten und Gewässern mit kleinen Einzugsgebieten zu einem Absinken des Wasserspiegels kommen. Feuchtgebiete werden sich verlagern. Es kommt zu einer Ausbreitung von Wüsten, da die Modelle von einer Erwärmung bei dort gleichzeitig stagnierender Regenmenge ausgehen.

Als Fallbeispiel für die Wirkungen der Klimaveränderung auf ein semiarides und arides Einzugsgebiet kann das Coloradobecken in den westlichen USA herangezogen werden, für das eine detaillierte Simulationsrechnung existiert.[6] Bei einer Erwärmung um 2°C würde ohne Veränderung der Niederschlagsmenge die durchschnittliche Abflußmenge um vier bis zwölf Prozent abnehmen, bei einer Erwärmung um 4°C gar um neun bis 21 Prozent. Veränderungen der Niederschlagsmenge würden zu einer proportionalen Veränderung der Abflußmenge führen. Außerdem würde der Abfluß im Winter aufgrund geringerer Schneeakkumulation zunehmen und somit das Überschwemmungsrisiko steigen. Eine Verringerung des Abflusses um 20 Prozent würde das Wasserspeichervolumen der Dämme und deren Stromproduktion um über 60 Prozent verringern, während der Salzgehalt des Wassers um 15 bis 20 Prozent stiege. Bei einer Verringerung des durchschnittlichen Abflusses um zehn Prozent würde die niedrigste Wasserführung um 86 Prozent sinken. Das derzeitige ausgefeilte System der Wassernutzung wäre nur schwer aufrechtzuerhalten.

---

5 Beispielsweise gehen Studien für das Einzugsgebiet des Rheins davon aus, daß die Abflußmenge im Winter steigt und im Sommer zurückgeht, da die Alpen nicht mehr als Puffer wirken. Somit nimmt das Überschwemmungsrisiko zu und die Schiffbarkeit ab (vgl. Parmet, B.; Kwadijk, J.; Raak, M.: Impact of climate change on the discharge of the river Rhine, in: Climate change reserach. evaluation and policy implications, Amsterdam 1995, S. 916).

6 Vgl.: Linda Nash/Peter Gleick: The Colorado river basin and climatic change, Oakland 1993.

Gerade in den Ländern, in denen bereits heute das Wasserangebot sehr gering ist, werden die Auswirkungen der Klimaveränderung aller Voraussicht nach negativ ausfallen. Die Verwundbarkeit dieser Länder nimmt daher zu. Nur ein effizientes, kooperatives Ressourcenmanagment kann größere Wasserkrisen vermeiden. Daher ist es vordringlich, daß die heutige Wasserverschwendung aufgrund subventionierter Wasserpreise zukünftig durch kostendeckende Preise verhindert wird. Darüber hinaus ist eine Wasserabgabe oder ein System handelbarer Wasserrechte sinnvoll, um weitere Einsparungsbemühungen voranzutreiben. Des weiteren muß versucht werden, durch wasserbauliche Maßnahmen eine Verstetigung des Abflußregimes zu erreichen, z.B. durch Rückhaltebecken.

Entwicklung der internationalen Klimapolitik

Das IPCC fordert zur Vermeidung schwerwiegender ökologischer Schäden langfristig eine Verringerung der anthropogenen Treibhausgasemissionen um mindestens 60 Prozent.[7] Angesichts der geschätzten Zuwachsraten des Weltenergieverbrauchs und der damit verbundenen Treibhausgasemissionen sieht auch der Weltenergierat, ein Zusammenschluß von Energieerzeugern, einen unmittelbaren Handlungsbedarf.[8] Da viele Treibhausgase auf lokaler und regionaler Ebene keine direkten Umweltschäden verursachen und es sich bei der Erdatmosphäre um ein öffentliches Gut handelt, das von allen Staaten kostenlos für die Aufnahme von Treibhausgasen genutzt werden kann, gab es bislang jedoch keine Anreize zur Emissionsverringerung.[9] Die Wirksamkeit isolierter nationaler Politiken ist für die meisten Länder sehr begrenzt; nur die USA, Rußland und China können mehr als zehn Prozent der globalen CO^2-Emission beeinflussen.[10] Aufgrund des globalen und zeitlich verzögerten Auftretens möglicher Schäden ist die Zurechnung nach dem Verursacherprinzip unmöglich. In gewissem Maße könnte eine Zurechnung nach den kumulierten Emissionen der Länder vorgenommen werden; die Datenlage ist jedoch nicht eindeutig. Ein Trittbrettfahrerverhalten einzelner Staaten, die keine

---

7 Vgl.: Michael Grubb/Adam Rose: Introduction: nature of the issue and policy implications, in: United Nations Conference on Trade and Development (Hrsg.): Combating global warming, New York 1992, S. 3.
8 Vgl.: Michael Jefferson: The scope for Joint Implementation in "Energy for tomorrow's world", in: Catrinus Jepma (Hrsg.): The feasibility of Joint Implementation, Dordrecht 1995, S. 47.
9 Der Preis fossiler Energieträger setzt Anreize für das Verbrauchsverhalten. Diese Anreize sind jedoch nicht mit der Emissionsintensität der Energieträger korreliert und spiegeln daher die damit verbundenen Externalitäten nicht wider.
10 Vgl.: Enquete-Kommission "Schutz der Erdatmosphäre" des Deutschen Bundestags: Mehr Zukunft für die Erde, Bonn 1995, S. 117.

klimapolitischen Maßnahmen umsetzen, aber von den Maßnahmen anderer Staaten profitieren, ist nicht auszuschließen. Die Klimaschutzpolitik bedarf daher internationaler Abstimmung. Diese ist in den letzten Jahren zunehmend erfolgt, wenn auch konkrete Maßnahmen zur Erreichung des durch das IPCC vorgegebenen Ziels bisher ausgeblieben sind.

Die im Rahmen der UN-Konferenz Umwelt und Entwicklung 1992 verabschiedete Klimarahmenkonvention ist hinsichtlich Verringerungszielen und finanziellen Verpflichtungen sehr vage.[11] Die Industriestaaten verpflichteten sich darin auf eine zeitlich nicht spezifizierte Verringerung ihrer Treibhausgasemissionen auf den Stand von 1990, wobei die Auslegung dieses Ziels umstritten ist. Für die Entwicklungsländer gibt es keine derartigen Verpflichtungen. Dort sind jedoch die Kosten für die Emissionsverringerung wesentlich geringer als in den Industriestaaten, wo aufgrund der Steigerung der Energieeffizienz seit den beiden Ölkrisen bereits erhebliche Einsparpotentiale ausgeschöpft worden sind. Auf nationaler Ebene werden in einigen Industriestaaten inzwischen Maßnahmen zum Klimaschutz umgesetzt. Sie reichen von ordnungsrechtlichen Maßnahmen, z.B. anlagenspezifischen Auflagen, bis zur Besteuerung der CO^2-Emissionen.

Eine Weiterentwicklung der Klimarahmenkonvention muß vielen Zielen gerecht werden und wird in der politischen Realität sehr schwierig. Sie muß die Erreichung eines wissenschaftlich abgesicherten Emissionsziels sicherstellen, über Jahrzehnte weiterentwickelt werden können, flexibel genug sein, um neue Erkenntnisse zu berücksichtigen und langfristig eine Beteiligung aller Länder sicherstellen.[12] Analog zum Montrealer Protokoll über ozonzerstörende Substanzen sollten zunächst verbindliche nationale Ziele beschlossen werden, die zu genau spezifizierten Zeitpunkten erreicht werden müssen. Damit wird es für Staaten wesentlich schwieriger, die Nichterreichung des nationalen Ziels zu ignorieren. Auch für die Entwicklungsländer sind verbindliche Ziele festzulegen. Die Ziele sollten alle Treibhausgase berücksichtigen und klare Gewichtungsfaktoren für die unterschiedlichen Gase definieren. Dies ist eine entscheidende Voraussetzung für effiziente Klimapolitik, da die bisherige Beschränkung auf CO^2 dazu führt, daß kostengünstige Verringerungsmaßnahmen bei anderen

---

11 Vgl.: Bundesministerium für Umwelt, Naturschutz und Reaktorsicherheit: Konferenz der Vereinten Nationen für Umwelt und Entwicklung im Juni 1992 in Rio de Janeiro - Dokumente - Klimakonvention, Konvention über die biologische Vielfalt, Rio-Deklaration, Walderklärung, Bonn 1992. Zur Entstehungsgeschichte der Klimarahmenkonvention siehe: Irving Mintzer/Leonard Amber (Hrsg.): Negotiating climate change, Cambridge 1994, wo der Verhandlungsprozeß aus Sicht prominenter Teilnehmer beschrieben wird.

12 Vgl.: Henning Rentz: Kompensationen im Klimaschutz - Ein erster Schritt zu einem nachhaltigen Schutz der Erdatmosphäre, Berlin 1995, S. 79.

Gasen nicht durchgeführt werden. Statt wie bisher auf Perioden bezogen zu sein, sollten in einem zweiten Schritt die zukünftigen Ziele einen festen Pfad vorgeben oder auf kumulierte Emissionen bezogen werden. Außerdem sollten einheitliche Verfahren entwickelt werden, um die tatsächlichen Emissionen zu ermitteln und die Treibhausgasverringerung durch dem Stand der Technik entsprechende Maßnahmen zu schätzen. Ansonsten entwickeln sich unterschiedliche nationale Standards für die Quantifizierung von Emissionen, die nicht kompatibel sind und im nachhinein nur schwer harmonisiert werden können.[13]

Analogien und Unterschiede zwischen Klima- und Wasserpolitik

Wasser- und Klimapolitik unterscheiden sich in vielerlei Hinsicht, weisen aber auch einige Gemeinsamkeiten auf.[14] Während es sich bei Wasser um ein tangibles Gut handelt, das unmittelbar lebenswichtig ist, ist das Klima auf den ersten Blick intangibel. Das Klima ist ein globales öffentliches Gut. Wasserpolitik ist kurzfristig betrachtet für den einzelnen Staat so relevant, daß Konflikte um Wasserressourcen häufig zu Spannungen geführt und kriegerische Auseinandersetzungen gefördert haben.[15] Dies ist bei der Klimapolitik bislang noch nicht der Fall gewesen. Langfristig sind aber auch Konflikte aufgrund der Klimapolitik denkbar, wenn beispielsweise durch den Meeresspiegelanstieg größere Gebiete überschwemmt werden und unter Umständen kleine Inselstaaten evakuiert werden müssen.

Ein wesentlicher Unterschied zwischen Klima- und Wasserpolitik ist die stärkere Ortsgebundenheit der Wasserpolitik. Letztere erstreckt sich sinnvollerweise auf den Einzugsbereich eines Flußsystems, während erstere global sein muß. Dies gilt jedoch nur für vorbeugende Klimapolitik, d.h. Emissionsverringerung. Anpassungsmaßnahmen wie die Erhöhung von Deichen sind ebenso wie Wasserpolitik eine rein regionale bzw. gar lokale Angelegenheit. Sogar im Fall der vorbeugenden Klimapolitik ist häufig das Engagement auf kommunaler Ebene stärker als auf nationaler, wie die Verabschiedung weitreichender Emissionsziele durch kommunale

---

13 Die Versuche, nationale Standards im Rahmen der EG zu harmonisieren, nahmen Jahrzehnte in Anspruch und wurden auf halbem Wege eingestellt, als man sich mit Mindeststandards zufrieden gab.
14 Beispielsweise ließe sich der Zielkatalog der Noordwijk-Konferenz über Trinkwasser und umweltorientierte sanitäre Anlagen ohne weiteres auf die Klimapolitik übertragen (Ministry of Housing, Spatial Planning and the Environment: Water and sanitation for all: a world priority. No more business as usual, Noordwijk 1995, S. 72f).
15 Vgl: Peter Gleick: Water and conflict, in: Occasional Paper of the Project "Environmental Change and Acute Conflict", 1/1992, S 6ff.

Gremien zeigt. In beiden Politikfeldern ist ein Engagement von Nichtregierungsorganisationen vielversprechend. Diese erreichen breite Bevölkerungsschichten, können korrupte Bürokratien umgehen und die Eigeninitiative der Bürger stärken.[16]
In regionalen Wassernutzungsverträgen ist das Prinzip einer gerechten Nutzung verankert. Dieses bedeutet nicht, daß jedes Land einen gleich großen Anteil erhält, sondern daß verschiedenen Faktoren wie z.B. Bevölkerungszahl, geographische Lage, Verfügbarkeit alternativer Wasserressourcen bei der Zuteilung berücksichtigt werden.[17] In der Klimarahmenkonvention werden keine Nutzungsregeln festgeschrieben, sondern nur Emissionsziele für eine kleine Gruppe von Industriestaaten festgelegt. Viele Nichtregierungsorganisationen fordern jedoch die Fixierung einer Zuteilung von Emissionsrechten anhand der Bevölkerungszahl. Zu anderen möglichen Zuteilungsschlüsseln siehe Michaelowa.[18] Bei den zukünftigen Verhandlungen über die Weiterentwicklung der Klimarahmenkonvention wird die Frage einer möglichst gerechten, aber gleichzeitig durchsetzbaren Verteilung an Bedeutung erlangen.[19]
In den Wassernutzungsverträgen findet sich das Prinzip, daß keinem Staat durch die Handlungen eines anderen Staates Schaden zugefügt wird.[20] Eine derartige Regel ist in der Klimapolitik nicht anwendbar, da eine direkte Schädigung aufgrund der Globalität des Klimaproblems nicht festgestellt werden kann. Hier ist aufgrund des Verursacherprinzips davon auszugehen, daß ein Staat entsprechend seines Emissionsanteils für die Schäden aus der Klimaveränderung haftet. Da diese Schäden aufgrund der Klimavariabilität und unterliegender natürlicher Klimaschwankungen nie exakt quantifiziert werden können, ist dieses Prinzip aber nicht durchsetzbar.
Ein wirksamer Vertrag erfordert eine umfassende Information der Vertragsparteien und eventuell betroffener Dritter. Verpflichtungen über Notifizierung, Daten- und Informationsaustausch finden sich sowohl in der Klimarahmenkonvention als auch in regionalen Wasserverträgen. Die Einhaltung der Vertragsbestimmungen muß überwacht werden. Dazu sind

---

16 Vgl.: Rolf Hanisch/Rodger Wegner: Nichtregierungsorganisationen und Entwicklung, Schriften des Deutschen Übersee-Instituts Hamburg Nr. 28, Hamburg 1994.
17 Gleick, 1992, S. 21.
18 Axel Michaelowa: Internationale Kompensationsmöglichkeiten zur CO2-Reduktion unter Berücksichtigung steuerlicher Anreize und ordnungsrechtlicher Maßnahmen, HWWA-Report Nr. 152, Hamburg 1995, S. 10f.
19 Vgl.: Michael Grubb: Seeking fair weather: ethics and the international debate on climate change, in: International Affairs, 3/1995, S. 463-495
20 Gleick, 1992, S. 21.

moderne Technologien wie satellitengestützte Fernerkundung erforderlich.[21]

Wasserpolitik führt schneller zu sichtbaren Ergebnissen als die Klimapolitik, deren Wirkungen nur indirekt und mit langen Verzögerungen auftreten. Allerdings kann die Sanierung verschmutzter Flußsysteme auch Jahrzehnte in Anspruch nehmen, wie Beispiele europäischer Flüsse zeigen.

Ähnlichkeiten ergeben sich bei der Wahl von Politikinstrumenten. In beiden Politikfeldern führen Subventionen zu einer überhöhten Nutzung der Ressource. Die Subventionierung ist vor allem in Entwicklungsländern anzutreffen. Ein Subventionsabbau würde den Wasser- bzw Energieverbrauch deutlich senken. Gleichermaßen gibt es eine Reihe von Möglichkeiten, den Wasser- bzw. Energieverbrauch zu senken und dabei gesamtwirtschaftliche Gewinne zu erzielen.[22] Diese Möglichkeiten werden aber aufgrund von Informationsmängeln, Kapitalmangel und Auseinanderfallen von Investor und Nutzer nicht genutzt.[23]

Ein Subventionsabbau bzw. die Nutzung aller gewinnbringenden Optionen wird jedoch nicht ausreichen, um die bei weiter wachsender Weltbevölkerung erforderliche Verringerung des Wasser bzw. der Treibhausgasemissionen zu erreichen. Daher müssen zusätzliche Instrumente eingesetzt werden, die eine effiziente Verringerung erreichen. Während dies durch ordnungsrechtliche Instrumente nicht möglich ist, kann eine Besteuerung des Verbrauchs die Wassernutzung bzw. Treibhausgasemission proportional verteuern. Während bei der Steuer der Steuersatz festgelegt ist, ist nicht bekannt, wie groß die Verringerung des Wasserverbrauchs bzw. der Emissionen ist, da dies vom Verhalten der Wassernutzer bzw. Emittenten abhängig ist. Wenn man die Wassernutzung bzw die Emissionsmenge festlegen will, ist die Ausgabe handelbarer Nutzungsrechte möglich.[24] Dadurch entsteht ein Anreiz, den Wasserverbrauch bzw. die Emission zu verringern, um überschüssige Nutzungsrechte zu verkaufen oder die Ausgaben für den Zukauf von Nutzungsrechten zu verringern. Es bildet sich also ein Marktpreis heraus. Der Staat kann die Wasser- bzw. Emissionsrechte versteigern, an die bisherigen Emittenten ausgeben oder jedem Bürger die gleiche Menge zuteilen. Die Ausgabe der Nutzungsrechte ist also mit zahlreichen Verteilungsproblemen behaftet.[25]

---

21 Vgl.: Wolfgang Fischer/Hans-Jürgen Hoffmann/Werner Katscher/Ulrich Kotte/ Wolf-Dieter Lauppe/Gotthard Stein: Vereinbarungen zum Klimaschutz - das Verifikationsproblem, Jülich 1995.
22 Vgl.: Karl Niederl/Hans Schnitzer: Ökoprofit Graz. Nachhaltiges, innovatives Wirtschaften, Graz 1994.
23 Michaelowa, 1995, S. 30f.
24 Vgl. Graciela Chichilnisky/Geoffrey Heal: Markets for tradeable CO2 emission quotas - principles and practice, OECD Working Paper Nr. 153, Paris 1995.
25 Michaelowa, 1995, S. 10f.

Die Diskussion über Wasserabgaben und Emissionsteuern wird in einer Reihe von Ländern intensiv geführt; es kam bislang jedoch nur in wenigen Fällen zu einer Einführung derartiger Abgaben. Handelbare Wasserrechte bzw. Emissionszertifikate wurden zwar in akdemischen Kreisen intensiv diskutiert, jedoch kaum eingesetzt. Es ist aufschlußreich, daß die USA bei der Entwicklung eines Zertifikatssystems sowohl im Wasser- als auch Emissionssektor führend sind.[26]

Eine Analogie zwischen Wasser- und Klimapolitik ergibt sich bei der weltweiten Verteilung der Interessen. Die diskutierte Wasserknappheit betrifft vor allem die Entwicklungsländer. Während zahlreiche Entwicklungsländer von der Klimaveränderung stark betroffen werden und Anpassungsmaßnahmen das ökonomische Leistungsvermögen übersteigen, erscheint es für die Mehrzahl der Industrieländer relativ leicht, eine Anpassung vorzunehmen. Daher sollten die Entwicklungsländer ein Interesse daran haben, Klima- und Wasserpolitik gemeinsam voranzutreiben. Aus sicherheitspolitischen Gründen ist jedoch eine Beteiligung der Industriestaaten an der Finanzierung klima- und wasserpolitischer Maßnahmen in Entwicklungsländern in ihrem eigenen Interesse. Emissionsverringernde Maßnahmen, die in den Entwicklungsländern wesentlich kostengünstiger sind als in den Industriestaaten, kommen den Industriestaaten sogar direkt zugute, da es unerheblich ist, wo die Emissionen verringert werden.[27]

Verknüpfung von Wasser- und Klimapolitik

Trotz drohender Wasser- und Klimakrisen ist die Erkenntnis, daß rasch gehandelt werden muß, bislang vielerorts noch nicht vorhanden. Es muß zunächst darum gehen, diese Erkenntnis zu fördern. Dazu tragen Verhandlungen auf internationaler Ebene maßgeblich bei, wenn eine breite Beteiligung, vor allem auch der NRO, sichergestellt wird. Aus der Verhandlungsgeschichte der Klimakonvention läßt sich erkennen, daß eine Konsensfindung zunächst nur auf relativ abstrakter Ebene möglich ist und Aspekte, bei denen es zu Interessenkonflikten kommt, erst in einem langwierigen Prozeß berücksichtigt werden.

Die langfristigen Elemente der Wasser- und Klimapolitik lassen sich bündeln. Dies gilt vor allem für Anpassungsmaßnahmen. Im Rahmen der glo-

---

26 Vgl.: Stephen Harper: Tradeable permits: practical lessons from the US experience, in: Amano et al. (Hrsg.): Climate change: Policy instruments and their implications, Proceedings of the Tsukuba Workshop of IPCC Working Group III, Tsukuba 1994, S. 132-144.
27 Vgl.: ABARE/Dept. of Foreign Affairs and Trade (Hrsg.): Global climate change: economic dimensions of a cooperative international policy response beyond 2000, Canberra 1995.

balen Wasserkonvention sollte auf die Querverbindungen zur Klimapolitik hingewiesen werden. Ein Koordinationsausschuß aus Vertretern der beiden Konventionssekretariate ist zu bilden. In beiden Konventionen sollte der Subventionsabbau und die Einführung ökonomischer Instrumente explizit gefordert werden. Finanzielle Transfers sollen die Kosten von Anpassungsmaßnahmen decken, wenn sie einen bestimmten Anteil des Volkseinkommens übersteigen. Die Transfers sollten durch eine internationale Organisation verwaltet werden, die Entscheidungen nur fällen kann, wenn sowohl eine Mehrheit der Geber- als auch der Nehmerländer zustimmt. Nach diesem Prinzip funktioniert bereits die Globale Umweltfazilität, die u.a. Maßnahmen zum Klimaschutz finanziert.[28] Gleichermaßen sollten Emissionsverringerungsmaßnahmen und Maßnahmen zur Wasserersparnis gefördert werden. Ersteres kann zunächst über das Instrument der "Joint Implementation" geschehen, das Ländern mit Emissionszielen die Nutzung billiger Verringerungsmöglichkeiten im Ausland erlaubt.[29] Langfristig ist ein globales System handelbarer Emissionsrechte anzustreben, das auf der Basis gleicher Pro-Kopf-Zuteilungen beruht.[30] Die Entwicklungsländer können dann durch den Verkauf überschüssiger Emissionsrechte Einnahmen erzielen.[31] Im Fall von Maßnahmen zur Wasserersparnis können sicherheitspolitische Gründe herangezogen werden. Es ist al-lerdings nicht sinnvoll, einen Handel mit Wasserrechten auf überregiona-ler Ebene anzustreben, da sonst unterschiedliche Knappheiten nicht berücksichtigt werden.

Bei allen Maßnahmen ist darauf zu achten, daß sie in die nationale Wirtschafts- und Umweltpolitik integriert werden und ihre Wirkungen nicht durch andere Politikmaßnahmen wieder aufgehoben werden. Ein Instrumentenbündel bietet die Möglichkeit, andere Ziele zu berücksichtigen.[32]

---

28 Vgl.: Mohamed El-Ashri: Die neue Globale Umweltfazilität, in: Finanzierung und Entwicklung, 2/1994, S. 48.
29 Vgl.: Michaelowa, 1995.
30 Vgl: United Nations Conference on Trade and Development (Hrsg.): Combating global warming - Possible rules, regulations and administrative arrangements for a global market in CO2 emission entitlements, New York 1994.
31 Vgl.: Peter Hayes: North-South transfer, in: Peter Hayes/Kirk Smith (Hrsg.): The global greenhouse regime. Who pays?, London 1993, S. 144-168.
32 Vgl.: Jip Lenstra/Merrilee Bonney: The merits of a mixed bag: national plans, agreements and policy instruments, in: OECD: The economics of climate change, Proceedings of an OECD/IEA conference, Paris 1994, S. 243-252.

Schlußfolgerungen

Die beiden scheinbar getrennten Politikfelder Klima- und Wasserpolitik weisen bei näherer Betrachtung eine Reihe von Gemeinsamkeiten auf. Dies gilt besonders bei Zugrundelegung einer langfristigen Perspektive. Ökonomische Instrumente lassen sich sowohl zur Verringerung des Wasserverbrauchs als auch zur Verringerung von Treibhausgasemissionen einsetzen. Hinzu kommt, daß eine wirksame Klimapolitik in der Regel positive Auswirkungen auf das Wasserangebot haben wird. Klimapolitik ist eine notwendige Bedingung für eine erfolgreiche Wasserpolitik.

Weitere Literatur

Bundesministerium für Umwelt, Naturschutz und Reaktorsicherheit:
Konferenz der Vereinten Nationen für Umwelt und Entwicklung im Juni 1992 in Rio de Janeiro - Dokumente - Agenda 21, Bonn 1992.
Bundesministerium für wirtschaftliche Zusammenarbeit:)
Klimaschutz in der Entwicklungszusammenarbeit, Entwicklungspolitik-Materialien Nr. 92, Bonn 1995.
J. Klabbers/Pier Velling/R. Swart/A. van Ulden/R. Janssen:
Policy options addressing the greenhouse effect, Amsterdam 1994.
Ministry of Housing, Spatial Planning and the Environment:
Water and sanitation for all: a world priority. Achievements and challenges, Noordwijk 1995.
Ministry of Housing, Spatial Planning and the Environment:
Water and sanitation for all: a world priority. A developing crisis, Noordwijk 1995.
Organization for Economic Cooperation and Development (Hrsg.):
Global warming, Paris 1995.
Piritta Sorsa:
Competitiveness and environmental standards: some exploratory results, World Bank Policy Research Working Paper Nr. 1249, Washington 1994.
United Nations:
Report of the Conference of the Parties on its first session, held at Berlin from 28 March to 7 April 1995, Part two: Action taken by the Conference of the Parties at its first session, FCCC/CP/1995/7/Add.1, Genf 1995.

Hans-Joachim Gießmann

> *Oft hat den größten Wert, für das man nichts zahlen muß.*
> *(Seneca)*

Die ökologische Dimension von Sicherheit

Das erweiterte Verständnis von Sicherheit

Als Urzustand bedrohter internationaler Sicherheit galt in früheren Zeiten hauptsächlich die Gefahr eines zerstörerischen Krieges. Das 20. Jahrhundert hat uns jedoch die Erkenntnis gebracht, daß mittlerweile auch andere Gefährdungen die Existenz von Staaten und Völkern, von Kontinenten, ja sogar die globalen Überlebensbedingungen der Zivilisation in Frage stellen können. Im Kontext dieser Gefährdungen haben die Vorstellungen darüber, was internationale Sicherheit sei und wie sie zu gewährleisten wäre, in den vergangenen Jahrzehnten grundlegende Wandlungen durchlaufen.

Die eher traditionelle Deutung von internationaler Sicherheit als Abwesenheit vor allem von militärischen Bedrohungen und Gefahren und als Gewährleistung der territorialen Integrität und staatlichen Souveränität, des Überlebens, der politischen Unabhängigkeit und der Existenzentfaltung der Bürger wurde zunächst vor allem in den westlichen Demokratien durch eine zunehmend "erweiterte" Auslegung gebrochen. Mitte der achtziger Jahre wurde der erweiterte Ansatz auch in anderen Gesellschaften aufgegriffen und beispielsweise in der früheren Sowjetunion durch Gorbatschow unter dem Slogan des "neuen Denkens" politisiert.

Der Sicherheitsbegriff wurde dabei auf seinen allgemeinsten semantischen Ursprung - se cura (ohne Sorge) - zurückgeführt, daß nämlich *alles* nach Möglichkeit bewahrt werden sollte, was innerhalb der gesellschaftlichen Systeme als unbedingt erhaltenswert angesehen wird. Während das herkömmliche Verständnis von Sicherheit dabei den *strukturellen Fortbestand* grundlegender Werte (Schutzfunktion) innerhalb der Systeme in den Mittelpunkt stellte, geriet nunmehr auch deren künftige, d.h. deren dauerhafte *Leistungsfähigkeit* auf den Prüfstand.[1]

Dieser Ansatz hatte allerdings sowohl in der Wissenschaft als auch in vielen Bereichen der Politik einen nahezu inflationären Gebrauch des Sicher-

---

[1] Karl Deutsch beschrieb Sicherheit als Gewißheit in die Zuverlässigkeit und Stetigkeit der vom System produzierten grundlegenden Werte. Vgl. ders., The Analysis of International Relations, Prentice-Hall 1978, bes. S. 55.

heitsbegriffes zur Folge, was Kritiker wiederholt veranlaßte, für die Konzentration auf das Wesentliche seine Verwendung auf unmittelbare Existenzprobleme der Gesellschaften, eines Staates oder einer Nation anzumahnen.[2]

Der Verweis auf die vorhandene oder künftige Leistungsfähigkeit eines Systems als reales oder potentielles Sicherheitsproblem erscheint dennoch für das Verständnis eines erweiterten Sicherheitsbegriffes hilfreich. So hängt die Leistungsfähigkeit eines (Überlebens-)Systems zum Beispiel maßgeblich davon ab, daß erforderliche Ressourcen für das System hinlänglich vorhanden sind. Die Verteilung, insbesondere von nicht erneuerbaren Ressourcen, ist jedoch - weltweit gesehen - nicht gleichmäßig gegeben, dem reichlichen Überfluß auf einer Seite stehen gravierende Mangelerscheinungen auf der anderen gegenüber. Die physische Existenz der vom Mangel betroffene Seite ist auf den dauerhaften Zugriff auf die lebenswichtigen Ressourcen bzw. auf Zulieferungen der Besitzerländer angewiesen. So lange dies zuverlässig funktioniert und nicht bedroht scheint, ist Ressourcenmangel an sich noch kein Sicherheitsproblem. Versiegt jedoch die Rohstoffzufuhr oder wird gar bestehender Ressourcenmangel in einem oder mehreren Staaten durch andere für Zwecke politischer oder wirtschaftlicher Druckausübung instrumentalisiert, steht die Leistungsfähigkeit des (Überlebens-)Systems für die ressourcenschwachen Staaten auf dem Spiel, entsteht insofern zunächst für diese ein akutes Sicherheitsproblem. Allein dieses Risiko macht deutlich, warum Ressourcen in den meisten Staaten einen grundlegenden Bezugspunkt aller sicherheitspolitischen Überlegungen bilden.

Inzwischen ist aber noch eine andere Bedrohung für das verfügbare Ressourcenpotential aufgetaucht, die zum einen den Sinn eines Konzepts ökologischer Sicherheit noch unterstreicht, für deren Aufhebung es zum anderen jedoch nicht allein auf die politische Kooperationsbereitschaft der Staaten ankommt. Das Problem liegt im beschleunigten Schwund nicht erneuerbarer Ressourcen. Selbst ehemals ressourcenreichere Staaten werden zunehmend von strukturellen Mangelerscheinungen betroffen, deren Ausgleich infolge der aus den Fugen geratenden globalen Rohstoffbilanzen auf Dauer nicht mehr gesichert scheint. Zugleich fallen diese Länder mehr und mehr als Lieferanten für ressourcenschwächere Staaten aus, was unweigerlich existentielle Sorgen auf seiten dieser Staaten nach sich zieht.

Bedrohung durch Ressourcenschwund ist keineswegs mehr nur eine möglicherweise *befristete Folge* von zwischen Staaten und Gesellschaften ausgetragenen Werte- oder Machtkonflikten, sondern Ergebnis der seit Jahr-

---

2   Vgl. Daniel Deudney, The case against linking environmental degradation and national security, in: Millenium, 3/1990, S. 468.

hunderten auf uneingeschränktes Wachstum gegründeten Reproduktionspraxis der Menschheit.
Erschwerend hinzu kommt noch etwas anderes. Viele der Existenzrisiken aus einer ökologisch offenbar unverträglichen Reproduktionspraxis sind als solche noch nicht einmal erkannt, bzw. es besteht kein politischer oder wissenschaftlicher Konsens über ihre Ursachen - gleichwohl sind sie aller Wahrscheinlichkeit nach bereits vorhanden. Eine künftige Aufhebung dieser *realen* oder *potentiellen* Gefährdungen erforderte also nicht einfach nur eine Veränderung in der gegenwärtigen Politik der Staaten, sondern der gewohnten Reproduktionsweise der Gesellschaften, weil diese offenkundig die Regenerations- und damit die künftige Leistungsfähigkeit der Existenzgrundlagen der Menschheit bedroht.
Der Präsident des Worldwatch Institute, Lester R. Brown, fand für die Konsequenzen dieser Reproduktionsweise kürzlich eine sehr einleuchtende Analogie: "Wenn eine tragfähige Nutzungsgrenze überschritten wird, bedeutet dies einen fundamentalen Wandel in der Beziehung zwischen dem Verbraucher und dem Verbrauchten. In der Wirtschaft läge der Unterschied im Verbrauch der Zinsen zum Verbrauch des Kapitals. Wenn beispielsweise eine Institution wie eine Universität von einem Stiftungskapital lebt, kann sie solange existieren, wie ihre Kosten das aus dem Kapital erwirtschaftete Einkommen nicht übersteigen. Wenn jedoch der Bedarf den Kapitalertrag des Guthabens überholt und die Universität das Stiftungskapital angreift, wird sie bald in Schwierigkeiten geraten und ihre Arbeit einschränken müssen. Läßt sich der jährliche Bedarf nicht wieder auf den tragfähigen Ertrag des vorhandenen Kapitals senken, wird sie schließlich bankrott gehen..."[3]
Die existentielle Dimension einer Gefährdung für (große Teile der) Zivilisation muß folglich keineswegs bereits *erkennbar* sein, wenn das für sie verantwortliche eigentliche Problem längst seinen Platz auf der Tagesordnung des Weltgeschehens eingenommen hat und insofern die Quelle für die existentielle Gefährdung *de facto* bereits existiert. Manches spricht für die Wahrscheinlichkeit, daß in dem späteren Augenblick, in dem die Gefährdung als solche erst erkannt wird und, noch später, wenn möglicherweise erste therapeutische Schritte zu ihrer Linderung unternommen werden, es in den meisten Fällen für eine nachhaltige Korrektur vorangegangenen Fehlverhaltens bereits zu spät ist.
Eindringlich mahnte in diesem Zusammenhang die Weltkommission der Vereinten Nationen für Umwelt und Entwicklung: "Mögen die Bilanzen unserer Generation auch noch Gewinne zeigen, aber unsere Kinder wer-

---

3   Lester R. Brown, Die Beschleunigung der Geschichte, in: Worldwatch Institute Report, Zur Lage der Welt 1996, Frankfurt, 1996, S. 13 (im folgenden: Zur Lage der Welt 1996).

den die Verluste erben. Wir leihen ohne Absicht oder Aussicht auf Rückzahlung von künftigen Generationen Umweltkapital. Und die nach uns Kommenden können uns wegen unserer Verschwendung verdammen, aber unsere Schulden werden sie nie zurückerstattet bekommen."[4]
In der Tat mehren sich die untrüglichen Anzeichen für angegriffenes "Stiftungskapital" der Menschheit: anhaltende Verluste in der biologischen Artenvielfalt, fortschreitende Erscheinungen der Entwaldung, der Verwüstung und Versteppung, die Erosion fruchtbarer Bodenschichten, die erkennbare Verschiebung von Klimagrenzen, das beginnende Abschmelzen der Polkappen und der Hochgebirge, das Ansteigen der Meeresspiegel, der Verschleiß nicht erneuerbarer Rohstoffe, darunter auch des natürlichen Trinkwassers, die relative Verschlechterung der weltweiten Ernährungsbilanz durch anhaltendes Bevölkerungswachstum usw.
Auch wenn nicht alle Ursachen, Verlaufsformen und künftigen Konsequenzen globaler Destabilisierungen im Detail schon bestimmt werden können, ist eines bereits heute gewiß. Werden die Grenzen eines Systems - wie jenes der endlichen Sphäre unseres Planeten - über seine inneren Balancen und seine Regenerationsfähigkeit hinaus überschritten, wird gewissermaßen ein *point of no return* überschritten, so ist die *Veränderung* des Systems nicht mehr nur eine Frage der Möglichkeit, sondern der unausweichlichen Wirklichkeit.

Signale ökologischer Unsicherheit

In kaum einem anderen "System" werden negative Entwicklungen durch die Öffentlichkeit vergleichbar sensibel registriert wie im Falle der Umwelt. Dies ist zum einen natürlich darauf zurückzuführen, daß kein Gegenwert zur Bewahrung einer lebenswerten Umwelt rational begründet werden kann. Zum anderen erreichen die Auswirkungen von Destabilisierung ein breites öffentliches Interesse vor allem dann, wenn Mangelerscheinungen oder zerstörerische Effekte keinerlei Rücksichten auf staatliche Grenzen oder soziale Besitzstände nehmen. Die Verschmutzung der Luft, der Meere und der Flüsse trifft die Menschen unterschiedslos; gleiches gilt auch für viele gesundheitliche Risiken, die sich zum Beispiel aus dem Vorhandensein des Ozonlochs, den Auswirkungen des sauren Regens oder einer möglichen PCB-Belastung des Trinkwassers ergeben. Die Konsequenzen aus chronischen Ressourcenmangel-Erscheinungen schlagen früher oder später ebenfalls auf die Lebensbedingungen der gesamten Gesellschaft durch.

---

4   Unsere Gemeinsame Zukunft, Bericht der Weltkommission für Umwelt und Entwicklung (Brundtland-Bericht), Berlin 1988, Kap. I/25, S. 25.

Epidemische Krankheiten mögen durch wissenschaftlichen Fortschritt geheilt und Hunger mag vielleicht noch durch eine effektivere Produktion und gerechtere Verteilung gestillt werden, neue technologische Risiken können eventuell durch modernere und zuverlässigere Schutzmaßnahmen besser eingehegt werden: wie aber chronische Ressourcendefizite und die schleichende Zerstörung einer lebenswerten Umwelt im Interesse künftiger Generationen *rückgängig* gemacht werden können, hinterläßt nicht nur bei Politikern verbreitet Ratlosigkeit.

Veränderungen des Ökosystems bedeuten immerhin mehr als lediglich nur das Entstehen neuer Zwänge der menschlichen Spezies zur Anpassung. Die natürlichen Stoffwechselprozesse bewegen sich in sehr engen wechselseitigen Zusammenhängen und stehen meistens in kritischen Abhängigkeiten voneinander. Veränderungen eines Bereiches der Natur ziehen insofern unvermeidlich Wandlungen auch in anderen Bereichen nach sich usw. Auf diese Weise werden letztlich sämtliche geläufigen Parameter des Verhältnisses von Mensch und Umwelt mehr oder weniger beeinflußt. Selbst eine Zerstörung von Teilen des (Überlebens-)Systems kann nicht mehr ausgeschlossen werden, falls die herausgeforderten Kettenreaktionen erst außer Kontrolle geraten.

Anpassungsmöglichkeiten des Menschen an diese Veränderungen sind begrenzt. Sie spiegeln sich in einem sich ebenfalls verändernden *Alltagsbewußtsein* wider. Erst vor Jahren noch war zum Beispiel das Ozonloch Gegenstand von beginnenden Diskussionen zunächst nur unter interessierten Spezialisten. Heute ist die Tatsache, daß die Kinder im australischen Sommer selbst in sengender Hitze ihre Haut mit schützender Kleidung bedecken müssen, ein Teil des dort entwickelten Alltagsbewußtseins - die Abnormität wurde mithin zum Normalfall, früher Normales - wie ein Sonnenbad oder das Spielen im Freien - wurde zur Abnormität.

Die Anpassung durch Gewöhnung an Mangelzustände in gewissen Grenzen, deren Belastbarkeit nicht vorherzusehen sind, kann die Ausarbeitung und Implementierung von wirksamen kooperativen Therapien zu ihrer Aufhebung erheblich erschweren. US-Vizepräsident Al Gore hat das Dilemma wie folgt beschrieben.[5] Täte man einen Frosch in ein Gefäß mit kochendem Wasser, so würde er sofort die Lebensgefahr erkennen und instinktiv wieder herausspringen. Befände er sich jedoch bereits in einem Gefäß angefüllt mit lauwarmem Wasser und würde dieses Wasser erhitzt, so bliebe der Frosch sitzen, selbst um den Preis, daß er schließlich zerkocht werden sollte. Der Frosch hätte in dieser Situation der Rettung (von außen) vor seinem Schicksal bedurft.

Die geduldige und mitunter geradezu ergebene Anpassung des Menschen an schleichende Umweltveränderungen erinnert in der Tat an das Verhal-

---

5 Amerika-Dienst, Bonn, Nr. 25/1993, S. 4.

ten des Frosches aus dem Experiment. Auf eine Rettung von außen zu hoffen, wäre freilich absurd. Die Rettung kann, falls es nicht zu spät ist, nur vom Menschen selbst kommen. Um sie jedoch zu bewerkstelligen, d.h. wenigstens Konturen eines in letzter Konsequenz global wirkenden ökologischen Sicherheitskonzepts zu entwickeln, ist es zunächst notwendig, die Natur der globalen Umweltrisiken, ihre Quellen und ihre möglichen Konsequenzen besser zu verstehen.

Die Natur globaler Umweltrisiken

Die Natur globaler Umweltrisiken wird durch fünf Wesenszüge geprägt.
1. *Erstens* sind globale ökologische Risiken dadurch gekennzeichnet, daß die Umwelt nicht nur punktuell beeinträchtigt wird, sondern Mangelerscheinungen oder Schädigungen bereits ganze Lebensbereiche erfassen, daß die Beeinträchtigungen oder ihre Folgen über Ländergrenzen hinausreichen und möglicherweise substantielle Veränderungen der Lebensbedingungen ganzer Völker auszumachen sind.
Überfischung, Überweidung, Überalterung, Verstädterung, Entwaldung, Klimaveränderung, Rohstoffmangel sind nur einige wenige und ergänzbare Stichworte, welche die Qualität des beschleunigten *Wandels der allgemeinen Umweltbedingungen* illustrieren. Wandel ist dabei in erster Linie eine Folge der permanenten Überbeanspruchung des Ökosystems durch Wachstum und zwar durch Wachstum sowohl der Produktion als auch des Verbrauchs über die Grenzen regenerativer Belastungsfähigkeit der natürlichen Ressourcen hinweg. Erfolgt keine nachhaltige Umkehr dieser Überbelastungen so würde zum Beispiel allein schon als Folge des Anwachsens der Erdbevölkerung die Schere zwischen den an die Natur gerichteten Ansprüchen durch die Menschen und den von ihr für die Menschen erbringbaren Leistungen auseinandergehen: d.h. beispielsweise würden Nahrungsmittel für große Bevölkerungsgruppen knapper, klimatische Bedingungen würden für ganze Regionen und Völker inhumaner, verkraftbare Belastungen der Wirtschaft würden kritischer, die Flexibilität von spezifischen Möglichkeiten zur Anpassung an die bereits stattfindenden und kumulierenden Veränderungen nähme ab...
In der Wirklichkeit vollziehen sich Wachstumsprozesse aber nicht nur in einem Bereich, so daß die Widersprüche zwischen Anspruch und Leistungsfähigkeit zusätzlich beeinflußt, in der Regel weiter zugespitzt, werden.
Das Problem besteht, wie bereits eingangs festgestellt, darin, daß sich das Ausmaß künftiger Beeinträchtigungen des (Überlebens-)Systems

zumeist - wenn überhaupt - erst abschätzen läßt, wenn es für eine Umkehr bereits zu spät, der *point of no return* also überschritten ist. Die Erkenntnis einer wahrscheinlichen Beeinträchtigung muß außerdem längst nicht mit der Erfassung aller ihrer möglichen Folgen für die künftig veränderten Lebensbedingungen der Betroffenen verbunden sein. Das "Reaktorunglück" von Tschernobyl wurde erst als "Super-Gau" bzw. als "atomare Katastrophe" angesehen, als Wochen später die schrecklichen Langzeitfolgen für das Ökosystem erkennbar wurden. Mittlerweile ist unbestritten, daß mehr als eine Million Menschen in mehreren Staaten an den Strahlenfolgen leiden, selbst 1986 - zum Zeitpunkt des Unglückes - noch ungeborene Kinder zu den *Opfern von Tschernobyl* zählen.

2. Ein *zweiter* Wesenszug globaler Umweltrisiken ist das Faktum des *unwiederbringlichen Verlustes,* d.h. der *Vernichtung* von im allgemeinen Besitz der Menschheit befindlichen Werten. Ist eine nachhaltige Schädigung im Ökosystem erst eingetreten, so ist diese selbst bei bestem politischen Willen, letztlich nicht mehr gutzumachen. Hierfür gibt es eine Reihe überzeugender Beispiele.

Die Abholzung wertvoller Tropenbaumbestände, die über Jahrhunderte gewachsen sind, kann durch sämtliche Wiederaufforstungsmaßnahmen nicht aufgefangen werden. Die Tropenwälder nehmen absolut ab, etwa die Hälfte der ursprünglichen Bestände ist bereits verschwunden, die jährlichen Verluste belaufen sich weltweit ungefähr auf eine Fläche, die der territorialen Größe Österreichs entspricht. Auch wenn Brandrodungen und Abholzung noch immer für die meisten Waldverluste verantwortlich zu machen sind, kommen mittlerweile neue Quellen für Entwaldung hinzu, die bereits als eine *Folge* von anderweitigen Umweltbeeinträchtigungen anzusehen sind und die sich insofern der Chance einer Trendkorrektur durch gezielt verändertes Verhalten der Menschen weitgehend entziehen. Zu nennen wäre zum Beispiel die durch anthropogen beeinflußte Klimaveränderungen ausgelöste sukzessive Vertrocknung der tropischen Vegetationszone, die bereits heute für die großen Regenwälder Zentralafrikas und Brasiliens zur wichtigsten existentiellen Bedrohung geworden ist.

Auch die Entwaldung wird wiederum zu einer eigenständigen Quelle für weitere Beeinträchtigungen des Ökosystems. Bäume absorbieren bekanntlich Kohlendioxid, sie speichern Wasser im Boden und verhindern so die Erosion. Sie bieten den Lebensraum für mehr als die Hälfte aller auf der Erde existierenden Pflanzen und Tiere. Setzt sich der Raubbau an den Wäldern fort, sind nach Ansicht von Experten in den kommenden zehn Jahren fast eine Million Spezies vom Aussterben bedroht.⁶ Bereits heute sterben tagtäglich zwischen 20 und 150 Arten aus.⁷

Wofür die Natur Millionen von Jahren gebraucht hat, droht folglich binnen weniger Jahrzehnte leichtfertig ausgerottet zu werden. Hierfür reicht es aus, daß der Mensch an einem beliebig frühen Zeitpunkt der Kausalitätskette kommender Zerstörung entscheidend eingegriffen und die Dynamik der Kausalität (Metastasen) in Gang gesetzt oder maßgeblich beschleunigt hat. Gerät diese Dynamik erst in Schwung sind unumkehrbare Veränderungen des Ökosystems kaum mehr aufzuhalten, gerät Anpassung an den Systemwandel zu alternativlosem Zwang.

Aber auch die Anpassung birgt nach neuen Kenntnissen wiederum eigene Risiken, die in die Zukunft reichen können. Sie rücken seit einiger Zeit zum Beispiel unter dem Stichwort "Bioinvasionen" in den Blickpunkt vermehrter Aufmerksamkeit.⁸ Ausgangspunkt dabei ist die Überlegung, daß eine auf Dauer angelegte steigende Kohlendioxid-Konzentration in der Atmosphäre künftig entscheidend in den Stoffwechsel der heutigen Arten eingreifen könnte. Die Phänomene der sogenannten Killeralgen, der kaspischen Wandermuschel oder auch der alles umliegende pflanzliche Leben "zerwuchernden" Herkulesstaude sind nur einige wenige Beispiele für eine neuartige tödliche Konkurrenz der unterschiedlichen Spezies um das Überleben in einer insgesamt labileren Umwelt.

Selbst vermeintlich ausgerottete Gefahrenträger für den Menschen kehren zurück. Weil Viren und Bakterien für einen Generationswechsel nur wenige Zeit, mitunter sogar nur Minuten benötigen, sind sie viel besser imstande, sich an den raschen Klimawechsel anzupassen, als zum Beispiel Menschen oder Säugetiere, wobei die Aggressivität und Resistenz einiger Viren sogar zuzunehmen scheint. Infektionskrankheiten wie Cholera, Tuberkulose, Meningitis, Dengue (Gelbfieber) oder Masern treten immerhin mittlerweile wieder großflächig auf, zum Teil sogar in den nördlichen Industriestaaten. Immer öfter, so scheint es, tritt Ohnmacht an die Stelle einer eigentlich erforderlichen gegensteuernden Politik, weil sich die Folgen menschlicher Einwirkung

---

6   Ervin Laszlo, Der Laszlo-Report. Wege zum globalen Überleben, München 1994 (Erw. und aktual. Ausgabe von 1992), S. 82. im folgenden: Laszlo-Report). In einem im Juli 1991 abgefaßten Appell von Umweltschützern in den USA hieß es, daß "im Jahr 2000 drei Viertel von Amerikas Regenwäldern und 50 Prozent ihrer Spezies für immer verloren sein werden." zit. in: Paul Kennedy, In Vorbereitung auf das 21. Jahrhundert, Frankfurt/Main 1993, S. 135.
7   Vgl. ausf. Birga Dexel, Internationaler Artenschutz: Neue Entwicklungen, Wissenschaftszentrum Berlin, FS II 95-401, S. 1ff.
8   Chris Bright, Bioinvasionen und ihre Gefahren, in: Zur Lage der Welt 1996 (Anm. 1), S. 133ff.

auf die Natur bereits offenkundig verselbständigt und eine eigene Dynamik entfaltet haben. Zur Ungewißheit über die Tragweite dieser Folgen kommt die ernüchternde Erkenntnis hinzu, daß eine umweltpolitische Alternative allein nicht mehr imstande wäre, dem weiteren Verfall entgegenzuwirken. Gleichzeitig müßten ökologisch verträgliche und ökonomisch vertretbare Wege gefunden werden, die bereits vorhandenen gewaltigen Umwelthypotheken abzutragen.
So könnte zum Beispiel natürlich die Produktion von spaltbarem Material theoretisch jederzeit durch den Menschen gestoppt werden. Selbst wenn dies gelänge, woran allerdings auf absehbare Zeit vor allem aus wirtschaftlichen und aus militärischen Gründen gehöriger Zweifel besteht, bliebe aber die Erblast von bereits vorhandenen Mengen von Tausenden von Kubikmetern radioaktiven Mülls für künftige Generationen in kommenden Jahrhunderten (!), der sicher gelagert werden muß und womöglich umweltverträglich zu entsorgen wäre. Bis zum Jahre 2020 werden nach Expertenberechnungen zusätzlich mehr als 25.000 Kubikmeter an hochradioaktivem Sondermüll anfallen.[9]
Ähnliches gilt für die Tausenden Formen nicht abbaubarer chemischer Substanzen, die als Sondermüll entweder bereits vorhanden sind oder durch allmählichen Verschleiß unvermeidlich den bestehenden Abfallberg in den vor uns liegenden Jahrzehnten weiter anwachsen lassen werden. Allein in den USA betrugen die Steigerungsraten für Plastikmüll seit 1960 jährlich ungefähr 14 Prozent.[10] Auf etwa 100 Kilogramm Sondermüll jährlich vom Säugling bis zum Greis beläuft sich die Pro-Kopfproduktion in einem Industrieland wie der Bundesrepublik - mit steigender Tendenz.

3. Ein *dritter* Wesenszug globaler Umweltrisiken bezeichnet die *Langfristigkeit* der Prozesse, die Allmählichkeit der (im Einzelnen kaum wahrnehmbaren) Wandlungen, hiermit verbunden zumeist eine *zeitliche Trennung von Ursachen und Wirkungen*, welche bestehende Kausalitäten verschleiert und die Identifizierung von verfehlten Verhaltensmustern erschwert.

Viele Beeinträchtigungen der Umwelt, wie sie heute erlebt werden, haben ihre Ursachen in längst zurückliegenden Prozessen; die heute entstehenden Risikopotentiale werden ihrerseits vielfach ihre Wirkung erst in zehn bis zwanzig Jahren entfalten. Selbst eine politische Entscheidung, heute oder morgen korrigierend in einen destabilisierenden Trend einzugreifen, würde folglich zunächst mit hoher Wahrscheinlichkeit nichts sichtbar ändern können.

---

9 Joni Saeger (Hg.), Der Ökoatlas, aktual. Neuausgabe, Bonn 1993, S. 113.
10 Nach John E. Young, Vermeidung von Abfall, in: Worldwatch Institute, Zur Lage der Welt 91/92, Frankfurt/Main 1992, S. 89.

Die Erblast des Fehlverhaltens aus dem vergangenen Jahrzehnt wird in der unmittelbar vor uns liegenden Zukunft im Gegenteil unvermeidlich noch weitergehende Beeinträchtigungen bewirken. Paul Kennedy wählte hierfür einmal das treffende Bild von einem Supertanker, der - in voller Fahrt absichtsvoll gestoppt - den Gesetzen der Trägheit folgend erst viele Seemeilen später zum Stillstand kommen würde. Angesichts der oben genannten "Metastasen" der Kausalität und Interaktion[11] von dauerhaften Beeinträchtigungen kann im übrigen selbst im Falle einer bestimmten politischen Korrektur nicht zwingend von einer Entspannung der Lage ausgegangen werden, wenn sich außerhalb der unmittelbaren Reichweite menschlicher Einflußnahme befindliche Prozesse der Destabilisierung bereits verselbständigt haben.

4. Ein *vierter* Wesenszug globaler Umweltrisiken ist die *räumliche Trennung*, und die, in der Tendenz, letztlich räumliche Beliebigkeit *von Ursachen und Wirkungen* der auftretenden Veränderungen.

So liegen die Ursachen für die Übersäuerung der finnischen Seen ebensowenig in Finnland wie die Ursachen für die wachsenden Überschwemmungen Bangladeschs in Bangladesch selbst zu suchen sind. Im erstgenannten Fall sind als Hauptverursacher des sauren Regens die großen Industriezentren Großbritanniens und Deutschlands, zum Teil Nord-Rußlands noch relativ einfach dingfest zu machen - ohne daß sich freilich daraus für Finnland rechtlich gesicherte Haftungsansprüche ableiten ließen.

Im zweiten Fall liegt der Sachverhalt komplizierter. Die Gründe für das Ansteigen der Meeresspiegel als wichtigster Quelle für die wachsenden Überschwemmungen - im übrigen z.B. auch für die Niederlande - sind wissenschaftlich umstritten. Festzustehen scheint, daß ein vornehmlich durch den Treibhauseffekt hervorgerufener Anstieg der weltweiten Durchschnittstemperatur von 1,5 Grad Celsius einen Anstieg der Meeresoberfläche von ungefähr 20 Zentimetern bewirken würde, eine Temperaturzunahme um 4,5 Grad bereits einen Anstieg von 140 Zentimetern.[12] In diesem Falle wäre nicht nur eine Versalzung der Küstengewässer die Folge, sondern eine latente Gefährdung von weltweit mindestens zwei Milliarden Menschen, die in den Küstengebieten siedeln und die unter Inkaufnahme enormer politischer, wirtschaftlicher, sozialer und finanzieller Belastungen in höher gelegene Gebiete umziehen müßten. Der Streit zwischen den Staaten bezieht sich keineswegs auf dieses im wesentlichen unbestrittene Faktum, sondern darauf, ob die Ursachen für die klimatischen Veränderungen tat-

---

11 Vgl. Hans-Joachim Gießmann, Globale Sicherheit. Chance oder Trugbild, in: Hamburger Beiträge zur Friedensforschung und Sicherheitspolitik, Heft 78, Hamburg, August 1993, S. 75 (im folgenden: Gießmann, Globale Sicherheit).
12 Laszlo-Report, S. 80.

sächlich auf anthropogene Einflußnahme - und wenn ja, welche - zurückzuführen sind oder nicht. Hinter den politischen Auseinandersetzungen stecken dabei häufig weit weniger fundierte ökologische Erkenntnisse als vielmehr handfeste wirtschaftspolitische Interessen, insbesondere jener Staaten, die seit Jahren in den international geführten Emissionsstatistiken an der Spitze zu finden sind. Die räumliche Beliebigkeit von ursprünglichen Ursachen und letztendlichen Wirkungen ökologischen Wandels führt letztlich zur Verwischung der Grenzen zwischen Tätern und Opfern, zwischen Freunden oder Feinden - alle Beteiligten oder Unbeteiligten werden letztlich zu *Betroffenen*.[13]

5. Ein *fünfter* Wesenszug der globalen Umweltrisiken, liegt in einer aus mangelnder Intention hervorgerufenen *Zufälligkeit der konkreten Beeinträchtigung* des Ökosystems.

Wird einmal unterstellt, daß eine Verschlechterung der Umweltbedingungen von allen Akteuren nicht gezielt beabsichtigt ist, sondern in der Regel als unbeabsichtigte Folge eines von anderen Zielen (z.B. Wirtschaftswachstum) bestimmten Handelns eintritt, so sind die ursprünglichen Ursachen von bestimmten Beeinträchtigungen der ökologischen Lage im Detail häufig gar nicht mehr feststellbar. Dies macht nicht nur die Diagnose eines eingetretenen Schadens sondern auch die Ausarbeitung einer angemessenen Therapie zu seiner Beseitigung oder einer künftigen Schadensprävention außerordentlich schwierig. Oft sind es bereits ein ganzes Bündel und das Wechselspiel verschiedener Ursachen oder das Erreichen einer bestimmten Stufe innerhalb einer Kausalitätskette mehrerer gleichzeitig stattfindender Prozesse, die erst das Eintreten einer dauerhaft veränderten und verschlechterten Qualität der allgemeinen Umweltbedingungen deutlich hervortreten lassen.

Ein konsequenter Korrekturansatz dürfte sich angesichts dessen nicht nur mit der Behandlung von vordergründigen Symptomen der Beeinträchtigung des Ökosystems bescheiden, sondern müßte eigentlich - die Kausalitätskette konsequent zurückverfolgend - an mehreren Stellen gleichzeitig korrigierend einzugreifen suchen. Hierfür den nötigen politischen Konsens der Akteure in bezug sowohl auf die Problemperzeption als auch auf denkbare Lösungsansätze und ihre Finanzierung zu erreichen, ist und bleibt in höchstem Maße ungewiß.

Zum einen ist die subjektive Problemperzeption zumeist - verglichen von Staat zu Staat und manchmal selbst innerhalb der Staaten von Region zu Region - sehr unterschiedlich, d.h. von der spezifischen Reichweite der Probleme (der subjektiv "meßbaren" Betroffenheit) und zugleich von der Reichweite eigener Interessen und eigenen Handelns bestimmt.

---

13 Vgl. Dieter S. Lutz, Endzeit: Alptraum oder Wirklichkeit?, in: Hamburger Informationen zur Friedensforschung und Sicherheitspolitik, 13/August 1993, S. 5.

Zum anderen bedingen die realen oder die vermeintlichen Unterschiede in der Betroffenheit zugleich divergierende Prioritäten der Risikovorsorge, die zusätzlich durch asymmetrische Antizipation strategischer Werte beeinflußt werden. Gemeinsames und gleichzeitiges Handeln an unterschiedlichen Schlüsselstellen der Kausalität globaler Risiken durch die Staaten ist angesichts dieser Vorzeichen schwerlich zu verwirklichen - es sei denn, die (potentielle) Betroffenheit - wie im Falle des Ozonlochs - steht für alle Staaten bereits außer Zweifel und die Bereitschaft zum Konsens wird durch die alltägliche Realität der globalen Bedrohung faktisch erzwungen. Selbst für diesen Fall bedeutet ein allgemeiner Konsens in der Problemwahrnehmung allerdings längst nicht auch eine Übereinstimmung in den Zielen oder Fristen gemeinsamen Handelns, wie etwa das Feilschen um "zulässige Emissionsquoten" für FCKW zwischen den Staaten während der zurückliegenden Verhandlungsrunden um ein Verbot des bislang wichtigsten bekannten "Ozon-Killers" hinlänglich bewiesen hat.

Quellen globaler Umweltrisiken

Die wichtigste Erkenntnis über die Quellen globaler Umweltrisiken vorweg: Keine der beschriebenen Entwicklungen ist das Produkt oder der Ausfluß politischer und ideologischer Gegensätze. Systembedingte Unterschiede in der gesellschaftlichen Produktionsweise und in der Verbrauchskultur mögen von Staat zu Staat, von Gesellschaft zu Gesellschaft, ein unterschiedliches Maß der Einflußnahme auf das Ökosystem hervorrufen und etwaige Systemkonkurrenz mag die Intensität dieser Einflußnahme unter Umständen noch steigern. Die Konkurrenz selbst ist für die Art der Einflußnahme jedoch nicht verantwortlich. Das Veränderungspotential für das Ökosystem erscheint vielmehr als Folge zivilisatorischer Unbedarftheit, als logische Konsequenz aus der von Hans Jonas so treffend beschriebenen "Unheilsdrohung des Baconschen Ideals",[14] d.h. eines Erfolges der Macht des Wissens und seiner Konsequenz - der eher leichtsinnigen Überforderung des vorhandenen Systems - oder etwas direkter heraus gesagt, in den Worten von Karl Kraus: "Die Menschheit wirtschaftet drauf los; sie braucht ihr geistiges Kapital für ihre Erfindungen auf und behält nichts für deren Betrieb."[15]

Dies bedeutet freilich nicht, daß nicht auch eine ungleiche Verteilung oder gar Verknappung von Ressourcen für politische Ziele eines oder mehre-

---

14 Hans Jonas, Das Prinzip Verantwortung. Versuch einer Ethik für die technologische Zivilisation, Frankfurt/M., 1984, S. 15.
15 Karl Kraus, Der Fortschritt, in: Grimassen, Berlin 1971, S. 227.

rer Interessengruppen oder Staaten gegen andere Bevölkerungsgruppen oder Staaten instrumentalisiert werden kann und, aus diesem Zusammenhang, ökologische Existenzrisiken erzeugt, in ihrer Wirkung verstärkt oder anderweitig beeinflußt werden können. Die Funktionalisierung der Umwelt für aggressive politische Ziele und eine entsprechende militärische Einsatzplanung ist - gerade mit Blick auf die an anderer Stelle dieses Buches behandelten Wasserkonflikte - keineswegs neu. Ökologische Risiken als Funktion von Umweltkriegführung dürfen tatsächlich nicht gering geschätzt werden, ihre Vermeidung hinge jedoch weniger von einer veränderten Reproduktionsweise der Gesellschaften als vielmehr von vernünftigem politischen Verhalten der Staaten ab.

Im Unterschied zu den "Reproduktionsrisiken" können die politisch oder militärisch induzierten ökologischen Gefährdungen jedenfalls zumeist durch direktes politisches Handeln vermieden, im Falle akuter Bedrohungen sogar völlig aufgehoben werden. Insofern steht diese Art von Gefährdungen oder Risiken natürlich längst auch im Blick herkömmlicher sicherheitspolitischer Planung.[16] Daß allerdings, auch unabhängig von militärisch-politischen Kalkülen, tendenziell eine *ungleiche Verknappung* des Ressourcenzuganges ausgemacht werden kann, ist hingegen Ausdruck einer bereits vorhandenen allgemeinen *ökologischen Unsicherheit*.

Bei genauer Betrachtung lassen sich für das Auftauchen und die Verbreitung reproduktionsbedingter globaler Umweltrisiken drei Hauptquellen erkennen.:
- eine wachstumsinduzierte Produktions- und Verbrauchskultur,
- durch Besitzstände geprägte politische und soziale Verhaltensmuster und
- der Mangel an problemkonformen Bewältigungspotentialen und Präventionsmechanismen.

Probleme wachstumsinduzierter Produktions- und Verbrauchskultur

In ihrem Kern sind die meisten Ursachen der hier angezeigten Veränderungen in der Umwelt auf eine zivilisationsunverträgliche *Produktions- und Verbrauchskultur* und (erst danach) der von *ihr* geformten politischen Interessen und Ideologien zurückzuführen, die in ihrer Konsequenz die inneren Balancen der wirtschaftlichen und sozialen Beziehungen der Menschen - global gesehen - überfordert. Diese Überforderung ist zum einen in absoluten Steigerungsraten bestimmter Einwirkungen oder Erscheinungen - z.B. Steigerung von CO_2-Emissionen, Verringerung von Waldflächen, Zunahme von Wüstengebieten usw. - meßbar. Die strukturelle Qua-

---

16 Ausführliches kann hierzu nachgelesen werden bei: Günther Bächler/Volker Böge et. al., Umweltzerstörung: Krieg oder Kooperation, Münster 1993, S. 42ff.

lität der Risiken erschließt sich allerdings erst, wenn die jeweiligen Anteile an diesen Steigerungsraten auf der Grundlage des Verursacherprinzips untersucht werden. Hier wird zunächst offensichtlich, daß je nach Problemlage stets einige, jedoch nicht immer dieselben, Staaten und Gesellschaften mehr als andere in die Reihen der Verursacher einzuordnen sind. Allgemein kann von reichtumsbedingten und armutsbedingten ökologischen Zerstörungen gesprochen werden, wobei die reichtumsbedingten Zerstörungen im wesentlichen auf Produktionsweise und Lebensstile der Industrieländer des Nordens zurückzuführen sind, armutsbedingte Zerstörungen sich hauptsächlich als eine Folge aus Unterentwicklung darstellen lassen.[17]

Wird zum Beispiel der sogenannte Treibhauseffekt einer genaueren Betrachtung unterzogen, fällt auf, daß mindestens die Hälfte der für diesen Effekt relevanten Emissionen auf die Art und Weise des Energieverbrauches und insbesondere des Verkehrs zurückzuführen sind. Andererseits werden allein drei Viertel dieser Emissionen, insbesondere an Kohlendioxid, in den Industrieländern erzeugt, in denen allerdings weniger als 20 Prozent der Erdbevölkerung leben. Achtzig Prozent der Erdbevölkerung verbrauchen wiederum nur ein Zehntel des weltweiten Energieaufkommens.[18]

Auch die Folgen der global auf Wachstum fokussierten Produktionskultur fallen zunächst regional ungleich ins Gewicht, wobei deren Konsequenzen aber wiederum auf die globalen Reproduktionsbedingungen zurückwirken - etwa wenn ein traditioneller Großexporteur landwirtschaftlicher Erzeugnisse wie Neuseeland infolge regional ungünstiger klimatischer Entwicklungen von wiederholten Mißernten betroffen selbst zum Nettoimporteur solcher Produkte wird, und sich auf diese Weise die globale Nahrungsmittelbilanz verschlechtert. Inzwischen erfolgt zum Beispiel die klimatisch induzierte Verschlechterung der Bodensituation, vor allem in den Entwicklungsländern der südlichen Hemisphäre, deutlich schneller als der Zuwachs an weltweiter landwirtschaftlicher Nutzfläche durch aufwendige Kultivierung. Nach Schätzungen der UNO sind heute weltweit etwa 60 Prozent des Ackerlandes, 80 Prozent des Weidelandes und 30 Prozent des künstlich bewässerten Nutzlandes von anhaltender Bodenerosion betroffen. Ungefähr 40 Prozent der Erdoberfläche können bereits mehr oder weniger als Wüsten angesehen werden.

Die Umkehrung des Problems der Produktion ist die Art und Weise des Verbrauchs. Der Pro-Kopf-Verbrauch an Nahrungsmitteln erhöht sich, trotz stagnierender oder zum Teil sogar sinkender Population, in den In-

---

17 Michael Zürn/Ingo Take, Weltrisikogesellschaft und öffentliche Wahrnehmung globaler Gefährdungen, in: Aus Politik und Zeitgeschichte, B 24-25/96 v. 12. 6. 1996, S. 4f.
18 Gießmann, Globale Sicherheit, a.a.O., S. 31ff.

dustriestaaten von Jahr zu Jahr. In den USA hat er zum Beispiel beim Getreideverbrauch eine Quote von 800 kg pro Kopf und Jahr erreicht. In den bevölkerungsreichen Entwicklungsländern ist der umgekehrte Trend zu beobachten: die pro Kopf zur Verfügung stehende Nahrungsmittelmenge geht zurück, während gleichzeitig der Umfang der Bevölkerung zunimmt. In Indien, zum Beispiel, erreicht der durchschnittliche Getreideverbrauch mit weiter sinkender Tendenz pro Kopf gerade einmal noch 200 kg im Jahr.[19] Hinzu kommt, daß vor allem in den ärmeren Entwicklungsländern der durchschnittliche Kalorienverbrauch nach FAO-Statistiken um bis zu einem Fünftel unter der als Existenzminimum angegebenen Grenze liegt.[20] Gleichzeitig stehen bestimmte traditionell als unerschöpflich angesehene Nahrungsmittelquellen vor dem Kollaps. 13 der 15 großen Fischgründe gelten bereits als überfischt. Es liegt insofern auf der Hand, daß eine Anpassung des Verbrauchsniveaus der Entwicklungsländer an jenes der Industriestaaten zwar theoretisch einen Weg aus der Armut (als einer globalen Gefährdung) weisen könnte, dies jedoch das Drehbuch für eine ökologisch-soziale Katastrophe (als einer anderen globalen Gefährdung) bedeuten würde.

Allerdings verfügen die Entwicklungsländer ohnehin nicht über Wachstumsreserven, die eine solche Anpassung realistisch erscheinen ließen. Vielmehr dürfte das anhaltende Bevölkerungswachstum in diesen Ländern - ein prognostizierter Zuwachs von mehr als drei Milliarden Menschen in den kommenden vierzig Jahren - die Mangelsituation weiter verschärfen und über die dramatische Zuspitzung der sozialen Lage in der Entwicklungswelt in eine globale Krise führen. Über einen eigenen Ausweg aus diesem Teufelskreis verfügen die Entwicklungsländer offenkundig nicht.

Der als Motor der kapitalistischen Produktionsweise angesehene wachstumsförderliche Mechanismus von permanenter Nachfragesteigerung und erhöhtem Ressourcenverbrauch - selbst auf Kosten bestehender ökologischer Balancen - erweist sich folglich als ein Kurs auf abschüssiger Bahn. Ist es aber vor allem die Produktions- und Verbrauchskultur der Industriestaaten, die in vielen Fällen als hauptverantwortlich für die Entstehung globaler ökologischer Risiken angesehen werden muß, so müßte logisch konsequent zunächst vor allem diese auf den Prüfstand. Dagegen spricht allerdings ein weiterer Umstand, nämlich die von vorhandenen Besitzständen wesentlich geprägten gängigen politischen und sozialen Verhaltensmuster.

---

19 Vgl. ausf. Lester R. Brown/Hal Kane, Full House. Reassessing the earth's population carrying capacity, London 1995, S. 62ff.
20 Ebenda, S. 185ff.

Von Besitzständen geprägte politische und soziale Verhaltensmuster

Jegliche Diskussion um wirklich durchgreifende Korrekturen der herkömmlichen Wachstumspolitik erforderte in den Gesellschaften der Industrienationen die gesellschaftliche Einsicht, daß letztlich eine klare Entscheidung zu treffen ist: zwischen einem Kurs des *Weiter-so*, mit allen seinen Risiken, und einer in höchstem Maße unangenehmen aber aller Wahrscheinlichkeit nach weniger risikofördernden Alternative der *radikalen Korrektur*, nämlich bestimmte Einbußen im gewohnten Wohlstandsniveau hinzunehmen.

Werden entsprechend der Philosophie des *Weiter-so* von den reicheren Staaten angesichts vermeintlichen Ressourcenüberflusses die eigenen (global) unverträglichen Maßstäbe aufrechterhalten, so ist über kurz oder lang wohl eine weitere weltweite Fragmentierung von letztlich konfliktiven Interessen zur Bewahrung oder Verbesserung von Lebensverhältnissen zwischen verschiedenen Gesellschaften und Staaten(gruppen) unausweichlich. Dies gilt im besonderen dann, wenn verschwenderischem Reichtum auf der einen Seite grassierende Armut auf der anderen entgegensteht. Dies gilt aber auch, wenn Ressourcen im allgemeinen nicht ausreichend verfügbar sind, und die Staaten versuchen sollten, eigene Vorteile auf Kosten anderer Staaten zu erhalten oder durchzusetzen. Letzteres betrifft u.a. die wirtschaftliche Nutzung oder Verschmutzung von grenzüberschreitenden Flußläufen oder unterirdischen Wasserflözen, geht aber inzwischen weit über nachbarschaftliche Verhältnisse von Staaten hinaus.

Warum sollten sich zum Beispiel ärmere Gesellschaften in mehr oder weniger freiwillige Selbstbeschränkung fügen, wenn die reicheren Gesellschaften auch weiterhin ihren unermeßlichen Wohlstand ohne Rücksichtnahme auf bestehende Ungleichgewichte und die Überlebensprobleme anderer zu mehren suchen? Wäre unter solchen Umständen der verzweifelte Versuch, sich nötigenfalls unter Anwendung von Mitteln der Gewalt des Zugriffes auf lebensnotwendige Ressourcen zu versichern, so unverständlich?

Welchen Nutzen sollten andererseits zum Beispiel hierarchisch strukturierte Gesellschaften in Teilen der Entwicklungswelt in der Antizipation der westlichen Vorstellungen über Demokratie und Menschenrechte sehen, wenn es gerade die Reproduktionsweise dieser Demokratien ist, die als Quellen der größten Risiken für das eigene Überleben wahrgenommen werden? Die Bereitschaft zu demokratischem Wandel dürfte sich unter diesen Voraussetzungen dort am ehesten verbrauchen, wo aus Potential- und Ressourcengründen unfreiwillige Schranken des Wachstums auferlegt, d.h. aus ganz elementaren Überlebenserfordernissen erzwungen werden.

Im theoretisch noch günstigsten Fall würden hierdurch in bestimmten Mangelregionen solche autoritären Regime gefördert, welche - bewußt auf die Ausschaltung bestimmter demokratischer Grundfreiheiten von Teilen der Bevölkerung gestützt - strukturelle Mängel durch vermeintlich sozial eher vertretbare und ökonomisch konkurrenzfähige Wachstumreserven auszugleichen suchen, ohne vordergründig auf politische oder militärische Konfrontation nach außen zu rekurrieren. Wachstum als Quelle allen Reichtums bliebe zwar unter diesen Umständen prinzipiell unangetastet, jedoch würden bestimmte wachstumsbedingte Risiken auf Kosten (partiell) ausgesetzter demokratischer Verfahren vornehmlich staatlich-autoritärer, d.h. inner-staatlicher Regulierung unterworfen. Es liegt auf der Hand, daß eine solche absichtsvolle Zueignung größerer Entscheidungsbefugnisse durch autoritäre Regime zugleich einer höheren Toleranzschwelle in der demokratischen Welt für die Mißachtung oder gar Verletzung von demokratischen Werten und Menschenrechten in Staaten der Entwicklungswelt bedürfen würde. Dies scheint nicht völlig ausgeschlossen, werden doch bereits wegen anderweitig erwarteten wirtschaftlichen Vorteilen häufig moralische Vorbehalte in der Hintergrund der internationalen Politik gedrängt. Die Grenzen der Toleranz sind jedoch gewöhnlich fließend und die Gefahr wäre künftig in der Tat groß, daß unter solchen Vorzeichen die auf "globale Stabilität" bedachten "Freunde der Dritten Welt" zu "Freunden der Tyrannen der Dritten Welt (Jean-François Revel) werden.[21]

Im ungünstigen Fall könnten armutsinduzierter wirtschaftlicher und sozialer Verfall sowie darauf beruhende politische Labilität in autokratisch oder sogar anarchisch strukturierte Gesellschaften münden, die mit einem extremen Wohlstandsgefälle konfrontiert und mit einer sehr niedrigen Gewaltschwelle nach innen, gegebenenfalls auch nach außen versehen sind. Entsprechende Entwicklungen (z.B. Nigeria, Ruanda) sind heute bereits vor allem in Afrika und im Mittleren Osten zu beobachten, tendenziell aber auch in anderen Regionen, darunter zum Beispiel in Rußland, nicht völlig auszuschließen.

Einen Ausstieg aus dem Teufelskreis "Wachstum - Überforderung der Natur" hält die Alternative des *Weiter-so* jedenfalls nicht bereit. Zwar könnte durch eine - allerdings in politisch-moralischer Hinsicht problematische - größere politische Toleranz (Stillschweigen) gegenüber der Einschränkung von bestimmten Menschenrechten in einigen Staaten möglicherweise noch etwas Zeit und politischer Spielraum auch für die Ausarbeitung begrenzter kooperativer Verhandlungslösungen gewonnen werden, möglicherweise aber würde durch eine solche Art von Kollabora-

---

21 Zit. in: Walter Kreul/Michael Weber, Welthunger und Naturbewußtsein, Osnabrück 1995, S. 22.

tion im Dienste der Aufrechterhaltung der gewohnten Reproduktionspraxis nur der Ressourcenschwund weiter beschleunigt.

Als Alternativlösung stünde den Industriegesellschaften lediglich die *radikale Korrektur*, d.h. die Zurücknahme der global unverträglichen Maßstäbe von Produktion und Verbrauch nach dem Verursacherprinzip zur Verfügung. Die hierzu erforderlichen Einschnitte in die herkömmliche Lebensweise in den Industriestaaten wären jedoch dramatisch. Ökonomisch wären solche Einschnitte schwierig, schwieriger noch wäre es, einen gesellschaftlichen Konsens zur Unterstützung solcher Einschnitte zu bilden. In jedem Fall notwendig wäre ein Bruch mit der bisher praktizierten Produktions- und Verbrauchs*kultur* des Westens. Selbst wenn allerdings in einigen wenigen Industriestaaten solche Einschnitte politisch noch akzeptiert werden sollten und vielleicht sogar zu verwirklichen wären, bliebe doch völlig offen, ob das gute Beispiel letztlich Schule machen würde, d.h. freiwillige Selbstbeschränkungen in einer Region der Welt vergleichbare Reaktionen auch in anderen nach sich ziehen würden.

Aussichten auf eine radikale Korrektur sind insofern skeptisch zu beurteilen. Zum einen stehen in den ärmsten Regionen soziale Spielräume für den Verzicht auf Wachstum in einer Welt des gnadenlosen Wettbewerbs gar nicht zur Verfügung. Zum anderen widersprechen natürlich die gleichen erkennbaren innerstaatlichen Demokratiedefizite, die in vielen Entwicklungsländern helfen sollen, bestimmte neue Wachstumsreserven zu erschließen, einer Rücksichtnahme auf vorbedachte Beschränkungen des Wachstums. Nach Lage der Dinge werden die erkennbaren öko-systemischen Veränderungen und ihre als vordergründig erkannten virulenten Ursachen allein aus Gründen der Nachhaltigkeit elementarer Reproduktionsinteressen aber den Weg der Selbstbeschränkung letztlich auch dann erzwingen, wenn es, wie absehbar, nicht zur notwendigen globalen Zusammenarbeit zwischen den Staaten und Regionen kommt.

Der Mangel an problemkonformen Bewältigungs- und Präventionspotentialen

Viele der beschriebenen Probleme sind seit langem bekannt. Bekannt sind in vielen Fällen auch Verfahren, die - wenn auch nicht zwingend zu ihrer Lösung - so doch zunächst zur Linderung der Gefährdungen und Risiken beitragen könnten. Dennoch ist der Ertrag bisher kaum mehr als bescheiden zu beurteilen. Es sind mindestens acht Schwierigkeiten, die einer Annäherung an ein Konzept *ökologischer Sicherheit* im Wege stehen.
1. Die Belastung, die Schädigung und gar die einseitige Zerstörung der Umwelt sind Ausdruck eines weltweit verbreiteten Gewohnheitsrechts, das noch immer die Ausbeutung des immateriellen, d.h. "kostenlosen"

und vermeintlich unerschöpflichen Allgemeingutes Umwelt als natürliche Quelle von individuellem Wohlstand und der Mehrung privatrechtlich gesicherten Eigentums einschließt. Vertragsrechtliche Einschränkungen dieser Ausbeutung sind nur in ganz wenigen Fällen (z.B. bezogen auf den Mond oder die Antarktis) von universeller Reichweite, erfassen zumeist nur begrenzte Ausschnitte des Ökosystems und sind zudem in der Regel unvollkommen bzw. belassen genügend Raum, gegebenenfalls bestehende rechtliche Festlegungen zu umgehen.

2. Es ist zwar unbestritten ein wichtiger Vorzug demokratischer Verhältnisse, daß eine Beeinträchtigung von Umweltbedingungen oder bestehende Ressourcendefizite innerhalb der Gesellschaften überhaupt politisch thematisiert werden können, insbesondere angesichts der Tatsache, daß mancherorts zumeist aus wirtschaftspolitischen Gründen eine gewisse billigende Toleranz oder gar Mitverantwortung des Staates gegenüber begangenen Umweltsünden zu verzeichnen ist. Andererseits unterliegen selbst in einer Demokratie keineswegs alle Teile der Gesellschaft (und alle Quellen möglicher Umweltrisiken) einer gesicherten und gegebenenfalls präventiv wirkenden demokratischen Kontrolle. Dies betrifft nicht nur die geheimen Laboratorien militärischer Forschung und Entwicklung, sondern auch viele Forschungseinrichtungen und Fertigungsstätten der Wirtschaft, deren Produkte - möglicherweise sogar ungewollt - potentiell neue Risiken für die Umwelt hervorrufen können.

Der demokratische Prozeß politischer Willensbildung ist zudem in der Regel häufig sehr widerspruchsvoll und vor allem zeitraubend. So erscheinen die schleichenden Umweltveränderungen wesentlich rascher und unerbittlicher vonstatten zu gehen, als im Zuge komplizierter politischer Entscheidungsabläufe konzertierte und dadurch effektive Maßnahmen gegen den Wandel eingeleitet werden.

3. Es besteht kaum Dissens, daß es sich bei den Störungen des Ökosystems nicht um eindimensionale, sondern um zumeist sehr komplizierte, mehrschichtige Prozesse mit mehreren Ursachen und verschiedenartigen Wechselwirkungen handelt. Weder durch einzelne politische Maßnahmen noch im Rahmen von Expertengruppen allein einer bestimmten Disziplin werden hinreichende Therapien zu ihrer Beseitigung entwickelt werden können. Insofern ist es bereits als ein Fortschritt anzusehen, daß sich - bezogen auf bestimmte erkannte Wandlungen des Ökosystems - erste interdisziplinäre Arbeitsgruppen, Panels von Wissenschaftlern, Politikern und Vertretern der Öffentlichkeit usw. bilden konnten. Von Bedeutung, nicht zuletzt angesichts der grenzüberschreitenden Natur der Umweltrisiken, ist auch die Tatsa-

che, daß diese Arbeitsgruppen inzwischen international besetzt sind und zum Teil sogar über nationale Untergruppen verfügen. Was zwar der Logik der Problembearbeitung entspricht, kollidiert allerdings in vielen Ländern mit der gängigen Praxis einer geringen politischen Unterstützung und insbesondere auch Mitfinanzierung internationaler Projekte. Viele nationale Fachministerien fühlen sich für interdisziplinäre Projekte nicht verantwortlich, insbesondere dann nicht, wenn die Vorhaben vorrangig in internationaler Regie verfolgt werden. Als Folge verfügen die internationalen Arbeitsgruppen und ihre Ableger in den einzelnen Ländern kaum über hinreichende Ressourcen und politischen Rückhalt in jenen Staaten, an deren Regierungen vor allem sich aber die Empfehlungen aus den Projekten letztlich richten sollen.

4. Schwierigkeiten entstehen auch im unmittelbaren Projektmanagement. Insbesondere Fragen der Koordinierung und der Integration unterschiedlicher Programme im Rahmen eines vielschichtigen Sachzusammenhanges bereiten vielfach Probleme. Auch hier spielen häufig finanzpolitische Vorbehalte der öffentlichen und privaten Geldgeber hinein, insbesondere was die Aufteilung der begrenzten Ressourcen zwischen den beteiligten Arbeitsgruppen betrifft. Erforderlich wäre hier von Anbeginn eine kollektive Anstrengung der am meisten interessierten Staaten und internationalen Organisationen. Dies ist zum Beispiel im Falle des internationalen Forschungsprogrammes für das Weltklima (WRCP) weitgehend gelungen, in vielen anderen Fällen jedoch nicht.[22]

5. Umweltpolitik, eingeschlossen Maßnahmen der Schadensprävention, wird - wie andere Bereiche der Politik - von der Vorherrschaft der Idee der Staatenwelt vor jener der Gesellschaftswelt bestimmt. Mit anderen Worten, es sind vor allem national beschränkte, zumeist sogar gruppenspezifische Interessen innerhalb der Staaten, die umweltpolitischen Überlegungen, Konzepten, Projekten usw. zugrundeliegen. Anstelle des bekannten Slogans der nichtstaatlichen Organisationen: *Think globally - act locally*, scheint Umweltpolitik in der Staaten-Praxis noch immer unter exakt umgekehrten Vorzeichen zu stehen. Dies hat zur Folge, daß erforderliche kollektive, auf ein gemeinsames Ziel gerichtete globale oder wenigstens regionale Anstrengungen durch eine Konkurrenz ungleicher Interessen zwischen den Staaten behindert werden.

6. Der Weg von der wissenschaftlichen Erkenntnis vorhandener oder drohender existentieller Risiken (z.B. durch die Entdeckung eines Phänomens wie des Ozonlochs) bis zur politischen Entscheidung über angemessene Therapien und Vorsorgemaßnahmen ist unvertretbar lang.

---

22 Megascience: The OECD Forum, Global Change of Planet Earth, Paris 1994, S. 15.

Die Interaktion zwischen realitätsnaher wissenschaftlicher Analyse und dem politischen Prozeß, angefangen von der Umsetzung von bestimmten Empfehlungen bis hin zur Finanzierung weiterführender Forschungen, funktioniert in vielen Fällen nicht genügend, von einer völlig unzureichenden Förderung stabiler strategischer Partnerschaften zwischen Politik, Wissenschaft und Industrie im Dienste der präventiven Umwelterhaltung ganz zu schweigen.

Wenn Unternehmen beispielsweise im Falle strengerer nationaler Umweltschutzauflagen in einem Lande noch immer Zuflucht in ein anderes nehmen können, um diesen (gesetzlichen) Auflagen zu entgehen und hierfür keinerlei Sanktionen erwarten müssen, tendiert der globale umweltpolitische Effekt bestimmter eigentlich vernünftiger nationaler Regelungen letztlich gegen Null. Notwendig wären international verbindliche Regelungen, die sich an höchstmöglichen Standards des Umweltschutzes orientieren. Unterliegen die globalen Umweltbedingungen mithin weiterer Destabilisierung, sind negative Rückwirkungen auf jedes einzelne Land, unabhängig von der Konsequenz seiner eigenen Umweltpolitik unvermeidbar.

7. So lange die Glaubwürdigkeit bestimmter Aussagen über global ausgemachte Risiken für das Ökosystem nicht hinlänglich bewiesen sind und eine klare Orientierung auf Prioritäten der Gefahrenabwehr und der Vorsorge nicht gegeben werden kann, wird die globale Mobilisierung eines entsprechenden Potentials auf große Schwierigkeiten stoßen. Die vernünftige Antwort auf bestehende Unsicherheiten besteht freilich nicht in einer Politik des Weiter-so (gegebenenfalls bis an den Rand der Katastrophe), sondern sollte eigentlich alle Möglichkeiten forcieren, um weitere Klarheit über die erkennbaren Trends, ihre Ursachen und möglichen Konsequenzen, zu erlangen. Dabei müßten mehr als noch vor wenigen Jahren auch sogenannte Rückkoppelungseffekte des Ökosystems ins Kalkül gezogen werden, welche bestimmte destabilisierende Trends verstärken, möglicherweise aber auch zeitweise oder auf Dauer relativieren (oder verschleiern) können. Beide Wirkungen erschweren die Voraussicht über künftige Entwicklungen und die Identifizierung anthropogener Verantwortung für bereits erkennbare globale Veränderungen.

Erforderlich wäre insofern die Einrichtung und Finanzierung präziser und zugleich verläßlicher, langfristig konzipierter und deshalb in der Regel kostenaufwendiger Projekte zur Analyse der erkennbaren Trends und zwar sowohl mit Blick auf globale wie auch auf regionale und lokale Phänomene, u.a. mit Blick auf die Verbrennung von Biomasse und fossilen Energieträgern, der urbanen Luftverschmutzung, der Verknappung von Trinkwasser, des Landverlustes durch Bodenerosion sowie der Reaktionen des Ökosystems auf die bereits eingetretenen Veränderungen.[23]

8. Die Sammlung, Auswertung und Verallgemeinerung der erforderlichen Daten im Rahmen internationaler Projekte stößt immer wieder an egoistisch gezogene Grenzen nationaler Vorbehalte gegen einen freien Austausch von Informationen und auf zumeist sicherheitspolitisch legitimierte Geheimniskrämerei. Es geht dabei freilich nicht allein um den unmittelbaren Zugang zu verallgemeinerungsfähigen Informationen, sondern auch um ungelöste kritische Fragen unterschiedlich praktizierter Erhebungsverfahren, der Verläßlichkeit der aus nationalen Quellen zur Verfügung gestellten Daten, der Präzision unternommener Messungen und - in diesem Zusammenhang - auch der Ausbildung und der Qualifikation der mit Umweltfragen befaßten Wissenschaftler und politischen Experten.

Unabhängig von diesen acht Hindernissen für eine konzertierte globale Umweltpolitik besteht das Hauptproblem für die Entwicklung eines Konzepts *ökologischer Sicherheit* jedoch offenbar darin, daß der politische Wille der Menschen zur Gefahrenabwehr, insbesondere wenn er etwa zusätzliche Anstrengungen oder Verhaltensänderungen beansprucht, in der Regel erst dann entsteht, wenn die Gefahr bereits eingetreten, das Überlebensrisiko mithin unausweichlich geworden ist. Obwohl jegliche Logik der Vernunft zu sinnstiftenden und zumal billigeren Vorsorgemaßnahmen raten würde, ist die Allokation von Ressourcen für präventive Zwecke um vieles schwieriger zu erreichen als die Verabschiedung kostenaufwendigerer und in vieler Hinsicht schmerzhafterer Maßnahmen im Falle eines nicht vermiedenen Notstands.

Grundrisse einer ökologischen Sicherheitspolitik

Die Konsequenzen einer maßlosen Ausbeutung der Erde haben sich, so der amerikanische Vizepräsident Al Gore, mittlerweile ebenso gewandelt, wie die Nuklearwaffen seit dem Bombenabwurf über Hiroshima die Konsequenzen totaler Kriegführung veränderten. Im Unterschied zur Problematik der Kernwaffen herrschten mit Blick auf das umweltpolitische Handeln vielfach jedoch noch immer Annahmen vor, man müsse die Auswirkungen des gegenwärtigen Handelns nicht gleichsam zwingend in Betracht ziehen. Dabei werde allerdings mißachtet, daß Veränderungen im Ökosystem keineswegs in alle Ewigkeit schleichend vonstatten gehen müssen,

---

23 Ebenda, S. 14.

sondern kritische Schwellen überschritten werden könnten, die einen plötzlichen und dramatischen Wandel auslösen.[24]

Umweltbeeinflussung ist natürlich - im Unterschied zu vielen anderen Bereichen sozialer Aktivität - unvermeidlich, hängt doch die Existenz und Reproduktion der Menschen von einer nutzbringenden Erschließung der physischen Umwelt und der natürlichen Ressourcen ab. Die Crux besteht nicht in dieser Beeinflussung an sich sondern in der kritischen Balance menschlichen Handelns und seiner Folgen zwischen Umweltverträglichkeit und Umweltzerstörung. Erst die Mißachtung der elementaren Regeln dieser Balance führt zu existentiellen Risiken. Entscheidend dabei ist der Unterschied zwischen einer lebensnotwendigen Nutzung der Umwelt für die erweiterte Reproduktion und der möglichen Überforderung der Umwelt durch den Menschen, wobei dies zwar insbesondere für nicht erneuerbare, mit Blick auf die Gesamtheit der Reproduktionszyklen, aber auch für vermeintlich unerschöpfliche Ressourcen gilt.[25]

Die Diskussion um die Überforderung des Ökosystems ist mittlerweile längst nicht mehr nur hypothetischer Art. In einigen drängenden Fragen besteht bereits Konsens über den existenzbedrohenden Charakter des ökologischen Wandels: z.B. in der Beurteilung des Treibhauseffekts, in der Erkenntnis über den bereits stattfindenden Klimawandel, im Wissen um die Zunahme der Oberflächentemperatur der Erde, um das Ansteigen der Meeresspiegel. Die meßbare Bilanz weltweiter umweltpolitischer Anstrengungen fällt angesichts dieser übereinstimmenden Einschätzungen und zahlreicher Willensbekundungen zur umweltpolitischen Trendwende dennoch dürftig aus.

Im Grunde geht es um eine ebenso einfache wie dramatische Alternative. Entweder die negativen Prozesse setzen sich unbeeinflußt fort und entfalten weiterhin ihre eigene, zum Teil schwer durchschaubare, Dynamik. Für diesen Fall stehen nicht nur die Lebensbedingungen in manchen Teilen der Welt sondern die Existenzsicherheit der Menschheit insgesamt auf dem Spiel. Oder es gelingt, das sich abzeichnende Bündel ökologischer Fehlentwicklungen zu korrigieren. Dies würde, wie in den zurückliegenden Abschnitten beschrieben, zumindest ein an kollektiven ökologischen Werten gemessenes Handeln der internationalen Gemeinschaft der Staaten und Völker erfordern, deren Leitbild auch von der Vorstellung planetarer *ökologischer Sicherheit* geprägt werden könnte.

Wie realistisch ist eine solche Vision und welche Bedingungen zu ihrer Durchsetzung müßten in der Politik der Staaten eingelöst werden? Bevor über Ziele eines möglichen Konzepts ökologischer Sicherheit diskutiert

---

24 Al Gore, Der globale Klimawandel, Sonderausgabe des USIS zum 25. Jahrestag der Erde, 22. 4. 1995, S. 2.
25 Peter Glasbergen, Environmental dispute resolution as a management issue, in: ders. (Hg.)., Managing environmental disputes, Dordrecht 1995, S. 1.

werden kann, müßte zunächst Klarheit über einige seiner prinzipiellen Voraussetzungen gewonnen werden.
1. Wichtigste Aufgabe wäre es, die Umwelt von einem tradierten, praktisch ausschließlich instrumentellen Politikverständnis zu befreien. So lange Umweltpolitik sich im wesentlichen darauf beschränkt, die Nutzung (bzw. Ausbeutung) der Natur für wirtschaftliches Wachstum zu sichern, so lange Umwelt also nicht als ein eigenständiges Gut, sondern mehr oder weniger nur als Funktion der Wirtschaft oder zwischenstaatlicher Interessenkonkurrenz behandelt wird, sind sowohl schädigende Einflußnahmen auf die Umwelt als auch auf die internationale Sicherheit kaum zu vermeiden. Wenn jedoch auf diese Weise der Preis wirtschaftlichen Wachstums oder der Durchsetzung anderweitiger konkurrierender Interessen zu Lasten des natürlichen "Stiftungkapitals" geht, wird nicht nur dieses Kapital an sich gefährdet, sondern auch die *Leistungsfähigkeit* des ökologischen Systems für die weitere Entwicklung der Zivilisation.

Das Problem besteht darin, daß in vielen Fällen selbst bereits erkennbarer Umweltveränderungen unter den Experten und Politikern Unwissenheit, Unklarheit oder sogar Streit über deren Ursachen und Kausalitätsketten besteht. Dies jedoch zum Anlaß zu nehmen, gewohntes Handeln getreu dem Motto Augen-zu-und-durch einfach fortzusetzen und auf eine systematischere Ursachenforschung der Umweltdegradation zu verzichten, wird das Problem nicht lösen können. Die Frage, ob die Ausarbeitung eines Konzepts ökologischer Sicherheit möglich ist, entscheidet sich deshalb in erster Instanz darin, ob der bestehende Zustand und die erkennbaren Veränderungen in der Umwelt in den Gesellschaften als existentielles Risiko überhaupt erkannt werden und - wenn ja - in diese Erkenntnis wenigstens partiell Einsichten in die Verantwortung menschlichen Handelns eingeschlossen sind. Notwendig wäre unter dieser Voraussetzung nicht nur eine weitere Erforschung der als kritisch erkannten ökologischen Zusammenhänge, sondern auch eine breite Popularisierung vorliegender Erkenntnisse, eine entsprechende soziale Aufklärung sowie die systematische Erarbeitung alternativer Handlungskonzepte.
2. Da es sich bei der ökologischen Sicherheit weniger um eine Kategorie der Staaten- als vielmehr der Gesellschaftswelt handelt, dürfen für die Reichweite eines entsprechenden Konzepts keine Grenzen ausschließlich staatlicher Verantwortung oder durch Staatsgrenzen räumlich beschränkter Anwendung gezogen werden. Ökologische Defizite oder Schäden sind in der Regel nicht auf einzelne Staaten begrenzt. Ihre Ursachen und Wirkungen liegen oft räumlich weit voneinander getrennt. Die Art und Weise, wie in besonders betroffenen Staaten auf

wahrgenommene ökologische Sicherheit reagiert wird, kann wiederum ihrerseits auf die Gestaltung der internationalen Beziehungen zurückwirken. Schließlich ist zu berücksichtigen, daß es häufig außerhalb der Macht der besonders betroffenen Staaten und Gesellschaften liegt, die Ursachen der nachteiligen Entwicklungen zu beseitigen und insofern die Möglichkeit nicht auszuschließen ist, daß diese Staaten mit anderen Mitteln versuchen könnten, die ihrer Meinung nach verantwortlichen Staaten und Gesellschaften zu einer Korrektur ihrer Umweltpolitik zu veranlassen, nötigenfalls auch zu zwingen.

Ein Konzept ökologischer Sicherheit verspricht angesichts dieser Umstände nur dann Sinn, wenn es gleichzeitig die lokale und regionale sowie staatliche und grenzüberschreitende Dimension von bestimmten Sachzusammenhängen berücksichtigt sowie problemkonforme und gegebenenfalls auch mehrgleisig verfolgte Handlungsoptionen anbietet.

3. Wird das Verständnis ökologischer Sicherheit, wie hier vorgeschlagen, auf die gegenwärtige *und* zugleich auch auf die künftige Leistungsfähigkeit des (Überlebens-)Systems bezogen, dürfte sich ein entsprechendes Konzept nicht allein auf die Kompensation sichtbarer struktureller Defizite in diesem System beschränken, sondern hätte prospektiv auch dessen Entwicklungsdynamik in Rechnung zu stellen und dieser Dynamik entsprechend präventive Maßnahmen zur dauerhaften Erhaltung des Systems vorzusehen. Das in der Entwicklungspolitik geläufige Kriterium der Nachhaltigkeit - Sustainability - müßte ohne Abstriche auch auf die internationale Umweltpolitik übertragen werden. Hierzu gehören in jedem Fall, neben einer Vielzahl von praktischen Schritten der Vorsorge, geeignete Formen der unmittelbaren sozialen Aufklärung über die erkennbaren und möglichen Folgen umweltunverträglichen Handelns. Ferner müßten in größerem Umfang als bisher von den Staaten und internationalen Organisationen Mittel bereitgestellt werden, um die tatsächlichen Ursachen und gegebenenfalls auch die Kausalitätsketten regionaler oder globaler ökologischer Unsicherheit mit dem Ziel zu ergründen, wirksame korrigierende Maßnahmen oder auch erforderliche alternative Handlungsstrategien zu optimieren.

4. Die Erarbeitung und Implementierung eines Konzepts ökologischer Sicherheit setzte die Anerkennung der Umwelt als ein *allgemeines Gut* der Menschheit voraus, das - obwohl kostenlos verfügbar - viel zu kostbar ist, um es zum Gegenstand gewaltsamer Verteilungskämpfe zwischen Staaten oder Bevölkerungsgruppen zu machen oder es gar für die Durchsetzung aggressiver Ziele gegenüber anderen Staaten oder Bevölkerungsgruppen zu instrumentalisieren. Ökologische Sicherheit ist kein Nullsummenspiel. Politisch induzierte ökologische Defizite, z.B. durch den absichtsvollen Entzug lebenswichtiger Ressourcen

durch einen Staat gegenüber einem anderen, schlagen durch die entstehende Ungewißheit über die Reaktionen der Betroffenen letztlich auf die verursachende Seite zurück. Für dauerhafte und irreversible Schäden im Ökosystem erübrigt sich ohnehin die Suche nach den Gewinnern. Auch wenn diese Zusammenhänge im einzelnen vielleicht noch nicht in jedem Fall so deutlich erkennbar sind, d.h. kurzfristig hin und wieder die Erlangung von einseitigen Vorteilen gegenüber anderen doch möglich scheint, weist dies höchstens auf noch vorhandene Spielräume für friedlichen Interessenausgleich durch Zusammenarbeit hin, nicht jedoch auf eine verfehlte Diagnose über die Erfordernisse ökologischer Sicherheit.

5. Notwendig wäre schließlich eine internationale Rechtsordnung, die über allgemeinverbindliche politische Willensbekundungen und Normen nationaler und internationaler Politik hinausgehend, einen staatenübergreifenden völkerrechtlichen Rahmen und präzise Regeln für den Umgang mit allen Fragen der Umweltpolitik setzt. Die Chancen, eine solche Rechtsordnung zu entwickeln, stehen allerdings so lange nicht günstig, wie die politisch und wirtschaftlich dominierenden Weltmächte grundlegende ökologische Fragen nicht als eigenständigen Wert behandeln und sie auch nicht bereit sind, Ansprüche einzelstaatlicher Souveränität einer staatenübergreifenden ökologischen Verantwortung unterzuordnen. Zwar können mit Blick auf einzelne Gefährdungen (z.B. FCKW und CO_2-Emissionen) erste Fortschritte in der Bereitschaft der Staaten zur Selbstbeschränkung und Zusammenarbeit verzeichnet werden. Sie greifen jedoch zumeist nur punktuell und viel zu kurz, und sie erweisen sich als noch immer weit entfernt von der Realität einer verläßlichen Rechtsordnung. Zwar ließe sich an einige bereits erarbeiteten Umweltrechtsnormen, zum Beispiel im Rahmen der Europäischen Union, anknüpfen. In der Praxis zeigt sich jedoch auch hier, daß zwischen der rechtlichen Normierung des Umweltschutzes und der Anwendung dieser Normen durch die Mitgliedstaaten noch erhebliche Lücken klaffen.[26] Entscheidend bliebe insofern letztlich die Anerkennung einer politisch-rechtlich verbindlichen Gewährleistungspflicht jedes einzelnen Staates.

An welchen Zielen könnten sich ausgehend von diesen Voraussetzungen Konzepte ökologischer Sicherheit orientieren? Die von der Weltkonferenz für Umwelt und Entwicklung bereits 1987 entwickelte "Agenda 21" und die seither vorgelegten internationalen und nationalen Dokumente zu ihrer Präzisierung beinhalten eine ganze Reihe von Zielsetzungen und Prin-

---

26 Vgl. Rolf Lüpke, Die Durchsetzung strengerer einzelstaatlicher Umweltschutznormen im Gemeinschaftsrecht, Basler Schriften zur Europäischen Integration, Nr. 15, Basel 1995, S. 40ff., S. 69.

zipien, die einer ökologischen Sicherheitspolitik zugrundegelegt werden könnten. Vor allem vier Aspekte erscheinen von besonderem Gewicht:
1. Ökologische Sicherheit sollte zunächst und vor allem als die bewußte Erhaltung der Umwelt und ihrer Vitalität, d.h. ihrer künftigen Leistungsfähigkeit, im Sinne eines integrierten (Überlebens-)System der Menschheit verstanden werden. Dies bedeutet zum einen, die Umwelt als ein allgemeines Gut zu akzeptieren und die Verpflichtung, die Balance ihrer inneren Wechselbeziehungen und Abhängigkeiten auf keinen Fall zu gefährden. Im engeren Sinne ginge es vor allem darum, das Prinzip der Sparsamkeit im Umgang mit allen natürlichen Ressourcen im Interesse einer verträglicheren Nutzung und gegebenenfalls einer gerechteren Verteilung knapper lebenswichtiger Ressourcen zu pflegen. Anzusetzen wäre in erster Instanz vor allem dort, wo besonders kritische Eingriffe in die Natur erfolgen, wobei möglichst gleichzeitig deren Ursachen ins politische Kalkül zu nehmen wären.
Zwei Beispiele für bestehenden Nachholbedarf seien genannt. Ein Aktionsplan der UN-Organisation für Ernährung und Agrarwirtschaft FAO von 1985 und sein 1995 geschlossener Nachfolgevertrag haben zwar erkärtermaßen den Erhalt der Tropenwälder zum Ziel, konnten bisher jedoch nicht verhindern, daß die Bilanz der Zerstörung der weltweiten Tropenwälder im Zeitraum der vergangenen 30 Jahre eine Größenordnung erreicht hat, die der Landfläche der Vereinigten Staaten entspricht. Inzwischen haben zwar einige Staaten nationale Tropenwaldprogramme zur Unterstützung von Maßnahmen zur Wiederaufforstung aufgelegt, darunter auch die Bundesrepublik Deutschland, aber die bisher geleisteten gemeinsamen Anstrengungen reichen bei weitem nicht aus. Im übrigen hat angesichts nachweislicher Erfolge ihres Engagements die Bundesregierung aus nicht nachvollziehbaren Gründen ihren diesbezüglichen Mitteleinsatz allein in den Jahren von 1991 bis 1993 wieder um ein Viertel reduziert.[27]
Es liegt auf der Hand, daß allein die irreversible Vernichtung von Biomasse die Leistungsfähigkeit des ökologischen Gesamtsystems, also die globale ökologische Stabilität, gefährdet. Die Folgen dieser Gefährdung mögen zunächst zwar nur lokal zu verspüren sein, verfehlen ihre direkten und indirekten Langzeitwirkungen auf die globale Lage jedoch nicht.
Ein zweites Beispiel ist das Übermaß an Verbrauch weltweit knapper Ressourcen. In Deutschland etwa werden täglich pro Kopf etwa 140 l Wasser verbraucht, davon allerdings nur etwa sechs l Wasser für den

---

[27] Klaus Dieter Osswald/Barbara Peter, Globale und regionale Umweltprobleme als Herausforderung für die deutsche Entwicklungszusammenarbeit, in: Aus Politik und Zeitgeschichte, B 24-25/96 v. 12. 6. 1996, S. 40f.

Zweck der Ernährung. Hinzu kommt der indirekte Verbrauch, etwa von 64 l Wasser für die Herstellung von nur einem Kilogramm Papier. Unberücksichtigt bleibt zumeist, daß das Übermaß an verbrauchtem Trinkwasser natürlich auch übermäßig beanspruchte Ressourcen zur Gewinnung und Aufbereitung des Wassers erfordert. In anderen Regionen der Welt stehen weder diese Ressourcen noch ausreichend Trinkwasser zur Verfügung. Wird hier die Leistungsfähigkeit des ökologischen Systems als bedroht angesehen, so könnte, logisch konsequent betrachtet, der rücksichtslose Verschleiß von knappen Ressourcen in den reicheren Staaten als eine mögliche Quelle sicherheitspolitischen Risikos angesehen werden.

Think globally - act locally wird auf diese Weise zum Leitprinzip eines jeglichen Konzepts ökologischer Sicherheit.

2. Die weltweit praktizierte Verbrauchskultur für Produktion und Lebensstile ist einer kritischen Revision zu unterziehen. Das größte Problem rankt sich dabei um die Frage des wirtschaftlichen Wachstums. Einerseits ist die Notwendigkeit von Wachstum unbestreitbar, insbesondere dort, wo die Lebensverhältnisse durch Unterentwicklung bestimmt werden. Auch die entwickelten Staaten benötigen ein gewisses Maß an Wachstum, um stabile soziale Verhältnisse zu gewährleisten und auch, um die Umweltprobleme zu meistern. Ein seit Jahren mit Problemen der Umweltpolitik und nachhaltiger Entwicklung befaßter Unternehmer aus den USA verglich die Notwendigkeit eines gesteuerten Wachstums mit dem Führen eines Fahrrads: Man müsse beständig treten, um vorwärts zu kommen. Hörte man zu treten auf, führte die einzige Möglichkeit, vorwärts zu kommen bergab.[28] Kritik richtet sich also nicht gegen Wachstum und Verbrauch an sich, sondern gegen die konkrete Art und Weise von Wachstum und Verbrauchs.

Auch hier sei auf zwei Beispiele für Nachholbedarf hingewiesen. Experten des Umwelt- und Prognoseinstituts in Heidelberg (UPI) haben errechnet, daß - vorausgesetzt die erkennbaren Trends halten an - im Jahre 2030 weltweit etwa 2,3 Mrd. Personenkraftfahrzeuge vorhanden sein werden, die anstelle von derzeit 650 Millionen t Kraftstoff dann 1,3 Mrd. t verbrauchen werden. Innerhalb von 35 Jahren würden allein die verfügbaren PKW 41 Mrd. t Erdöl verbrennen. Das entspricht etwa 30 Prozent der heute weltweit bekannten Erdölreserven von 140 Mrd. Tonnen. Nicht berücksichtigt sind in dieser Kalkulation im übrigen die dabei zu erwartenden Emissionen an Stickoxiden, Kohlenwasserstoffen und Kohlendioxiden.[29] Auch wenn die Hochrechnung vielleicht im De-

---

28 Joseph T. Ling, The Role of Environmental Management in Sustainable Growth, in: Vital Speeches of the Day, Nr. 10 v. 1. 3. 1995, S. 307.
29 Michael Schweres, Mobil in die Verkehrssackgasse fahren, in: Das Parlament, Nr. 30-31 v. 19./26. 7. 1996, S. 3.

tail nicht zutrifft, ist der beschriebene globale Trend als Konsequenz einer auf individuelle Mobilität gestützten Verbrauchskultur in den industriell entwickelten Staaten unausweichlich - falls es nicht rasch zu verkehrsplanerischen und verkehrspolitischen Umsteuerungen kommt.

Ein zweites Beispiel verweist darauf, daß zum einen wertvolle nicht erneuerbare Ressourcen nicht effektiv genug genutzt werden, zum anderen die Erschließung erneuerbarer Ressourcen weit hinter dem eigentlichen Bedarf an Energieträgern zurückbleibt. Das betrifft insbesondere Ressourcen für den Primärenergieverbrauch. 1992 betrug der Anteil erneuerbarer Energien am Primärenergieverbrauch erst etwa 2,3 Prozent. Im Jahre 2020 werden es aller Wahrscheinlichkeit nach noch immer nicht mehr als 3,6 Prozent sein. In der Effizienz der Energieausbeute gibt es darüber hinaus weltweit noch immer sehr große Unterschiede. Spitzenwerten von knapp unter 50 Prozent in Japan und den USA stehen Wirkungsgrade von nur 20 bis 25 Prozent in den großen Kohlenkraftwerken der VR China gegenüber.[30]

Maßhalten und die Erschließung erneuerbarer Ressourcen können insofern als ein zweites Ziel ökologischer Sicherheit beschrieben werden.

3. Notwendig ist die Erweiterung des ökologischen Wissens, die Modernisierung und Verbreitung technologischen Know-hows für einen verbesserten Umweltschutz. In ein ökologisches Sicherheitskonzept sollten entsprechend Überlegungen über systematische Investitionen in Forschung sowie Entwicklung und Praxis des nationalen und internationalen Umweltschutzes einfließen. Dabei geht es natürlich nicht nur einfach um Erkenntnisgewinn. Neue Erkenntnisse müssen verarbeitet, in geeigneter Form auf nationaler und auf internationaler Ebene verbreitet und vor allem in ein effektiveres ökologisches Management und Wirtschaften übersetzt werden.

Hierzu gibt es durchaus erste vielversprechende Ansätze, etwa im Rahmen des Öko-Auditgesetzes der Europäischen Union vom Dezember 1995. Nach den Verfahrensregeln dieses Gesetzes können sich Unternehmen einem umfassenden Umweltverträglichkeits-Check unterziehen, mit dem Ziel, einen bewußteren Umgang mit der Umwelt zu erreichen und die Produktionsstruktur nach ökonomischen *und* nach ökologischen Gesichtspunkten zu optimieren.[31] Allerdings verhindern u.a. die anfallenden Kosten der Überprüfung, daß von der Möglichkeit der Überprüfung in großem Umfang Gebrauch gemacht wird.

Wichtig sind auch eine engere Kommunikation zwischen Wissenschaft und Praxis, die Heranbildung umweltpolitisch geschulten Personals in

---

30 Wolfgang Kempkens, Der kostbare Grund des Ozeans ist noch unangetastet, in: ebenda, S. 5.
31 Marion Muhr, Umweltmanagement auf dem Prüfstand, in: ebenda, S. 7.

Politik und Wirtschaft, die stärkere Berücksichtigung von ökologischen Aspekten in der schulischen und universitären Ausbildung und die Popularisierung von ökonomisch kostengünstigen Alternativen zu Ressourcenverschleiß und Umweltbeeinträchtigung.

Ein ökologisches Sicherheitskonzept dürfte sich folglich nicht nur auf die Benennung der wichtigsten forschungs- und entwicklungspolitischen Richtungen und der Maßgaben für die Praxis beschränken, sondern müßte dazu beitragen, die Allokation der erforderlichen Ressourcen für umweltverträgliches Verhalten zu fördern, mithin die gesellschaftlichen Anreize für ein solches Verhalten erhöhen.

4. Schließlich müssen gewohnte Ansichten über den Nutzen der Umwelt durch Regierungen, öffentliche und privatrechtliche Institutionen sowie die Menschen im einzelnen einem fundamentalen Wandel unterzogen werden. Ein zweifellos notwendiger Weg ist die Anpassung von rechtlichen Festlegungen an möglichst hohe Standards des Umweltschutzes und der Prävention ökologisch induzierter innerstaatlicher und internationaler Konflikte. Die Harmonisierung von rechtlichen und ökologischen Regeln erfordert jedoch zugleich die Einführung von verläßlichen und obligatorischen Kontrollverfahren, einschließlich gegebenenfalls notwendiger Sanktionsmechanismen.

Neben einer Qualifizierung des Umweltrechts könnten auch positive Anreize zu umweltverträglichem Handeln in ein Konzept ökologischer Sicherheit aufgenommen werden. Denkbar ist z.B. die Gewährung bestimmter Steuervorteile oder Subventionen für unternehmerische Investitionen im Rahmen von nationalen und internationalen Umweltprojekten. Möglich wäre auch eine Umverteilung staatlicher Förderprogramme zugunsten ökologisch ausgerichteter Forschungs- und Entwicklungsvorhaben.

Keines der vorgeschlagenen Instrumente wird allerdings auf Dauer erfolgreich sein, wenn der sorgsame Umgang mit der Umwelt und ihren Ressourcen nicht im Alltagsbewußtsein der Gesellschaften, d.h. der Individuen, ihren Ausdruck findet. Rita Levi-Montalcini hat unter anderem zu diesem Zweck vorgeschlagen, endlich der *Declaration of Human Rights* als Pendant eine *Declaration of Human Duties* zur Seite zu stellen. Ob sich eine solche an die Gesellschaften gerichtete Forderung in der Staatenwelt Gehör zu verschaffen vermag, wird wesentlich von der Stimme nichtstaatlicher Organisationen (NGOs) abhängen. Sowohl als Initiator umweltpolitischer Programme wie auch als Forum politischen Druckes auf Regierungen zur Praktizierung einer verantwortlichen Umweltpolitik, als kritisches öffentliches Kontrollgremium wirtschaftlicher Aktivitäten und natürlich auch als Mittler einer umweltverträglichen Sozialisierung der Individuen, leisten die NGOs bereits heute einen unersetzlichen Beitrag. Es kann sogar davon ausgegangen werden, daß viele Umweltprogramme, zum Beispiel im Rahmen der UNO-Institutionen für nachhaltige Entwicklung CDS und UNDP, ohne die aktive Mitwirkung der NGOs weder in der gegenwärtigen Form zustandegekommen wären, noch hätten durchgeführt werden könnten. Der Beitrag der NGOs zählt dabei um so mehr, als ihre Aktivitäten häufig genug durch staatliche Behörden in vielen Ländern mißtrauisch beobachtet und zum Teil sogar noch immer behindert werden. Darüber hinaus sind viele der inzwischen etablierten grünen Parteien aus dem Engagement nichtstaatlicher Organisationen hervorgegangen und haben ihren Teil zur Herausbildung einer Art ökologischen Bewußtseins in der Politik und in der Auseinandersetzung um politische Alternativen beigesteuert. Diese Entwicklung ist zwar ermutigend, beruhigt aber kaum, da der gesellschaftspolitische Druck in die Richtung einer ökologischen Trendwende in den meisten Staaten bei weitem nicht ausreicht und Erscheinungen ökologischer Unsicherheit weiterhin überwiegen.

So bleibt abschließend nüchtern zu bilanzieren, daß die Notwendigkeit ökologischer Sicherheit zwar vielfach begründet ist, jedoch noch ein weiter Weg bis zu ihrer Durchsetzung zurückzulegen ist. Das Überlebensgebot der menschlichen Spezies wird allerdings früher oder später die Staaten und Regierungen, die Unternehmen und die individuellen Verbraucher dazu zwingen, im gemeinsamen Interesse und unter Rücksichtnahme auf die globale Leistungsfähigkeit des Ökosystems, weiteren Destabilisierungen der Umwelt durch konzertierte Strategien entgegenzuwirken.

V.

Anhang

Jörg Barandat

Usus communis aquarum est
Ovid

Dokumentation zur Entwicklung eines internationalen Wasserrechts

Vom 07. - 25.10.1996 fanden die Verhandlungen über den ILC-Entwurf der internationalen Wasserkonvention im Rechtsausschuß der UNO-Generalversammlung in New York statt:[1]

Vorsitzender der Arbeitsgruppe: Prof. Chusei Yamada
Vorsitzender der Skizzierungsgruppe: Prof. Hans Lammers
Expert Consultant: Robert Rosenstock

Erkennbare Absicht der jeweiligen Vorsitzenden war es, nach Möglichkeit den vorliegenden ILC-Text als ein, die Interessen verschiedener Anlieger an einem Gewässersystem gleichermaßen berücksichtigendes, „ausgewogenes Paket" zu verabschieden. Diese Absicht schlug schon gleich mit Beginn der Arbeitsgruppensitzungen fehl. Eine größere Zahl von Staaten dokumentierte ihre Unzufriedenheit mit dem vorliegenden Text und drängten auf eine weitere Diskussion im Grundsätzlichen wie in Detailfragen. Dieses hatte sich allerdings bereits im Vorfeld der Verhandlungen durch eine Vielzahl von Stellungnahmen und Anträgen[2] angekündigt. Am 18.10. kam es dann zum offenen Ausbruch der Gegensätze. Dieser Konflikt zog sich konstant durch die gesamte dritte Verhandlungswoche, betraf nahezu alle Artikel und konnte nicht mehr überbrückt werden. Es war bei einer Vielzahl von Staaten eine deutliche Tendenz dahingehend zu erkennen, keine Kompromisse eingehen zu wollen. Im Gegenteil: In den einzelnen Beiträgen spiegelten sich exakt die sehr detaillierten Interessen bezüglich der jeweiligen speziellen Anliegerproblematik wider. Damit hatte die Konferenz keine Chance mehr, zu einem erfolgreichen Abschluß zu kommen.

Die Fraktion der Oberlieger bestand im Kern aus der Türkei und Äthiopien. Aber auch Indien, China, die Schweiz, die Slowakei und, deutlich erkennbar, auch Frankreich waren bemüht, den vorliegenden Entwurf in seiner Substanz so zu verändern, daß er noch weiter an Verbindlichkeit verliert: Man wolle eine „framework convention", und der vorliegende Entwurf ginge in seiner Detailliertheit weit darüber hinaus. Auch wurde am letzten Ver-

---

1   Ich danke dem Auswärtigen Amt, das mir die beobachtende Teilnahme an den Verhandlungen ermöglicht hat. Besonders aber danke ich Herrn Welberts und Frau John von der Ständigen Vertretung Deutschlands bei den Vereinten Nationen zunächst einmal für ihre Offenheit mir gegenüber, darüber hinaus aber auch für ihre bereitwilligen Erklärungen und wertvollen Hinweise zu völkerrechtlichen Fragen.
2   Report of the Secretary-General: Comments and Observations received from States, A/51/275 sowie Add.1-3, August-Oktober 1996.

handlungstag gezielt versucht, ein Zustandekommen der Konvention möglichst lange zu verzögern, um so eigene Planungen für Nutzungen am Oberlauf von Gewässersystemen ungehindert realisieren zu können. So kommt das Scheitern der Konferenz - insbesondere für die Türkei und Äthiopien - einem politischen Erfolg gleich.

Über die Motivation Frankreichs - in Europa in der Rheinkommission kooperativ eingebunden und damit wissend um den Wert solcher Konventionen - kann hier nur spekuliert werden: Frankreich ist zunächst einmal einer der größten, wenn nicht sogar der größte, ausländische Investor beim Südostanatolien-Projekt in der Türkei. Des weiteren besteht für die französische Wirtschaft durchaus die Möglichkeit, diesen Erfolg noch einmal in Äthiopien zu wiederholen, sobald man dort beginnt, die Pläne zur Aufstauung und Nutzbarmachung des Nilwassers zu realisieren. Allein schon die günstige geographische Lage Djiboutis wirkt sich dabei wie ein „Fuß in der Tür" aus. So kann durchaus unterstellt werden, daß französische Wirtschaftsinteressen den Ausschlag gegeben haben.

Die Fraktion der Unterlieger, der es um eine Erhöhung der Umweltstandards ging, und die darüber hinaus eine engere Einbindung in Konsultations- und Verhaltensregeln forcierten, bestand im Kern aus Syrien, Portugal, Ägypten, Niederlande, Irak, Brasilien und Ungarn. Diese Fraktion wurde im wesentlichen von Finnland, aber auch in Teilen von den USA, Kanada und Deutschland aus übergeordneten politischen Zielvorstellungen nach höheren Umweltstandards und strengeren Regeln für Konsultationen und friedlicher Streitbeilegung unterstützt. Finnland ist an dieser Stelle besonders hervorzuheben, da die Mitglieder der Delegation kompetente und umfassend vorbereitete Experten waren, die ihre Vorstellungen sehr gut nachvollziehbar und zielgerichtet einbrachten. Insofern ist es besonders zu bedauern, daß die finnische Delegation auch seitens der europäischen Staaten nur unzureichende Unterstützung fand.

So endete die Konferenz am 25.10.1996, ohne sich auf einen Text eines Konventionsentwurfs geeinigt zu haben. Gerade in grundlegenden Bereichen wurde kein Konsens gefunden. So wurde insbesondere die Diskussion der Artikel 7 und 33 nicht zum Abschluß gebracht. Dies ist besonders schwerwiegend, da es sich bei ihnen um Schlüsselbausteine handelt. Eine Diskussion der Präambel und der Schlußbestimmungen wurde im Ausschuß noch nicht einmal begonnen. An die Generalversammlung wird lediglich eine Empfehlung ergehen, die Fortsetzung der Konferenz auf der Basis der bereits geleisteten Arbeit[3] zur Fertigstellung der Konvention baldmöglichst

---

3 Der abschließende Stand der Diskussion um den Entwurfstext im Ausschuß ist aus den folgenden Papieren zu ersehen: Report of the Drafting Committee: A/C.6/51/NUW/WG/L.1 mit Corr.1 und 2, L.1/Add.1, L.1/Add.2 mit Corr.1, L.1/Add.3 und Add.4.
Proposals: A/C.6/51/NUW/WG CRP.2, CRP 3, CRP 7 zur Präambel; A/C.6/51/NUW/WG CRP.42, CRP 68, Amendment Österreichs, Kanadas, Portugals u.a. zum Artikel 7; A/C.6/51/NUW/WG CRP.71, CRP.62/Rev.1, Proposals von Syrien und dem Vorsitzenden des Skizzierungsgruppe zum Artikel 33.

einzuberufen. So ist aufgrund der erheblichen Gegensätze auch bei der für Ende März 1997 terminierten Fortsetzung der Verhandlungen nicht mit einem schnellen Erfolg zu rechnen.

Wesentliche Konsequenzen daraus stellen sich wie folgt dar: Gerade für die auch für Europa bedeutsamen Problemregionen Nil-Basin und Euphrat-Tigris-Basin wird die bestehende Situation, die kein Regelwerk für die friedliche Konfliktlösung vorgibt, bis auf weiteres fortgeschrieben.

Darüber hinaus setzt das vorläufige Scheitern der Konferenz aber auch über diese Region und die Thematik hinweg falsche Signale im Hinblick auf die stärkere Beachtung von Umweltzielen und der Förderung von Rechtsbeziehungen im Umgang mit Konflikten.

Die nachfolgende Dokumentation soll dem Leser nicht nur den aktuellen Sachstand zum ILC-Entwurf aufzeigen, sondern auch den Weg dorthin transparenter und nachvollziehbar machen:

Die Doktrin der uneingeschränkten Souveränität - HARMON-Doktrin[4]

" Der vorliegende Fall ist ein neuartiger. Ob die Umstände es möglich oder angemessen machen, aus Erwägungen der Courtoisie zu handeln, ist eine Frage, für welche dieses Ministerium nicht zu ständig ist; aber diese Frage sollte als eine nur politische behandelt werden, weil in meiner Meinung die Regeln, Prinzipien und Präzedentien des Völkerrechts den Vereinigten Staaten keine Rechtsverpflichtung auferlegen."

Erklärung des US-Generalstaatsanwalts Harmon 1895
bezüglich des Streits um die Nutzung des Rio Grande

"Gebietshoheit ist somit die Souveränität auf ein bestimmtes Land oder Gewässer angewendet, das Recht, über dasselbe mit Ausschluß dritter Staaten und ihrer Angehörigen zu verfügen." Heffter 1888

Die Doktrin der uneingeschränkten Integrität

" A river which flows through the territory of several states or nations is their common property ... Neither nation can do any act which will deprive the other of the benefits of those rights and advantages. The inherent right of a nation to protect itself and its territory would justify the one lower down the stream in preventing by force the one further up from turning the river out of its course, or in consuming so much water for purposes of its own as to deprive the former of its benefits ... The gifts of nature are for the benefit of mankind, and no aggregation of men can assert and exercise such right and ownership of them as will deprive other having equal rights, and means

---

4 Beispiele zitiert bei : Berber F.J.: Die Rechtsquellen des internationalen Wassernutzungsrechts, München 1955.

of enjoying them, of such enjoyment ... the common right to enjoy the bountiful provisions of Providence must be preserved ..." Farnham, 1904

Die Doktrin der rechtlichen Gemeinschaft an einem Gewässer[5]

" Der Wasserlauf der Flüsse ist das gemeinsame und unentziehbare Eigentum aller von ihm bewässerten Länder."
Dekret des provisorischen Exekutivrats der Französischen Republik, 16.11.1792.

" Da der Rhein von den Gränzen der batavischen Republik an bis an den Gränzen der helvetischen Republik ein zwischen der französischen Republik und dem deutschen Reiche gemeinschaftlicher Strom geworden ist..."
§ 39, II, Reichsdeputationshauptschluß, 25.02.1803.

Die Doktrin der durch Rücksichtnahme beschränkten Souveränität

" An und für sich gelten für das Flußgebiet die beiden eventuell kollidierenden und infolge der Beweglichkeit des Wassers sehr oft Kollisionen herbeiführenden Prinzipien 1. der absoluten Territorialhoheit und 2. des Rechtes auf absolute Integrität des Staatsgebiets gegenüber Einwirkungen aus anderen Territorien." Huber, 1907

" We have found that when a waterway crosses two or more territories in succession, each of the States concerned possesses rights of sovereignty and ownership over the section flowing through its territory....
A State has the right to develop unilaterally that section of the waterway which traverses or borders its territory, insofar as such development is liable to cause in the territory of another State only slight injury or minor inconvenience compatible with good neighbourly relations.
On the other hand, when the injury liable to be caused is serious and lasting, development works may only be undertaken under a prior aggreement...."
Denkschrift der UN-ECE, 1952

" Man darf niemals die Tatsache aus dem Auge verlieren, daß jedes Gewässer seine Individualität hat, und deshalb muß größte Vorsicht beim Aufstellen allgemeiner Regeln geübt werden." Quint 1931

---

5   Diese Doktrin ist heute in der Praxis nur noch von untergeordneter Bedeutung, da aus ihr konkrete Rechte und Pflichten der Anlieger nahezu nicht abgeleitet werden können.

Übersicht zu wichtigen wasserrechtlichen Entwicklungen der Neuzeit

Internationales Umweltrecht
Internationales Wirtschaftsrecht

Internationales Wasserrecht	Bilaterale Verträge / Ereignisse
	1895 Streit um das Wasser des Rio Grande zwischen den USA und Mexico "Harmon-Doktrin"
17.10.1868 "Revidierte Rheinschiffahrtsakte" (Zentralkommission für Rheinschiffahrt) auf der Grundlage der Schlußakte des Wiener Kongresses, 1815	
Anfang 20. Jahrh.: Vielzahl von Veröffentlichungen zur Verfügungsgewalt über grenzüberschreitende Gewässer und Herausbildung der vier gängigen Doktrinen: 1 - Das Prinzip der absoluten Souveränität. 2 - Das Prinzip der absoluten Integrität. 3 - Das Prinzip der rechtlichen Gemeinschaft. 4 - Das Prinzip der durch Rücksichtnahme beschränkten Souveränität.	
1911 Institute of International Law: "Resolution on International Regulations Regarding the Use of International Watercources"	**1920** Vertrag zwischen Großbritannien und Frankreich zur Nutzung des Euphrat und Tigris
20.04.1921 League of Nations (multilateraler Vertrag) Barcelona: "General Convention Regulating Navigable Waterways of International Concern"	**1921** Vertrag betreffs des Euphrats zwischen der Türkei und Syrien
09.12.1923 League of Nations (multilateraler Vertrag) Genf: "General Convention Relating to the Development of Hydraulic Power Affecting more than one State"	
24.12.1933 "Declaration of Montevideo Concerning the Industrial and Agricultural Use of International Rivers"	**1946** Vertrag betreffs des Euphrats und Tigris zwischen der Türkei und Irak

1951 UN - Konferenz: "Utilization and Conservation of Natural Resources"

1957 UNESCO - Erklärung:
"International Hydroligical Decade"

1958 "Dubrownik Resolution"
der ILA (International Law Association)

1959 Gründung des "International Center of
Water Resources Development" (New York)

1961 Resolution der IDI (Institute de Droit International)
"Salzburg Resolution"

1962 Gründung der "International Association on
Water Pollution" (London)

1963 Gründung der Internationalen Kommission
zum Schutz des Rheins (Koblenz)

1964 Gründung des "Scientific Commitee on
Water Research" (London) (Beratung für
UNESCO, WHO, FAO)

1966 "**Helsinki Rules**" **der ILA**

1967 Gründung der "International Association
of Water Law" (Rom)(Beraterstatus bei
ECOSOC, FAO)

1969 "Treaty of the River Plate Basin"

08.12.1970 Resolution 2669 (XXV)
der UN - Generalversammlung

1972 Club of Rome
Grenzen des Wachstums

06/1972 1. UN - Konferenz ("Only one Earth")
" World Conference on Human Environment"
- Stockholm Declaration"

1972 Gründung der UNEP (Nairobi)
(United Nations Environment Programme als Unter-
organisation der ECOSOC, Economic and Social
Council)

05/1974 Deklaration und Aktionsprogramm der
UN über die Errichtung einer internationalen Wirtschaftsordnung

12/1974 UN - Charta der wirtschaftlichen Rechte
und Pflichten der Staaten

1974 Umwelterklärung der OECD

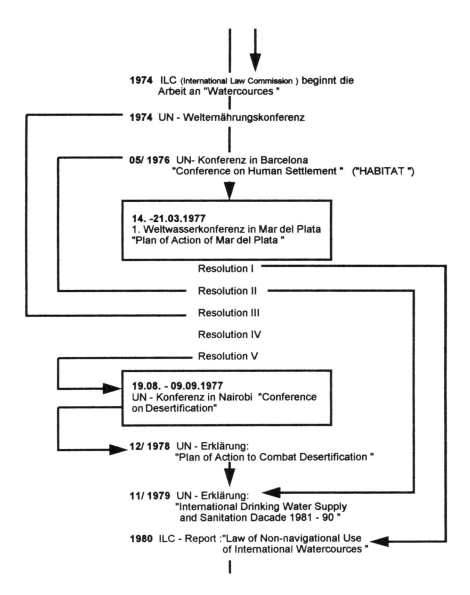

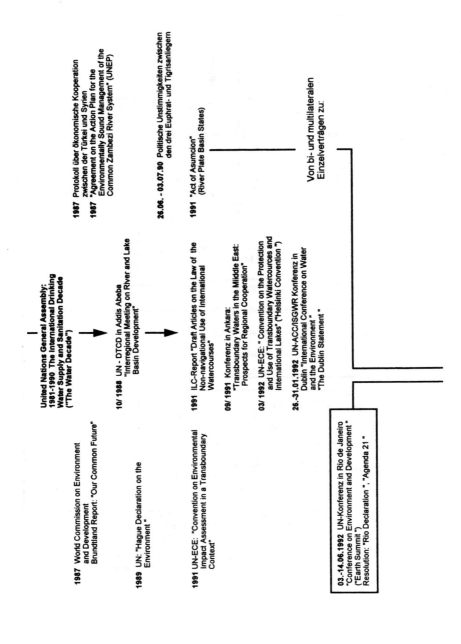

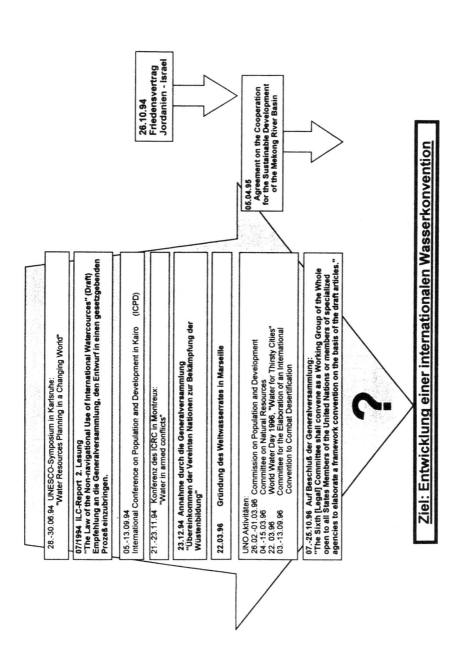

28.-30.10.1992	(2.) Mediteranian Conference on Water in Rom
07.-09.02.1993	IWRA, Kairo : Middle East Water Forum
27.-29.04.1993	UN- Water Branch Wasserkonferenz in Genf
05.-09.07.1993	International Workshop on Groundwater/ Surface-water in Lyon

07/1993 ILC-Report
"The Law of the Non-navigational Use of International Watercourses" (Draft)

10.-14.08.1993	**The Stockholm Water Symposium**
30.08.-12.09.1993	**ICID Kongress in Den Hague / Lelystad (15.) International Congress on Irrigation and Drainage: "Water Management in the Next Century"**
01.-03.10.1993	Symposium in Boston: "Water in the Arab World"
05.-09.10.1993	Asian Conference on Water Pollution Control in Developing Countries in Jakarta
05.11.1993	**(28.) ILC-Meeting "Review of the Report of the ILC" (07/1993)**
06. - 10.12.1993	Kongress in Genf: "Fresh Water Consultative Forum"
03/1994	(2.) International Symposium on Management and Protection of Water Resources in Tropical Climates in Havanna

United Nations: Draft Articles on the Law of the Non-Navigational Uses of International Watercourses, 11.09.1991. (Auszug)

(International Legal Materials, 30 I.L.M. 1575 (1991)), in der geänderten Fassung vom 08.07.94, abgedruckt und kommentiert in: Report of the International Law Commission, 02.05.-22.07.1994, S. 195 ff (= General Assembly Official Records A/49/10).
Der abschließende Stand (Oktober 1996) der Diskussion im Rechtsausschuß der Generalversammlung wird bei wesentlichen Abweichungen vom ILC-Text kurz zusammengefaßt durch Fußnoten dokumentiert.

Preamble[1]

Article 1

Scope of the Present Articles

1. The present articles apply to uses of international watercourses and of their waters for purposes other than navigation and to measures of conservation related to uses of those watercourses and their waters.

2. The use of international watercourses for navigation is not within the scope of the present articles except in so far as other uses affect navigation or are affected by navigation.

Article 2[2]

Use of Terms

For the purposes of the present articles:

(a) "international watercourse" means a watercourse, parts of which are situated in different States;

(b) "watercourse" means a system of surface waters and groundwaters constituting by virtue of their physical relationship a unitary whole and normally flowing into a common terminus;

(c) "watercourse State" means a State in whose territory part of an international watercourse is situated.

Article 3

Watercourse Agreements

1. Watercourse States may enter into one or more agreements, hereinafter referred to as "watercourse agreements", which apply and adjust the provisions of the present articles to the characteristics and uses of a particular international watercourse or part thereof.

2. Where a watercourse agreement is concluded between two or more watercourse States, it shall define the water to which it applies. Such an agreement may be entered into with respect to an entire international watercourse or with respect to any part thereof or a particular

---

[1] Eine vom Ausschuß verfaßte Präambel stellt keinen Bezug zur Rio-Deklaration her. Jedoch wurde insbesondere seitens Finnlands ein entsprechender Vorschlag (CRP.7) eingebracht: „...Recalling the provisions and principles of the Rio Declaration on Environment and Development of 1992..." Ebenso werden Bezüge zu den „Helsinki Rules", zur „Helsinki Convention" und zur „ECE Convention on Environmental Impact Assessment..." von 1991 hergestellt. Die Präambel wurde in den Verhandlungen nicht mehr diskutiert.

[2] Umstritten blieb die Definition „international watercourse" und ob die mit einem Wasserlauf verbundenen Grundwasser mit eingeschlossen seien. Die Türkei und andere erklärten einen Vorbehalt. Von acht Unterliegerstaaten wurde die Aufnahme einer Definition des Begriffs "optimal utilization" gefordert. Dies blieb heftig umstritten. (L.1/Add.4)

project, programme or use, provided that the agreement does not adversely affect, to an appreciable extent, the use by one or more other watercourse States of the waters of the watercourse.

3. Where a watercourse State considers that adjustment or application of the provisions of the present articles is required because of the characteristics and uses of a particular international watercourse, watercourse States shall consult with a view to negotiating in good faith for the purpose of concluding a watercourse agreement or agreements.

Article 4

Parties to Watercourse Agreements

1. Every watercourse State is entitled to participate in the negotiation of and to become a party to any watercourse agreement that applies to the entire international watercourse, as well as to participate in any relevant consultations.

2. A watercourse State whose use of an international watercourse may be affected to an appreciable extent by the implementation of a proposed watercourse agreement that applies only to a part of the watercourse or to a particular project, programme or use is entitled to participate in consultations on, and in the negotiation of, such an agreement, to the extent that its use is hereby affected, and to become a party thereto.

Article 5[3]

Equitable and Reasonable Utilization and Participation

1. Watercourse States shall in their respective territories utilize an international watercourse in an equitable and reasonable manner. In particular, an international watercourse shall be used and developed by watercourse States with a view to attaining optimal utilisation thereof and benefits therefrom consistent with adequate protection of the watercourse.

2. Watercourse States shall participate in the use, development and protection of an international watercourse in an equitable and reasonable manner. Such participation includes both the right to utilize the watercourse and the duty to cooperate in the protection and development thereof, as provided in the present articles.

Article 6

Factors Relevant to Equitable and Reasonable Utilization

1. Utilization of an international watercourse in an equitable and reasonable manner within the meaning of article 5 requires taking into account all relevant factors and circumstances, including:

(a) geographic, hydrographic, hydrological, climatic, ecological and other factors of a natural character;

(b) the social and economic needs of the watercourse States concerned;

(c) the population dependent on the watercourse in each watercourse State;

(d) the effects of the use or uses of the watercourse in one watercourse State on other watercourse States;

(e) existing and potential uses of the watercourse;

---

[3] Die verschiedenen Auffassungen von billiger und vernünftiger Nutzung konnten nicht zu einem Kompromiß zusammengeführt werden. "sustainable utilization" und eine Erweiterung :"...protection of the watercourse and its ecosystem." waren nicht konsensfähig. Mehrere Delegationen erklärten ihren Vorbehalt.

(f) conservation, protection, development and economy of use of the water resources of the watercourse and the costs of measures taken to that effect;

(g) the availability of alternatives, of corresponding value, to a particular planned or existing use.

2. In the application of article 5 or paragraph 1 of this article, watercourse States concerned shall, when the need arises, enter into consultations in a spirit of cooperation.

Article 7[4]

Obligation not to Cause Appreciable Harm

1. Watercourse States shall exercise due diligence to utilize an international watercourse in such a way as not to cause significant harm to other watercourse States.

2. Where, despite the exercise of due diligence, significant harm is caused to another watercourse State, the State whose use causes the harm shall, in the absence of agreement to such use, consult with the State suffering such harm over:

(a) the extent to which such use is equitable and reasonable taking into account the factors listed in article 6;

(b) the question of ad hoc adjustments to its utilization, designed to eliminate or mitigate any such harm caused and, where appropriate, the question of compensation.

Article 8[5]

General Obligation to Cooperate

Watercourse States shall cooperate on the basis of sovereign equality, territorial integrity and mutual benefit in order to attain optimal utilization and adequate protection of an international watercourse.

Article 9

Regular Exchange of Data and Information

1. Pursuant to article 8, watercourse States shall on a regular basis exchange readily available data and information on the condition of the watercourse, in particular that of a hydrological, meteorological, hydrogeological and ecological nature, as well as related forecasts.

2. If a watercourse State is requested by another watercourse State to provide data or information that is not readily available, it shall employ its best efforts to comply with the request but may condition its compliance upon payment by the requesting State of the reasonable costs of collecting and, where appropriate, processing such data or information.

3. Watercourse States shall employ their best efforts to collect and, where appropriate, to process data and information in a manner which facilitates its utilisation by the other watercourse States to which it is communicated.

---

[4] Letzte Diskussionsgrundlage ist ein seitens Kanada ausgearbeiteter Vorschlag (CRP. 42) mit einem Zusatz, der zwar reines Verursacherprinzip einführt, jedoch zu keiner Verschärfung der Vermeidungspflicht führt, da das Wortes "significant" aufrechterhalten wird. Ein von irischer Seite vorgelegter - am ILC-Entwurf orientierter Kompromißvorschlag - wurde verworfen. Die Diskussion kam zu keinem Abschluß.

[5] Der Versuch einer Erweiterung (analog Art. 5):"...protection of a watercourse and related ecosystem." war nicht konsensfähig.

Article 10[6]

Relationship Between Uses

1. In the absence of agreement or custom to the contrary, no use of an international watercourse enjoys inherent priority over other uses.

2. In the event of a conflict between uses of an international watercourse, it shall be resolved with reference to the principles and factors set out in articles 5 to 7, with special regard being given to the requirements of vital human needs.

Article 11[7]

Information Concerning Planned Measures

Watercourse States shall exchange information and consult each other on the possible effects of planned measures on the condition of an international watercourse.

Article 12

Notification Concerning Planned Measures with Possible Adverse Effects

Before a watercourse State implements or permits the implementation of planned measures which may have a significant adverse effect upon other watercourse States, it shall provide those States with timely notification thereof. Such notification shall be accompanied by available technical data and information in order to enable the notified States to evaluate the possible effects of the planned measures.

Article 13

Period for Reply to Notification

Unless otherwise agreed,

a) a watercourse State providing a notification under article 12 shall allow the notified State a period of six months within which to study and evaluate the possible effects of the planned measures and to communicate their findings to it;

(b) this period shall, at the request of a notified State for which the evaluation of the planned measure poses special difficulty, be extended for a period not exceeding six months.

Article 14

Obligations of the Notifying State During the Period for Reply

During the period referred to in article 13, the notifying State shall cooperate with the notified States by providing them, on request, with any additional data and information that is available and necessary for an accurate evaluation, and shall not implement or permit the implementation of the planned measures without the consent of the notified States.

Article 15

Reply to Notification

1. The notified States shall communicate their findings to the notifying State as early as possible.

---

[6] Der Begriff "vital human needs" war umstritten, mehrere Delegationen erklärten ihren Vorbehalt.

[7] Die Art. 11-19 sind für Äthiopien und die Türkei wegen der bestehenden Notifikationsverpflichtung bei geplanten Maßnahmen insgesamt nicht akzeptabel. Seitens der Türkei wurden für die Art. 12-15 eigene Entwürfe vorgelegt, die auch die Zustimmung Äthiopiens fanden.

2. If a notified State finds that implementation of the planned measures would be inconsistent with the provisions of article 5 or 7, it shall communicate this finding to the notifying State within the period applicable pursuant to the article 13, together with a documented explanation setting forth the reason for the finding.

Article 16
Absence of Reply to Notification

1. If, within the period applicable pursuant to in article 13, the notifying State receives no communication under paragraph 2 of article 15, it may, subject to its obligations under article 5 and 7, proceed with the implementation of the planned measures, in accordance with the notification and any other data and information provided to the notified States.

2. Any claim to compensation by a notified State which has failed to reply may be offset by the costs incurred by the notifying State for action undertaken after the expiration of the time for a reply which would not have been undertaken if the notified State had objected within the period applicable pursuant to article 13.

Article 17
Consultations and Negotiations concerning Planned Measures

1. If a communication is made under paragraph 2 of article 15, the notifying State and the State making the communication shall enter into consultations and, if necessary negotiations with a view to arriving at an equitable resolution of the situation.

2. The consultations and negotiations shall be conducted on the basis that each State must in good faith pay reasonable regard to the rights and legitimate interests of the other State.

3. During the course of the consultations and negotiations, the notifying State shall, if so requested by the notified State at the time it makes the communication, refrain from implementing or permitting the implementation of the planned measures for a period not exceeding six months.

Article 18
Procedures in the Absence of Notification

1. If a watercourse State has serious reason to believe that another watercourse State is planning measures that may have an appreciable adverse effect upon it, the former State may request the latter to apply the provision of article 12. The request shall be accompanied by a documented explanation setting forth its reasons.

2. In the event that the State planning the measures nevertheless finds that it is not under an obligation to provide a notification under article 12, it shall so inform the other State, providing a documented explanation setting forth the reasons for such finding. If this finding does not satisfy the other State, the two States shall, at the request of that other State, promptly enter into consultations and negotiations in the manner indicated in paragraph 1 and 2 of article 17.

3. During the course of the consultations and negotiations, the State planning the measures shall, if so requested by the other State at the time it requests the initiation of consultations and negotiations, refrain from implementing or permitting the implementation of those measures for a period not exceeding six months.

Article 19
Urgent Implementation of Planned Measures

1. In the event that the implementation of planned measures is of the utmost urgency in order to protect public health, public safety or other equally important interests, the State planning the measures may, subject to articles 5 and 7, immediately proceed to implementation, notwithstanding the provisions of article 14 and paragraph 3 of article 17.

2. In such cases, a formal declaration of the urgency of the measures shall be communicated to the other watercourse States referred to in article 12 together with the relevant data and information.

3. The State planning the measures shall, at the request of any of the States referred to in paragraph 2, promptly enter into consultations and negotiations with it in the manner indicated in paragraph 1 and 2 of article 17.

Article 20[8]
Protection and Preservation of Ecosystems

Watercourse States shall, individually or jointly, protect and preserve the ecosystems of international watercourses.

Article 21[9]
Prevention, Reduction and Control of Pollution

1. For the purposes of this article, "pollution of an international watercourse" means any detrimental alteration in the composition or quality of the waters of an international watercourse which results directly or indirectly from human conduct.

2. Watercourse States shall, individually or jointly, prevent, reduce and control pollution of an international watercourse that may cause appreciable harm to other watercourse States or to their environment, including harm to human health or safety, to the use of the waters for any beneficial purpose or to the living resources of the watercourse. Watercourse States shall take steps to harmonize their policies in this connection.

3. Watercourse States shall, at the request of any of them, consult with a view to establishing lists of substances, the introduction of which into the waters of an international watercourse is to be prohibited, limited, investigated or monitored.

Article 22
Introduction of Alien or New Species (......)

Article 23
Protection and Preservation of the Marine Environment (......)

---

[8] Seitens China wurde vorgeschlagen, „preserve the ecosystem" durch „maintain the ecological balance" zu ersetzen. Dieser Vorschlag fand vielfältig Unterstützung.

[9] Der Dissens über Art. 21 Abs. 3 reicht von der Forderung nach Streichung bis zur Aufnahme einer detaillierten Auflistung verschiedener, auf Verschmutzungskontrolle abzielender Maßnahmen.

Article 24
Management

1. Watercourse States shall, at the request of any of them, enter into consultations concerning the management of an international watercourse, which may include the establishment of a joint management mechanism.

2. For the purpose of this article, "management" refers, in particular, to:

 (a) planning the sustainable development of an international watercourse and providing for the implementation of any plans adopted; and

 (b) otherwise promoting rational and optimal utilization, protection and control of the watercourse.

Article 25
Regulation

1. Watercourse States shall cooperate where appropriate to respond to needs or opportunities for regulation of the flow of the waters of an international watercourse.

2. Unless otherwise agreed, watercourse States shall participate on an equitable basis in the construction and maintenance or defrayal of the costs of such regulation works as they may have agreed to undertake.

3. For the purpose of this article, "regulation" means the use of hydraulic works or any other continuing measures to alter, vary or otherwise control the flow of the waters of an international watercourse.

Article 26
Installations

1. Watercourse States shall, within their respective territories, employ their best efforts to maintain and protect installations, facilities and other works related to an international watercourse.

2. Watercourse States shall, at the request of any of them which has serious reasons to believe that it may suffer appreciable adverse effects, enter into consultations with regard to:

 (a) the safe operation or maintenance of installations, facilities or other works related to an international watercourse; or

 (b) the protection of installations, facilities or other works from wilful or negligent acts or the forces of nature.

Article 27
Prevention and Mitigation of Harmful Conditions

Watercourse States shall, individually or jointly, take all appropriate measures to prevent or mitigate conditions that may be harmful to other watercourse States, whether resulting from natural causes or human conduct, such as flood or ice conditions, water-borne diseases, siltation, erosion, salt-water intrusion, drought or desertification.

Article 28
Emergency Situations (......)

Article 29[10]

International Watercourses and Installations in Time of Armed Conflict

International watercourses and related installations, facilities and other works shall enjoy the protection accorded by the principles and rules of international law applicable in international and internal armed conflict and shall not be used in violation of those principles and rules.

Article 30

Indirect Procedures (......)

Article 31

Data and Information Vital to National Defence or Security (......)

Article 32[11]

Non-Discrimination (......)

Article 33[12]

Settlement of Disputes

In the absence of an applicable agreement between the watercourse States concerned, any watercourse dispute concerning a question of fact or the interpretation or application of the present articles shall be settled in accordance with the following provisions:

(a) If such a dispute arises, the States concerned shall expeditiously enter into consultations and negotiations with a view to arriving at equitable solutions of the dispute, making use, as appropriate, of any joint watercourse institutions that may have been established by them.

(b) If the States concerned have not arrives at a settlement of the disputes through consultations and negotiations, at any time after six months from the date of the request for consultations and negotiations, they shall at the request of any of them have recourse to impartial fact-finding or, if agreed upon by States concerned, mediation or conciliation.

    (i) Unless otherwise agreed, a Fact-Finding Commission shall be established, composed of one member nominated by each State concerned and in addition a member not having the nationality of any of the States concerned chosen by the nominated member who shall serve as Chairman.

    (ii) If the members nominated by States are unable to agree on a Chairman within four months of the request for the establishment of the Commission, any State concerned may request the Secretary-General of the United Nations to appoint the Chairman. If one of the States fails to nominate a member within

---

[10] Vorbehaltserklärung der USA.

[11] Am Grundsatz der Nicht-Diskriminierung entzündete sich der Konflikt, ob und inwieweit Ausländer der Inländergleichbehandlung unterliegen. Ein russischer Kompromißvorschlag will lediglich eine formelle Rechtsweggarantie - gleiches Recht auf gerichtlichen Zugang - ohne Gewährung materieller Rechte zugestehen. Indien, Kolumbien, Tansania und Uganda lehnen die Festschreibung des Grundsatzes in formeller wie in materieller Hinsicht vollständig ab.

[12] Der ILC-Entwurf wurde nicht mehr diskutiert. Es liegen dazu noch vier weitere Vorschläge (Finnland + Griechenland + Italien; Guatemala; (CRP.62/Rev.1, CRP.71) Syrien; Vorsitzender des Drafting Committee) vor, wobei nur der Vorschlag Syriens eine pflichtige Streitbeilegung im strengen Sinne beinhaltet.

(iii) four months of the initial request pursuant to paragraph (b), any other State concerned may request the Secretary-General of the United Nations to appoint a person who shall not have the nationality of any of the states concerned, who shall constitute a single member Commission.

(iii) The Commission shall determine its own procedure.

(iv) The States concerned have the obligation to provide the Commission with such information as it may require and, on request, to permit the Commission to have access to their respective territory and to inspect any facilities, plant, equipment, construction or natural feature relevant for the purpose of its inquiry.

(v) The Commission shall adopt its report by a majority vote, unless it is a single member Commission, and shall submit that report to the States concerned setting forth its findings and reasons therefor and such recommendations as it deems appropriate.

(vi) The expenses of the Commission shall be borne equally by the States concerned.

(c) If, after twelve months from the initial request for fact-finding, mediation or conciliation or, if a fact-finding, mediation or conciliation commission has been established, six months after receipt of a report from the Commission, whichever is the later, the States concerned have been unable to settle the dispute, they may be agreement submit the dispute to arbitration or judicial settlement.

Final Clauses[13]

---/---

---

[13] Die vorliegenden Entwürfe der Schlußbestimmungen wurden keiner Diskussion mehr unterzogen. Auf Initiative der EU-Kommission wurde in der EU ein Vorschlag erarbeitet, der es nicht nur Staaten, sondern auch der EU und anderen Organisationen ermöglichen soll, der Konvention beizutreten.

Auswahlbibliographie Umwelt- und Wasserkonflikte im internationalen System

Ali; Chaudhri Muhammad: The Emergence of Pakistan, Lahore 1973

Allan, J.Anthony / Chibli Mallat (Hrsg.): Water in the Middle East: Legal, Political and Commercial Implications, London 1995.

Bagis, A.I. (Hrsg.): Water as an Element of Cooperation and Development in the Middle East. Ankara 1994.

Barandat, Jörg: Wasser - regionaler Konfliktstoff weltweiter Bedeutung, Hamburg 1995. (= Hamburger Beiträge zur Friedensforschung und Sicherheitspolitik, Heft 96)

Barberis, J. A.: International Rivers, in: Bernhardt, R.(Hrsg.): Encyclopedia of Public International Law, Instalment 9, Amsterdam 1986.

Bächler, Günther u.a.: Umweltzerstörung - Krieg oder Kooperation? Ökologische Konflikte im internationalen System und Möglichkeiten der friedlichen Bearbeitung. Münster 1993.

Bächler, Günther: Konflikt und Kooperation im Lichte globaler humanökologischer Transformation, Zurich, Berne 1993. (= ETH Zurich and Swiss Peace Foundation, ENCOP Occasional Paper 5)

Beck, Martin: Der israelisch-palästinensische Friedensprozeß, in: Aus Politik und Zeitgeschichte, B18/1996, S.3-12.

Beck, Ulrich: Weltrisikogesellschaft. Zur politischen Dynamik globaler Gefahren, in: Internationale Politik, 8/1995, S. 13-20.

Begum, Khurshida: Tension over the Farakka Barrage. A Techno-Political Tangle in South Asia, Calcutta 1988.

Berber, F.J.: Die Rechtsquellen des internationalen Wassernutzungsrechts, München 1955.

Benvenisti, E.: Collective Action in the Utilization of Shared Freshwater: The Challenges of International Water Resources Law, in: American Journal of International Law, 3/1996, S. 383-415.

Beschorner, N.: Water and Instability in the Middle East. An Analysis of Environmental, Economic, and Political Factors Influencing Water Management and Water Disputes in the Jordan and Nile basins and Tigris - Euphrates region: Adelphi Paper No. 273, London 1992.

Birg, Herwig: Weltbevölkerungswachstum, Entwicklung und Umwelt. Dimensionen eines globalen Dilemmas, in: Aus Politik und Zeitgeschichte, B 35-36/1994, S. 21-35.

Biswas, Asit K.: Shared Natural Resources: Future Conflicts or peaceful Development?, in: Dupuy, R. J.(Hrsg.): The Settlement of Disputes on the new Natural Resources, The Hague 1983.

Biswas, Asit.K./J. Kindler: Sustainable Water Development and Management: A Synthesis, Nairobi 1989.

Biswas, Asit K. (Hrsg.) : International Journal of Water Resources Development, 2/1993.

ders. (Hrsg.): International Waters of the Middle East: From Euphrates-Tigris to Nile. Water Resources Management Series No. 2., Oxford 1994.

Boyle, A.E. (Hrsg.): Environmental Regulation and Economic Growth, Oxford 1995.

Brooks, David B./Stephen C. Lonergan: Watershed: The Role of Fresh Water in the Israeli-Palestinian Conflict, Ottawa 1994.

Bundesministerium für Umwelt, Naturschutz und Reaktorsicherheit: Konferenz der Vereinten Nationen für Umwelt und Entwicklung im Juni 1992 in Rio de Janeiro - Dokumente - Klimakonvention, Konvention über die biologische Vielfalt, Rio-Deklaration, Walderklärung, Bonn, 1992.

Bundesministerium für Umwelt, Naturschutz und Reaktorsicherheit: Konferenz der Vereinten Nationen für Umwelt und Entwicklung im Juni 1992 in Rio de Janeiro - Dokumente - Agenda 21, Bonn 1992.

Byers, Bruce: Ecoregions, State Sovereignity and Conflict, in: Bulletin of Peace Proposals, 1/1991, S. 65-76.

Dahm, G. J./R. Wolfrum Delbrück: Völkerrecht, Band I/1, 2. Aufl., Berlin 1989.

Dech, Stefan Werner/Rainer Ressl: Die Verlandung des Aralsees. Eine Bestandsaufnahme durch Satellitenfernerkundung, in: Geographische Rundschau, 6/1993, S. 345-352.

Dombrowsky, Ines: Wasserprobleme im Jordanbecken: Perspektiven einer gerechten und nachhaltigen Nutzung internationaler Ressourcen, Frankfurt a. M.,Bern 1995.

Durth, Rainer: Der Rhein - Ein langer Weg zum grenzüberschreitenden Umweltschutz, in: Aus Politik und Zeitgeschichte, B 7/1996, S. 38-47.
Faure, Guy Olivier/Jeffrey Z. Rubin (Hrsg.): Culture and Negotiation: The Resolution of Water Disputes. Newbury Park, London, New Delhi 1993.
Feshbach, Murray / Alfred jr. Friendly: Ecocide in the UdSSR. Health and Nature Under Siege. London 1992.
Frederiksen, Harald D. u.a.: Principles and Practices for Dealing with Water Resources Issues, Washington, D.C. 1994 (= World Bank Technical Paper Number 233).
Friedrich, Günther / Anne Schulte-Wülwer-Leidig,: Der Rhein - das alte Sorgenkind, in: Lozan, Jose.L. / Hartmut Kausch (Hrsg): Warnsignale aus Flüssen und Ästuaren. Wissenschaftliche Fakten, Berlin 1996, S.65-75.
Garbrecht, Günther: Wasser. Vorrat, Bedarf und Nutzung in Geschichte und Gegenwart, Reinbek 1985.
Gleick, Peter H.: Water and conflict, in: Occasional Paper of the Project „Environmental Change and Acute Conflict" 1/1992, S. 3 - 28.
ders.: Water and Conflict: Fresh Water Resources and International Security, in: International Security, 1/1993, S. 79-112.
ders. (Hrsg.): Water in Crisis; A Guide to the World's Fresh Water Resources, New York, Oxford 1993.
Grabmayr, P.: Rechtsprobleme und Lösungsversuche der grenzüberschreitenden Wasserwirtschaft in Mitteleuropa, in: Österreichische Wasserwirtschaft 1979, S. 261.
Gulhati, Niranijan D.: Indus Water Treaty. An Exercise in International Mediation, New Delhi et al. 1973.
Hafner, Gerhard: The Optimum Utilization Principle and the Non-Navigational Use of Drainage Basins, in: Austrian Journal of Publik and International Law, 45/1993, S.113ff.
Hayes, Peter: North-South transfer, in: Hayes, Peter / Kirk Smith (Hrsg.): The global greenhouse regime. Who pays?, London 1993, S. 144-168.
Hottinger, Arnold: Wasser als Konfliktstoff, in: Europa-Archiv, 6/1992, S.153ff.
Hussein, Iyaz: Pakistan and the Wullar Barrage Project, in: Regional Studies, Spring '88, S.47-62.
Intergovernmental Panel on Climate Change: Summary for policymakers: scientific-technical analysis of impacts, adaptations and mitigation of climate change, Working Group II, Rom 1995.
Internationale Kommission zum Schutz des Rheins (IKSR): Der Rhein auf dem Weg zu vielseitigem Leben, Koblenz 1994.
Internationale Kommission zum Schutz des Rheins (IKSR): Das Aktionsprogramm Rhein, Koblenz 1987.
Internationale Kommission zum Schutz des Rheins (IKSR): Ökologisches Gesamtkonzept für den Rhein "Lachs 2000", Koblenz 1991.
International Lake Environment Committee, United Nations Environment Programme (Hrsg.): Guidelines of Lake Management (5 Bde.), Otsu 1988-93.
Isaac, Jad / Hillel Shuval (Hrsg.): Water and Peace in the Middle East. Proceedings of the First Israeli-Palestinian International Academic Conference on Water, Zürich, Switzerland, 10-13 December 1992. Studies in Environmental Science No. 58, Amsterdam 1994.
Kliot, Nurit: Water Resources and Conflict in the Middle East. London, New York 1994.
Klötzli, Stefan: The Water and Soil Crisis in Central Asia - a Source for Future Conflicts? Zurich, Berne 1994. (=ETH Zurich and Swiss Peace Foundation, ENCOP Occasional Paper 11)
Klötzli, Stefan: Umweltzerstörung und Politik in Zentralasien. Eine ökoregionale Systemuntersuchung. Diss. Zürich 1996 (im Druck).
Kolars, John F. / William A. Mitchell: The Euphrates River and the Southeast Anatolia Development Project, Carbondale and Ewardsville 1991.
LeMarquand, David: International Rivers: the Politics of Cooperation, University of British Columbia: Westwater Research Centre, 1977.
Létolle, René; Mainguet, Monique: Aral, Paris 1993.
Le Moigne, Guy et al. (Hrsg.): Country Experiences in Water Resources Management, World Bank Technical Paper No.175, 1992
Levy, Marc A.: Is the Environment a National Security Issue?, in: International Security, 2/1995, S.35-62.

Libiszewski, Stephan: Das Wasser im Nahostfriedensprozeß. Konfliktstrukturen und bisherige Vertragswerke unter wasserpolitischer Perspektive, in: Orient, 4/1995, S.625-648.

Libiszewski, Stephan: Water Disputes in the Jordan Basin Region and their Role in the Resolution of the Arab-Israeli Conflict, Bern, Zürich 1995. (= Swiss Peace Foundation, ENCOP Occasional Paper No. 13)

Libiszewski, Stephan / Manuel Schiffler (Hrsg.): Wasserkonflikte und Wassermanagement im Jordanbecken. Beiträge eines Colloquium in Berlin, 16.-17. Juni 1995, Berlin 1995.

Lichem, Walter: Institutional and legal aspects related to national multi-purpose water resources projects on international rivers or interstate rivers, in: Water for Human Consumption, Vol.1, Dublin 1982.

Lowi, Miriam R.: Bridging the Divide. Transboundary Resource Disputes and the Case of West Bank Water, in: International Security, 1/1993, S.113-138.

Lowi, Miriam R.: Water and Power: The Politics of a Scarce Resource in the Jordan River Basin. Cambridge 1995.

Mandel, Robert: Sources of International River Basin Disputes, in: Conflict Quarterly, Bd. 12, Nr. 4/1992, S. 25-56.

Macdonald, R. St. J.: The Common Heritage of Mankind, in: Beyerlin, U. et al. (Hrsg.): Recht zwischen Umbruch und Bewahrung, Festschrift für Rudolf Bernhardt, Berlin 1995.

McCaffrey, Stephen C.: The Evolution of the Law of International Watercourses, in: Austrian Journal of Publik and International Law, 45/1993, S.87ff.

ders.: The International Law Commission Adopts Draft Articles on International Watercourses, in: American Journal of International Law, 2/1995, S.395ff.

ders.: The International Law Commission Adopts Draft Articles on International Watercourses, in: AJIL 89, 1995.

Meyer, Berthold; Wellmann, Christian (Hrsg.): Umweltzerstörung: Kriegsfolge und Kriegsursache. Friedensanalysen 27, Frankfurt/M. 1992.

Michel, Aloys A.: The Indus Rivers. A Study of the Effects of Partition, New Haven, London 1967.

Micklin, Philip P.: Water Management in Soviet Central Asia: Problems and Prospects, in: Stewart, John Massey (Hrsg.): The Soviet Environment. Problems, Policies and Politics. Cambridge 1992, S. 88-114.

Ministry of Housing Spatial Planning and the Environment: Water and sanitation for all: a world priority. Achievements and challenges, Noordwijk 1995.

Ministry of Housing, Spatial Planning and the Environment: Water and sanitation for all: a world priority. A developing crisis, Noordwijk 1995.

Murakami, Masahiro: Managing Water for Peace in the Middle East: Alternative Strategies, Tokyo 1995.

Nash, Linda / Peter Gleick: The Colorado river basin and climatic change, Oakland 1993.

Ohlsson, Leif (Hrsg.): Hydropolitics: Conflict over Water as a Development Constraint, London 1995.

Palmer, Geoffrey: New ways to make international environmental law, in: American Journal of International Law, 2/1992, S.259 ff.

Parmet, B. / J. Kwadijk, M. Raak: Impact of climate change on the discharge of the river Rhine, in: Zwerver, S. et al. (Hrsg.): Climate change research, evaluation and policy implications, Amsterdam 1995, S. 911-918.

Plant, G.: Water as a Weapon in War, ICRC-Report of the Montreux Symposium, 1994.

Postel, Sandra: Die letzte Oase. Der Kampf ums Wasser. Eine Publikation des World Watch Institute, Frankfurt a. M. 1993.

Pichler, F.: Die Donaukommission und die Donaustaaten: Kooperation und Integration, Wien 1973.

Pfündl, Dietrich: Cooperation within the Danube river Basin. IX. Sitzung der Commission for Hydrologie der WMO, Genf, Januar 1993.

ders.: Internationale Zusammenarbeit im Donauraum auf dem Gebiet der Wasserwirtschaft. XVII. Konferenz der Donauländer über die hydrologische und hydrologisch-wasserwirtschaftlichen Grundlagen, Budapest, September 1994.

ders.: Grenzüberschreitende wasserwirtschaftliche Zusammenarbeit. Fachtagung des Deutschen Verbands für Wasser und Kulturbau, Ulm, September 1995.

Razvi, Mujtaba: Frontiers of Pakistan. A Study of Frontier Problems in Pakistan´s Foreign Policy, Rawalpindi 1971.

Renger, Jochen: Die multilateralen Friedensverhandlungen der Arbeitsgruppe Wasser, in: Asien Afrika Lateinamerika, 2/1995, S.149-157.

Renger, Jochen / Andreas Thiele: Politische Verteilungskonflikte um Wasserressourcen. Wassernutzung und Wasserverteilung im Jordanbecken. Israel und seine arabischen Nachbarn, in: Der Bürger im Staat, 1/1996, S.74-82.

Schiffler, Manuel: Das Wasser im Nahostfriedensprozeß. Ansätze zu einer gerechten Aufteilung und Möglichkeiten zur Entschärfung der Wasserknappheit, in: Orient,4/1995, S.603-624.

Starr, Joyce R.: Water Wars, in: Foreign Policy 82/1991 S.17ff.

Stauffer, Thomas R.: Water and War in the Middle East. The Hydraulic Parameters of Conflict Washington, D.C. 1996. (= The Center for Policy Analysis on Palestine, Information Paper No.5)

Task Force Environmental Program for the Danube River Basin. Strategic Action Plan for the Danube River Basin 1995 - 2005, Wien o.J.

Thanh, N.C. / Asit K. Biwas (Hrsg.): Environmentally-sound Water Management, Bombay, Calcutta, Madras 1990.

Trolldalen, Jon M.: International Environmental Conflict Resolution. The Role of the United Nations, Oslo, Washington, Geneva, New York 1992.

Rauschning, D.: Allgemeine Völkerrechtsregeln zum Schutz gegen grenzüberschreitende Umweltbeinträchtigungen, in: Münch, I. von (Hrsg.): Festschrift Schlochauer, Berlin 1981.

Remans, W.: Water and War, in: HuV-I 8, 1995.

Roberts, B.R.: Water Management in Desert Environments. Berlin 1993.

Salameh, E. / H. Bannayan: Water Resources of Jordan. Present Status and Future Potentials. Amman 1993.

Scheumann, Waltina: New Irrigation Schemes in Southeast Anatolia and in Northern Syria: More Competition and Conflict over the Euphrates? in: Quarterly Journal of International Agriculture, 3/1993.

Spillmann, K.R.: Eine andere Konfliktdimension im Nahen und Mittleren Osten: Wasser!, in: Spillmann, K.R. (Hrsg.): Zeitgeschichtliche Hintergründe aktueller Konflikte III, Zürich 1994, S.153 - 173.

United Nations: Application of Environmental Impact Assessment Principles to Policies, Plans and Programmes, New York 1992. (= Environmental Series No.5)

United Nations: Code of Conduct on Accidental Pollution of Transboundary Inland Waters, New York 1990.

United Nations: Environmental Change and International Law: New Challenges and Dimensions, New York 1992.

United Nations: Institutional issues in the management of international river basins: Financial and contractual considerations. Natural Resources/Water Series No.17, New York 1987.

United Nations: Report of the International Law Commission on the Work of its forty-fifth Session, New York 1993. (= General Assembly Official Records, Forty-eight Session Supplement No.10)

United Nations: Report of the International Law Commission on the Work of its forty-sixth Session, New York 1994. (= General Assembly Official Records, Forty-ninth Session Supplement No.10)

United Nations: River and Lake Basin Development, New York 1990. (= Natural Resources / Water Series No.20).

United Nations: The Demand for Water: Procedures and Methodologies for Projecting Water Demands in Context of Regional and National Planning, New York 1976.(= Natural Resources / Water Series No.3)

United Nations: Towards an Environmentally Sound and Sustainable Development of Water Resources in Asia and the Pacific, New York 1993. (= Water Resources Series No.71)

United Nations: Water Resources of the Occupied Palestinian Territory, New York 1992.

United Nations Conference on Trade and Development (Hrsg.): Combating global warming - Possible rules, regulations and administrative arrangements for a global market in CO_2 emission entitlements, New York 1994.

United Nations Environment Programme: Register of International Treaties and Other Agreements in the Field of the Environment, Nairobi 1988.

United Nations Environment Programme: The Aral Sea: Diagnostic Study for the Development of an Action Plan for the Conservation of the Aral Sea, o.J.

Westing, Arthur H.: Global Resources and International Conflict. Environmental Factors in Strategic Policy and Action, Oxford, New York 1986.
Wolfrum, R.: Die Internationalisierung staatsfreier Räume, Berlin 1984.
Wolf, Aaron T.: Hydropolitics along the Jordan River. Scarce Water and its Impact on the Arab Israeli Conflict, Tokyo/New York/Paris 1995.
World Bank: Developing the Occupied Territories. An Investment in Peace, 6 vol., Washington, D.C. 1993.
ders.: A Strategy for Managing Water in the Middle East and North Africa, Washington, D.C. 1994.
ders.: From Scarcity to Security. Averting a Water Crisis in the Middle East and North Africa, Washington, D.C. 1995.

Verzeichnis der Autorinnen und Autoren

Stefanie Babst, Dr., geb. 1964, Studium an der Christian-Albrechts-Universität zu Kiel und der Pennsylvania State University, USA: Politische Wissenschaft, Internationales Recht und Slavistik, Stipendien u.a. von der Friedrich-Naumann-Stiftung und der Harvard University, USA; Wissenschaftliche Mitarbeiterin am Institut für Politische Wissenschaft der Universität Kiel, seit 1993 Dozentin für Osteuropastudien an der Führungsakademie der Bundeswehr, Hamburg.

Jörg Barandat, Dipl.-Päd., Oberstleutnant i.G., geb. 1959, Studium an der Bundeswehruniversität Hamburg, 1993/94 Military Fellow am Institut für Friedensforschung und Sicherheitspolitik an der Universität Hamburg, seit 1995 Dozent an der Führungsakademie der Bundeswehr im Fachbereich Sicherheitspolitik und Streitkräfte.

Wolfhard Ediger, Dipl.-Geol., Oberstleutnant, geb.1958, Studium an der Westfälischen-Wilhelms-Universität Münster, verschiedene Verwendungen im Militärgeographischen Dienst der Bundeswehr, Interessenschwerpunkt: Sicherheitspolitische Bedeutung von Rohstoffvorkommen mit Schwerpunkt Grundwasser im Nahen Osten.

Hans-Joachim Gießmann, Diplom-Philologe, Dr. phil., Dr. sc. pol., geb. 1955, Wissenschaftlicher Referent am Institut für Friedensforschung und Sicherheitspolitik an der Universität Hamburg, Privatdozent für Politikwissenschaft an der Universität Hamburg, zahlreiche Veröffentlichungen zur internationalen Sicherheitspolitik.

Bülent Güven, geb. 1970 in der Türkei, Doktorant am Institut für Politische Wissenschaften der Universität Hamburg, Wirtschafts- und Sozialwissenschaftler mit den Arbeitsschwerpunkten: Internationale Beziehungen, Wirtschaftspolitik, Modernisierungstheorien.

Hans-Joachim Heintze, geb. 1949, Promotion zum Dr. jur. 1977 zur Kodifikation der Staatennachfolge in der Völkerrechtskommission der Vereinten Nationen, Habilitation zum Dr. jur. habil. 1991 Universität Leipzig, wissenschaftlicher Mitarbeiter am Institut für Friedenssicherungsrecht und Humanitäres Völkerrecht der Ruhr-Universität Bochum, Veröffentlichungen zum völkerrechtlichen Menschenrechts- und Minderheitenschutz, Weltraumrecht und UNO-Fragen, darunter „Von der Koexistenz zur Kooperation" (1992), „Remote Sensing Under Changing Conditions"(1992), „Selbstbestimmungsrecht und Minderheitenrechte im Völkerrecht" (1994), „Autonomie und Völkerrecht" (1995), Mitautor des vom IFSH herausgegebenen Buches „Die Europäische Sicherheitsgemeinschaft" (1995).

Margret Johannsen, Dr. phil., geb. 1946, Studium der Politikwissenschaft, Anglistik und Pädagogik an der Freien Universität Berlin und an der Universität Hamburg, 1977-86 Unterrichtstätigkeit im Höheren Lehramt, seit 1987 Wissenschaftliche Mitarbeiterin am Institut für Friedensforschung und Sicherheitspolitik an der Universität Hamburg, Arbeitsschwerpunkte: Rüstungskontrolle, Friedenserziehung, Nahöstlicher Friedensprozeß.

René Klaff, Dr., Politikwissenschaftler, geb. 1961, Studium an der Christian-Albrechts-Universität zu Kiel und der Pennsylvania State University, USA; Studien- und Forschungsaufenthalte in Kairo, Damaskus, Tel Aviv; 1988-94 Wissenschaftlicher Assistent am Institut für Politikwissenschaft der Universität Kiel, seit 1994 Auslandsmitarbeiter der Friedrich-Naumann-Stiftung in Pakistan.

Stefan Klötzli, Dipl Geogr., geb. 1963, Studium an der Universität Zürich in den Fächern Geographie, Osteuropäische Geschichte und Politologie, 1991-95 wissenschaftlicher Mitarbeiter an der Forschungsstelle für Sicherheitspolitik und Konfliktanalyse der ETH Zürich, seit 1996 wissenschaftlicher Mitarbeiter im OSZE-Koordinierungsstab des Eidgenössichen Departements für auswärtige Angelegenheiten in Bern.

Günther-Michael Knopp, Dr., Ministerialrat; geb. 1942; juristisches Studium in Erlangen und München; 2. juristisches Staatsexamen 1970; 1972 - 1991 Wasserrechts-Sachgebietsleiter bzw. Sachgebietsleiter Kommunalwesen in der Regierung von Niederbayern; derzeit Ministerialrat im Bayerischen Staatsministerium für Landesentwicklung und Umweltfragen, Referatsleiter für Wasserrecht; Mitherausgeber des Kommentars Sieder/Zeitler/Dahme/Knoop zum Wasserhaushaltsgesetz.

Libiszewski, Stephan, Dipl.-Pol., geb. 1962, Studium der Politikwissenschaft an der Freien Universität Berlin, seit 1992 Wissenschaftlicher Mitarbeiter an der Forschungsstelle für Sicherheitspolitik und Konfliktanalyse der ETH Zürich, tätig im Rahmen des "Environment and Conflicts Project" (ENCOP), zahlreiche Veröffentlichungen zu den Themen: Umwelt als Faktor internationaler Konflikte, das Wasser im Arabisch-Israelischen Friedensprozeß.

Axel Michaelowa, Dr., geb. 1968, Ökonom am HWWA-Institut für Wirtschaftsforschung in Hamburg, Forschungsschwerpunkte: Internationale Klimapolitik und die Wechselwirkungen zwischen Handels- und Umweltpolitik, vorrangig die Ökonomie internationaler Kompensationsmechanismen zur Treibhausgasverringerung.

Dietrich Pfündl, geb. 1934; Bauingenieurstudium TU München; Große Staatsprüfung für den höheren bautechnischen Verwaltungsdienst in Bayern; verschiedene Dienstposten in der bayerischen Wasserwirtschaftsverwaltung; derzeit Leitender Ministerialrat im Bayerischen Staatsministerium für Landesentwicklung und Umweltfragen, München.

Jochen Renger, M.A., geb. 1962, Studium der Politikwissenschaft, Geographie und Geschichte mit Schwerpunkt Vorderer Orient in Tübingen, Groningen/Niederlande und Kairo/Ägypten. Arbeitsbereiche: Internationale Politik, Politische Ökonomie, Politische Systeme; verschiedene Veröffentlichungen zur Wasserproblematik im Nahen Osten; zur Zeit freier Mitarbeiter der Landeszentrale für politische Bildung Baden-Württemberg.

Roland Scherer, geb. 1965, Dipl.-Verwaltungswissenschaftler, Wissenschaftlicher Mitarbeiter am EURES-Institut für regionale Studien in Europa KG, beschäftigt sich dort mit Fragen nachhaltiger Regionalentwicklung und grenzüberschreitender Kooperation.

Waltina Scheumann, cand. Dr.-Ing., Diplom Politologin, geb. 1951, Leiterin der Werbeabteilung eines privaten Rundfunksenders und Vorsitzende des Aufsichtsrats, Geschäftsführerin einer Consulting, Wissenschaftliche Mitarbeiterin am Institut für Management in der Umweltplanung am Fachbereich Umwelt und Gesellschaft (TU Berlin) und Promotion.

Anne Schulte-Wülwer-Leidig, Dr., geb. 1954; Studium der Biologie, Universität Mainz; Promotion auf dem Gebiet der diffusen Gewässerbelastung; verschiedene limnologische Forschungsarbeiten; seit 1988 Koordinations- und Organisationstätigkeiten im Sekretariat der Internationalen Kommission zum Schutze des Rheins (IKSR), Koblenz; seit 1990 stellvertretende Geschäftsführerin der IKSR.

Manuel Schiffler, geb. 1966, Diplom-Volkswirt, Studium der Volkswirtschaft und Politikwissenschaft an der Freien Universität Berlin, seit 1992 wissenschaftlicher Mitarbeiter in der Abteilung I (Nordafrika und Naher Osten; bi- und multilaterale Entwicklungszusammenarbeit) am Deutschen Institut für Entwicklungspolitik (DIE) in Berlin, Arbeitsschwerpunkte: Wasserkonflikte im Nahen Osten, Planung und Bewertung von Projekten in der Entwicklungszusammenarbeit.

Koos Wieriks, geb. 1955, Raumordnungsstudium an der Technischen Universität Delft (NL); 1980 -1989: mehrere Dienstposten beim niederländischen Ministerium für Wasserwirtschaft; 1989-1990: Sekretariat der 3. Internationalen Nordseekonferenz; 1991-1994: Referatsleiter Nordseepolitik Rijkswaterstaat (NL); seit 1995 Geschäftsführer der Internationalen Kommission zum Schutz des Rheines.

Herausgegeben von Dr. Dieter S. Lutz

Demokratie, Sicherheit, Frieden

Anna Kreikemeyer/
Andrej V. Zagorskij Band 110
Rußlands Politik in bewaffneten Konflikten in der GUS
Zwischen Alleingang und kooperativem Engagement
Mit einem Vorwort von Hans-Georg Ehrhart
1997, 319 S., brosch., 48,– DM, 350,– öS, 44,50 sFr, ISBN 3-7890-4726-0

Matthias Pape Band 108
Humanitäre Intervention
Zur Bedeutung der Menschenrechte in den Vereinten Nationen
1997, 350 S., brosch., 56,– DM, 409,– öS, 51,– sFr, ISBN 3-7890-4707-4

Margret Johannsen/
Claudia Schmid (Hrsg.) Band 107
Wege aus dem Labyrinth? Friedenssuche in Nahost
Stationen, Akteure, Probleme des nahöstlichen Friedensprozesses
1997, 299 S., brosch., 46,– DM, 336,– öS, 42,50 sFr, ISBN 3-7890-4713-9

Otfried Ischebeck/
Götz Neuneck (Eds.) Band 106
Cooperative Policies for Preventing and Controlling the Spread of Missiles and Nuclear Weapons
Policies and Perspectives in Southern Asia
1996, 321 S., brosch., 48,– DM, 350,– öS, 44,50 sFr, ISBN 3-7890-4539-X

Axel Krohn (ed.) Band 105
The Baltic Sea Region
National and International Security Perspectives
1996, 28730 S., brosch., 54,– DM, 394,– öS, 49,– sFr, ISBN 3-7890-4439-3

Institute for Peace Research and Security Policy at the University of Hamburg (IFSH) Band 104
The European Security Community (ESC)
The Security Model for the Twenty-First Century
1996, 241 S., brosch., 42,– DM, 307,– öS, 39,– sFr, ISBN 3-7890-4470-9

Angelika Brinkmann Band 103
Verifikation und (Rüstungs-)Kontrolle
Über die Wechselwirkung von Technologie und Politik
1996, 240 S., brosch., 44,– DM, 321,– öS, 41,– sFr, ISBN 3-7890-4366-4

Burak Akçapar Band 102
The International Law of Conventional Arms Control in Europe
A Survey into the Substantive, Formal and Procedural-Institutional Elements of Contractual Conventional Arms Control in Europe
1996, 270 S., brosch., 48,– DM, 350,– öS, 44,50 sFr, ISBN 3-7890-4345-1

**NOMOS Verlagsgesellschaft
76520 Baden-Baden**

Herausgegeben von Dr. Dieter S. Lutz

Demokratie, Sicherheit, Frieden

Michael Brzoska/
Werner Voß (Hrsg.)   Band 101
Auswirkungen und Alternativen des Eurofighter 2000
Eine Vier-Länder-Studie für das Internationale Konversionszentrum Bonn
1996, 301 S., brosch., 48,– DM, 350,– öS, 44,50 sFr, ISBN 3-7890-4172-6

Catherine McArdle Kelleher/Jane M.O. Sharp/
Lawrence Freedman (eds.)   Band 100
The Treaty on Conventional Armed Forces in Europe: The Politics of Post-Wall Arms Control
1996, 370 S., brosch., 78,– DM, 569,– öS, 71,– sFr, ISBN 3-7890-4435-0

Hans-Georg Ehrhart/Konrad Klingenburg unter Mitarbeit von Cordula Hamschmidt und Matthias Z. Karádi   Band 99
UN-Friedenssicherung 1985–1995
Analayse und Bibliographie
Mit einem Vorwort von Eberhard Brecht
1996, 397 S., brosch., 48,– DM, 350,– öS, 44,50 sFr, ISBN 3-7890-4323-0

Hans-Joachim Gießmann   Band 98
Sicherheitspolitik in Ostmitteleuropa
Probleme – Konzepte – Perspektiven
1995, 294 S., brosch., 44,– DM, 321,– öS, 41,– sFr, ISBN 3-7890-4012-6

Michael Zielinski   Band 97
Friedensursachen
Genese und konstituierende Bedingungen von Friedensgemeinschaften am Beispiel der Bundesrepublik Deutschland und der Entwicklung ihrer Beziehungen zu den USA, Frankreich und den Niederlanden
1995, 244 S., brosch., 49,– DM, 358,– öS, 45,50 sFr, ISBN 3-7890-4084-3

Götz Neuneck   Band 96
Die mathematische Modellierung von konventioneller Stabilität und Abrüstung
1995, 410 S., brosch., 49,– DM, 358,– öS, 45,50 sFr, ISBN 3-7890-3979-9

Ljuba Trautmann   Band 95
Rußland zwischen Diktatur und Demokratie
Die Krise der Reformpolitik seit 1993
1995, 283 S., brosch., 39,– DM, 285,– öS, 36,– sFr, ISBN 3-7890-3930-6

Hilmar Linnenkamp/
Dieter S. Lutz (Hrsg.)   Band 94
Innere Führung
Zum Gedenken an Wolf Graf von Baudissin
1995, 153 S., brosch., 33,– DM, 241,– öS, 30,50 sFr, ISBN 3-7890-3810-5

 **NOMOS Verlagsgesellschaft
76520 Baden-Baden**